北宋吕氏家族『一门三相』编年录

孙友虎 著

全国百佳图书出版单位
ARTTIME 时代出版
时代出版传媒股份有限公司
黄山书社

图书在版编目(CIP)数据

北宋吕氏家族“一门三相”编年录 / 孙友虎编著. — 合肥 : 黄山书社, 2018.12

ISBN 978-7-5461-8124-0

Ⅰ. ①北… Ⅱ. ①孙… Ⅲ. ①吕蒙正(944-1011)-年谱②吕夷简(978-1044)-年谱③吕公著(1018-1089)-年谱 Ⅳ. ①K827=441

中国版本图书馆 CIP 数据核字(2019)第 005540 号

北宋吕氏家族“一门三相”编年录 孙友虎 编著

出 品 人 贾兴权
责任编辑 向 焱 秦矿玲
责任印制 李 磊
装帧设计 熙宇文化
出版发行 时代出版传媒股份有限公司(http://www.press-mart.com)
黄山书社(http://www.hspress.cn)
地址邮编 安徽省合肥市蜀山区翡翠路 1118 号出版传媒广场 7 层 230071
印 刷 合肥华苑印刷包装有限公司
版 次 2020 年 12 月第 1 版
印 次 2020 年 12 月第 1 次印刷
开 本 700mm×1000mm 1/16
字 数 500 千
印 张 34
书 号 ISBN 978-7-5461-8124-0
定 价 268.00 元

服务热线 0551-63533706

销售热线 0551-63533761

官方直营书店(https://hsss.tmall.com)

历史的镜鉴　治学的境界

（代序）

孙友虎先生是我的朋友，向以考辨史实为乐趣，并取得丰硕成果。近年来，先后出版《大清名宦李兆洛》《戴面具的军阀——苗沛霖和他的“天顺王国”》《问道淮商》《淮上史痕》等著作，丰沛的史料常常令人耳目一新。这缘于他的严谨治学。为了追踪溯源，他往往不惜路途遥远，耗资费时。遇有资料线索，其必苦心孤诣获之而后快。十数年前，我得知他一直在悉心收集宋朝吕氏家族的资料，也在刊物上见到了他的考据文章。他通过不懈的努力，现在终成这部文字量浩瀚的《北宋吕氏家族“一门三相”编年录》，我在捧读之余无限欣喜。从这些汇编清晰、来之不易的史料中，我们可以分享著作者的学术成果，同时可以获得继续研究的相关史料。从这个角度来说，作者为淮南史志工作的持续深入开展做出了独特贡献，赢得了方志同仁的深深敬意。

一

宋朝吕氏家族显赫一时，见载于史志的有八十人之多，其中北宋时期即有六十多人，知名度最高的是吕蒙正、吕夷简、吕公著“一门三相”。他们不仅是政坛名流，而且位极人臣，在北宋历史上建树颇多。此外，吕本中、吕祖谦等吕氏后学，是公认的学界宗师。整个宋代，吕氏家族可谓风光无限，冠盖满京华。北宋时期，由于寿州州治在下蔡（今凤台县）达五十年，北宋末年方移治寿春（今寿县），下蔡、寿春两城距离很近，互为依托，一直有“南北寿州”之说。正是这个原因，历代编纂的《寿州志》《凤台县志》都把吕氏作为望族而详加记述，并引以为骄傲。正是这个原因，淮南吕氏一门的显赫地位以及吕氏家族的所作所为，很早便受到作者的关注。他为此不惜耗费十数年功夫搜求资料，细加考证，其中的甘苦可想而知。

根据《宋史》记载，吕氏祖居京东路莱州（今属山东），见诸史载的吕梦奇入仕后唐，曾任户部侍郎。吕梦奇长子吕龟图，入仕后周，为起居郎，定居洛阳；次子吕龟祥，曾任寿州知州，有德政于地方，深受爱戴，遂定居寿州。由此，吕氏兄弟分别定居南北，但昆仲情深，往来不断，关系甚密。吕蒙正是吕龟图的长子，太平兴国二年（977），以进士第一名（状元）的优异成绩入仕，为将作监丞，升州通判，首开宋代吕氏家族荣耀之先河。

作为状元公，又正值风华正茂的32岁年纪，吕蒙正得到了太宗皇帝的格外垂青，这也为他的仕途发展奠定基础。史载，吕蒙正向皇帝辞行时，皇帝命令，政事如果有不便处理的，允许骑驿马前来上告并赐钱二十万。随后不久，其便调回京师，宋太宗亲征太原，召他到行宫晋见，任为著作郎、直史馆，加任左拾遗。太平兴国五年（980），宋太宗任命他为左补阙、知制诰。

吕蒙正的入仕，无疑极大地鼓舞了家族发展的士气。宋太宗雍熙二年（985），吕蒙正的堂弟、吕夷简的父亲吕蒙亨进士及第，因成绩优异，获评很高。但此时吕蒙正为相，为避嫌而没有参加廷试。同时避嫌不参加廷试的还有宰相李昉的儿子李宗谔等人。宋太宗无奈地说：“斯并势家与孤寒竞进，纵以艺升，人亦谓朕有私也。”由此可见，宋代初年政治环境相对清明，朝廷宁肯抑制并势之家，也不堵塞寒门子弟的上升通道。同时也说明，吕蒙正的春风得意并没有立即惠及家族。由于没有参加廷试，吕蒙亨只做了下蔡主簿、武平主簿这样的基层小吏。直到宋太宗至道元年（995），吕蒙正罢相，吕蒙亨因为考绩优秀才入朝任光禄寺丞、大理寺丞。

吕蒙正虽是后学，但与赵普、李昉先后共事，均获好评。李昉为人宽厚温和，不计旧恶，在相位时小心谨慎。他与吕蒙正一样，在相位几进几出，兢兢业业。吕蒙正被任命为中书侍郎兼户部尚书、同平章事、监修国史，正是在李昉首次被罢相之时。吕蒙正为人厚道宽容，以坚守正道自律。但他从不明哲保身，敢于犯颜直谏，讨论时政，遇有不公允之事则坚持反对意见。皇帝赞许他能无所隐瞒。连赵普这样的开国元老，与他同任宰相，对他的评价也很高。

吕蒙正不存私心，处事公允。卢多逊任宰相时，他的儿子刚出仕就授官水部员外郎一职，辅宰之子入仕起点从优成为常例。吕蒙正的儿子入仕时，他上奏说：“臣出身进士及第，出仕时只授九品京官。天下有才能的人，终生隐居于山林者多得很。现在，臣的儿子刚成年，获此宠任（指授官员外郎）实在不妥，请求以臣刚出仕时的官职补任他。”从此，宰相的儿子只授给九品京官，成为法定制度。

吕蒙亨入朝为官时，吕夷简年方20岁；真宗咸平三年（1000），吕夷简进士及第，入仕为山西绛州推官，时年25岁。吕夷简出生于寿州，彼时为吕蒙正入仕的次年，比吕蒙正小33岁，少年时期是在寿州度过的，是真正意义上的淮南人。

吕夷简入仕之时，吕蒙正被罢相。次年三月，他再次入居相位。吕夷简仍在绛州任上。

综观吕夷简的履历，入仕之后，经过多次外放和入京的历练，最终成为宋仁宗的肱股之臣。吕夷简的为官路径大致为：两出两入三度拜相。进士及第后，他担任绛州军事推官，稍后回京担任大理寺丞。这是第一次入京，算是初期的历练，用了8年时间。大中祥符年间（1008—1016），吕夷简出任通州通判、濠州通判，然后升为滨州知州，再升迁提点两浙刑狱，回京担任祠部员外郎。这一次的外放和入京，吕夷简已经渐露头角，表现出干臣本色。在任滨州知州时，吕夷简上疏免除农具税，真宗允准并颁行天下。担任祠部员外郎期间，吕夷简依据提点两浙刑狱时的案例，指出朝廷大规模营建宫观是劳民伤财，请求罢除冬季劳役。宋真宗赞许道："观卿奏，有为国爱民之心矣！"

20年光阴，吕夷简两出两入，从官场新人到勇于担当，敢做敢当，初步显现出干臣本色。乾兴元年（1022），吕夷简担任龙图阁直学士知开封府，参知政事，进入核心幕僚阶层。同年，宋仁宗即位，以给事中参知政事。天圣七年（1029），加同平章事、集贤殿大学士、昭文馆大学士、监修国史，始居相位。明道二年（1033）四月罢相，出任武胜军节度使，检校太傅同中书门下平章事，判陈州。吕夷简首次罢相的原因是，垂帘听政的刘太后去世，吕夷简长期与刘太后合作，有"太后党"嫌疑。然而，仅仅过了6个月，宋仁宗便召回吕夷简。明道二年十月，吕夷简任吏部尚书、昭文馆大学士、监修国史，再居相位。景佑四年（1037）四月，吕夷简再次罢相，以镇安军节度使、检校太师同中书门下平章事，判许州。吕夷简这次罢相的原因是基于与范仲淹的缠斗。范仲淹也是仁宗朝的政治强人，与吕夷简政见经常不合，相互指责结党营私，惹怒了仁宗而双双遭贬。康定元年（1040）五月，吕夷简再次回朝，以右仆射、门下侍郎同平章事、昭文馆大学士、监修国史，三居相位直至终老。

吕公著为寿州吕氏第四代中的佼佼者，也是吕氏家族的重要代表人物。吕公著是吕夷简的第三个儿子，历经仁宗、英宗、神宗、哲宗四朝，在官场风风雨雨

47 年，最终成为哲宗朝宰相，继承并光大了寿州吕氏的荣耀。

宋仁宗庆历二年（1042），吕公著进士及第，时年 24 岁。意气风发的吕公著初登仕途，希望有所作为，对于朝廷安排的试馆之职并不看好，要求到地方从底层官吏做起，担任颍州通判。此时，颍州知州为欧阳修，欧阳修年长吕公著 11 岁，十分赏识吕公著的才华，两人结为讲学之友，成为忘年之交。在普遍推重文学的宋代，吕公著受到过良好的家庭教育，幼年因嗜读而经常废寝忘食，具有真才实学，能言善辩。能得到自视甚高的欧阳修的赏识，表明吕公著确有过人之处。至和二年（1055），欧阳修出使契丹，在回答契丹国王的提问时，把吕公著推为"中国学行之士"首位。吕夷简在位时，对欧阳修等人多有排斥，欧阳修与吕公著却保持了很好的友谊。

两年后，其父吕夷简病逝，吕公著入朝担任吏部南曹一职，掌管吏部档案文书。不久，担任崇文院检讨、同判太常寺，成为皇帝身边的近臣。随后，升任天章阁待制兼侍读，为仁宗皇帝所看重。治平元年（1064），宋英宗即位，加龙图阁直学士，成为朝廷重臣。

吕蒙正、吕夷简、吕公著一门三相名副其实。吕氏三相在朝为官，重品行，识大体，处事公允，不结党营私，因而获得当朝赏识，官声颇佳。因政见不同，吕夷简、吕公著都有自己的所谓"政敌"，但他们主政时，对政敌只抑制而不打击。这也成为有宋一代的社会风气，即政治环境宽松，官员很少因言获罪而遭到迫害。许多政客同时也是文人墨客，即使赋闲在家，也可以从容词赋，留下锦绣文章。

二

年谱兼有编年和纪传体史书的共同特点，是中国传统史传类记述体裁的演变。学界一般认为它肇始于宋代，兴盛于明、清，民国以来，年谱依然是研究人物的重要载体，当代学界以名人年谱的形式进行资料汇编依然是十分常用的治学方式。清代学者孙诒让在《冒巢民先生年谱序》中指出："自北宋人以陶、杜之诗，韩、柳之文，按年为谱，后贤踵作，缀辑事迹以为书者日多。于是编年之例通于纪传，年经月纬，始末昭焯，此唐以前家史所未有也。"

作为一种治学手段，年谱遵循以时为经、以事为纬的体例。纪传体体裁当然也重时序，为了把传主写活，裁剪史料和表述形式可以有很大的选择性。年谱则不然,必须严格依照时间顺序来编列史料,举凡谱主的人生轨迹、主要建树、重大活动,都应该尽可能包容其中,以期汇集资料信息,做到不遗不漏。这一体例之所以受到后人的推崇,是由它独特的研究价值所决定的。时序性是年谱的最大特征,它为研究者提供了精细的经纬坐标。在浩瀚的历史文献中,有针对性地获取资料信息并不容易,年谱是考据学者的心血之作,它为历史研究的深入提供了重要帮助。

年谱遵循存疑必考、事无巨细的原则。纪传体的记述有相对空间,往往不需要做细致入微的考订。年谱则不然,为了澄清历史事实,只要遇到资料之间相互牴牾的现象,势必需要做出正确的抉择,这一过程往往需要耗时费力的考据功夫。治学严谨的学者总是不放过蛛丝马迹,善于考据的学者往往极具敏感性,可以依据海量的资料信息,做出符合历史事实的判断,让年谱这一看上去十分刻板的体裁有了别样光辉。正是如此,年谱对史料的取舍往往是十分严肃的,这是治学原则,也是一种文化责任与担当。

基于此,编纂年谱是一项浩大的文化工程。一方面,年谱是详细的资料汇编,需要搜集海量历史资料信息。年谱所记述的对象是进入公众视线的重要人物,往往事迹较多,社会贡献突出。从编纂人物传记的实践来看,要全面、清晰地记述一个人的一生并不容易,尤其是重要的历史人物,由于社会活动广泛,行止难以全面掌握,即使是见诸史载的林林总总,钩沉完备亦需要时间和精力。至于散见于私人笔记的冶游唱和、家事俗务,要一一考据清楚更为困难,需要细致入微的考据功夫。清初学者全祖望在《施愚山先生年谱序》中指出:“年谱之学,别为一家。要以巨公魁儒,事迹繁多,大而国史,小而家传、墓文,容不能无舛谬,所借年谱以正之。”要达到这样的要求着实不易。

另一方面,年谱必须准确地描述记述对象,需要高屋建瓴地了解记述对象。也就是说,在充分占有资料的基础上,编纂者还需要对所记述的历史人物有更为全面的认知,包括他的政治立场、思想观点、主要事迹、社会关系、社会贡献等等。这是静态资料信息之外的更高要求。吕氏三相虽然《宋史》有传,地方史志有其行止传记,家谱也有相应记载,众多的文献有所涉猎,但要准确无误地察考全部历史资料,其难度是可想而知的。

作者是一个有情怀的人。作者是土生土长的凤台人。凤台是下蔡故地,后周以及北宋时期,下蔡是寿州的州治。从下蔡到凤台,建置断断续续,有宋一朝自然是十分辉煌。寿州吕氏望族名门对地方士子多有影响。李兆洛在《(嘉庆)凤台县志・凡例》中指出:“蛇蛇吕公,人伦之宗。”他说的是吕龟祥,自他以后,吕氏家族代不乏人,称其“人伦之宗”并不为过。理清吕氏家族的修齐治平思想、作为,也是后学的文化自觉。第一轮地方志编纂工作中,我结识作者,他在潜心研究凤台人物,接谈之间,深厚的文化情结每每溢于言表。从他的许多作品中读者也能清楚地看到这一点。

作者是一个治学严谨的人。数十年间,作者节衣缩食,购置了几乎所有研究吕氏家族的书籍,到各大图书馆查阅资料线索,走访专门研究学者,利用网络工具联系相关文史工作者,搜集到了海量的资料,为其研究奠定了基础。资料的积累过程,也是精研考订的过程。由于资料众多且来源不一,一些记述口径并不一致,时间、地点、事迹、交往等乖误不一而足。为此,作者进行了大量的考订工作。多年来,作者做出了不少高质量的作品,关于吕氏的考据文章是其众多作品中受人关注的部分。正是这样的锲而不舍,最终成就了《北宋吕氏家族“一门三相”编年录》这一心血之作。作者知难而进的治学精神令人钦佩。

三

《北宋吕氏家族“一门三相”编年录》是系统解读淮南地区历史文化现象的一部力作。宋以前,淮南王刘氏家族影响巨大,传承至今的《淮南子》无疑是最重要的文化遗产。淮南王炼制豆腐的贡献已经深入寻常巷陌,成为居家生活的一部分,人们早已习以为常,但作为文化遗产的价值不可低估。淮南王刘氏家族之后,以望族名门而存在并产生持久影响的,首推宋代吕氏。清代的寿州孙氏家族、民国的淮南廖氏家族,作为文化现象都是值得研究的,但宋代吕氏家族无疑具有承上启下的历史地位。

《北宋吕氏家族“一门三相”编年录》是研究北宋早期社会状况的重要文献。中国历史上的王朝政治体制,宋代相对宽松。吕氏家族从太宗朝到哲宗朝先后为辅宰,前后历时一百一十多年,对朝政的影响是不言而喻的。特别是吕蒙正、吕夷简是北宋早期的重臣,在宋王朝政治体制的形成中,他们的智慧起到了相当作用。吕蒙正主要是在太宗、真宗时期任宰辅,深受信任,他的言行对于宋太宗和宋真宗的影响是很大的。

首先是勤修内政的治国主张得到贯彻。吕蒙正认为,治理国家的重点在于勤修内政,勤修内政则远人来附,社会自然安宁。他的这一为政主张,不仅得到了宋太宗的认可,也得到了宋真宗的首肯。吕夷简主要担任仁宗朝辅宰,他同样秉持勤修内政的政治主张。如果说,宋代勤修内政是一条基本方略,那么这一方略的制定与实施,吕氏家族做出了持之以恒的努力。其次,以安抚为主的睦邻政策得到执行。宋太祖"杯酒释兵权"以后,朝廷对于兵备持慎重态度,吕蒙正、吕夷简都是赵匡胤既定国策的贯彻执行者,主张安抚四邻,每年拿出一定数量的丝绸、织绢、布匹等,换得边境的安宁。吕夷简还把养兵的费用与"岁绢"的支出做对比,算了一笔账,结论是岁绢支出远远小于养兵费用。宋初,这样的国策基本上维持了与北方强邻的睦邻关系,但也种下了边备不修的恶果。再次,宋代对官员宽仁,注重发挥官员的积极性,与吕氏家族的政治影响同样是分不开的。

《北宋吕氏家族"一门三相"编年录》是研究宋代吕氏家族史的重要资料。首先,吕氏家族在淮南的影响持续数百年,不少人对吕氏家族的历史渊源、人物关系进行解读,由于资料相对不足,解读中出现错误在所难免。有此年谱资料,比较详细地解读了吕氏家族早期主要人物相互间的关系与交往,入仕时间、地点以及官阶称号等,为研究者提供了一份明细资料,也可以廓清既往的一些错误。其次,通过吕氏家族早期代表人物的行止,对于吕氏家族所坚守的人文价值也可以有直观认知。如以国家利益为重,而不苟营私利,重操行、讲真话、敢担当,吕氏家族这些良好的品行都不是停留在嘴上,而是落实在行动中。吕氏诸人无论居庙堂之高,还是处江湖之远,始终坚持政治操守,不趋炎附势;他们的履职表现,都体现了始终坚持勤修内政,为百姓谋福祉的干臣本色。这不仅仅表现在吕蒙正、吕夷简、吕公著身上,即使是位阶不高的吕氏子孙也都有所表现。在全社会反思中国传统优秀文化重要性的今天,认真研究吕氏的家族文化是具有现实意义的。

《北宋吕氏家族"一门三相"编年录》是研究淮南地区经济社会发展的重要史料。家族文化是地方文化的重要载体之一,家族文化也影响着地方经济社会的发展。淮南吕氏家族的崛起是一种文化现象,这一文化现象与本地的文化土壤关系密切。寿州一直是通衢大邑,历史上良吏贤宦众多,人心思贤。凡是为百姓谋实事、行善举的贤能官员，百姓都予以高度评价，如楚令尹孙叔敖，修筑芍陂水利工程，惠及万代千秋，百姓至今称颂；汉代的召信臣，官声显名于南阳，寿州故乡从不忘记，建祠以祀；时苗，东汉末寿春县令，因清风惠政，声名千年不朽。吕氏始迁祖吕龟祥，在寿州知州任上，留下惠政，百姓诚恳慰留。吕龟祥留恋寿州的人文环境，也感念百姓的爱戴，定居寿州，家族在此兴旺发达，进而影响了淮南文化发展的进程。这是相辅相成的。

从《寿州志》《凤台县志》的记述可知，后世各大世家受人称颂者，都有德政善举，这一方面是传统文化熏陶的结果，另一方面与以寿州为中心的淮南地区深厚的文化积淀是密不可分的。而舍弃文化传承，也就失却了应有的精神支柱，这样的教训不能不认真记取。

《北宋吕氏家族“一门三相”编年录》还校正了“吕蒙正住寒窑”这一长期流传于淮南地区的文化传说。“吕蒙正住寒窑”是一个传唱不衰的励志故事，民间传说“寒窑”便在八公山脚下，甚至有人会指认地点，言之凿凿。当初，吕蒙正的父亲吕龟图内眷很多，与嫡妻刘氏不和，把刘氏及吕蒙正一并赶出。吕蒙正母子非常穷困窘迫，便远走淮南投奔吕龟祥，然后便有了吕蒙正在八公山下寒窑苦读的传说。年谱的资料表明，吕蒙正入仕之前定居洛阳，并没有远赴寿州。作为一个文化传说，其生命力不容颠覆，却不可唐突信史。

《北宋吕氏家族“一门三相”编年录》是作者的又一力作，全书体例严谨，资料翔实，言之有理，持之有故，为我们理清了北宋早期吕氏诸贤的行止作为，弥补了地方史志研究的不足，校订了一些认知误区，具有重要的史料价值。吕氏家族在整个宋代一直是名门望族，无论是为官还是为学，都体现了扎实的道德修养和担当精神，值得学习和借鉴。作者的治学态度和担当精神同样值得学习和借鉴。

姚尚书

2018 年 12 月于淮南

凡　例

一、本《编年录》是对北宋吕蒙正、吕夷简、吕公著"一门三相"的行迹合谱。谱主名号、世系，系于生年；身后诸事，系于谱后。

二、所叙行迹，言必有证。以纪元为主，辅以公元纪年。月、日均采农历，干支纪日者，则据陈垣《二十史朔闰表》，标明具体日期。暂不能获取准确时间的，推定大致范围，附于某月、某季、某年之后，特殊情况以"大约"年份而名之。对个别谱主诗文时间模糊不清的，则置于谱末，待考，力争存真而不妄言。

三、《编年录》以时间为经，以人物为纬，全面叙述谱主行迹及与谱主关联者情形，辅以国事、家事、天下事，补选举、宰辅、政策、民声、亲友、家族等话题，呈现谱主成长环境，反映丞相之殊异、宦海之关联、个人之价值。

四、援引资料，一般只作摘录，引文省略处加省略号。常用资料，首次用全称，后采用简称，如《续资治通鉴长编》，简称为《长编》，《宋会要辑稿》简称为《宋会要》等；并对原题过长的神道碑铭、墓志铭，予以简称。

五、本书凡有辨正，加注、按、考。注者，对单条资料所涉及的时间、官职及与谱主的关系予以简要注解。按者，对与谱主有关人物的生年加按语，对所录资料及人物关系予以说明，以加深对谱主的认识；对涉及事项，予以补充说明，以利整体把握。考者，重点对不明的情形予以点明，以辨是非。

六、本书征引资料，以文渊阁《四库全书》本为主，佐以近年出版的点校本。其他文献资料，首次引证详注出处（作者、年代、版本），再次引证一般略写。附录有《主要参考文献》，以备查验。

目　录

后晋开运三年(946),吕蒙正1岁

二月一日,后晋发生日蚀现象。(《旧五代史》卷84《晋书·少帝纪》)

四月,"诸侯咸有异志"。(同上)

十一月三日,枢密使、中书侍郎兼户部尚书、平章事冯玉加尚书右仆射。(同上)

十二月,契丹灭晋,俘虏后晋出帝(石重贵)。(同上)

是年,取进士20人,诸科92人。(《文献通考》卷30《选举考三·举士》)

按:五代时期,后唐自唐明宗死后,内乱迭起。末帝想削弱当时最强大的藩镇——明宗女婿、河东节度使石敬瑭的势力。石敬瑭起兵反唐,并向契丹求援,终于建立晋朝,史称"后晋"。后晋于天福三年(938)十月,迁首都于汴州,升为东京开封府,以洛阳为西京,作为陪都。后晋时,叛乱相继。吕蒙正生于后晋开运三年,可谓生逢乱世。

是年,吕蒙正出生于莱州。

杜大珪《名臣碑传琬琰集》(以下简称《琬琰集》)上卷15富弼《吕文穆公蒙正神道碑》(《四库全书》本):"国初迁居洛,今遂为洛阳人。""大中祥符四年四月十九日,遂不起,年六十六。"

王明清《挥麈录·前录》卷2:"本朝名公多厄于六十六。韩忠献、欧阳文忠、王荆公、苏翰林,而秦师垣复获预其数,吕正惠、吕文穆亦然。"

江少虞《宋朝事实类苑》卷8《名臣事迹·吕文穆》:"公生于洛中祖第正寝,至易箦亦在其寝。其子集贤贰卿居简,平日亲与文莹语此事云。"(《玉壶清话》卷3)

吕时望《东莱吕氏宗谱序》:"吾姓兆自大禹。禹封太岳为吕侯,后因为氏,此一姓之总会,初不可考。惟在东莱者,犹琅琊之王、荥阳之郑,天下咸属耳目焉。五代周户部侍郎吕公梦奇,实居莱之军寨址庄,生子二,长龟图,官起居郎,后徙河南,子蒙正,以殿元仕至平章揭奚,斯作《宋史》,犹注为东莱人。次龟祥,子蒙亨,因官占寿州籍。蒙亨生夷简。夷简生正献公公著。公著生侍讲公希哲。希哲生好问,官资政殿学士,以恩仍封东莱郡侯。子文清公(按:吕本中)诣东莱创书院未成,(从)孙祖谦始告竣,官国史院编修,没后,朱子(按:朱熹)题

其墓云东莱吕氏。”①

东阳《吕氏宗谱》载，吕蒙正“祥符四年薨，享寿六十有六”。

《中国人名大词典》（商务印书馆，1980 年版）载，吕蒙正卒年为 1011 年，生年为 944 或 946 年。

按：今从《吕文穆公蒙正神道碑》，吕蒙正享年六十六岁。上推知其生年为后晋开运三年（946）。

考：《吕文穆公蒙正神道碑》系吕蒙正之子吕居简请富弼所撰，说“国初迁居洛，今遂为洛阳人”，可证吕蒙正出生地不在洛阳。《宋朝事实类苑》卷 8《名臣事迹 · 吕文穆》，误。其出生地当在莱州。

吕蒙正后入籍河南府，为河南府（今河南洛阳）人。

《吕文穆公蒙正神道碑》：“公讳蒙正，字圣功，河南人。”

曾巩《隆平集》卷 4《宰臣》：“吕蒙正，字圣功，河南人。”

王偁《东都事略》卷 32《吕蒙正传》：“吕蒙正，字圣功，河南人也。”

李焘《续资治通鉴长编》（以下简称《长编》）卷 18 太平兴国二年春正月“戊辰”（七日）条载：“戊辰，上御讲武殿……得河南吕蒙正以下一百九人。”

脱脱《宋史 · 吕蒙正传》：“吕蒙正字圣功，河南人。祖梦奇，户部侍郎。父龟图，起居郎。”

按：吕蒙正祖籍东莱，应试入籍河南府（《长编》卷 18）。

吕蒙正曾祖吕韬，仕唐，官河北道莫州州治莫县主簿，后因吕蒙正之故，赠太保；曾祖母，太原王氏，封许国太夫人。

李贤等《明一统志》卷 25：“五代吕梦奇：莱州人，仕唐累官至户部侍郎，子龟图，周起居郎，徙家河南。龟图弟龟祥，仕宋以殿中丞知寿州，因家焉。龟图子蒙正为宰相，蒙休举进士，官至殿中丞。龟祥子蒙亨举进士高等，累官大理寺丞；蒙巽虞部员外郎；蒙周进士及第。蒙亨子即宰相夷简。”②

韬生梦奇、鲁乾二子。（《中华吕姓 · 祖平公东阳象冈支》，中州古籍出版社 2003 年版）

---

①《东莱吕氏宗谱》，明万历戊午年吕时望编，清乾隆五十三年吕崇仁等续。所载世系与朱熹《吕氏世系谱序》相合。

②《万姓统谱》卷 75，所载与此同。

祖父梦奇，官户部侍郎，赠太保；祖母，颍川郡君陈氏，封邓国太夫人。（《吕文穆公蒙正神道碑》）

吕祖谦《东莱吕太史文集》卷14《东莱公家传》：“吕氏系出神农，受氏虞夏之间，更商、周、秦、汉、魏、晋，下逮隋、唐，或封或绝，五代之际始号其族为三院。言河南者，本后唐户部侍郎梦奇；言幽州者，本晋兵部侍郎琦；言汲郡者，本周户部侍郎咸休。其昭穆疏戚世远，轶其谱，而河南者祖[①]为最盛。河南之吕入国朝有为起居郎知泗州者，曰龟图，生蒙正，相太宗、真宗，谥文穆。起居之弟曰龟祥，尝为殿中丞，知寿州。寿州生蒙亨，终大理寺丞。寺丞生夷简，三相仁宗，与文穆仍以公开号于许，册拜太尉，就第薨，谥文靖。配享仁宗庙廷。文靖公有子五，而二至相辅。公弼事英宗、神宗，为枢密使，谥惠穆。公著事神宗、哲宗，历枢密副使、门下侍郎、尚书左仆射、司空平章军国事、申国公，谥正献。盖其自献公而上，勋德行治皆在太史氏。正献公三子，伯曰希哲，以经入侍哲宗崇政殿，封荥阳子。是实生公，用公贵，赠太子太保。公讳好问，字舜徒，荥阳公之冢子也。……诏提举临安府洞霄宫，建炎三年冬祀，进封东莱郡侯。敌骑比岁大入，江湖间群盗蜂起，公避地转徙于筠、于连、于郴、于全、于桂，靡有定止。绍兴元年七月丁酉，以疾薨于桂州，享年六十有八。讣闻，诏赠五官，恤礼视常典有加。八月壬申，藁葬于桂州城南之龙泉。子男五人：长本中，尝任中书舍人，直学士院，终于左朝奉郎，提举江州太平观；次揆中，终于郊社斋郎；次弸中，尝任驾部员外郎，终于右朝请郎，主管台州崇道观；次用中，尝任兵部员外郎，终于右朝奉大夫，主管台州崇道观；次忱中，尝任提举江南东路常平茶盐公事，终于右朝奉郎，知饶州。女一人，适右朝奉郎蔡兴宗。孙九人，曰大器、大伦、大猷、大凤、大阳、大同、大麟、大虬、大兴；曾孙十六人，曰祖谦、祖仁、祖俭、祖恕、祖重、祖宽、祖悫、祖平、祖新、祖节、祖宪、祖永、祖志、祖慈、祖义、祖忞。而大凤、大阳、大同、大兴皆早夭。”

《旧五代史·唐书》载，吕梦奇，后唐天成元年（926）六月己巳，“前幽州节度判官吕梦奇为右谏议大夫”（卷36），三年七月“以左谏议大夫吕梦奇为御史

①文中“祖”即指先代。《四库全书》本、《全宋文》本，均有“祖”字，但也有引文漏此字。此“祖”含有祖辈荣耀之赞叹，如先辈状元丞相吕蒙正，父子丞相吕夷简、吕公著等，并非指当下。对吕祖谦而言，居官宦世家，又有与朱熹、张栻并称“东南三贤”之名望，当系自谦。

中丞"(卷39),四年七月甲戌"御史中丞吕梦奇责授太子右赞善大夫"(卷40),长兴三年(932)正月"庚寅以前北京副留守吕梦奇为户部侍郎"(卷43)。

张方平《故推诚保德宣忠亮节崇仁协恭守正翊戴功臣开府仪同三司守太尉致仕上柱国许国公食邑一万八千四百户食实封七千六百户赠太师中书令谥文靖吕公神道碑铭并序》(庆历四年十一月,以下简称《吕文靖神道碑》):"大王父梦奇,唐兵部侍郎、北京副留守,以文穆贵,追赠太师。"

《万姓统谱》卷75《(五代)吕梦奇》:"莱州人,仕唐,累官户部侍郎。子龟图,周起居郎,徙家河南。龟图弟龟祥仕宋,以殿中丞知寿州,因家焉。"

万历三十二年《莱州府志》卷5《人物》"五代"条载:"吕梦奇,莱州人,仕唐,累官户部侍郎。子龟图,周起居郎,徙家河南。龟图弟龟祥,宋殿中丞,知寿州,因家焉。龟图子蒙正为宰相;蒙休举进士,官至殿中丞。龟祥子蒙亨举进士,累官大理寺丞;蒙巽虞部员外郎;蒙周进士及第。蒙亨子夷简为宰相。"

康熙五十一年《莱州府志》卷10《人物》:"五代唐吕梦奇,莱州人,仕唐,累官户部侍郎。子龟图,周起居郎,徙家河南。龟图弟龟祥,宋殿中丞,知寿州,因家焉。龟图子蒙正为宰相;蒙休举进士,官至殿中丞。蒙亨举进士,累官大理寺丞;蒙巽虞部员外郎;蒙周进士及第。蒙亨子夷简为宰相。"①

吕文清《河东吕氏宗谱》卷首:"梦奇居莱州,五代时仕于唐。"②

光绪十九年《掖县全志》载:"城北十里曰郎子埠,再十里曰军寨址,或古用兵处,无考,而实吕公梦奇故里也。村后古冢传为吕氏祖墓云。"

《中华吕姓·夷简公寿州传系》:"按《宁陵吕氏祖源考》载,延之曾孙镇居山西蒲阪(今永济县),镇之曾孙梦奇为五代晋户部侍郎,生二子,长龟图,登进士,为起居郎,仕太师,封郑国公。次龟祥登进士,官至兵部尚书,迁居寿州,为寿州始祖。"

按:吕梦奇,仕唐累官户部侍郎,亦说后仕晋、仕周,均为户部侍郎,或为转任,姑存之。

吕龟图是吕蒙正的父亲,娶刘氏女,并纳妾多名,名不详,生子蒙正、蒙休、

①乾隆二十三年《掖县志·政治》与此同。

②《河东吕氏宗谱》存卷首、卷2,清吕文清主编,光绪四年木活字版,现藏上海图书馆。

蒙叟、蒙壮。吕龟祥娶李氏女,生蒙亨、蒙巽、蒙周。

曾巩《隆平集》卷4《宰臣·吕蒙正》:吕蒙正“父龟图,仕至起居郎。初,龟图黜妻刘并蒙正。刘誓不改适,及蒙正莅官,迎二亲同堂异室,奉养并至,时称其孝”。

王珪《翰林侍读学士朝散大夫尚书右司郎中集贤殿修撰中都县开国伯食邑八百户护军赐紫金鱼袋特赠左谏议大夫吕公墓志铭》(以下简称《吕公绰墓志铭》):“翰林侍读学士东平吕公讳公绰,丞相文靖许国公长子也。……曾祖某,赠太师、尚书令兼中书令、祁国公。曾祖妣李氏,追封越国太夫人。祖某,赠太师、尚书令兼中书令、魏国公。祖妣王氏,追封荣国太夫人。父某,守太尉致仕、许国公、赠太师、尚书令兼中书令,谥文靖。妣马氏,秦国夫人,追封齐国太夫人。”(《全宋文》卷1157,第53册;《华阳集》卷51;《琬琰集》上集卷15)

《宋史·吕蒙正传》:“初,龟图多内宠,与妻刘氏不睦,并蒙正出之,颇沦踬窘乏,刘誓不复嫁。及蒙正登仕,迎二亲,同堂异室,奉养备至。”“龟图弟龟祥,殿中丞、知寿州。子蒙亨,举进士高等,既廷试,以蒙正居中书,故报罢。后历下蔡、武平主簿。至道初,考课州县官,蒙亨引对,文学、政事俱优,命为光禄寺丞,改大理寺丞,卒。次子蒙巽,虞部员外郎;蒙周,淳化进士及第。蒙亨子即夷简也。次子宗简,亦进士及第。”

《钦定续通志》卷306《吕蒙正传》:“吕蒙正字圣功,河南人。祖梦奇,户部侍郎,父龟图,起居郎。”

万历三十二年《莱州府志》卷5载,吕龟图官至“周起居郎”。

嘉靖《寿州志》卷7:“吕龟祥,其先河南人,父梦奇,户部侍郎,生子二,长龟图,次龟祥。宋太平兴国二年,龟祥登进士及第,为殿中丞、知寿州,有惠政及民,民爱留之,不忍舍去,遂家焉。”

康熙五十一年《莱州府志》卷10《人物》:“五代唐吕梦奇,莱州人,仕唐,累官户部侍郎。子龟图,周起居郎,徙家河南。龟图弟龟祥,宋殿中丞,知寿州,因家焉。龟图子蒙正为宰相,蒙休举进士,官至殿中丞。蒙亨举进士,累官大理寺丞;蒙巽,虞部员外郎;蒙周进士及第;蒙亨子夷简为宰相。”

光绪《寿州志》卷24《人物志》载,吕龟祥,“河南洛阳人。太平兴国二年登进士及第,为殿中丞。知寿州,有惠政,及去任,遂家焉。长子蒙亨,进士;次子蒙选，虞部员外郎；三子蒙周，进士及第。有家法，子孙贤而显贵"。

《吕氏新安宗志·姓源与新安直系传简略》载："龟图宋初迁洛，官起居郎。"（另见《中华吕姓》第三章第三节《姓源与新安直系传系简略》）

吕蒙正初封莱国公，进封徐国公，再进许国公。赠中书令，谥文穆。追赠太师兼尚书令、秦国公。

《吕文穆公蒙正神道碑》："（咸平）五年，册拜司空兼门下侍郎，明年感疾凡七上章求解政事，改太子太师，仍封莱国公，以告成泰山，进封徐国公。祠后土，又进封许国公。及薨，天子震，哭甚悲，不能视朝者三日，遣使吊祭，赙赐特厚，赠中书令，谥文穆。以诸子位于朝，累赠太师兼尚书令、秦国公。"

《春明退朝录》卷上载，吕蒙正位封国公之列："吕文穆，蔡、徐、许。"

脱脱《宋史·吕蒙正传》："（咸平）六年，授太子太师，封蔡国公，改封随，又封许。"

《宋史·吕蒙正传》："许国之命甫下而卒，年六十八。赠中书令，谥曰文穆。"

按：吕蒙正封蔡、随，属孤证，权存，待考。今从《吕文穆公蒙正神道碑》。

弟蒙休，咸平进士，殿中丞。（《宋史·吕蒙正传》）

弟蒙叟，乡贡进士，鄢城县主簿。（《长编》卷31淳化元年九月戊寅条）

弟蒙壮，乡贡进士，楚丘县主簿。（同上）

吕蒙正，初娶宋氏，再娶薛氏。

《吕文穆公蒙正神道碑》："初娶宋氏，封广平县；再娶薛氏，封谯国夫人。"

按：吕蒙正有十子六女（《吕文穆公蒙正神道碑》），除第六子失名，其他九子皆有名字与官爵。而《宋史·吕蒙正传》仅记子七人："子从简，再为国子博士；惟简，太子中舍；承简，司门员外郎；行简，比部员外郎；务简，亦国子博士；居简，殿中丞；知简，太子右赞善大夫。"缺易简、师简。今结合《神道碑》与《宋史》本传，录吕蒙正子女行迹如下：长子从简，曾为光禄寺丞、太子洗马，再为国子博士、驾部员外郎；次子知简，大理寺丞；三子惟简，太子中舍、库部郎中；四子承简，司门员外郎，虞部郎中；五子行简，比部员外郎、比部郎中；七子易简，奉礼郎；八子务简，国子博士、光禄少卿；九子居简，殿中丞、龙图阁直学士、尚书兵部侍郎；十子师简，司农少卿。

《万姓统谱》卷75《吕蒙正》:“……蒙正三居相位,累封许国公,子行简官至龙图阁直学士。”文中“子行简”,当为居简。吕居简去世前的职务是龙图直学士(《长编》卷218)。

女六人:其长女嫁光禄寺丞、直集贤院孙暨;次女嫁刑部侍郎、参知政事赵安仁;三女嫁太常博士周渐;四女嫁观文殿学士、尚书右丞丁度;五女早夭;六女嫁永州推官杨巽。

是年,张咏生,(宋祁《张咏行状》、钱易《张咏墓志铭》)**陈恕生。**(《长编》卷56景德元年五月“甲辰”条、《宋史》卷267本传)

按:张咏(946—1015),字复之,号乖崖。累擢枢密直学士,真宗时官至礼部尚书;陈恕(946—1004),字仲言,有子执中。《宋史·陈执中传》:“子世儒,官至国子博士,妻李与群婢杀世儒所生母,世儒与谋,皆弃市”。陈恕之孙(即陈执中之子)。陈世儒之母是吕夷简的孙女。

是年,赵普25岁,(张其凡《赵普年表简编》)**赵匡胤20岁,**(宋李攸《宋朝事实》卷1、《中国历史大辞典·宋史》)**赵匡义8岁,**(《宋朝事实》卷1、《中国历史大辞典·宋史》)**田锡7岁,**(《中国历史大辞典·宋史》)**张齐贤5岁,**(《宋史》本传)**温仲舒3岁。**(《宋史》本传)

按:吕蒙正,太祖(赵匡胤)朝为举人,太宗(赵匡义)朝中状元,赵普后来提携过他,刘昌言与其有赠诗;田锡,著名政治家,宋代文学的开拓者和奠基人之一,历任左拾遗、河北转运副使,右谏议大夫,史馆修撰等职,因忤宰相吕蒙正,曾被贬知陈州;张齐贤、温仲舒未仕前,与吕蒙正均有交情,《宋史·温仲舒传》载:“少与吕蒙正契厚,又同登第。仲舒黜废累年,蒙正居中书,极力援引,及被任用,反攻蒙正,士论薄之。”

后汉高祖天福十二年(947),吕蒙正2岁

二月一日,契丹改国号为大辽。刘知远即帝位于太原,是为后汉高祖,“制改晋开运四年为天福十二年”。(《旧五代史》卷99《汉书·高祖纪》)

三月十七日,契丹主北返。(同上)

四月九日，苏逢吉、苏禹珪为相。（同上）

六月，刘知远入洛阳，复都大梁，建后汉。（《旧五代史》卷100《汉书·高祖纪》）

闰七月十九日，杨邠为枢密使，郭威为副枢密使。（同上）

九月二十三日，宰臣苏逢吉兼户部尚书，加左仆射、监修国史，宰臣苏禹珪兼刑部尚书，加右仆射、集贤殿大学士，并以吏部尚书窦贞固为守司空兼门下侍郎、平章事、宏文馆大学士，翰林学士、行中书舍人李涛为中书侍郎兼户部尚书、平章事。（同上）

是年，取进士25人，诸科155人。（《文献通考》卷30《选举考三·举士》）

后汉隐帝乾祐元年（948），吕蒙正3岁

正月五日，大赦天下，改天福十三年为乾祐元年；二十七日，后汉高祖刘知远崩。（《旧五代史》卷101《汉书·隐帝纪》）

二月一日，皇子周王承祐即位。（同上）

三月，河中李守贞谋叛，李涛罢相。（同上）

四月三日，杨邠拜相，郭威为枢密使，三司使王章加检校太尉、同平章事。（同上）

六月一日，日食。（同上）

七月十三日，郭威加同平章事。（同上）

九月七日，郭威破河中府叛军于城下。（同上）

是年，取进士23人，诸科179人。（《文献通考》卷30《选举考三·举士》）

乾祐二年（949），吕蒙正4岁

七月，收复河中府。（《旧五代史》卷102《汉书·隐帝纪》）

九月，枢密使郭威检校太师兼侍中，宰臣窦贞固加守司徒，苏逢吉加守司空，苏禹珪加左仆射，杨邠加右仆射，依前兼枢密使。（同上）

十月一日，契丹入寇。（同上）

十二月十三日，“破淮贼于正阳”。（同上）

是年，取进士19人，诸科80人。（《文献通考》卷30《选举考三·举士》）

是年，向敏中生。（《宋史》卷282本传、《东都事略》卷41本传、《宋史》卷210《宰辅表》）

按：向敏中（949—1020），字常之，开封（今河南开封）人。曾与吕蒙正并相，有交往。

乾祐三年（950），吕蒙正5岁

十一月十三日，杨邠被杀，并令害郭威等，以宰臣苏逢吉知枢密院事。（《旧五代史》卷103《汉书·隐帝纪》）

十二月一日，郭威领大军北征；四日，范质为枢密副使。（同上）

是年，取进士17人，诸科84人。（《文献通考》卷30《选举考三·举士》）

是年，宋湜生。（《长编》卷46、王偁《东都事略》卷37本传）**郭延卿约生于是年。**（李裕民《宋人生卒行年考》，中华书局2010年版）

按：宋湜（950—1000），字持正。雍熙三年（986）以右补阙知制诰，同知贡举，判刑部。至道元年（995）为翰林学士，知判官院，兼修国史。真宗咸平元年（998）迁给事中，充枢密副使；少时，吕蒙正与郭延卿（约950—1031后）有交往，后吕蒙正曾举荐之。

后周太祖广顺元年（951），吕蒙正6岁

正月五日，郭威灭后汉，即皇帝位，建后周，是为太祖；仍以东京开封为都城，以西京洛阳为陪都。（《旧五代史》卷111《周书·太祖纪》；《中国通史》第七卷《中古时代五代辽宋夏金时期》，白寿彝总主编，陈振主编，上海人民出版社2015年版）

六月，以枢密使王峻为尚书左仆射兼门下侍郎、同平章事、监修国史、充枢密使，以枢密副使、尚书兵部侍郎范质为中书侍郎、同平章事、充集贤殿大学士，

以户部侍郎、判三司李榖为中书侍郎、同平章事、判三司;窦贞固、苏禹珪并罢相守本官;宰臣范质参枢密院事。(《旧五代史》卷111《周书·太祖纪》)

是年,取进士13人,诸科87人。(《文献通考》卷30《选举考三·举士》)

祖父吕梦奇仕唐,累官户部侍郎;仕后周,仍为户部侍郎。

张方平《吕文靖神道碑》:"公讳夷简,字坦夫,文穆公之从子。太岳之后,流光源深。大王父梦奇,唐兵部侍郎、北京副留守,以文穆贵,追赠太师。"

万历《东莱吕氏宗谱序》:"五代周户部侍郎吕公梦奇,实居莱之军寨址庄,生子二,长龟图,官起居郎,后徙河南。子蒙正,以殿元仕至平章,揭奚斯作《宋史》,犹注为东莱人。"

康熙五十一年《莱州府志》卷10《人物》:"五代唐吕梦奇,莱州人,仕唐,累官户部侍郎。子龟图,周起居郎,徙家河南。"

《中华吕姓》之《夷简公寿州传系》:"按,《宁陵吕氏祖源考》载,延之曾孙镇居山西蒲阪(今永济县),镇之曾孙梦奇为五代晋户部侍郎。"

按:吕梦奇,为后唐户部侍郎、晋户部侍郎,后汉时未见任职,后周建国时仕周,仍任原职。其任当在开国之初,以示开明纳贤。故置于是年。

是年,晁迥生。(《长编》卷115宋仁宗景祐元年"九月"条、《东都事略》卷46本传)

按:晁迥(951—1034),咸平五年(1002),吕蒙正曾举荐之。

广顺二年(952),吕蒙正7岁

正月,慕容彦超求援于淮南,淮南伪主李景发兵援救。(《旧五代史》卷112《周书·太祖纪》)

二月,河东贼军寇境。(同上)

三月十二日,郑仁诲为枢密副使。(同上)

四月一日,日食。(同上)

十一月,淮南所署湖南节度使边镐、岳州刺史宋德权并弃城遁去。(同上)

是年,取进士13人,诸科66人。(《文献通考》卷30《选举考三·举士》)

后周初，吕蒙正之父吕龟图可能进士及第。

《中华吕姓》载有《夷简公寿州传系》：“按《宁陵吕氏祖源考》载，延之曾孙镇居山西蒲阪（今永济县），镇之曾孙梦奇为五代晋户部侍郎，生二子，长龟图，登进士，为起居郎，仕太师，封郑国公。次龟祥登进士，官至兵部尚书，迁居寿州，为寿州始祖。”

按：后周开科取士始于周太祖广顺元年（951）。龟图中进士后入仕，需若干年历练，官后周起居、知泗州（大约在显德五年、六年期间，后文有论述）。故推知吕龟图大约于后周初进士及第。

广顺三年（953），吕蒙正8岁

二月十四日，宰相兼枢密使王峻被贬。（《旧五代史》卷112《周书·太祖纪》）

三月五日，枢密副使郑仁诲改任澶州节度使，王仁镐兼枢密副使。（《旧五代史》卷113《周书·太祖纪》）

四月五日，禁沿边民户鬻兵仗与番人。（同上）

十月三日，以中书令冯道为南郊大礼使。（同上）

十一月五日，废共城稻田务，任人佃莳。（同上）

是年，取进士10人，内落下2人，诸科83人。（《文献通考》卷30《选举考三·举士》）

后周世宗显德元年（954），吕蒙正9岁

正月，郭威死，柴荣即位，是为世宗。郑仁诲为枢密使，加同平章事，宰臣冯道加守太师，范质加左仆射监修国史，李穀加右仆射、集贤殿大学士，以王溥为中书侍郎、平章事，魏仁浦为枢密副使。（《旧五代史》卷114《周书·世宗纪》）

三月，高平之战，世宗击破北汉军。（同上）

七月二十三日，魏仁浦为枢密使。（同上）

是年，取进士20人，诸科121人。（《文献通考》卷30《选举考三·举士》）

是年，王禹偁生。（王禹偁《小畜集》卷1《罔极赋》、《长编》卷49）

按：王禹偁（954—1001），北宋白体诗人、散文家、史学家。字元之。与吕蒙正有交往，代吕蒙正作过上表。

显德二年（955），吕蒙正10岁

四月十三日，诏“应自外新除御史，未经朝谢，行过州府，不得受馆驿供给及所在公礼”。（《旧五代史》卷115《周书·世宗纪》）

五月四日，回鹘遣使来贡。（同上）

八月十一日，中书侍郎、平章事、判三司景范罢判三司，加银青光禄大夫，依前中书侍郎、平章事，进封开国伯。（同上）

九月一日，诏禁天下铜器，始议立监铸钱。（同上）

十一月，讨伐南唐之淮南。（同上）

十二月二十二日，枢密使郑仁诲卒。（同上）

是年，取进士16人，诸科116人。（《文献通考》卷30《选举考三·举士》）

显德三年（956），吕蒙正11岁

二月，周世宗用兵淮南，赵匡胤率军攻克滁州。（《旧五代史》卷116《周书·世宗纪》）

九月十七日，王朴为枢密副使。（同上）

十一月一日，诏废天下无名祠庙。（同上）

是年，取进士6人，诸科29人。（《文献通考》卷30《选举考三·举士》）

显德四年（957），吕蒙正12岁

二月十六日，以枢密副使王朴为权东京留守兼判开封府。（《旧五代史》卷

117《周书·世宗纪》）

五月十一日，赵匡胤从世宗征淮南还，拜滑州节度使、检校大保，仍为殿前都指挥使。（同上）

八月二十一日，李榖罢相，王朴为枢密使。（同上）

十月、十一月，赵匡胤随世宗征濠州、泗州等，皆平定。（同上）

是年，取进士10人，诸科35人。（《文献通考》卷30《选举考三·举士》）

是年，诏许民自造米醋。（《文献通考》卷17《征榷考四·榷酤·禁酒》）

是年，王旦生。（欧阳修《欧阳文忠公文集·居士集》卷22《太尉王文正公神道碑铭》）

按：王旦（957—1017），字子明。太平兴国五年（980）进士。景德三年（1006），除工部尚书、同中书门下平章事、集贤殿大学士，谥“文正”。王旦曾举荐过吕夷简，吕夷简次子吕公弼娶王旦之女，王旦之子王雍娶吕夷简之女。

显德五年（958），吕蒙正13岁

三月，周世宗平定淮南，得十四州。（《旧五代史》卷118《周书·世宗纪》）

五月十一日，因平淮南功，赵匡胤领忠武节度使，仍为殿前都指挥使。（同上）

八月二十三日，江南李景上表请降，未允。（同上）

是年，取进士15人，内落下7人，诸科72人（《文献通考》卷30《选举考三·举士》）。

是年，苏易简生，（《长编》卷40、《东都事略》卷35本传）**赵安仁生。**（《宋史》本传）

按：苏易简（958—996），字太简。宋太宗太平兴国五年状元。历知审官院、审刑院，迁给事中，拜参知政事。曾举荐吕夷简的岳父马亮。赵安仁（958—1018），字乐道，吕蒙正的二女婿。“赵普、沈伦、李昉、石熙载咸推奖之。雍熙二年，登进士第，补梓州榷盐院判官，以亲老弗果往。”（《宋史》卷287本传）后官至参知政事。

显德六年(959),吕蒙正14岁

二月,发丁夫浚汴河、导蔡河。(《旧五代史》卷119《周书·世宗纪》)

三月十五日,枢密使王朴卒。(同上)

六月十五日,宰臣范质、王溥并参知枢密院事,以枢密使魏仁浦为中书侍郎、平章事、集贤殿大学士,吴延祚为枢密使;罢张永德殿前都点检,升赵匡胤为检校太傅、殿前都点检;周世宗柴荣病死,子宗训即位,是为恭帝。(同上)

七月十九日,赵匡胤领归德军节度使,仍兼殿前都点检。(同上)

大约是年,吕蒙正之父吕龟图,官后周起居郎知泗州。

吕祖谦《东莱吕太史文集》卷14《东莱公家传》:“河南之吕入国朝,有为起居郎知泗州者,曰龟图。”

凌迪知《万姓统谱》(《四库全书》本)卷75五代吕梦奇条载:“莱州人,仕唐,累官至户部侍郎。子龟图,周起居郎,徙家河南;龟图弟龟祥仕宋,以殿中丞知寿州,因家焉。”

《明一统志》(《四库全书》本)卷25《莱州府·人物》:“五代吕梦奇,莱州人,仕唐累官户部侍郎,子龟图,周起居郎,徙家河南。”

按:起居郎,宋前期无职守,为文臣迁转叙禄官阶,依唐制为从六品上。

考:泗州,于显德四年(957)被后周攻下。龟图任泗州知州,当是显德五年、六年期间之事。且是年为后周年号的最后一年,权置于此。

是年,取进士10人,诸科50人(《文献通考》卷30《选举考三·举士》)。

是年,马亮生(《琬琰集》中集卷1晏殊《马忠肃公墓志铭》)。

按:马亮(959—1031),字叔明,为吕夷简的岳父。

宋太祖建隆元年(960),吕蒙正15岁

正月五日,契丹合北汉入寇,赵匡胤“陈桥兵变”建国号为宋,改周显德七年为建隆元年。(《皇宋十朝纲要》卷1)

按:后周显德七年正月改为建隆元年。据《宋朝事实》卷1,太祖讳匡胤,“显

德七年正月四日，受周禅”。当时与北宋并存的诸割据政权，只有吴越、南唐、荆楚奉正朔，而后蜀、南汉、北汉等仍有自己的纪年年号，并不承认宋的正统地位。

二月五日，周宰相范质守司徒兼侍中，王溥加司空，魏仁浦加尚书右仆射，枢密使吴延祚同中书门下。（《宋宰辅编年录校补》卷1）

二十日，中书舍人扈蒙权知贡举。取进士19人，状元杨砺（《宋会要·选举一·贡举一》、《文献通考》卷32《选举考五·举士》）。

四月十六日，昭义军节度使李筠叛降北汉。（《皇宋十朝纲要》卷1）

五月十九日，下诏亲征李筠。（同上）

八月十七日，立皇后王氏。（同上）

同日，赵普任枢密副使。（《宋宰辅编年录校补》卷1）

九月李重进叛，求援于南唐，唐主不敢受。（《皇宋十朝纲要》卷1）

十月二十一日，下诏亲征李重进。（同上）

十一月，李重进在扬州自焚，南唐主遣使犒师。（同上）

约于是年，吕蒙正随父居洛阳城。

《吕文穆公蒙正神道碑》载，吕蒙正“国初迁居洛，今遂为洛阳人也”。

万历《莱州府志·人物志》：“（吕梦奇）子龟图，周起居郎，徙家河南。”

《吕氏新安宗志·姓源与新安直系传简略》：“龟图宋初迁洛，官起居郎。”

按：宋建国于公元960年。《神道碑》之说法，当信。宋初，吕蒙正随母亲由莱州到洛阳投父时，最少有十五岁。

是年，钱若水生。（《宋史》卷266本传）

按：钱若水（960—1003），字澹成，一字长卿。未仕前，与吕蒙正有交往。幼聪悟，十岁能属文。雍熙中，登进士第，起家同州观察推官。迁简易大夫，同知枢密院士。后拜邓州观察使、代经略史知并州事。卒，谥宣靖。

是年，赵匡胤34岁，赵光义（后来即位的宋太宗）22岁；后蜀主孟昶42岁；南唐李昪45岁，李煜24岁；吴越王钱俶34岁。（曾枣庄《〈西昆酬唱集〉诗人年谱简编》）

建隆二年(961),吕蒙正16岁

正月二十二日,发开封府陈、许民夫数万导蔡水南入颍河。(《皇宋十朝纲要》卷1)

二月七日,南唐主李景迁都南昌。(《皇宋十朝纲要》卷1)

十日,工部尚书窦仪权知贡举。取进士11人,状元张去华。(《宋会要·选举一·贡举一》、《文献通考》卷32《选举考五·举士》)

六月二日,南唐主李景卒,李煜立,以丧还金陵。(同上)

七月九日,始用赵普之谋,罢石守信、高怀德等军职。(同上)

九月三日,契丹解利等来降。(同上)

十一月,晋州言在汾西打败北汉军。(同上)

十二月,潞州言打败北汉军。(同上)

建隆三年(962),吕蒙正17岁

三月十九日,翰林学士王著权知贡举。取进士15人,状元马适。(《宋会要·选举一·贡举一》、《文献通考》卷32《选举考五·举士》)

六月七日,吴延祚罢枢密使。(《宋宰辅编年录校补》卷1)

八月十日,“复置拔萃科”。(《皇宋十朝纲要》卷1)

十月十七日,赵普任枢密使,李处耘任枢密副使。(《宋宰辅编年录校补》卷1)

十二月,每县设县尉一员,受理盗讼;按县户数的差别置弓手不等。于是,节度使的权力被限于城郭之内。这是赵普之谋。(张其凡《赵普年表简编》)

是岁,钱惟演生,(唐圭璋《两宋词人时代先后考》)**寇准生。**(《琬琰集》上集卷2孙抃《寇忠愍公准旌忠之碑》;《忠愍集》有寇准《述怀》“十九中高等,弱冠司国章”;魏泰《临汉隐居诗话》)

按:钱惟演(962—1034),少时好学,曾赋《远出》诗,有“高为天一柱,秀作海山峰”句。太平兴国三年(978),随父降宋。宋真宗时,招入学士院。咸平初,任太仆少卿，进《咸平圣政录》。景德中，入直秘阁，修《册府元龟》。仁宗时，拜枢密使。吕公著之子吕希绩娶钱惟演之孙女、钱暄之女。寇准(962—1023)与吕蒙正有交往。寇准，字平仲。太平兴国五年(980)进士，直言敢谏。景德元年(1004)拜同中书门下平章事，力主真宗亲征抗辽，终得议和。[元]王实甫《吕蒙正风雪破寒窑》，说寇准为兄、吕蒙正为弟，早年相识，显然与史有误。

乾德元年(963)，吕蒙正18岁

二月九日，平定荆南，得州三、县十七。(《皇宋十朝纲要》卷1)

二十二日，枢密直学士薛居正权知贡举。取进士8人，状元苏德祥。(《宋会要·选举一·贡举一》、《文献通考》卷32《选举考五·举士》)

按：《宋会要》载为建隆四年，与乾德元年同年。

三月二十六日，平定湖南，得州十五、监一、县六十六。(同上)

四月，初置通判，以分节度、刺史之权。(同上)

六月，初命朝臣任知县。(同上)

七月二十九日，颁重定《刑统》《编敕》。(同上)

九月十八日，李处耘罢枢密副使。(《宋宰辅编年录校录补》卷1)

十月二日，诏天下造板籍及户帖、钞。(《皇宋十朝纲要》卷1)

乾德二年(964)，吕蒙正19岁

正月十一日，范质、王溥、魏仁浦并罢政事；十三日，赵普拜相，李崇矩任枢密使；二十二日，王仁赡为枢密副使。(《宋宰辅编年录校补》卷1)

三月二日，翰林学士承旨、礼部尚书陶榖知贡举。取进士8人，状元李景阳；制科1人。(《宋会要·选举一·贡举一》、《文献通考》卷32《选举考五·举士》)

四月十九日，初置参知政事，以薛居正、吕余庆并为之。(《皇宋十朝纲要》卷1)

十一月，王全斌等率兵伐蜀。(同上)

是年，梅询生，[欧阳修《欧阳文忠公文集》卷27《翰林侍读学士给事中梅公墓志铭(讳询)》：梅询“以疾出知许州，康定二年六月某日，卒于官”，“享年七十有八以终”。宋陈天麟《许昌梅公年谱》载，乾德三年(965)，“二月壬寅朔，公生于州城之东门泮宫之西街第”。今从前者，因《墓志铭》系梅询亲侄梅尧臣托请所写，当为真]**张士逊生。**(《中国历史大辞典·宋史》)

按：梅询(964—1041)，与吕蒙正侄吕夷简曾同在濠州为官相知。张士逊(964—1049)，字顺之。太宗淳化三年(992)举进士，历江南、广东、河北转运使、礼部尚书、刑部尚书、同中书门下平章事、集贤殿大学士。康定元年(1040)拜太傅，封邓国(今河南邓县一带)公致仕。吕夷简之子吕公弼娶张士逊之女。

乾德三年(965)，吕蒙正20岁

正月二十二日，蜀主孟昶投降，平定蜀地。(《皇宋十朝纲要》卷1)

二月十五日，知制诰卢多逊权知贡举。取进士7人，状元刘察。(《宋会要·选举一·贡举一》、《文献通考》卷32《选举考五·举士》)

是月，命参知政事吕余庆权知成都府，枢密直学士冯瓒权知梓州。(《宋史·太祖本纪》)

八月一日，收各道兵骁勇者入禁军。(《皇宋十朝纲要》卷1)

十二月一日，“始令妇为舅姑服三年”。(同上)

乾德四年(966)，吕蒙正21岁

正月，讨西川；北汉寇边，命西北诸镇出师。(《皇宋十朝纲要》卷1)

二月十七日，礼部员外郎王祐权知贡举。取进士6人，状元李肃；制科2人。(《宋会要·选举一·贡举一》、《文献通考》卷32《选举考五·举士》)

五月、八月，河决。(《皇宋十朝纲要》卷1)

十一月二十三日，“宽盐禁”。(同上)

是年，鲁宗道生，(《全宋诗》第2册)**丁谓生**(《长编》卷120景祐四年“己亥”条、《隆平集》卷4《丁谓传》)。

按:鲁宗道(966—1029),字贯之。仁宗朝,参知政事。刚正敢言,贵戚大臣皆惮之,目为“鱼头参政”。鲁宗道娶吕蒙亨之女,是吕夷简的姐夫。吕夷简之子吕公著又是鲁宗道的女婿。吕公著之子吕希哲又娶鲁宗道外孙女(女婿张昷之之女)。丁谓(966—1037),字谓之,后更字公言。任参知政事、枢密使、同中书门下平章事等,与吕夷简有交往。

乾德五年(967),吕蒙正22岁

正月二十五日,王仁赡罢枢密副使。(《宋宰辅编年录校补》卷1)

二月六日,沈义伦任枢密副使。(同上)

十三日,知制诰卢多逊权知贡举。取进士10人,状元刘蒙叟。(《宋会要·选举一·贡举一》、《文献通考》卷32《选举考五·举士》)

三月十七日,赵普加尚书左仆射兼门下侍郎,充昭文馆大学士。(《皇宋十朝纲要》卷1)

是年,吕蒙正居于洛阳东南之“寒窑”。

《吕文穆公蒙正神道碑》:“始公少时,考妣以口舌偶相戾,遂以异处,然情义内笃,交誓不复嫁娶。考后连佐边幕,妣居洛中,并留公侍焉。公每感叹愤懑,绝迹于龙门山,躬事薪汲,力奉慈养,而且痛自刻责以为业,昼夜漏相接,未始少懈。尝泣泪满所读书,而恍恍,日若无以为生者,如是数年,学益富,文益奇,声动天下,士友益附。”

按:[清]陆继辂、魏襄《洛阳县志》卷16载有“寒窑”之信息:“吕文穆公土室:在相公庄,相传蒙正贫栖处。”

考:从《吕文穆公蒙正神道碑》知,吕蒙正少时父母分居,吕蒙正随母居于洛中;父亲“佐边幕”,守边关,其职务不清。后来,移居龙门苦读成才。这说明吕蒙正居洛中,是发生在居龙门之前的事。其居龙门始于开宝元年(968),故推知其居洛中,尤其是居“寒窑”当不迟于是年。

开宝元年(968),吕蒙正23岁

三月七日,增修县令、尉捕贼功过令,颁行之。(《长编》卷9)

八月十七日,命李继勋等率兵攻北汉。(《皇宋十朝纲要》卷1)

十一月二十四日,大赦,改元。(同上)

十二月二日,赵恒(宋真宗)生于开封府第。(《皇宋十朝纲要》卷3)

是年,取进士11人,状元柴成务。(《宋会要·选举一·贡举一》、《文献通考》卷32《选举考五·举士》)①

是年,吕蒙正侍母亲,居洛阳之龙门利涉院土室,并开始苦读。

《吕文穆公蒙正神道碑》:"始公少时,考妣以口舌偶相戾,遂以异处,然情义内笃,交誓不复嫁娶。考后连佐边幕,妣居洛中,并留公侍焉。公每感叹愤懑,绝迹于龙门山,躬事薪汲,力奉慈养……"

吴处厚《青箱杂记》卷1:"洛阳龙门有吕文穆公读书龛,云文穆昔尝栖偃于此。初有友二人,一人则温尚书仲舒,一人忘其姓名,而三人誓不得状元不仕。及唱第,文穆状元,温已不意,然犹中甲科,遂释褐。其一人径拂衣归隐。后文穆作相,太宗问:'昔谁为友?'文穆即以归隐者对。遽以著作佐郎召之,不起。故文穆罢相尹洛,作诗曰:'昔作儒生谒贡闱,今提相印出黄扉。九重鹓鹭醉中别,万里烟霄达了归。邻叟尽垂新鹤发,故人犹著旧麻衣。洛阳谩道多才子,自叹遭逢似我稀。'所谓'故人',盖斥其反归隐者。"

邵伯温《邵氏闻见录》卷7:"吕文穆公讳蒙正,微时于洛阳之龙门利涉院土室中,与温仲舒读书,其室中今有画像。有诗云:'八滩风急浪花飞,手把渔竿傍钓矶。自是钓头香饵别,此心终待得鱼归。'又云:'怪得池塘春水满,夜来风雨起南山。'后状元及第,位至宰相,温仲舒第三人及第,官至尚书。公在龙门时,一日,行伊水上,见卖瓜者,意欲得之,无钱可买。其人偶遗一枚于地,公怅然取食之。后作相,买园洛城东南,下临伊水,起亭,以'噎瓜'为名,不忘贫贱之义也。"

---

①《宋会要》记为乾德六年,与开宝元年同年。

叶梦得《避暑录话》卷3:“吕文穆公父龟图与其母不相能,并文穆逐出之,羁旅于外,衣食殆不给。龙门山利涉院僧识其为贵人,延致寺中,为凿山岩为龛居之。文穆处其间九年乃出,从秋试,一举为廷试第一。是时,会太宗初与赵韩王议,欲广致天下士以兴文治而志在幽燕,试《训练将士赋》。文穆辞既雄丽,唱名复见容貌伟然。帝曰:‘吾得人矣。’自是七年为参知政事,十二年而相。其后诸子即石龛为祠堂,名曰肄业,富韩公为作记云。”

《宋史·吕蒙正传》:“初,龟图多内宠,与妻刘氏不睦,并蒙正出之,颇沦踬窘乏,刘誓不复嫁。”

王士禛《香祖笔记》卷10(《四库全书》本):“《避暑录》言:吕文穆蒙正为父龟图所逐,衣食不给。龙门寺僧识其贵人,延至寺中,凿山岩为龛以居之,凡九年。后诸子即石龛为祠堂,名曰肄业,富文忠为之记。今人以传奇有破窑之说,志书亦沿俗论,但言窑而不知有龛,并龙门僧亦湮没不传,可惜也。”

按:吕蒙正住寒窑苦读成才的故事在我国可谓妇孺皆知,并颇有民间“高度”,如[元]王实甫《吕蒙正风雪破窑记》、[明]传奇《彩楼记》等,文中刘月娥(刘小姐)抛绣球招亲吕蒙正,实际上吕蒙正的“初妻”为宋氏。蒙正父龟图,“初多内宠,与妻刘氏不睦,并蒙正出之”(《宋史》卷265《吕蒙正传》)。蒙正母子流落何处?目前有两种说法:一是寿州(治所在今安徽凤台)之龟山。吕蒙正的叔叔吕龟祥“知寿州。有惠政及民,民爱留之,不忍舍之,遂家焉”(嘉靖《寿州志·名贤列传》)。《寿县志》①称其“卒葬于此。② 墓与碑今均不存,墓地前之石屋、石床、石台陈迹尚可辨,有传此为当年吕公读书处,俗传亦称吕蒙正寒窑”;“蒙正未及第前,危难时,与母来其叔父龟祥处,传为‘吕蒙正寒窑’故事,是有可能的”。《八公山志》③在“古墓”条中称,吕蒙正的侄子吕夷简也依靠该“寒窑”苦读,“传说吕夷简幼年也曾苦读于龟山石屋,石屋残迹今犹存,在龟山东坡上,当地山民不知根底,谓之‘和尚坟’”。二是洛阳之龙门。邵伯温《邵氏闻见录》、叶梦得《避暑录话》等宋代笔记均持此说。这两种说法相对而言,我认为,吕蒙正寒窑当在洛阳,原因有四。一、前者见之于史料较晚,后者史料则极

①黄山书社1996年版,第657页。
②此文认为是吕蒙正的墓地,位于淮南、凤台、寿县交汇的八公山山脉之龟山。
③淮南市地方志办公室等编辑,黄山书社2007年版。

为充实，特别是邵伯温《邵氏闻见录》卷7的记载比较可信，因为邵伯温之父邵雍当年居住在洛阳，并且与吕蒙正的侄孙吕公著关系密切，能够得到翔实的资料。二、邵伯温所录吕蒙正的"八滩风急浪花飞，手把渔竿傍钓矶"这首诗名就叫《读书龙门山土室作》，被收录于《宋诗纪事》卷3，吕蒙正曾在洛阳龙门居住无疑。三、吕龟祥到寿州任知州始于开宝九年(976)("开宝九年"条有专门论述)，吕蒙正当时在洛阳已通过"秋试"，且受到赵匡义的赏识。四、假若吕蒙正当年到叔叔吕龟祥所任职的寿州，也不可能"住寒窑"，因吕蒙正与叔叔吕龟祥一家关系较好，吕蒙正任宰相后曾举吕龟祥之次子吕蒙巽任沈丘县主簿(《长编》卷31淳化元年九月"戊寅"条)，举荐吕龟祥之长孙吕夷简有宰相之才，当为符合情理之佐证。

考：吕蒙正居洛阳龙门的时间，叶梦得《避暑录话》卷3有记载，文中说"文穆处其间九年乃出，从秋试，一举为廷试第一"。所谓"从秋试"，指太平兴国元年(976)之试。上推九年，即开宝元年(968)，始居洛阳龙门山石龛，潜心苦读长达九年，才参加"秋试"。

是年，刘烨生。(《全宋文》卷169)

按：刘烨(968—1029)，字耀卿。与吕蒙正同学赋于洛人郭延卿。进士及第。后官至三司户部副使，擢龙图阁待制，提举诸司库务，权发遣开封府事。累迁刑部郎中、龙图阁直学士，知河南府，徙河中府。

开宝二年(969)，吕蒙正24岁

二月八日，太祖攻打北汉。(《皇宋十朝纲要》卷1)

二十日，枢密直学士赵逢权知贡举。取进士7人，状元安德裕。(《宋会要·选举一·贡举一》、《文献通考》卷32《选举考五·举士》)

闰五月，辽以兵来援，李光赞建议班师，从之。(同上)

六月十六日，南唐来贡。(同上)

开宝三年(970),吕蒙正25岁

正月十一日,发数万治理黄河决堤。(《皇宋十朝纲要》卷1)

三月三日,知制诰扈蒙权知贡举。取进士8人,状元张拱。(《宋会要·选举一·贡举一》、《文献通考》卷32《选举考五·举士》)

四月三十日,除河北诸州盐禁,准收通商税。(《皇宋十朝纲要》卷1)

五月,置便钱务。(同上)

七月十七日,减少诸道州县官。(同上)

九月一日,令潘美等率军攻打广南(南汉)。(同上)

是年,陈尧咨生。(魏泰《东轩笔录》卷14、《宋会要·仪制一一》、《东都事略》卷44本传)

按:陈尧咨(970—1034),字嘉谟,陈省华第三子,陈尧叟、陈尧佐弟。真宗咸平三年(1000)状元。与吕氏家族颇有渊源。

开宝四年(971),吕蒙正26岁

二月二十一日,平定广南。(《皇宋十朝纲要》卷1)

二十四日,知制诰卢多逊权知贡举。取进士10人,状元刘寅。(《宋会要·选举一·贡举一》、《文献通考》卷32《选举考五·举士》)

四月二十五日,南唐来贡。(同上)

十一月,江南国主李煜始去"唐"国号。(同上)

是年,李迪生。(《中国历史大辞典·宋史》)

按:李迪(971—1047),字复古。真宗景德二年(1005),举进士第一,历通判。景祐中,集贤相李迪被吕夷简排挤,罢为刑部尚书,知亳州。终以太子太傅致仕。

开宝五年(972),吕蒙正27岁

二月二十九日,刘熙古任参知政事。(《宋宰辅编年录校补》卷1)

闰二月三日,知制诰扈蒙权知贡举。取进士11人,状元安守亮。(《宋会要·选举一·贡举一》、《文献通考》卷32《选举考五·举士》)合格进士及诸科28人。(《宋会要·选举二·贡举二》)

五、六月,黄河屡决。(《皇宋十朝纲要》卷1)

九月十七日,李崇矩罢枢密使。(《宋宰辅编年录校补》卷1)是月,枢密使李崇矩将女儿嫁给赵普长子承宗。太祖知道后,令枢密使与宰相分开。不久,罢李崇矩为镇国军节度使。(《赵普年谱》)

开宝六年(973),吕蒙正28岁

二月二十八日,翰林学士李昉权知贡举。取进士11人,状元宋准。后下第人徐士廉打鼓论榜,三月诏重试,通放26人,贬试官李昉秩。“帝始御殿”,亲阅试进士诸科,宋代从此开始殿试。(《皇宋十朝纲要》卷1、《宋会要·选举一·贡举一》)。取诸科96人。(《文献通考》卷32《选举考五·举士》)

五月十日,交州丁琏始遣使来贡。(同上)

六月十八日,诏参知政事薛居正、吕余庆升都堂同议政事,分知印、押班(《皇宋十朝纲要》卷1);二十四日,刘熙古罢参知政事致仕。(《宋宰辅编年录校补》卷1)

八月二十三日,赵普罢相。(《皇宋十朝纲要》卷1)

九月十七日,吕余庆罢参知政事;十九日,薛居正、沈义伦并拜相,卢多逊任参知政事,楚昭辅为枢密副使。(《宋宰辅编年录校补》卷1)

开宝七年(974),吕蒙正29岁

七月六日,南丹州求内附。(《皇宋十朝纲要》卷1)

九月,召江南李煜来朝,不听,派兵攻打。(同上)

闰十月二十日,薛居正等上《五代史》。(《宋史》卷3《太祖本纪》)

是年,停贡举。(《文献通考》卷32《选举考五·举士》)

是年,任中师生。(《长编》卷168皇祐二年七月"壬寅"条、曾巩《隆平集》卷6本传、《东都事略》卷44本传)。

按:任中师(974—1050),受吕夷简举荐,任枢密副使。

在洛阳龙门山栖居期间,吕蒙正侍母并苦读。留多首诗句。

吕蒙正《读书龙门山土室作》:"八滩风急浪花飞,手把渔竿傍钓矶。自是钓头香饵别,此心终待得鱼归。"(《锦绣万花谷》前集卷22、《全宋诗》卷47)

吕蒙正《句》:"怪得池塘春水满,夜来风雨起南山。(《题西京龙门利涉院》)"(胡仔《苕溪渔隐丛话》后集卷35、《全宋诗》卷47)

《邵氏闻见录》卷7:"吕文穆公讳蒙正,微时于洛阳之龙门利涉院土室中,与温仲舒读书,其室中今有画像。有诗云:'八滩风急浪花飞,手把渔竿傍钓矶。自是钓头香饵别,此心终待得鱼归。'又云:'怪得池塘春水满,夜来风雨起南山。'后状元及第,位至宰相,温仲舒第三人及第,官至尚书。"

陆继辂、魏襄《洛阳县志·山川记》卷9:"《邵氏闻见录》:龙门有利涉院,宋吕蒙正与温仲舒读书于院之土窟中,后蒙正状元及第,仲舒第三名。文穆诗曰'怪得池塘春水满,夜来风雨起南山',盖自况。"

吕蒙正《句》:"挑尽寒灯梦不成。"(欧阳修《六一诗话》、《全宋诗》卷4)

彭大翼《山堂肆考》卷136载有吕蒙正《访谒不遇》诗:"宋吕蒙正少贫,访谒不遇,诗曰:'十谒朱门九不开,满头风雪却回来。归家羞睹妻儿面,拨尽寒炉一夜灰。'"①

吕蒙正《祭灶诗》:"一盏清泉一炉烟,送君直上九重天。玉皇若问人间事,

①《全宋诗》卷47据任渊《山谷诗集注》卷16存有吕蒙正《句》:"拨尽寒炉一夜灰。"《御定渊鉴类函》卷310《人部·干谒五》也载有吕蒙正"访谒不遇"诗,内容与《山堂肆考》同。

蒙正文章不值钱。”①

孙宗鉴评吕蒙正曰:“状元宰相之兆已见于此诗矣。”(胡仔《苕溪渔隐丛话》后集卷35引《东皋杂录》语,人民出版社1984年版)

按:网传吕蒙正《祭灶诗》“一碗清汤诗一篇,灶君今日上青天;玉皇若问人间事,乱世文章不值钱。”不知出处。据[清]郑方坤《五代诗话》卷五载,“罗隐《送灶诗》云:‘一盏清茶一缕烟,灶君皇帝上青天。玉皇若问人间事,为道文章不值钱。’当今之选,非钱不行。……”(《四库全书》本)内容相近,恐系民间误传为吕蒙正所作。相对而言,“一盏清泉一炉烟,……”明代有碑记,权存之。

开宝八年(975),吕蒙正30岁

二月二十四日,以知制诰王祜权知贡举,知制诰扈蒙、左补阙梁周翰、秘书丞雷德骧并权同知贡举。(《宋会要·选举一·贡举一》)**取进士31人,省元王式,状元王嗣宗;诸科34人。**(《文献通考》卷32《选举考五·举士》)

七月十日,遣郝崇信、吕端使契丹。(《皇宋十朝纲要》卷1)

十一月,曹彬克金陵,南唐亡。(《宋史》卷3《太祖本纪》)

十二月二日,擒李煜,江南平。(《皇宋十朝纲要》卷1)

四日,宋太祖令吕龟祥前往金陵运送李煜宫中藏书。

《长编》卷16太祖开宝八年十二月“辛丑”条载:太祖曾“令太子洗马河东吕龟祥诣金陵,籍李煜所藏图书送阙下。”

《宋朝事实类苑》卷31《藏书之府》:“开宝九年,江南平,命太子洗马吕龟祥就金陵籍其图书,得二万余卷,悉送史馆。”

《续资治通鉴》卷8开宝八年十二月“辛丑”(四日)条载:“令太子洗马河东吕龟祥诣金陵,籍李煜藏图书送阙下”。

《宋会要·崇儒四·求书藏书》:“开宝九年,江南平,命太子洗马吕龟祥就金陵,籍其图书,得二万余卷,送史馆。”

---

①黄文翰、吕明月《洛阳吕氏金石列传》,录自明代崇祯甲戌年洛阳相公庄碑刻,题目系编者加。

按:《宋会要》与《长编》等所记时间不一。可能的情况是,开宝八年十二月受命赴金陵运书,九年初运回京师直史馆。太子洗马,沿唐、五代旧制,为从五品下。

是年左右,吕蒙正开始游历山东、湖南、河南及周边。

孔平仲《谈苑》卷4:"吕蒙正方应举,就舍建隆观,沿干入洛,锁室而去。自冬涉春方回,启户视之,床前槐枝丛生,高二三尺,蒙茸合抱。是年登科,十年作相。"

按:吕蒙正"方应举"后"锁室而去",当为游历。因下年(开宝九年)秋开始赶考,恐难有时间外出游历。姑置于此。

游鸿沟,曾琏有唱和。

吕蒙正《行经鸿沟》:"沟中流水已成尘,沟畔荒凉起暮云。大抵关河须一统,可能天地更平分。烟横绿野山空在,树倚高原日渐曛。方凭征鞍思往事,数声风笛马前闻。"(陈世隆《宋诗拾遗》卷1、傅璇琮等《全宋诗》卷47)

曾琏《鸿沟和吕圣功韵》:"王霸兴亡劫几尘,鸿沟依旧锁寒云。不将帝业追三代,只把河山割半分。故垒已随流水尽,归鸦空带夕阳曛。西风立马频回首,那忍猿声隔岸闻。"(《宋诗拾遗》卷1、《全宋诗》卷47)[①]

游湖南洞庭湖。

吕蒙正《岳阳楼望洞庭》:"八月寒涛溅碧空,片帆悠扬信秋风。探珠直待骊龙睡,莫遣迷津浩渺中。"(《永乐大典》卷2261、《全宋诗》卷47)

游山东曲阜。

吕蒙正《题阙里》:"南沂西泗绕晴霞,北岱东蒙拥翠华。万里冠裳王者会,千年邹鲁圣人家。高林蔽日无巢鸟,古碣埋云半吐花。瞻望宫墙空佝偻,敢从沧海问津涯。"(雍正《山东通志》卷35《艺文》、《全宋诗》卷47)[②]

开宝九年(十二月改太平兴国元年)(976),吕蒙正31岁

二月十三日,曹彬拜枢密使。(《宋宰辅编年录校补》卷1)

---

①鸿沟,古代运河,在今河南省荥阳市,楚汉相争时是两军对峙的临时分界,比喻界线分明。西汉时期又称狼汤渠。

②阙里,孔子故里,亦借指曲阜孔庙。三国魏应璩《与广川长岑文瑜书》:"土龙矫首于玄寺,泥人鹤立于阙里。"

八月二十二日，分兵五路讨北汉。（《皇宋十朝纲要》卷1）

是秋，就舍建隆观，参加府试。

《吕文穆公蒙正神道碑》：“开宝末，公侍母赴举东都。时太宗以晋王尹开封，闻公名，召见，复索其所著文，大称之，期以公辅之器。是秋，府荐甲于乡书。明年，即上第。”

《谈苑》卷4：“吕蒙正方应举，就舍建隆观，沿干入洛，锁室而去。自冬涉春方回，启户视之，床前槐枝丛生，高二三尺，蒙茸合抱。是年登科，十年作相。”

按：宋代科举考试，通常由各路州军在秋季举行初级考试，文献中称为“解试”“秋试”或“秋赋”。选举合格的举人到礼部参加省试。各州军解送举人的名额是相对的，称为“解额”，所谓“依额取人，荐名于朝廷，谓之乡贡”。（赵昇《朝野类要》卷2“解试”条）

考：太平兴国元年与开宝九年同年。是年十月，宋太祖崩，宋太宗（曾以晋王尹开封）即位。所谓“开宝末”，即开宝九年，太平兴国元年；“明年，即上第”之“明年”，即太平兴国二年，与史实吻合。

十月二十二日，宋太祖崩，宋太宗光义即位；（《皇宋十朝纲要》卷1）**二十七日，卢多逊拜相，楚昭辅拜枢密使。**（《宋宰辅编年录校补》卷2）

十二月二十二日，大赦，改元太平兴国。（《皇宋十朝纲要》卷1）

按：按照惯例，新君即位一般都是“俟逾年”，可宋太宗于开宝九年十月二十一日继位，是年十二月二十二日便改元，“上以亲政逾月，特与天下更始，非故事也”（《宋朝事实》卷2《纪年》）。太宗继位，史家一向以为得位不正。明代刘定之《宋史笔断》认为，这正是太宗诛兄篡位的明证，而把年号称为“兴国太平之世”，等于宣布自己是创业主。

是年，停贡举。（《文献通考》卷32《选举考五·举士》）

是年，吕蒙正与张齐贤、王随、钱若水、刘烨同学赋于洛人郭延卿之际，问命于“师道士”。

王铚《默记》卷中：“吕文穆蒙正，少时尝与张文定齐贤、王章惠随、钱宣靖若水、刘龙图烨同学赋于洛人郭延卿。延卿，洛中乡先生。一日，同渡水谒道士王抱一求相，有僧应门曰：‘师出矣。’众问僧何为师道士，僧曰：‘学术数于道士三十年矣。’众因泛问之，僧曰：‘吾师切戒，术未精，慎毋为人言。君等必欲知，明日复来扣师可也。’明日，遂见之。文穆对席，张、王次之，钱又次之，刘居下座。坐定，道士抚掌太息。众问所以，道士曰：‘吾尝东至于海，西至流沙，南穷昆仑，北抵大漠，四走天下，求所谓贵人以验吾术，了不可得，岂意今日贵人尽在座中！’众惊喜，徐曰：‘吕君得解及第，无人可奉压，不过十年作宰相，十二年出判河南府，自是出将入相三十年，富贵寿考终始。张君后三十年作相，亦皆富贵寿考终始。钱君可作执政，然无百日之久。刘君有执政之名，而无执政之实。’语遍及诸弟子，而遗其师。郭君忿然，以为谬妄，曰：‘坐中有许多宰相乎？’道士色不动，徐曰：‘初不受馈，必欲闻之，请得徐君；后十二年，吕君出判河南府，是时君可取解。次年，虽登科，然不可作京官。’延卿益怒，众不自安，乃散去。久之，诏下，文穆果魁多士，而延卿不预。明年，文穆廷试第一，是所谓‘得解及第，无人可压’矣。后十年作相，十二年，有留钥之命，悉如所言。延卿连蹇场屋，至是预乡荐。鹿鸣燕日，文穆命道士与席。宾散，独留二人者入内阁，尽欢如平生。文穆惊叹，赋诗曰：‘昔作儒生谒贡闱，今提相印出黄扉。九重鹓鹭醉中别，万里烟霄达了归。邻叟尽垂新鹤发，故人犹着旧麻衣。洛阳谩道多才子，自叹遭逢似我稀。’道士索纸札，似若复章者，乃书偈曰：‘重日复月，荣华必别。笙歌前导，偃师看雪。’文穆心知其异，敬收之。其后，钱贰枢府，未百日罢；张、王先后登庸；刘守蒲中，朝廷议除执政，命未及下而卒；延卿以文穆极力推挽登第，未久改秩，后卒。无一差者。独赠文穆之偈，乃致仕，薨于西京，以重阳日丧过偃师。是日，大寒微霰，笙歌，乃敕葬卤簿鼓吹也。”

张师正《括异志》卷2：“郭延卿，洛阳人。少以文行称于乡里，吕公蒙正、张公齐贤未第时，皆以师友事之。太平兴国中，陈抟自华州被召。抟素以知人名天下，及道西洛，三人者皆进谒。抟倒履迎之，目吕曰：‘先辈当状元及第，位至宰相。张先辈科名虽在行间，而福禄延永又过于吕。’然殊不言延卿。于是二人相与言曰：‘郭君文行乡里所推，幸与一目。’抟曰：‘固知之，然亦甚好。’遂草草别去，抟送之门，顾张、吕曰：‘二君今晚更过访。’及期往，抟曰：‘二君前程，某固已言，然所惜延卿禄薄。伺吕君作相，始合得一命；张君作相，当得职官耳。’既而吕果状元中第。及为相，荐延卿，得试校书郎。及张作相，益念郭之潦倒，一夕语其子宗诲曰：‘为我作奏札子，荐郭延卿京官。’及翌日造朝，遽索奏札。宗诲草奏，误书‘京’字为‘职’字，及书可降制，乃职官，皆如抟言也。进士魏泰闻之陆修撰经，云其始末甚详。”

《东轩笔录》卷3：“有郭延卿者，居水南，少与张文定公、吕文穆公游，累举不第，以行文称于乡闾。张、吕继作相，更荐之，得职官，然延卿亦未尝出仕，葺幽亭，艺花卉，足迹不及城市，至是年八十余矣。”

是年，吕龟祥殿中丞、知寿州，居下蔡（今安徽凤台）。

王偁《东都事略》卷52《吕夷简传》：“吕夷简，字坦夫，河南人。祖龟祥，尝知寿州，遂以家焉。夷简大理寺丞蒙亨之子，而宰相蒙正之犹子也。”

王安礼《王魏公集》卷7《宋故推诚保德崇仁翊戴宣徽南院使光禄大夫检校太尉充太乙宫使东平郡开国公食邑六千户实封一千四百户上柱国吕公行状》（《四库全书》本，以下简称《吕公弼行状》）：“吕氏自公高祖梦奇为后唐北京副留守，家于太原。曾祖龟祥开宝中为殿中丞知寿州，因居于下蔡。”

《宋史》卷265《吕蒙正传》：“父龟图。龟图弟龟祥，殿中丞，知寿州。”

《宋史》卷311《吕夷简传》：“先世莱州人。祖龟祥，知寿州，子孙遂为寿州人。”

凌迪知《万姓统谱》（《四库全书》本）卷75“吕龟祥”条载：“其先河南洛阳人，父梦奇户部侍郎，生二子，长龟图、次龟祥。太平兴国二年，龟祥登进士及第，为殿中丞知寿州，有惠政及民，民爱留之，不忍舍去，遂家焉。”

李之亮《宋两淮大郡守臣易替考》“寿州”条载：“吕龟祥自开宝六年到太平兴国二年（977）任寿州知州。”

按：龚延明《宋代官制辞典》载，宋初，太子洗马与殿中丞均从唐制，分别为从五品下、从五品上。吕龟祥系由太子洗马升任殿中丞，可能与到金陵运图书有功有关。加之，吕龟祥开宝八年十二月仍在太子洗马的岗位上任职，《吕公弼行状》又云，“（吕公弼）曾祖龟祥开宝中为殿中丞知寿州”，故推知吕龟祥当在开宝九年中，即当年改元前，任殿中丞、知寿州，且是其一生最高之任职。李之亮《宋两淮大郡守臣易替考》对吕龟祥知寿州的推断，存误。

是年，吕蒙正与胡旦结识，胡旦因吕蒙正有诗句“挑尽寒灯梦不成”，称其“瞌睡汉”。

《谈苑》卷3：“吕文穆薄游一县，胡旦随父宰邑。客有誉吕，举其诗云：‘挑尽寒灯梦不成。’胡笑曰：‘乃是一瞌睡汉耳。’吕明年中甲，寄声胡曰：‘瞌睡汉状元及第矣。’胡答曰：‘待我明年第二人及第，输君一筹。’次榜果中首选。”

按:《默记》文中有“明年,文穆廷试第一,是所谓‘得解及第,无人可压’矣”,由此可知问命于“师”,当在是年。《括异志》卷2称道士为陈抟,姑存之。

太平兴国二年(977),吕蒙正32岁

正月七日,吕蒙正与叔叔吕龟祥同科中进士。吕蒙正擢进士第一。

《吕文穆公蒙正神道碑》:“公讳蒙正,字圣功,河南人,太平兴国三年春首拔进士第。”

曾巩《隆平集》卷4《宰臣》:“吕蒙正,字圣功,河南人,太平兴国三年登进士甲科。”

《长编》卷18太平兴国二年春正月“戊辰”(七日)条载:“戊辰,上御讲武殿,……得河南吕蒙正以下一百九人。”

王应麟《玉海》卷73《太平兴国进士赐宴》云:“(太平兴国)二年正月戊辰,御讲武殿试进士吕蒙正以下及第。始分甲次。”

《宋会要·选举七·亲试一》:“太宗太平兴国二年正月七日,帝御讲武殿试礼部奏名进士,内出《训兵练将赋》《主圣臣贤诗》题,得吕蒙正已下一百九人,并赐及第。”

《文献通考》卷32《选举考五·举士》:“(太平兴国二年)取进士一百九人,省元①、状元吕蒙正;诸科二百七人,十五举以上一百八十四,凡五百余人。”

《万姓统谱》卷75《吕龟祥》:“太平兴国二年,龟祥登进士及第。”

按:吕蒙正太平兴国三年中状元,误。三年状元是胡旦。姚红《关于宋代吕蒙正家族的几个问题》(《文献》2007年第2期)考证,吕蒙正太平兴国二年考中状元为是,因为太平兴国三年状元及第的是胡旦(《宋会要·选举七·亲试》、《宋会要·选举二·进士科》、《宋史》卷432《胡旦传》、明朱希召《宋历科状元录》卷1《太平兴国三年戊寅状元胡旦》),而不是吕蒙正。

---

①吕蒙正疑非省元。《吕文穆公蒙正神道碑》载,“府荐甲于乡书”,说明吕蒙正考举人第一,并未有礼部考试成绩之名次。假若礼部考试第一,《神道碑》不可能遗漏。李濂《汴京遗迹志》卷12《宋登科记总目》载:“太平兴国二年,进士一百九人,省元(阙),状元吕蒙正……”文中“阙”,当为“缺”。《文献通考》此条,存误。

八日，宴新及第进士吕蒙正等于开宝寺，并赐诗。

《宋会要·选举二·进士科》云："太宗太平兴国二年正月八日，宴新及第进士吕蒙正等于开宝寺，仍赐御诗二首以宠之。"

《玉海》卷30《太平兴国赐进士诗》："兴国二年正月八日己巳，宴新进士吕蒙正等于开宝寺，赐御制诗二首以宠之。故事敕下之日，醵钱于曲江，为闻喜之饮。近世多于名园佛庙，至是官为供帐。"

《玉海》卷73《太平兴国进士赐宴》云："（太平兴国二年正月）庚午，试诸科赐绿袍靴笏锡宴开宝寺，为诗二首赐之。"

《玉海》卷86《太平兴国赐进士绿袍靴笏》云："兴国二年正月十日癸酉，赐新及第进士诸科绿袍靴笏。（未命以官，先解褐，非常则也）"

王辟之《渑水燕谈录》卷6："赐诗，自兴国二年吕蒙正榜始。分甲次，自兴国八年王世则榜始。赐袍笏，自祥符中姚晔榜始。赐宴，自吕蒙正榜始。赐同出身，自王世则榜始。赐别科出身，自咸平三年陈尧咨榜始。唱名，自雍熙二年梁颢榜始。"

《宋朝事实》卷14《科目》："进士之举，惟本朝尤盛……赐诗，自太平兴国二年吕蒙正榜始。分甲次，自太平兴国八年王世则榜始。赐袍笏，自大中祥符中姚晔榜始。锡宴，自吕蒙正榜始……"

叶梦得《石林燕语》卷5："国初取进士，循唐故事，每岁多不过三十人。太宗初即位，天下已定，有意于修文，尝语宰相薛文惠公治道长久之术，因曰：'莫若参用文武之士。吾欲于科场中广求俊彦，但十得一二，亦可以致治。'居正曰：'善。'是岁御试题，以'训练将士'为赋，'主圣臣贤'为诗，盖以示参用之意。特取一百九人，自唐以来未有也。遂得吕文穆公为状头，李参政至第二人，张仆射齐贤、王参政化基等数人，皆在其间。自是连放五榜，通取八百一人，一时名臣，悉自此出矣。《考异》：国初取进士，每岁有不止三十人者，此云多不过三十人，非也。"

三月十七日，命李昉等编类书一千卷、小说五百卷。[1]（《长编》卷18）

二十三日，吕蒙正授将作监丞，通判升州。从六品下。

李心传《旧闻证误·补遗》："王参政化基，兴国二年及第于吕蒙正榜，释褐

---

① 类书指《太平御览》，小说指《太平广记》。

授赞善、知岚州。赵韩王学术平浅,议以骤进少年,无益于治,抽诏改淮幕。公抗表自荐,太宗壮之,曰:‘化基自结人主,慷慨之士也。’亟用之。(阙书名)按《实录》:吕许公榜及第进士凡百三十人,并除京官、通判,诸科出身人乃除幕职耳。道辅所记恐误。是时薛文惠昭文、沈恭惠史馆、卢崖州集贤,赵韩王罢政久矣。”

《宋史·吕蒙正传》:“蒙正,太平兴国二年擢进士第一,授将作监丞,通判升州。陛辞,有旨,民事有不便者,许骑置以闻,赐钱二十万。”

《宋会要·选举二·贡举二》:“(太平兴国二年)三月二十三日,诏:‘新及第进士吕蒙正以下,第一等为将作监丞,第二等为大理评事,并通判诸州,各赐钱二十万。同出身以下免选,注初等幕职、判司薄尉。’”

按:宋初依唐制,将作监丞,状元初授此阶,唐为从六品下(张说、张九龄等《唐六典》卷23《将作监》)。

四月二十五日,葬宋太祖于永昌陵,在河南府永昌县(《皇宋十朝纲要》卷2)。

是年,梅询闻吕蒙正中状元等情形,颇有感言。

陈天麟《许昌梅公年谱》载,太平兴国二年,“公入郡斋,补弟子员,时年十三矣。闻上亲试举人,擢吕蒙正状元,一榜五百余人,尽赐进士及第,皆绿袍靴笏,赐宴于开宝寺,御制诗二章赐之。公闻之喜,谓群彦曰:‘臣辈幸际圣主在位,得为盛世士,曷不相率振作,以副求治之具乎?’遂下帷讲习,孜孜靡倦,慨然有用世之志矣”。

太平兴国三年(978),吕蒙正33岁

正月九日,诏绛州浚汾河(《皇宋十朝纲要》卷2)。

四月,初置诸路转运判官(同上)。

九月,宋太宗御讲武殿,覆试进士,始加论一首,自是常以三题为准(《皇宋十朝纲要》卷2)。**取进士74人,状元胡旦;诸科82人**(《文献通考》卷32《选举考五·举士》)

是年,王曾生,(《长编》卷122、《宋史》卷310本传)**杜衍生,**(《欧阳文忠公

文集》卷31《太子太师致仕杜祁公墓志铭》)**章得象生**。(宋宋祁《宋景文集》卷59《文宪章公墓志铭》)

按:王曾(978—1038),字孝先,北宋仁宗时名相。吕蒙正对王曾有好感,王曾先举荐吕蒙正之侄吕夷简,后却不和。[明]蒋一葵《尧山堂外纪》卷44:“曾布衣时,以所业贽吕蒙正,有《早梅》诗云:‘雪压乔林冻欲摧,始知天意欲春回。雪中未问和羹事,且向百花头上开。’蒙正曰:‘此生已安排作状元宰相矣。’”《御定佩文斋群芳谱》卷22亦载王曾献《早梅》诗之事。杜衍(978—1057),字世昌,谥正献。大中祥符元年(1008)进士。仁宗特召为御史中丞,兼判吏部流内铨。庆历三年(1043)任枢密使,次年拜同平章事。以太子少师致仕,封祁国公;章得象(978—1048),担任宰相8年,其间发生“庆历党争”,即北宋统治集团高层中,范仲淹、富弼、韩琦、欧阳修等为代表,向宋仁宗提出改革政事意见,而宰相吕夷简、章得象等则持反对态度,范、富、韩、欧阳等人先后遭到贬逐。《宋史》记载,当时有人批评章得象在这次论争中“无所建明”“居位自若”。

吕蒙正任升州通判期间,有善誉。

《明一统志》(《四库全书》本)卷6《应天府·名宦》:“吕蒙正,通判升州,有善誉。”

太平兴国四年(979),吕蒙正34岁,吕夷简1岁

正月十三日,石熙载签书枢密院事。(《宋宰辅编年录校补》卷2载,太平兴国四年,“正月庚寅,石熙载签书枢密院事”。《长编》卷20、《宋史》卷210《宰辅表一》记石熙载签署枢密院事均为“癸巳”,癸巳为十三日,今从后者。《续通鉴》卷9于此事下记“考异”云:“《宋史·宰辅表》作‘签书’,盖史臣避英宗讳追改,非当时本称也。”《续资治通鉴》卷9改为“签署院事”,并说“签署枢密院事之职从熙载始”)

二月十五日,太宗亲征伐北汉。(《皇宋十朝纲要》卷2)

三月,契丹(辽国)救北汉。(同上)

二月至五月间,吕蒙正任著作郎、直史馆,加左拾遗,服银绯。

《吕文穆公蒙正神道碑》:“(太平兴国)四年代还,会帝征太原刘氏,朝于行在,道受著作郎、直史馆,旋加左拾遗,服银绯。”

《宋史·吕蒙正传》:“代还,会征太原,召见行在,授著作郎、直史馆,加左拾遗。”

按:著作郎,宋初因唐制,无职事,从五品上(《唐六典》卷10《秘书省》)。直史馆,以京官充,次于修撰,高于编修、检讨。右拾遗,宋初无职事,因唐制为从八品。《宋史·李若拙传》:“故事,制策中选者,除拾遗、补阙。”

考:二月,宋太宗亲征太原;五月,攻陷太原,北汉主刘继元出降。可知吕蒙正授著作郎、直史馆,加左拾遗,时值攻打太原之际,当在是年二月至五月之间。

五月,招降北汉,继续与契丹开战。(《皇宋十朝纲要》卷2)

九月,黄河决汲县。(同上)

是年,吕蒙正掌修撰。

吴处厚《青箱杂记》卷3:“太平兴国中,赵邻几、吕蒙正皆为直史馆、掌修撰,而杨文举为史馆编修。”

《玉海》卷165《子部·类书类·宋朝史馆》:“国初,复旧制,修撰直馆分季纂日历,其后止修撰、判馆次。太平兴国中,直史馆赵邻几、吕蒙正、范杲皆与修撰。”

《宋会要·职官一八·修撰》:“故事,史馆每月撰日历,皆判馆与修撰官、直馆官分季撰录,藏于本馆。国初循旧制,皆修撰官、直馆官分季修撰,其后止修撰官及判馆撰次焉。太平兴国中,直史馆赵邻几、吕蒙正、范杲皆曾修撰。自后以直史馆员多,遂止修撰官编撰。淳化四年,翰林学士宋湜止代修国史,亦尝修日历。”

是年,停贡举(《文献通考》卷32《选举考五·举士》)。

是年,吕夷简生于寿州,寿州(今治安徽凤台)人。

张方平《乐全集》卷36《吕文靖神道碑》:“龟祥以殿中丞守寿州,有善政。没,因家矣。”

曾巩《隆平集》卷5《吕夷简传》(《四库全书》本):“吕夷简,字坦夫,寿州人,曾祖梦奇,后唐为户部侍郎。”

李幼武《名臣言行录外集·吕祖谦》载:“六世祖申国文靖公自寿春徙开封,

今为开封人。”①

陶宗仪《书史会要》卷6《吕夷简传》:“吕夷简,字坦夫。先世莱州人,后徙寿州。”

《宋史》卷311《吕夷简传》:吕夷简“先世莱州人。祖龟祥知寿州,子孙遂为寿州人”。

《四库全书》史部十一·地理类三《齐乘》(元代兵部侍郎青州人于钦撰)卷6:“吕夷简,莱州人,丞相,文靖公。六世孙伯恭(按:吕祖谦)号东莱先生。”

《钦定续通志》卷337《吕夷简传》:“吕夷简字坦夫,先世莱州人,祖龟祥知寿州,子孙遂为寿州人。”

《东莱吕氏宗谱序》载:“吾姓兆自大禹。禹封太岳为吕侯,后因为氏,此一姓之总会,初不可考。惟在东莱者,犹琅琊之王、荥阳之郑,天下咸属耳目焉。五代周户部侍郎吕公梦奇,实居莱之军寨址庄,生子二,长龟图,官起居郎,后徙河南,子蒙正,以殿元仕至平章,揭奚斯作《宋史》,犹注为东莱人。次龟祥,子蒙亨,因官占寿州籍。蒙亨生夷简。夷简生正献公公著。公著生侍讲公希哲。希哲生好问,官资政殿学士,以恩仍封东莱郡侯。”

嘉靖《寿州志》卷7《人物》:“宋太平兴国二年(977),龟祥登进士及第,为殿中丞、知寿州,有惠政及民,民爱留之不忍去,遂家焉。”

《万姓统谱》卷75吕夷简条载:“吕夷简:字坦夫,寿州人,进士及第,通判濠州,知开封府,治严办,真宗识姓名于屏风。”

赵宏恩等《江南通志》卷149《吕夷简传》:“吕夷简字坦夫,先世莱州人,祖龟祥知寿州,子孙遂家焉。”

嘉庆《凤台县志》卷8《人物志》“吕龟祥”条自注云:“吕氏世居城北门外,

---

①北宋时期,寿春有府、有县。寿春县在淮河之南,寿春府政和六年(1116)由寿州升之而成,治所在淮河之北的下蔡县,即今安徽凤台。《宋会要·方域五·节镇升降》:“淮南西路:寿春府,旧寿州,政和六年升为寿春府。”《宋会要·方域六·州县升降废置》:“寿春府,旧寿州,政和六年升为寿春府,刘豫改为寿州,绍兴九年收复,依旧,寄治安丰县。十二年置安丰军,遂废。绍兴三十二年十二月二十九日,以寿春县为寿春府,淮北寿春府为下蔡县。乾道三年十二月十五日,寿春府改为安丰军。”《宋会要·方域六·州县升降废置》:“绍兴九年四月十八日,枢密院言:‘寿春府见于本府安丰县寄治,其旧府系在淮北,今已交割地界了毕。’诏寿春府自合隶淮西路,其移治令孙晖相度闻奏。孙晖奏,寿春府旧城系淮河沿流去处,委是便利。从之。”南宋时期的寿春府,则在淮河之南,其治所或在寿春,或在安丰,因时而异。

为今县地。”①

嘉庆《凤台县志》卷8《人物志》“吕好问”条自注云：“按祖谦传：祖谦，尚书右丞，好问之孙。自其祖始居婺州，则自好问以上为寿州人；自好问后当为婺州人矣。《一统志》载(吕)本中，旧县志则并入祖谦、大临、大防、颐浩等，俱失考。”

光绪《寿州志》卷24《人物志·流寓》载：“龟祥，河南洛阳人。太平兴国二年登进士及第，为殿中丞。知寿州，有惠政，及去任，遂家焉。长子蒙亨，进士；次子蒙选，虞部员外郎；三子蒙周，进士及第。有家法，子孙贤而显贵。”②

光绪《寿州志》卷24《人物志·宦绩》”吕蒙亨“条载：吕蒙亨，“……弟蒙巽，虞部员外郎。”原书自注云：“见《宋史·吕蒙正传》。按：吕龟祥知寿州，子孙遂家焉。故志载吕氏诸人自蒙亨始。”

《中华吕姓·夷简公寿州传系》：“按《宁陵吕氏祖源考》载，延之曾孙镇居山西蒲阪(今永济县)，镇之曾孙梦奇为五代晋户部侍郎，生二子，长龟图，登进士，为起居郎，仕太师，封郑国公。次龟祥登进士，官至兵部尚书，迁居寿州，为寿州始祖。”

按：《光绪寿州志》卷3《舆地志·冢墓二十》云，“吕龟祥墓在城北凤台县境”，未见有其子孙之墓。龟祥入籍寿州，在寿州生活。龟祥长子蒙亨是夷简的父亲，宋太宗雍熙二年(985)举进士高等，廷试时因堂兄吕蒙正居相位，为避嫌，放弃了廷试，大约于次年(986)出任下蔡(今安徽凤台)主簿，至988年，仍在寿州辖区。

考：宋朝沿袭隋、唐九品官制，吕龟祥在考取进士之前即为官，可能系荫补。据《长编》卷16太祖开宝八年(975)十二月“辛丑”条载，太祖曾“令太子洗马河东吕龟祥诣金陵，籍李煜所藏图书送阙下”，吕龟祥时任太子洗马为从五品下。王安礼《王魏公集》卷7《吕公弼行状》载：“曾祖龟祥开宝中为殿中丞、知寿州，因居于下蔡。”当系指开宝九年(976)中任殿中丞知寿州，因宋初沿唐制，殿中丞为从五品上(《新唐书·百官志二》)，可能因到金陵运送图书有功而升任。如此一来，吕龟图知寿州，携带妻儿，“因家焉”。在吕夷简出生(979)之前，吕蒙

①清代嘉庆年间，凤台县与寿州同治于寿州城，即今安徽寿县城，城北、城东北均属凤台县境。

②“蒙选”，当为“蒙巽”。

亨一家当随之来到寿州。先居于寿州所属下蔡县(今凤台县)(《吕公弼行状》),后迁居于寿春县(今寿县)。可知,吕夷简生于寿州,籍贯寿州,自然是寿州人。

吕夷简,字坦夫。人称吕相公、吕申公、吕许公、吕文靖。

《吕文靖神道碑》:"公讳夷简,字坦夫,文穆公之从子。"

曾巩《隆平集》卷5《宰臣·吕夷简》:"吕夷简,字坦夫,寿州人。"

曾巩《吕文靖公夷简怀忠之碑》:"吕夷简,字坦夫,寿州人。曾祖梦奇,后唐为工部侍郎。咸平三年,夷简登进士第。"①

《中国人名大词典》:"吕夷简(979—1044),宋寿州人,字坦夫。"

人称吕相公,因其三入相。

夏竦《寿州相公启》:"右,某伏念阃外之邦,宜严所守;弗当便道,增仰贵台。……畴庸方切,图任有归。伫再正于洪区,永增辉于盛旦。空竦之迹,终始是依。某无任依栖祷颂激切之至。"(《文庄集》卷17)

胡宿《迎吕相公启》:"茂德格天,精忠贯日。才肩房令,居多应变之功;智比姚崇,允号济时之相。"(《文恭集》卷31、《全宋文》卷462)

尹洙作《上吕相公书》(一)(二)(《河南先生文集》卷6、《全宋文》584)。

人称吕申公,因初封申国公。

《吕文靖神道碑》:"景祐二年,拜右仆射。冬至,上享帝于阳丘,封申国公。"

邵博《邵氏闻见后录》卷20:"吕申公云:'唯入主之眷不可恃。'"

人称吕许公,因后封为许国公。

《吕文靖神道碑》:"康定元年五月,复召辅政,悉仍旧秩。骑寇犯塞,赤囊日至。公虑屯戍之久,生他盗心,于是始议营北都、城镇宁,以谨北门之闭;募民兵,增州防,以重庶邦之守。三边守宰悉从择遣,俾绥凋敝;诸府裨校间为召见,使知感叹。夜思而得,旦请而行。已而北人来渝平。山东饥,多盗,备预有素,恃而无虞。冬郊,改封许国公,特拜司空,坚谢得允。"

---

① 见于《琬琰集》下集卷8。

晁说之《晁氏客语》:“吕许公常以澶渊之役问后进,答无契者。或曰:‘此役非悉甲以出,不能决胜。方本朝得天下四十年,谁敢当其任者,非亲征不可。’”

张方平《上丞相吕许公书》:“……前景祐五年,某以贤良方正再滥诏选,而往监桐庐郡,朝受命而夕行,未尝有干也。独恨廊庙之议,不出相国之化笔尔。及今恩命猥及,许之还都,趋伏屏下有日矣。”(《乐全集》卷31、《全宋文》卷803)

人称吕文靖,因谥文靖。

孔平仲《谈苑》卷3:“吕文靖教马子山云:‘事不要做到十分。’子山初未谕,其后语人云:‘一生只用此一句不尽。’”

妣马氏,秦国夫人,追封齐国太夫人。

王珪《吕公绰墓志铭》:“翰林侍读学士东平吕公讳公绰,丞相文靖许国公长子也。……父某,守太尉致仕、许国公、赠太师、尚书令兼中书令,谥文靖。妣马氏,秦国夫人,追封齐国太夫人。”(《全宋文》卷1157、《华阳集》卷51、《琬琰集》上集卷15)

吕夷简有七子、二女。

《吕文靖神道碑》:吕夷简有“七子:公绰,兵部员外郎、史馆修撰;公弼,度支员外郎、三司监铁判官;公著、公孺,并太常博士,操行器识,儒学吏用,维其似之,必复大显;公倈,赠右赞善大夫;余早夭。二女:长适司封郎中雍,文正[1]公子也;次不育”。

按:吕龟祥是寿州吕氏一支的始祖,系东莱吕氏家族吕梦奇的次子。太平兴国二年,同侄儿吕蒙正同科中进士,后官至殿中丞、知寿州,“因家焉”。

吕夷简之曾祖梦奇,娶颍川陈氏。吕夷简之祖父龟祥娶李氏。吕夷简之父蒙亨娶王氏。以吕夷简的缘故,曾祖父梦奇被追封为齐国公,祖父龟祥被追封为祁国公,父亲蒙亨被追封为魏国公。以吕夷简次子公弼故,龟祥被追封为鲁国公,蒙亨被追封为韩国公,夷简被追封为楚国公,皆赠太师、中书令兼尚书令;

---

①王旦,溢文正。王旦之子王雍,娶吕夷简之长女。

其曾祖妣李氏、祖妣王氏、妣马氏被追封为鲁、韩、楚三国太夫人。

《吕文靖神道碑》:“公登台司,追锡命三代,并至开府仪同三司、中书令兼尚书令,封齐、祁、魏三国。”

王珪《吕公绰墓志铭》:吕公绰“曾祖某,赠太师、尚书令兼中书令、祁国公。曾祖妣李氏,追封越国太夫人。祖某,赠太师、尚书令兼中书令、魏国公。祖妣王氏,追封荣国太夫人。父某,守太尉致仕、许国公、赠太师、尚书令兼中书令,谥文靖。妣马氏,秦国夫人,追封齐国太夫人”。(《全宋文》卷1157、《华阳集》卷51、《琬琰集》上集卷15)

范镇《吕惠穆公公弼神道碑》:“曾祖殿中丞讳龟祥,追封鲁国公。祖大理寺丞讳蒙亨,追封韩国公。父太尉致仕许国公讳夷简,追封楚国公,皆赠太师、中书令兼尚书令。曾祖妣李氏、祖妣王氏、妣马氏追封鲁、韩、楚三国太夫人。……公讳公弼,字宝臣。初以荫补将作监主簿,累至大理寺丞,召试禁林,赐进士出身。”(《全宋文》卷871、《琬琰集》上集卷26)

大约是年,吕蒙正判铨,举荐南唐状元邱旭试学士院。

马令《马氏南唐书》卷23《邱旭传》:“金陵平,例归于京师,补镇将。数年,诣南曹叙理。会吕公蒙正判铨,闻旭名……吕公怜之,荐授令録,迁京秩。”

祝穆《方舆胜览》卷26《茶陵军》“名宦”条载:“名宦邱旭:字孟阳,宣城人,南唐状元及第,自江宁尉调邑簿。吕圣功判铨,曰:‘吾以为古人,今乃见之。’荐试学士院,不中。久之,为茶陵县,秩满致仕。见《江南野史》。”

《江南通志》卷167《人物志》:“邱旭,字孟阳,宣城人,南唐后主试赋擢第一。入宋,吕蒙正判铨,久习旭名,问曰:‘若非能为赋者乎?谓为古人乃并世耶!’荐授令录,迁京秩,卒于衡州。”

按:《十国春秋》卷31、《明一统志》卷15等,亦载吕蒙正荐邱旭之事。判铨,判流内铨的简称。吕蒙正判铨的时间不明。判吏部流内铨,由侍御使知杂以上官充,宋初从唐制,不及五品,服绿,特赐五品服(服绯)。吕蒙正任著作郎,从五品上,符合判流内铨的条件。故将此事置于是年。

太平兴国五年(980),吕蒙正35岁,吕夷简2岁

正月八日,改端明殿学士为文明殿学士。(《皇宋十朝纲要》卷2)**以文明殿学士程羽权知贡举,御史中丞侯陟,中书舍人郭贽、宋白,殿中丞陈鄂,尚书博士邢昺权同知贡举。**(《宋会要·选举一·贡举一》)

三月二十日,潘美与知代州杨业合破契丹于雁门。(《皇宋十朝纲要》卷2)

闰三月,取进士121人,始分甲乙科,苏易简为状元;诸科534人。(洪迈《容斋续笔》卷13、《文献通考》卷32《选举考五·举士》)

十一月十三日,宋太宗亲征契丹,发京师。(《皇宋十朝纲要》卷2)

是年,吕蒙正转左补阙,知制诰,服金紫。

《吕文穆公蒙正神道碑》:“(太平兴国)五年,转左补阙,知制诰,服金紫。”

按:补阙,唐武则天垂拱元年(685)置,职责为对皇帝进谏及举荐人才,与拾遗同掌供奉讽谏。左补阙属门下省,右补阙属中书省。《新唐书·百官志二》:“门下省有……左补阙六人,从七品上;左拾遗六人,从八品上。掌供奉讽谏,大事廷议,小则上封事。”北宋时改为左右司谏。知制诰,掌草拟诰命。

大约始自是年,吕蒙正把父母接到府上赡养。

《吕文穆公蒙正神道碑》:“公掌诰时,会令君朝京师,公跪而泣于令君、徐国[①],且告曰:‘大人母氏皆老矣,不孝子不忍睽忤不偶,愿复故好,敢以死请。’语讫,又伏于前,泣下不止。令君、徐国不得已,怜而从之,然终异堂而处。公晨暮交走,咸尽色养。人于是知公之纯孝大行于其家也。”

《宋史·吕蒙正传》:“初,龟图多内宠,与妻刘氏不睦,并蒙正出之,颇沦踬窘乏,刘誓不复嫁。及蒙正登仕,迎二亲,同堂异室,奉养备至。龟图旋卒,诏起复。未几,迁都官郎中,入为翰林学士,擢左谏议大夫、参知政事,赐第丽景门。”

按:“公掌诰”,指吕蒙正始自是年,至太平兴国八年知制诰。“会令君朝京师”,在吕蒙正知制诰期间,故说把父母接到府上赡养大约始自是年。

---

①徐国,即徐国太夫人刘氏,吕蒙正之母。

太平兴国六年(981),吕蒙正36岁,吕夷简3岁

三月二十五日,交州行营奏,破交趾兵。(《皇宋十朝纲要》卷2)

五月二十三日,以大旱大赦。(同上)

六月九日,司空、平章事薛居正卒。(《宋宰辅编年录校补》卷2)

七月,诏谕渤海王共击契丹不应,九月破契丹兵。(《皇宋十朝纲要》卷2、《续资治通鉴》卷10)

九月十七日,赵普再入相,石熙载为枢密使。(《宋宰辅编年录校补》卷2)

是年,停贡举。(《文献通考》卷32《选举考五·举士》)

太平兴国七年(982),吕蒙正37岁,吕夷简4岁

四月,卢多逊责授兵部尚书,下御史狱,因与秦王廷美交通故流放崖州,廷美勒归私第,沈伦责授工部尚书,罢知政事。(《皇宋十朝纲要》卷2)

五月、六月,黄河接连决堤。(同上)

九月,吕蒙正等受命编辑前代文集,即后名之《文苑英华》。

李昉等《文苑英华》卷首"纂修文苑英华事始"(《四库全书》本):"太平兴国七年九月,诏翰林学士承旨李昉,翰林学士扈蒙,给事中直学士院徐铉,中书舍人宋白,知制诰贾黄中、吕蒙正、李至,司封员外郎李穆,库部员外郎杨徽之,监察御史李范,秘书丞杨砺,著作佐郎吴淑、吕文仲、胡汀,著作佐郎直史馆战贻庆,国子监丞杜镐,将作监丞舒雅等,阅前代文集,撮其精要,以类分之,为《文苑英华》。其后李昉、扈蒙、吕蒙正、李至、李穆、李范、杨砺、吴淑、吕文仲、胡汀、战贻庆、杜镐、舒雅等并改他任,续命翰林学士苏易简,中书舍人王祜,知制诰范杲、宋湜与宋白等共成之。雍熙三年上,凡一千卷。"

《宋会要·崇儒五·编纂书籍》:"太平兴国七年九月,命翰林学士承旨李昉,学士扈蒙,直学士院徐铉,中书舍人宋白,知制诰贾黄中、吕蒙正、李至,司封员外郎李穆,库部员外郎杨徽之,监察御史李范,秘书丞杨砺,著作佐郎吴淑、吕文仲、胡汀,著作佐郎直史馆战贻庆,国子监丞杜镐,将作监丞舒雅,阅前代文

集，撮其精要，以类分之，为千卷。雍熙三年十二月书成，号曰《文苑英华》。”

是年，歙州刻宋太宗赐吕蒙正诗“帝泽虽宽异，官荣莫忘贫”。

《东原录》：“初，京师期集未有题名石刻，至(太平兴国)七年，冯起以赞善大夫通判歙州，苏能以著作郎权知歙州，乃刻赐诗七首。其赐吕蒙正诗有云‘帝泽虽宽异，官荣莫忘贫。’……”

是年，停贡举。(《文献通考》卷32《选举考五·举士》)

太平兴国八年(983)，吕蒙正38岁，吕夷简5岁

正月七日，以中书舍人宋白权知贡举，吕蒙正与贾黄中、李至等权同知贡举。

《宋会要·选举一·贡举一》：“(太平兴国)八年正月七日，以中书舍人宋白权知贡举，知制诰贾黄中、吕蒙正、李至，直史馆王沔、韩丕、宋准，司封员外郎李穆，监察御史李范，秘书丞杨砺权同知贡举。合格奏名进士王禹偁以下……”

二十一日，曹彬罢枢密使；二十二日，王显、弥德超为南北院使并枢密院副使(《宋宰辅编年录校补》卷2)。

三月二十日，取进士239人，王世则为状元。

《文献通考》卷32《选举考五·举士》：“(太平兴国)八年，进士二百三十九人，省元王禹偁，状元王世则；诸科二百八十五人。”

毕沅《续资治通鉴》卷11太平兴国八年三月“丙子”(二十日)条载：“丙子，御讲武殿，覆试礼部贡举人，擢进士长沙王世则以下百七十五人，诸科五百一十六人，并赐及第；进士五十四人，诸科百十七人，同出身。始分甲赐宴琼林苑，后遂为久制。”

是月，丰州奏破契丹兵(《皇宋十朝纲要》卷2)。

四月二日，弥德超罢枢密院副使(同上)。

大约正月至四月间，吕蒙正之父吕龟图卒。

《宋史·吕蒙正传》：“(吕)龟图旋卒，诏起复。未几，迁都官郎中，入为翰林学士，擢左谏议大夫、参知政事，赐第丽景门。”

按：官员服父母丧，守期未满即应召赴任官职，名曰“起复”。到了清代，则称服满而起用为“起复”，与旧制不同。

考：吕蒙正太平兴国八年十月撰《大宋重修兖州文宣王庙碑铭（并序）》署名“起复翰林学士”，说明当时仍在服丧守孝期间。一般来说，父母去世需丁忧守孝三年。吕蒙正没有完成守孝时限，因朝廷事务繁多被“起复”。吕龟图去世时间在吕蒙正任左补阙、知制诰期间，且至太平兴国六年八月，不足守孝时限。加之，吕蒙正太平兴国七年九月仍受命编辑前代文集，八年正月权知贡举，一直在岗位上。由此推知，吕蒙正之父吕龟图当卒于是年蒙正五月任都官郎中前，即正月至四月间。

五月，吕蒙正以左补阙、知制诰为都官郎中，拜翰林学士。其妻宋氏卒于任都官郎中期间。

洪迈《翰苑群书·学士年表》（知不足斋丛书本）：吕蒙正“（太平兴国八年）五月，以左补阙、知制诰为都官郎中，拜学士。十一月，除参知政事”。

《吕文穆公蒙正神道碑》：“（太平兴国）八年，迁都官郎中，召入翰林充学士，是冬擢为左谏议大夫、参知政事，俄升给事中。”

苏易简《续翰林志》：“太平天国八年，召阁下舍人李公穆、宋公白、贾公黄中、吕公蒙正、李公至入院。时承旨扈公蒙赠诗贺之，有‘五凤齐飞入翰林’之句，为一时之盛事。”（转见于傅璇琮、施纯德《翰学三书》，辽海出版社2003年版）

欧阳修《归田录》卷1：“太宗时，宋白、贾黄中、李至、吕蒙正、苏易简五人同时拜翰林学士，承旨扈蒙赠之以诗云：‘五凤齐飞入翰林。’其后吕蒙正为宰相，贾黄中、李至、苏易简皆至参知政事，宋白官至尚书，老于承旨，皆为名臣。”

按：都官郎中，宋前期为从五品上，无职事，为文臣迁转寄禄官阶。翰林学士，正三品，掌撰内制。

考：《宋史》卷170《职官十》载，据建隆三年（962）诏书，庶子、少卿监、司业、郎中、京府少尹、赤县令、少詹事、谕德、将军、下都督、下都护、家令、率更令、仆，其余升朝官以上遇恩，并母封县太君，妻县君。是年，吕蒙正“迁都官郎中”，可为妻请封“县君”，而随后擢为左谏议大夫、参知政事，俄升给事中，又可为妻请封郡君，甚至郡夫人。值得注意的是，吕蒙正“初娶宋氏，封广平县君”（《吕文穆公蒙正神道碑》），说明其妻宋氏卒于吕蒙正任都官郎中期间，即太平兴国八年五月至十月。据姚红《北宋东莱吕氏家族婚姻考论》,该宋氏为职方员外郎宋温舒之女。

六月十五日,王显任枢密使。(《宋宰辅编年录校补》卷2)

七月十八日,郭贽罢参知政事;二十七日,李昉任参知政事。(同上)

八月二十七日,石熙载罢枢密使。(同上)

十月二十七日,赵普罢相。(同上)

是月,吕蒙正撰《大宋重修兖州文宣王庙碑铭(并序)》。

吕蒙正《大宋重修兖州文宣王庙碑铭(并序)》(太平兴国八年十月):"圣人之兴也,能成天下之务,能通天下之志,然亦不能免穷通否泰之数。是故有其位则圣人之道泰,无其位则圣人之道否。大哉,夫尧、舜、禹、汤,其有位之圣人乎?我先师夫子,其无位之圣人欤!昔者大道既隐,直风渐漓。有为之迹虽彰,禅代之风未替。繇是尧舜禹汤,苞至圣之德,有其位,故德泽及于兆民。逮乎周室衰微,诸侯强盛,干戈靡戢,黔首畴依。繇是仲尼有至圣之德,无其位,所以道屈于季孟。呜呼!夫子以天生之德,智足以周乎万物,道足以济于天下,而栖遑列国,卒不见用,得非其道至大,而天下莫能容乎?复乃当时之生民不幸乎?向使有其位,用其道,又何止夹谷之会,沮彼齐侯,两观之下,诛其正卯,羵羊辨土木之妖,楛矢验蛮夷之贡?必将恢圣人之道,功济乎宇宙,泽及于黎庶矣,奚一中都宰、大司寇,可伸其圣道哉?嗟夫!文王没而斯文未丧,时命屯而吾道不行,可为长太息矣。洎乎《河图》不出,凤德云衰,爰困蔡以厄陈,遂自卫以返鲁。于是,删《诗》《书》,赞《易》象,因《史记》作《春秋》。大旨尊王者而黜霸道,威乱臣而惧贼子。然后损益三代之礼乐……"(《全宋文》卷106、《金石萃编》卷125、《山右金石记》卷15、万历《兖州府志》卷5、乾隆《兖州府志》卷26、乾隆《曲阜县志》卷24)。题下原署:"起复翰林学士、朝散大夫、尚书都官郎中、知制诰、柱国、赐紫金鱼袋臣吕蒙正敕撰,翰林待诏、朝散大夫、少府监丞臣白崇钜奉敕书并撰额。"落款时间为:"太平兴国八年岁次癸未,十月癸未朔,十六日戊戌建。"

十一月一日,宋琪、李昉并拜相(《宋宰辅编年录校补》卷2)。

二十一日,吕蒙正由翰林学士都官员外郎进参知政事。

《长编》卷24太平兴国八年十一月"壬申"(二十一日)条载:"壬申,以翰林学士李穆、吕蒙正、李至并为左谏议大夫、参知政事。”

《宋宰辅编年录校补》卷2:太平兴国八年十一月壬申(二十一日):“蒙正自翰林学士、都官员外郎除(参知政事)。”

《宋史》卷4《太宗本纪》:太平兴国八年十一月,“壬申,以翰林学士李穆、吕蒙正、李至并参知政事,枢密直学士张齐贤、王沔并同签署枢密院事”。

按:参知政事,为副宰相,正二品。

十二月二十九日,赐左谏议大夫、参知政事吕蒙正丽景门宅。

《宋太宗皇帝实录校注》卷27:“(太平兴国八年十二月)庚戌,赐左谏议大夫、参知政事吕蒙正丽景门宅,右谏议大夫、签署枢密院事张齐贤宜秋门宅,王沔崇德门宅,各一区。”

《玉海》卷175《子部·类书类·宅·建隆赐宅》:“(太平兴国)八年十二月庚戌,赐参政吕蒙正丽景门宅。”

《宋会要·方域四·第宅》:“(太平兴国八年)十二月,赐右谏议大夫、参知政事吕蒙正丽景门宅。”

按:吕蒙正此时的官职当为左谏议大夫、参知政事。《宋太宗皇帝实录校注》卷31载,雍熙元年“十二月庚辰……左谏议大夫、参执政事吕蒙正、李至皆为给事中,参知政事如故”。可证,《宋会要》吕蒙正“右谏议大夫”为误。

初参知政事,众皆服其量。

《宋史·吕蒙正传》:“未几,迁都官郎中,入为翰林学士,擢左谏议大夫、参知政事,赐第丽景门。上谓之曰:‘凡士未达,见当世之务戾于理者,则怏怏于心;及列于位,得以献可替否,当尽其所蕴,虽言未必尽中,亦当佥议而更之,俾协于道。朕固不以崇高自恃,使人不敢言也。’蒙正初入朝堂,有朝士指之曰:‘此子亦参政耶?’蒙正阳为不闻而过之。同列不能平,诘其姓名,蒙正遽止之曰:‘若一知其姓名,则终身不能忘,不若毋知之为愈也。’时皆服其量。”

司马光《涑水记闻》卷2:“吕蒙正相公不喜记人过。初参知政事,入朝堂,有朝士于帘内指之曰:‘是小子亦参政耶?’蒙正佯为不闻而过之。其同列怒之,令诘其官位姓名,蒙正遽止之。罢朝,同列犹不能平,悔不穷问,蒙正曰:‘一知其姓名,则终身不能复忘,固不如无知也。且不问之何损?’时皆服其量。”

《石林燕语》卷6:“国初天下始定,更崇文士。自殿试亲放榜,状元往往遂见峻用。吕文穆公太平兴国七年登科，八年已为参知政事。李文正昉乃座主，于时为相，与文穆同在二府。后五年，文正罢，文穆遂代为相。”

是年，太宗与吕蒙正谈君臣道合。

《御览经史讲义》卷29《目录·史》：“监察御史臣陈仁：宋太平兴国八年上谓吕蒙正曰：‘古所谓君臣道合者，情无间耳。凡士未达，见当世之务戾于理者，则怏怏于心；及列于位，得以献可替否，当尽其所蕴，言虽未必尽中，亦当佥议而更之，俾协于道，朕固不以崇高自恃，使人不敢言也。’”

太平兴国九年(984，亦即雍熙元年)，吕蒙正39岁，吕夷简6岁

正月十一日，房州言涪陵县公赵廷美卒。(《皇宋十朝纲要》卷2)

三月二十二日，吕蒙正等以诗颂太宗习射，太宗和赐之。

《宋太宗皇帝实录校注》卷29：“(太平兴国九年三月)壬申，驾幸含芳园习射，上中的者四。……宋琪、李昉、吕蒙正、李至各赋诗进，上皆和而赐之。”

《玉海》卷30《太平兴国御制猎诗》：“(太平兴国)九年三月壬申，幸含芳园习射，宰臣宋琪赞颂神武，与李昉、吕蒙正、李至等各赋诗进，上和赐之。”

四月，泰山父老、群臣请封禅，许之。(《皇宋十朝纲要》卷2)

十一月二十一日改元，是为雍熙元年。

按：据《长编》卷25载，太平兴国九年十一月丁卯，“祀天地于南郊，大赦，改元。”《宋史·太宗本纪》则云十一月丁巳，丁巳为十一日。而《太宗实录》卷31亦作丁卯，为二十一日。知《太宗本纪》误。

十二月五日，宋琪进门下侍郎、昭文馆大学士，李昉进中书侍郎、监修国史；(《皇宋十朝纲要》卷2)**左谏议大夫、参知政事吕蒙正、李至皆为给事中，参知政事如故。**(《宋太宗皇帝实录》卷31)

十七日，立皇后李氏。(《皇宋十朝纲要》卷2)

是年，停贡举。(《文献通考》卷32《选举考五·举士》)

大约是年，吕蒙正娶继室薛氏。

《吕文穆公蒙正神道碑》：“初娶宋氏，封广平县；再娶薛氏，封谯国夫人。”

按:太平兴国七年(982)正月至四月间,吕蒙正之父吕龟图卒。守孝期满,可能于是年再娶。据姚红《北宋东莱吕氏家族婚姻考论》载,薛氏乃河南薛惟莘之女。

雍熙二年(985),吕蒙正40岁,吕夷简7岁

正月十八日,以翰林学士贾黄中权知贡举,徐铉、赵昌言等权同知贡举。(《宋会要·选举一·贡举一》)。

二月,李继迁诈降,四月破之。(《皇宋十朝纲要》卷2)

三月十五日,吕蒙亨因吕蒙正任参知政事而罢进士举。

《宋会要·选举七·亲试一》:"雍熙二年三月十五日,帝御崇政殿试礼部奏名进士,内出《颍川贡白雉赋》《烹小鲜诗》《玄女授兵符论》题,得梁颢已下一百七十九人,第为三等。翌日,帝临轩唱名,面赐及第出身。十七日,试九经已下,得三百一十八人,第为三等,并赐本科及第、出身。"并在该年选举情形注释云:"《文献通考》:雍熙二年,令考官亲戚别试。是年亲试举人,初唱名赐第,得梁颢以下一百七十余人,诸科百余人,李昉、吕蒙正之子①皆入等。上以势家不宜与孤寒竞进,罢之。"

《长编》卷26雍熙二年三月"己未"(十五日)条载,"参知政事吕蒙正之从弟吕蒙亨"等举进士皆入等,因宋太宗说:"此并势家,与孤寒竞进纵以艺升,人亦谓朕为有私。"皆罢之。

洪迈《容斋四笔》卷13"宰执子弟廷试"条载:"太宗朝,吕文穆公蒙正之弟蒙亨举进士,礼部高等荐名。既廷试,与李文正公昉之子宗谔并,以父兄在中书罢之。国史《许仲宣传》云,仲宣子待问,雍熙二年举进士,与李宗谔、吕蒙亨、王扶并预廷试。宗谔即宰相昉之子,蒙亨参知政事蒙正之弟,扶盐铁使明之子。上曰:'斯并势家,与孤寒竞进,纵以艺升,人亦谓朕有私也。'皆下第,正此事也。"

①文中"吕蒙正之子"当为吕蒙正之堂弟吕蒙亨,即吕夷简的父亲。

按:《文献通考》卷32《选举考五·举士》,是年取进士258人,省元陈充,状元梁颢;诸科699人。

考:对李宗谔、吕蒙亨、王扶、许待问四人因"家势"而下第,既然不予进士及第,想必也需要解决善后事宜。李宗谔不愿因父亲的官位而谋职,据《宋史》卷265《李宗谔传》载:"宗谔字昌武,七岁能属文,耻以父任得官,独由乡举,第进士,授校书郎。"他继续赶考,在两年后的端拱二年(989)考取进士(《隆平集》卷4),当年王扶、许待问的情况则不明。吕蒙亨的情况是,据《宋史·吕蒙正传》载:"龟图弟龟祥,殿中丞、知寿州。子蒙亨,举进士高等,既廷试,以蒙正居中书,故报罢。后历下蔡、武平主簿。"

六月,麟州奏杂虏四十七族内属,岌罗赋等十四族却抗命,击破之。(《皇宋十朝纲要》卷2)

十二月十五日,宋琪罢相,柴禹锡罢枢密副使。(《宋宰辅编年录校补》卷2)

是年,夏竦生,(《华阳集》卷35《夏文庄公神道碑》)**晁宗悫生。**(《全宋文》卷333)

按:夏竦(985—1051),字子乔,江州德安(今属江西)人。仁宗初迁知制诰,为枢密副使、参知政事。先与吕夷简不和,吕夷简致仕前又举荐他。晁宗悫(985—1042),字世良。天圣九年(1031)为知制诰,与吕夷简举荐有关。康定元年(1040)任参知政事。

雍熙三年(986),吕蒙正41岁,吕夷简8岁

正月二十九日,李至罢参知政事(《宋宰辅编年录校补》卷2)。

二月十一日,柳开致书吕蒙正。

柳开《上参政吕给事书》:"二月十一日,将仕郎、守蔡州上蔡县令柳开,谨献书于执事。人之罪莫大于不忠不孝,开今有之,得以言于执事,执事必听而信矣,哀而怜矣。……前年,开自知润州得替归京,以家在河北,曾具此二事白于政事堂,中蒙执事赐以贝州之命,开甚为获所愿也。"(《全宋文》卷123)

《宋史》卷440《柳开传》:“雍熙二年,坐与监军忿争,贬上蔡县。”

考:吕蒙正太平兴国八年(983)十一月任参知政事、给事中。柳开《上参政给事书》文中有“前年”得益于“执事”帮助任职之事“贝州之命”。推知,柳开此文当写于雍熙三年(986)之二月,而不会是雍熙二年(985)之二月。佐证有三。其一,张景《故如京使金紫光禄大夫检校使司空知沧州军州事兵马钤辖兼御史大夫上柱国河东县开国伯食邑九百户柳公行状》(柳开《河东先生集》卷16):“太平兴国九年,诏归,出贝州,加殿中侍御史。”太平兴国九年(984),即雍熙元年。“前年,开自知润州得替归京”,出贝州,上推即知。其二,柳开《与河北都转运樊谏议书》(《河东先生集》卷8):“至雍熙二年,开为殿中侍御史,春正月,因同职者以王事忿争,开追削朝籍,得上蔡县令。”柳开《宋故中大夫左补阙致仕高公(颇)》(《河东先生集》卷15):“(雍熙二年)夏五月,开自贝贬逐南行,过公宇下①”。可知,雍熙二年五月,柳开还在赴任途中。柳开写此书,当在上蔡任上,文中说:“离此州县之中,再列班行之末,是救开非常之幸也。”其三,柳开除向吕蒙正投书外,还写了《上史馆相公书》,“三月六日,将仕郎、守蔡州上蔡县令柳开,谨沥血献书于相公。……开去年以不忍小忿”而贬为上蔡县令,并说“今来率领部民,馈挚军食,路出天阙,迹达相门,即诚可陈,事可谋。开受恩门下,已十五年,相公岂不哀而念之哉?”(《全宋文》卷123)文中说的是“去年”受贬,知此文写于雍熙三年。“史馆相公”指李昉,时拜同平章事、监修国史。柳开开宝六年举进士时,李昉知贡举,故言“受恩门下,已十五年”。从《上参政吕给事书》《上史馆相公书》两文急切的语气看,当写于相近的时段,当分别作于同年的二、三月,可佐证《上参政吕给事书》写作之时间。

六月一日,辛仲甫拜参知政事(《宋宰辅编年录校补》卷2)。

七月三日,曹彬等贬序有差(《皇宋十朝纲要》卷2)。

是月,吕蒙正等荐张宏。

《宋史》卷267《张宏传》:“雍熙中,吕蒙正、李至、张齐贤、王沔荐其文行,改主客郎中、史馆修撰。数日,以本官充枢密直学士,赐金紫。太宗召对便殿,谓曰:‘成都重地,卿为朕镇之。’因厚赐以遣。至郑州,促召归阙,拜右谏议大夫、

①高颇晚居大名,即今北京。

枢密副使。”

按:受吕蒙正等举荐,张宏任主客郎中、史馆修撰。数日,充枢密直学士,命赴成都就职,途中被追回,八月一日擢枢密副使(《宋宰辅编年录校补》卷2)。据此推知,吕蒙正举荐其文行之时间,当在七月中下旬。

八月一日,王沔、张宏并枢密副使(《宋宰辅编年录校补》卷2)。

是年,与契丹持续开战(《皇宋十朝纲要》卷2)。

是年,停贡举(《文献通考》卷32《选举考五·举士》)。

是年,吕蒙亨任下蔡县主簿。吕夷简生活在寿州。

按:吕蒙亨任职职级较低,以选人任职为主。龚延明《宋代官制辞典》“磨勘、差注类”载,北宋前期,选人分为四等七资,也称七阶(《资》条目)。差遣、职事官除授单位以任计,满任即须赴阙(或候命),重新注授新的差遣或职事,“任期或二年、三十个月、四年不定”(《任》条目)。选人改官(指改为京官官阶),必先做县令,即做亲民官,谓之“须入”(《须入》条目)。通常,选人七级须历三任六考、五人荐举,经磨勘、待次便殿引见,方得改官(《改官》条目)。据此可知,吕蒙亨改任京官,必须有任县令或知县之资格,史料中可予提供的有两处:一是为县福州(《宋史》之《马亮传》),二是任外江县①县令(《西塘集耆旧续闻》卷8)。从而形成其任职之史链。

考:吕蒙亨的事迹,《宋史·吕蒙正传》有大致记载:“龟图弟龟祥,殿中丞、知寿州。子蒙亨,举进士高等,既廷试,以蒙正居中书,故报罢。后历下蔡、武平主簿。至道初,考课州县官,蒙亨引对,文学、政事俱优,命为光禄寺丞,改大理寺丞,卒。”这里记载吕蒙亨最早的任职为下蔡主簿,下蔡县是寿州治所所在地,“(寿州)县四:下蔡,紧”。宋前期,诸州上县主簿、中县主簿正九品下(宋孙逢吉《职官分纪》卷42《县令》),下蔡主簿当为正九品下。任武平主簿的品位也大体相当,据《宋史》卷89《地理志》5载,“淳化五年,以上杭、武平二场并为县”,“武平,上”。第三、第四个职务为至道初,“命为光禄寺丞,改大理寺丞”。宋前期光禄寺丞、大理寺丞为从六品上。任职由九品直接到六品,凸显任职缺失,至

①北周,改僰道县为江外县,隋大业三年(607)复名僰道县,延续至北宋晚期,宋徽宗政和四年(1114),又改称为宜宾县。

少问题有二：其一，中间缺少七品、八品等任职情况，显然文中有省略；其二，到武平的任职有误。据拙作《北宋吕蒙亨任职考》推断，吕蒙亨任下蔡主簿的时间为雍熙三年(986)至端拱元年(988)。并与两个间接证据吻合，一是淳化元年(990)九月，应吕蒙正之请，吕蒙正弟吕蒙叟为郾城县主簿，吕蒙庄为楚丘县主簿，吕蒙巽为沈丘县主簿(《长编》卷31)。其中吕蒙巽是吕龟祥之子、吕蒙亨的弟弟、吕蒙正的堂弟，作为吕龟祥长子的吕蒙亨当已任职，要不然吕蒙正不会先为蒙亨弟求官而忽视蒙亨。二是《宋史·吕蒙正传》所说罢进士举之后的任职之词，不是“遂”“寻”等短暂时间用语，而是“后历下蔡、武平主簿”，一个“后”字，可知间隔时间不会少于一年。这说明推论始任下蔡主簿的时间为雍熙三年(986)是可信的。

雍熙四年(987)，吕蒙正42岁，吕夷简9岁

正月，契丹长驱而入(《皇宋十朝纲要》卷2)。

四月一日，张宏罢枢密副使，赵昌言为枢密副使(《宋宰辅编年录校补》卷2)。

十二月二日，诏自今岁命春官知贡举(《皇宋十朝纲要》卷2)。

是年，停贡举(《文献通考》卷32《选举考五·举士》)。

是年，吕蒙亨仍任下蔡县主簿。

按：[宋]乐史《太平寰宇记》卷129(中华书局，2000年版)：“寿州寿春郡，旧理寿春县，宋为寿州治。”[清]赵宏恩等《江南通志》卷28(《四库全书》本)：“下蔡镇，凤台县北三十里，即汉下蔡镇，宋为寿州治。”下蔡(今安徽凤台)，隶属寿州，是吕夷简的家乡。

大约是年，吕蒙正作《饭店钟诗》。

吕蒙正《饭店钟诗》：“十度逻斋九度空，叵耐阇黎饭后钟。二十年来蒙尘土，方显今朝碧纱笼。”(黄文翰、吕明月《洛阳吕氏金石列传》，录自明代崇祯甲戌年洛阳相公庄碑刻，题目系编者加)

按：吕蒙正乾德五年(967)住“寒窑”，文中有“二十年来蒙尘土”，大体可知作于雍熙四年(987)左右。

端拱元年(988),吕蒙正43岁,吕夷简10岁

正月二日,御制雪诗。(《太宗实录》卷43“端拱元年”条载:“正月庚申,御制《喜雪》诗五言二十韵,赠宰相李昉等,令属和。”)

十七日,帝亲耕籍田,改元端拱(《宋史》卷5《太宗本纪》)。

二月十三日,李昉罢相,赵普、吕蒙正并拜相,王沔任参知政事,张宏任枢密副使。吕蒙正系“国朝状元为相”第一人,由“推忠佐理功臣、朝散大夫、给事中、参知政事、柱国、东平郡开国男”(李沆《除吕蒙正中书侍郎兼户部尚书平章事制》)**擢任。**

《宋宰辅编年录校补》卷2端拱元年二月“庚子”(十三日)条载:“李昉罢相,赵普、吕蒙正并拜相,王沔任参知政事,张宏任枢密副使。”并说:“(吕)蒙正自给事中、参知政事除中书侍郎兼户部尚书、监修国史、并同中书门下平章事。”①

《长编》卷29端拱元年二月“庚子”(十三日)条载:“山南东道节度使、兼侍中赵普为太保兼侍中,给事中、参知政事吕蒙正为中书侍郎兼户部尚书,并同平章事。……蒙正质厚宽简,有重望,不结党与,遇事敢言,每论政,有未允者,必固称不可,上嘉其无隐,故与普俱命,借普旧德为之表率也。蒙正晚辈骤进,与普同位,普甚推许之。”

吕祖谦《宋文鉴》卷34、王志坚《四六法海》卷1均载有李沆《除吕蒙正中书侍郎兼户部尚书平章事制》。

《宋史》卷5《太宗本纪》:端拱元年(988)二月庚子(十三日),“参知政事吕蒙正同中书门下平章事。”

《宋史》卷256《赵普传》:“太宗欲相吕蒙正,以其新进,借普旧德为之表率,册拜太保兼侍中。”

《宋史》卷265《吕蒙正传》:“李昉罢相,蒙正拜中书侍郎兼户部尚书、平章事,监修国史。蒙正质厚宽简,有重望,以正道自持。遇事敢言,每论时政,有未

①同中书门下平章事,宋初正一品。

允者，必固称不可，上嘉其无隐。赵普开国元老，蒙正后进，历官一纪，遂同相位，普甚推许之。俄丁内艰，起复。”

《宋史》卷267《赵昌言传》：“初，太宗厚遇昌言，垂欲相之。赵普以勋旧复入，恶昌言刚戾，乃相吕蒙正。”

《续资治通鉴》卷14端拱元年二月“庚子”（十三日）条载：“以赵普为太保兼侍中，参知政事吕蒙正为中书侍郎兼户部尚书，并同平章事。”

《石林燕语》卷6：“国朝状元为相者四人：吕文穆公、王文正公、李文定公、宋元宪公。文穆登第十二年拜，文正二十一年，文定二十九年，元宪二十七年；文正、文定皆再入，而文穆三入为尤盛。”

按：吕蒙正端拱元年首次入相，始自李昉罢相，“文穆遂代为相”。据《石林燕语》卷6载：“国初天下始定，更崇文士。自殿试亲放榜，状元往往遂见峻用。吕文穆公太平兴国七年登科，八年已为参知政事。李文正昉乃座主，于时为相，与文穆同在二府。后五年，文正罢，文穆遂代为相。”李昉罢相始自新科状元胡旦、进士赵昌言等“同年党”人同宿臣赵普、卢多逊之间的斗争。斗争的序幕是“同年党”攻击宰相李昉，指责李昉失职，面对辽军入寇，不忧边患，饮酒作乐。宋太宗解除了李昉的相权，却委任吕蒙正为相，赵普仍然位居宰相。吕蒙正与赵普为相，据《东都事略·太宗纪》介绍，“赵普为太保兼侍中，吕蒙正为中书侍郎兼户部侍郎、平章事”。吕蒙正在拜相前后的官职见于《吕蒙正拜相制》：“朝散大夫、给事中、参知政事、上柱国、赐紫金鱼袋吕蒙正”为“光禄大夫、中书侍郎兼户部尚书、中书门下平章事、监修国史。”（见于《宋大诏令集》和《宋太宗实录》残本）并独相者数年，“淳化元年赵普罢，吕蒙正在位，独相者逾年”（《石林燕语》卷8），其后来失去相位的原因在于：“淳化中，右正言宋沆上疏忤旨。沆，蒙正妻族，坐是罢为吏部尚书，复相李昉。四年，昉罢，蒙正复以本官入相。”（《宋史·吕蒙正传》）

三月七日，下诏求言（《皇宋十朝纲要》卷2）；**十七日，赵昌言罢枢密副使**（《宋宰辅编年录校补》卷2）。

二十三日，以翰林学士宋白权知贡举，知制诰李沆权同知贡举。诏令放合格进士、诸科程宿等120人（《宋会要·选举一·贡举一》）。**省元程宿**（《文献通考》卷32《选举考五·举士》）。

闰五月,吕蒙正、张宏等主持科考引争议。

《长编》卷29端拱元年闰五月"丙申"(十一日)条载:"先是,翰林学士、礼部侍郎宋白知贡举,放进士程宿以下二十八人,诸科一百人。榜既出,而谤议蜂起,或击登闻鼓求别试。上意其遗才,壬寅(十七日),召下第人覆试于崇政殿,得进士马国祥以下及诸科凡七百人,令枢密院用白纸为牒赐之,以试中为目,令权知诸县簿、尉。谓枢密副使张宏曰:'朕自即位以来,亲选贡士,大者为栋梁,小者为榱桷。今封疆万里,人无弃材,日思孜孜,庶臻上理也。卿与吕蒙正等,曩者颇为大臣所沮,非朕独断,则不及此矣。'宏顿首谢"。

《宋史》卷267《张宏传》:"会太宗亲试礼部不合格贡士,令枢密院给牒,因谓宏曰:'朕自御极以来,亲择群才,大者为栋梁,小者为榱桷,卿与吕蒙正皆中朕选,大臣颇有沮议。非朕独断,岂能及此乎?'宏顿首谢。"

《文献通考》卷32《选举考五·举士》:"……覆试得进士、诸科七百人;又武成王庙重试,得进士三十一人,诸科八十九人,省元程宿(是年,不临轩)。"

八月一日,赵普、吕蒙正建议从百司官员中进选中书堂后官,太宗不许。

《长编》卷29端拱元年八月"乙卯朔"(一日)条载:"中书堂后官缺,宰相欲进选于百司以补之,上不许。"①

十一月,定州李继隆等破契丹于唐河(《皇宋十朝纲要》卷2)。

是年,吕蒙正生母刘氏去世,因朝廷事务繁多而难以丁忧,太宗命其"起复"到任。

宋太宗《吕蒙正起复制》:"门下:移孝资忠,盖格言之攸著;节哀顺变,亦人子之大端。朕抚御中区,司牧黎庶,宵衣旰食,虽切于忧勤,一日万机,良系于辅弼……眷我台臣,遽钟艰疚,爰举夺情之典,克遵以义之文。扬于明廷,告尔有位。具官吕蒙正,阳秋禀气,金玉含贞。负经济之材,守之以道;怀挺特之操,保之以和。燮调而元化不愆,迈种而芳猷益茂。……宜体急贤,勉祇成命。"(《宋大诏令集》卷51、《全宋文》卷71)

《宋史》卷265《吕蒙正传》:"李昉罢相,蒙正拜中书侍郎兼户部尚书平章事,监修国史。蒙正质厚宽简,有重望,以正道自持。遇事敢言,每论时政,有未

①时任宰相为赵普、吕蒙正。

允者，必固称不可，上嘉其无隐。赵普开国元老，蒙正后进，历官一纪，遂同相位，普甚推许之。俄丁内艰，起复。"

按：《全宋文》题下注："此制原书未注明年月。按蒙正以端拱元年二月拜相，据《宋史》本传云'俄丁内艰起复'，则应仍在端拱元年，今姑次于此。"加之，文中有"阳秋禀气"之语，可推知起复时间为是年秋天。

考：文中"节哀顺变，亦人子之大端"，说明去世的是吕蒙正的父母之一。其父早逝，当下去世的应是其生母刘氏。

是年，吕蒙正以坐赃免张绅知蔡州之职。

《宋史》卷265《吕蒙正传》："蒙正初为相时，张绅知蔡州，坐赃免。或言于上曰：'绅家富，不至此，特蒙正贫时勾索不如意，今报之尔。'上命即复绅官，蒙正不辨。后考课院得绅实状，复黜为绛州团练副使。及蒙正再入相，太宗谓曰：'张绅果有赃。'蒙正不辨亦不谢。在西京日，上数遣中贵人将命至，蒙正待之如在相位时，不少贬，时人重焉。"

按：吕蒙正端拱元年首次入相。李之亮《北宋京师及东西路大郡守臣考》将张绅知蔡州的时间定为淳化三年(992)至淳化五年(994)(见于"蔡州"部分)，恐误。

是年，吕蒙正建言宰相子止授九品京官。子从简为九品官。

《宋史》卷265《吕蒙正传》："先是，卢多逊为相，其子雍起家即授水部员外郎，后遂以为常。至是，蒙正奏曰：'臣忝甲科及第，释褐止授九品京官。况天下才能，老于岩穴，不沾寸禄者多矣。今臣男始离襁褓，膺此宠命，恐罹阴谴，乞以臣释褐时官补之。'自是宰相子止授九品京官，遂为定制。"

文莹《玉壶清话》卷3："吕中令蒙正，国朝三入中书，惟公与赵韩王尔，未尝以姻戚徼宠泽。子从简当奏补，时公为揆门相，旧制，宰相奏子，起家即授水部员外郎，加朝阶。公奏曰：'臣昔忝甲科及第，释褐止授九品京官。况天下才能老于岩穴，不能沾寸禄者无限。今臣男从简始离襁褓，一物不知，膺此宠命，恐罹阴谴。止乞以臣释褐日所授官补之。'固让方允，止授九品京官，自尔为制。公生于洛中祖第正寝，至易箦，亦在其寝。其子集贤二卿居简，平日亲与文莹语此事云。"

吕蒙正撰《乞以九品官授子奏》，文称："臣昔忝甲科及第，释褐止授九品京官。况天下才能老于岩穴，不能沾寸禄者无限。今臣男从简始离襁褓，一物不知，膺此宠命，恐罹阴谴。止乞以臣释褐日所授官补之。”（《全宋文》卷106、《玉壶清话》卷3、《名贤氏族言行类稿》卷31）

《长编》卷29端拱元年闰五月“己丑”（四日）条载：“近制，宰相子起家即授水部员外郎，加朝散阶，吕蒙正固让，止授六品京官，自是为例。”自注曰：“此事见富弼作《蒙正神道碑》，云蒙正长子从简当得水部员外郎，蒙正恳辞，止授将作监丞，因以为例，至今不易。”

《续资治通鉴》卷14端拱元年闰五月“己丑”条载：“近制，宰相子起家即授水部员外郎，加朝散阶，吕蒙正固让，止授六品京官，自是为例。”

按：吕从简为吕蒙正的长子。《宋史·吕蒙正传》：“（吕蒙正）子从简，再为国子博士；惟简，太子中舍；承简，司门员外郎；行简，比部员外郎；务简，亦国子博士；居简，殿中丞；知简，太子右赞善大夫。”《长编》《续资治通鉴》云“吕蒙正固让，止授六品京官”，与史实不符，当为“九品”。

是年，王禹偁致书吕蒙正《上史馆吕相公书》（《小畜集》卷18），**书中云：“某窃不自料，遂以书日历为请。”又荐安德裕、宋泌可为修撰。**

按：据《宋史》卷210《宰辅表一》，本年二月庚子（十三日），吕蒙正以昭文馆大学士监修国史、同中书门下平章事。《王禹偁年谱简编》（《宋人年谱丛刊》第1册）亦把王禹偁《上史馆吕相公书》置于是年。

是年，吕蒙正为相，仍修时政。

《玉海》卷48《子部·类书类·艺文·注记·景德时政记》：“（太平兴国）八年八月辛亥，诏中书门下凡国家之事宣谕之言令参政李昉纂录，每季送史馆，枢密院亦令副使一人撰集。昉上言请每月先奏御，后付所司，从之。（时政记奏御自昉始）。昉为相，参政苏易简代之，自是中书皆参政编录，惟吕蒙正常以宰相领，时虽有时政记之名，但题云‘送史馆事件’，至景德元年始题云‘时政记’。（端拱二年十月中书门下言，每御前殿密院先上，宣谕嘉言无由闻知，遂诏副使张齐贤抄录，送中书同修，为一书而授史馆）。”

按：按惯例，中书门下参政1人、枢密院副使1人修时政。端拱元年吕蒙正首次拜相，“惟吕蒙正常以宰相领”修时政。端拱二年十月，诏由“副使张齐贤抄录送中书同修”。可知吕蒙正至少于是年仍修时政。

是年,吕蒙正举荐林特。

《宋史》卷283《王钦若传附林特传》:"林特,字士奇。……会出兵五路讨李继迁,督所部转刍粟,先期以办。吕蒙正辟通判西京留守事。蒙正入相,荐之,入判三司户部勾院。"

按:吕蒙正是年入相,故置于此。

是年,吕夷简父亲吕蒙亨由下蔡主簿转任职武平场。吕夷简随父在武平场生活。

《宋史·吕蒙正传》:"龟图弟龟祥,殿中丞、知寿州。子蒙亨,举进士高等,既廷试,以蒙正居中书,故报罢。后历下蔡、武平主簿。至道初,考课州县官,蒙亨引对,文学、政事俱优,命为光禄寺丞,改大理寺丞,卒。次子蒙巽,虞部员外郎;蒙周,淳化进士及第。蒙亨子即夷简也。次子宗简,亦进士及第。"

按:康熙《武平县志》卷1《建邑》载,武平,"五代时伪闽,交泰四年并南安为武平场。南唐为沙县地属剑州。宋淳化五年升为县,析长汀西南境益焉"。可知,是年武平并未设县,只有武平场。吕蒙亨当改出任武平场之职。

考:武平县由上杭、武平二场合并而称,始建于淳化五年(994)(康熙《武平县志》卷1《建邑》)。假若建县即到任,任武平主簿,正九品下,次年即至道元年(995),"命为光禄寺丞",从六品,从官职升迁品位看,显然时间不够。其任职武平主簿,误,当系在武平场任职。任职武平场,在为县福州(990—992)之前。按差遣任期三年或三十个月计算,当为988—990年,其职务不详,估计属于迁职,品位大体为正九品上或从八品。这是第二个任职。

是年,程琳生(《欧阳文忠公文集》卷21《程公神道碑铭》),**郑戬生**(《长编》卷167皇祐元年十一月"壬寅"条、《宋会要·礼四一》"辍朝"条、《文恭集》卷36《赠太尉文肃郑公墓志铭》,李裕民《宋人生卒行年考》有详考)。

按:程琳(988—1056),字天球。宋仁宗即位,升太常博士,曾修《真宗实录》,追修《大中祥符》。天禧五年(1021),吕夷简举荐之。曾任权御史中丞、尚书左丞、镇安军节度使等。郑戬(988—1049),字天休,举进士。曾任右正言、知制诰、知审刑院、权知开封府、枢密副使等。因查出小吏冯士元谋私,牵连宰相吕夷简、知枢密院盛度、参知政事程琳,遂逮捕夷简子公绰、公弼。后与参知政事宋庠为宰相吕夷简所忌,郑戬改以资政殿学士知杭州。

大约是年，吕蒙正在洛阳建噎瓜亭。

邵伯温《邵氏闻见录》卷7：“公在龙门时，一日，行伊水上，见卖瓜者，意欲得之，无钱可买。其人偶遗一枚于地，公怅然取食之。后作相，买园洛城东南，下临伊水，起亭，以‘噎瓜’为名，不忘贫贱之义也。”

按：据黄简《吕文穆公噎瓜亭旧址碑》载：“尝闻吕文穆公轶事，感受深矣。‘噎瓜’亭乃蒙正富不忘贫、贵而不骄之德亭也。……后作相买园于洛阳城东南，下临伊水建亭，以噎瓜为名，不忘旧也。此事《庄岳委谈》《辞海》《河南邵氏闻见录》均载之。欣而获悉清乾隆三十四年我村《重修襄济庙碑记》（河大王庙）对村外噎瓜亭位置景色别有精彩详述。感哉！二十世纪七十年代相公庄村九队、二队村民黄虎庆、黄申保诸老人深翻土地，在‘寒窑’南二十米处发现一砖砌亭子台面，直径丈余，有台阶可供上下，纵横墙基清晰，砖瓦成片。承蒙黄文翰、黄志敏先生指点，辨史料、查位置、考发现，此地果为噎瓜亭旧址也。”（见于黄文翰、吕明月《洛阳吕氏金石列传》）吕蒙正端拱元年二月拜相，故权置于此。

端拱二年（989），吕蒙正44岁，吕夷简11岁

正月十一日，以知制诰苏易简、宋准权知贡举。是科，取进士陈尧叟等368人（《宋会要·选举一·贡举一》）。

同日，诏陈备边御戎之策（《皇宋十朝纲要》卷2）。

七月一日，以宰相赵普、吕蒙正言，寇准擢虞部郎中，充枢密院直学士。

《长编》卷30端拱二年七月“己卯”（一日）条载：“初，左正言、直史馆下邽寇准承诏极言北边利害，上器之，谓宰相曰：‘朕欲擢用准，当授何官？’宰相请用为开封推官。上曰：‘此官岂所以待准者耶？’宰相请用为枢密院直学士，上沉思良久，曰：‘且使为此官可也。’秋七月己卯，拜虞部郎中，充枢密院直学士。”

王晓波《寇准年谱简编》（据巴蜀书社1985编版删订重编）：“（端拱二年）七月己卯（一日），擢虞部郎中，充枢密院直学士赐金紫，判吏部东铨（《碑》）。”

同日，张齐贤任枢密副使，张逊签书枢密院事（《宋宰辅编年录校补》卷2）。

八月二十八日，吕蒙正答太宗君子、小人之议。

《长编》卷30载，端拱二年八月“丙子”（二十八日），上谓宰相曰：“‘……自古未尝不欲进君子，退小人。然君子常少，小人常多。’吕蒙正曰：‘此系时运盛衰。国家兴隆，则君子道长，其晦迹邱园，盖畏小人用事尔。有国家者，尤宜早辨。’上深然之”。

按：《玉海》卷26《建炎通鉴解义》：“（嘉定）十二年七月甲子，诏读《三朝宝训》；九月甲辰，洪导进读至吕蒙正论君子小人事，上以君子小人系时运盛衰为不然。”说明吕蒙正论君子小人已纳入《三朝宝训》。

十月二十四日，吕蒙正等诣长春殿，因旱灾请罢免。

《长编》卷30端拱二年十月“癸酉”（二十五日）条载：“上以岁旱减膳，遍走众望，皆弗应。是夕，手诏赐宰相赵普等，言……时普被疾请告，即以授吕蒙正等。壬申（二十四日），蒙正等诣长春殿谢曰：‘陛下临御以来，躬亲万机，勤恤民隐，未尝有纤微之失。臣等调燮无状，致此愆尤。汉制，水旱策免三公，臣等实任其责，愿上印绶，避贤者路。’上慰勉之。”

十月，因忤宰相吕蒙正，田锡出知陈州。

《宋史》卷293《田锡传》：“端拱二年，京畿大旱，锡上章，有‘调变倒置’语，忤宰相，罢为户部郎中，出知陈州。”

王君玉《国老谈苑》卷2：“田锡知制诰，太宗命三班奉职出使回上殿，因访民间利病，锡上言曰：‘陛下苟令三班奉职上殿言事，未审设吕蒙正以下何用。’乃罢之。”

张其凡《赵普年表简编》：端拱二年，“十月，（赵普）被疾请告。田锡上书言事，为宰相吕蒙正出知陈州”。

黄启方《王禹偁年谱简编》（《幼狮学志》第十五卷第一期）：田锡“言事贬陈州，再贬海州，禹偁均有诗寄之”。

十二月十四日，吕蒙正建议陛下尊号可增益，不应省去。

《长编》卷30载，端拱二年十二月“辛酉”（十四日），吕蒙正等奏曰：“‘陛下功德茂盛，但可增益尊号，今忽省去，众情莫不震骇。’……戊辰（二十一日），又上‘法天崇道文武’六字，诏去‘文武’二字，余许之”。

《挥麈后录》卷1：“太宗太平兴国三年十一月，上尊号应运统天圣明文武皇帝；六年十一月，上应运统天睿文英武大圣明广孝皇帝；九年八月，上应运统天睿文英武大圣至明仁德广孝皇帝。端拱二年十二月庚申，诏：‘自前所上尊号，并宜省去。今后四方所上表，只称皇帝。’宰相吕蒙正等固以为不可。上曰：‘皇帝二字，本难兼称。朕欲称王，但嫌与诸王同耳。’宰相又上表，请改上尊号为法天崇道文武皇帝，后诏省去‘文武’二字。”

二十一日，吕蒙正论任人与善恶。

《长编》卷30端拱二年十二月“戊辰”（二十一日）条载：“吕蒙正曰：‘迭试事任，则能否洞分。’上曰：‘性之善恶，何由知之？’蒙正曰：‘人之为善，终不能掩，久则弥著，至于为恶亦然。苟暂闻善恶，或涉爱憎，恐误任性，必久而察之，则赏罚无滥。’上善其言。”

是年，范仲淹生（《欧阳文忠公文集》卷20《资政殿学士户部侍郎文正范公神道碑铭》）。

按：范仲淹（989—1052）以“先天下之忧而忧，后天下之乐而乐”为己任，针对吕夷简所上的《百官图》，曾轰动朝野。

淳化元年（990），吕蒙正45岁，吕夷简12岁

正月一日，改淳化元年（《宋史》卷5《太宗本纪》）；**十一日，赵普罢相**（《宋宰辅编年录校补》卷2）。

是月，吕蒙正撰太宗尊号法天道崇册文。

《宋会要·帝系一·帝号杂录》：“淳化元年正月，群臣复上尊号曰法天道崇。”注文曰：“《宋朝会要》：册文，宰臣吕蒙正撰。”

二月十三日，太宗因宴射，赋一章赐宰相吕蒙正等。

《玉海》卷30《雍熙赏花赐诗（淳化）》：“淳化元年二月己未（十三日），诏近臣后苑宴射赋诗，上亦赋一章赐宰相吕蒙正等。”

《玉海》卷75《淳化后苑习射赋诗》：“淳化元年二月己未，宴近臣于后苑，习射，张乐饮酒，诏群臣赋诗，上亦赋一章赐宰相吕蒙正等。”

按：《宋会要·礼四五·杂宴·射习宴》亦载：“上亦赋一章赐宰相吕蒙正等。”

四月二十四日，赐陈省华父子五品服，与吕蒙正等对答有关。

《长编》卷31淳化元年四月“己巳”条载：“己巳，赐太子中允陈省华及其子光禄寺丞、直史馆尧叟五品服。先是，尧叟举进士，中甲科，占谢，词气明辨。上问宰相：‘此谁子？’吕蒙正等以省华对。省华时为楼烦令，即召见，擢太子中允，于是父子又同日面赐章服。”

《续资治通鉴》卷15载，淳化元年三月，“丁巳，赐太子中允陈省华及其子光禄寺丞、直史馆尧叟五品服。先是尧叟举进士，中甲科，占谢，词气明辨。帝问宰相：‘此谁子？’吕蒙正等以省华对。省华时为楼烦令，即召见，擢太子中允。至是父子又同日面赐章服”。

按：淳化元年四月，丙午朔。上推“己巳”，为二十四日。从《长编》。

九月六日，应吕蒙正之请，吕蒙正弟吕蒙叟为鄄城县主簿，吕蒙庄为楚丘县主簿，吕蒙巽为沈丘县主簿。

《长编》卷31淳化元年九月“戊寅”（六日）条载：“九月戊寅，以乡贡进士吕蒙叟为鄄城县主簿，蒙庄楚丘县主簿，蒙巽沈丘县主簿，皆宰相蒙正诸弟，从其请而命之。”

是年，吕蒙正言亲王领长史事。

曾巩《隆平集》卷3《典故》：“淳化元年，益王元杰授扬润大都督府长史。……吕蒙正以为襄王、越王皆领长史矣，今吴王独领大都督非便。上曰：‘业已错误，俟别除授，并正之。’”

按：《东都事略》卷37《张洎传》所载，与之相近，唯宋太宗所答有所不同：“此诚误也，俟别除授，并正之。”

是年，吕蒙正乞班位于诸王下，不许。

《宋史》卷245《宗室二》：“淳化元年，宰相吕蒙正复上言乞班诸王下，诏不允。”

是年，不贡举（《文献通考》卷32《选举考五·举士》）。

是年，政事多决于王沔。

《宋朝事实类苑》卷8《名臣事迹·王沔》：“王沔，字楚望，端拱初参大政，敏于裁断。时赵韩王罢政出洛，吕文穆公蒙正宽厚，自任中书，多决于沔。”

《宋史》卷266《辛仲甫传》：“端拱中进户部侍郎。时吕蒙正以长厚居相位，王沔任事,仲甫从容其间而已。”

《宋史》卷266《王沔传》:“淳化初,宰相赵普出守西洛,吕蒙正以宽简自任,政事多决于沔,沔与张齐贤同掌枢务,颇不叶,齐贤出知代州。”

按:赵普是年正月罢相。因吕蒙正宽政,故有“多决于沔”之果。

是年,吕夷简随父由武平到福州某县。

《福建通志》卷33《转运司》:“初置福州。建炎二年,以建寇故移司。”

《宋史·马亮传》:“亮有智略,敏于政事,然其所至无廉称。吕夷简少时,从其父蒙亨为县福州,亮见而奇之,妻以女。妻刘恚曰:‘嫁女当与县令儿邪?’亮曰:‘非尔所知也。’陈执中、梁适为京官,田况、宋庠及其弟祁为童子时,亮皆厚遇之,曰:‘是后必大显。’世以亮为知人。亮卒,时夷简在相位,有司谥曰忠肃,人不以为是也。”

按:马亮择婿有几个版本,如《氏族大全》卷14《择婿》:“马亮为夔州监司,善相人,时吕蒙亨为州职官,子夷简在焉,亮一见,许妻以女,妻怒,亮曰:‘此必为国夫人也。’”今权以《宋史》吕蒙亨为县福州之说为要。其余说法存之,待考。

考:拙作《吕夷简之父吕蒙亨任职考》对吕蒙亨是年任职有详考。吕蒙亨到福州某县任职的时间节点与王旦知课考院的信息有关。《宋史·王旦传》:“淳化初,王禹偁荐其才任转运使,驿召至京,旦不乐吏职,献文。召试,命直史馆。二年,拜右正言、知制诰。……明年,与苏易简同知贡举,加虞部员外郎、同判吏部流内铨、知考课院。赵昌言参机务,旦避嫌,引唐独孤郁、权德舆故事辞职。”张方平《吕文靖神道碑》:“考蒙亨,尝举进士,礼部奏名处高等,方从兄执政,嫌不就廷试。后选集吏部铨,得引对,太皇顾判铨王旦曰:‘某佳士,奈何以蒙正故抑之?’旦曰:‘此其文学政事有过人者。’即授光禄寺丞,改丞大理,无禄早世。”考课院,掌磨勘幕职、州县官功过,引对黜陟。考课,宋制,官员在任满一年为一考,由上级官府考校优劣,作为减选、升职或转官的依据。王旦淳化三年(992)“同判吏部流内铨、知考课院”,吕蒙亨选集吏部铨,得到王旦的肯定,使其得以升迁。

马亮择婿与吕蒙亨之子吕夷简的姻缘信息也相吻合。《宋史》卷298《马亮传》记载:“会诸路转运司置纠察刑狱官,以福建路命亮。”《宋史·太宗纪二》

载:“(淳化二年五月)庚子,置诸路提点刑狱官”;淳化四年,“冬十月壬戌,罢诸路提点刑狱司”。马亮(959—1031),淳化二年至四年任福建路提刑官(治所福州),与吕蒙亨相识并谈及姻亲关系,说明吕蒙亨当时在福州某个县任职。当时马亮之妻称吕蒙亨为“县令”,可能的情况是吕蒙亨在福州某县任职期满,并接到朝廷升任知县(僰道县)的文书,到福州与马亮辞行而相知。按照选人基本规定,吕蒙亨为县福州的时间为淳化元年(990)至淳化三年(992)。

当然,马亮在福州任职除任福建路提刑外,接着又任福州知州。清吴廷燮《北宋经抚年表》卷4福州路“知州”条记载:“淳化元年马亮知福州,苏易简荐,召还。十月,李伟知福州。”这条记载,时间有误。实际上,马亮在福州知州任上被召还,是在至道二年(996)十月。据《长编》卷40载,至道二年(996)十月己未,“苏易简荐其才任繁剧,自福州召还,同提点三司都勾院、磨勘凭由司。久之,出知饶州”。《宋史》卷289《马亮传》:“会诸路转运司置纠察刑狱官,以福建路命亮。复讯冤狱,全活者数十人。迁太常博士、知福州。苏易简荐亮才任繁剧,召还,同提点三司都勾院、磨勘凭由司。”

是年,丁度生(《中国历史大辞典·宋史》),**陈执中生**(张方平《乐全集》卷37《岐国公陈公神道碑》)。

按:丁度(990—1053),字公稚。北宋文字训诂学家。官至参知政事。娶吕蒙正四女为继室。陈执中(990—1059),庆历四年(1044)召拜参知政事,五年同平章事兼枢密使。皇祐五年(1053)再入相。后以司徒致仕。其子陈世儒案涉及北宋一大案。世儒“母吕氏,夷简孙也”(《长编》卷元丰二年九月“丁丑”条)。御史何正臣上书弹劾吕公著,说吕公著插手陈世儒案。此事牵连吕公著及子侄,苏颂也被下狱。

淳化二年(991),吕蒙正46岁,吕夷简13岁

正月,太宗与吕蒙正论将帅。

《长编》卷32淳化二年正月“己酉”(十四日)条载:“上尝与近臣论将帅,因言:‘前代武臣,难为防制,苟欲移徙,必先发兵备御,然后降诏。若恩泽姑息,稍

似未偏，则四方藩镇，如群犬交吠。周世宗时，安审琦自襄阳来朝，喜不自胜，亲至其第。今且无此事也。’吕蒙正曰：‘上之制下，如臂使指，乃为合宜。倘尾大不掉，何由致理？’”

三月二十六日，辛仲甫罢参知政事（《宋宰辅编年录校补》卷2、《宋会要·职官七八·罢免上》）。

三十日，宋太宗作《旱蝗罪己诏吕蒙正等》。

《长编》卷32淳化二年三月“己巳”（三十日）条载：“三月己巳，上以岁旱蝗，手诏吕蒙正等曰：‘元元何罪，天谴如是，盖朕不德之所致也。卿等当于文德殿前筑一台，朕将暴露其上，三日不雨，卿等共焚朕以答天谴。’蒙正等皇恐谢罪，匿诏书。翌日而雨，蝗尽死。”

《旱蝗罪己诏吕蒙正等》（淳化二年三月己巳）：“元元何罪，天谴如是，盖朕不德之所致也。卿等当于文德殿前筑一台，朕将暴露其上，三日不雨，卿等共焚朕以答天谴。”（《宋会要·礼一八》、《宋史全文续资治通鉴》卷4、《全宋文》卷73）

四月十二日，张齐贤、陈恕并参知政事，张逊、温仲舒、寇准并枢密副使，张宏罢枢密副使（《宋宰辅编年录校补》卷2）。

大约八月底之前，吕蒙正尝与柴成务联外姻。

《宋史》卷306《柴成务传》：“淳化二年……召拜司封郎中、知制诰，赐钱三十万。时吕蒙正为宰相，尝与之联外姻，避嫌辞职，不许。”

按：吕蒙正九月三日罢相。柴成务是年知制诰。故知此事大约在是年八月底之前。

九月三日，吕蒙正因援引亲昵、窃禄偷安而被罢为吏部尚书。

《长编》卷32淳化二年九月“丁丑”条载：“于是，左正言、度支判官宋沆等五人伏阁上书，请立许王元僖为皇太子，词意狂率，上甚怒，将加窜殛，以惩躁妄。而沆，又宰相吕蒙正之妻族，蒙正所擢用。己亥，制词责蒙正以援引亲昵，窃禄偷安，罢为吏部尚书。初，温仲舒与蒙正同年登第，情契笃密。仲舒前知汾州，坐私监军家婢，除籍为民，穷栖京师者屡年，蒙正在中书，极力援引，遂复籍，骤被任遇，反攻蒙正，蒙正以之罢相，时论丑之。”

《宋会要·职官七八·罢免上》：“（淳化二年九月）三日，中书侍郎兼户部尚书、同中书门下平章事吕蒙正罢为吏部尚书。"

《续资治通鉴》卷16淳化二年九月"己亥"条载:"己亥,制词并责蒙正,罢为吏部尚书。"

按:《续资治通鉴》卷16淳化二年九月,"九月,己丑(丁酉朔)"(燕山出版社2008年版)。己亥,初三日。今从之。

《宋史》卷5《太宗本纪》:淳化二年(991)九月,"己亥,中书侍郎兼户部尚书、平章事吕蒙正罢为吏部尚书,以右仆射李昉、参知政事张齐贤并平章事,翰林学士贾黄中、李沆并为给事中、参知政事"。

《宋史·宰辅表一》:"(淳化二年)九月己亥,吕蒙正自同中书门下平章事以吏部尚书免。"

《宋史》卷265《吕蒙正传》:"淳化中,右正言宋沆①上疏忤旨,沆,蒙正妻族,坐是罢为吏部尚书,复相李昉。"

宋太宗《吕蒙正罢相除吏部尚书制》(淳化二年九月己亥):"宰相之任,所以代天工,统人物,内以平章百姓,外以镇抚四夷,华夏具瞻,安危攸系。其有讦谟献纳,蔑闻苦口之言;朋党比周,深失苍生之望。宜行策免,以肃朝经。光禄大夫、中书侍郎兼户部尚书、同中书门下平章事、监修国史、上柱国、东平郡公吕蒙正,擢自单平,累迁清要,骤登三事,于兹九年。……但务引援于亲昵,不思澄汰于品流。窃禄偷安,莫斯为甚;匿瑕藏垢,诚合自知。偿更倚于弼谐,是自贻于蒙蔽。政之有阙,悔不可追。用全进退之宜,式表始终之分。尚居会府,俾领天官,允谓优隆,勿忘循省。可吏部尚书。"(《宋大诏令集》卷65、《宋宰辅编年录校补》卷2、《宋会要·职官七八》、《全宋文》卷74)

是月,王沔、陈恕并罢参知政事,李昉、张齐贤并拜相,贾黄中、李沆并参知政事,王显罢枢密使,张逊知枢密院事,温仲舒、寇准同知枢密院事(《宋宰辅编年录校补》卷2)。

---

①宋沆当为左正言。《长编》卷32淳化二年九月"甲辰"条载:"初宋沆与左正言尹黄裳、冯拯,右正言王世则、洪湛公伏阁请立皇太子,沆既先黜……"《宋史》卷265《吕蒙正传》、卷441《洪湛传》均称宋沆为右正言。《九朝编年备要》卷4称宋沆为"度支判官"。《宋史全文》卷4《宋太宗二》、《御批历代通鉴辑览》卷72亦称其"度支判官"。《宋宰辅编年录校注》卷2称其为"正言"。《长编》职务明晰,且有《九朝编年备要》、《宋史全文》等较早史料佐证,当是。况且宋沆系请立之事的领头人,位置在前,居左正言之列,更为可信。

是年，不贡举（《文献通考》卷32《选举考五·举士》）。

是年，王举正生（《宋会要·礼四一》辍朝条、《东都事略》卷37本传），**晏殊生**（《欧阳文忠公文集》卷22《赠司空兼侍中晏公神道碑铭》）。

按：王举正（991—1060），字伯中。皇祐初，拜御史中丞。以太子少傅致仕，卒赠太子太保，谥安简。与吕夷简长子吕公绰等修《三朝宝训》，与吕夷简也有交集：“时陕西用兵，吕夷简以宰相判枢密院，举正曰：‘判名重，不可不避也。’乃改兼枢密使。”（《宋史》本传）晏殊（991—1055），字同叔。北宋著名文学家、政治家，官至右谏议大夫、集贤殿学士、同平章事兼枢密使。与吕夷简关系密切，曾为其女婿富弼所斥。

淳化三年（992），吕蒙正47岁，吕夷简14岁

正月六日，以翰林学士旨承苏易简权知贡举，翰林学士毕世安、知制诰吕祐之、钱若水、王旦权同知贡举。（《宋会要·选举一·贡举一》）

三月四日，朝廷覆试合格进士（《续资治通鉴》卷16）。**取进士353人，诸科774人，孙何为省元、状元**（《文献通考》卷32《选举考五·举士》）。

七月十四日，赵普卒（《续资治通鉴》卷16）。

九月，吕蒙正回“帝欲其知文儒之盛故”。

程俱《麟台故事》卷1《储藏》：“淳化三年九月，幸新秘阁。……帝欲其知文儒之盛故也。他日，又诏侍臣曰：‘尔来武人子孙，颇有习儒学者，盖由人所好耳。’吕蒙正曰：‘国家褒待文士，爵禄非轻，故人人自劝，乃圣化所及。’”（转见于王照年《程俱及其〈麟台故事〉考论》，《历史文献研究》第28辑，华东师范大学出版社2009年版）

十月二十二日，“命户部侍郎王沔等磨勘京朝幕职州县官及班行”（《皇宋十朝纲要》卷2）。

十一月，诏改郊礼（《皇宋十朝纲要》卷2）。

是年，有人诋毁吕蒙正、王沔，太宗认为吕蒙正“有大臣体”。

《长编》卷33淳化三年十一月“己亥”条载：“初，王沔罢政归私第，会中书

小吏旧罪发，因有奏毁沔者，上语之曰：'吕蒙正有大臣体，王沔甚明敏。'毁者惭而退。于是，上欲甄别官吏能否，故命沔同知京朝官考课。"

按：《皇宋十朝纲要》卷2淳化三年十月，"命户部侍郎王沔等磨勘京朝幕职州县官及班行"。王沔淳化三年十一月庚子（十一日）去世（《长编》卷33）。诋毁王沔的言论，当在其罢政后、去世前。故置于是年。

是年，吕蒙亨授僰道（今四川宜宾市）县令，吕夷简随父到僰道县生活（992—994）。

张方平《吕文靖神道碑》："考蒙亨，尝举进士，礼部奏名处高等，方从兄执政，嫌不就廷试。后选集吏部铨，得引对，太皇顾判铨王旦曰：'某佳士，奈何以蒙正故抑之？'旦曰：'此其文学政事有过人者。'即授光禄寺丞，改丞大理，无禄早世。"

魏泰《东轩笔录》卷3："马尚书亮以尚书员外郎直史馆，使淮南时，吕许公夷简尚为布衣，方侍其父罢江外县令，亦至淮甸，上书求见。马公一阅，知其必贵，遂以女妻之。"

陈鹄《西塘集耆旧续闻》卷8："马尚书亮使淮南，时吕许公为布衣，侍其父罢江外县令，亦至淮甸，上书求见。马公一阅，知其必贵，遂以女妻之。"

按：考课院，掌磨勘幕职、州县官功过，引对黜陟。考课，宋制，官员在任满一年为一考，由上级官府考校优劣，作为减选、升资或转官的依据。《宋史·王旦传》："淳化初，王禹偁荐其才任转运使，驿召至京，旦不乐吏职，献文。召试，命直史馆。二年，拜右正言、知制诰。……明年，与苏易简同知贡举，加虞部员外郎、同判吏部流内铨、知考课院。赵昌言参机务，旦避嫌，引唐独孤郁、权德舆故事辞职。太宗嘉其识体，改礼部郎中、集贤殿修撰。昌言出知凤翔，即日以旦知制诰，仍兼修撰、判院事，面赐金紫，择犉犀带宠之，又令冠西阁。至道元年，知理检院。二年，进兵部郎中。"王旦淳化三年"同判吏部流内铨、知考课院"，吕蒙亨选集吏部铨，得到王旦的肯定，即授光禄寺丞。《皇宋十朝纲要》卷2载，淳化三年十月壬午，"命户部侍郎王沔等磨勘京朝幕职州县官及班行"。知是年十月起考核州县官及班行。吕蒙亨任县令，当在是年冬十一月至十二月间。

考：文中的"外江县"当为"僰道县"，系北宋戎州（965—1113）的属县与治所。北周，改僰道县为外江县，为六同郡治所，隋开皇三年（583）属戎州，大业三年(607)复名僰道县。据李昌宪《中国行政区划通史·宋西夏卷》(复旦大学出版社2017年第2版)载“僰道县”宋代之沿革,“僰道县(965—1113 僰道县,1114—1126 宜宾县)”。宋徽宗政和四年(1114)改僰道县为宜宾县,据《宋史》卷89《地理志》5载:“宜宾,中。唐义宾县。太平兴国元年改。熙宁四年,省宜宾入僰道为镇。政和四年,改僰道为宜宾。”故治在今宜宾市郊南广镇。诸州上县令从六品上,中县令正七品上,中县从七品上,下县令从七品下(孙逢吉《职官分纪》卷42《县令》)。宜宾入僰道,后更名僰道县为宜宾县,属于“中县”,基本可推知原僰道县当属中县规模,其县令为从七品上。吕蒙亨至道元年(995)“无禄早世”(《吕文靖神道碑》)透露出两个信息。其一,是年春选前其无职事,无俸禄;刚被选为京官(光禄寺丞,改大理寺丞),因病或意外,未及上任就离开人世。其二,其任职僰道县令当在淳化五年(994)年底前期满,在家候任。这从侧面佐证了吕蒙亨任僰道县令的时间为淳化三年(992)至淳化五年(994)。吕夷简应该是在其父任福州县令时与马亮之女谈及婚事的。当时马亮“妻刘恚然曰:‘嫁女当与县令耶?’”可能当时没有同意婚事。《东轩笔录》卷3称马尚书亮以尚书员外郎直史馆,使淮南时才确立的姻亲关系也不对,因为马亮任“直史馆”在咸平四年(1001),据[清]徐松《宋会要·职官三三》载:“(咸平)四年二月二日,西川转运使、兵部员外郎马亮直史馆,领使如故”。此时吕蒙亨早已去世,吕夷简也已结婚生子吕公绰(999—1055)。晚于《东轩笔录》成书的《西塘集耆旧续闻》删去马亮“以尚书员外郎直史馆”的职务,或许知道其中有误。

淳化四年(993),吕蒙正48岁,吕夷简15岁

正月二日,大赦(《皇宋十朝纲要》卷2)。

二月,改磨勘院为审官、考课院,青城民王小波等起为群盗(同上)。

六月八日,张齐贤罢相;十四日,张逊罢枢密副使知院事,寇准罢枢密副使同知院事,柴禹锡知枢密院事,刘昌言同知枢密院事,吕端任参知政事(《宋宰辅编年录校补》卷2)。

十月十七日,李昉罢相,贾黄中、李沆罢参知政事,温仲舒罢同知枢密院事,

吕蒙正再入相，赵镕、向敏中并同知枢密院事，苏易简任参知政事，赵昌言任参知政事。

宋太宗《吕蒙正拜相制》（淳化四年十月辛未）：“光禄大夫、吏部尚书、上柱国、东平郡开国公吕蒙正，卷怀经济，蹈咏中和。……可守本官，同中书门下平章事。”（《宋大诏令集》卷51、《宋宰辅编年录校补》卷2、《全宋文》卷75）

《长编》卷34淳化四年十月“辛未”（十七日）条载：“是日，以吏部尚书吕蒙正守本官、平章事。”

《宋史》卷5《太宗本纪》：淳化四年十月“辛未，右仆射、平章事李昉，给事中、参知政事贾黄中、李沆，左谏议大夫、同知枢密院事温仲舒并罢守本官。以吏部尚书吕蒙正平章事，翰林学士苏易简为给事中参知政事。枢密都承旨赵镕徽北院使，枢密直学士向敏中为右谏议大夫，并同知枢密院事”。

《宋史·宰辅表》1：“（淳化四年）十月辛未，吕蒙正自守吏部尚书加同中书门下平章事。”

《宋史》卷265《吕蒙正传》：“（淳化）四年，（李）昉罢，蒙正复以本官入相。因对，论及征伐，上曰：‘朕比来征讨，盖为民除暴，苟好功黩武，则天下之人熸亡尽矣。’蒙正对曰：‘隋、唐数十年中，四征辽碣，人不堪命。炀帝全军陷没，太宗自运土木攻城，如此卒无所济。且治国之要，在内修政事，则远人来归，自致安静。’上韪之。”

《宋宰辅编年录校补》卷2“淳化四年”条载：“蒙正以端拱二年拜相，至淳化二年以吏部尚书罢，是年十月再拜相。”

按：《宋史·太宗二》：淳化四年十月，“以吏部尚书吕蒙正平章事”。《宋史·吕蒙正传》说，在遣人出使朔方上，吕蒙正据理与太宗力争，最终选派出贤才受到称赞。但在至道年间，却以右仆射出判河南府兼西京留守而离开平章事之位。

二十三日，以张洎为例，吕蒙正认为选人当“德行先行”。

《长编》卷34淳化四年十月“丁丑”（二十三日）条载：“翰林学士张洎知吏部选事，尝引对选人，上顾之，谓近臣曰：‘张洎富有词藻，至今尚苦心读书，江东士人中首出也。然缙绅当以德行为先，苟空恃文学，亦无所取。’吕蒙正曰：‘裴行俭不取杨、王、卢、骆，正为其无德行耳。德行先行，诚如圣谕。’”①

是月，黄河决澶州（《皇宋十朝纲要》卷2）。

闰十月十日，吕蒙正与太宗谈论黄、老治国之道。

《长编》卷34淳化四年闰十月“丙午”（十日）条载：“丙午，上曰：‘清静致治，黄、老之深旨也。夫万务自有为以至于无为，无为之道，朕当力行之。至如汲黯卧治淮阳，宓子贱弹琴治单父，此皆黄、老之道也。’……宰臣吕蒙正曰：‘老子称治大国若烹小鲜。夫鱼挠之则溃，民挠之则乱，今之上封事议制置者甚多，陛下渐行清静之化以镇之。’上曰：‘朕不欲塞人言。狂夫言之，贤者择之，古之道也。’”

《宋朝事实》卷16《兵刑》：“淳化三年，太宗谓宰相曰：‘治国之道，在乎宽猛得中，宽则政令不成，猛则民无所措手足，有天下者可不慎之哉！’吕蒙正曰：‘老子称治大国如烹小鲜。夫鱼，扰之则乱。近日内外皆来上封，求更制度者甚众，望陛下渐行清净之化。’上曰：‘朕不欲塞人言路。至若愚夫之言，贤者择之，亦古典也。’赵昌言曰：‘今朝廷无事，边境谧宁，正当力行好事之时。’上喜曰：‘朕终日与卿等论此事，何愁天下不治。苟天下亲民之官皆如此留心，则刑清讼息矣。’”

按：《宋朝事实》载为“淳化三年”，当时吕蒙正罢相，误。从《长编》。

十一月六日，太宗与吕蒙正谈论清静致治之道。

《长编》卷34淳化四年十一月“己未”（六日）条载：“上谓侍臣曰：‘朕自即位以来，用师讨伐，盖救民于涂炭，若好张皇夸耀，穷极威武，则天下之民几乎磨灭矣！’宰相吕蒙正对曰：‘前代征伐，人不堪命。隋炀帝全军陷没，唐太宗躬率群臣运土填堑，身先士卒，终无所济。’上曰：‘炀帝昏暗，诚不足语。唐太宗犹如此，何失策之甚也。……’蒙正曰：‘兵者伤人匮材，不可屡动。汉武帝及唐太宗俱英主，然用兵皆不免于悔，为后世非笑。陛下及其未有悔也，而早辩之，较二王岂不远哉？’上曰：‘朕每议兴兵，皆不得已，古所谓王师如时雨，盖其义也。今亭障无事，但常修德以怀远，此则清静致治之道也。’蒙正曰：‘古者以简易治国者，享祚长久。陛下崇尚清静，实宗社无疆之休也。’”自注曰：“此段据别本《实

①杨、王、卢、骆，指杨炯、王勃、卢照邻、骆宾王。

录》并《宝训》及富弼所撰《吕文穆公蒙正神道碑》删修。‘中国安静，四夷自归’，按蒙正本传实蒙正语，而《宝训》乃属之赵安仁；‘清静致治’，按别本《实录》亦蒙正语，而《宝训》乃属之吕端，今并不取。咸平五年六月，蒙正复有此对。”

十二月，王小波死，众推李顺为帅（《皇宋十朝纲要》卷2）。

是年，不贡举（《文献通考》卷32《选举考五·举士》）。

是年，胡瑗生（《欧阳文忠公文集》卷25《胡先生墓表》）。

按：胡瑗（993—1059），字翼之。以经术教授吴中，时人称安定先生。胡鸣盛《安定先生年谱》（山东大学《文史丛刊》第1期，转见于《宋人年谱丛刊》第2册）前言载：“父纳，博学，善属文，吕夷简尝荐其备修国史。官至宁海军节度使推官。卒，赠太子中允。”

淳化五年（994），吕蒙正49岁，吕夷简16岁

正月，吕蒙正持正答皇上，“愿陛下视近以及远”。

《长编》卷35淳化五年正月“甲寅朔”条载：“上御乾元门楼，赐从臣宴，语吕蒙正曰：‘夫否极则泰，物之常理。晋、汉兵乱，生灵凋丧殆尽。周祖自邺南归，京城士庶皆罹掠夺，下则火光，上则彗孛，观者恐栗，当时谓无复见太平之日矣。朕躬览庶政，万事粗理，每念上天之贶，致此繁盛，乃知理乱在人。’蒙正避席曰：‘乘舆所在，士庶走集，故繁盛如此。臣尝见都城外不数里，饥寒而死者甚众，不必尽然。愿陛下视近以及远，苍生之幸也。’上变色不言。蒙正侃然复位，同列咸多其伉直。”又载：“他日，上欲遣人使朔方，谕中书选才而可责以事者。蒙正退，以名上，上不许。他日又问，复以前所选对，上亦不许。他日又问益急，蒙正终不肯易其人。上怒，投其奏书于地曰：‘何太执耶？必为我易之。’蒙正徐对曰：‘臣非执，盖陛下未谅耳。’因固称：‘其人可使，余不及。臣不欲用媚道妄随人主意，以害国事。’同列皆惕息不敢动，蒙正措笏俯首，拾其书，徐怀之而下。上退，谓亲信曰：‘是翁气量，我不如。’既而卒用蒙正所选，复命，大称旨。上于是益知蒙正能任人，而嘉其有不可夺之志”。并自注曰：“此二事并据富弼所作

《蒙正神道碑》，别本《实录》‘火光’‘彗孛’等语乃至道元年正月壬戌，又载吕端、苏易简对答，与此不同，今不取。”

陈均《九朝编年备要》卷5“太宗皇帝”条载：“甲午淳化五年春正月御楼赐宴：以上元节赐从臣宴。上曰：‘五代之际，生灵凋丧，当时谓无复太平之日矣。朕躬览庶政，万事粗理，每念上天之贶，致此繁盛，乃知理乱在人。’蒙正避席曰：‘乘舆所在，士庶走集，故繁盛如此。臣尝见都城外不数里，饥寒死者甚众，不必尽然。愿陛下视近以及远，苍生之幸也。’上变色不言。蒙正侃然复位。”

孙梦观《雪窗集》卷2（《四库全书》本）《吕蒙正言都城外饥寒死者甚众愿亲近及远》载，淳化五年春正月，吕蒙正曰：“江左疾疫，死者相枕。”

《宋史·吕蒙正传》：“尝灯夕设宴，蒙正侍，上语之曰：‘五代之际，生灵凋丧，周太祖自邺南归，士庶皆罹剽掠，下则火灾，上则彗孛，观者恐惧，当时谓无复太平之日矣。朕躬览庶政，万事粗理，每念上天之贶，致此繁盛，乃知理乱在人。’蒙正避席曰：‘乘舆所在，士庶走集，故繁盛如此。臣尝见都城外不数里，饥寒而死者甚众，不必尽然。愿陛下视近以及远，苍生之幸也。’上变色不言。蒙正侃然复位，同列多其直谅。”又载：“上尝欲遣人使朔方，谕中书选才而可责以事者，蒙正退以名上，上不许。他日，三问，三以其人对。上曰：‘卿何执耶？’蒙正曰：‘臣非执，盖陛下未谅尔。’固称：‘其人可使，余人不及。臣不欲用媚道妄随人主意，以害国事。’同列悚息不敢动。上退，谓左右曰：‘蒙正气量，我不如。’既而卒用蒙正所荐，果称职。”

按：《长编》《宋史·吕蒙正传》所载两件事，第一件事，《长编》记为正月初一，《吕蒙正传》记为正月十五日“灯夕”，与《九朝编年备要》同。上元节，正月十五日。第二件事，需持续多日进行，故置于正月。另《御批历代通鉴辑览》卷73也载有吕蒙正观灯论政之事，称“至道元年正月帝观灯于乾元楼：帝以上元御乾元楼观灯赐宴，见京师繁盛，御近臣曰……”今并存，待考。《资治通鉴后编》卷16载：“淳化五年春正月戊辰上元节，帝御楼赐从臣宴。（考异，《长编》无此语，今从陈均《编年》及《宋史·吕蒙正传》。）”

是月，李顺陷汉州、彭州、成都（《皇宋十朝纲要》卷2）。

大约是月，吕蒙正荐袁逢吉有经术，宜任学官。会蜀叛，授袁逢吉西川转运使。

《宋史》卷277《袁逢吉传》:"淳化中……宰相吕蒙正荐其有经术,宜任学官。会蜀叛,方借其吏资,授西川转运使。至道初,徙荆湖北路。"

按:吕蒙正淳化四年十月复相。五年正月十六日,李顺攻克成都。《九朝编年备要》卷5载,淳化五年"二月李顺陷成都,僭号蜀王,改元应运"。五月,成都被宋军夺回。因"会蜀叛"而改任,故权置于此。

二月二十五日,吕蒙正对舟人水工有少贩鬻而不查,认为符合黄、老之道。

《长编》卷35淳化五年二月"己酉"(二十六日)条载:"上谓宰相曰:'幸门如鼠穴,何可塞之!但去其甚者,斯可矣。近来纲运之上,舟人水工有少贩鬻,但不妨公,一切不问,欲须官物至京无侵损尔。'吕蒙正对曰:'水至清则无鱼,人至察则无徒。小人情伪,君子岂不知?盖以大度容之,则庶事俱济。昔曹参以狱市为寄,政恐奸人无所容也。陛下如此宣谕,深合黄、老之道。'"自注曰:"《实录》别本在二月戊申,今附此。"①

二十六日,吕蒙正议吴王独为大都督事。

《长编》卷35淳化五年二月"己酉"(二十六日)条载:"己酉,以两川盗贼,徙封益王元杰为吴王,领淮南、镇江节度使。……宰相吕蒙正曰:'襄王、越王皆领长史,今吴王独为大都督,居二王之上,恐亦非便。'上曰:'业已差误,异日别有除授,并改之。'"

三月六日,太宗赋诗,以赐宰相吕蒙正等。

《玉海》卷30《雍熙赏花赐诗(淳化)》:"(淳化)五年三月戊午(六日),召近臣赏花宴后苑,上临池钓鱼,命群臣赋诗,时应制三十九人,上亦赋诗,以赐宰相吕蒙正等。因习射,上中的者六,张乐饮酒,诏群臣尽醉。"

是月,吕蒙正为谏官张观言事下狱鸣不平。

田况《儒林公议》:"吕蒙正居宰弼,一日谏官张观忤太宗旨,送台狱,蒙正翊日不入朝,上遣使问其故,对曰:'臣为宰臣,致谏官下狱,复何面目见君上耶?'上急出观焉。"

按:太宗淳化五年(994)三月,曾因"三司判官多不守本职,拜疏言事,悉非济要,召总计使陈恕,令晓谕各扬其职"。当时张观为三司判官、左司谏,上疏力

---

①是年二月甲申朔。戊申,为二十五日。

争。太宗对其称引武则天极为不满，将其贬出京师，并言“固不曾令两省谏官不言时务”（《宋会要·职官三》）。

四月四日，宋太宗从吕蒙正言，诏隳夏州故城。

《长编》卷35淳化五年四月“甲申”（三日）条载：“上以夏州深在沙漠，本奸雄窃据之地，欲隳其城，迁民于银、绥间，因问宰相夏州建置之始。吕蒙正对曰：‘昔赫连勃勃，后魏道武末，僭称大夏天王。自云徽赫与天连，又号其支庶为铁伐氏，云刚锐如铁，可以伐人。蒸土筑城，号曰统万，言其统领众多也。自赫连筑城以来，颇与关右为患，若遂废毁，万世之利也。’乙酉①，诏隳夏州故城，迁其民于绥、银等州，分官地给之，长史倍加安抚。”

五月，擒李顺（《皇宋十朝纲要》卷2）。

七月，高丽为契丹所攻（《皇宋十朝纲要》卷2）。

八月十二日，太宗与吕蒙正谈及误恩之事。

《长编》卷35淳化五年八月“庚寅”（十一日）条载：“庚寅，殿中丞建安李虚己以得御书印纸，上表献诗，自陈祖母年八十余，喜闻其孙中循吏之目，上甚喜，批纸尾曰：‘吾真得良二千石矣！’赐以五品服。虚己先受诏知荣州，因改知遂州，又别赐钱五十万以遗其祖母。翌日，对宰相言及之，且曰：‘已与五十缗矣。’吕蒙正曰：‘前所赐盖五百缗。’上曰：‘此误也，然不可追。’虚己父寅，举进士，年六十余，以母老求致仕，得著作郎，有词学，清苦。虚己亦纯孝笃谨，家极贫。虽一时误恩，人以为殆天赐也。”②

九月二十六日，寇准参知政事（《宋宰辅编年录校补》卷2），**太宗与吕蒙正谈论重用寇准的看法。**

《长编》卷35淳化五年九月“乙亥”（二十六日）条载：“乙亥，以左谏议大夫寇准参知政事，上谓宰相吕蒙正曰：‘寇准临事明敏，今再擢用，想益尽心。朕尝谕之以协心同德，事皆从长而行，则上下鲜不济矣。’”

十一月八日，以赐寇准草书，太宗与吕蒙正谈书札。

《长编》卷35淳化五年十一月“丙辰”（八日）条载：“丙辰，赐近臣御飞白书

---

①乙酉，四日。

②翌日，第二天，即十二日。

各一轴，别赐参知政事寇准飞白草书一十八轴。先是，宰相吕蒙正等已受赐，准出使在外，至是始及焉。上因谓蒙正等曰：‘书札者，六艺之一也，固非帝王之能事，朕听政之暇，聊以自娱尔。’”

《玉海》卷33《淳化赐近臣飞白书》：“淳化五年五月戊寅赐近臣飞白书各二轴；十一月丙辰，赐近臣御飞白各一轴，别赐参政寇准飞白草书十八轴。先是，宰相吕蒙正等已得赐，准出使在外，至是始及焉。上因谓吕蒙正曰：‘书札者六艺之一也。固非帝王之事。朕盖听政之暇，聊以自娱耳。’”

九日，吕蒙正欲得太宗四体书而不能。

《玉海》卷30《淳化赐诗、四体书》：“（淳化）五年十一月丁巳，上赋诗一首示翰林学士张洎、钱若水。……又出四体书前所赋诗一幅草书者尤绝妙。苏易简首告上乞之，吕蒙正亦欲得焉。易简前奏曰：‘臣先请，蒙正已不及矣。’上笑而赐之。”①

十九日，令吕蒙正等举贤才所知以闻。

《长编》卷35淳化五年十一月“丁卯”（十九日）条载：“丁卯，大雨雪，近臣称贺。上因言：‘多士满朝，朕试令索班簿阅之，周行之人，鱼贯栉比，不胜其众。比于其中求一材中转运使、三司判官者，了不可得，虽多，亦奚以为？’宰相吕蒙正对曰：‘臣等职在辩论官材，总领众职，而使陛下孜孜劳于求贤，臣等之罪也。’上曰：‘人心不同如其面。’遂诏蒙正以下至知制诰，各举有器业可任以事者一人。蒙正奏曰：‘臣备位宰相，可以进退百官，今独举一二人，是示天下不广也。’上曰：‘前代亦合有宰相举官故事，可令史官检讨之。’既而有司具以历代故事来上，上复召蒙正等谓曰：‘虞邱子举孙叔敖，崔祐甫举吏八百，狄仁杰自举其子光嗣，何谓无也？’因书优孟对楚王录孙叔敖之嗣故事为一幅，以赐蒙正，蒙正等退而各举所知以闻。”

《玉海》卷33《至道草书经史故事》：“淳化五年十一月丁卯，令史馆检讨前代宰相举官故事，上因书孙叔敖故事为一幅，以赐吕蒙正，蒙正等退而各举所知。”

是年，吕夷简回淮南，与马亮之女订婚。

---

①淳化五年十一月己酉朔，丁巳为九日。内容与《长编》卷36淳化五年十一月“丁巳”条所载基本一致。

考:吕蒙亨之子吕夷简的姻缘信息有两条,一是吕蒙亨为县福州(《宋史·马亮传》),离任时间为淳化三年(992),议而未定;二是马亮使淮南,吕夷简"方侍其父罢江外县[①]令,亦至淮甸",当在淳化五年(994),上门求婚而成。吕夷简之父吕蒙亨与马亮的关系有三点值得关注:一是同在福建路任职,马亮为福建路提刑,吕蒙亨为县福州,因关联而表达了姻亲意愿,因马夫人有异词,可能暂且放下;二是马亮的老家庐州与吕夷简的老家寿州相邻,同在淮南路,相距估计200里左右。《宋史》卷289《马亮传》云"马亮字叔明,庐州合肥人",《隆平集》卷14《马亮传》则详记为"马亮,字叔明,其先茂陵人,自祖韬始徙居庐州"。吕蒙亨得知马亮在淮南,借离任棘道县之机,前往拜见,并确立姻亲关系;三是吕蒙亨"朝中有人",堂兄吕蒙正官居相位,其子吕夷简举止非凡,当为姻亲之基础。

是年,不贡举(《文献通考》卷32《选举考五·举士》)。

大约淳化年间,有一朝士送古鉴给吕蒙正以求知,被拒。

《归田录》卷2:"吕文穆公蒙正以宽厚为宰相,太宗尤所眷遇。有一朝士,家藏古鉴,自言能照二百里,欲因公弟献以求知。其弟伺间从容言之,公笑曰:'吾面不过碟子大,安用照二百里?'其弟遂不复敢言。闻者叹服,以谓贤于李卫公远矣。盖寡好而不为物累者,昔贤之所难也。"

《宋史·吕蒙正传》:"朝士有藏古镜者,自言能照二百里,欲献之蒙正以求知。蒙正笑曰:'吾面不过碟子大,安用照二百里哉?'闻者叹服。"

按:太宗眷遇,吕蒙正第二次拜相,求知者当不少。至道元年罢相,故置于其前。

是年,刁约生(苏轼《苏东坡全集》前集卷8《哭刁景纯》、李裕民《宋人生卒行年考》)。

按:刁约(994—1077),吕夷简曾推荐之。

①当称之棘道县。

至道元年(995),吕蒙正50岁,吕夷简17岁

正月一日,改元(《皇宋十朝纲要》卷2);**十六日,赵昌言罢参知政事;二十一日,钱若水同知枢密院事,刘昌言罢同知枢密院事**(《宋宰辅编年录校补》卷2)。

三月十六日,太宗临池钓鱼赋诗一章,赐宰相吕蒙正等群臣。

《玉海》卷30《至道赏花赐诗》:“(至道)元年三月十六日壬戌,后苑赏花,特召司空李昉坐于尚书之上,帝临池钓鱼赋诗一章,赐宰相吕蒙正等群臣,应制者五十五人,上作钓鱼诗断章以属吕端,后数日为相(在四月癸未)。”

是春,吕蒙正言“今升平之代,远方忽有狂寇,亦恐天垂警戒”。

《宋朝事实》卷17:“(赵昌言)既行,时有峨眉山僧茂真以术得幸,谓上曰:‘昌言额纹有反相,不宜委以蜀事。’上方悔之。会昌言至凤翔,是时寇准知州,密上言:‘赵昌言素有重名,又无子息,不可征蜀,授以兵柄。’太宗得疏,大惊曰:‘朝廷皆无忠臣,言莫及此,赖有寇准忧国家尔。’乃诏昌言以军事付王继恩,罢知政事,以户部侍郎知凤翔,召寇准参知政事。西川招安使王继恩部送贼酋句重荣等五辈诣阙,上曰:‘汝曹本非为恶,但官吏失于抚御,致尔为盗。及兵兴,武人务在立功,肆行杀戮,尔辈惧死亡命耳。朕今谕以恩信,不忍诛也。’皆释甲,放之。太宗闻蜀贼起,顾侍臣曰:‘蜀土之民近岁日益繁盛,但习俗嚣浮,多事遨赏。物极必反,今小寇惊动,岂天意抑其浮华耶?’吕蒙正曰:‘昔楚庄小国之君,常惧无灾。今升平之代,远方忽有狂寇,亦恐天垂警戒。’吕端曰:‘蒙正之言,望陛下留意。’上深纳之。”

按:赵昌言至道元年正月罢参知政事。吕蒙正四月七日罢相。故推知吕蒙正建言大约在是年春。

大约一至三月间,吕蒙正以李文方所定案为允,而李文方有“曲笔”。

《御定渊鉴类函》卷92《大理卿》:“分纪曰:宋至道中张泌判大理寺,会鞫陈廷山谋叛狱具,李润之为大理正,断廷山谋叛当绞,时中书刑房吏李文方用事,润之附会之。泌掌廷尉,不预议法,又不见案牍,乃上疏言其事。上召宰相吕蒙正责,让蒙正以文方所定为允,泌因言曰:‘臣只能尽心于陛下,不能苟容于文

方，以曲笔尔！’”

按：此事，《山堂肆考》卷52亦载。吕蒙正至道元年四月七日罢相，判河南府达五年之久。文中说事情发生在“至道中”，据此推之，当发生在是年一月至四月七日之间。故置于此。

四月七日，宰相吕蒙正罢为右仆射，出判河南府。

《长编》卷37至道元年四月“癸未”条载：“夏四月癸未，吏部尚书、平章事吕蒙正罢为右仆射，参知政事吕端为户部侍郎、平章事。上谓蒙正曰：‘仆射，师长百僚，朕以中书多务，与卿均劳逸尔。’又谓端曰：‘庙堂之上，固无虚授，但能进贤退不肖，便为称职矣，卿宜勉之。’先是，上作《钓鱼诗》，断章云：‘欲饵金钩深未达，番溪须问钓鱼人。’意以属端也。后数日，遂罢蒙正而相端。”

《宋史》卷265《吕蒙正传》：“至道初，以右仆射出判河南府兼西京留守。真宗即位，进左仆射。”

宋太宗《吕蒙正罢相除右仆射》（至道元年四月癸未）：“邦国政治，盖出于中书；朝廷纪纲，尽在于会府。矧乃端揆之任，聿居师长之崇。苟非台铉之贤，曷慰搢绅之望？光禄大夫、吏部尚书、上柱国、同中书门下平章事、东平郡公吕蒙正，挺身英器，符合昌期。……可尚书右仆射。”（《宋大诏令集》卷65、《宋宰辅编年录校补》卷2、《全宋文》卷77）

《宋史·太宗本纪》卷5：至道元年（995），“夏四月癸未，吏部尚书、平章事吕蒙正罢为右仆射，以参知政事吕端为户部侍郎、平章事”。

《宋史·宰辅表一》：“（至道元年）四月癸未，吕蒙正自同中书门下平章事以尚书右仆射出判河南府。”

《宋会要·职官七八》：“（太宗至道元年）四月一日，吏部尚书、同中书门下平章事吕蒙正罢为右仆射，给事中、参知政事苏易简罢为礼部尚书。”

《宋史》卷265《吕蒙正传》：“至道初，以右仆射出判河南府兼西京留守。蒙正至洛，多引亲旧欢宴，政尚宽静，委任僚属，事多总裁而已。”

宋敏求《春明退朝录》卷上：“国朝宰相为仆射，魏公仁浦、赵令、薛公惠、沈恭惠、宋惠安、李文正、吕文穆、吕正惠、李文靖、张司空、王文正、向文简、王冀公、寇莱公、吕许公、王沂公、贾魏公、陈恭公、韩魏公、文潞公、富郑公、曾鲁公二十二人。”

按：据王瑞来《宋史宰辅表考证》介绍，吕蒙正罢相时间，《长编》卷37、《宋宰辅编年录校补》卷2、《宋史》卷5《太宗本纪》及卷210《宰辅表》均记为"四月癸未"，《皇宋十朝纲要》卷2专记吕蒙正罢相事在"四月七日"。查是年四月丁丑朔，"癸未"正为"七日"，可知《宋会要》记在"四月一日"为误。四川大学古籍所点校本《宋会要·职官七八·罢免上》已改为"七日"。

吕蒙正以宰相判乡郡，时人荣之。

《万姓统谱》卷75"吕蒙正"条载："吕蒙正：字圣功，河南人。……以宰相判乡郡，时人荣之。蒙正，三居相。"

是月七日，吕端拜相，柴禹锡罢知枢密院事，苏易简罢参知政事，张洎任参知政事。八日，赵镕知枢密院事（《宋宰辅编年录校补》卷2），**契丹寇雄州**（《皇宋十朝纲要》卷2）。

六月，河南县民张之远家芝草生，吕蒙正上表。

《宋史·五行二》："（至道元年六月）河南县民张之远家芝草生，判府吕蒙正表上之。"

是月，王禹偁作《滁州谢上表》，文中说作为翰林学士，"从吕蒙正而下，拜此职者止有八人，臣最孤寒，亦预其数"。

王禹偁《小畜集》卷21《滁州谢上表》："臣某言奉五月九日制命，伏蒙圣兹特授臣守尚书工部郎中、知滁州军州事。已于六月三日到本州……然翰林学士，朝廷近臣，陛下登位已来，御前放人之后，从吕蒙正而下，拜此职者止有八人，臣最孤寒，亦预其数。由于圣选不为不精，数月之间忽然罢去，众情尚或惊骇，微臣岂不忧惶，且臣在内庭一百日，间五十夜次当宿直，白日又在银台通进司审官院封驳司勾当公事，与宋湜、吕祐之阅视天下奏章，审省国家诏命，凡于利害知无不为，三日一到私家，归来已是薄暮。先臣灵筵在寝，骨肉衰绖满身。纵有文朋，无暇接见，不知谤议自何而兴？"

按：宋太宗淳化四年（993）八月，王禹偁入朝为左正言，出知单州，十五日后返京，授翰林学士。至道元年（995）五月，贬滁州。

八月十八日，立三子寿王元侃为皇太子，改名恒，大赦（《长编》卷38、《皇宋十朝纲要》卷2）。

是年，吕蒙正作《尹洛日作》或名曰《罢相归赠隐者》，怀念归隐之友。

吴处厚《青箱杂记》卷1:“洛阳龙门有吕文穆公读书龛,云文穆昔尝栖偃于此。初有友二人,一人则温尚书仲舒,一人忘其姓名,而三人誓不得状元不仕。及唱第,文穆状元,温已不意,然犹中甲科,遂释褐。其一人径拂衣归隐。后文穆作相,太宗问:‘昔谁为友?’文穆即以归隐者对。遽以著作佐郎召之,不起。故文穆罢相尹洛,作诗曰:‘昔作儒生谒贡闱,今提相印出黄扉。九重鹓鹭醉中别,万里烟霄达了归。邻叟尽垂新鹤发,故人犹著旧麻衣。洛阳谩道多才子,自叹遭逢似我稀。’所谓‘故人’,盖斥其友归隐者。”①

吕蒙正《尹洛日作》:“昔作儒生谒贡闱,今提相印出黄扉。九重鹓鹭醉中别,万里烟霄达了归。邻叟尽垂新鹤发,故人犹着旧麻衣。洛阳谩道多才子,自叹遭逢似我稀。”(《青厢杂记》卷1、《全宋诗》卷47)

陈焯《宋元诗会》卷1载有吕蒙正《罢相归赠隐者》:“昔作儒生谒贡闱,今提相印出黄扉。九重鹓鹭醉中别,万里烟霄达后归。邻叟尽垂新日发,故人犹着旧麻衣。洛阳谩诧多才子,自叹遭时似我稀。”②

龚鼎臣《东原录》(《四库全书》本):“吕蒙正自仆射乞出,得判河中府。太宗曰:‘卿状元及第,朕用卿作宰相,今日可谓荣归故里。’因有诗曰‘满朝鸳鸯醉中别,万里烟霄达子归。’太宗闻之,曰:‘吕蒙正似无意再来。’既而三召,再入相。”

按:知其当作于尹洛之初。《东原录》说吕蒙正判河中府,误,当为河南府。“判”字也可佐证当在任职之初。

是年,吕夷简父丧守孝。

张方平《吕文靖神道碑》:“考蒙亨,尝举进士,礼部奏名处高等,方从兄执政,嫌不就廷试。后选集吏部铨,得引对,太皇顾判铨王旦曰:‘某佳士,奈何以蒙正故抑之?’旦曰:‘此其文学政事有过人者。’即授光禄寺丞,改丞大理,无禄早世。”

《宋史》卷282《王旦传》:“淳化初,王禹偁荐其才任转运使,驿召至京,旦不

---

①《事实类苑》卷35《吕文穆》、《历代诗话》卷55《故人》亦载。

②此诗与《尹洛日作》基本相同,当系同一首诗,只不过流传中有更改。其中《尹洛日作》首句为“贡闱”,不是“锁闱”;第四句不是“达后归”,而是“达了归”;第七句不是“漫诧”,是“漫道”。《东原录》则记为“达子归”,恐为传抄之别。

乐吏职，献文。召试，命直史馆。二年，拜右正言、知制诰。……明年，与苏易简同知贡举，加虞部员外郎、同判吏部流内铨、知考课院。赵昌言参机务，旦避嫌，引唐独孤郁、权德舆故事辞职。太宗嘉其识体，改礼部郎中、集贤殿修撰。昌言出知凤翔，即日以旦知制诰，仍兼修撰、判院事，面赐金紫，择牯犀带宠之，又令冠西阁。至道元年，知理检院。二年，进兵部郎中。”

《宋史·吕蒙正传》：“至道初，考课州县官，蒙亨引对，文学、政事俱优，命为光禄寺丞，改大理寺丞，卒。次子蒙巽，虞部员外郎；蒙周，淳化进士及第。蒙亨子即夷简也。次子宗简，亦进士及第。”

考：吕蒙亨任棘道县令归来，至道元年春选集吏部铨，由光禄寺丞改大理寺丞。张方平《吕文靖神道碑》称吕蒙亨“即授光禄寺丞，改丞大理，无禄早世”。《宋史·吕蒙正传》：“至道初，考课州县官，蒙亨引对，文学、政事俱优，命为光禄寺丞，改大理寺丞，卒。”至道年号共三年，“至道初”当指至道元年。据龚延明《宋代官制辞典》载，宋代前期光禄寺丞从唐制为从六品上(《大唐六典》卷15《光禄寺》)，大理寺丞也为从六品上。“命为光禄寺丞”与“改大理寺丞”只是改任，官品不变。

是年，不贡举(《文献通考》卷32《选举考五·举士》)。

是年，刘昌言作《上吕相公蒙正》诗。

刘昌言《上吕相公蒙正》：“重名清望遍华夷，恐是神仙不可知。一举首登龙虎榜，十年身到凤凰池。庙堂只是无言者，门馆长如未贵时。除却洛京居守外，圣朝贤相复书谁。”(《全宋文》卷47)

郑方坤《五代诗话》卷6《刘昌言》：“世人尝言‘一举首登龙虎榜，十年身到凤凰池’之句，不知此乃宋太宗朝泉州刘昌言上吕蒙正诗也。”

方回《瀛奎律髓》卷5收录刘禹谟作《上吕相书》时说，“此必为吕蒙正作。刘昌言，泉州人，仕至同枢密，中二联，世所共称”。

按：刘昌言(942—999)，字禹谟，至道元年正月，刘昌言罢同知枢密院事、出知襄州，四月吕蒙正罢相出守洛阳。唐代多以“凤凰池”称宰相。诗中有“除却洛京居守外”，说明吕蒙正此时身在洛阳，“门馆长如未贵时”当指吕在洛阳理政的情形。《长编》卷47咸平三年九月“庚戌”条载：“(吕)蒙正在西京，多引故人宾客，欢饮振恤之。政尚宽静，委府事于僚佐，总大纲而已。”

至道二年(996),吕蒙正51岁,吕夷简18岁

正月十日,大赦(《皇宋十朝纲要》卷2)。

二月九日,李昌龄参知政事(《宋宰辅编年录校补》卷2)。

十日,吕蒙正为左仆射。

《宋史·太宗本纪》卷5:至道二年(996)二月,"辛巳,以吕蒙正为左仆射,宋琪为右仆射"。

王禹偁替吕蒙正撰谢表《代吕相公让左仆射表》(《小畜集》卷24)。

按:辛巳,为十日。《宋史·宰辅表一》:"(至道元年)四月癸未,吕蒙正自同中书门下平章事以尚书右仆射出判河南府。"《王禹偁年谱简编》(《宋人年谱丛刊》第1册)把王禹偁《代吕相公让左仆射表》置于至道元年,误。

七月二十八日,寇准罢参知政事(《宋宰辅编年录校补》卷2)。

九月,连续多月讨伐李继迁,无果(《皇宋十朝纲要》卷2)。

十月二十二日,吕夷简准岳父马亮同提点三司都勾院、磨勘凭由司。

《长编》卷40至道二年十月"己未"(二十二日)条载:"苏易简荐其才任繁剧,自福州召还,同提点三司都勾院、磨勘凭由司。久之,出知饶州。"

《宋史》卷289《马亮传》:"会诸路转运司置纠察刑狱官,以福建路命亮。迁太常博士、知福州。苏易简荐亮才任繁剧,召还,同提点三司都勾院、磨勘凭由司。"

是年,不贡举(《文献通考》卷32《选举考五·举士》)。

是年,宋庠生(《华阳集》卷36《宋元宪公神道碑》),**胡宿生**(胡宿《李太夫人行状》《宋史·胡宿传》)。

按:宋庠(996—1066),字公序,原名郊,入仕后改名庠。宋庠乡试、会试、殿试均第一,仁宗天圣二年(1024)状元。宝元中,宋庠为右谏议大夫任参知政事,因与宰相吕夷简不和,加之弹劾范仲淹,被贬知扬州。皇祐元年(1049),拜兵部侍郎、同中书门下平章事。胡宿(996—1067),撰有《迎吕相公启》,享年七十二。《全宋文》卷756载,欧阳修《赠太子太傅胡公墓志铭》说其卒于治平四年(1067),当是;说"享年七十有三",恐误。其生年当从本人给母亲所写之《李太夫人行状》,文称"太夫人以丙申八月壬寅生于某"。

至道三年(997),吕蒙正52岁,吕夷简19岁

正月十一日,温仲舒、王化基并参知政事,李惟清同知枢密院事,张洎罢参知政事(《宋宰辅编年录校补》卷2)。

三月二十九日,宋太宗崩(《皇宋十朝纲要》卷2),**太子即皇帝位**(《皇宋十朝纲要》卷3)。

四月一日,真宗登极赦(《皇宋十朝纲要》卷2、《宋朝事实》卷2《登极赦》)。

十日,李至、李沆并参知政事(《长编》卷41、《宋宰辅编年录校补》卷3)。

五月十一日,寿州贡绿龟,真宗以为是“文治之兆”。

《玉海》卷197《至道瑞麦图》:“至道三年,真宗即位。五月甲戌,寿州贡绿龟。又上瑞麦一本,百枝五穗图。”

《玉海》卷199《祥瑞·动物》:“(至道三年五月)甲戌,寿州贡绿毛龟一,帝曰:‘龟有毛者,文治之兆。’”

《宋会要·瑞异一·物瑞》:“至道三年九月,寿州贡绿毛龟。真宗谓宰臣吕端曰:‘介虫而毛,天意或有所警戒,卿等详考以闻。’端等言:‘按《瑞谍》:神鬼千岁,巢于莲叶之上。今所得之处,郡名寿春。陛下顷升皇储,实自寿邸,天其或者将使陛下后天而老,既寿且昌乎!又龟为水族,其类在阴。介,刚物也;毛,柔物也。夫戎狄之类,禀乎阴气,天意若曰:将有犷骜不宾之俗柔伏来庭乎!’帝曰:‘卿等所上章甚为详备,然朕之属意,又或异焉。夫龟有毛者文治之兆,八卦乃文治之实也。岂四灵昭感,有所属耶?卿等其悉心修辅,慰朕意焉。’”

按:《玉海》与《宋会要》记载时间不一,今权从《玉海》。

同日,李昌龄罢参知政事(《长编》卷41、《宋宰辅编年录校补》卷3)。

六月十二日,钱若水罢同知枢密院事(《宋宰辅编年录校补》卷3)。

八月七日,曹彬任枢密使,向敏中、夏侯峤并任枢密副使,赵镕罢知枢密院事,李惟清罢同知枢密院事(《宋宰辅编年录校补》卷3)。

十月十八日,太宗葬于永熙陵,在河南府永安县(《皇宋十朝纲要》卷2)。

十二月五日,李继迁请降,复其姓名赵保吉(《皇宋十朝纲要》卷2)。

大约是年初,宋太宗与钱若水等谈论吕蒙正之事。

杨亿《杨文公谈苑》:“至道初,吕蒙正罢相,以仆射奉朝请,上谓左右曰:‘人臣当思竭节以保富贵。吕蒙正前日布衣,朕擢为辅相,今退在班列寂寞,想其目穿望复位矣。’刘昌言曰:‘蒙正虽骤登显贵,然其风望不为忝冒。仆射师长百僚,资望崇重,非寂寞之地,且亦不闻蒙正之郁悒也。况今岩穴高士,不求荣达者甚多,惟若臣辈,苟且官禄,不足以自重耳。’上默然。又尝言:‘士大夫遭时得位,宝贵显荣,岂得不竭诚以报国乎?’钱若水言:‘高尚之人,固不以名位为光宠;忠正之士,亦不以穷达易志操。其或以爵禄恩遇之故而效忠于上,此中人以下者之所为也。’上然之。”

《长编》卷41至道三年六月“甲辰”(十一日)条载,宋太宗与钱若水等谈论吕蒙正“想其目穿望复位矣”,钱若水不予苟同,打算辞职,“会春旱,太宗焦劳甚,若水不敢言”;宋真宗即位后,钱若水以母老得请,由工部侍郎、同知枢密院事罢为集贤院学士、判院事。并自注云:“《谈苑》载若水辞位事甚美,但颇颠倒,又误以对吕蒙正寂寞事为刘昌言。按,昌言罢枢密,在蒙正罢相前三月,蒙正罢相时,昌言已在襄州矣。今皆改正之。又田昼记若水事云:王曾罢相,章圣语若水,若水愤而出,被道士服归嵩山。此尤误,今不取。”

按:《长编》把《杨文公谈苑》中刘昌言的话,改为钱若水,相对合理。《续资治通鉴》卷19亦从《长编》。今录之备考。

是年,因营奉熙陵,吕蒙正奉家财三百万以助用。

《宋史·吕蒙正传》称,“真宗即位,进左仆射。会营奉熙陵,蒙正追感先朝不次之遇,奉家财三百万以助用。葬日,伏哭尽哀,人以为得大臣之体。”

按:太宗崩于是年三月二十九日,葬于十月十八日。

是年,不贡举(《文献通考》卷32《选举考五·举士》)。

是年,高若讷生(《宋景文集》卷60《高观文墓志铭》),**王洙生**(《中国历史大辞典·宋史》)。

按:高若讷(997—1055),字敏之,并州榆次(今属山西)人,后迁卫州(今河南汲县)。第进士,补彰德军节度推官。累官起居舍人,知谏院。范仲淹坐言事夺职,余靖、尹洙论救,欧阳修移书责若讷,若讷忿,奏贬修夷陵令。与吕夷简有交情。官至参知政事、枢密使。王洙(997—1057),字原叔,一作源叔,一说字尚汶。少聪颖,博览强记,遍览方技、术数、阴阳、五行、音韵、训诂、书法。目录学家。吕夷简曾举荐其为天章阁侍讲。

大约是年，吕蒙正请恩俸悉推之寺僧。

吴之鲸《武林梵志》卷8《宰官护持》："吕蒙正，字圣功。太宗时，举进士第一，累官参知政事，封许国公。少时寄食僧房，得以安意书史，后执政十年，郊祀、俸给皆不请。帝问其故，对以私恩未报，帝诘之，以实对帝曰：'僧中有若人耶，赐紫袍加号以旌之。'于是恩俸悉推之寺僧，以酬夙德。公尝晨兴礼佛祝曰：'不信三宝者，愿勿生我家，愿子孙世世食禄护持佛法。'从子夷简申国公每遇元日拜家庙后即焚香，发广慧，琏公书一封展礼之。申公之子公著亦封申国公，元日发天衣怀禅师书，左丞好问元日发圆照禅师书，左丞之子用中元日发佛照禅师书。其家世崇信如此，圆照、佛照两禅师俱居净慈，径山音问时不绝云。"

按：咸平元年是吕蒙正首次拜相（988）第十年。文中有"后执政十年"语，权将请恩俸悉推之寺僧之事，置于此。

咸平元年（998），吕蒙正53岁，吕夷简20岁

二月五日，下诏求言（《皇宋十朝纲要》卷3）。

十九日，以翰林学士杨砺权知贡举，知制诰李若拙、直昭文馆梁颢、直史馆朱台符权同知贡举（《宋会要·选举一·贡举一》）。**取进士51人，诸科150人，省元、状元孙仅**（《文献通考》卷32《选举考五·举士》）。**其中，吕蒙正之弟吕蒙休成为进士**（《楼钥集》卷71《拔金花帖子绫本小录》）。

十月三日，吕端罢相，张齐贤、李沆并相（《宋宰辅编年录校补》卷3）。

是年，宋祁生（《琬琰集》上集卷7范镇《宋祁神道碑》）。

按：宋祁（998—1061），字子京。因其《玉楼春》词中有"红杏枝头春意闹"句，世称"红杏尚书"。因吕夷简之故，曾被贬知寿州（吕夷简的出生地），重修寿州西园（宋祁《景文集》）。

大约是年，吕夷简与马氏结婚。

按：《吕公绰墓志铭》载，吕夷简的长子吕公绰次年出生。故推知。

咸平二年(999),吕蒙正54岁,吕夷简21岁

正月十一日,命礼部尚书温仲舒(吕蒙正少年之友)知贡举,御史中丞张咏、刑部郎中知制诰师颃同知贡举(《长编》卷44咸平二年正月“己丑”条)①

三月十日,孙暨考中状元,后成为吕蒙正的大女婿。

《宋会要·选举一·贡举一》:咸平二年,“准诏合格进士孙暨已下七十一人”。

祝穆《古今事文类聚·前集》卷26《大小状元》:“章盛即位,咸平元年、二年皆放进士,举孙仅、孙暨相继魁天下,皆汝州人,京师闾巷之人荣之,至于百姓亦以大转关、小状元呼之。”

万历《汝州志·人物志·乡贤》载:“宋孙暨,汝州人,咸平二年己亥科,赐进士第一,授光禄寺丞,直集贤院,吕蒙正婿。”

朱希召《宋历科状元录二》:孙暨“与何、仅同乡共姓,相继魁天下,闾巷荣之。”②

毕沅《续资治通鉴》卷20咸平二年三月“癸亥”(十日)条载:“癸亥,诏:‘今岁举人颇众,若依去年人数取合格者,虑有所遗落。进士可增及七十人,诸科增及一百八十人。’礼部寻以孙暨二百五十人名闻,内诸科一举者六人,特黜去之,余并赐及第。”

按:《吕文穆公蒙正神道碑》载,孙暨咸平二年(999)考取状元,为吕蒙正的长女婿。孙暨之子得益于状元的光芒,于康定元年(1040)特录为官。

六月七日,枢密使兼侍中曹彬卒(《宋宰辅编年录校补》卷3)。

七月九日,王显任枢密使(《宋宰辅编年录校补》卷3)。

是秋,吕夷简参加寿州秋试,考中举人。

陈振孙《直斋书录解题》卷20别集类中解题云:“丞相许公吕夷简坦夫撰。咸平二年,寿州应举,此其程文也。真本藏范太史氏,前有家状,大略与今同。”

《文献通考》卷30《选举考三·举士》:“自唐以来,所谓明经者,不过帖书、

①《宋会要·选举一·贡举一》为“正月十日”,今从《长编》。

②“何,仅”,即孙何,孙仅兄弟,均为状元。其中孙何为宋太宗淳华三年状元,孙仅为咸平元年状元。

墨义而已。愚尝见东阳丽泽吕氏家塾，有刊本吕许公夷简应本州乡举试卷，因知墨义之式盖十余条，有云：‘作者七人矣。谓以七人之名对。’则对云：‘七人某某也。谨对。’有云：‘见有礼于其君者，如孝子之养父母也。请以下文对。’则对云：‘下文曰：见无礼于其君者，如鹰鹯之逐鸟雀也。谨对。’有云：……”

按：吕夷简咸平二年应举成为举人。《文献通考》卷30《选举考三·举士》：“宋朝礼部贡举，设进士、九经、五经、开元礼、三史、三礼、学究、明经、明法等科，皆秋取解，冬集礼部，春考试。”乾德元年诏令“自今一依诸科，举人许令再应”。可知，吕夷简至少在是年参加所在地寿州州试并考中，否则是无缘参加次年进士考试的。陈振孙所记，当是。

十一月，契丹寇边，皇上自将御之（《皇宋十朝纲要》卷3）。

十二月五日，发京师迎战（《皇宋十朝纲要》卷3）。

是年，吕蒙正第九子吕居简生（《长编》卷218熙宁三年十二月“丙子”条、《宋史》卷265《吕蒙正传》），**吕夷简长子吕公绰生**（《吕公绰墓志铭》），**苏绅生**（《长编》卷158庆历六年正月“丙申”条、《东都事略》卷64本传），**包拯生**（《隆平集》卷11）。

按：吕居简（999—1070），吕蒙正第九子，判西京御史台。吕公绰（999—1055），是吕夷简的长子。苏绅（999—1046），字仪甫，有风传吕夷简荐用之事。包拯（999—1062），民间有“包青天”之称。据载，吕夷简曾举荐过他。

咸平三年（1000），吕蒙正55岁，吕夷简22岁

正月，益州戍卒反，推王均为首，建国号曰大蜀，改元元顺，署置官称。宋真宗离大名府返京途中闻讯，即以户部使、工部侍郎雷有终知益州，兼提举川峡两路军马招安巡检捉贼转运公事，帅步骑兵八千往讨之（《长编》卷46、《宋史》卷6《真宗本纪》）。

二月十五日，王显罢枢密使，周莹、王继英并知枢密院事，王旦同知枢密院事（《宋宰辅编年录校补》卷3）。

三月十七日，吕夷简进士及第。吕蒙正女婿赵安仁为考官（同知贡举）。是

科省元李庶几、状元陈尧咨。

《宋会要·选举一·贡举一》:“(咸平)三年二月三日,以翰林学士王旦权知贡举,知制诰王钦若、直集贤院赵安仁权同知贡举。”

《文献通考》卷32《选举考五·举士》:“(咸平)三年,进士四百九人,诸科一千一百二十九人,省元李庶几、状元陈尧咨。”

《宋史》卷287《赵安仁传》:“咸平三年,同知贡举。”

《长编》卷46咸平三年三月“甲午”(十七日)条载:“甲午,上御崇政殿亲试,……赐陈尧咨以下二百七十一人进士及第……第一等并九经为大理评事,知大县,第二等为节、察、防、团推官,余为判、司、簿、尉,试衔者守选。”

《宋会要·选举七·亲试一》:“真宗咸平三年三月十七日,帝御崇政殿试礼部奏名进士,内出《观人文以化成天下赋》《崇德报功诗》《为政宽猛先后论》题,得陈尧咨已下三百六十五人,第为六等,并赐及第、出身、同学究出身。”

《玉海》卷116《选举·科举三》:“咸平三年三月甲申,崇政殿试得陈尧咨已下三百六十五人,第为六等。”

《隆平集》卷5《吕夷简传》:“咸平三年,夷简登进士第。”

按:《玉海》与《长编》《宋会要》所记时间不同,今权取《长编》《宋会要》。

吕夷简中进士,选为绛州(今山西新绛县)军事推官。

张方平《吕文靖神道碑》:“咸平三年,章圣始御便座,阅郡国贡士,公以进士擢第,解褐绛州推官。”①

按:军事推官,北宋充作选人阶官,第三阶(资),元丰新制正九品,元祐后从八品(《宋会要·职官八》,《职官分纪》卷39《幕职官》,《宋史·职官志七·官品》),其系衔冠以州名。估计当时州军事推官为正九品。

《山西通志》卷100《名宦·绛州》:“吕夷简:字坦夫,寿州人,蒙正弟子,第进士,补绛州军事推官。”(《四库全书》本)

考:吕夷简中进士,当为二等,任职推官。在“就迁大理丞”之前,曾任绛州推官、盐城监判官两个职务(张方平《吕文靖神道碑》),按文官三年一迁的基本条件,可推知吕夷简任绛州推官与盐城监判官的时间大约分别为咸平三年

①“解褐”就是脱去布衣,“解褐绛州”,即首任之官在绛州。

(1000)至咸平五年(1002),咸平六年(1003)至景德二年(1005)。

五月二十八日,黄河决王陵(《皇宋十朝纲要》卷3)。

七月,吕蒙正之女婿赵安仁知制诰,江南巡检副使。

《宋史》卷287《赵安仁传》:“咸平三年,同知贡举。未几,知制诰。副夏侯峤巡抚江南。”

《宋会要·职官五〇》:“(咸平)三年七月,夏侯峤为江南巡检使,知制诰赵安仁副之。”

九月七日,吕蒙正来朝,官职仍是左仆射。

《长编》卷47载,咸平三年十月,“庚戌,西京留守、左仆射吕蒙正来朝,召之也。蒙正在西京,多引故人宾客,欢饮振恤之。政尚宽静,委府事于僚佐,总大纲而已。尝有内臣之贵者将命而至,蒙正接之不逾常理,时人重焉”。

富弼《吕文穆公蒙正神道碑》:“至道元年,除授右仆射,判河南府兼西京留守。真宗绍位,就进左仆射。咸平三年,诏归。”

按:吕蒙正判河南府兼西京留守达五年之久。继任判河南府者是李至(《长编》卷48、《宋史》本传)。

考:吕蒙正回朝的官职仍是左仆射。这由次年第三次入相前的官职可证(《长编》卷48)。

十月,王均所部被宋军打败,王均自缢死;以翰林学士王钦若、知制诰梁颢分为川、峡安抚使(《长编》卷47、《宋史》卷6《真宗本纪》)。

十一月二十三日,张齐贤罢相(《宋宰辅编年录校补》卷3)。

是年,吕夷简岳父马亮为西川转运副使。(《宋史》卷298《马亮传》:“王均反,以为西川转运副使。”)

是年,余靖生(《欧阳文忠公文集》卷23《赠刑部尚书余襄公神道碑铭》)**,叶清臣生**(《长编》卷166、《隆平集》卷14)。

按:余靖(1000—1064),天圣二年(1024)进士。与欧阳修等并为庆历四谏官。与吕夷简有交集。叶清臣(1000—1049),据田况《儒林公议》卷下载,“宋庠、叶清臣、郑戬及庠弟祁同年登第,皆有名称”,时人谓之天圣“四友”。吕夷简深忌之,指为朋党,尽罢四人为郡守。

是年,吕蒙正常以澶渊之役问后进,答无契者。

晁说之《晁氏客语》:“吕许公常以澶渊之役问后进,答无契者。或曰:‘此役非悉甲以出,不能决胜。方本朝得天下四十年,谁敢当其任者,非亲征不可。’”

按:宋朝建立于960年,从“方本朝得天下四十年”推知,事当议在是年(1000)九月后,此时吕蒙正已回朝。

大约是年,吕蒙正荐杨覃。

《宋史》卷307《杨覃传》:“咸平初,迁屯田郎中、三门发运使。吕蒙正在河南,荐其材,诏入判三司磨勘、凭由、理欠司。”

按:《长编》卷52咸平五年五月“己巳”条载:“己巳屯田郎中、判三司催欠司杨覃上蠲放天下……”《长编》卷54咸平六年正月“壬寅”条载:“屯田郎中杨覃为陕西转运使。”

考:咸平五年五月,杨覃已判三司。吕蒙正咸平四年三月回朝拜相。故推知杨覃受吕蒙正在河南举荐之时间,约在咸平三年。

咸平四年(1001),吕蒙正56岁,吕夷简23岁

正月十一日,吕蒙正之女婿右正言、知制诰赵安仁知审刑院(《长编》卷48咸平四年正月“甲申”条)。

二月二日,吕夷简岳父马亮任直史馆。[《宋会要·选举三三》:“(咸平)四年二月二日,西川转运使、兵部员外郎马亮直史馆,领使如故。”]

三月十八日,吕蒙正、向敏中并相。

《长编》卷48载,咸平四年三月,“庚寅(十八日),左仆射吕蒙正、兵部侍郎、参知政事向敏中并守本官、平章事,中书侍郎、平章事,李沆加门下侍郎”。

《宋宰辅编年录校补》卷3“咸平四年”条载,三月,吕蒙正“自行尚书左仆射除同中书门下平章事充昭文馆大学士,三入相”。

《宋史》卷6《真宗本纪》:咸平四年三月,“庚寅,左仆射吕蒙正、兵部尚书向敏中并平章事,中书侍郎、平章事李沆加门下侍郎”。

《宋史·宰辅表一》:“(咸平四年)三月庚寅,吕蒙正自行尚书左仆射加同中书门下平章事、昭文馆大学士。”

按：吕蒙正在宋真宗时期再次得到重用，位居丞相。《宋史·吕蒙正传》称："咸平四年，以本官同平章事、昭文馆大学士。国朝以来三入相者，唯赵普与蒙正焉。郊祀礼成，加司空加门下侍郎"。《却扫编》卷上："国朝中书宰相、参知政事多不过五员，两相则三参，三相则两参。咸平中，吕文穆、李文靖、向文简，三相也；景祐间，吕文靖、王文正，曾两相也。"这时(咸平年间)的宰相有三位，吕蒙正是其一。

十九日，王化基罢参知政事，王旦参知政事，冯拯、陈尧叟并同知枢密院事(《宋宰辅编年录校补》卷3)。

二十五日，吕蒙正建言备边经费。

《长编》卷48载，咸平四年三月，"丁酉(二十五日)，上谓宰相吕蒙正等曰：'中书事无不总，赖卿等宿望，副朕意焉。凡事无固必，惟择善而行，以渐苏天下之民，最为急务也。'吕蒙正等言：'备边经费，计臣之责，近者但委转运使，至于出入盈虚之数，计臣或不能周知，此甚无谓也。'乃下诏申警三司，令举其职，偿闻阙误，必正典刑"。

四月十八日，王钦若任参知政事(《长编》卷48、《宋宰辅编年录校补》卷3)。

六月，"省天下冗吏十九万五千余人"(《皇宋十朝纲要》卷3)。

七月十九日，知审刑院赵安仁、判大理寺韩国华议刑失中被取代(《长编》卷49咸平四年七月"戊子"条)。

八月九日，吕蒙正建议商贸实边。

《长编》卷49咸平四年八月"戊申"(九日)条载："(宋真宗)又曰：'边臣奏粮储刍粟大有备。'吕蒙正曰：'国家贸易商贾以实边，农人不扰，而西鄙足用，盖上策也。'"

十三日，宋真宗观稼北郊颇有感叹，吕蒙正以对。

《长编》卷49咸平四年八月"壬子"(十三日)条载："上观稼北郊，宴射于含芳园，都人望见乘舆，忭跃称万岁。吕蒙正曰：'车驾游幸，百姓欢呼如此，物情不可强致，盖陛下临御五年，务行仁恤，所以中外感悦。'上曰：'下民但不扰之，自然快乐。'蒙正又曰：'今秋大稔，太平有象，时和年丰，即为上瑞。'上曰：'朕以边事未宁，劳民供馈，盖不获已也，苟能选将练兵，驱攘戎寇，使不敢侵掠，则近边之民亦获安泰矣。’”

是月，吕蒙正请罢于浦洛河建城为军。从之。

《长编》卷49咸平四年“八月”条载：“是月，陕西转运使刘综请于浦洛河建城为军，上曰：‘比亦有献此议者，然既立城郭，又须屯兵，屯兵不多，寇来不可出战，止于闭壁自守，则军城之立未见其利也。’宰臣吕蒙正曰：‘圣虑所及，深得理要，愿罢其请。’从之。”

九月重阳节，赐近臣会于吕蒙正第。

《宋会要·礼四五·杂宴·重阳宴》：“（咸平）四年九月重阳节，赐近臣会于吕蒙正第，帝作《重阳》五、七言诗，咸令继和。”

十月一日，宋真宗问选才，吕蒙正对“才难求备”。

《长编》卷49咸平四年十月“己亥”条载：“冬十月己亥朔，上谓吕蒙正等曰：‘选众求材，诚非易事，朕常孜孜询访，冀有所得。向来于军校中超擢八九人，委以方面，其间王能、魏能颇甚宣力，陈兴、张禹珪亦称有闻。’蒙正等曰：‘才难求备，今拔十得五，有以见陛下知臣之明也。’”

《玉海》卷139《宋朝捧日奉宸队》：“（咸平）四年十月己亥朔，谓宰臣蒙正曰：‘向于军校超擢八九人，委以方任。’”①

是月，契丹入寇（《皇宋十朝纲要》卷3）。

十一月十一日，宋真宗与吕蒙正等议威虏功状。

《长编》卷50咸平四年十一月“戊寅”（十一日）条载：“上与宰相议威虏功状，吕蒙正曰：‘昨日止前阵与前锋血战而退。始陛下庙算防秋，于前阵之后，排先锋策先锋，乃布大阵、犄角而进。苟边臣侦候无差，遵守成章，则王师克敌，必倍往古。属大阵犹在中山，前阵先锋已至威虏，秦翰等闻寇在西山，勇于先登，率兵而出，遇戎首偕来，杀戮虽多，然违陛下本旨。臣等众议，望未行赏典。’上曰：‘见寇不俟大阵，前驱陷敌，亦可赏也。’诏北面阵亡军士，官为收瘗，仍厚恤其家。”

二十日，命吕蒙正等即席赋瑞雪诗。

《玉海》卷30《咸平景德祥符瑞雪诗》：“咸平四年十一月丁亥作雪诗一首，

①捧日队、奉宸队，均为殿前亲兵。“捧日队，殿前诸班也；奉宸队，殿前诸直也。”

示吕蒙正等，命即席赋。"

是月冬至日，杨亿代吕蒙正上谢就第赐宴状。

杨亿《代仆射吕相公冬至谢就第赐宴状》(《武夷新集》卷16)："右臣今日中使某至奉宣进旨就臣私第，赐御筵者玉帛禋燔已告成于吉土，饮食宴乐，俄垂象于书雲，王人供帐于私门，长者廻车于陋巷……"

按：杨亿在京都为官，见证两位吕氏仆射。一位是吕端。据《长编》卷41载，至道三年三月，"癸卯，宰相吕端加右仆射。"当时杨亿为"左正言"。咸平元年正月，"癸亥赐近臣岁节宴于宰相吕端第，自是遂以为例。"吕端开"岁节宴"于私第之先河，并非冬至宴，他是年十月即罢相，可谓与冬至宴于私第无缘。另一位是吕蒙正。据《宋会要·礼四五·冬至宴》载，"咸平元年十一月二十六日，冬至。二十八日，宴近臣于张齐贤第。每冬至赐会私第，遂为常例。"吕蒙正，咸平四年三月至六年九月任左仆射、宰相，成为继咸平元年张齐贤之后的"常例"，受赐"冬至宴"于私第，当属正常，故可不书。

考：杨亿(974—1020)此文撰于吕蒙正任左仆射、宰相之际，加之吕蒙正咸平五年十一月十九日(冬至)加司空，而《状》文并未提及司空之职。故推知此文当作于咸平四年十一月冬至，因文中有"今日"。当时，杨亿任知制诰(《长编》卷48)。

是月，王显大破契丹(《皇宋十朝纲要》卷3)。

十二月，议城绥州之事，吕蒙正等以为不便。

《长编》卷50咸平四年十二月"丁未"条载："先是，边臣请城绥州，大屯兵积谷，以遏党项，朝臣互执利害，久而未决。诏中书、枢密院会议，而吕蒙正、王旦、王钦若以为修之不便，李沆言修之便，但恐劳民；向敏中、周莹、王继英、冯拯、陈尧叟皆曰修之便。上以境土遐貌，不可遥度其事，乃命比部员外郎、直史馆洪湛，侍禁、阁门祗候程顺奇同往按视焉。"

《宋史》卷285《冯拯传》："帝欲修绥州，谋诸辅臣，拯与宰相向敏中等皆曰便。宰相吕蒙正、参知政事王旦、王钦若皆曰宜弃勿修。帝遣洪湛驿往视，还，上七利二害，卒修完之。"

按：《续资治通鉴》卷22咸平四年闰十二月条载："闰月，洪湛等使还，言城绥州，其利七而害有二。丙戌(十九日)，诏筑绥州城。"可知，吕蒙正的建议未被奏纳。

是年,停贡举,取制科7人(《文献通考》卷32《选举考五·举士》)。

是年,尹洙生(《安阳集》卷47《尹公墓表》)。

按:尹洙(1001—1047),字师鲁。天圣二年(1024)进士。范仲淹因指责丞相吕夷简而贬饶州,尹洙上疏自言与仲淹义兼师友,被贬为崇信军节度掌书记,监郢州酒税。与欧阳修、吕公著、梅尧臣等为"庐陵讲友"。

咸平五年(1002),吕蒙正57岁,吕夷简24岁

正月十一日,以吏部侍郎陈恕、翰林学士师颃权知贡举,主客郎中谢泌、屯田郎中杨覃权同知贡举(《宋会要·选举一·贡举一》)。

二十九日,宋真宗与吕蒙正等谋划"秋防"。

《长编》卷52咸平五年正月"乙丑"(二十九日)条载:"上对宰相吕蒙正等于便殿,谓曰:'每岁秋防,全师聚于定州,此国家旧制也。若散屯士马,分路进讨,又恐兵力不一,难遏贼锋。……今已复春时,汲汲经营,将来犹虑不及。中书、枢密院可各述所见,且今岁防边如何制置,条例以闻。'"

三月十二日,王曾参加殿试,高中状元(《长编》卷51咸平五年三月"己未"条)。**取进士38人,诸科180人**(《文献通考》卷32《选举考五·举士》)。**吕蒙正曾见王曾《早梅》诗预言其中状元,并有意纳其为婿,不成。**

文莹《湘山野录》卷上:"予尝爱王沂公曾布衣时,以所业贽吕文穆公蒙正,卷有《早梅》句云:'雪中未问和羹事,且向百花头上开。'文穆曰:'此生次第已安排作状元、宰相矣。'后皆尽然。"

《石林燕语》卷9:"王沂公曾初就殿试时,固已有盛名。李文靖公沆为相,适求婿,语其夫人曰:'吾得婿矣。'乃举公姓名曰:'此人今次不第,后亦当为公辅。'是时吕文穆公家亦求姻于沂公。公闻文靖曰:'李公知我。'遂从李氏,唱名果在第一。"

佚名《分门古今类事》卷14《沂公梅诗》:"王沂公曾布衣时,以所业贽吕文穆公蒙正,卷首有《早梅》诗,云:'雪中未问和羹事,且向百花头上开。'文穆曰:

‘此生此第已安排作状元、宰相矣！’咸平五年，公果状元及第，遂相。”

朱希召《宋历科状元录》卷2《咸平五年壬寅状元王曾》：“曾布衣时，以所业贽吕蒙正，有《早梅》诗，云：‘雪中未问和羹事，且向百花头上开。’蒙正曰：‘此生已安排作状元宰相矣！’果然。《石林燕语》语谓薛简肃魁识之。”

按：王曾咸平四年秋，在青州（今山东青州）参加发解试，高中榜首，夺得“解元”。第二年，考中状元。

考：咸平五年（1002），王曾中廷试第一名，加之他在乡试、会试中也是第一，因而成为“连中三元”之人。仁宗继位后，他成为宰相，此时吕蒙正已过世。故将此预言置于此。

三月，李继迁陷灵州（《九朝编年备要》卷6）。

四月二十日，宋真宗与吕蒙正等研究于北边置方田之事。

《长编》卷52咸平五年四月“乙酉”（二十日）条载：“上谓宰臣曰：‘太宗朝，翰林天文官孙士龙尝请于北边置方田，及令民疏沟塍，可以隔碍胡马，当时为众议所沮。近有殿直牛睿者，又言其事，于卿等意如何？’吕蒙正对曰：‘太宗已命方田使副，而中外咸以为动众劳费，恐无所利。当时武臣辈亦耿于营葺，遂罢之。’上曰：‘今若行此，亦制敌之长策，然河朔屡有差役，不可重劳，宜谕有司徐经度之。’”

《玉海》卷176《食货·田制》：“咸平五年四月乙酉，帝谓宰臣曰：‘太宗朝翰林天文官孙士龙尝论请于北边置方田，及令民田疏沟塍，可以隔碍胡马，当时为众议所沮，边有殿直牛睿者，亦言其事。’吕蒙正对曰：‘此议当时亦以为便，寻命方田使副，而中外咸以为动众劳费，而武臣辈亦耻于营葺，遂罢之。’帝曰：‘今若行之，或有所济，宜令有司，详度之。’”

是月，罢筑城绥州（《九朝编年备要》卷6）。

五月，选河南民丁为兵，从吕蒙正言。

陈均《九朝编年备要》卷6：咸平五年，“五月，选河南民丁为兵：西北边屡请益兵，辅臣请以河北强壮选充。上曰：‘初置强壮，尝谕以永不充军。’吕蒙正曰：‘阙兵非取于民不可得也。’乃于河南籍丁壮为之”。

六月九日，宋真宗与吕蒙正等请令转运使于保州、威虏静戎顺安军预积刍粟。

《长编》卷52咸平五年六月“癸酉”（九日）条载，先是诏戎臣条上秋防事宜，“……于是御苑东门对辅臣，内出二编，令详阅之，曰：‘卿等前议布阵，亦指曹、徐河之间。今诸将之谋，尽在此矣。’吕蒙正等请令转运使于保州、威虏静戎顺安军预积刍粟，诏从之”。

十四日，吕蒙正论征伐。

《长编》卷52咸平五年六月“戊寅”（十四日）条载：“戊寅，吕蒙正因对，言：‘唐太宗征高丽，亲负土，不能克其城而旋。隋炀帝伐辽，致寇盗群起。前鉴不远，唐太宗踵而行之，识者所不取也。’上深然其言”。自注云：“唐太宗踵炀帝之失，淳化四年，蒙正已因对及之，今复有是言，必非史官误载也。”

二十日，吕蒙正等请精选将帅。

《长编》卷52咸平五年六月“甲申”（二十日）条载：“上对辅臣于便殿，出河北东路地图，指山川要害曰：‘北敌入抄，滨、棣之民，颇失农业。今冬若再来，朕必过邢、洺之北，驱逐出境，以安生聚。’吕蒙正等咸请精选将帅，责其成效，车驾毋劳自行。上曰：‘若此，卿等宜各画必然之策以闻。’”

七月二日，以郊亲，命吕蒙正为大礼使，宋白为礼仪使，夏侯峤为卤簿使，温仲舒为仪仗使，寇准为桥道顿递使。

《宋会要·礼二八·郊祀五使》：“（真宗咸平）五年七月二日，以郊亲，命宰臣吕蒙正为大礼使，翰林学士承旨宋白为礼仪使，翰林侍读学士夏侯峤为卤簿使，御史中丞温仲舒为仪仗使，刑部侍郎、权知开封府寇准为桥道顿递使。”

三日，吕夷简岳父马亮知潭州。

《长编》卷52咸平五年七月“丙申”（三日）条载：“兵部员外郎、直史馆马亮自西川转运使代还，奏事称旨，赐金紫，命知潭州。”

八月一日，吕蒙正等上表，请加尊号。

《宋会要·礼四九·尊号二》：“咸平五年八月一日，宰臣吕蒙正等上表，请加尊号‘崇文广进应道章德仁孝’，表五上，诏答不许。”

十月二十五日，向敏中罢相（《宋宰辅编年录校补》卷3）。

十一月十一日，吕蒙正认为南郊之祀不可停。

《长编》卷53咸平五年十一月“壬寅”（十一日）条载：“初议南郊，三司使王嗣宗等以郊祀经费繁重，请止行谒庙之礼而推庆赐。宰相吕蒙正曰：‘前代停郊谒庙,盖因灾沴。今无故罢祀,典礼无据。'……因诏三司非禋祀所须,并可减省。"

按:《长编》卷 53 咸平五年十一月"丙午"(十五日)条载:"丙午,大雪。上谓宰相吕蒙正等曰:'昨郊祀之际,重阴变晴,今兹成礼,又获嘉雪……'"看来,郊祀的效果令人满意。

十九日,吕蒙正加司空,李沆加右仆射。

《长编》卷 53 咸平五年十一月"庚戌"(十九日)条载:"庚戌,左仆射、平章事吕蒙正加司空,门下侍郎、平章事李沆加右仆射。"

《宋史》卷 6《真宗一》:"(咸平五年十一月)庚戌,吕蒙正加司空。"

十二月十六日,宰臣吕蒙正、李沆并兼门下侍郎。宋白、梁周翰因遗忘吕蒙正等任职草制被罚。

《长编》卷 53 咸平五年十二月"丁丑"(十六日)条载:"丁丑,以宰臣吕蒙正、李沆并兼门下侍郎。旧制,三师、三公、左右仆射平章事并兼两省侍郎。先是,学士宋白、梁周翰草二相加恩制书,遗忘旧制。既而上问白等,白等不能对,第请改正,不复降制,止帖麻用印,重写告身。白等各罚一月俸。"

《宋会要·职官六·学士院》:"真宗咸平五年十二月,学士宋白、梁周翰并罚一月俸,坐草制遗误也。初,命宰臣吕蒙正、李沆并门下侍郎,而二人草制之夕遗(亡)[忘]其事。真宗以问白,白等不能对,等请改正,不复降麻,止帖麻用印,重写告身,故有是罚。"

按:吕蒙正始终以平章事为相,历经由"独相"到"多相"的过程,大体反映出北宋的宰相制度变化。北宋前期的一百二十多年间没有任命一人以中书令拜相(中书令地位最高,五代时已极少以中书令拜相),有七人以侍中拜相,其中有两人以侍中地位过高而辞命,仍以平章事拜相。缘此而论,陈振在《关于北宋前期的宰相制度》中指出,"北宋前期的宰相制度,是以侍中和平章事为正宰相,而以同平章事为主"(1985 年第 6 期《中州学刊》)。

考:《宋史·宰辅表》咸平五年壬寅"宰相进拜加官"栏:"十月庚申,吕蒙正自行尚书左仆射加守司空兼门下侍郎。"是年十月癸亥朔,月内无庚申日。《长编》卷 56、《宋史》卷 6《真宗纪》均记在"十一月庚戌",为十九日。是日为冬至,南郊于当日举行,加恩亦当于是日。可证《宰辅表》所记之误。另,《长编》卷 53

咸平五年十二月丁丑(十六日)条内容,是对十一月庚戌(十九日)条内容的调整、补充。十一月,李沆“加右仆射”,并没按旧制加“两省侍郎”之一的职务,故于后来予以补充:“以宰臣吕蒙正、李沆并兼门下侍郎。”

二十五日,吕蒙正建议设洛阳南境牧地。

《长编》卷53咸平五年十二月“丙戌”(二十五日)条载:“是日,上谓宰臣曰:‘御厨岁费羊数万口,市于陕西,颇为烦扰。近年北面榷场贸易颇多,尚虑失于豢牧。’吕蒙正言洛阳南境有广成川,地旷远而水草美,可为牧地,即遣使视之”。自注曰:“《会要》乃咸平五年十二月事,或移见他处,则当削彼存此。熙宁三年五月二十一日始罢买榷场羊。”

《宋会要·职官二一·牛羊司》:“真宗咸平五年十二月,帝谓宰臣曰:‘御厨岁费羊数万口,市于陕西,颇为烦扰。近年北面榷场贸易颇多,尚虑失于豢牧。’吕蒙正言:‘洛阳南境有广成川,地旷远而水草美,可为牧地。’命遣使视之。”

是年,李淑生(《长编》卷189、《宋会要·议制一三》、《东都事略》卷57本传、《隆平集》卷7),**梅尧臣生**(《欧阳文忠公文集》卷32《梅圣俞墓志铭》)。

按:李淑(1002—1059),著名藏书家。字献臣,号邯郸。宋真宗在亳州,李淑时年十二,献文行在。真宗奇之,命赋诗,赐童子出身,试秘书省校书郎。后召试,赐进士及第。授秘书郎,进太常丞,累迁龙图阁学士。授吕夷简司空时,有贺文(实际上,吕夷简一再辞司空之职,后改授司徒)。梅尧臣,是梅询的侄子,与欧阳修、吕公著、尹洙等为“庐陵讲友”。

大约是年,吕蒙正荐晁迥应贤良方正科。

《东都事略》卷46《晁迥传》:“吕蒙正举应贤良方正科,以迥方为谏官,乃报罢。召试翰林,迁右司谏,擢知制诰。”

《长编》卷65景德元年四月“辛巳”条载:“辛巳命知制诰晁迥诣北庙祈雨。”

《南岳总胜集》载,衡山西南碑楼,大宋新修司天碑,右司谏晁迥奉敕撰,景德二年七月六日立。

按:吕蒙正咸平六年(1003)九月罢相。晁迥景德元年(1004)知制诰,吕举晁迥应贤良方正科当在咸平六年前。故置于此。

咸平六年(1003),吕蒙正58岁,吕夷简25岁

正月十二日,吕蒙正赞同梁鼎解盐通商。

《玉海》卷181《食货·盐铁·天圣详定盐法》:"(咸平)六年正月十二日,度支使梁鼎言:'戒盐通商,减价以利民也,而边民贩青盐犯条禁,请官自鬻盐。'诏辅臣议。陈尧叟又言:'禁盐利博。'吕蒙正等言:'可助边费。'乃以鼎为陕西制置使。"

二月十九日,宋真宗与吕蒙正等议封西凉府六谷首领潘啰支之名号。

《长编》卷54咸平六年二月"己卯"(十九日)条载,西凉府六谷首领潘啰支遣使来贡,"上与宰相议其事。吕蒙正言:'潘啰支今为盐州防御使,请以观察使授之。'上曰:'欲与灵州旄钺,如何?顷者,契丹伪封迁为西平王,虽戎狄之命不足此数,然遽加以王爵,盖虚名也。朕常恐(李)继迁西协诸蕃,益烦备御,于潘啰支亦何惜此虚名!'蒙正请如圣旨"。

三月二十五日,吕蒙正请罢近臣期功之丧赠,诏不许。

《长编》卷54咸平六年三月"乙卯"(二十五日)条载:"乙卯,宰相吕蒙正上言:'近臣期功之丧,所给赙赠,乞令寝罢。'诏不许。"

四月十九日,宰臣吕蒙正暴中风眩,帝即时临问。

《宋会要》:"(咸平六年)四月十九日,宰臣吕蒙正暴中风眩,帝即时临问,赐白金五千两。"(转引自王云海《宋会要辑稿考校》,河南大学出版社2012年版,第25页)

是月,契丹入寇(《皇宋十朝纲要》卷3)。

五月七日,吕蒙正因病请罢相,诏不许。

《长编》卷54咸平六年五月"丙申"(七日)条载:"先是,吕蒙正暴中风眩,上即临问,赐白金五十两。既逾浃旬,疾未愈,蒙正表求罢相,诏不许"。

二十五日,吕蒙正再表求罢,诏不许。

《长编》卷54咸平六年五月"甲寅"(二十五日)条载:"吕蒙正再表求罢,诏不许,命李沆谕旨。翼日,蒙正复上书,优诏止之,遣内侍张景宗赍手札劳问,及以名药、上尊酒赐焉。"

八月十二日，诏三司续给吕蒙正俸禄。

《长编》卷55载，咸平六年八月，“己巳（十二日），宰相吕蒙正自五月即罢所请俸，诏三司续给之”。

《宋会要·职官五七·俸禄杂录》：“（咸平）六年五月，宰相吕蒙正再表求罢，诏不允，命李沆传旨敦谕，令三司仍旧给俸。至八月，又以疾辞，诏亦固勉之，仍令续其月给。”

九月十七日，吕蒙正罢为太子太师，封莱国公。

《长编》卷55载，咸平六年九月，“司空、平章事吕蒙正七上表求退，甲辰，罢为太子太师，封莱国公”。

《宋史·宰辅表》咸平六年“宰相罢免”栏：“九月甲申，守司空兼门下侍郎吕蒙正有疾，以太子太师、莱国公免。”

按：九月甲辰，为十七日。《诏令集》卷65《吕蒙正罢除太子太师莱国公加恩制》、《编年录》卷3、《宋史》卷7《真宗纪》均与《长编》此条同，《宋史·宰辅表》却误记为“九月甲申”，因此月无甲申日。

十二月九日，下诏求言（《皇宋十朝纲要》卷3）。

是年，不贡举（《文献通考》卷32《选举考五·举士》）。

是年，吕夷简任盐城监判官。

张方平《吕文靖神道碑》：“再调盐城监判官，将漕以干局闻。”

按：调盐城监判官之后任大理寺丞（1006），文官一般三年一任，故上推知是年起当为盐城监判官。监判官，幕职官名、阶官名，为军属官，佐知军治本军事。北宋充作选人阶官，属初等职官之等，第四阶（资），崇宁二年易为从事郎（《宋会要·职官四八》、《石林燕语》卷3），元丰新制正九品。乐史《太平寰宇记》载：“盐城监，古之盐亭也，历代海岸熬盐之所，原管九场，伪唐以为盐城监……盐场之所，在县南北50里至30里，俱临海岸，即五祐、紫庄、南八游、北八游、丁溪、竹子、新兴、七惠、四海。”（《四库全书》第470册，上海古籍出版社1987年版，第233页）《宋会要》载，大中祥符二年（1009），盐城监废为仓（《续四库全书》第785册，上海古籍出版社2002年版，第612页）。

是年，王尧臣生（《欧阳文忠公文集》卷32《尚书户部侍郎参知政事赠右仆射文安王公墓志铭》）。

按：王尧臣（1003—1058），字伯庸。天圣五年，状元及第。累擢知制诰、翰林学士。庆历元年，宋军主帅轻敌，兵败好水川，仁宗罢韩琦、范仲淹。王尧臣谏言二人皆当世英才，不应如此安置，并荐种世衡、狄青有将帅之才。后仁宗以韩琦、范仲淹为招讨使，再遣王尧臣为泾原安抚使。皇祐三年升枢密副使，嘉祐元年拜参知政事。

吕蒙正任相期间，备有《夹袋册子》，以便于举官。

祝穆《古今事文类聚》前集卷30："《夹袋册子》，吕蒙正公为相，夹袋中有册子。四方人替罢谒见，必问其有何人才。客去随即疏之，悉分门类。或有一人而数人称之者，必贤也。朝廷求贤，取之囊中，故公为相，文武百官各称职者以此。"

按：吕蒙正三入相，是年致仕。故置于此，以作结执政。

景德元年（1004），吕蒙正59岁，吕夷简26岁

正月一日，大赦，改元（《皇宋十朝纲要》卷3）。

二月，李明德请降（《九朝编年备要》卷7）。

三月，契丹入寇，魏能败之。对此，吕蒙正言"才难求备，今拔十得五，有以见陛下知人之明"（《九朝编年备要》卷7）。

七月三日，吕蒙正之女婿赵安仁为翰林学士（《长编》卷56景德元年七月"乙酉"条载）。

四日，李沆卒，毕士安任参知政事（《宋宰辅编年录校补》卷3）。

八月七日，毕士安、寇准并相，王继英任枢密使，冯拯、陈尧叟并签书枢密院事（《宋宰辅编年录校补》卷3）。

十一月二十八日，诏赵安仁接伴辽使觐见（《宋会要·职官三五·引进使》："真宗景德元年十一月二十八日，契丹遣左飞龙韩杞朝于行在宫，命知澶州何承矩郊劳，翰林学士赵安仁接伴之。"《续资治通鉴》卷25景德元年十一月"戊寅"条载："诏知澶州何承矩郊劳，翰林学士赵安仁接伴之，凡觐见仪式，皆安仁所裁定云。"）。

按：辽军攻陷德清军，宋真宗抵达北城行营，宋辽打算议和。宋真宗下令澶

州知州何承矩犒劳辽使。

十二月，契丹请和，许之（《皇宋十朝纲要》卷3）。

是年，不贡举（《文献通考》卷32《选举考五·举士》）。

是年，赵安仁作《戴斗怀柔录》（《玉海》卷58《景德戴斗怀柔录》）。

是年，富弼生（《东坡集》卷37《富郑公神道碑》），**吴育生**（《欧阳文忠公文集》卷32《资政殿大学士尚书左丞赠吏部尚书正肃吴公墓志铭》）。

按：富弼（1004—1083），字彦国。天圣八年以茂才异等科及第，历知谏院，知制诰、枢密副使、枢密使等，进封“郑国公”。与吕夷简不和，却又与其三子吕公著相知。吴育（1004—1058），字春卿。官至参知政事。死后，葬于河南新郑县，与王曾、吕夷简等并入新郑“十贤祠”（乾隆《新郑县志》）。

景德二年（1005），吕蒙正60岁，吕夷简27岁

正月一日，大赦（《皇宋十朝纲要》卷3）。

十四日，赵安仁等五人权同知贡举。

《长编》卷59景德二年正月“癸亥”（十四日）条载：“癸亥，命翰林学士赵安仁等五人权同知贡举。”

《宋会要·选举一·贡举一》：“景德二年正月十四日，以翰林学士赵安仁权知贡举，右谏议大夫晁迥、龙图阁待制戚纶、直昭文馆陈充、直史馆朱巽权同知贡举。合格奏名进士刘滋已下四百九十二人。”

按：是年，取进士247人，诸科570人，省元刘滋，状元李迪（《文献通考》卷32《选举考五·举士》）。

二月二十二日，作诗赐知贡举赵安仁等。

《玉海》卷30《咸平景德祥符赐进士及知贡举诗》：“景德二年二月庚子作诗赐知贡举赵安仁等，有‘夙夜惟公精考艺’之语。”

二十九日，吕蒙正表请归洛阳，允。建有园。其二子迁官：从简太子洗马，知简奉礼郎。

《长编》卷59景德二年二月“丁未”（二十九日）条载：“太子太师吕蒙正请

归西京养疾，诏许之。丁未，召见，听肩舆至殿门外，命二子光禄寺丞从简、校书郎知简掖以升殿，劳问累刻，因言：‘北戎请和，从古以为上策。今先启诚意，继好息民，天下无事，惟愿陛下以百姓为念。’上甚嘉赏之，其二子皆迁官。”

《宋史》卷265《吕蒙正传》：“景德二年春，表请归洛。陛辞日，肩舆至东园门，命二子掖以升殿，因言：‘远人请和，弭兵省财，古今上策，惟愿陛下以百姓为念。’上嘉纳之，因迁从简太子洗马，知简奉礼郎。蒙正至洛，有园亭花木，日与亲旧宴会，子孙环列，迭奉寿觞，怡然自得。”

《邵氏闻见录》卷8：“吕文穆公既致政，居于洛，今南州坊张观文宅是也。”

邵博《邵氏闻见后录》卷25吕文穆园介绍：“伊洛二水，自东南分，径入城中。而伊水尤清澈，园亭喜得之，若又当其上流，则春夏无枯涸之病。吕文穆园在伊水上流，木茂而竹润，有亭三，一在池中，二在池外，桥跨池上相属也。”

《明一统志》卷29《史部·地理类·总志之属·河南府》：“吕蒙正园：在府城中伊水上有亭三，一在池上，二在池外，架桥相属。蒙正，宋相。”

四月二十六日，王钦若罢参知政事，冯拯任参知政事（《宋宰辅编年录校补》卷3）。

七月四日，吕蒙正之女婿赵安仁为群牧使（《长编》卷60景德二年七月“庚戌”条）。

十四日，以亲郊，命宰臣毕士安为大礼使，翰林学士赵安仁为礼仪使，资政殿学士王钦若为卤簿使，御史中丞吕文仲为仪仗使，户部侍郎、权知开封府张雍为桥道顿递使（《宋会要·礼二八·郊祀五使》）。

十月，行农田敕，民间便之（《皇宋十朝纲要》卷3）；**毕士安卒**（《宋宰辅编年录校补》卷3）。

十一月十八日，大赦（《皇宋十朝纲要》卷3）。

是年，石介生（《欧阳文忠公文集》卷34《徂徕石先生墓志铭》）。

按：石介（1005—1045），与胡瑗、孙复合称为“宋初三先生”。字守道、公操。因读书于徂徕山（泰安城东南），世称徂徕先生。天圣八年进士，历任秘书省校书郎、郓州观察推官、镇南军节度掌书记、嘉州军事判官、国子监直讲等职。与吕夷简、夏竦等不睦，又授吕公著之子吕希哲以学。卒后被诬诈死，幸吕蒙正之子吕居简等数百人保介已死，方免开棺。

景德三年(1006),吕蒙正61岁,吕夷简28岁

二月二十五日,寇准罢相,王旦拜相;二十六日,王钦若、陈尧叟并知枢密院事,韩崇训、马知节并签书枢密院事(《宋宰辅编年录校补》卷3)。

是月二十六日,赵安仁迁右谏议大夫、参知政事。[《宋史》卷7《真宗本纪》:景德三年二月己亥,"翰林学士赵安仁参知政事"。《宋史·宰辅表一》:"(景德三年二月己亥),赵安仁自知制诰、翰林学士迁右谏议大夫、参知政事。"]

六月,黎桓诸子争立,国大乱(《皇宋十朝纲要》卷3)。

是夏,吕夷简任大理寺丞时设宴,伯父吕蒙正等到场。

苏象先《丞相魏公谭训》卷10:"吕文靖少时,伯父司空不以任子荐之。宗亲为言,司空曰:'彼当自致公辅,岂可以门阀卑之。'后中甲科,为幕职官,月俸五千八百。乃约家人,日用不过百金。有余,置竹筒盛之。一千以供太夫人,一千以畀内子,八百以备伏腊。竹筒之积,具饭以待同寮。上下欣然,无不足之色。后果继世父官。钧庆院赐宴官食,方暑,不可下箸。曾祖居与相对,兖国太夫人治家,乃排五六十位,但具匕筯,置白饼缕肉饭。下饭,瓜姜醎豉尔。人人至者,自食饱足。后吕司空每见必戏曰:'未常忘一饭之德也。'"

按:文中称"后果继世父官",吕夷简之父吕蒙亨,至道初,考课州县官,蒙亨引对、文学、政事俱优,于是命为光禄寺丞(张方平《吕夷简墓志碑铭》,《张方平集》卷36),改大理寺丞,无禄早逝。吕夷简再次任大理寺丞,可能正是设宴的原因所在。据龚延明《宋代官制辞典》载,大理寺丞,宋前期无职事,为文臣迁转官阶,元丰新制寄禄格,易为宣德郎(《通考·职官十·大理卿》、《梁溪漫志》卷2《武官制》)。宋初因唐制,唐为从六品上。元丰改制后正八品(《分纪》卷19《大理寺》、《宋会要·职官二四》)。

考:大中祥符元年(1008)四月吕夷简任大理寺丞期间,考中才识茂名体用科。尽管其没有被马上重用,却被转岗使用。文中设宴的时间"方暑",故上推至是年,以断任大理寺丞三年之起始时间。从吕夷简这一阶段任职前后品位延续情况看,他此时大理寺丞的品位不可能是宋初的从六品,因为没有前期任职

知县、县令"改官"条件,任职京官的条件发生了职级与履历变化,后任太常博士(从七品),可佐证当时任大理寺丞的品位与后来元丰改制的正八品接近。

十一月二十日,宋真宗与冯拯论寇准,冯拯说,"吕蒙正尝云:准轻脱好取声誉,不可不察"。

《长编》卷64景德三年十一月"己未"(二十日)条载:"上谓辅臣曰:'执政之地,百僚具瞻,品藻拟伦,当务公共,轻诺寡信,怨是用长,不可不戒也。寇准之居相位,多致人言,岂不由此?'冯拯曰:'吕蒙正尝云:准轻脱好取声誉,不可不察。'"

是年,不贡举,取制科2人(《文献通考》卷32《选举考五·举士》)。

是年,吕夷简署西溪盐官。

张方平《吕文靖神道碑》:"就迁大理丞,榷定盐策,度署西溪,大储放利。"

王辟之《渑水燕谈录》:"海陵西溪盐场,初,文靖公尝官于此,手植牡丹一本,有诗刻石。后,范文正公亦尝临莅,复题一绝,云:'阳和不择地,海角正还春。忆得上林色,相看如故人。'"

楼钥《范文正公年谱》"天禧五年"条载:"监泰州西溪镇盐仓。有《西溪兼牡丹》诗,《西溪书事》。按《皇朝类苑》云:初,吕文靖尝官于此,手植牡丹,有诗刻。后公复题一绝。后人以二公诗故,题咏极多,而花亦为人重,护以来阑,岁久益茂,为西陵奇观"。

嘉靖《两淮盐法志》:"景贤堂,在来熏南,(戴)桷绘文靖公、文忠富公、文正范公、内翰王公、忠肃陈公、发运张公、安定胡公先生于内。(陈)垓增绘清献赵公、运使施公,以系州人之思。"(方志出版社2010年版,第387页)①

郑仲达《两淮运司志》卷5在提及西溪时说,"吕文靖公、范文正公相继监盐仓"(弘治十四年刻本)。

朱怀翰、盛仪《嘉靖惟扬志》卷11:"泰州名宦祠,即旧景贤堂,嘉靖元年知州金延瑞等重建。祀宋丞相晏殊、监西溪场税吕夷简、范仲淹等。"(上海古籍书店1963年版)

按:嘉庆《东台县志》有两处相关记载。一在"名宦"条,曰:"吕夷简,字坦

---

①戴桷是南宋宝庆间常平使,陈垓曾三次任职泰州。

云，莱州人，真宗时监西溪盐仓。”一在“杂记”条，曰：“西溪盐仓即南唐海陵监也，吕夷简尝官于此。”（焦忠祖：《江苏府县志专辑60》，江苏古籍出版社1991年版）王有庆、陈世镕《泰州志》云：“开宝七年（974），以海陵监移治如皋，置西溪盐仓。”（江苏古籍出版社1991年版，第9页）以大理寺丞兼领西溪盐官，实际职务可能是比“监”低一级的“场”的主官。西溪，今江苏东台市西南西溪村，宋代属泰州海陵县，是海盐产地。对吕夷简任西溪盐官，宋代《渑水燕谈录》、《宋朝事实类苑》（又名《皇朝类苑》《事实类苑》）、《锦绣万花谷》均有记载。成书时间最早的是王辟之《渑水燕谈录》，其自序时间是绍圣二年（1095）正月。志书称其任职西溪盐官时间在“真宗时”，当是。

是年，王珦瑜生（王大良《中华姓氏通史·王姓》之“源流”，东方出版社2000年版），**文彦博生**（《温国文正司马公文集》卷65《洛阳耆英会序》）。

按：王珦瑜（1006—1057），宋初明相王溥之孙、王贻序之子。字唐辅，累官殿中丞、廷尉、国子博士、朝散大夫、虞部郎中，出守汝州、阆州，卒赠司勋郎中。吕夷简之孙、吕公绰之子吕希道娶王珦瑜之女。文彦博（1006—1097），字宽夫，号伊叟，历仕仁、英、神、哲四帝，出将入相，有五十年之久。受吕夷简赏识，与吕公著有同事之谊。

景德四年（1007），吕蒙正62岁，吕夷简29岁

正月，帝幸巩县，吕蒙正从洛阳驱车接驾。

《长编》卷65景德四年二月“辛巳”条载：“上之次巩县也，太子太师吕蒙正舆疾来见，不能拜，命中使掖之以进，赐坐，劳问甚久。”

按：《长编》卷65载，景德四年正月，“甲子（二十六日），次巩县”；“二月戊辰（一日）朔，车驾遂如西京”。可知，吕蒙正到巩县接驾，当在正月二十六日至当月底之间。

二月十五日，宋真宗幸吕蒙正府第。

《长编》卷65景德四年二月“壬午”（十五日）条载：“壬午，幸其第，赐袭衣、金带、器币、药物、上尊酒，悉如宰相例。”

《玉海》卷86《端拱瑞草球文带元祐赐犀带》:"端拱中[实录作淳化],作瑞草球路文方专胯带,副以金鱼,赐中书枢密院文臣。景德四年二月壬午,赐太子太师吕蒙正。"

四月十五日,皇后郭氏崩(《皇宋十朝纲要》卷3)。

八月七日,韩崇训罢签书枢密院事(《宋宰辅编年录校补》卷3)。

二十四日,诏修太祖、太宗正史,宰相王旦监修国史,知枢密院事王钦若、陈尧叟,参知政事赵安仁(吕蒙正之二女婿),**翰林学士晁迥、杨亿并修国史**(《长编》卷66、《宋史》卷7《真宗本纪》)。

九月,曹利用帅兵斩杀起兵谋反的宣州澄海军校陈进(《皇宋十朝纲要》卷3)。

十月,工部郎中、直史馆马亮举荐张咏知广州:"马亮荐咏,真宗曰:'咏有疾,不可远适。'察亮愿行,遂以为右谏议大夫,知广州。"(宋人年谱丛刊第1册《张咏年谱》"景德四年"条)

十二月二十二日,以翰林学士晁迥权知贡举,知制诰朱巽、王曾和龙图阁待制陈彭年权同知贡举。取合格奏名进士郑向已下并诸科891人(《宋会要·选举一·贡举一》)。

是年,吕夷简次子吕公弼生(《琬琰集》上集卷27范镇《吕惠穆公公弼神道碑》),**王素生**(吴处厚《青箱杂记》、王珪《华阳集》卷58《王懿敏公墓志铭》、《乐全集》卷37《王公神道碑铭》),**张方平生**(《东坡后集》卷17《张文定公墓志铭》)。

按:吕公弼(1007—1073),字宝臣,寿州(治所今安徽凤台)人,吕夷简次子。明道二年赐进士出身(《长编》卷112)。治平二年,除枢密副使。神宗熙宁元年,擢枢密使,六年为西太一宫使,卒,年六十七。谥惠穆。据孔平仲《谈苑》卷4:"吕公弼,申公之次子。始秦国妊娠而疾,将去之。医工陈逊煮药将熟,已三鼓,坐而假寐,忽然鼎覆,再煮,再覆。方就榻,梦神人被金甲持剑,叱曰:'在胞者本朝宰相,汝何人也,敢以毒加害。'逊惧而悟,以白相国。后生公弼,熙宁中位枢密使。"王素(1007—1073),名相王旦之三子,以工部尚书、端明殿学士致仕。南宋洪迈《容斋随笔》卷9《带职致仕》:"熙宁以前待制学士致仕者,率官而解其职。若有疾就闲者,亦换为集贤院学士,盖不以职处散地也。带职致仕,方自熙宁中王素始。”王素任天章阁待制时拜访过吕夷简。

在西溪期间，吕夷简筑瀚海堰，作《西溪看牡丹》。后人思之，建亭曰“思贤”。

吕夷简《西溪看牡丹》：“异香秾艳厌群葩，何事栽培近海涯？开向东风应有恨，凭谁移入五侯家？”（《全宋诗》卷146）

《孙公谈圃》卷上：“泰州西溪多蚊，使者行按左右，以艾烟熏之。有一厅吏醉仆为蚊所嘬而死。世传：饱似樱桃重，饥如柳絮轻。但知从此去，不要问前程。范文正诗也。西溪瀚海堰，吕蒙正所治，至今屋记尚在。后文正继任，故堰之城至今为利。”①

《江南通志》卷33《舆地志·古迹·扬州府》：“思贤亭：在泰州西溪镇东寺若院，宋吕夷简手植牡丹于此，后人思之，因建亭曰‘思贤’。”（《四库全书》本）

大中祥符元年（1008），吕蒙正63岁，吕夷简30岁

正月三日，天书降于左承天门阙之上，六日改元“大中祥符”（《皇宋十朝纲要》、《宋史》卷7《真宗本纪》）。

四月六日，以王旦为大礼使，王钦若为礼仪使，冯拯为仪仗使，陈尧叟为卤簿使，赵安仁为桥道顿递使。②

十二日，御试礼部贡举人（《宋史》卷7《真宗本纪》）。**是科进士207人，诸科320人，省元郑向，状元姚晔**（《文献通考》卷32《选举考五·举士》）。

二十四日，吕夷简考中才识茂名体用科。

《长编》卷68大中祥符元年四月“甲寅”（二十四日）条载：“中书试贤良方正直言极谏草泽刘若冲、周启明才识兼茂，明于体用，大理寺丞吕夷简、草泽许

---

①文中吕蒙正，当系吕夷简之误，因在范仲淹之前任西溪盐官的吕氏是吕夷简，吕蒙正并无此任职经历。

②《玉海》卷98《祥符封禅》，有注释记为“五日”。《宋史》卷7《真宗本纪》则记五日以知枢密院事王钦若、参知政事赵安仁为泰山封禅经度制置使。《宋会要·礼二二·封禅》载，大中祥符元年四月，“五日，以知枢密院事王钦若、参知政事赵安仁为泰山封禅经度制置使”，“六日，以宰臣王旦为大礼使，知枢密院事王钦若为礼仪使，参知政事冯拯为仪仗使，知枢密院事陈尧叟为卤簿使，参知政事赵安仁为桥道顿递使”。看来，对泰山封禅的人事安排，前后有变化。《宋会要》有封禅之过程，“五使”为真，今从之。

申皆中等。……夷简优与亲民差使。夷简，蒙亨子。”

田况《儒林公议》卷下：“祥符中，中书试制举人六论毕，吕夷简及布衣周启明将被亲策。执政以为封禅有期，将告成功于天下，不当复访人以得失，遂报罢。夷简特升职倅郡，启明免将来进士乡荐。启明乃归括苍隐居，聚徒讲学，不复仕进，时论高之。”

按：大中符元年(1008)四月，大理寺丞吕夷简考中才识茂名体用科。由于真宗准备东封泰山，没有录用这一科的人员。

五六月间，吕夷简通判通州。

张方平《吕文靖神道碑》：“会诏举六科，以才识兼茂试政事堂。属将封泰山，或言非访阙政时，因例报罢，出倅通、濠。”

按：景德五年(1008)十月二十三日，宋真宗登泰山封禅。吕夷简任通州(今江苏南通)通判在四月考中才识茂名体用科之后，故推知此任职时间在五六月间。龚延明《宋代官制辞典》“守贰、守倅”条载，知州、府、军、监通称郡守，简称“守”；倅、贰皆为通判别称，(《宋会要·职官四七》：“州郡置倅，以佐郡守之治，入则贰政，出则按县……施、黔、达州、南平军系武臣知州，皆合置通判。”)为品级七品。

六月三日，天书再降于泰山，大赦(《皇宋十朝纲要》卷3)。

九月三日，吕夷简岳父、御史马亮为“契丹国母正旦使”(《长编》卷70大中祥符元年九月“甲申”条)。

十一月一日，真宗东封泰山，途经曲阜县，谒文宣王庙，加谥孔子曰“玄圣文宣王”(《宋史》卷7《真宗本纪》)。

是月，诏以正月三日为天庆节(《皇宋十朝纲要》卷3)。

十二月十七日，吕蒙正进封徐国公。

《长编》卷70大中祥符元年十二月“癸卯”(十七日)条载：“太子太师、莱国公吕蒙正进封徐国公。”

乾隆《钦定续通志》卷306《吕蒙正传》：“(咸平)六年，授太子太师，封莱国公。改封徐。(按：宋文本传封蔡国公，改封随，又封许。考《东都事略》作封莱国公，改封徐，又封许。《真宗本纪》咸平六年以吕蒙正为太子，太师、莱国公，又吕文穆神道碑载，改太子太师，仍封莱国公，以告成泰山，进封徐，祠后土又进封许国。本传误,今据改。)又封许。景德二年表请归洛。”

是年,韩琦生(《安阳集》附录《韩魏公家传》),**范镇生**(《东坡集》卷39《范景仁墓志铭》)。

按:韩琦(1008—1075),字稚圭,自号赣叟。与范仲淹共同防御西夏,名重一时,时称“韩范”。嘉祐元年任枢密使,三年拜同中书门下平章事。英宗嗣位,拜右仆射,封魏国公。神宗立,拜司空兼侍中,出知相州、大名府等地。韩琦之子韩宗彦娶吕夷简孙女(吕公弼之女)。范镇(1008—1088),字景仁。宝元元年举进士第一。仁宗时,知谏院,以直言敢谏闻名。在政治上,范镇支持司马光论新法,与王安石不合,劾青苗法扰民。哲宗即位,起为端明殿学士,固辞不拜。累封蜀郡公。其侄孙范祖禹是吕公著的女婿。

大中祥符二年(1009),吕蒙正64岁,吕夷简31岁

正月一日,召辅臣至内殿朝拜天书,自是岁以为常(《长编》卷71)。

四月十八日,诏自今所举官犯赃,与同罪(《皇宋十朝纲要》卷3)。

五月一日,诏追封孔子弟子兖公颜回为国公(同上)。

六月二十七日,御试东封路服勤词学、经明行修贡举梁固等92人(《宋史》卷7《真宗本纪》)。

十月十三日,诏天下置天庆观(《皇宋十朝纲要》卷3)。

吕夷简调任濠州(今安徽凤阳东北)通判。时任知州是梅询(964—1041),与其有神交。

《长编》卷72大中祥符二年八月“癸未”条载:“八月癸未朔,以祠部员外郎、直集贤院、主判三司开拆司梅询知濠州。”

《宋史》卷301《梅询传》:“判三司开拆司,坐议天书,出知濠州。为湖北转运使。”并说:“(询)在濠州,梦人告曰:‘吕丞相至也!’继而吕夷简通判州事,故待之甚厚。”

王巩《闻见近录》:“梅侍读询以文雅自任,久在侍从,忽求为濠州,既被命,见先文正,文正曰:‘何以求此?’曰:‘聊以温故耳。’文正曰:‘待差一通判去伴

舍人读书。’梅其去怏怏，益不平。未几，差博士吕夷简通判濠州，梅语人曰：‘何处得个吕夷简来，也会读书？’梅辞文正，适与王沂公同坐堂上，王因以梅语白文正，曰：‘君善待吕公，吕公它日与王公同作相，舍人方作学士。’梅愈不平，王亦为果言。其后王沂公、吕文靖同宰席，梅适除学士。”

陈天麟《许昌梅公年谱》“大中祥符三年”条载：“坐事出知濠州。先是，公扈从封禅，集禧宿斋宫。公尝夙戒作词，投泰山神祈梦，夜梦入一公衙，厅宇明敞，前廷有三石牛。俄而吏白有宰相入谒，公迎至，则乃一美少年，姿仪丰伟，紫衣金鱼，相与握手，如平生交。因喜极遂寤，公时未知何占。至是公被谪，政府方授任处，时文正公旦在相位，素爱公才，欲任以要地。公预知，入请欲得濠州，王曰：‘濠僻在幽处，何欲往焉？’公曰：‘正欲往彼温故耳。’曰：‘必欲往，吾当选一好伴读与矣。’未几，王公以进士吕夷简多才，故授以推官，令往与公俱。既入濠，所见悉如梦中。三石牛者，古时以州有水患，故作此于廷以压之。吕来佐州，乃专以讲读为事，至今州治有梅、吕读书台遗址在。”

《宋朝事实类苑》卷45《休祥梦兆·吕文靖》：“梅侍读知濠州，尝梦有人通刺云：‘相公来谒。’睡起，通判吕殿丞至，文靖公也。梅见其语话奇特，遂厚待之。梅后坎坷，当吕作相，引为待制，后至金华之拜。”（见《康靖公闻见录》）

《括异志》卷5《梅侍读》：“至祥符中，真宗东封，询被选于太平顶行事，宿斋其上。是夕燔香再拜，默祈将来通塞之事。既寝，梦牛羊马布野，有二牛斗于前。一人被冠服，前谓牛曰：‘伺吕公再入中书，斗亦未晚。’牛遂解去。其后自尚书郎带职知濠州，吕申公以太常博士通守郡事，仪状酷似向梦中所见。”

按：是年八月，梅询（964—1041）任濠州知州。吕夷简在其后任濠州通判。梅询对吕夷简相当赏识。陈天麟《许昌梅公年谱》（刁忠民校点）“大中祥符四年”条载：“夏四月，以帝祭后土于汾阴，大赦，迁公刑部员外郎。”吕夷简大中祥符四年三月，已在颍州推官任上。可知，梅询与吕夷简结识的时间当在是年底至大中祥符四年之前。

考：《括异志》卷5《梅侍读》与王巩《闻见近录》，均称吕夷简是以太常博士的身份任濠州通判，当从之。此时，吕夷简的职位是太常博士、濠州通判。

是年，亲试东封路，得进士31人，状元为梁固（《文献通考》卷32《选举考五·举士》）。

是年，苏洵生（《欧阳文忠公文集》卷34《故霸州文安县主簿苏君墓志铭》）。

按：苏洵（1009—1066），字明允。北宋文学家，与其子苏轼、苏辙合称“三苏”，均被列入“唐宋八大家”。欧阳修曾致书吕公著，望其推荐苏洵。

大中祥符三年（1010），吕蒙正65岁，吕夷简32岁

二月十三日，交州黎至忠卒。二弟争立，李公蕴击破之（《长编》卷7）。

四月十四日，赵祯（宋仁宗）生（《东都事略》卷5《仁宗本纪》、《宋史》卷9《仁宗本纪》）。

五月四日，诏权停贡举（《宋会要·选举一》）。

六月三日，契丹告饥（《皇宋十朝纲要》卷3）。

八月三日，以祀汾阴，命宰臣王旦为大礼使，知枢密院事王钦若为礼仪使，参知政事冯拯为仪仗使，赵安仁为卤簿使，知枢密院事陈尧叟为桥道顿递使。又以王旦为天书仪卫使，王钦若、赵安仁副之，三司使丁谓为扶持使（《宋会要·礼二八·郊祀五使》）。

是年，契丹举兵伐高丽（《皇宋十朝纲要》卷3）。

是年，停贡举（《文献通考》卷32《选举考五·举士》）。

是年，梅询有诗致吕夷简。

梅询《濠邸与吕倅夷简》：“小作山州又水州，州中山水正清幽。黄埃迫绝衙如洗，绿野宽平驾可游。斋寂官闲搬百瓮，庭空讼简卧三牛。劳君伴读良多益，请筑书台读大猷。”（陈天麟《许昌梅公年谱》之《许昌梅公诗略》）

在濠州吕夷简居处曾留有含桃阁、三槐亭等遗迹。

《江南通志》卷35《舆地志·古迹·凤阳府》：“含桃阁：在临淮县，旧为郡廨西宅，宋梅询为守，吕夷简为倅，晏憩于此。”

《锦绣万花谷》续集卷10《濠州（钟离、定远）》：“三槐亭，其亭既以三槐在其侧，又王钦若、吕夷简、曾怀皆为倅，故名。亭在倅庭。”

大约是年，吕蒙正预测富弼可入宰相。

《宋史·吕蒙正传》：“富言者，蒙正客也。一日白曰：‘儿子十许岁，欲令入

书院,事廷评、太祝。'蒙正许之。及见,惊曰:'此儿他日名位与吾相似,而勋业远过于吾。'令与诸子同学,供给甚厚。言之子,即弼也。后弼两入相,亦以司徒致仕。其知人类如此。"

祝尚书《富弼年谱》:"大中祥符三年庚戌,七岁。在书院习读。《宋宰辅编年录校补》卷3:'蒙正客富,言令其幼子在书院习读,蒙正见其子,惊曰:此儿他日名位与吾相似,而勋业远过吾!'言之子即富弼也。"

按:富弼(1004—1083),大中祥符三年7岁。《宋史·吕蒙正传》说富弼"十许岁"(1013)时请吕蒙正帮忙入学,不可能,因为那时蒙正早已去世(1011)。故权置于是年。

大约是年,吕夷简游定远汉泉,存有诗句。

《中都志》卷4《池沼井泉·定远县》:"汉泉在县西五十里,源出楚泉。二泉并行,廻自南而西合流入洛,达于淮。吕公靖公诗曰:'地兴分双派,天方鬭二雄。'"

大中祥符四年(1011),吕蒙正66岁,吕夷简33岁

正月十二日,诏以六月六日天书再降日为天贶节(《皇宋十朝纲要》卷3)。

二月十八日,大赦(同上)。

三月,宋真宗幸太子太师、吕蒙正第;吕夷简任颍州推官,受堂伯父吕蒙正的举荐。

《长编》卷75大中祥符四年三月"甲申"条载:"又幸太子太师吕蒙正第,慰抚之,赐珍药、御酒、衣带、鞍马、金币。问蒙正诸子孰可用,对曰:'臣之子,豚犬耳。犹子夷简,宰相才也。'"该条下自注:"《邵氏见闻录》载蒙正言,有侄夷简任棣州推官。按夷简于大中祥符元年以大理寺丞举贤良,此时不应尚为幕职也。今削去。"

苏象先《丞相魏公谭训》卷10:"吕文靖少时,伯父司空不以任子荐之。宗亲为言,司空曰:'彼当自致公辅,岂可以门阅卑之。'"

《九朝编年备要》卷7《真宗皇帝》:"(大中符四年)三月次西京,幸吕蒙正

第,锡赉有加。"

《青箱杂记》卷1:"文穆有大第在洛中,真宗祠汾时,车驾幸止其厅。后人不敢复坐,围以栏楯,设御榻焉。即今张文孝公宅是也。"

《宋史》卷8《真宗本纪》:大中祥符四年三月,"甲申,幸崇法院,移幸吕蒙正第,赐服御金币"。

《宋史·吕蒙正传》称,"大中祥符而后,上朝永熙陵、封泰山、祠后土过洛,两幸其第,锡赉有加"。皇上问其诸子哪个可用,吕蒙正推荐说:"诸子皆不足用,有侄夷简任颍州推官,宰相才也!"

赵善璙《自警编》卷1:"真宗祀汾阴过洛,幸吕文穆公第,问:'诸子孰可用?'公对曰:'臣诸子豚犬,皆不足用,有侄夷简,任颍川推官,宰相才也。'帝记其名,遂至大用。"

按:正月,宋真宗奉天书发京师,西祀汾阴;二月在宝鼎县祭后土地祇;返回经洛阳时,看望吕蒙正。宋真宗祀后土返回洛阳的时间为是年三月六日(《宋会要·礼二八·祀汾阴》:"六日,次西京。"),探望吕蒙正,当在抵达洛阳之后。

考:《长编》言"夷简任棣州推官",《自警编》言"有侄夷简,任颍川推官",吕夷简墓志铭和《宋史·吕夷简传》等均为任颍州推官,今从吕夷简墓志铭记载。吕蒙正死于大中符四年(1011)四月,吕夷简莅任颍州推官当在此前。不过,"推官"(正九品)没有"通判"(从七品)职位高,可能有职务遗漏。这已引起上文《长编》卷75的怀疑:"《邵氏见闻录》载蒙正言,有侄夷简任棣州推官。按夷简于大中祥符元年以大理寺丞举贤良,此时不应尚为幕职也。今削去。"那么,到底漏记了什么职务?范镇《东斋记事》:"王文正公之为相也,王沂公为知制诰,吕许公为太常博士、知滨州……"太常博士宋初从唐制,无职事,为文臣迁转官阶,为从七品上(《六典》卷14《太常寺》),在知州之下。由此看来,"太常博士、知滨州"也有问题,其中的"太常博士"可能系知滨州之前的"官衔"之职,即颍州推官之官阶职务。以太常博士的身份任职颍州推官,则比较合理。故推定吕夷简此时的职务是太常博士、颍州推官。吕夷简任地方官前十年,品级还只是七品推官。

四月十日,宋真宗派近臣祭谢后土(《续资治通鉴》大中祥符四年四月"癸丑"条)。**未几,又封吕蒙正许国公。**

《吕文穆公蒙正神道碑》载：“……祠后土，又进封许国公。”

《宋史·吕蒙正传》：“许国之命甫下而卒，年六十八。赠中书令，谥曰文穆。”

按：吕蒙正卒于四月十九日。封许国公在生前，“甫下而卒”。与《神道碑》吻合。估计在四月中旬。

十九日，吕蒙正卒。治丧，辍朝二日。赠中书令。

《吕文穆公蒙正神道碑》：“大中祥符四年四月十九日，遂不起，年六十六。”

《长编》卷75大中祥符四年四月，“是月，赠中书令、许国文穆公吕蒙正卒”。

《宋史》卷8《真宗本纪》：大中祥符四年四月，“丁卯，许国公吕蒙正薨”。

王明清《挥麈录·前录》卷2：“本朝名公多厄于六十六。韩忠献、欧阳文忠、王荆公、苏翰林，而秦师垣复获预其数，吕正惠、吕文穆亦然。”

东阳《吕氏宗谱》（民国十五年修）“吕蒙正”条载，吕蒙正“祥符四年薨，享寿六十有六”。

《宋会要·礼四一·亲临宗戚大臣丧·辍朝》：太子太师“……许国公吕蒙正（大中祥符四年四月。并辍二日）”。

《宋会要·仪制一一·东宫官僚追赠·东宫一品》：“许国公吕蒙正，大中祥符四年四月赠中书令。”

按：姚红《关于吕蒙正家族的几个问题》（《文献》2007年第1期）认为，吕蒙正享年六十六岁，当是。其生卒年为946—1011年。

五月二十日，诏州城置孔子庙（《宋史》卷8《真宗本纪》）。

七月二十三日，冯京罢参知政事（《宋宰辅编年录校补》卷3）。

十一月七日，御试服勤词学、经明行修贡举人（《宋史》卷8《真宗本纪》）。**是科赐汾阴路进士31人**（《长编》卷76）。**新及第进士第一人张师德、第二人丁度（吕蒙正之四女婿）、第三人陈宽**（《宋会要·选举二》）。

是年，祭汾阴路，得进士31人，状元为张师德（《文献通考》卷32《选举考五·举士》）。

是年，邵雍生（《明道集》卷4《邵尧夫先生墓志铭》）**、陈升之生**（《琬琰集》下集卷15《实录·陈成肃公升之传》）。

按：邵雍（1011—1077），字尧夫，北宋著名理学家、数学家、道士、诗人，与吕公著交往密切。乾隆十五年，乾隆皇帝到洛阳，有《谕祭宋臣邵雍祠文》，文称“未尔质禀高明学穷颐隐阴阳动静于一心”，“独传安乐之名”（清嘉庆《洛阳县志》卷2）。陈升之（1011—1079），字旸叔，时任枢密副使，与吕公著有交集。

吕蒙正生前著述存世不多。

按：吕蒙正主要著述有《吕文穆集》10卷（郑樵《通志》卷70），《夹袋册》（祝穆《古今事文类聚》前集卷30），并参与编辑《文苑英华》一千卷（李昉等《文苑英华》卷首“纂修文苑英华事始”）。目前，《全宋文》辑录2篇，《全宋诗》存诗5首、句3条。今辑录《祭灶诗》《饭店钟诗》2首，待考。

附：吕蒙正编年后录

大中祥符五年（1012），吕蒙正死后第一年，葬于洛阳县金石乡奉先里。

《吕文穆公神道碑》：“（大中祥符五年）十月二十七日，葬于河南府洛阳县金石乡奉先里。”

《明一统志》卷26《河南布政司》：“吕蒙正墓：在新郑县北四十里。蒙正，宋相。”

《大清一统志》卷163《史部 · 地理类 · 总志之属 · 河南府》：“吕蒙正墓：在洛阳县南。”

《河南通志》卷49《陵墓》：“宋吕蒙正墓：在洧川县城东南朱曲二十里。蒙正，丞相，谥文穆。禹州新郑县亦有墓。”另一处则载：“吕蒙正墓：在府城南金石乡。”（《四库全书》本）

赵社民《中华名人墓葬》“吕蒙正”墓条载，吕蒙正墓，“位于河南省尉氏县朱曲乡小寨村”。“（吕蒙正）卒后谥文穆，葬于洧（今河南尉氏县）。原建有祠堂，今已不存。墓周有八寨，墙高三丈，后被毁，是为小寨村由来。”（宗教文化出版社2000年版）

按：吕蒙正墓，在尉氏县朱曲乡。

天禧元年（1017），吕蒙正死后第6年，长子吕从简因献其父文集任卫尉寺丞。

《长编》卷90天禧元年冬十月“癸巳”(二十八日)条载:“以吕蒙正子从简卫尉寺丞。从简前为国子监麴院,坐盗官物除名。至是表献其父文集,故甄录之。”

康定元年(1040),吕蒙正死后第29年,外孙(孙暨之子)孙日新特录为官。

《长编》卷129康定元年十一月“丁巳”条载:“丁巳,录光禄寺丞、直集贤院孙暨子日新为郊社斋郎,以侍御史知杂事张奎言暨在真宗朝举进士第一人,而日新再试礼部不中第,特录之。”

熙宁元年(1068),吕蒙正死后第57年,钱顗《上神宗要务十事》言及吕蒙正。

赵孺愚《宋名臣奏议》卷2《君道门》载有钱顗《上神宗要务十事》:“我太宗亦尝与吕蒙正言致治之要,曰:莫右抚夷,夏和阴阳,使百度修理一人,端拱无为此,皆前圣后圣王得为君之体也。臣愿陛下法而行之,则祖宗之能事复见于今日也。……(熙宁元年十月上,时为御史里行)。”

熙宁二年(1069),吕蒙正死后第58年,其子吕居简请富弼撰《吕文穆公蒙正神道碑》。

《琬琰集》上集卷15《吕文穆公蒙正神道碑》:“大中祥符四年四月十九日,遂不起,年六十六。五年十月二十七日,葬于河南府洛阳县金石乡奉先里。后五十七年,其子居简始议琢碑于墓次,请文于里人富某。”

按:大中祥符五年(1012),后推57年,即为熙宁二年,吕蒙正死后第58年。

政和八年(1118),吕蒙正死后第107年,吕蒙正孙婿马绍庭夫妻合葬墓留有“大丞相文穆公孙吕氏墓”碑刻。

按:马绍庭夫妻合葬墓于1988年1月出土于合肥市南郊城南乡五里冲朱岗村(今属包河区)。马绍庭墓棺外埋有青石墓碑志一方,正面阴刻楷书体字四行,共三十八字,从右往左竖排。第一行“政和戊戌三月甲申”,第二行“宋太师舒国公孙马绍庭同妻”,第三行“大丞相文穆公孙吕氏墓”,第四行“男滂沔注汲谨刻记”(胡东波《合肥出土宋墨考》,1991年第3期《文物》)。据《宋史·马亮传》载,马泽因子马亮贵,赠舒国公。男棺内出土一枚方形铜质印章,上有阳文篆书“忠肃之后”四字。又据《宋史·吕蒙正传》载,吕蒙正卒后谥“文穆”。马绍庭妻吕氏为宋代丞相吕蒙正孙女,马绍庭应为马亮孙。

南宋时,吕蒙正《吕文穆集》仅有10卷,《夹袋册子》亦"未得全本"。

郑樵《通志》著录:"《吕文穆集》,十卷。吕蒙正。"

魏了翁《鹤山集》卷63(《四库全书》本):魏了翁在跋罗文恭公《荐士稿》中说,"予尝以吕正献公《掌记》,司马文正《荐士编》,陈密学《章稿》,范正献《手记》,李邦直《举官记》,及近世虞忠肃公《翘材棺录》,辑成一书,刻之潼川漕司。惟吕文穆公《夹袋小册》、韩忠献《甲乙丙丁集》、曾宣靖《雌黄公议》,未得全本"。

按:富弼《吕文穆公蒙正神道碑》载:"《文集》,二十卷,行于世。"到了南宋,仅仅留下十卷。今《全宋文》存文2篇,《宋诗记事》及《补遗》收录其诗4首。

绍兴二十五年(1155),吕蒙正死后第144年,董德元登第七年而执政,史称"自吕蒙正以后所未有。"

《宋史全文》卷22上:绍兴二十五年八月,"丙戌,尚书吏部侍郎董德元参知政事,德元登第七年而执政,自吕蒙正以后所未有。"

绍兴三十二年(1162),吕蒙正死后第151年,帝认为君子少、小人多,不以吕蒙正"系时运盛衰"为然。

李心传《建炎以来系年要录》卷200绍兴三十二年九月"甲辰"条载:"甲辰,侍读洪遵进读《三朝宝训》,至太宗问君子少、小人多何也,吕蒙正曰:此系时运盛衰。上曰:朕以为不然,正在人君如何?(臣留正等曰:大哉!寿皇斯言真可为万世法也。人君一心之取舍,君子小人消长之机也,何则君子所向者为公正为忠直,小人所向者为私邪、为佞柔,君子所守者一定而不移,小人则观望希合随时上下而无所主是,以君子之道常直而难合,小人之言常逊而易从,自非圣智不惑之君,未有不屈彼而伸此者……由是观之,君子、小人之消长果何系乎?时盛衰哉?特在人主取舍,何如耳?)"

元代胡助作文赞吕蒙正。

胡助《纯白宅类稿》卷19《古贤赞(并序)》之《吕蒙正》:"清修苦学,风雪贫居。大魁天下,三入中书。朝士失言,置之度外。荐侄为相,储才夹袋。"

元代王实甫作《吕蒙正风雪破窑记》(《吕蒙正风雪破窑记》,见于王季思《金元戏曲》第二卷,人民文学出版社1990年版)**,把吕蒙正的"寒窑"故事编成剧本。**

明宣宗年间，谕郭琎以吕蒙正夹袋等录故事。

《明史》卷157《郭琎传》："郭琎，字时用，初名进，新安人。永乐初，以太学生擢户部主事……宣宗初……逾年，卒为尚书。谕以吕蒙正夹袋、虞允文材馆录故事。琎由是留意人才。识进士李贤辅相器，授吏部主事，后果为名相。"

明代据王实甫《破窑记》改编而成《彩楼记》（《彩楼记》，无名氏作，黄裳校注，上海古典文学出版社1956年版）。

明万历四十二年（1614），吕蒙正死后第603年，为"吕蒙正养晦处"立碑。

赵社民《中华名人墓葬》"吕蒙正墓"条载："今冢高约20米，直径66米。墓南不远处立有'吕蒙正养晦处'石碑一通，为明万历四十二年（1614）立，1930年重立。"（宗教文化出版社2000年版）

明崇祯七年（1634）春，吕蒙正死后第623年，立吕蒙正寒窑碑，留有碑刻吕蒙正《贫寒赋》。

黄文翰、吕明月《洛阳吕氏金石列传》（偃师相公庄吕氏文化研究组、洛阳吕氏宗亲会编印，1998年版，内部资料）之《吕蒙正寒窑碑》载："碑今树于寒窑内，碑高350公分，宽82公分。建于明崇祯甲戌年1634年春正月，建碑人，蒙正公二十二世嫡孙，北京鸿胪寺主簿厅主簿吕子立。碑无主行，分上下两段刻字。上段正中刻吕蒙正站像、相帽、朝服，庄严有神。像左刻《祭灶诗》'一盏清泉以炉烟，送君直上九重天。……'像右刻《饭店钟诗》'十度逻斋九度空……'以上两首诗均无题目，此题目是编者根据群众流传而加的。""碑下段左刻'碑文一'，右刻吕蒙正《贫贱赋》（碑文二）。碑文隶书、楷书、行书兼用。"①

按：此处明代碑刻《贫贱赋》与流传的《寒窑赋》《劝世文》有相似之处，却又不同，当系流传中的不同版本。这说明《贫贱赋》或叫《寒窑赋》至少在明代业已流传。

清康熙四十二年（1703），康熙皇帝驾洛阳，祭吕蒙正，赐"御祭"碑。

黄文翰、吕明月《洛阳吕氏金石列传》之《御祭碑》："清康熙四十二年

---

①碑文一："宋相文穆公太平兴国二年状元及第，进陟丝纶，累赠公爵勋庸，史不胜书。厥后，祖夷简封许国公，祖务简光禄寺少卿……"碑文二："蜈蚣百足，不及蛇行；鸡虽有翅，不及鸦飞；马有千里之程，无人而不能自往；人有百般妙计，非运而不能自通。吾昔居洛阳，朝游陋巷，暮宿破窑，思衣而不能遮其体，思食而不能充其饥。……得金千两未□贵，得人一语值千金。世上浮财暂时有，轮转岂能得长久，均看阡上多少人，富贵谁能□□守。"落款是："明·北京鸿胪寺主簿厅主簿吕子立立石。"

(1703),康熙皇帝圣驾莅洛,为祭吕蒙正所树,名曰:‘御祭碑。’今只存碑帽,额文行书‘御祭’二字,传为康熙皇帝亲笔所题。”

乾隆六年(1741),吕蒙正死后第730年,立《吕蒙正公祠碑》。

李光型《吕蒙正公祠碑》记:“尝读宋史每见文穆公之为人,及署河南府事,谒其祠堂考其宗谱,观其碑文,而知文穆公二十代嫡孙吕天贵者,因文穆谓遇时所居之殿台前建立祠。堂春秋奉祀礼焉。天贵之子讳良臣,邑庠生,恪守成规,克遵家风。至良臣之子讳子立,于明朝授北京鸿胪寺主簿,崇祯六年奉命回家修理祠墓,重建瓜亭,栽树筑垾,焕然改观,非复以前之旧矣。厥后流寇大乱,祠宇毁坏。子立之子讳长春奉祀,顺治十三年,洛邑侯叶琪重修。康熙五年,太守朱明魁重修,未有失德。至长春之子讳甲宋奉祀,于康熙四十二年,因圣驾临洛,补葺之,黝垭之,栽松柏数十余株,以壮观瞻。甲宋之子讳�于雍正十二年,因伊水暴发,祠宇倾圮,墙垣冲颓,鸠工庀材,一如旧。其祖孙父子修理不绝,真不愧文穆公之家声也。今年夏院宪雅大人查先贤祠,余适府事时也,有吕炢之子讳成德系文穆公二十六代嫡孙,以文穆窑祠破坏其禀,余捐俸银着吕成德董其事,吕成德以成功见报,则窑祠为之一新,余因勒石以志不朽云。钦赐进士第出身、署河南府知府、事彰德府河务、同知李光型敬撰。”(黄文翰、吕明月《洛阳吕氏金石列传》)

按:“李光型敬撰”之后还有落款:“辛酉科举人刘大佐敬书”及“乾隆六年辛酉孟冬村长黄腾蛟”等。可知,该碑立于乾隆六年。

乾隆十四年(1749),吕蒙正死后第738年,敕编《御览经史讲义》,其中录有宋太宗与吕蒙正论君臣合等对话。

《御览经史讲义》卷29《子部·儒家类·监察御史臣陈仁》:“臣谨按:自古君臣相饬不特班朝莅政为然,虽游豫之时,亦莫不以民艰为念而动色交儆。由太宗言之则以治日少乱日多,其乱也由人,其治亦由人,盖有保世靖民之意。由蒙正言之则以繁盛者其聚也,流亡者其散也,乐其聚而不知其散,国之大患也……然故蒙正有忠君爱国之心,故能因其所见而惕之以所为见,设以丁谓、王钦若处此则必曰陛下圣神文武有不世之天姿,仁孝恭俭有君人之大德……而蒙正亦非以此邀誉也,盖欲太宗怳然警悟而孜孜勤民,惟言是求……非太宗不能成蒙正之贤,非蒙正不能补太宗之阙,天地合而四时行,君臣合而万化理需相济之道，自古及今莫有外焉者乎？”

《御览经史讲义》卷29《子部·儒家类·检讨臣胡定》：“臣谨按：自古称君臣者皆云君仁臣忠，而臣之忠未有不赖夫君之仁者。尝考宋之吕蒙正以正道自持，遇事敢言，每遇时政有未允者必固称不可，帝嘉其无隐。窃以为蒙正之无隐也，太宗之不以崇高自恃有以致之耳。”

按：《御览经史讲义》三十一卷，乾隆十四年奉敕编。

同年，议准吕蒙正以贤良入祀。

《钦定大清会典则例》卷84《礼部》：“乾隆十四年议准：乘舆巡省中州，御道所经于附近，辇路之前代名臣忠烈先贤祀墓与本朝勋臣虽属有间，但思表墓式闾自昔著有令典……帝王庙者为断，如伊尹、周公、许远、吕蒙正、范仲淹、司马光、王曾、韩琦、岳飞等九人先贤以从祀。”

《钦定大清会典》卷45《礼部》之《明太祖惠帝成祖仁宗宣宗英宗景宗宪宗孝宗武宗世宗穆宗愍帝位均南飨凡异代同室者隔别之》：“两庑各以其名臣配飨东庑。”名臣名单中有风后、吕蒙正、岳飞等。

《皇朝文献通考》卷122《群庙考》：“本朝勋臣以入祀贤良者为断时祭：周文王庙、伊尹墓、周公庙、宋璟墓、许远墓、吕蒙正祀、范仲淹墓、司马光祀、王曾墓、韩琦墓、岳飞庙、子贡祠。”

乾隆十五年（1750），吕蒙正死后第739年，乾隆皇帝到洛阳，有《谕祭宋臣吕蒙正祠文》。

乾隆十五年，乾隆皇帝到洛阳，有《谕祭宋臣吕蒙正祠文》，文中说：“惟尔禀质温纯……三拜平章，当宁知其直谅，朕省方中土，道出祠廷，乔木乘柯，羡承家之余荫，名园归老，缅幸第之殊荣，爰遣专官用修芬苾，神其昭鉴，享此精禋。”（清嘉庆《洛阳县志》卷2）

道光十三年（1833），吕蒙正死后第822年，陈淡野作《器量论》，称“吕蒙正有度量”。

陈钊《相理衡真》卷6《器量论》：“人亦一器也，莫不各有其量。如天地之量，圣贤帝王之所效焉。山岳江海之量，公侯卿相之所则焉。古夷齐有容人之大量，孟夫子有浩然之气量，范文正公有济世之德量，郭子仪有福量，诸葛武侯有智量，欧阳永叔有才量，吕蒙正有度量，赵子龙有胆量，李德裕有力量，此皆远大之器。”

按：陈钊《相理衡真》“自序”落款时间为道光十三年。

同治三年(1864)，吕蒙正死后第853年，因吕蒙正曾栖身定国寺，立《重修定国寺大雄殿碑》。

吕廷魁《重修定国寺大雄殿碑》：“定国寺者，唐东京相国寺也。寺在洛水南，为余家相公文穆公旧读书处。然以其限于一苇之杭也，生平足迹则罕至焉。道光丙戌余休致家居，其夏五月，访友人适至其地，并得专之浮屠师祖禅。祖禅喜交游，好宾客，通岐黄之道，固墨名而儒行者，时款余以斋饭。会天大雨，蒲团坐说，犹能为余道先相公轶事。夫嗜古迹者，往往于古先贤人不□□□□信之，经历某山某水一丘一壑，莫不慨而慕之，偶焉过从辄神往蹲其间，徘徊而不能去。况兹寺实先相公居游之乡，去破窑荒庄相隔咫尺，其得能托迹乎？足于以发名成业固其所也。□□桑与梓必恭敬止，则余今日之闻言，畅息便当何如？因于雨霁之余，周览四顾，视其内无如视其外，外旷如……抑余更有感也：先相公读书兹寺，困于焚膏之资，故就光佛灯，如昔人凿壁、燃糠、囊萤故事。至于赶斋之说，饭后钟之传，则不免张冠李戴，有不足为公信者。然寒窑栖身，肃然何有？余尝读其祭灶诗有云：‘一盏清泉一炉烟。’……视先相公享大名，显当世硕德雅、彪炳史册者，贤不肖，相去何如也。大清甲子科举人原任南召县教谕吕廷魁撰文，董虎得书丹。”

按：清道光之后的甲子年，只有一个，即同治三年。该碑“现矗立在佃庄乡东大郊村北原定国寺故址上，距寒窑1.5公里。”(黄文翰、吕明月《洛阳吕氏金石列传》)

光绪二十七年(1901)，吕蒙正死后第890年，慈禧赐匾文“亢直懿徽”，光绪赐匾文“立朝端介”。

黄文翰、吕明月《洛阳吕氏金石列传》之《吕蒙正与相公庄》载：“吕公祠仅存拜殿一间，内曾挂有清光绪二十七年(1901)慈禧和光绪帝由西安回銮，路过洛阳时悬挂的匾额，慈禧的匾文为‘亢直懿徽’，光绪的匾文是‘立朝端介’，原物均于1938年农历九月十七日夜被盗，今日祠内悬挂的是仿制品。”

1954年，吕蒙正死后第943年，沈芸陔、章炳炎改写的剧本《吕蒙正泼粥》出版。

《吕蒙正泼粥》(湖北人民出版社 1954 年版)附录《"吕蒙正泼粥"的整理》一文载:"'吕蒙正赶斋'是楚剧中为群众所喜爱的传统剧目之一。近三十年来演出时,名称上虽然仍叫'赶斋',实际上演的只是'赶斋'后的一折'泼粥'。……在全国戏曲会演以后,武汉市楚剧团演员沈芸陔、章炳炎两同志,参考全国各地整理剧目的经验,对'吕蒙正赶斋'这个剧本作了初步的整理,主要是删去其中芜杂的部分,使剧本净化,对于原本中的部分台词,也作了整理和加工,使得人物性格更为鲜明,成为现在这个剧本的面貌。"

1957 年,吕蒙正死后第 946 年,严吾编戏剧《吕蒙正赶斋》出版(河南人民出版社 1957 年版)。

1997 年,吕蒙正死后第 986 年,魏新民编写《吕蒙正》故事出版(人民文学出版社 1997 年版)。

大中祥符五年(1012),吕夷简 34 岁

正月四日,以翰林学士晁迥权知贡举,枢密直学士刘综、知制诰李维、龙图阁待制孙奭权同知贡举。取合格奏名进士 190 人(《宋会要·选举一·贡举一》)。

十四日,河决棣州(《皇宋十朝纲要》卷 3)。

二月十二日,王旦加特进、昭文馆大学士(同上)。

三月二十二日,御试礼部举人(《宋史》卷 8《真宗本纪》)。**是科得进士 126 人,诸科 376 人**(《长编》卷 77)。**状元为徐奭**(《文献通考》卷 32《选举考五·举士》)。

四月十一日,向敏中拜相(《宋宰辅编年录校补》卷 3)。

九月二十三日,王钦若、陈尧叟并拜枢密使,马知节为枢密副使,赵安仁罢参知政事,丁谓参知政事(《宋宰辅编年录校补》卷 3)。**其中,吕蒙正之女婿赵安仁罢刑部侍郎、参知政事,"以兵部侍郎仍领玉清昭应宫使"**(《宋史·宰辅表一》)。

十月一日,大赦(《皇宋十朝纲要》卷 3)。

十二月二十四日，诏立皇后刘氏(《长编》卷79)。

是年，蔡襄生(《欧阳文忠公文集》卷35《端明殿学士蔡公墓志铭》)，**韩绛生**(《宋史》卷315本传)，**王拱辰生**(《公是集》卷51《王开府行状》)。

按：蔡襄(1012—1067)，字君谟。天圣八年登进士第。庆历三年主持谏院，与吕夷简有交集。治平四年逝世，累赠少师，谥号“忠惠”。韩绛(1012—1088)，字子华，韩亿之子。曾与吕公著等为王安石扬名。王拱辰(1012—1085)，原名王拱寿，字君贶。天圣八年举进士第一。与吕夷简有交往，据《后山谈丛》卷6之《刁半夜》载：“刁学士约喜交结，请谒常至夜半，号‘刁半夜’。杜祁公为相，苏学士舜钦，其婿也，岁暮，以故事奏用卖故纸钱祠神以会宾客，皆一时知名士也。王宣徽拱辰中丞御史，吕申公之党也，欲举其事以动丞相，曰：‘可一举网而尽也。’有曰：‘刁亦与召，知其谋而不以告。’诘朝，送客城东，于是苏坐自盗除名，客皆逐，丞相亦去，而刁独逸。其后坐客皆至从官，而刁独终于馆职。”

大中祥符六年(1013)，吕夷简35岁

正月十六日，禁内臣使者干预州县公事(《皇宋十朝纲要》卷3、《宋史》卷8《真宗本纪》)。

七月，吕夷简知滨州时奏言免农器税，允。

《长编》卷81大中祥符六年七月“壬寅”条载：“初，知滨州吕夷简上言，请免河北农器之税。上曰：‘务穑劝耕，古之道也，岂独河北哉！’癸卯，诏诸路勿税农器。寻命夷简提点两浙路刑狱。”

《玉海》卷178《食货·农官》：“(大中祥符)六年七月诏农器免税，从知滨州吕夷简之言也。”

魏泰《东轩笔录》卷3：“吕许公夷简为郡守，上言乞不税农器。真宗知其可为宰相，记名殿壁，后果正台席。”

乾隆《御批历代通鉴辑览》卷73载，大中祥符六年七月，“知滨州(后周置，今属山东武定府)吕夷简(字坦夫，蒙正兄子)，请免税河北农器，帝曰：‘务穑劝农，古之道也。岂独河北哉?’诏诸路并除之”。

按：农器税始于后唐明宗长兴二年(931)。《旧五代史》卷42《明宗纪八》载，长兴二年"十二月甲寅朔，诏开铁禁，许百姓自铸农器。什器之属，于夏秋田亩上，每亩输农器钱一钱五分"。宋初把唐末五代的杂税大部分继承下来，包括农器税。

八月十一日，"诏加上贞元皇帝号曰太上老君混元上德皇帝"(《长编》卷81)。

同日，兵部侍郎赵安仁知礼仪院事。

《长编》卷81大中祥符六年八月"庚午"(十一日)条载："改起居院详定所为礼仪院，以兵部侍郎赵安仁、翰林学士陈彭年同知院事。"

按：赵安仁大中祥符六年八月知礼仪院，七年二月罢，以参知政事丁谓判，陈彭年如故(《宋会要·职官二二·礼仪院》)。

十三日，王钦若等上《新编修君臣事迹》，凡一千卷。真宗亲为作序，赐名《册府元龟》(《长编》卷81)。

是月，译经润文官、兵部侍郎赵安仁准诏编修《藏经》，赐名《大中祥符法宝录》(《宋会要·道释二·释院·传法院》)。

是年，停贡举(《文献通考》卷32《选举考五·举士》)。

是年，吕夷简知滨州(今山东滨州)，治水，省赋。

张方平《乐全集》卷36载，吕夷简深入体察民情，"循堤防，究民利病，平徭省赋，拯诸垫昏。暇日阅征簿，见田镈之算"。

《明一统志》卷22《山东布政司·名宦》："吕夷简：通判滨州时，河水泛滥，夷简固堤防分水势，民赖以安。河北自五代以来税及田器，夷简悉表除之。"

杜诏等纂《山东通志》卷27载："(吕夷简)沿河修筑堤防，分导水势，虽滨河海，岁无淹涝。"

吕夷简知滨州，引起王曾的关注。

张方平《吕文靖神道碑》："滨城并河水，羡溢为害，寇莱公镇魏，请择守于朝。上谕宰司，而以公行。到郡循堤防，究民利病，平繇省赋，拯诸垫昏。暇日阅征簿，见田镈之算，曰：'先儒有言，王道本于农，此何名哉？'表请除之，朝廷推其法天下，自是农器无征。太尉王文正当国，深器重公。时王沂公曾在西掖，文正尝从容问沂公：'颇知吕滨州乎？'曰：'闻名旧矣。'太尉曰：'他日成天下之务者斯人也，君善交之。’后公竟与沂公同当钧轴。”

范镇《东斋记事》：“王文正公之为相也，王沂公为知制诰，吕许公为太常博士，知滨州，沂公尝见文正公，问：‘君识太常博士吕夷简否？’沂公曰：‘不识也。’他日复见，复问之，沂公曰：‘见朝士多称其才者。’凡三见三问，乃曰：‘此人异日当与公同秉国政。’是时，沂公既有名当世，颇以器业自许，中不能平，因曰：‘公识之耶？’曰：‘不识也。’‘然则何以知？’曰：‘吾见其奏请尔。’沂公独不言，强应曰：‘诺。’其后，丁晋公既败，沂公先在中书，而许公自知开封府除参知政事，二人卒同秉政。沂公乃为许公言之，问其当时奏请，乃不税农器等事也。”

苏辙《龙川别志》卷上：“祥符末，王沂公知制诰，朝望日重。一日，至中书，见王文正公。公问：‘君识吕夷简否？’沂公曰：‘不识也。’退而访之。吕公时为太常博士，通判滨州，人多称其才者。它日复见文正，复问如初。沂公曰：‘公前及此人，退而访之。’具所闻以告。文正曰：‘此人异日与舍人对秉钧轴。’沂公曰：‘公何以知之？’曰：‘余亦不识，但以其奏请得之。’沂公曰：‘奏请何事？’曰：‘如不税农器等数事。’时沂公自待亦不浅，闻文正之言，不信也，姑应之曰：‘诺。’既而许公自滨罢，擢提点两浙刑狱，未几置之侍从。及丁晋公败，沂公引为执政，卒与公并相。沂公从容道文正语，二公皆嗟叹，以为非所及。其后张公安道得其事于许公，故于《许公神道碑》略叙一二。”

赵善璙《自警编》卷1：“（吕）夷简时为太常博士通判滨州，人多称其才者。……其后张公安道得其事于许公，许公盖夷封国云。”

大中祥符七年（1014），吕夷简36岁

正月五日，诏“妻不能自给者，自今即许改适”（《长编》卷82）。

十五日，车驾奉天书发京师赴亳州（《宋史》卷8《真宗本纪》）。

二月十六日，大赦（《宋史》卷8《真宗本纪》）。

六月二十一日，王钦若、陈尧叟并罢枢密使，马知节罢枢密副使，寇准为枢密使、同平章事（《长编》卷87、《宋宰辅编年录校补》卷3）。

七月十九日，王嗣宗、曹利用并枢密副使（《宋宰辅编年录校补》卷3）。

八月二十一日，河决澶州（《宋史》卷8《真宗本纪》）。

九月十五日，御试服勤词学、经明行修举人（《宋史》卷8《真宗本纪》）。**是科赐亳州南京路进士21人，状元为张观**（《文献通考》卷32《选举考五·举士》）。

十一月，滨州河溢（《宋史》卷8《真宗本纪》）。

是年，吕诲生（《司马文正公集》卷79《右谏议大夫吕府君墓志铭》）。

按：吕诲（1014—1071），字献可，幽州安次（今河北廊坊西）人，吕端（蒙字辈，即吕蒙端）孙。神宗朝，拜御史中丞。王安石执政，奏劾王外示朴野，中藏巧诈，必误天下，罢职，出知邓州。与吕公著有交集。

大约是年，马仲甫生（李裕民《宋人生卒行年考》）。

按：马仲甫（约1014—1080），字子山。《宋史·马仲甫传》：“马仲甫，字子山，庐江人，太子少保亮之子也。”《懒真子》卷3：“吾祖仆射忠肃公亮知荆南府日……闻玉泉山上有道人，入山访之……一日……迁化……后遂生给事中子山。”马亮是吕夷简的岳父，马仲甫是吕夷简的妻弟。马子山，官至“通议大夫、天章阁待制”（《长编》卷310元丰三年十二月“丁亥”条）。吕陶撰有《右朝散郎马玗弟左朝奉郎玿故父通议大夫充天章阁待制特进仲甫可赠司空制》。孔平仲《谈苑》卷3：“吕文靖教马子山云：‘事不要做到十分。’子山初未谕，其后语人云：‘一生只用此一句不尽。’”有人据王安石《崇禧给事同年马兄挽辞二首》其一“庆历公偕起，元丰我独伤”（《临川先生文集》卷35），认为马仲甫与王安石生于同年（1021），恐误。文意疑指同年中进士，即庆历二年（1042）。今权从李裕民之说，待考。

滨州人为知州吕夷简建祠。

《钦定四库全书》史部十一《齐乘》卷6：“《宋会要》：滨州有夷简祠，公通判滨州，奏不税农器，王曾知其有相业。”

按：张方平、范镇与吕夷简同朝为官，当更了解实情。苏轼《范忠文镇墓志铭》：“公性慷慨，辨论明于知人，凡保任才吏数百员，尝力荐吕文靖公、陈文惠公，又尝荐太博张邓公。公服官五十二载，专尚宽恕，刑政之下活人多矣。”故采信《吕公文靖神道碑》《东斋记事》说法，认为吕夷简为知滨州（今山东滨州市），而非通判滨州。《长编》卷81、《玉海》卷178也记载吕夷简知滨州，《齐乘》卷6

却称吕夷简时为通判。今从《神道碑》。不取太常博士之职，前文有述。《宋史》卷39《地理志》2：“滨州，上，军事。”滨州属军事州，宋初文臣以京、朝官，武臣以阁门祇候（从八品）以上充（《宋会要·职官四七》）。

大中祥符八年（1015），吕夷简37岁

正月十三日，命兵部侍郎、修国史赵安仁知礼部贡举，翰林学士李维，知制诰盛度、刘筠同知贡举（《长编》卷84）。

二月二十五日，“诏进士六举、诸科九举者，许奏名”（《宋史》卷8《真宗本纪》）。

三月二十二日，御试礼部贡举人（《宋史》卷8《真宗本纪》）。**是科进士280人，诸科65人，省元高竦，状元为蔡齐**（《文献通考》卷32《选举考五·举士》）。

四月十三日，寇准罢枢密使，王钦若、陈尧叟并枢相（《宋宰辅编年录校补》卷3）。

十六日，兵部侍郎赵安仁兼宗正卿、权判都省，改判宗正寺（《长编》卷84大中祥符八年四月“乙丑”条）。

闰六月二十五日，赦天下（《宋史》卷8《真宗本纪》）。

七月十一日，王嗣宗罢枢密副使（《宋宰辅编年录校补》卷3）

十一月，吕夷简任提点两浙路刑狱。

吕夷简《亭候帖》：“夷简拜白：伏亭候匪遥，风烟在望。忽承公翰，尤认撝谦。忝事契以稠重，辱顾盼之优厚。过蒙疏鄙，但切悚惶。微霰戒寒，严飙赴节，倍希爱重，即副佥求，企咏之私，旦夕于是。谨奉手状叙谢，不宣。从表弟两浙路按狱吕夷简顿首歙州通理同院。十一月十六日。”并附言：“贵眷必计康乂，郎中大夫已进到秀州，甚安。欧阳同年因致意。”（《宝真斋法书赞》卷9）

岳珂《吕文靖亭候帖赞》：“嘉定乙亥，珂丞军器，居于宝莲。邻有善士，曰范择能，实祖太史。百年相承，文献攸萃。暇日启钥，扶奇出秘。有三轴者，实公程艺。捧玩再拜，始识公字。丁丑禾兴，刻置官寺。枣肥失态，莫尽体势。粤来维扬，岁在癸未。客出公帖，相示叹喟。如昔所见，毫发毕似。于翰墨间，更著

风谊。客谓此书,伐木无愧。亟以归我,备名臣体。琼函锦缫,明窗棐几。时一展玩,若锵剑佩。是岁七月,日维乙巳,淮海堂下,清阴蔽芾。我时受藏,午暑犹炽。月纪岁合,时又其位。于日之吉,与初览对。载见载识,若合符契。岂非天耶,尚勿失坠。"

按:提点刑狱司,是路的四司之一,其长官就是提点刑狱,掌一路诉讼、刑狱,兼监察吏治。吕夷简任提点两浙路刑狱时以"从表弟"所投拜帖,时间记于"十一月十六日",知当在是年。所呈拜帖,估计系到任不久。

是年,吕夷简迁尚书祠部员外郎,仍任点两浙路刑狱。

《宋史》卷311《吕夷简传》:"河北水,选知滨州。代还,擢提点两浙路刑狱,迁尚书祠部员外郎。"

按:祠部员外郎,宋前期无职事,为文臣迁转官阶;元丰改制,其本官阶易为朝奉郎。宋前期,依唐官品,为从六品上(《六典》卷4、《宋会要·舆服四》)。

是年,"诏建玉牒殿、属籍堂于新寺,命宗正卿赵安仁重修玉牒、属籍"(《宋会要·职官二〇·修玉牒官》)。

是年,钱明逸生(《宋史》卷317本传)。

按:钱明逸(1015—1071),字子飞,钱易子。庆历二年(1042)进士。为吕夷简所知,擢右正言。

大中祥符九年(1016),吕夷简38岁

正月二十三日,张旻为枢密副使(《宋宰辅编年录校补》卷3)。

二十五日,赵安仁编成《妙觉秘诠》2卷,《法音精要》3卷。

《玉海》卷30《太宗妙觉集歌诗》:"祥符九年正月庚午,译经润文官、兵部侍郎赵安仁录太宗妙觉集歌诗为二卷,请以《妙觉秘诠》为名;又录圣制法音集论颂赞诗为三卷,请以《法音精要》为名,摹印颁行。"

五月二日,王守斌言夏州蕃寇庆州(《长编》卷87、《宋史》卷8《真宗本纪》)。

二十九日,以尚书右丞赵安仁为景灵宫副使(《长编》卷87、《宋会要·职官

三四·宫观使》)。

七月三日,因抚水蛮寇宜州,准杀之(《长编》卷87、《宋史》卷8《真宗本纪》)。

八月十三日,陈尧叟罢枢相(《宋宰辅编年录校补》卷3)。

是月,尚书右丞兼宗正卿赵安仁言事(《宋会要·礼一五》)。

九月三日,丁谓罢参知政事;五日,陈彭年、王曾、张知白并参知政事,任中正为枢密副使(《宋宰辅编年录校补》卷3)。

十月中旬前,吕夷简请求缓建宫殿。

《长编》卷88大中祥符九年十月“壬辰”(二十一日)条载:“初,祠部员外郎吕夷简提点两浙路刑狱,时京师大建宫观,伐林木于南方,有司责期会峻急,工徒至有死者,则以亡命,收系其妻子。夷简疏请缓役。”①

《续资治通鉴》卷33大中祥符九年十月“己卯”(八日)条载:“初,祠部员外郎吕夷简提点两浙路刑狱,时京师大建宫观,伐材木于南方,有司责期令峻急,工徒至有死者,诬以亡命,收系妻子。夷简疏请缓役,从之。”

按:大中祥符九年(1016)十月下旬,吕夷简改任刑部员外郎、侍御史知杂事。刑部员外郎是官阶名,无职事。侍御史知杂事,是御史中丞的副手。据李威学《吕夷简评传》载,吕夷简当时可能在负责砍伐、运送木材。他们当年采伐木材可能主要是在浙江温州的雁荡山。《梦溪笔谈》载:“温州雁荡山,天下奇秀。然自古图牒未尝有言者。祥符中,因造玉清宫,伐山取材,方有人见之。”(沈括《梦溪笔谈》卷24)吕夷简有诗提到雁荡山中的古寺——《净名寺》。后来,吕夷简再次经过雁荡山时留有《重游雁荡山》。

提点两浙路刑狱期间,吕夷简游越州、台州,并留诗《天花寺》《送僧归护国寺》《江南立春》《忆越州》《重游雁山》等。

吕希哲《吕氏杂记》:“文靖公往尝游越州,有诗曰:‘贺家湖上天花寺,一一轩窗向水开,不用闭门防俗客,爱闲能有几人来?’”并载:“文靖公三入中书后有诗曰:‘政事堂前花盛开,去年春色又重来。主人虽在花应笑,鬓似秋霜心似灰。’(二篇盛传于世,而传写多误)”

①本月壬申朔,壬辰为二十一日。

吕夷简《天花寺》:“贺家湖上天花寺,一一轩窗向水开。不用闭门防俗客,爱闲能有几人来?”(《全宋诗》卷146、《爱日斋从丛抄》卷3)

吕夷简《忆越州》:“贺监湖边山斗高,水轩水坞频抽毫。吟余清兴杳无际,揭篷听雨登渔舠。云门雪窦阻清赏,恍然目想心如遗。前溪后溪月上处,千山万山花发时。”(《会稽掇英集》卷15)

吕夷简《江南立春》:“灰律何时应,江春昨夜来。细风先动柳,残雪不藏梅。余冷迷清管,微和发冻醅。闭门无客到,樽俎为谁开?”(《宋文鉴》卷20)

吕夷简《无题》:“老读文书兴易阑,须知养病不如闲。竹床瓦枕虚堂上,卧见江南雨后山。”(陈世隆《宋诗拾遗》卷4)

吕夷简《重游雁山》:“往年游海峤,上彻最高层。云外疑无路,山中忽见僧。虎蹲临涧石,猿挂半岩藤。何日抛龟纽,孤峰上再登?”(朱谏《雁山志》卷4)

吕夷简《送僧归护国寺》:“赤城千仞耸霞标,闻说精蓝近石桥。久向天厨分净供,忽游人落赴嘉招。逾年华馆留禅榻,几宿轻航兀夜潮。深愧山阴许都讲,肯随支遁出尘嚣。”(《天台续集》;《舆地纪胜》卷12作《送梵才大师》)

吕夷简作雁荡山净名寺楹联。沈克成《温州历史年表》“北宋太宗太平兴国二年(977)”条载:“建雁荡山十八古刹之一净名寺。明天启四年(1624)重建。净名寺楹联为北宋大臣吕夷简(978—1043,寿州[即今安徽寿县]人)所撰。”

按:吕夷简任提点两浙路刑狱,游历江南,越州、台州在其辖区,故将此诗歌置于其任职两浙路期间。《老学庵笔记》卷6:“会稽镜湖之东,地名东关,有天花寺。吕文靖尝题诗云:‘贺家湖上天花寺,一一轩窗向水开。不用闭门防俗客,爱闲能有几人来?’今寺乃在草市通衢中,三面皆民间庐舍,前临一支港,与诗殊不合,岂陵谷之变,遽已如此乎?或谓寺本在湖中,后徙于此。”《送僧归护国寺》录自《天台续集》,诗中“赤城”,系梁武帝时台州的郡名。《天花寺》《江南立春》《忆越州》《重游雁山》等大约作于任提点两浙路刑狱期间。

十月二十六日,知杂御史吕夷简与李迪等共同定夺茶盐要务。

《长编》卷88大中祥符九年十月“丁酉”(二十六日)条载,吕夷简“奏弹李溥专利罔上”,“先是丁谓力庇李溥主行新法”,“差翰林学士李迪、权御史中丞凌策、知杂御史吕夷简与三司共同定夺要务,茶园、盐亭户不至辛苦,客旅便于兴贩,百姓得好茶盐食用……”

按:《长编》卷88大中祥符九年十月“壬辰”(二十一日)条载,吕夷简由祠部员外郎、提点两浙路刑狱改任刑部员外郎、知杂御史。李溥等推行茶盐“新法”受质疑,始起用吕夷简等“定夺”茶盐要务。当时吕夷简弹劾李溥,并非奏效,李溥后来又因“修宫观之劳”而添任“宫苑使”(《长编》卷87)。李溥遭贬职,系黄震所为,据《长编》卷91载,“(天禧二年二月)癸酉,淮南江浙荆湖制置发运使、宫苑使、蒋州团练使李溥罢知潭州,坐黄震劾奏也。”“(闰四月)戊申,宫苑使、蒋州团练使李溥坐贪猥,责为忠正节度副使。”

十一月八日,吕夷简受命审结石普案,石普被流放。

《长编》卷88载大中祥符九年十一月,宋真宗把石普召回京师,“命知杂事御史吕夷简于京城南置院推鞫,入内押班周怀政监之。狱具,集官参验,九月下旬日不食。普坐私藏天文,罪应死而官当议,乃下百官,尚书右丞赵安仁等议处死。诏除名,配贺州,遣使执送流所”。

《宋史》卷324《石普传》:“大中祥符九年,上言九月下旬日食三……帝以普言逾分,而枢密使王钦若言普欲以边事动朝廷,帝怒,命知杂御史吕夷简劾之。狱具,集百官参验,九月下旬日不食,坐普私藏天文,下百官杂议,罪当死,议以官当诏除名,贬贺州。”

《宋会要·职官六四·黜降官一》:“(大中祥符九年)十一月八日,河西军节度、知许州石普除名为民,配贺州,遣内侍絷送流所。先是,普上言九月下旬日食三,帝以普奏虚妄,召还,命知杂御史吕夷简置院推劾,令入内押班周怀政监之。狱成,集司天官验定,九月下旬日不蚀。又普言二十七[日]戊辰蚀,其日是帝本命。……大理言私习天文罪当死合从议责,文武百官,尚书左丞赵安仁等献议,请依断处死。诏除名为民。”

《续资治通鉴》卷33大中祥符九年十一月“甲辰”(四日)条载:“河西节度使、知许州石普:上言‘九月下旬日食者三。’又言 :‘商贾自秦州来,言嘉勒斯赉欲阴报曹玮,请以臣尝所献阵图付玮,可使必胜 。’先是帝方崇符瑞,而普请罢天下醮设,岁可省缗钱七十余万以赡国用,遂忤帝意,于是帝益怪普言逾分。而枢密使王钦若,因言普欲以边事动朝廷,帝怒,欲遣使就劾;宰相王旦请先召还,命知杂御史吕夷简推鞫。狱具,集百官参验。九月下旬,日不食,普坐私藏天文罪应死,诏除名,配贺州,遣使絷赴流所。”

按：石普（951—1021）是北宋名将，骁勇善战，屡立战功。真宗当政时，他屡次指责时政，受罚，被流放。流放时间，权从《宋会要》。

二十三日，杨亿、吕夷简与上作诗五章，分赐王旦以下儒臣。

《玉海》卷27《祥符观书龙图阁》记载，大中祥符九年（1016）十一月，“癸亥（二十三日），召近臣观书龙图阁，杨亿、吕夷简与上作诗五章，分赐王旦以下儒臣，即席赋诗”。

《宋会要·礼六二·赉赐一》：“（大中祥符）九年十一月二十三日癸亥，召近臣观书于龙图阁，杨亿、吕夷简与上作诗五章，分赐。”

《玉海》卷30《祥符宴群臣赐诗》：“（大中祥符九年）十一月二十三日癸亥，召中书枢密院两制至刺史以上赴龙图阁观书，特召杨亿、吕夷简、冯元预会。”

《宋会要·崇儒七》：“（大中祥符九年）十一月二十三日，诏近臣观书于龙图阁，秘书监杨亿、知杂御史吕夷简预焉。”

十二月十一日，吕夷简同详定茶盐制度。

《宋会要·食货三〇·茶法二·茶法杂录一》：“（大中祥符九年）十二月十一日，命刑部员外郎、兼侍御史知杂吕夷简同定茶盐。以凌策病故也。”

按：吕夷简同详定茶盐制度，疑另有原因，当不止“以凌策病故也”。吕夷简可能在茶盐场任过职，有经验，不过时间不详。《明一统志》卷14《庐州府·名宦》：“吕夷简：以茶盐场兼无为军通判，有美声。子公孺知庐州以廉俭闻。”吕茂东《东莱吕氏一门三相家世考》（《东岳论丛》2010年第4期）：“天禧元年（1017），改擢茶盐场兼无为军通判。”恐误，因天禧元年，吕夷简的职务一直是刑部员外郎兼侍御史知杂事。

是年，停贡举（《文献通考》卷32《选举考五·举士》）。

是年，西蕃宗哥祖等来贡（《宋史》卷8《真宗本纪》）。

是年，薛向生（《长编》卷311元丰四年三月“甲寅”条、《宋史》卷328本传），**孙固生**（《宋史》卷341本传）。

按：薛向（1016—1081），字师正，元丰元年与吕公著同知枢密院事，有交往。孙固（1016—1090），字和父，元祐三年（1088）拜门下侍郎、复知枢密院事。吕公著曾举荐之。

大约是年，吕夷简为寇准辩诬。

《钦定续通志》卷337《吕夷简传》:“寇准判永兴,黥有罪者徙湖南,道由京师。上准变事,夷简曰:‘准治下急,是欲中伤准尔!宜勿问,益徙之远方。’从之。”

按:大中祥符九年前后,寇准判永兴军(今陕西西安),把一些影响较大的重要犯黥面,押解到湖南去。经过京师时,有人“上准变事”。寇准“变事”有两种说法:一是认为寇准做事改变惯例,可能以往押解罪犯不应该经过京师;一是认为寇准借机谋反。后来,真宗接受了吕夷简的意见(《长编》卷88)。

天禧元年(1017),吕夷简39岁

正月一日,改元(《宋史》卷8《真宗本纪》)。

五月二十一日,吕夷简建言举奏事宜。

《长编》卷89天禧元年五月“壬戌”(二十一日)条载:“壬戌,刑部员外郎兼侍御史知杂事吕夷简请自今止令转运使副[使]、提点刑狱官、知州、通判举本部官属,其监当物务、知县京朝官及在京常参官勿使举奏。诏因罪犯监当人不得举官,其朝官知县者不得举本州军幕职、曹官,余并如旧,所举但历任及四考者,并许施行。”

吕夷简《转运使等只得保举本部内幕职州县官奏》(天禧元年五月):“今后转运使、副使、提点刑狱、朝臣、使臣并知州、通判,只得保举本部内幕职州县官。应监当物务、知县、京朝官并在京常参官,并不得辄有奏举。”(《宋会要·选举二七》)

《答吕夷简奏请监当物务知县京朝官等勿使举本部官诏》(天禧元年五月):“因罪降充监当者,不得举官,并知县、朝臣不得举所统摄处幕职、曹官,其余并如旧。所举到幕职、州县官历任及四考已上,并与勘会施行。”(《宋会要·选举二七》、《宋代诏令全集》第3册)

《宋会要·选举二七》:“(天禧元年)五月,御史知杂、权同判吏部流内铨吕夷简言事。”

七月二十一日,王旦罢相,“为相凡十二年”(《宋宰辅编年录校补》卷3)。

八月五日，王钦若拜相，张旻罢枢密副使（《宋宰辅编年录校补》卷3）。

九月八月，王曾罢参知政事，李迪为参知政事，马知节为知枢密院事，曹利用、任中正、周起并同知枢密院事（《宋宰辅编年录校补》卷3）；**十四日，王旦卒**（《宋史》卷8《真宗本纪》）。

十月二十八日，吕蒙正长子吕从简因献其父文集任卫尉寺丞（《长编》卷90）。

十一月七日，吕夷简上《台直所劾公事望行条约奏》。

《长编》卷90天禧元年十一月“辛丑”（七日）条载：“辛丑，知杂御史吕夷简言：‘台直所劾公事，自来有同科同年及第者，多援诏文称有违碍，望行条约。’诏自今回避。”

吕夷简《台直所劾公事望行条约奏》（天禧元年十一月）：“台直所劾公事，自来有同科同级及第者，多援诏文称有违碍，望行条约。”（《长编》卷90、《全宋文·吕夷简》）

九日，因吕夷简奏明，李延志案真相大白。

《长编》卷90天禧元年十一月“癸卯”（九日）条载：“癸卯，广州民李延志，黥面配安州本城。初，咸平中，王均作乱，延志寓益州，常事均裨将崔麻胡，贼平还家。至是，与本州怀勇卒许秀等饮，共道均及王小波逆状。秀疑延志即贼首李顺，因以闻州，又引营卒证其事。知州李应机械送赴阙，下御史狱，劾问得实，故延志隶军，秀等杖脊而遣之。先是，枢密院以真获李顺称贺，及台劾非是，贺者欲遂以为顺，趣具狱，知杂事吕夷简曰：‘是可欺朝廷乎？’卒以实奏，由是忤大臣意。”

按：四川茶农王小波在青城县起义，后被杀，起义军推举其妻弟李顺为领袖，继续战斗。《梦溪笔谈》卷25载：“景祐中，有人告李顺尚在广州，巡检司臣陈文琏捕得之，乃真李顺也，年已七十余，推验明白，囚赴阙，复按皆实。朝廷以平蜀将士功赏已行，不欲暴其事，但斩顺，赏文琏二官。”可知，天禧初年吕夷简所审理的确实是假李顺案。

二十八日，契丹使贺承天节（《宋史》卷8《真宗本纪》）。

是年，三佛齐、龟兹国来贡（《宋史》卷8《真宗本纪》）。

是年，停贡举（《文献通考》卷32《选举考五·举士》）。

是年，周敦颐生(《周濂溪先生全集》卷10潘嗣兴《濂溪先生墓志铭》)，**韩维生**(《宋史》卷315本传)，**陈襄生**(《古灵集》附录叶祖洽《先生行状》)。

按：周敦颐(1017—1073)，原名惇实，避英宗旧讳改名惇颐，字茂叔，道州营道(今湖南道县)人。家于莲花峰下，门前有溪，名濂溪，故学者又称为濂溪先生。吕公著熙宁元年曾举荐之，擢授广南东路转运判官。韩维(1017—1098)，与吕公著为“嘉祐四友”之成员。陈襄(1017—1080)，字述古，与吕公著有交往。

天禧二年(1018)，吕夷简40岁，吕公著1岁

正月五日，赵安仁由尚书左丞右丞兼宗正卿改任御史中丞兼尚书右丞。

《长编》卷91天禧二年正月“己亥”(五日)条载：“己亥，尚书左丞兼宗正卿赵安仁为御史中丞兼尚书右丞。左、右丞兼中丞始此。”①

按：《宋会要·职官一七》载：“天禧元年十二月，以景灵宫副使、尚书右丞兼宗正卿赵安仁为御史中丞。”《宋会要·职官一七·御史台》：“(天禧)二年正月，御史中丞赵安仁言：‘三院御史自今望并给御宝印纸历，录弹奏事。’从之。”与《长编》记载有偏差，并载，备考。

四月八日，吕夷简参与减省文书。

《长编》卷91天禧二年四月“辛未”(八日)条载，主判三司开拆司刘楚的建议引起宋真宗的注意，“诏知制诰王随、知杂事御史吕夷简与三司详定。三司所减省总九万余道，三十四万五千二百纸”。

按：开拆司是三司专门负责接收皇帝命令和各路报送公文的机关。《长编》卷92天禧二年(1018)十月“癸卯”条载：“癸卯，三司使李士衡等言，准诏岁省文账二分以上，其在司主典亦合裁减。”据此可知，此次减省文书、账目20%以上。可知减省文书成效明显。

闰四月十一日，马知节罢知枢密院事(《长编》卷91)。

五月一日，同勾当通进银台司兼门下封驳事。

---

①“《会要》以为去年十二月，今从《百官表》。”此为《长编》原注。

《宋会要·职官六三·避亲嫌》:“天禧二年五月二日,以刑部员外郎兼侍御史知杂事吕夷简守本官,同勾当通进银台司兼门下封驳事。度支郎中杜梦证兼侍御史知杂事。夷简与中丞赵安仁近亲,避嫌也。”

《长编》卷92天禧二年五月“壬戌朔”(一日)条载:“刑部员外郎兼侍御史知杂事吕夷简守本官,同勾当通进银台司兼门下封驳事。度支郎中杜梦桢①兼侍御史知杂事。夷简与中丞赵安仁近亲,避嫌也。”

按:通进银台司,宋前期,掌受银台司收接之天下章奏、公案、文牍,阁门所受在京百司奏牍,与文武侍从近臣表、疏,以进奏皇帝批阅,然后分发有司,颁布于外(《宋会要·职官二》)。门下封驳事,掌门下省抄录封驳文书等事。

考:《长编》为一日,《宋会要》为二日。权从《长编》。

十八日,赵安仁“暴疾卒”(《宋史》卷287《赵安仁传》、《长编》卷92)。

六月四日,曹利用知枢密院事(《长编》卷92、《宋宰辅编年录校补》卷3)。

十四日,吕夷简时任起居舍人,查办妖言食人案。

《长编》卷92天禧二年六月“乙巳”(十四日)条载:“是夕,京师民讹言帽妖至自西京,入民家食人,相传恐骇,聚族环坐,达旦叫噪,军营中尤甚。上虑因缘为奸,诏立赏格,募人告为妖者。既而得僧天赏、术士耿概、张岗等,令起居舍人吕夷简、入内押班周怀政鞫之,坐尝为邪法,并弃市,其连坐配流者数人。”

按:天禧二年五月,赵安仁任御史中丞,吕夷简因亲避嫌(赵安仁为吕蒙正女婿),改任起居舍人,领通进银台、封驳从官。起居舍人是宰相府的属官,记录皇帝言行、群臣进对、礼乐法度等国事活动,品级为从六品上。

八月十五日,立皇子升王受益为皇太子,改名祯(《宋史》卷8《真宗本纪》)。

九月二十五日,吕夷简出使契丹,任契丹国主生辰使。

《长编》卷92天禧二年九月“甲申”(二十五日)条载:“甲申,起居舍人吕夷

①杜梦祯,避宋仁宗赵祯讳,改为杜梦证。赵祯,初名赵受益,天禧二年(1018)九月立为皇太子,赐名赵祯。《长编》卷61载,宋真宗景德二年(1005),“十月丙子朔,屯田员外郎、权判、三司勾院杜梦证侍禁”;十一月己巳,“命屯田员外郎、判三司勾院杜梦证假检校秘书少监、开封府少尹,饯契丹使于上德桥。”《古今事文类聚·遗集》卷9《接伴使》载,景德二年,“以杜梦证、康宗元接伴使,迴日充送伴(《会要》)。”《记纂渊海》卷33《接送伴使》所载亦是。《群书考索》卷24载,宋真宗祥符三年(1010),“三年闰二月朔,御文德殿,入阁李迪,待制杜梦证对”。《玉海》卷178《大中祥符农器图》载,“二年六日庚子,河东转运杜梦证上子詹所撰农器图,诏煲之。”可知,杜梦桢的仕途路线比较清晰,而杜梦桢任度支郎中,史证极少。《宋会要》记度支郎中为杜梦证,当为避讳所改。

简为契丹国主生辰使，供奉官、阁门祗候曹琮副之。”

二十八日，起居舍人吕夷简言配罪人父母妻子事。

《宋会要·刑法四·配隶》：“（天禧二年九月）二十八日，起居舍人吕夷简言：‘按《编敕》，配罪人父母妻子不欲同行者，亦听。其有并一房家累部送赴阙者，未有著令，极有老幼驰走，以至夭殁。望自今当配送者，长史召问，如不愿同行者，听。若不至强梁者，止决配近州；情重，与乡里为患、不可留者，部送京师。’奏可。”

吕夷简《乞许配罪人父母妻子免问同行奏》（天禧二年九月）：“按《编敕》，配罪人，父母妻子不欲同行者亦听。其有并一房家累部送赴阙者，未有著令，极有老幼驰走，以至夭殁。望自今当配送者，长吏召问，如不愿同行者，听。若不至强梁者，止决配近州。情重，与乡里为患，不可留者，部送京师。”（《宋会要·刑法四》）

是月，起居舍人吕夷简言《禅观法》入《经藏》事。

《宋会要·道释二·释院·传法院》：“（天禧）（三）[二]年九月，起居舍人吕夷简言：‘故御史中丞赵安仁尝刻《圆觉道场礼忏禅观法》印版，望送传法院附入《经藏》。’从之。”

十月十六日，吕夷简三子吕公著出生，寿州（治今安徽凤台）人。

《宋史》卷336《吕公著传》载，吕公著“元祐三年四月，恳辞位，拜司空、同平章军国事。明年二月薨，年七十二”。

苏轼《赐宰臣吕公著生日礼物口宣》（元祐元年十月十六日）：“有敕：朕之元老，生以兹辰。实为邦国之华，岂独闺门之庆。故命尔息，往宣余怀。仍分厩库之良，以助子孙之寿。”（《全宋文》卷1856、《苏文忠公全集》卷41）

陈振孙《直斋书录解题》卷4：“《英宗实录》三十卷。学士寿春吕公著晦叔、长社韩维持国、知制诰浦城吴充冲卿撰。熙宁元年正月奉诏，二年七月宰臣提举曾公亮上之。”①

莫君陈《月河所闻集》：“吕夷简娶马尚书女，居父丧起复，又有国丧。夫人妊身，吕公患之，令饮药去之，躬煮药，三次触翻。见梦云：‘所孕贵人也，不可

①文中“寿春”“长社”“浦城”，均为县名，其中寿春是指当时寿州所辖县，不是指寿州归属的寿春府。

去。'遂止,即今左丞晦叔也。"

光绪《寿州志》卷29《艺文志》载有《宋哲宗赐吕公著生日诏》(元祐元年十月二十七日):"敕吕公著:卿将相三世,辅翼两朝。方《斯干》献梦之辰,有《既醉》太平之福。宜膺庆赉,方锡寿康。今赐卿生日羊酒米面等,具如别录,至可领也。"(《东坡集》)

《河南通志》卷59《人物三·河南府》:"吕公著,字晦叔,先世本洛阳人,继迁寿州。至公著以进士仕京师,复居于洛。……而公著葬洛,子孙遂为洛人。"

《中国人名大词典》:"吕公著(1018—1089),宋寿州人,字晦叔。"

按:《吕公著传》载,吕公著享年七十二,上推即知其生年为是年。

考:蔡绦《铁围山丛谈》卷2:"国朝礼大臣故事,亦与唐五季相踵。宰相遇诞日,必差官具口宣押赐礼物。其中有涂金镌花银盆四,此盛礼也。"宰相过生日,"差官具口宣押赐礼物"是常态。据《四库全书》本《东坡全集》载,赐吕公著生日或生日礼物的时间有十月十六日(卷111)、十月十八日(卷109)、十月二十七日(卷109)等。《赐宰臣吕公著生日礼物口宣》因生日当天获悉"独闰门之庆"而谕的口宣,"兹辰"即"今天";后者时间为补赐其生日羊酒米面等而诏。贺生日不当提前,可知吕公著的生日是十月十六日。

吕公著生于开封。

王珪《吕公绰墓志铭》:"翰林侍读学士东平吕公讳公绰,丞相文靖许国公长子也。公字仲裕,其先开封人。"(《全宋文》卷1157、《华阳集》卷51、《琬琰集》上集卷15)

王安礼《吕公行状》:"本贯开封府开封县汴阳乡。伯祖为户。曾祖龟祥任殿中丞……公讳公弼,字宝臣。"(《全宋文》卷1805,第83册;《王魏公集》卷8)。

《吕正献公公著传·实录》(宋杜大珪编《琬琰集》下集卷10):"公著,字晦叔,世本河东人,自从祖蒙正相太宗,因家于开封。父夷简相仁宗,谥曰文靖。"①

按:吕公绰、吕公弼分别是吕夷简的长子、次子,文称"其先开封人""本贯开封府开封县汴阳乡",可能是指其先辈曾祖吕龟祥在开封为官之居住所在地,后

①晦叔之"晦",有隐藏、昏暗之意;叔,在伯、仲、叔、季的兄弟排行中表示行三。吕公著排行老三。

徙居寿州。其祖父吕蒙亨自幼生活在寿州,父亲吕夷简生于寿州,均为寿州人。

吕祖谦《东莱吕太史文集》附录卷1吕祖俭《圹记》:"宋故朝请郎、直秘阁、主管亳州明道宫吕公讳祖谦,字伯恭。其先河东人,后徙寿春。六世祖申国文靖公自寿春徙开封,遂为开封人。"①

《吕东莱先生遗集》卷首之王崇炳《吕东莱先生本传》:"公讳祖谦,字伯恭,尚书右丞好问之曾孙也。……六世祖申国公公著,自寿春徙开封。建炎南渡,右丞始居婺州。"

苏象先《丞相魏公谭训》卷10:"吕文靖少时,伯父司空不以任子荐之。宗亲为言,司空曰:'彼当自致公辅,岂可以门阀卑之。'后中甲科,为幕职官,月俸五千八百。乃约家人,日用不过百金。有余,置竹筒盛之。一千以供太夫人,一千以畀内子,八百以备伏腊。竹筒之积,具饭以待同寮。上下欣然,无不足之色。后果继世父官。钧庆院赐宴官食,方暑,不可下箸。曾祖居与相对,兖国太夫人治家,乃排五六十位,但具匕筯,置白饼缕肉饭。下饭,瓜姜醎豉尔。人人至者,自食饱足。后吕司空每见必戏曰:'未偿忘一饭之德也。'"②

考:《丞相魏公谭训》文中称"后果继世父官",吕夷简之父吕蒙亨,至道初,考课州县官,蒙亨引对、文学、政事俱优,于是命为光禄寺丞,改大理寺丞,无禄早逝。吕夷简再次任大理寺丞,可能正是设宴的原因所在。吕夷简任大理寺丞的时间,据《长编》卷68大中祥符元年四月"甲寅"条载:"中书试贤良方正直言极谏,草泽刘若冲、周启明才识兼茂,明于体用,大理寺丞吕夷简、草泽许申皆中等。……夷简优与亲民差使。夷简,蒙亨子。"《丞相魏公谭训》文中载设宴的时间为"方暑",故上推至景德三年(1006),以断任大理寺丞三年之起始时间。此时,吕夷简家早已迁至开封,设宴以贺任职大理寺丞,可佐证吕公著(1018—1089)出生在开封。这与出生之年,其父吕夷简时在京都开封任起居舍人的生活背景,与王珪《翰林侍读学士朝散大夫尚书右司郎中集贤殿修撰中都县开国伯食邑八百户护军赐紫金鱼袋特赠左谏议大夫吕公墓志铭》、《吕正献公公著传·实录》、吕祖俭《圹记》所载的信息基本吻合。

---

①吕夷简是吕祖谦的七世祖,吕公著是六世祖。"世祖"是以多少世而上推的,意为多少世之祖先,本人、父亲、祖父、曾祖父之上即为五世祖,吕祖谦的五世祖是吕希哲(吕公著的长子)。

②文中月俸的计量单位为"文"。

十一月十七日，吕夷简建言收购澶、魏丰熟之粮，从之。

《长编》卷92天禧二年十一月"乙亥"（十七日）条载："乙亥，起居舍人吕夷简言：'澶、魏丰熟，望出内藏钱二十万贯市刍粮。'从之。"

十二月九日，吕夷简出使契丹（辽国）。

《辽史》卷16《圣宗本纪》："（开泰七年）十二月丁酉，宋遣吕夷简、曹璋来贺千龄节。"①

十八日，张知白罢参知政事（《宋宰辅编年录校补》卷3）。

是年，吕夷简举荐李纮。

罗愿《新安志》卷3《贤宰》：李纮，"天禧二年诏荐州县吏。御史知杂事吕夷简荐之，官至龙图阁学士"。

《宋史》卷287《李昌龄传》附李纮传："御史知杂事吕夷简荐之，改著作佐郎、监丹阳县酒税，知灵池县。"

是年，占城国等来贡（《宋史》卷8《真宗本纪》）。

是年，停贡举（《文献通考》卷32《选举考五·举士》）。

是年，吕公著长兄吕公绰20岁（王珪《吕公绰墓志铭》）**，次兄吕公弼12岁**（范镇《吕公弼神道碑》）。

天禧三年(1019)，吕夷简41岁，吕公著2岁

正月九日，翰林学士钱惟演等四人权同知贡举（《长编》卷93）**，枢密直学士王晓、工部侍郎杨亿、知制诰李谘权知贡举**（《宋会要·选举一》）。

二月十四日，令吕夷简与陈尧咨等具析贡举不公事。

《令陈尧咨等召陈损等具析所陈贡举不公事定夺以闻诏》（天禧三年二月二十四日）："龙图阁学士陈尧咨、左谏议大夫朱巽、起居舍人吕夷简等于尚书都省召损等，令具析所陈事理，及索视文卷看详考校，定夺以闻。"（《宋会要·选举一九》）

①辽开泰七年，即宋天禧二年，为1018年。十二月，己丑朔，丁酉为九日。

十八日，河南府地震（《长编》卷93、《宋史》卷8《真宗本纪》）。

三月一日，遣吕夷简处理亳州等民变。

《长编》卷93天禧三年三月"戊午朔"（一日）条载："先是，亳州民讹言兵起，老幼千余人夜奔陈州，已而自还。……命起居舍人吕夷简至亳州体量，民各安堵如故，乃归。"

《宋史》卷8《真宗纪》3天禧三年三月"戊午"条载："三月戊午朔，日有食之，遣吕夷简体访陕、亳民讹言。"

九日，御试礼部贡举人（《宋史》卷8《真宗本纪》）。**是科进士140人，诸科154人，状元为王整**（《文献通考》卷32《选举考五·举士》）。

是科，吕夷简为参详官（《宋会要·选举七·亲试一》载，该年选举情形注释云："知制诰晏殊、起居舍人吕夷简为参详官"）。

是月，吕夷简参与审理钱惟演案。

《长编》卷93天禧三年三月"癸未"条载，陈尧咨、朱巽、吕夷简受命审理钱惟演等考校不公案："翰林学士钱惟演、枢密直学士王曙、工部侍郎杨亿、知制诰李谘、直史馆陈从易，并降一官。进士陈损、黄异等五人，并决杖配隶诸州，其连状并殿一举。初，损、异等率众伐登闻鼓，诉惟演等考校不公。命龙图阁直学士陈尧咨、左谏议大夫朱巽、起居舍人吕夷简于尚书省召损、异等，令具析所陈事，及阅视试卷以闻。"（又见《宋会要·职官四》）

《宋史》卷8《真宗本纪》：天禧三年三月，"癸未，翰林学士、工部尚书钱惟演等坐知举失实，降一官"。

五月一日，大食国来贡（《长编》卷93、《宋史》卷8《真宗本纪》）。

六月九日，王钦若罢相；十三日，寇准再入相，丁谓任参知政事（《长编》卷93、《宋宰辅编年录校补》卷3）。

八月十五日，大会道、释于天安殿，凡13086人（《长编》卷94）。

十月二十八日，从吕夷简言，诏纠察刑狱司自今免鞫劾公事。

《长编》卷94天禧三年十月"辛亥"（二十八日）条载："先是，纠察官吕夷简言：'本司累奉诏旨，勘鞫定夺公事，或止将公案详阅，亦无妨碍。若勘鞫公事即动须追逮罪人，辨证词理，显是兼置刑狱，不便。'故令止之。"

《宋会要·职官一五》："天禧三年十月，诏纠察刑狱司自今免鞫劾公事。先是，纠察官吕夷简言本司累奉诏旨，故令止之。"

吕夷简《纠察刑狱司免勘鞫公事奏》（天禧三年十月）："本司累奉诏旨，勘鞫定夺公事。或止将公案详阅，亦无妨碍，若动须追逮罪人，辨证词理，显是兼置刑狱，不便。"（《长编》卷94、《宋会要·职官一五》）

同日，吕夷简岳父、御史中丞马亮"建言"："士民父祖未葬，毋得辄析，从之。"（《长编》卷94）。

十二月九日，曹利用、丁谓并枢密使，任中正、周起并枢密副使（《宋宰辅编年录校补》卷3）。

是年，高丽等来贡（《宋史》卷8《真宗本纪》）。

是年，曾巩生（《南阳集》卷29《曾公神道碑》），**司马光生**（《东坡集》卷39《司马温公神道碑》），**宋敏求生**（《苏魏公文集》卷51《龙图阁直学士修国史宋公神道碑》），**王珪生**（《琬琰集》上集卷8李清臣《王文恭公珪神道碑》），**刘敞生**（《欧阳文忠公文集》卷35《集贤院学士刘公墓志铭》、《宋史》卷319本传），**韩缜生**（《宋史》卷315本传），**常秩生**（《宋史》卷329本传）。

按：曾巩，是唐宋散文"八大家"之一，吕公著对其有评价。司马光是北宋政治家、史学家、文学家，是吕公著的至交。乾隆十五年，乾隆皇帝到洛阳（司马光在此编撰《资治通鉴》）有《谕祭宋臣司马光祠文》（清嘉庆《洛阳县志》卷2）。宋敏求（1019—1079），北宋文学家、史地学家、藏书家。字次道。赐进士及第，"熙宁三舍人之一"。官至史馆修撰、累迁龙图阁直学士。因草拟吕公著罢官制，忤王安石之意而外迁。吕公著之子吕希纯娶宋敏求之女。王珪（1019—1085），与吕公著有交集。刘敞（1019—1068），字原父，亦作原甫。庆历六年进士。世称公是先生，因有《公是集》问世。与欧阳修、吕公著等有交往。韩缜（1019—1097）、常秩（1019—1077），吕公著曾举荐之，后常秩紧跟王安石，说吕公著"不知经、不知道"，两人关系发生变化。

是年，吕夷简荐钱象先为国子监直讲。

《宋史》卷330《钱象先传》："钱象先，字资元，苏州人。进士高等。宰相吕夷简荐其经行为国子监直讲，历权大理少卿、度支判官、河北江东转运使，召兼天章阁侍讲。”①

《江南通志》卷119《选举志》载宋代进士情况，“天禧：钱象先，吴县人”。

按：《宋史》无钱象先考中进士之时间。[宋]《宝庆四明志》卷1《庆元府·郡守》：“钱象先，太常博士，雍熙年。”[元]《延祐四明志》卷2《明州·知州》：“钱象先，太常博士，雍熙年。”明州于南京庆元元年(1195)升为庆元府。钱象先在雍熙年间当为明州知州。

考：钱象先，天禧年间进士，吕夷简荐之。《中国名人志》第六卷《北宋》“钱象先”条载：“天禧二年(1018)，举进士高等，宰相吕夷简荐为国子监直讲。”孟永亮、梁永宣《提举校正医术三长官——韩琦、范镇、钱象先考释》(《中华医史杂志》2013 年 7 月，第 43 卷第 4 期)：“《宋史·钱象先传》等史料载，钱象先(996—1076)，字资元，苏州人，天禧三年(1019)擢进士高等，宰相吕夷简荐为国子监直讲。”文称吕夷简为“宰相”，实际上吕夷简天禧年间并未任宰相。吕夷简天禧三年为该科参详官，当有举荐之机会。故置于此。

天禧四年(1020)，吕夷简 42 岁，吕公著 3 岁

正月十三日，吕夷简建言诸路提点刑狱司常检视。

《长编》卷 95 天禧四年正月“乙丑”(十三日)条载：“知制诰吕夷简言，诸州军续降宣敕，多阙编录，望令诸路提点刑狱司常切检视，从之。”②

同日，曹玮签书枢密院事(《宋宰辅编年录校补》卷 3)。

二月，真宗有疾，朝事多决于刘太后(《宋史》卷 242《章献明肃刘皇后传》)。

三月二十三日，吕夷简任益梓路安抚使，赈恤饥民。

《长编》卷 95 天禧四年三月“乙亥”(二十三日)条载：“乙亥，以益、梓州路物价翔踊，命知制诰吕夷简、引进副使曹仪乘传赈恤之。夷简等请所至劳问官吏将校，仍取系囚与长吏等原情从轻决遣，民愿出谷救饥民者，元诏第加酬奖，望给空名告敕付臣赍往。从之。”

---

①《吴郡志》卷 25《钱象先传》也载。

②知制诰是宰相府附属机构的官名，主要职责是草拟诰命。

《宋会要·职官四一·安抚使》：“（天禧四年）三月，命知制诰吕夷简、引进副使曹仪往益、梓路安抚，以两路物价翔贵故也。”

《宋史》卷311《吕夷简传》：“两川饥，为安抚使。”

二十八日，左仆射兼中书侍郎、同平章事向敏中卒，“为相凡八年”（《宋宰辅编年录校补》卷3）。

是月，宋真宗从吕夷简言，两浙路县镇酒务量增课税。

《宋会要·食货二〇·酒麹二·酒麹杂录上》：“（天禧四年）三月，知制（诣）[诰]吕夷简言：‘两浙路县镇酒务，请听仍旧买扑，量增课税。’从之”。

五月九日，针对秦、陇、利等州饥民稍多，吕夷简望令逐处募充本城诸军。

《长编》卷95天禧四年五月“己未”（九日）条载：“益梓路安抚吕夷简，言秦、陇、利等州饥民稍多，望令逐处募充本城诸军，从之。”

按：宋真宗时，将川峡路分为益州路、梓州路、利州路、夔州路，合称“川峡路”，或“四川路”。天禧四年（1020）三月，由于益州路、梓州路物价飞涨，宋真宗命知制诰吕夷简、引进副使曹仪前去赈灾、抚恤。

六月十六日，吕夷简上《蜀民从寇情重者请配潼关已东牢城奏》。

《长编》卷95天禧四年六月“丙申”（十六日）条载：“吕夷简言：‘淳化末，蜀民或从草寇，刺面为应运雄军。今请择其情罪重者，分配潼关已东州府牢城。’从之。”

吕夷简《蜀民从寇情重者请配潼关已东牢城奏》（天禧四年六月）：“淳化末，蜀民或从草寇，刺面为应运雄军。今请择其情罪重者，分配潼关已东州府牢城。”（《长编》卷95、《全宋文》卷321）

《宋会要·刑法四·配隶》：“（天禧）四年六月十六日，益州路安抚吕夷简言：‘淳化五年，西川有从草寇刺面为应运雄军百姓，请择罪重者，分配潼关已东州府牢城。’从之。”

同日，寇准罢相，“为相凡一年”（《宋宰辅编年录校补》卷3）**；丁谓修改寇准判雷州制词头。**

江休复《江邻几杂志》：“吕文靖说，作正字日，值旬休。丁晋公宅会客，忽来招，遂趋往。至则怀中出词头，帘外草寇莱公判雷州制。既毕，览之不怿，曰舍人都不解文字耶？吕逊谢再三，乞加增损，遂注两联云：‘当孽竖乱常之日，乃先皇违豫之初。'缘此震惊,遂至沉极。"

按:当在寇准罢相为判雷州之时,即是年六月十六日。

二十二日,帝御崇政殿试礼部下第特奏举人李宗孟等;次日,李宗孟等105人补官(《宋会要·选举七》)。

七月一日,吕夷简奏察看益梓路官员情况。后来,刘随因之得到提拔。

《长编》卷96天禧四年七月"庚戌朔"(一日)条载:"吕夷简等还自东、西川,言梓州路劝农使王黢,知梓州苏维甫,知邛州沈同,知蜀州钱昆,知昌州张月,通判益州狄棐、刘随,通判永兴军董希甫,知益州灵池县李纮,堪充三司、台省、转运提调刑狱藩郡之职。诏有司记其姓名,代还日升陟任使。"

《宋史》卷297《刘随传》:"晁迥荐通判益州,吕夷简安抚川陕,又言其材,以太常博士改右正言。"

十二日,吕夷简上《滑州河决暂缓修塞事》。

《长编》卷96天禧四年七月"辛酉"(十二日)条载:"知制诰吕夷简言:'伏见河再决滑州,计功巨万。以臣所见,未宜修塞,俟一二年间,渐收稍芟,然后兴功。……望降明诏,谕以河决未议修塞,仍令滑州规度所须稍芟,以军士采伐,或于旁近秋税折纳。'从之。"

十七日,李迪拜集贤相,冯拯为枢相(《宋宰辅编年录校补》卷3)。

十八日,因吕夷简言其功,益州官吏赵稹等受到奖励。

《长编》卷96天禧四年七月"丁卯"(十八日)条载:"诏奖益州官吏赵稹等,以吕夷简言其政绩也。"

同日,因吕夷简举荐,汉州绵竹县助教杨曮为试国子监主簿。

《宋会要·选举三四·举遗逸》:"(天禧四年)七月十八日,以汉州绵竹县助教杨曮为试国子监主簿。(西川安抚吕夷简言曮有名节故也)"

二十一日,丁谓拜昭文相,枢密使曹利用加同平章事(《宋宰辅编年录校补》卷3)。

八月六日,任中正、王曾并参知政事,钱惟演为枢密副使(《宋宰辅编年录校补》卷3)。

是月,吕夷简上《乞制定沿边刑名奏》。

吕夷简《乞制定沿边刑名奏》(天禧四年八月):"沿边州军寨仓、草场坊护

粮草如稍疏违，监官、人吏，大理寺并断斩刑，及违制奏裁。望别定沿边刑名。"（《全宋文》卷321）

《宋会要·食货五四·诸州仓库》："（天禧）四年八月，兵部员外郎、知制诰吕夷简言：'沿边州军寨仓、草场（坊）[防]护粮草如稍疏违，监官、人吏，大理寺并断斩刑，及违制奏裁。望别定沿边刑名。'诏法寺详定以闻。"

是月，永兴军都巡检使朱能叛（《宋史》卷8《真宗本纪》）。

九月一日，吕夷简任刑部郎中、龙图阁直学士、权知开封府。

《长编》卷96天禧四年九月"己酉"（一日）条载："会灵观判官、兵部员外郎、知制诰吕夷简为刑部郎中、龙图阁直学士、权知开封府。……夷简治开封，严辨有声，上识其姓名于屏风，意将大用之也。"

《开封府题名记》："天禧四年九月，（吕夷简）龙图阁直学士权知（开封府）。"

《宋史》卷311《吕夷简传》："两川饥，为安抚使。进龙图阁直学士，再迁刑部郎中、权知开封府。"

《续资治通鉴》卷35载，天禧四年（1020）九月，"以兵部员外郎、知制诰吕夷简为刑部郎中，权知开封府。夷简为治，严办有声，帝识其姓名于屏风，意将大用之也"。

同日，诏令吕夷简等举荐人才。

《长编》卷96天禧四年九月"己酉朔"（一日）条载，诏龙图阁直学士吕夷简等"各举文学优长、履行清素者二人"。

《令晁迥等举文学优长履行清素者各二人诏》（天禧四年九月己酉）："宜令工部尚书晁迥，翰林学士杨亿、刘筠、晏殊，龙图阁直学士吕夷简，户部侍郎李维，知制诰李谘、宋绶、张师德，于朝官内各举有文学优长、履行清素者二人。"（《宋大诏令集》卷166）

按：刑部郎中，宋前期为阶官，依唐制，为从五品上。龙图阁直学士，职名，从三品（《分纪》卷15）。权知开封府，是开封府实际长官，以待制（从四品）或少卿（正六品）以上差充。

九月八日，周起罢枢密副使，"在枢府三年"，曹玮罢签书枢密院事，"在枢府凡一年"（《宋宰辅编年录校补》卷3）。

十九日，赦天下(《长编》卷96、《宋史》卷8《真宗本纪》)。

是月，吕夷简言河防修塞事。

《宋会要·方域十四·治河上》："(天禧四年)九月，夷简言：'景德二年，诏沿黄、汴河春料检计河堤合使物料、人力，今后知州、通判、巡河使臣、令佐若能用心点检，逐年大段减剩得人功、物料，堤岸又得牢实，不至疏虞，与将在任减剩得功料，比附前界叙为劳绩，候得替到阙，特行酬奖。臣今看详，伏恐沿河州军官吏因此诏条，每年多减功料数目，故得欲替叙为劳绩，以致堤岸渐至薄怯，致昨来河决滑州，倍费功力修塞。其景德二年十月九日敕命，今后更不行用。'诏审刑院、大理寺定夺，请如夷简所奏。从之。"

按：《宋会要·方域十五·治河上》此条之前的内容是吕夷简之事，紧接着说"夷简"，当为吕夷简。

十月二十一日，吕夷简因开封府狱空受奖。

《长编》卷96天禧四年十月"戊戌"(二十一日)条载："开封府狱空，诏奖吕夷简等。"

十一月二十一日，丁谓、李迪罢相，丁谓"罢相制书未出"又复相，冯拯拜集贤相(《宋宰辅编年录校补》卷3)。

十二月，吕夷简上《依法刺配贼人奏》。

吕夷简《依法刺配贼人奏》(天禧四年十二月)："请今后应贼人窃盗持杖穿墙五贯以上，强盗满三贯及持杖罪不至死者，更不许送赴阙，只委逐处依法决脊杖二十。内身首强壮者，刺配五百里外筑城。凶恶难恕者，刺配千里外远恶州军牢城。若老小疾病，久远不堪充军役者，依法施行。"(《全宋文》卷321、《宋会要·刑法四》)

《宋会要·刑法四·配隶》："(天禧四年)十二月，知开封府吕夷简言：'请今后应贼人窃盗持杖穿墙五贯以上，强盗满三贯及持杖罪不至死者，更不许送赴阙，只委逐处依法决脊杖二十。……'事下法寺，既而言旧条皆押赴阙，今请如夷简所奏。诏可，仍候断讫刺'指挥'二字，取转运使指挥移配。"

是年，因治开封有声，真宗识吕夷简姓名于屏风。

《玉海》卷91《咸平御览御屏风、太宗太平御览(见著)》："吕夷简治开封有声，真宗识其姓名于屏风。"

按：吕夷简十月因空狱获奖，故置于是年。

是年，吕夷简岳父马亮知庐州（《北宋经抚年表》卷4载，天禧四年，"中丞马亮知庐州"）。

是年，停贡举（《文献通考》卷32《选举考五·举士》）。

是年，苏颂生（《宋史》卷340本传），**张载生**（《宋史》卷427本传），**王陶生**（范镇《王尚书陶墓志铭》、《宋史》卷329本传）。

按：苏颂（1020—1101），字子容，苏绅子，历任尚书左丞、尚书右仆射兼中书侍郎等。景祐四年，时年18岁，与吕公著相交。张载（1020—1077），字子厚，先世大梁，徙凤翔眉县（今陕西眉县）横渠镇。理学家，人称横渠先生。吕公著曾举荐之。王陶（1020—1080），字乐道。仁宗庆历二年进士。据《琬琰集》中集卷24范镇《王尚书陶墓志铭》载："会以司马公光、吕公公著为翰林学士。上问：'此举如何对？''二人者，臣尝论荐之矣，用人如此，天下何患不治乎？'……闰九月壬寅薨，享年六十一。"

天禧五年（1021），吕夷简43岁，吕公著4岁

正月九日，因吕夷简等举荐，章得象、程琳分别选入直史馆、直集贤院。

《长编》卷97天禧五年正月"乙酉"（九日）条载："己酉，司封员外郎章得象直史馆，秘书丞程琳直集贤院。前诏两制举词学清素之士，翰林学士刘筠、龙图阁直学士吕夷简、知制诰张师德等以得象等名闻，故召试而命焉。"

二月九日，审刑院宋绶言诸州刑奏并断毕，无留牍（《长编》卷97）。

九月二十四日，吕夷简因言开封府狱空受奖。

《长编》卷97天禧五年九月"丙申"（二十四日）条载："丙申，权知开封府吕夷简言狱空，诏奖之。"

是月，角厮啰请降（《宋史》卷8《真宗本纪》）。

是年，高丽来贡（《宋史》卷8《真宗本纪》）。

是年，停贡举（《文献通考》卷32《选举考五·举士》）。

是年，吕夷简四子吕公孺生（《长编》卷439元祐五年三月壬辰条、《宋史》

卷311本传），**王安石生**（《能改斋漫录》卷9《王公进退自安》，蔡上翔《王荆公年谱考略》），**吴充生**（《东都事略》卷63、《宋史》卷312本传）。

按：吕公孺（1021—1090），字稚卿，官至龙图阁直学士、正议大夫，系吕夷简的四子。王安石，北宋丞相、唐宋散文“八大家”之一，与吕公著、吕希哲父子有交往。吴充（1021—1080），字冲卿。景祐五年进士。熙宁三年拜枢密副使，八年为枢密使，九年王安石去国，遂代为同中书门下平章事、监修国史，请召还司马光等。元丰三年，罢为观文殿大学士、西太一宫使。吕公著之子吕希绩娶吴充之女。

大约是年，刘随撰《上仁宗乞去妖人张惠真》，事牵知开封府吕夷简。

《宋名臣奏议》卷89载刘随《上仁宗乞去妖人张惠真》：“臣闻神怪之事，天子不言妖妄之徒，圣人切禁所以防惑乱而止刑杀也。臣窃知开封府有犯罪无目人张惠真妄称数百岁见在……命吕夷简制勘决杀头首六人，其余免死，警扰捕逐数月方安，盖因此徒造作幻术。”

大约是年，吕夷简举荐梁适。

王珪《梁庄肃公适墓志铭》：“天圣初，知开封府功曹参军，故宰相吕夷简知府事时器公材以荐诸朝，知苏州昆山县。”（《琬琰集》中集）

按：吕夷简知开封府，从天禧四年（1020）至乾兴元年（1022）。而“天圣初”，吕已任参知政事。故推知，此事当发生在是年前后。

乾兴元年（1022），吕夷简44岁，吕公著5岁

正月一日，改元“乾兴”（《长编》卷98）。

二月十九日，真宗崩于延庆殿（《皇宋十朝纲要》卷3）。**遗诏赵祯即位，是为仁宗，时年十三岁，皇太后刘氏临朝听政**（《宋史》卷9《仁宗本纪》）。

二十二日，以行真宗丧，丁谓为山陵使，李维为礼仪使，薛映为仪仗使，李及为卤簿使，吕夷简为桥道顿递使。

《宋会要·礼二九·历代大行丧礼·真宗》：“（乾兴元年二月）二十二日，命宰臣丁谓为山陵使，翰林学士承旨李维为礼仪使，御史中丞薛映为仪仗使，权

密直学士李及为卤簿使,龙图阁直学士、权知开封府吕夷简为桥道顿递使。”

六月五日,吕夷简受命复视皇堂。

《长编》卷98乾兴元年六月“庚申”(二十二日)条载:“庚申,西京作坊使、普州刺史、入内押班雷允恭伏诛。……三月己亥,允恭驰至陵下,判司天监邢中和为允恭言:‘今山陵上百步,法宜子孙,类汝州秦王坟。’允恭曰:‘如此,何不用?’……既而上果有石,石尽水出,工役甚艰,众议藉藉。夏守恩为修奉山陵部署,恐不能成功,中作而罢,奏以待命。时五月辛卯也。……癸巳,入内供奉官毛昌达还自陵下,具奏其事。乙未,太后又遣内侍押班杨怀玉与(蓝)继宗等俱。丙申,又遣……诏不许。四月辛丑,又遣内殿承制马仁俊同鞫允恭。癸卯,又遣龙图阁直学士、权知开封府吕夷简,龙图阁直学士兼侍讲鲁宗道、入内押班岑保正、入内供奉官任守忠复视皇堂,既而咸请复用旧穴,乃诏辅臣会(丁)谓第议。明日,特命王曾再往复视,并祭告。”

《宋史》卷311《吕夷简传》载,乾兴元年五月,“雷允恭擅徙永定陵地,夷简与鲁宗道验治,允恭诛”。

《宋会要·礼二九·历代大行丧礼·真宗》:“六月五日,命龙图阁直学士吕夷简、鲁宗道,入内押班岑宝正、入内供奉官任守忠,即时乘传诣永安县相度皇堂地,仍遣司天监主簿侯道宁、周纳随往,又令夷简召京城习阴阳地理者三五人偕行。”

按:判司天监邢中和向雷允恭进言,若皇堂位置上移百步,“法宜子孙,类汝州秦王坟”,既然能广真宗之后嗣,让仁宗多生儿子,宦官雷允恭擅移皇陵,“石尽水出,工役甚艰”,发生漏水事故。五月辛卯作罢,上报。为查明此案,不仅派出司天监技术官员,还“令吕夷简召京城习阴阳地理者三五人偕行”(《宋会要·礼二九》)。结果,允恭六月二十二日被诛,宰相丁谓随之罢相。时吕夷简权知开封府,自此涉足高层。

考:《长编》卷98所记此条时间紊乱,三月、五月、四月相继叙述,“四月辛丑”疑为“六月”之误。因四月是庚子朔,癸卯为四日,擅改工程仍在继续。五月是己巳朔,无癸卯日。六月是己亥朔,癸卯为五日,与《宋会要》合。《长编》误,以《宋会要》为是。

六月二十四日,丁谓罢相,“相真宗逾年,相仁宗总四月”,任中正罢参知政

事,**"为执政凡六年,事仁宗总数月"**(《宋宰辅编年录校补》卷4)。

七月三日,王曾拜集贤相,吕夷简、鲁宗道并参知政事。

《长编》卷99乾兴元年七月"辛未"(三日)条载:"吕夷简为给事中,鲁宗道为右谏议大夫,并参知政事。"

《东轩笔录》卷7:"王沂公曾当国,屡荐吕许公夷简,是时,明肃太后听政,沂公奏曰:'臣屡言吕夷简才望可当政柄,而两宫终未用,以臣度太后之意,不欲其班在枢密使张旻之上耳。且旻亦赤脚健儿,岂容妨贤如此?'太后曰:'固无此意,行且用夷简矣。'沂公曰:'两宫既以许臣,请即今宣召学士草麻。'太后从之。及许公大拜,渐与沂公不叶。晚年睽异,势如水火。当时士大夫各有附丽,故庆历中朝廷有党人论矣。"

《续资治通鉴》卷35:乾兴元年(1022)"秋,七月辛未,王曾加中书侍郎、平章事,吕夷简为给事中,鲁宗道为右谏议大夫,并参知政事。"

按:《事实类苑》卷59、《自警编》卷7所载与《东轩笔录》一致。《宋史·宰辅表一》:"(乾兴元年二月)丙寅,吕夷简自龙图阁直学士、知开封府参知政事。"文中,记其二月参知政事,误,今从《长编》。给事中,宋前期阶官名,不与封驳事,依唐制为正五品上。参知政事,北宋乾德二年(964)始设,下宰相一等,为副相之职,官品须视本官阶。龚延明《宋代官制辞典》之《北宋前期、元丰新制官品对照表》(第7页)载,同中书门下平章事,正一品;参知政事,正二品。

九日,钱惟演为枢密使(《宋宰辅编年录校补》卷4)。

是月,吕夷简建议宋真宗丧葬从简。

《宋朝事实类苑》卷16《忠言谠论·吕文靖》:"初,真宗上仙,章献攀慕深切,凡丧葬之礼,务极崇厚。吕文靖奏曰:'太后为先帝丧纪之数,宗庙之仪,不忍裁减,曲尽尊奉。此虽至孝之道,以臣所见,尚未足报先帝恩遇之厚。惟是远奸邪,爱惜民财,拔擢时彦,使边陲宁静[①],人物富安,皇帝德业日茂,太后寿乐无忧,此报先帝之大节也。'"

《续资治通鉴》卷35乾兴元年七月"辛未"(三日)条载:"初,太后欲具平生服玩如宫中,以银罩覆神主。参知政事吕夷简言:'此未足以报先帝。今天下

---

①《渑水燕谈录》(《四库全书》本)卷1,记为"……使边徼宁靖"。与《宋朝事实类苑》不同。

之政在两宫，惟太后远奸邪，奖忠直，辅导圣德，则所以报先帝者宜莫如此 。’”

是月，吕夷简妻马氏就夷简任职参知政事进宫入谢。

王素《文正王公遗事》：“吕文靖夷简、鲁肃简宗道初参知政事，二妻入谢，章献太后语之曰：‘尔各归语其夫，王某在政府多年，终始如一。先帝以此重之，宜为师范也。’”

《宋朝事实类苑》（《四库全书》本）卷12《名臣事迹・王文正（王旦）》：“吕文靖夷简、鲁肃简宗道初参预政事，二妻入谢，章献太后语之曰：‘尔各归语其夫，王某在政府多年，始终一节。先帝以此重之，宜为师范也。’”

按：王素是王旦（文正）的幼子，文中的“王某”指王旦，宋真宗咸平初入相，至天禧初致仕，在相府十余年。吕夷简之妻为马氏，入谢的时间当在吕夷简履新不久，故推知在七月。

九月十二日，吕夷简请葬天书于永定陵。从之。

《长编》卷99乾兴元年九月“己卯”（十二日）条载：“己卯，上与皇太后谕辅臣曰：‘前后所降天书皆先帝尊道奉天，故灵贶昭答，今复土有日。其刻玉副本已奉安于玉清昭应宫，元降真文，止于内中供养。则先意可见。矧殊尤之瑞，专属先帝，不可留于人间，当从葬永定陵，以符先旨。’用王曾、吕夷简之议也。（天书从葬永定陵，据《国史》，实吕夷简建议。魏泰《东轩杂记》[①]则以为王曾，今两存之。”）

杨仲良《皇宋通鉴长编纪事本末》卷17：乾兴元年“九月己卯，上与皇太后谕辅臣曰：‘前后所降天书，皆先帝遵道奉天，故灵贶昭答。今复土有日，其刻玉副本，已奉安于玉清昭应宫。元降真文，止于内中供养，则先意可见。矧殊尤之瑞，专属先帝，不可留于人间。当从葬永定陵，以符先旨。’用王曾、吕夷简之议也。天书从葬永定陵，据国史，实吕夷简建议。魏泰《东轩杂记》则以为王曾，今两存之”。

《宋史》卷9《仁宗本纪》：“（乾兴元年九月）己卯，命以天书从葬。”

《宋史》卷311《考证》：“《吕夷简传》因请以祥符天书内之方中。‘方中’二字疑，《东都事略》作‘纳之陵中’。”

---

①文中《东轩杂记》，即《东轩笔录》。

按：宋代的天书与汉代的《河图》《洛书》一样，被认为是上天对皇帝的任命状或奖状，纯属荒唐。对于真宗所藏的“天书”“瑞物”等，先于真宗的灵柩送往永定陵，全部埋入陵中。

考：魏泰是曾布的至亲，曾布是王安石变法的重要支持者，与吕夷简之子吕公著属于不同的阵营。据《钦定四库全书总目》卷125载：“……如辨安石排滕甫、贬吕公著，皆引《东轩笔录》以证之。考魏泰为曾布妇弟，倾险无行，所作《东轩笔录》与《碧云騢》皆党邪醜正颠倒是非，可据以为公论乎?”《东轩笔录》只记为王曾，而缺吕夷简，以党争论，似乎有意为之。请葬天书，当为吕夷简之议。

十月十三日，葬真宗于永定陵（《皇宋十朝纲要》卷3）。

二十三日，吕夷简言报先帝真宗之策。

《长编》卷99乾兴元年十月“己未”（二十三日）条载：“己未，祔真宗神主于太庙，庙乐曰大名之舞。以庄穆皇后配飨，仍诏立庄穆忌。初，太后欲具平生服玩如宫中，以银罩覆神主。参知政事吕夷简言：‘此未足以报先帝也。今天下之政在两宫，惟太后远奸邪，奖忠直，辅导皇帝，成就圣德，则所以报先帝者宜莫若此。’”

十一月一日，钱惟演罢枢密使，张知白为枢密副使（《宋宰辅编年录校补》卷4）。

是年，太后初临朝，吕夷简入《时政记》以提醒。

赵善璙《自警编》卷7：“太后初临朝，宣谕两府，深不欲行此礼，候皇帝长立，别有处分。吕文靖公即日入《时政记》，后每事必引及之，以感动后意，又多称引前代母后临政所以致祸之道，以劝戒焉。”

按：乾兴元年，仁宗即帝位时才13岁，由刘太后权处分军国重事，“御承明殿，帝位左，太后位右”（《宋史·后妃上·章献明肃刘皇后》）。而刘太后非仁宗亲生母亲。据《宋史·后妃上》记载，刘太后“性警悟，晓书史，闻朝廷事，能记其本末”。她在真宗晚年始预朝政，政事皆决于后，是有宋一代最具权术和怀有极强权力欲的后妃之一，死后谥“章献明肃”。欧阳修说，“仁宗即位，改元天圣，时章献明肃太后临朝称制，议者谓撰号者取‘天’字于文为‘二人’，以为二人圣者，悦太后尔。至九年改元明道，又以为‘明’字于文‘日月’并也，与‘二人’皆同”（欧阳修《归田录》卷上、《长编》卷113）。

是年，停贡举(《文献通考》卷32《选举考五·举士》)。

是年起，吕夷简倾心于年少的仁宗皇帝，促其历练成长。

朱熹《五朝名臣言行录六》:“(夷简)以主上方富春秋，宜导之典学，擢孙奭等降居讲席，以经义辅导。后又增置崇政说书、天章阁侍讲之职，以广闻见。”

《宋史·列传第一·章献明肃刘皇后》:“后称制凡十一年，自仁宗即位，乃谕辅臣曰:‘皇帝听断之暇，宜诏名儒讲习经史，以辅其德。’于是设幄崇政殿之西庑，而日命近臣侍讲读。”

按:基于刘太后听政，历练年少的仁宗，对宰臣吕夷简来说至关紧要。孙奭(962—1032)从是年十一月开始为仁宗讲书，长达十年(高丁国《北宋前期经学家——孙奭初探》)。

吕公著幼嗜学，未尝博戏。

《吕正献公公著传·实录》(宋杜大珪编《琬琰集》下集卷10):“公著幼不好弄，嗜学，忘寝食。夷简尤器之，曰:‘他日必为公辅。’”

刘清之《戒子通录》卷6《童蒙训》:“正献公幼时，未尝博戏。人或问其故，公曰:‘取之伤廉，与之伤义。’”

《宋史》卷336《吕公著传》:“吕公著，字晦叔，幼嗜学，至忘寝食。父夷简器异之，曰:‘他日必为公辅。’”

李贤等《明一统志》卷7:“吕公著:夷简子，幼嗜学，至忘寝食。夷简器之，曰:‘它日必为公辅。’寓居洛阳，举进士，累官御史中丞。”

陆继辂、魏襄《洛阳县志》卷13《拾遗记》:“吕晦叔，幼孤，自力为学。家于洛阳，性沉厚，不妄交游，洛阳士人往往不之识。司马温公《选举志》。”

按:《辞海》对“幼”的解释是零至六七岁。权置于是年。

天圣元年(1023)，吕夷简45岁，吕公著6岁

正月一日，改元“天圣”(《皇宋十朝纲要》卷5)。

二十二日，诏置计置司。命吕夷简与张士逊、鲁宗道一同负责。

《长编》卷100天圣元年正月“丁亥”(二十二日)条载:“丁亥，诏曰:‘三路

军储，出于山泽之利。比闻移用不足，二府大臣，其经度之。’……遂置计置司，（《实录》丁亥同日），以枢密副使张士逊，参知政事吕夷简、鲁宗道总之。”

《玉海》卷182载：“天圣元年正月丁亥诏……置计置司。二月庚申，命枢副张士逊、参政吕夷简、鲁宗道总之。”①

《续资治通鉴》卷36载，天圣元年正月丁亥，“诏置计置司，以枢密副使张士逊，参知政事吕夷简、鲁宗道总之”。

按：正月，推行茶法改革。北宋茶法主要有三种，即入中法（交引法）、贴射法（见钱法）、通商法。天圣元年（1023）一月，吕夷简与张士逊等主张茶法改革，主要是以贴射法取代以往的交引法。此法有利于茶叶生产者和中小茶商，增加国家收入，却引起大商人的不满。推行之初，可能因工作失误，致使支持改革的官员受到不同程度的处罚。天圣四年（1026）三月，吕夷简也被“罚一月俸”（《长编》卷104）。直到景祐三年（1036）三月才接受“李谘等请罢河北入中虚估，以实钱偿刍粟，实线售茶，皆如天圣元年之制”（《长编》卷118），说明天圣元年的茶法改革比较合理。

三月，推行贴射法（《皇宋十朝纲要》卷5），**诏令张士逊、吕夷简等详定茶盐利害。**

《令张士逊等详定茶盐利害诏》（天圣元年三月）：“据定夺茶盐所上茶、盐课利，比附增亏数目，宜差枢密副使张士逊，参知政事吕夷简、鲁宗道，与权三司使事李谘、御史中丞刘筠、入内内侍省副都知周文质、西上阁门使薛贻廓及三部副使同详定经久利害闻奏。”（《宋会要·食货三〇》、《宋代诏令全集》第11册。②）

九月五日，冯拯罢相，凡“入相逾二年”，王钦若拜昭文相（《宋宰辅编年录校补》卷4）。

闰九月七日，寇准卒于雷州贬所（《宋史》卷9《仁宗本纪》）。

十一月一日，诏罢贴射法（《宋会要·食货三〇·茶法二·茶法杂录一》）。

是年，吕夷简请罢宫观使名。

---

①天圣元年二月乙未朔，庚申为二十六日。《玉海》与《长编》所记任命计置司负责人时间不一，今并存之，待详考。

②《宋代诏令全集》记为三月，《续资治通鉴长编》卷100记于正月。

《宋朝事实类苑》卷16《忠言谠论·吕文靖》:"祥符中,玉清、昭应等宫成,大臣率兼使领。天圣中,玉清灾,章献泣曰:'先帝遵道奉天,故大建珍馆,以尽祇肃之道。今忽焚毁,何以称先帝遗意?'吕文靖公恐后复议缮完,因推《洪范》灾异之端,请罢营建,遂恳让使名。玉清遂不复葺。"

《宋会要·职官五四·宫观使》:"天圣元年,吕夷简为相,时朝廷崇奉之意稍缓,因请罢使名。"

是年,停贡举(《文献通考》卷32《选举考五·举士》)。

天圣二年(1024),吕夷简46岁,吕公著7岁

正月十四日,命御史中丞刘筠权知贡举,知制诰宋绶、陈尧佐,龙图阁待制刘烨权同知贡举(《宋会要·选举一》)。

三月,赐礼部奏名进士、诸科及第出身485人(《宋史》卷9《仁宗本纪》)。**省元吴感,状元宋郊**(《文献通考》卷32《选举考五·举士》)。

是月,吕夷简弟吕宗简赐进士及第。

《长编》卷102天圣二年三月"壬子"(二十五日)条载:"壬子,赐乡贡进士张环、太常寺太祝吕宗简进士及第,仍附春榜。环,洎孙,宰臣王钦若女婿;宗简,参知政事夷简弟也。"

六月十六日,罢天庆、天祺、天贶、先天、降圣节宫观燃灯(《皇宋十朝纲要》卷5)。

十一月二十一日,大赦,立皇后郭氏(《皇宋十朝纲要》卷5、《宋史》卷9《仁宗本纪》)。

二十七日,吕夷简恳请取消逢朝廷大礼辅佐大臣照例升官"旧例"。

《长编》卷102天圣二年十一月"辛亥"(二十七日)条载:"辛亥,王钦若封冀国公,曹利用改封鲁国公,文武百官并加恩。故事,辅臣例迁官,参知政事吕夷简与同列豫辞之,遂著为式。"自注说:"宋敏求《春明退朝录》云:建隆至天禧,每朝廷大礼,二府必进官。天圣二年南郊,吕夷简恳请乃止。自是,加恩而已。按咸平初,孙何建议,已尝厘革,敏求偶不记,国史因之。"

李心传《旧闻证误》卷1："建隆至天禧，每朝廷大礼，二府必进官。天圣二年南郊，吕许公恳言之，乃止。自是，止加恩而已。（宋敏求《春明退朝录》）。按《国史》，太祖四郊，二府加恩而已，未尝进官；太宗六行大礼，惟雍熙南郊、端拱耤田二府进秩，其四郊但加恩；真宗初郊，惟二相进秩，其后三郊，两府始迁官尔。宋所记差误。"

十二月十三日，马亮权判尚书都省兼审刑院（《长编》卷102天圣二年十二月"丙寅"条及《宋史·马亮传》）。**言"天下僧徒数十万""非时更不放度"**（《宋会要·道释一·披度》）。

是年，梅询寄信问候吕夷简。

赵令畤《侯鲭录》："梅询侍读尝从真宗东封，因卜命于岳神。梦三牛斗于庭，有称相公通谒者，虽异之而不晓其兆。既而得濠梁守，州廨有三石牛。后吕许公夷简以殿中丞来倅，询见之，疑若所梦谒者，于是委遇至厚。不数年，许公大拜，梅为发运使，按部至濠上，作诗寄许公云：'十五年前忝一麾，公余尝得预言诗。玉阶步武为霖早，云路风波得志迟。浴凰池深春荡荡，观鱼台古草离离。重来故老休相问，请揭纱笼看旧碑。'"

梅询《寄吕许公夷简》："十五年前忝一麾，公余尝得预言诗。玉阶翔步为霖早，云路风波得志迟。浴凤池春深荡荡，观鱼台古草离离。重来故老休相问，请揭纱笼有旧碑。（按：询知濠州，是时夷简为通判。）"（光绪《寿州志》卷34《艺文志》）

按：观鱼台是濠州的一处风景，梅询知濠州在大中祥符二年（1009）八月，这起当年共事的回忆。吕夷简被封为许国公在庆历元年十二月一日，而梅询卒于康定二年六月，当年十一月改元即庆历元年，不可能寄信给时为许国公的吕夷简。可知《寿州志》中这首诗的题名，当系后人所改，有误。诗中有"十五年前忝一麾"，可推知当写于是年。

是年，福州（今福建福州）陈绛贪赃枉法，明肃皇太后要求王曾等举荐一人为福建路转运使调查此事。王曾举荐侍御史王耿，结果王耿反而被陷。吕夷简预言"王耿亦可惜也。"

《五朝名臣言行录·丞相许国公吕文正公》："明肃太后临朝，一日，问宰相曰：'福州陈绛赃污狼藉，卿等闻否？'王沂公对曰：'亦颇闻之。'……至中书，沂公曰：‘陈绛，猾吏也，非王耿不足以擒之。’立命进熟。吕许公俯首曰：‘王耿亦可惜也。’沂公不谕。时耿为侍御史，遂以为转运使。耿拜命之次日，有福建路衙校拜于马首，云：‘押进奉荔枝到京。’耿偶问其道路山川风候，而其校应对详明，动合意旨。耿遂密访绛所为，校辄泣曰：‘福州之人以为终世不见天日也，岂料端公赐问，然某尤为绛所苦者也。’遂条陈数十事，皆不法之极。耿大喜，遂留校于行台，俾之干事。既置诏狱，事皆不实，而校遂首常纳禁器于耿。事闻，太后大怒，下耿吏，狱具，谪耿淮南副使。皆如许公之料也。”①

《东轩笔录》卷8：“明肃太后临朝，一日，问宰相曰：‘福州陈绛赃污狼藉，卿等闻否？’王沂公对曰：‘亦颇闻之。’太后曰：‘既闻而不劾，何也？’沂公曰：‘外方之事，须本路监司发擿，不然，台谏有言，中书方可施行。今事自中出，万一传闻不实，即所损又大也。’太后曰：‘速选有风力更事任一人，为福建路转运使。’二相禀旨而退，至中书，沂公曰：‘陈绛，猾吏也，非王耿不足以擒之。’立命进熟。吕许公俯首曰：‘王耿亦可惜也。’沂公不谕。时耿为侍御史，遂以为转运使。耿拜命之次日，有福建路衙校拜于马首，云：‘押进奉荔枝到京。’耿偶问其道路山川风候，而其校应对详明，动合意旨。耿遂密访绛所为，校辄泣曰：‘福州之人，以为终世不见天日也，岂料端公赐问，然某尤为绛所苦者也。’遂条陈数十事，皆不法之极。耿大喜，遂留校于行台，俾之干事。耿子不肖，私纳校玳瑁器皿。洎至闽中，耿尽发校所言之事，既置诏狱，事皆不实，而校遽首常纳禁器于耿子。事闻，太后大怒，下耿吏，狱具，谪耿淮南副使，皆如许公之料也。”

按：王沂公，即王曾。［宋］梁克家《淳熙三山志》卷25载：“王耿，侍御史，乾兴元年至天圣二年。”知王耿为转运使当在天圣二年，也佐证吕夷简之预言当在是年。

天圣三年(1025)，吕夷简47岁，吕公著8岁

六月，环、原州属羌内寇（《皇宋十朝纲要》卷5）。

---

①又见［宋］王辟之《渑水燕谈录补遗》。

九月一日，遣张观贺契丹妻正旦（《皇宋十朝纲要》卷5）。

十月十三日，晏殊任枢密副使（《宋宰辅编年录校补》卷4）。

十一月二十二日，太常博士、秘阁校理、同知礼院陈诂言“腊祭”事（《宋会要·礼十九·腊臈》）。

按：陈诂与吕夷简是郎舅关系。

三十日，司徒兼门下侍郎、平章事、冀国公王钦若卒（《宋宰辅编年录校补》卷4）。

十二月五日，张知白拜集贤相，王曾进昭文相，张旻为枢密使（《宋宰辅编年录校补》卷4、《宋史》卷9《仁宗本纪》）。

六日，吕夷简加礼部侍郎。

《长编》卷103天圣三年十二月甲寅（六日）条载：“参知政事吕夷简加礼部侍郎。”

按：礼部侍郎，宋前期不治本部事，仅用作文官迁转寄禄官阶，依唐制，为正四品下（《旧唐书·职官志二·礼部尚书》、《宋会要·仪制四》）。

是年，停贡举（《文献通考》卷32《选举考五·举士》）。

是年，吕夷简岳父马亮“兼审刑院”（李之亮《宋代京朝官通考》结合《宋史·马亮传》考证，今存之）。

是年，吕夷简次子吕公弼十九岁“以水部员外郎即知庐州”。

王栐《燕翼诒谋录》卷5《京官不得拟知州通判》：“国初，擢用人才不问资序，有初补京官便除知州，或差通判，既不知仕途之艰苦，小官往往遭其慢视；又且未历民事，不谙民间疾苦。淳化四年十月庚午，苏易简上言：初任京官，未历州县，不得拟知州、通判。诏从之。然惟施之常调尔，若人主特除，则又不在比例。吕公弼年十九，以水部员外郎即知庐州，正如易简所论，不以改制而止也。”

光绪《重修安徽通志》卷115《职官志》宋代“知庐州”条载：“吕公弼：旧志。按《宋史》传，寿州人，无知庐州文。”①

按：龚延明《宋代官制辞典》水部司员外郎条载，水部员外郎，宋前期依唐制，为从六品上；元丰新制后，定为正七品。由从六品上的职位，直接升任知州

①其前有吕公孺，后有李端愿、李柬之。

(五品),当属特例。李之亮《宋两淮大郡守臣易替考》“庐州”条载,吕公弼知庐州在宝元二年至康定二年期间,共三年。今不取,质疑理由有三。一、《重修安徽通志》载,吕公弼知庐州,前任是吕公孺,而吕公孺是吕公弼的弟弟,年龄悬殊十多岁。吕公孺知庐州在庆历八年(李之亮《宋两淮大郡守臣易替考》)。《宋史》卷311附《吕公孺传》:“知泽、颍、庐、常四州,提点福建、河北路刑狱。”“按:公孺知常州在皇祐二年。”(李之亮《宋两淮大郡守臣易替考》“庐州”条)可知,《重修安徽通志》排序有误。二、开宝二年十一月十日,吕公弼时丁母忧,受冯士元案牵连被罚铜十斤,何以升迁?《长编》卷125宝元二年十一月“丁酉”(十日)条载,冯士元藏赃及禁书事发,牵涉多人,“(庞)籍与(吕)公绰、公弼皆尝令士元雇女口”受牵连,“前太常博士直集贤院吕公绰,前太常博士吕公弼、王畴罚铜十斤”,“公绰等既被罚,言者又奏父夷简失义方之训,夷简时判天雄军,上恐伤夷简意,赐诏慰抚”。自注云:“公绰、公弼时丁母忧,王畴父博文去年四月卒,故皆称前官。《(郑)戬传》以为辞连宰相吕夷简者,误也。夷简时为镇安节度使、同平章事、判天雄军,即不任中书。”三、《长编》卷125载,王质于开宝二年十二月辛未由知庐州受处理,责监舒州灵仙观。吕公弼知庐州当在其后,然公弼当时仍在丁忧期间。此由其兄吕公绰的丁忧、起复时间可推定。吕公绰至少于庆历元年十月起复(《宋会要·礼一四》)任“同判太常寺言事”。丁忧上推三年,为宝元元年(1038),疑为其母卒年。

考:范镇《吕惠穆公公弼神道碑》(熙宁六年五月):“公讳公弼,字宝臣。初以荫补将作监主簿,累至大理寺丞,召试禁林,赐进士出身。”吕公弼生于1007年,年十九,以虚岁论,为1025年。当为“人主特除”。其前任为马亮“复知”庐州,《景定建康志》卷13:“(天圣元年)正月,亮差知庐州。”《宋史》卷298《马亮传》又载:“仁宗初,拜尚书右丞,复知庐州。召判尚书都省兼审刑院。”约于是年离开庐州。其后任为杨日严,《宋史》卷301《杨日严传》:“出知襄州。徙庐、郓二州,入为开封府推官。”宋祁《景文集》卷17《杨都官日严赴郓州》诗:“连年三换左朱轮。”自注云:“君二年,中得襄阳,领淝上,由淝得郓。”庐州地处淝上,以淝上指代庐州。此后,天圣六年(1028)八月戊寅,则为刘筠知庐州(《长编》106)。由此推知,吕公弼知庐州当在天圣三年至五年间。

天圣初,吕夷简果断处置交趾迎丁谓之事。

吕希哲《吕氏杂记》：“苏丞相言天圣中许公为东参，言者言交趾以七十艘载兵就朱崖迎丁谓。朝廷颇动，乃召侍禁杨宏押内臣于彼，体谅其实，便欲除去之。召宏至政事堂，左相问：‘交趾迎丁谓事，天使知之否？’宏对：‘外人亦传闻，不知其实。’左相云：‘朝廷之意，深忧其为变。天使当体朝廷之意，无使至于乱也。’宏罔知所措。右相无语，将退。许公曰：‘分厅后却请天使略到某本厅。’宏到，许公谕以朝廷遣使去，只为有人上变，故专遣使按验，欲知真妄。‘天使到彼，但据实事驰报朝廷。丁公虽得罪，然是旧相，若无他事故，不得辄惊动之。’宏意方释然。宏既过海，了无一事。时言者以时相有仇，欲希旨倾之耳。朝廷亦以宏所按问为信，盖苏公亲得之宏云。”

按：丁谓乾兴元年七月贬为崖州司户参军，天圣三年十二月由崖州改为雷州司户参军。时任参知政事吕夷简听罢“左相”“右相”，认为“若无他事故，不得辄惊动之”。故置于此。

天圣四年(1026)，吕夷简48岁，吕公著9岁

正月，知镇戎军王仲宝等攻原州康奴族，破之(《皇宋十朝纲要》卷5)。

二月十五日，张知白建议把宋仁宗对乐的把握纳入吕夷简等修的《时政记》。

《长编》卷104天圣四年二月“壬戌”(十五日)条载：“……张知白曰：‘陛下盛德，外人岂知之？愿令吕夷简备书《时政记》。’”

《宋会要·乐四·郊祀乐一》：“仁宗天圣四年二月十七日，帝谓宰臣曰：‘祀祭或遇大忌，如何？’王曾对曰：‘祀事如礼，惟乐县射而不作。’帝因问古乐与今乐何故不同，曾曰：‘古之乐所以飨宗庙、格神祇、法阴阳、来福祉者，盖雅正之音与天地同和也。今之乐则不然，荡情性，惑视听，开嗜欲之源，萌祸乱之本，无益于至治也。’帝曰：‘朕不好乐，至于内外宴设不可阙者，勉强耳。居常多恬然默坐，至于声妓荡心之物，固不屑意。’张知白曰：‘圣心如此，但外人不知，抑兹盛美，实光史册。今吕夷简等见修《时政记》，此事不可阙载也。’”

按：《长编》卷104与《宋会要》所载时间不同，今权从《长编》，待详考。

三月三日，吕夷简岳父马亮知亳州（《胡正惠公年谱》“天圣四年”条载：“乾道《临安志·牧守》‘马亮’下云，天圣四年三月庚辰徙知亳州。工部尚书集贤院学士马亮知杭州，未行，复知亳州。”）。

二十七日，以改更茶法计置粮草前后数目不同事理失当，吕夷简受罚一月俸。

《长编》卷104天圣四年三月“甲辰”（二十七日）条载：“甲辰……枢密副使张士逊，参知政事吕夷简、鲁宗道各罚一月俸。……以士逊、夷简、宗道尝主变法之议，诏令分析。士逊因言措置更革，皆不出己。夷简则言：‘天圣初，环、庆等数路奏刍粮不给，京师府藏常阙缗钱，吏兵月俸仅能取足。自变法以来，京师积钱多，边计不闻告之。中间番部作乱，调发兵马，仰给有司，无不足之患。以此推之，颇有成效。惟是三司比视数目，差互不同，非执政所能亲自较计。’而宗道所言，亦略类夷简。竟坐不合以举等状施行，故及于罚。”

《以改更茶法计置粮草前后数目不同事理失当责罚张士逊等诏》（天圣四年三月二十七日）：“同详定计置司枢密副使张士逊，参知政事吕夷简、鲁宗道各罚一月俸。……”（《宋会要·食货三六》、《宋代诏令全集》第8册）

《宋会要·职官六四·黜降官一》：“（天圣）四年三月二十七日，同详定置司枢密副使张士逊，参知政事吕夷简、鲁宗道，各罚一月俸。……坐改更茶法、计置粮草前后异同故也。”

是月，吕夷简上《条析李咨茶法奏》。

吕夷简《条析李咨茶法奏》（天圣四年三月）：“天圣初，环、庆等数路奏刍粮不给，京师府藏常阙缗钱，吏兵月俸仅能取足。自变法以来，京师积钱多，边计不闻告乏。山间蕃部作乱，调发兵马，仰给有司，无不足之患。以此推之，颇有成效。惟是三司比视数目，差互不同，非执政所能亲自较计。”（《宋史》卷184《食货志》下6、《全宋文》卷321）

六月二十一日，“诏臣僚因南郊乾元节奏荐亲属，毋得乞进士及第出身并同出身”（《皇宋十朝纲要》卷5）。

七月，从吕夷简言，诏“两川弓手自今不得雇人代役”。

《宋会要·职官四八·县尉》：“（天圣）四年七月，诏：‘两川弓手自今不得雇人代役，犯者许邻保纠告，重行科罚。’时吕夷简自益州安抚回，言川中豪民咸雇夫以代杂役,多得懒农,每执杖悉不得力,故有约束。”

十月十九日,“诏郎中以上致仕者,自今予一子官”(《皇宋十朝纲要》卷5)。

是年,停贡举(《文献通考》卷32《选举考五·举士》)。

天圣五年(1027),吕夷简49岁,吕公著10岁

正月十九日,晏殊罢枢密副使;二十七日,任夏竦为枢密副使(《长编》卷105、《宋史》卷9《仁宗本纪》)。

二月二日,命吕夷简、夏竦修真宗国史,王曾提举。

《长编》卷105天圣五年二月“癸酉”(二日)条载:“二月癸酉,命参知政事吕夷简、枢密副使夏竦修真宗国史。”

《宋史》卷9《仁宗本纪》载:天圣五年,“二月癸酉,命吕夷简、夏竦修先朝国史,王曾提举”。

《续资治通鉴》卷37天圣五年二月“癸酉”条载:“命吕夷简、夏竦修先朝国史,王曾为提举,翰林学士宋绶,枢密直学士刘筠、陈尧佐同修。初,内出札子,以先朝正史久而未修,虑年祀浸远,事或沦坠,宜令王曾修纂之。故事,宰臣自领监修国史;至是以曾提举,乃别降敕焉。”

三月二十四日,赐礼部奏名进士、诸科及第出身1076人(《宋史》卷9《仁宗本纪》)。**省元吴育,状元王尧臣**(《文献通考》卷32《选举考五·举士》)。

五月二十二日,命宰臣吕夷简等详定《天圣编敕》。

王应麟《玉海》卷66《诏令》:“先是(天圣)四年九月壬申命学士夏竦、蔡齐,知制诰程琳重删定编敕合农田敕为一书。五年五月,诏以祥符七年止天圣五年续降宣敕增及六千七百八十三条,辛酉命宰臣吕夷简等详定。(依律分门十二,定千二百余条)。七年六月上之,赐器币进勋阶。”

《宋史》卷9《仁宗本纪》载,天圣五年五月,“辛酉,命吕夷简等详定编敕”。①

①五月庚子朔,辛酉为二十二日。

七月，塞“滑州决河”（《宋史》卷9《仁宗本纪》）。

十一月十七日，大赦（《宋史》卷9《仁宗本纪》）。

是年，吕夷简岳父马亮知江宁[《景定建康志》卷13：“（天圣）五年丁卯七月，工部尚书、集贤院学士马亮知（江宁）府事。”]。

是年，吕大防生（《宋史》卷340本传），**范纯仁生**（《宋史》卷314《范仲淹传》附传），**李常生**（《苏魏公文集》卷55）。

按：吕大防（1027—1097），字微仲。皇祐元年进士。官至尚书左仆射兼门下省侍郎，曾受吕公著举荐。范纯仁（1027—1101），范仲淹次子，人称“布衣宰相”。字尧夫，谥忠宣。与吕公著有交往。李常（1027—1090），字公择。登皇祐进士，调江州判官。熙宁中，为右正言，知谏院。哲宗时，累拜御史中丞，出知邓州。徙成都，卒于行次。《宋史·李常传》载：“常与孙觉齐名，俱受知于吕公著。”

天圣六年（1028），吕夷简50岁，吕公著11岁

二月十七日，工部尚书、平章事张知白卒（《宋宰辅编年录校补》卷4）。

二十九日，因处理雄州民妻张氏事，王曾、吕夷简等赞皇上至仁。

《长编》卷106天圣六年二月“甲午”（二十九日）条载：“甲午，雄州言：‘民妻张氏户绝，田产于法当给三分之一与其出嫁女，其二分虽有同居外甥，然其估为缗钱万余，当奏听裁。上曰：‘此皆编户朝夕自营者，毋利其没入，悉令均给之。’宰相王曾、参知政事吕夷简、鲁宗道咸赞曰：‘非至仁，何以得此也！’”

范镇《东斋记事》：“天圣中，雄州民妻张氏户绝，有田产。于法当给三分之一与其出嫁女，其二分虽有同居外甥，然其估缗钱万余，当奏听裁。仁宗曰：‘此皆细民自营者，无利其没入，悉以还之。’是时，王沂公为宰相，吕文靖公、鲁肃简公参知政事，极赞美之。”

三月十七日，张士逊拜集贤相，范雍、姜遵并枢密副使（《宋宰辅编年录校补》卷4）。

同日，吕夷简让相位于张士逊，加户部侍郎，其官职为：金紫光禄大夫、行尚

书户部侍郎、参知政事、修国史、充会灵观使、上柱国、东平郡开国公。

《长编》卷106天圣六年三月“辛亥”条载：“张知白既卒，上谋所以代之者。宰相王曾荐吕夷简，枢密使曹利用荐张士逊。太后以士逊位居夷简上，欲用之。曾言辅相当择才，不当问位，太后许用夷简。夷简因奏事，言士逊事上于寿春府最旧，且有纯懿之德，请先用之，太后嘉其能让。壬子，枢密副使张士逊为礼部尚书、平章事，从利用之言也。曾加吏部尚书。利用加保平节度使，进封郓国公。张耆改泰宁节度使，封岐国公。参知政事吕夷简加户部侍郎。鲁宗道加礼部侍郎。枢密副使夏竦加给事中。”自注称：“王曾、曹利用荐相，见《江氏杂志》。又据冯氏御史台记：张知白既卒，月余，王曾留身，议命相，后欲用张士逊，且言逊位夷简上，曾曰：‘相当以才升，不以位次。’后许用夷简。是日晚，两府复奏事，夷简因留身让士逊，后卒相士逊。今参取二书。”

按：“壬子”为十七日。户部侍郎，宋前期，为正四品下。

考：据宋仁宗《吕夷简拜集贤相制》（天圣七年二月丙寅）载：“金紫光禄大夫、行尚书户部侍郎、参知政事、修国史、充会灵观使、上柱国、东平郡开国公、食邑二千三百户、食实封八百户吕夷简……可特授。”这说明吕夷简在加官户部侍郎之时有金紫光禄大夫的官衔。金紫光禄大夫，北宋前期为文散官二十九阶之第四阶，正三品。

十二月，以参知政事鲁宗道充祥源观使（《宋会要·职官五四·宫观使》）。

按：鲁宗道与吕夷简后来成为姻亲，成为吕公著的岳父。

是年，停贡举（《文献通考》卷32《选举考五·举士》）。

是年，孙觉生（《宋史》卷344本传、《东都事略》卷92），**徐积生**（《全宋词》第1册），**顾临生**（《长编》卷509元符二年四月辛卯条、《宋史》卷344本传）。

按：孙觉（1028—1090），字莘老，北宋文学家、词人、进士。曾受知于吕公著。徐积（1028—1103），吕公著有赠诗。顾临（1028—1099），字子敦。吕公著为侍从时，曾举荐之。

天圣七年(1029),吕夷简51岁,吕公著12岁

正月十三日,曹利用罢枢密使(《宋史》卷9《仁宗本纪》)。

二月一日,吏部侍郎、参知政事鲁宗道卒(《宋宰辅编年录校补》卷4)。

按:鲁宗道耿直,有“鱼头参政”之称。宋祁作《肃简鲁公挽词四首》(《景文集》)。后来,吕夷简第三子吕公著娶鲁宗道之女。

七日,张士逊罢相,吕夷简因王曾举荐任次相,夏竦、薛奎为参知政事,陈尧佐为枢密副使(《宋宰辅编年录校补》卷4)。

宋仁宗《吕夷简拜集贤相制》(天圣七年二月丙寅):“……金紫光禄大夫、行尚书户部侍郎、参知政事、修国史、充会灵观使、上柱国、东平郡开国公、食邑二千三百户、食实封八百户吕夷简……可特授依前户部侍郎、同中书门下平章事,充景灵宫使、集贤殿大学士,加食邑一千户、食实封四百户,仍赐推忠协谋佐理,功臣、散官、勋封如故。”(《宋大诏令集》卷52、《全宋文》卷948)

《长编》卷107天圣七年二月“丙寅”(七日)条载:“户部侍郎、参知政事吕夷简以本官平章事。始,王曾荐夷简可相,久不用。士逊将免,曾因对言:‘太后不相夷简,以臣度圣意,不欲其班枢密使张耆上尔。耆一赤脚健儿,岂容妨贤至此!’太后曰:‘吾无此意,行用之矣。’于是,卒相夷简,以代士逊。”自注称:“此据魏泰《杂记》。然泰所云请即宣召学士草麻,则恐不然,盖张知白死,曾荐夷简,不用,而用士逊。及士逊将罢,曾复荐夷简,太后因用之,何必如是匆促。且不类曾平日举动,故不取也。”

《东轩笔录》卷8:“王沂公曾当国,屡荐吕许公夷简,是时,明肃太后听政,沂公奏曰:‘臣屡言吕夷简才望可当政柄,而两宫终未用,以臣度太后之意,不欲其班在枢密使张旻之上耳。且旻亦赤脚健儿,岂容妨贤如此?’太后曰:‘固无此意,行且用夷简矣。’沂公曰:‘两宫既以许臣,请即今宣召学士草麻。’太后从之。”

《宋史》卷9《仁宗本纪》:“丙寅,张士逊罢,以吕夷简同中书门下平章事、集贤殿大学士。”

《续资治通鉴》卷372天圣七年二月“丙寅”条载:“以吕夷简同中书门下平

章事、集贤殿大学士。”

按：龚延明《宋代官制辞典》之《北宋前期、元丰新制官品对照表》（第7页）载，同中书门下平章事，正一品；参知政事，正二品。

三月十九日，吕夷简妹婿陈诂被诬“以嫌不敢辨”，因陈尧佐言之而得免。

《长编》卷107天圣七年三月“戊寅”（十九日）条载：“祠部员外郎、秘阁校理陈诂知祥符县，治严急，吏欲动朝廷使罪诂，乃空一县逃去，太后果怒。而诂妻，宰相吕夷简妹也，执政以嫌不敢辨。事下枢密院，副使陈尧佐独言：‘罪诂则奸吏得计，后谁敢复绳吏者。’诂由是获免，徙知开封县。诂辞，乃命权判吏部南曹。”

是月，吕夷简上《两浙县镇酒务请仍旧买扑奏》。

吕夷简《两浙县镇酒务请仍旧买扑奏》（天圣七年三月）：“两浙路县镇酒务，请听仍旧买扑，量增课利。”（《全宋文》卷321、《宋会要·食货二〇》）

五月十八日，详定编敕所上《删修令》三十卷。由参知政事吕夷简等参定令文。

《宋会要·刑法一·格令一》：“（天圣七年）五月十八日，详定编敕所上《删修令》三十卷，诏与将来新编敕一处颁行。先是诏参知政事吕夷简等参定……令文乃命庞籍、宋郊为修令官，取唐令为本参以新制，七年五月十八日上修令三十卷。”

《玉海》卷66《天圣新修令》：“（天圣）七年五月己巳，诏以新修令三十卷又附令敕颁行。初，修令官修令成，又录罪名之轻者五百余条为附令敕一卷（志令文三十卷，附令敕一卷），乃下两制看详既上颁行之。（先是诏参知政事吕夷简等参定，令文乃命庞籍、宋郊为修令官，取唐令为本参以新制，七年五月十八日上删修令三十卷。）”①

六月二十日，玉清昭应宫灾。宰臣王曾、吕夷简附和范雍之议，请皇太后罢修玉清昭应宫。

《长编》天圣七年六月“丁未”（二十日）条载：“丁未，大雷雨，玉清昭应宫灾。宫凡三千六百十一楹，独长生崇寿殿存焉。翌日，太后对辅臣泣曰：‘先帝力成此宫，一夕延燔殆尽，犹幸一二小殿存尔。’枢密副使范雍，度太后有再兴葺

---

①五月己巳，为五月十一日。

意,乃抗言曰:‘不若燔之尽也!’太后诘其故,雍曰:‘先朝以此竭天下之力,遽为灰烬,非出人意。如因其所存,又将葺之,则民不堪命,非所以祇天戒也。’宰相王曾、吕夷简亦助雍言,夷简又推《洪范》灾异以谏,太后默然。”

二十七日,王曾罢相,出任吏部尚书,知兖州(《宋史》卷9《仁宗本纪》)。

七月二十八日,吕夷简请罢辅臣所领诸宫观使名。

《长编》卷108天圣七年七月“乙酉”(二十八日)条载:“乙酉,罢辅臣所领诸宫观使名,从吕夷简、张旻、夏竦之请也。”

《宋会要·职官五四·宫观使》:“(天圣)七年七月,宰臣吕夷简、枢密使张旻、枢密副使夏竦各上表乞罢宫观使。”

《玉海》卷100《二圣殿》:“天圣七年七月,宰臣吕夷简等请罢宫观使。诏可。”

《续资治通鉴》卷37:天圣七年七月,“乙酉,罢诸宫观使并辅臣所领诸宫观使名,从吕夷简、张耆、夏竦之请也”。

按:张旻与张耆不同,从《长编》《宋会要》,当为张旻。

八月一日,诏罢天下职田,官收其入,以所直均给之(《宋史》卷9《仁宗本纪》)。

三日,吕夷简加吏部侍郎、昭文馆大学士。

宋仁宗《吕夷简进昭文相制》(天圣七年八月己丑):“推忠协谋佐理功臣、金紫光禄大夫、行尚书户部侍郎、同中书门下平章事、集贤殿大学士、兼修国史、上柱国、东平郡开国公、食邑三千三百户、食实封一千二百户吕夷简……可特授行尚书吏部侍郎、同中书门下平章事、昭文馆大学士、监修国史,加食邑七百户、食实封三百户,功臣、散官、勋、封如故。”(《宋大诏令集》卷52、《全宋文》卷950)

《长编》卷108天圣七年八月“己丑”(三日)条载:“己丑,宰臣吕夷简加吏部侍郎、昭文馆大学士。”

《宋史》卷9《仁宗本纪》载,天圣七年八月,“己丑,以吕夷简为昭文馆大学士”。

《续资治通鉴》卷38天圣七年八月“己丑”条载:“己丑,以吕夷简为昭文馆大学士。”

五日,吕夷简提议调整夏竦参知政事一职,由陈尧佐易之。夏竦为枢密副使,陈尧佐、王曙参知政事(《宋史》卷9《仁宗本纪》)。

《长编》卷108天圣七年八月“辛卯”(五日)条载:“尧佐改参知政事。竦与夷简不相悦,故以尧佐易之。”

王珪《夏文壮公竦神道碑》(《琬琰集》上集卷22):“又明年,拜参知政事、祥源观使。于是,请复六科,又请复百官转对,置理检使。已而,为宰相所忌,复以为枢密副使。”

曾巩《隆平集》卷11《夏竦传》:“七年参知政事,与宰相吕夷简不协,徙枢密副使。”

按:王珪《夏文壮公竦神道碑》虽未隐事实,却隐去宰相吕夷简之名,仅以“为宰相所忌”含糊载之,却补充了所嫉妒之缘由:“请复六科,又请复百官转对,置理检使”。

九月十一日,吕夷简辄升班次,议者非之。

《长编》卷108天圣七年九月“丙寅”(十一日)条载:“丙寅,诏阁门,自今入内都知押班,如昭宣使以上,即与客省使等为一班;皇城使副以下,并在皇城使之前,别作一行。太祖朝,都知押班率供奉官为之,内中祗应,裹头巾、衣褐衫。而已。宰相吕夷简不考故事,辄升其班次,议者非之”。自注称:“都知押班裹头巾,衣褐衫此据江休复《杂志》,又云许公升都知押班班次,不报御史台。至今每迁官,必奏免正衙。此事当考。”

十月二十六日,诏封太子少保致仕马亮亡妻刘氏为彭城郡夫人,从吕夷简言。

《宋会要·仪制一〇·宗室外戚内外臣僚伪国王外臣等叙封母妻》:“(天圣七年十月)二十六日,诏封太子少保致仕马亮亡妻刘氏为彭城郡夫人。从其婿宰臣吕夷简之请也。刘氏早卒,亮虽历尚书,以妻亡不当封赠。夷简援张士逊任枢密副使乞封妻母例以为言,故有是命。”

十一月九日,秘阁校理范仲淹因疏请皇太后还政,出为河中府通判(《长编》卷108)。

是年,停贡举(《文献通考》卷32《选举考五·举士》)。

大约是年,吕夷简测试诸子谁可作宰相。认为吕公著必作相。

孙升《孙公谈圃》下:“吕文靖生四子。公弼、公著、公奭、公孺,皆少时,文靖与其夫人语:‘四儿他日皆系金带,但未知谁作宰相?吾将验之。’他日,四子居外，夫人使小鬟擎四宝器贮茶而往，教令至门故跌而碎之。三子皆失声，或走归告夫人者，独公著凝然不动。文靖谓夫人曰：‘此子必作相。’元祐果大拜。”

周煇《清波杂志》卷7《玛瑙盘》：“国朝韩魏公得二玉杯、玉盘，觞客次，藉以锦，置于案，为执事者触案，碎于地。非但一时略不变色，竟无追惜之意。与夫吕文靖俾小姬擎宝器入书室，故戒及门若足踣而仆，试诸子度量。古今之事，若合符节。”

张方平《吕文靖神道碑》：吕夷简有“七子：公绰，兵部员外郎、史馆修撰；公弼，度支员外郎、三司监铁判官；公著、公孺，并太常博士，操行器识，儒学吏用，维其似之，必复大显；公悚，赠右赞善大夫；余早夭。二女：长适司封郎中雍，文正公子也，次不育”。

按：《宋史》卷9《仁宗本纪》载，天圣五年“十二月辛未，加恩百官。甲戌，诏辅臣南郊恩例外，更改一子官”。吕夷简是辅臣，当可“更改一子官”，长子吕公绰为官无疑。次子吕公弼（1007—1073）23岁，也早已做官。据张方平《吕文靖神道碑》载，天圣七年是吕夷简任宰相之第一年。在家的可能有公著（生于1018年，12岁）、公孺（生于1021年，9岁），及公悚等。

天圣八年（1030），吕夷简52岁，吕公著13岁

正月十三日，资政殿学士晏殊等权知贡举（《长编》卷109），**御史中丞王随、知制诰徐奭、张观权同知贡举**（《宋会要·选举一》）。

按：此事，《长编》卷109记为天圣八年正月丙寅（十三日），仅有对晏殊的任命；《宋会要·选举一》记为“正月十二日”，时间不一，存此待考。

二月五日，“诏：五代时官三品以上告身存者，子孙听用荫”（《宋史》卷9《仁宗本纪》）。

三月十一日，举行御试（《长编》卷109）。**赐礼部奏名进士，诸科及第出身822人**（《宋史》卷9《仁宗本纪》），**省元欧阳修，状元王拱辰**（《文献通考》卷32《选举考五·举士》）。

五月，范仲淹致书吕夷简《上时相议制举书》。

楼钥《范文正公年谱》:天圣八年,"夏四月,转殿中丞","五月,有《上时相议制举书》"。[1]

范仲淹《上时相议制举书》:"天圣八年五月日,具位范某,再拜上书于昭文相公阁下……"(《范仲淹全集》卷10,中华书局2020年5月版)

六月十一日,吕夷简上新修宋真宗朝国史一百五十卷。进秩,夷简固辞。

《长编》卷109载,天圣八年六月"癸巳"(十一日),"吕夷简等上新修国史于崇政殿",宋真宗朝国史完成,总一百五十卷。

《续资治通鉴》卷38载,天圣八年六月癸巳,"监修国史吕夷简等上《新修国史》于崇政殿。故事,史成,监修而下进秩,夷简固辞之"。

七月十二日,以亲郊,命宰臣吕夷简为大礼使,晏殊为礼仪使,盛度为仪仗使,王随为卤簿使,徐奭为桥道顿递使。

《宋会要·礼二八·郊祀五使》:"(天圣)八年七月十二日,以亲郊,命宰臣吕夷简为大礼使,资政殿学士晏殊为礼仪使,翰林学士盛度为仪仗使,御史中丞王随为卤簿使,翰林学士、权知开封府徐奭为桥道顿递使。"

十七日,宰臣吕夷简等上表,请加尊号。

《宋会要·礼四九·尊号四》:"(天圣)八年七月十七日,宰臣吕夷简等上表,请加尊号曰'圣文睿武体天钦道仁明孝德。'表三上,诏答不许。"

八月五日,诏详定盐法(《宋史》卷9《仁宗本纪》)。

九月十九日,赵稹为枢密副使(《宋宰辅编年录校补》卷4)。

十一月十九日,"祀天地于圜丘",大赦(《宋史》卷9《仁宗本纪》)。

十二月,宰臣吕夷简充奉御容礼仪使。

《宋会要·礼一一·神御殿》:"太平兴国寺开先殿。天圣八年九月,建太祖神御殿于寺之后廷,以开先为名。十二月,命宰臣吕夷简(克)[充]奉御容礼仪使,入内都知韩守英管勾。"

是年,刘挚生(《宋史》卷340本传)。

按:刘挚(1030—1098),字莘老。嘉祐四年中进士甲科。与吕公著有交集。历任礼部郎中、右司郎中、秘书少监、御使中丞、尚书右仆射等。

---

①当时居首位之宰相为吕夷简。

天圣九年(1031),吕夷简53岁,吕公著14岁

三月十七日,安太祖、太宗、真宗画像于西京凤台山会圣宫(《长编》卷110)。

六月三日,契丹国主隆绪卒。子宗真立,是为兴宗,其母萧太后摄政(《长编》卷110、[元]脱脱《辽史》卷17《圣宗本纪》)。

八月二日,吕夷简岳父马亮卒,谥忠肃。

《长编》卷110天圣九年八月"丁丑"(二日)条载:"八月丁丑,太子少保致仕、赠右仆射马亮卒。亮有智略,敏于政事,然所至无廉称。吕夷简少时,从其父为县福州,亮见而奇之,妻以女,妻刘恚曰:'嫁女当与县令儿耶?'亮曰:'非尔所知也。'及卒,时吕夷简在相位,有司谥曰忠肃,人不以为是也。"

《续资治通鉴》卷38载,天圣九年八月丁丑,"太子少保致仕马亮卒,赠右仆射。亮有智略,敏于政事,然所至无廉称。及卒,以婿吕夷简在相位,得谥忠肃,人不以为然"。

闰十月二十四日,帝取大字四轴分赐吕夷简、张耆、孙奭、晁迥。

《玉海》卷34《天圣赐飞白书》:"(天圣)九年闰十月戊辰(二十四日),知兖州孙奭辞曲宴太清楼,召晁迥与会,赐飞白书人一轴,迥与吕夷简、张耆及奭别赐大字四轴。"

《宋会要·礼四五·宴享》:"(天圣)(八)[九]年闰十月二十四日,宴近臣于太清楼,饯翰林侍讲学士孙奭赴兖州,诏太子少保致仕晁迥预。楼四壁陈御飞白书,赐从官人一轴,别取大字四轴分赐吕夷简、张耆、孙奭、晁迥。遂宴楼下,教坊奏乐,饮九行。"

是年,刘涣上疏言请太后还政被罚,将黥隶白州,吕夷简与薛奎力谏得免。

《长编》卷113明道二年十一月"戊寅"条载:"初,涣上疏庄献太后,请还政,太后怒,议黥面配白州,属太后疾革,宰相吕夷简为稽,故不即行。"自注云:"《杨氏编年》于天圣九年六月载奉礼郎刘涣上疏太后请还政,不知何据。据刘涣传,上疏时,涣实为礼郎,赖吕夷简及薛奎解太后,乃得免。然亦不载是何年月,但云太后听政已十年。疑杨氏据十年语,因附天圣末。按夷简传云属太后

疾革，则涣上疏时必非天圣末矣，所称六月，兹不可知，今止从夷简新传。”

《东都事略·刘涣传》：“天圣中，章献明肃太后同听政，涣谓天子年加长，乃慨然上书请太后还政。章献震怒，议黥面配白州，吕夷简、薛奎力救之得免。”

吕希哲《吕氏家塾记》：“章献明肃之盛，文靖公拯救防微杜渐者非一，未尝与人言，天下亦莫知也。仁宗既亲政，大臣或言当垂帘时，有刘涣者尝上章请归政，得罪于太后。帝顾文靖公曰：‘当时枢臣欲黥配岭南，赖公力言得免。’若公者，苟利国家，虽举世不知弗与辨也。倘非圣主亲发德音，人谁知之？岂比夫贱丈夫急己之毁誉，而缓国之休戚哉！”（转见于赵善璙《自警编》卷2）

《宋史》卷324《刘涣传》：“天圣中，章献太后临朝久，涣谓天子年加长，上书请还政。后震怒，将黥隶白州，吕夷简、薛奎力谏得免。仁宗亲政，擢为右正言。”

顾吉辰《北宋奉使邈川唃厮啰政权使者刘涣事迹编年》（《西藏研究》1988年第1期）：天圣九年，“以奉礼郎上书庄献太后，请还政”。并“按”云：“涣以父任为将作监主簿在天圣六年七月，监并州仓，必在天圣七、八年间，其任奉礼郎当在天圣末，上书太后请还政，也必在其间。”

按：刘涣（997—1077），字仲章，文质子。以父任将作监主簿，监并州仓。仁宗亲政，擢为右正言，黜通判磁州，寻知辽州。元昊建立西夏，对宋用兵，刘涣请往邈川联系吐蕃族大首领唃厮啰（唃厮啰，藏语音译为“佛子”，系北宋河湟地区藏族首领），使其出兵助战，以牵制西夏。

考：《长编》自注云“太后听政已十年”。乾兴元年（1022）二月甲寅，54岁的宋真宗赵恒病逝于延庆殿，遗诏曰：太子赵祯即位，皇后刘氏（章献明肃皇后）为皇太后，杨淑妃为皇太妃，军国重事“权取”皇太后处分。当时小皇帝仁宗赵祯只有11岁，实际上就是由皇太后刘娥处理政务。既然太后已经“垂帘”听政十年，推知刘涣之谏言，当在是年。顾吉辰《北宋奉使邈川唃厮啰政权使者刘涣事迹编年》的考证，是对的。

是年，契丹国主封宗室女为兴平公主，归嫁西夏元昊，以元昊为驸马都尉，爵夏国公（《辽史》卷114《西夏外纪》）。

是年，停贡举，拔萃4人（《文献通考》卷32《选举考五·举士》）。

是年，吕夷简举荐晁宗悫知制诰。

王铚《默记》卷上:"吕申公为相,有长者忠厚之行,故其福禄子孙,为本朝冠族。尝因知制诰有阙,进拟晁宗悫。仁宗曰:'无甚文名。'命别拟人。申公曰:'臣之所见,或异于是。今内外之臣,文字在宗悫之上固多,但宗悫父迥年逾八十,受先朝尊礼,若使其生见子为侍从,且父子世掌丝纶,尤为盛事,迥必重感戴,足以惇圣朝孝悌之风。'上许之,即降旨召试。是日,亟命至中书,迥方熟睡,不暇白知也。既毕,还家,而迥老病,卧于床上,注目以待宗悫之归,问:'今日来何晏也?'宗悫具白:'召试毕方归,故不暇白大人也。'问:'试得意否?'宗悫曰:'甚得意也。'迥大喜,遽下床扶行,失病所在。盖久病卧于床,因喜其子召试而忘其疾也。宗悫在词掖久之,父子每同锡燕,缙绅荣之。宋绶云:'自唐以来,惟杨於陵身见其子嗣复继掌书命,至是有晁氏焉。'然则吕申公作相而恤人之老,真宰相器也,其有后,宜哉!"

按:晁宗悫天圣九年(1031)为知制诰,与吕夷简举荐有关。

是年,吕惠卿生(《琬琰集》下集卷14《实录·吕参政惠卿传》)。

按:吕惠卿(1032—1111),字吉甫,号恩祖。王安石变法中的二号人物,与司马光、吕公著对立。

明道元年(1032),吕夷简54岁,吕公著15岁

正月三日,赵曙(宋英宗)生(《宋史》卷13《英宗本纪》)。

二月二日,吕夷简监修国史,上《三朝宝训》三十卷。赐器币。

《长编》卷111明道元年二月"癸卯"(二日)条载:"二月癸卯,监修国史吕夷简上《三朝宝训》三十卷"。

《玉海》卷49《天圣三朝宝训》:"明道元年二月癸卯书成,凡三十卷。监修国史吕夷简诣承明殿上进,赐编修官王举正、李淑章服,参详冯元、夏竦,监修吕夷简第赐器币。"

罗从彦《遵尧录》卷4:"天圣初,监修国史王曾言:'唐史官吴兢,于正史、实录外,采太宗与群臣问对之语为《贞观政要》。今欲采太祖、太宗、真宗实录、日历、时政记、起居注,择简易事迹不入正史者,命史官别为一书,与正史并行。'帝

从之,诏吕夷简专其事,责成,今所谓《三朝宝训》是也。"

李兆洛《凤台县志·艺文》:"吕夷简《三朝宝训》,无卷数,佚。《宏简录》明道元年二月癸卯,吕夷简上《三朝宝训》。"

九日,张士逊任集贤相(《宋史·仁宗本纪》),吕夷简加中书侍郎。

《长编》卷111明道元年二月"庚戌"(九日)条载:"庚戌……吕夷简加中书侍郎。初,授夷简中书侍郎、兼兵部尚书,固辞兵部尚书,乃令学士院贴麻,仍遣内侍都知蓝继宗就阁门赐之。"

按:《宋史宰辅表》明道元年壬申(1032)"宰相进拜加官"栏:"(二月庚戌)吕夷简加右仆射、中书侍郎",衍"右仆射"。

二十六日,皇上生母宸妃李氏薨,因吕夷简廷争用宫仗葬之。

《长编》卷111明道元年二月"丁卯"(二十六日)条载:"始,宫中未治丧,宰相吕夷简朝奏事,因曰:'闻有宫嫔亡者。'太后矍然曰:'宰相亦预宫中事邪?'引帝偕起。有顷,独出,曰:'卿何间我母子也!'夷简曰:'太后他日不欲全刘氏乎?'太后意稍解。有司希太后旨,言岁月未利,夷简黜其说,请发丧成服,备宫仗葬之。时有诏欲凿宫城垣以出丧,夷简遽求对,太后揣知其意,遣崇勋问何事,夷简言:'凿垣非礼,丧宜自西华门出。'太后复遣崇勋谓夷简曰:'岂意卿亦如此也!'夷简曰:'臣位宰相,朝廷大事,理当廷争。太后不许,臣终不退。'崇勋三反,太后犹不许。夷简正色谓崇勋曰:'宸妃诞育圣躬,而丧不成礼,异日必有受其罪者,莫谓夷简今日不言也!'崇勋惧,驰告,太后乃许之"。自注称:"凿垣事,据魏泰《东轩记事》。宸妃以二月二十六日薨,辍视朝三日。三月初一日发哀成服,初四日赠三代,十四日葬,又辍朝。今并书之。宸妃之号,前此亦未见,恐是创置也。当考。"

陈师道《后山谈丛》卷6之《吕夷简语》:"吕申公曰:'惟人主之眷不可恃。'《邵氏闻见录》卷第八:吕文靖公为相,章献太后垂帘同听政。李宸妃薨,章献秘之,欲以宫人常礼治丧于外。文靖早朝,留身奏曰:'闻禁中贵人暴薨,丧礼宜从厚。'章献遂挽仁宗入内,少顷,独坐帘下,召文靖问曰:'一宫人死,相公云云何与?'公曰:'臣待罪宰相事,内外无不当预。'章献怒曰:'相公欲离间我母子耶?'公从容对曰:'陛下不以刘氏为念,臣不敢言,尚念刘氏也,丧礼宜从厚。'章献悟,遽曰:'宫人李宸妃也,且奈何?'文靖乃请治丧皇仪殿,太后与帝举哀后苑,百官奉灵,由西华门以出,用一品礼殡洪福寺。公又谓入内都知罗崇勋曰:‘宸妃当以后服殓,用水银实棺,异时莫道夷简不曾说来。’章献皆从之。后章献上仙,燕王谓仁宗言:‘陛下李宸妃所生,妃死以非命。’仁宗号恸毁顿,不视朝者累日,下哀痛之诏自责,尊宸妃为皇太后,谥章懿。甫毕,章献殿殡,幸洪福寺祭告。易梓宫,帝亲哭视之,后玉色如生,冠服如皇太后者,以有水银沃之,故不坏也。帝叹息曰:‘人言其可信哉!’待刘氏加厚。使仁宗孝德、章献母道两全,文靖公先见之明也。呜呼智哉!”

三月十六日,诏以《天圣编敕》十三卷、《赦书德音》十二卷、《令文》三十卷付崇文院镂版施行。由吕夷简、夏竦提举管勾。

《宋会要·刑法一·格令一》:“(天圣)十年三月十六日,诏以《天圣编敕》十三卷、《赦书德音》十二卷、《令文》三十卷付崇文院镂版施行。先是五年五月,诏以大中祥符七年止天圣五年续降宣敕删定,命宰臣吕夷简、枢密院副使夏竦提举管勾。”

《宋史》卷204《艺文志》:“吕夷简《天圣编敕》十二卷。《天圣令文》三十卷。吕夷简、夏竦等撰。”

《玉海》卷66《诏令》:“(天圣)七年五月己巳,诏以新修《令》三十卷,又附《令敕》一卷颁行。……《书目》、《天圣令文》三十卷。时令文尚依唐制,夷简等据唐旧文斟酌众条,益以新制,天圣十年行之。附《令敕》十八卷。夷简等撰。”

五月二十五日,诏宰臣吕夷简都大参详御制三宝赞等。

《长编》卷111明道元年五月“乙未”(二十五日)条载:“初,译经润文使夏竦请注释御所制三宝赞及皇太后发愿文,既许之……寻又诏宰臣吕夷简都大参详。”

七月五日,赐寿州州学九经。

《玉海》卷55《天圣赐九经》:“明道元年七月甲戌,赐寿州州学九经。”

按:是年七月庚午朔。甲戌为五日。寿州(治今安徽凤台),是吕夷简的户籍地、出生地,赐寿州州学九经疑是乡情使然。

十六日,王曙罢参知政事(《宋宰辅编年录校补》卷4)。

二十二日,朝廷始置谏院(《长编》卷111)。

八月一日,晏殊参知政事(《宋史》卷10《仁宗本纪》)。

五日,杨崇勋为枢密副使(同上)。

二十五日,吕夷简兼任修葺大内使。

《长编》卷111明道元年八月“甲子”(二十五日)条载,八月甲子,“以宰相吕夷简为修葺大内使,枢密副使杨崇勋副之”。“乙丑(二十六日)……先是百官晨朝而宫门不开。辅臣请对,帝御拱宸门,追班百官拜楼下,宰相吕夷简独不拜。帝问其故,曰:‘宫廷有变,群臣愿一望清光。’帝举帘见之,夷简乃拜。”

《宋史》卷10《仁宗本纪》:明道元年八月,“甲子,以吕夷简为修内使”。

十一月六日,改元(《宋史》卷10《仁宗本纪》)**,是年即明道元年。**

十五日,吕夷简改门下侍郎、兼吏部尚书。

《长编》明道元年十一月“癸未”(十五日)条载:“癸未,宰臣吕夷简加右仆射兼门下侍郎……。夷简固辞所加官,乃令翰林贴麻,改门下侍郎兼吏部尚书。”

《宋史宰辅表》明道元年壬申(1032)“宰相进拜加官”栏:“(十一月癸未)吕夷简加门下侍郎兼吏部尚书。”

是月,西夏主赵德明卒,子元昊继立为西平王(《宋史》卷10《仁宗本纪》)。

十二月五日,杨崇勋为枢密使(《宋史》卷10《仁宗本纪》)。

七日,吕夷简任恭谢太庙籍田大礼使。

《长编》卷111明道元年十二月“甲辰”(七日)条载:“甲辰,以宰相吕夷简为恭谢太庙籍田大礼使。”

十一日,宰臣吕夷简等拜表,请加上尊号。

《宋会要·礼四九·尊号四》:“明道元年十二月十一日,宰臣吕夷简等拜表,请加上尊号曰‘睿圣文武体天法道仁明孝德皇帝’,表五上,诏答允。”

同日,吕夷简请加皇太后尊号。

《宋会要·礼五〇·后妃尊号》:“明道元年十二月十一日,宰臣吕夷简等拜表请加上尊号曰‘应元齐圣显功崇德慈仁保寿皇太后’,表五上,诏答许。”

是年,停贡举(《文献通考》卷32《选举考五·举士》)。

吕公著少时的座右铭是“不善加己,直为受之”。

赵善璙《自警编》卷1:“吕正献公平生未尝较曲直,闻谤未尝辨也。少时书于座右曰:‘不善加己,直为受之。’盖其初自惩艾如此。”

吕公著自少讲学。

《长编》卷422元祐四年二月“甲辰”(三日)条载:“公著自少讲学,以治心养性为本,识虑深敏,量弘而学粹,苟便于国,不以利害动其心。”

按:中国古代人所称的“少年”“后生”“郎”,即是指青年男子。是年吕公著15岁,故置于此。

是年,契丹国主封元昊为西夏王(《辽史》卷114《西夏外纪》)。

是年,程颢生(《二程文集》卷12《明道先生行状》)。

按:程颢(1032—1085),字伯淳,学者称明道先生。北宋思想家,理学奠基者,与吕公著有交往。乾隆十五年,乾隆皇帝到洛阳有《谕祭宋臣程颢祠文》(嘉庆《洛阳县志》卷2),足见其影响之深远。

明道二年(1033),吕夷简55岁,吕公著16岁

正月二十二日,宰臣吕夷简、枢密副使夏竦上所注御制三宝赞、皇太后发愿文。吕夷简请赐其子大理丞公弼进士出身,后从之。

《长编》卷112明道二年正月“己丑”(二十二日)条载:“己丑,宰臣吕夷简、枢密副使夏竦上所注御制三宝赞、皇太后发愿文。……夷简、竦各与一子改官。而夷简请赐其子大理丞公弼进士出身,从之。”

按:五月九日,赐吕公弼为进士出身(《宋会要·选举九·赐出身》),故说“从之”。

二月九日,吕夷简上皇太后尊号册文。

吕夷简《上皇太后尊号册文》(明道二年二月):“……夫高明资始,是之谓应元;思睿周达,是之谓齐圣;鼓舞范围,是之谓显功;敷施迈种,是之谓崇德;睦族济众,是之谓慈仁;祈年思永,是之谓保寿。臣不胜大愿,谨遣摄太尉、太庙藉田大礼使、门下侍郎兼吏部尚书、同中书门下平章事、昭文馆大学士、监修国史吕夷简上尊号应元齐圣显功崇德慈仁保寿皇太后。”(《全宋文》卷321、《宋会要·礼五〇》)

《明道二年皇太后尊号册文》(二月九日):“维明道二年岁次癸酉,二月丁

酉朔,九日乙巳,嗣皇帝臣某谨再拜稽首言……臣不胜大愿,谨遣摄太尉、太庙籍田大礼使、推忠协谋同德佐理功臣、开府仪同三司、行门下侍郎兼吏部尚书、同中书门下平章事、昭文馆大学士、监修国史、上柱国、东平郡开国公、食邑七千户、食实封二千八百户吕夷简,奉玉册玉宝,上尊号曰应元齐圣显功崇德慈仁保寿皇太后。"(《宋大诏令集》卷13、《宋代诏令全集》第3册)

《宋会要·礼五〇·后妃尊号》:"(明道)二年二月九日,太庙恭谢礼毕,帝诣天安殿跪奉皇太后玉册,授摄太尉宰臣吕夷简册文曰……"

按:此册文,《宋会要辑稿》所录没有《宋大诏令集》完整,特别是吕夷简的官职,更为明晰。

二月初,吕夷简上《乞许父老乡民观望籍田礼奏》。十一日,仁宗行籍田礼。十六日命吕夷简等次韵和诗以进。二十三日,命吕夷简等撰《籍田记》。

吕夷简《乞许父老乡民观望籍田礼奏》(明道二年二月):"籍田礼希旷,为日已久。比闻修举,内外翘属,况亲屈万乘,劝本力农。伏请下有司,令遍谕密近村聚,俟御耕日,特许父老乡民观望盛礼,勿令呵止。"(《宋会要辑稿补编》第144页)

《玉海》卷30《明道籍田诗》:"明道二年二月十六日,赐百官福酒,帝作《籍田礼毕诗》七言一首,赐宰相吕夷简等次韵和进,己未命夷简、殊撰《籍田记》。"

《玉海》卷76《明道籍田(纪)、仪注、类事》:"明道二年二月十一日丁未,行籍田礼……十六日赐百官福酒有差;辛亥上作籍田诗赐近臣;己未命宰相吕夷简、参政晏殊撰《籍田记》。(二十三日)。四月,夷简、殊罢。"①

《渑水燕谈录》卷1:"明道二年二月十一日,仁宗行籍田礼。就耕位,侍中奉耒进御,上搢圭秉耒三推,礼仪使奏礼成。上曰:'朕既躬耕,不必泥古,愿终亩以劝天下。'礼仪使复奏,上遂耕十有二畦。翌日,作《籍田礼毕诗》,赐宰臣已下和进,寻诏吕文靖公编为《籍田记》。时许开封国学举人陪位,因得免解。"

郭声波《宋大礼五使系年》(《宋代文化研究》第3辑):"明道二年(1033)二月九日乙巳,皇太后恭谢太庙;十一日丁未,皇帝祀先农于东郊,行籍田礼,礼毕。以皇太后恭谢太庙为大礼,此为特例,后不为法。"

---

①是年二月丁酉朔。辛亥,为十五日。己未,为二十三日。

考：十一日，仁宗行籍田礼。《籍田诗》，当为《籍田礼毕诗》的简称。仁宗作诗之时间，《玉海》卷30为十六日，卷76为十五日；《渑水燕谈录》卷1，为十二日。时间不一，今并录之。命夷简等和诗的时间，当在仁宗作诗之后，今权从《玉海》卷30。

十一日，吕夷简上《睿圣文武体天法道仁明孝德皇帝册文》。

吕夷简《睿圣文武体天法道仁明孝德皇帝册文》（明道二年二月）："维明道二年岁次癸酉，二月丁酉朔，十一日丁未，摄太尉具官吕夷简等上言曰：臣闻穹旻之垂景命，必资神睿之略，以庇于方夏；臣庶之沐利泽，必荐崇高之号，以归于尊极。"（《全宋文》卷321、《宋会要·礼四九》、《宋大诏令集》卷6）

《宋会要·礼四九·尊号四》："（明道）二年二月十一日，籍田礼毕，帝御天安殿受册。册文曰：'摄太尉、门下侍郎、兼吏部尚书、同平章事、昭文阁大学士吕夷简等再拜稽首上言曰：臣闻穹旻之垂景命、启昌图，必有明君哲后大庇于方夏。'"

《宋会要·帝系一·帝号杂录》："明道二年二月，加号睿圣文武体天法道仁明孝德。"注文说："《宋朝会要》：册文，宰臣吕夷简撰。"

三月二十九日，皇太后刘氏卒（《宋会要·礼五五·听政》、《长编》卷112）。

按：皇太后刘氏听政十一年，一直不忘培养仁宗。《宋史·列传第一·章献明肃刘皇后》："后称制凡十一年，自仁宗即位，乃谕辅臣曰：'皇帝听断之暇，宣诏名儒讲习经史，以辅其德。'于是设幄崇政殿之西庑，而日命近臣侍讲读。"

三十日，因皇太后刘氏卒，吕夷简兼任山陵使。

《长编》卷112明道二年三月"乙未"（三十日）条载："乙未，帝御皇仪殿之东楹，号恸见辅臣，曰：'太后疾不能言，而犹数引其衣，若有所属，何也？'（薛）奎曰：'其在衮冕也，然服之何以见先帝乎？'帝悟，以后服敛。命吕夷简为山陵使。"

《宋史》卷10《仁宗本纪》：明道二年三月"甲午，皇太后崩，遗诏尊皇太妃为皇太后，吕夷简为山陵使。"

《宋会要·礼三二·后丧·章献明肃皇后》：三月三十日，"诏（外）[升]园陵为山陵，命宰臣吕夷简为山陵使，翰林学士盛度为礼仪使，章得象为仪仗使，权御史中丞蔡齐为卤簿使，权知开封府程琳为桥道顿递使。（后夷简等并兼庄懿皇太后园陵五使)"。

按:刘太后写下遗嘱"尊太妃为皇太后",凡军国大事皇帝要与太后在宫内裁定,于"三月二十七日夜三鼓,皇太后崩于宝慈殿,迁座于皇仪殿"(《宋会要·礼三二·后丧·章献明肃皇后》)。

是月,吕夷简以章献皇太后遗令,册杨太妃为皇太后,且复垂帘。仁宗对生母章懿之崩、晏殊所撰志文称"生女一人,早卒。无子",恨之。

苏辙《龙川别志》卷上:"章献皇后崩,吕公以后遗令,册杨太妃为皇太后,且复垂帘。士大夫多不悦。御史中丞蔡齐将留百官班争之,乃止。许公叹曰:'蔡中丞不知吾心,吾岂乐为此哉!仁宗方年少,禁中事莫主张者。'其后盛美人等恣横争宠,无如之何,许公之意或在是矣。然人主既壮,而母后听政,自非国家令典。虽或能整齐禁中,而垂帘之后,外家用事,亦何所不至?古今母后临朝,如宣仁宗专奉帝室,不为私计,盖未有也。"

按:刘娥,真宗刘皇后,仁宗章献皇太后,仁宗即位年幼,垂帘听政达11年之久。《宋人轶事》卷6《刘筠》:"章献临朝,意颇不平。"《宋史·后妃传上》:"(真宗)章献明肃刘皇后……真宗崩,遗诏尊后为皇太后,军国重事,权取处分。"仁宗即位所改年号"天圣",意在"二人圣",即其与仁宗皇帝并列之。上文中的"吕公"为吕夷简。

《龙川别志》卷上 :"章献既没,或疑章懿之丧。仁皇遣李用和发其葬视之,容貌如生。使者驰入奏,仁皇于章献神御前,焚香泣告曰:'自今大娘娘平生分明矣。'仁宗谓刘氏大娘娘,谓杨氏小娘娘。"

《龙川别志》卷上 :"章懿之崩,李淑护葬,晏殊撰志文,只言生女一人,早卒无子。仁宗恨之,及亲政,内出志文,以示宰相曰:'先后诞育朕躬,殊为侍从,安得不知?乃言生一公主,又不育,此何意也?'吕文靖曰:'殊固有罪,然宫省事秘,臣备位宰相,是时虽略知之而不得其详,殊之不审,理容有之。然方章献临御,若明言先后实生圣躬,事得安否?'上默然良久,命出殊守金陵。明日,以为远,改守南郡。如许公保全大臣,真宰相也,其有后宜哉!及殊作相,八王疾革,上亲往问。王曰:'叔久不见官家,不知今谁作相?'上曰:'晏殊也。'王曰:'此人名在图谶,胡为用之?'上归阅图谶,得成败之语,并记志文事,欲重黜之。宋祁为学士,当草白麻,争之。乃降二官知颍州,词曰:'广营产以殖赀,多役兵而规利。’以它罪罪之。殊免深谴，祁之力也。”

李心传《旧闻证误》卷2：“章懿之崩，晏殊撰志文曰：‘生女一人，早卒。无子。’仁宗恨之。及亲政，内出志文以示宰相，吕文靖解之，上默然，乃命殊出守金陵。如许公保全大臣，真宰相也。及殊作相，八王疾革，上往问疾，王曰：‘叔久不见官家，不知今谁作宰相？’上曰：‘晏殊也。’王曰：‘此人名在图谶，胡为用之？’上并记志文事，欲重黜殊。宋祁草麻，力争之，乃降二官知颍州。词曰：‘广营产以殖私，多役兵而规利。’以他事罪之。殊免深谴，祁之力也。（出苏辙《龙川别志》）。按《国史》：明道二年三月，章懿崩。四月乙未，宰相吕夷简判澶州，执政晏殊等五人皆迁一官罢。恐非缘志文事也。是时，许公例罢去，安得救解元献耶？庆历四年正月，燕王薨。九月，晏公乃罢相，实用蔡君谟、孙之翰章疏也，‘殖私’、‘规利’亦章疏中语。文定所记二事皆误。”

按：章懿皇后，李氏，浙江杭州人，宋真宗赵恒妃嫔，宋仁宗赵祯生母。民间流传的“狸猫换太子”中的李妃就是指李宸妃。

四月十三日，仁宗始听政于崇政殿之西厢。吕夷简上疏八事，曰正朝纲、塞邪径、禁贿赂、辨佞壬、绝女谒、疏近习、罢力役、节冗费。

《宋会要·礼五五·听政》：“明道二年三月二十九日，章献明肃皇太后崩。四月二日，宰臣吕夷简等上表请听政，不允。继五上表固请，诏允。十三日，听政于崇政殿之西厢。十六日，夷简等复请御正殿。表三上，始允。二十七日，御紫宸殿。”

《长编》卷112明道二年四月“戊申”（十三日）条载：“戊申，始听政于崇政殿西厢。”

《长编》卷112明道二年四月“己未”（二十四日）条载：“帝始亲政事，夷简手疏八事，曰正朝纲、塞邪径、禁贿赂、辨佞壬、绝女谒、疏近习、罢力役、节冗费，其劝帝语甚切。”

按：仁宗开始亲政后，夷简手疏陈八事，其具体内容，见于《中华吕姓》第十三章《吕姓人物·吕夷简》与浙江《太平志》，兹摘录其略曰：“君臣之势隔，则上下之情不通；上下之情通，庶国家之务不壅。且人君一日有万几者，则有要焉，以为之本，君国之政至烦庶也，所以御其烦者，则有八者以为之枢，八者维何？一曰‘正朝纲’，所以建国本，曰国本立则内抚百姓、外攘夷狄，无不得其理；二曰

'塞邪径',所以辟异端也,异端辟则身修于上,政行于下,无邪慝之私;三曰'禁贿赂',所以杜私谒之门,则公道日行,私门日塞,政令当于人心;四曰'辨佞壬',所以止谗人之路,则嘉谟日进,谠言日闻,国家并受其福;五曰'绝女谒',所以远色也,女色远则君德日以精明,君身日以强固,所以劳心于国事者,不堕而无昏迷、怠惰之失;六曰'疏近习',所以防奸也,谨防奸则君子之道日长,小人之道日消,所以行政令于天下者不壅,而无近侍嬖倖之惑;七曰'罢力役',所以苏民困也,民苏于下,则国日强,非所谓民惟邦本,本固则邦宁耶?八曰'节冗费',所以示节俭也,君俭于上,则国无妄费,非所谓足国足民,下无困疲者耶?为人君者,诚能以八者心体而力行之,不挟己见,不徇私情,以众智为智,以众心为心,恒恐一夫不得其所,一事不得其理,孜孜访问,惟善是求,诚尧舜公天下之心也。陛下欲致唐虞事业,以成尧舜德化,愿乞勿以草莽贱言、庸流浅论而日体行之,则可以臻登三咸之盛矣。"

二十四日,吕夷简罢相,判澶州,改陈州。

宋仁宗《吕夷简罢相授使相判澶州制》(明道二年四月己未):"推忠协谋同德守正佐理功臣、开府仪同三司、行门下侍郎、兼吏部尚书、同中书门下平章事、昭文馆大学士、监修国史、上柱国、东平郡开国公、食邑八千户、食实封三千三百户吕某,道本中和,行存端厚。……可特授检校太傅、同中书门下平章事、使持节邓州诸军事、行邓州刺史、充武胜军节度、邓州管内观察处置等使、判澶州军州事、管内河堤观农使,加食邑一千户、食实封四百户,仍赐推诚保德崇仁忠亮翊戴功臣,散官、勋封如故。"(《宋大诏令集》卷66、《宋宰辅编年录校补》卷4、《全宋文》卷954)

《长编》卷112明道二年四月"己未"(二十四日)条载:"己未,门下侍郎、兼吏部尚书、平章事吕夷简罢为武胜节度使、同平章事,判澶州"。"初,荆王子养禁中,既长,太后欲留,使从帝诵读。夷简曰:'上富春秋,所亲非儒学之臣,恐亡益圣德。'即日命还邸中。"自注称:"苏辙《龙川别志》云,张方平奉敕撰夷简神道碑,其家欲言协和二宫事,方平于上前质其虚实,上不喜,曰:'吾不能复记此。'良久乃曰:'明肃章献尝自言梦周王祐来,告将托生荆王宫中,时允初始生,二后欲取入宫养之,夷简争之乃止。'上所言如此,则夷简协和二宫,信有力矣。按允初卒于治平元年,年三十七,其初生当天圣七年。方平撰神道碑不记此。

独本传有养荆王子禁中,既长,命还邸,与苏辙所记不同,不知本传何据,窃疑苏辙所记得实,今姑从本传。"

司马光《涑水记闻》卷5载:"明道二年四月己未,吕夷简罢为武胜军节度使、同平章事、判陈州。上与吕夷简谋,以夏竦等皆章献太后之党,悉罢之。退告郭后,郭后曰:'夷简独不附太后耶?但多机巧,善应变耳。'由是并夷简罢之。是日,夷简押班,闻唱其名,大骇,不知其故。夷简素与内侍副都知阎文应相结,使为中诇 ,久之,乃知事由郭后。"

《长编》明道二年四月"己未"(二十四日)条载:"帝与夷简谋,以耆、竦皆太后所任用,悉罢之。退告郭皇后,后曰:'夷简独不附太后耶?但多机巧,善应变耳。'由是并罢夷简。及宣制,夷简方押班,闻唱其名,大骇,不知其故。而夷简素厚内侍副都知阎文应,因使为中诇 ,久之,乃知事由皇后云。"

《宋会要·礼三二·后丧·章献明肃皇后》:明道二年四月"二十七日,以宰臣张士逊为山园使,御史中丞范讽为卤簿使,参知政事王随撰谥册并书册宝"。注云:"吕夷简出知陈州,蔡齐为三司使也。"

《宋史》卷211《宰辅二》:"(明道二年)四月己未,吕夷简自门下侍郎、同平章事以使相判澶州。"(中华书局点校本)并有注释:"疑澶州系属初授,未上任即改陈州,故本传、长编、神道碑都不载。"

《宋史》卷211《考证》:"宰辅表二明道二年十月戊午,吕夷简判陕州。陕应作澶。"

按:吕夷简此次罢相的原因,在于郭皇后说其"多机巧"。明道二年(1033)四月,判澶州。张方平撰吕公《神道碑》、《宋史·吕夷简传》、《宋会要·礼三二·后丧·章献明肃皇后》均作陈州。《宋大诏令集》谈到后来吕夷简再任宰相也是自陈州复入(卷53)。这种情况的原因可能是:澶州是初授,未赴任,又改任陈州,实际到任的是陈州。

同日,张耆罢枢密使,夏竦、范雍、赵稹罢枢密副使(《宋宰辅编年录校补》卷4)。

同日,吕夷简荐张士逊为相。

《长编》明道二年四月"己未"(二十四日)条载:"中书侍郎、兼兵部尚书、平章事、集贤殿大学士张士逊加门下侍郎、昭文馆大学士,兼修国史。"自注称:"或说吕夷简知士逊不如己,故荐以自代,使上思之,复召用之。按,士逊先为相,今但自集贤迁昭文，史馆也，恐好事者饰说，今不取。然士逊先为相，夷简实引之也。”

《宋史》卷10《仁宗本纪》载，明道二年四月二十四日，吕夷简罢相，张士逊、李迪并为相。

按：后来，吕夷简与张士逊结成儿女亲家，吕夷简之四子吕公孺娶张士逊之女。

同日，李迪再入相，王随参知政事，李咨为枢密副使(《宋宰辅编年录校补》卷4)。

大约是月，吕夷简长子吕公绰复为直集贤院、同管勾国子监，出知郑州。

王珪《华阳集》卷30《吕公绰墓志铭》：“文靖还秉政，公恳辞乞补外，得知郑州，迁太常丞。秩满，判吏部南曹。”

《宋史》卷311《吕公绰传》：“(吕)夷简罢相，复为直集贤院、同管勾国子监，出知郑州。还，判吏部南曹。”

按：李之亮《北宋京师及东西路大郡守臣考》说，是年至景祐三年，吕公绰知郑州。此说存误。因景祐二年吕公绰已回京判吏部南曹(《长编》卷116景祐二年四月“庚辰”条)。又因吕夷简四月罢相，吕公绰知郑州，“迁太常丞，秩满，判吏部南曹”，满三年太常丞任期，故认为大约自四月起，始任郑州。

五月九日，赐大理寺丞吕公弼进士出身。

《宋会要·选举九·赐出身》：“(明道)二年五月九日，赐大理寺丞吕公弼进士出身。(召试学士院，中等，命之)”

按：正月二十二日，宰臣吕夷简等上所注御制三宝赞、皇太后发愿文，准改官一子。吕夷简请赐其子大理丞公弼进士出身。五月九日之赐，当为经过考试诸环节而成之。

十七日，诏吕夷简起居立位在钱惟演之下、柴宗庆之上(《宋会要·仪制三》)。

七月，吕公绰与余靖相交①(易行广《余靖年谱简编》载，明道二年七月，余靖迁秘书丞，掌管典籍，起草文书，忙于公务，甚少应酬。李柬之为馆阁校勘，吕

①余靖，字安道，韶州曲江(今广东韶关)人，天圣二年进士。

公绰为集贤校理，靖常请教焉。）

十月五日，章献刘后、章懿李后祔葬永定陵（《长编》卷113）。

二十六日，张士逊罢相，杨崇勋罢枢密使，王曙升枢密使，王德用、蔡齐并枢密副使，宋绶为参知政事（《宋史》卷10《仁宗本纪》、《长编》卷113、《宋宰辅编年录校补》卷4）。

同日，吕夷简复相。

宋仁宗《吕夷简拜昭文制》（明道二年十月戊午）："推诚保德崇仁忠亮翊戴功臣、武胜军节度、邓州管内观察处置等使、开府仪同三司、检校太傅、同中书门下平章事、使持节邓州诸军事、行邓州刺史、判陈州军州事、兼管堤堰桥道观农使及管勾开治沟洫河道事、上柱国、东平郡开国公、食邑九千户、食实封三千七百户吕夷简……可特授门下侍郎、兼吏部尚书、同中书门下平章事、昭文馆大学士、监修国史，加食邑一千户、食实封四百户，仍改赐推忠协谋同德守正佐理功臣，散官、勋封如故。主者施行。"（《宋大诏令集》卷53、《宋宰辅编年录校补》卷4、《全宋文》卷955）

《涑水记闻》卷5：明道二年，"十月戊午，张士逊罢，吕夷简复入相。上以张士逊等在相位多不称职，复思吕夷简。会上庄献太后谥，还，过枢密使杨崇勋饮酒，致班慰失时。罢士逊为左仆射，崇勋河阳节度使、同平章事，复以夷简为门下侍郎兼吏部尚书、平章事。"①

《长编》卷113明道二年十月"戊午"（二十六日）条载："先是，天下蝗旱仍见，士逊居首相，不能有所发明，上颇复思吕夷简。及百官诣洪福院上庄献太后谥册，退而奉慰，士逊乃过崇勋园饮酒，日中不至，群臣离立以俟。御史中丞范讽劾奏之，遂与崇勋俱罢；然制辞犹以均劳佚为言也。"自注称："复思夷简，据《记闻》。"

李埴《皇宋十朝纲要》卷5：明道二年十月戊午，"以判陈州吕夷简复为门下侍郎兼吏部尚书、同平章事、昭文馆大学士、兼修国史"。

《宋宰辅编年录校补》卷4："（明道二年十月戊午）吕夷简再入相。"注："自武胜节度使、检校太傅、同平章事、判陈州吕夷简为门下侍郎、兼吏部尚书、平

①庄献，指宋真宗刘皇后，仁宗朝则称太后，后改谥为章献。

章事。”

按：据《长编》卷113明道二年十月“戊午”条载，吕夷简当时的职务是：“武胜节度使、同平章事、判陈州吕夷简为门下侍郎、兼吏部尚书、平章事。”《续资治通鉴》卷39：明道二年(1033年)十月戊午，“以吕夷简为门下侍郎兼吏部尚书、同平章事”。后者，多出一个“同”字，与《宋大诏令集》等相同，今取“同平章事”之职。

十一月一日，薛奎罢参知政事(《宋宰辅编年录校补》卷4)。

二十五日，吕夷简请褒擢刘涣。

《长编》卷113明道二年十一月“戊寅”(二十五日)条载：“戊寅，大理评事刘涣为左正言。初，涣上疏庄献太后，请还政，太后怒，议黥面配白州，属太后疾革，宰相吕夷简为稽，故不即行。至是，涣以前疏自言，夷简请褒擢，上既用涣，顾谓夷简曰：‘向者枢密院亟欲投窜，赖卿以免。’夷简谢曰：‘涣疏外敢言，大臣或及此，则太后必疑风旨自陛下，使母子不相安矣。’上喜，以夷简为忠。”自注称：“《杨氏编年》于天圣九年六月载奉礼郎刘涣上疏太后请还政，不知何据。据涣传，上疏时，涣实为礼郎，赖吕夷简及薛奎解太后，乃得免。然亦不载是何年月，但云太后听政已十年。疑杨氏据十年语，因附天圣末。按夷简传云，属太后疾革，则涣上疏时必非天圣末矣，所称六月，兹不可知，今止从夷简新传。”

十二月四日，吕夷简劝皇上不要事事皆听览。

《长编》卷113明道二年(1033年)十二月“丙申”(四日)条载：“丙申，上谓辅臣曰：‘每退朝，凡天下之奏，必亲览之。’吕夷简曰：‘若小事皆关听览，恐非所以辅养圣神。’上曰：‘朕承先帝之托，况以万几之重，敢自泰乎？’又曰：‘朕日膳不欲珍美，衣服多以缯缣为之，至屡经浣濯，宫人或以为笑。大官进膳，有虫在食器中，朕掩而不言，恐罪及有司也。’夷简曰：‘陛下孝以奉先，俭以临下，虽古盛德，何以加此？’上曰：‘此偶与卿等言之，非欲闻于外，嫌其近名耳。’”

十五日，吕夷简弹劾李迪自用台官，恢复台官举荐祖宗法。

《长编》卷113明道二年(1033年)十二月“丁未”(十五日)条载：“丁未，出侍御史张沔知信州，殿中侍御史韩渎知岳州。先是宰相李迪除二人为台官，言者谓台官必由中旨，乃祖宗法也。既数月，吕夷简复入，因议其事于上前。上曰：‘祖宗法不可坏也。宰相自用台官，则宰相过失无敢言者矣。’迪等皆惶恐。

遂出沔、渎，仍诏：'自今台官有缺，非中丞、知杂保荐者，毋得除授。'"

十六日，赐国子博士吕居简同进士出身。

《宋会要·选举九·赐出身》："（明道二年）十二月十六日，赐国子博士吕居简同进士出身。（召试学士院，中等，命之）"①

同日，吕夷简对出宫人予以关注。

《长编》卷113明道二年（1033年）十二月"戊申"（十六日）条载："戊申，出宫人二百。上时屡出宫人，吕夷简曰：'此盛朝美事。然民间物贵，恐出宫或有失所者，亦宜念之。'上因曰：'曩者太后临朝，臣僚戚属多进女口入宫，今已悉还其家矣。'"自注称："此据《宝训》。"

《宋会要·崇儒七·出宫人》："仁宗明道二年十二月十六日，放出宫人二百人。……夷简云：'此乃陛下盛美之事。自前放出宫人甚多，比来时物稍贵，只恐出外不易。'"

二十三日，废郭皇后。吕夷简力主之，引起风波。孔道辅、孙祖德、范仲淹、宋郊、刘涣、段少连等上疏争辩。

《长编》卷113明道二年（1033年）十二月"甲寅"（二十二日）条载："初，郭皇后之立，非上意，浸见疏；而后挟庄献势颇骄，后宫为庄献所禁遏，希得进。及庄献崩，上稍自纵，宫人尚氏、杨氏骤有宠。后性妒，屡与忿争。尚氏尝于帝前不逊语侵后，后不胜忿，起批其颊。上救之，后误批上颈。上大怒，有废后意。内侍副都知阎文应，白上出爪痕示执政近臣与谋之。吕夷简以前罢相故怨后，而范讽方与夷简相结。讽乘间言后立九年无子当废，夷简赞其言。上意未决，外人籍籍，颇有闻者。右司谏范仲淹因对，极陈其不可，且曰：'宜早息此议，不可使闻于外也。'居久之，乃定议废后。夷简先敕有司无得受台谏章疏。"十二月"乙卯"（二十三日）条载："乙卯，诏称皇后以无子愿入道，特封为净妃、玉京冲妙仙师，赐名清悟，别居长宁宫。"②

《涑水记闻》卷5："阎文应劝上以爪痕示执政大臣而谋之，上以示吕夷简，且告之故，夷简因密劝上废后。上疑之，夷简曰：'光武，汉之明主也，郭后止以

①吕居简是吕蒙正的第九子。
②宋真宗刘皇后，初谥庄献，后改谥章献。

怨怼坐废，况伤乘舆乎！废之，未损圣德。’上未许，外人籍籍，颇有闻之者。左司谏、秘阁校理范仲淹因登对极陈其不可，且曰：‘宜早息此议，不可使有闻于外也。’夷简将废后，奏请敕有司无得受台谏章奏。十二月乙卯，称皇后请入道，赐号‘净妃’，居别宫。”

《涑水记闻》卷5又载：“右谏议大夫、权御史中丞孔道辅怪阁门不受章，奏遣吏诇之，始知其事未降诏书。丙辰，与范仲淹帅诸台谏诣阁门请对，阁门不为奏。道辅欲自宣祐门入趋内东门，宣祐监宦者阖扉拒之。道辅拊门铜环大呼曰：‘皇后被废，奈何不听我曹入谏？’宦得奏之，须臾，有旨‘令台谏欲有所言，宜诣中书附奏’。道辅等悉诣中书，论辩喧哗。夷简曰：‘废后自有典故。’仲淹曰：‘相公不过引汉光武劝上耳。此汉光武失德，又何足法耶？其余废后皆昏君所为。主上躬尧、舜之资，而相公更劝之效昏君所为乎？’夷简拱立，曰：‘兹事明日请君更自登对力陈之。’道辅等退，夷简即为敕状，贬出道辅等。”

《涑水记闻》卷8：“杨乐道曰：初，章献为上娶郭后，后恃章献骄妒，章献崩，后与尚美人争宠，批伤今上颈，上召都知阎文应示之，文应劝上废后。上问吕夷简，亦曰：‘古有之。’遂降敕废为金庭教主。文应怀敕并道衣以授之，后恚，有悖语，文应即驱出，以车送瑶华宫。既而上悔之，作《庆金枝曲》，遣使赐后，后和而献之。又使诏入宫，文应惧，以疾闻。上命赐之酒及药，文应遂鸩之。丁正臣曰：范讽问上伤，上以后语之。及疾，文应使医寘毒，上终不知。”

梅尧臣《碧云騢》①：“（范仲淹）及为谏官，攻吕许公而得罪，（范）仲尹亦遭逐。仲尹自中书录事出，合为供奉，许公怒仲尹刺探事令仲淹知，故只与三班借职。”

袁褧《枫窗小牍》卷上：“吕夷简有总髻交王至清，以屡试不第，隐遁山壑。后以子薄畿县，薄游京师。吕折简召之，不赴。会仁宗诏废郭后，吕实替之，至清寓书夷简曰：‘仆初与坦夫读书山寺，论《家人》一卦，坦夫独以孔子‘反身’二字为此卦入证语。乃今天子第有取于威如之吉，使天下夫妇之主。坦夫独不可以‘反身’之说谏之，而将顺至此乎？安在其有证于尼父一言也？仆今知读书与仕宦，自是两截事。幸哉！天以布衣终我身也。虽然，坦夫自今永保禄位矣。

①有人认为，系魏泰所作。亦有人考证，当冠以“佚名”。

何者？有所废，必有所爱。能从人主所爱处，有勋力焉，亦不必爱爵禄，以爱其人于众人之外也。此一牍也，先为相业唁，后为相位贺。惟坦夫两受之。’夷简大怒，并其子逐焉。”

《宋史》卷468《阎文应传》：“（吕）夷简素与文应相结，使为中词。久之，乃知事由郭后，夷简遂怨后，及再相，杨、尚二美人方宠，尚美人于仁宗前有语侵后，后不胜忿，批其颊，仁宗自起救之，误中其颈，仁宗大怒。文应乘隙，遂与谋废后，且劝以爪痕示执政。夷简以怨，力主废事，因奏仁宗出谏官，竟废后为净妃，以所居宫名瑶华，皆文应为夷简内应也。”

《宋史》卷297《孔道辅传》：“明道二年，召为右谏议大夫、权御史中丞。会郭皇后废，道辅率谏官孙祖德、范仲淹、宋郊、刘涣，御史蒋堂、郭劝、杨偕、马绛、段少连十人，诣垂拱殿伏奏：‘皇后天下之母，不当轻议绌废。愿赐对，尽所言。’帝使内侍谕道辅等至中书，令宰相吕夷简以皇后当废状告之。道辅语夷简曰：‘大臣之于帝后，犹子事父母也；父母不和，可以谏止，奈何顺父出母乎？’夷简曰：‘废后有汉、唐故事。’道辅复曰：‘人臣当道君以尧、舜，岂得引汉、唐失德为法邪？’夷简不答，即奏言：‘伏阁请对，非太平美事。’于是出道辅知泰州。明日晨，入至待漏，闻有诏，亟驰出城。顷之，徙徐州，又徙兖州，进龙图阁直学士，迁给事中。”

《宋史》卷297《段少连传》：“太后崩，召为殿中侍御史，与孔道辅等伏阁言郭皇后不当废，少连坐赎。复上疏曰：‘陛下亲政以来，进用直臣，开辟言路，天下无不欢欣。一旦以谏官、御史伏阁，遽行黜责，中外皆以为非陛下意。盖执政大臣，假天威以出道辅、仲淹，而断来者之说也。窃睹戒谕：自今有章，宜如故事密上，毋得群诣殿门请对。且伏阁上疏，岂非故事，今遽绝之，则国家复有大事，谁敢旅进而言者！昔唐城王仲舒伏阁雪陆贽，崔元亮叩殿陛理宋申锡，前史以为美事。今陛下未忍废黜皇后，而两府列状议降为妃，谏官、御史安敢缄默？陛下深惟道辅等所言为阿党乎？为忠亮乎？’疏入不报。”

二十五日，诏明年改元（《宋史》卷10《仁宗本纪》）。

是冬，吕公绰判太常丞（《元宪集》卷23"直集贤院知郑州吕公绰可太常丞"条）①。

是年，停贡举（《文献通考》卷32《选举考五·举士》）。

大约是年，胡宿作《迎吕相公启》。

胡宿《迎吕相公启》："茂德格天，精忠贯日。才肩房令，居多应变之功；智比姚崇，允号济时之相。"（《文恭集》卷31、《全宋文》卷462）

按：吕氏丞相"智比姚崇"，指吕夷简。《迎吕相公启》当作于吕夷简入相或复相之际，且至少胡宿在京都任职，因为题中有"迎"。吕夷简首次拜相，胡宿不在朝。吕夷简第一次罢相，为明道二年（1033）四月，复相于十月，而胡宿由合肥县主簿擢任馆阁校勘（张士逊荐），始于明道元年十二月壬子（《长编》卷111），当有机会撰文。吕夷简第二次罢相，始于景祐四年（1037）四月，康定元年（1040）五月复相，胡宿当时也在京师任职。《长编》康定元年（1040）十月"庚子"条载："初鸿庆宫灾，集贤校理胡宿请修火祀。"《明一统志》卷40《湖州府》载：胡宿，"康定中知湖州"。说明胡宿任集贤校理不久即离开京师。相对而言，此文作于明道二年比较可信。

吕夷简答仁宗章圣东封西祀问询之事。

罗从彦《遵尧录》4："仁宗尝观国史，见章圣东封西祀，及修玉清昭应、景灵土木之役，极天下之巧，过为奢侈，谓辅臣曰：'此虽为太平盛事，然亦过度。当时执政大臣及修造者不得不任其责。'宰相吕夷简曰：'府库一空，至今不充实者，职此之由。'帝曰：'如此之事，朕当戒之。'"

按："章圣"指章献刘太后。明道二年，垂帘听政的刘太后崩，宋仁宗始亲政。此事当发生在其后，故置于此。

---

①此条，《元宪集》说系"景祐三年制"，笔者认为当作于明道二年冬。吕公绰知郑州，大约始于明道二年（1033）四月，任职不过数月。"得知郑州，迁太常丞。秩满，判吏部南曹"（《吕公绰墓志铭》）。景祐二年四月二十五日仍任太常丞，二十七日权判吏部南曹，据《长编》卷116景祐二年四月"戊寅"条载，"太常丞、直集贤院吕公绰同判刑部，自言父夷简为宰相，而刑部事多关中书，请徙避之。庚辰，命公绰权判吏部南曹。"《吴兴备要》卷11《叶参传》（《四库全书》本）载，叶参"景祐中，自兵部郎中出守乡郡"，"太常丞吕公绰"等有诗饯行。太常丞"秩满"，上推三年任职之始，即明道二年。《元宪集》卷23（《全宋文》第020册卷149《宋庠四》）所载吕公绰任太常丞之文书，与陈琰、李公谨、陈世常一同下文，文称："敕具官陈琰等：夫冬部郎曹，胄筵师职，容台之卿属，盾省之监联，并为华阶，以叙能吏。"说明此次考察任命于冬天。故推知。判太常丞，宋前期因唐制，为从五品以上，无职事，为文臣寄禄官；元丰改制后，为从七品。

有史载，吕夷简抱定“死而不愧于先帝”之决心。

赵善璙《自警编》卷6《事君类上·忠义》：“吕文靖公夷简在章献朝，近臣颇以言事去职，或劝公宜退，公曰：‘先帝待我厚，期以宗庙安宁，死而不愧于先帝。故平、勃不去所以安汉，仁杰不去所以安唐，使吾亦洁虚名而去，治乱未可知也。’故孜孜燮辅，知无不为，虽祸之未形，事之将然，必先为之救御。”

按：章献朝，指刘太后垂帘听政时期。“近臣颇以言事去职”，吕夷简谋划废郭后，引发言事“连锁反应”，是“言事去职”之高峰期。故置于此。

是年，程颐生（朱熹《晦庵先生朱文公文集》卷98《伊川先生年谱》）。

按：程颐（1033—1107），字正叔，学者称伊川先生。北宋思想家，理学创立者之一。与吕公著有交往。乾隆十五年，乾隆皇帝到洛阳有《谕祭宋臣程颐祠文》（［清］嘉庆《洛阳县志》卷2）。

景祐元年（1035），吕夷简56岁，吕公著17岁

正月十六日，命翰林学士章得象权知贡举，知制诰郑向、胥偃、李淑，直史馆、同修起居注宋郊权同知贡举（《宋会要·选举一》）。

是月，赵元昊寇府州（《皇宋十朝纲要》卷5）。

三月十八日，仁宗临崇政殿，试礼部奏名进士（《长编》卷114）。

是月，赐礼部奏名进士、诸科及第出身783人（《宋史》卷10《仁宗本纪》），**特奏名857人**（《宋史全文》卷7下）。**省元黄庠，状元为张唐卿**（《文献通考》卷32《选举考五·举士》）。

六月二十七日，吕夷简助宰相李迪之子李柬之擢任直集贤院、知邢州。

《长编》卷114景祐元年六月“乙卯”（二十七日）条载，李柬之“诏除直集贤院、知邢州……议者非之。或曰：‘迪与吕夷简同相，迪直而疏，夷简巧而密。迪尝有所规画，夷简觉非迪所能，乃问其所亲曰：“复古门下，谁适与谋？”对以李无他客，独柬之虑事，过其父远甚。夷简因谓迪曰：“柬之才可用，当付以事。”迪谦不敢当，夷简曰：“进用才能，是夷简事。公弗预知。”即具奏，得请，迪父子皆喜，不悟夷简阴夺其谋主也。’柬之既受命，居半岁，迪果罢相”。自注称：“此据《龙

川别志》,然《别志》以为夷简奏除柬之两浙提刑。于《实录》及柬之本传皆不见历两浙提刑,恐即是除直集贤院,知邢州也。观夷简意止欲柬之不在其父旁耳,故起除直集贤院,令出夺,而迪父子不悟,恐《别志》误记。今略加删削,附见此事。”

七月八日,吕夷简力黜范讽知兖州。

《长编》卷115景祐元年七月“乙未”(八日)条载,范讽“援吕夷简入相,又合谋废郭后,欲夷简引己置二府,然夷简惮讽,终不敢荐也。讽建议朝廷当差择能臣,留以代大臣之不称职者,夷简闻而恶之。权三司使廑半岁,以疾免,管勾祥源观,又徙会灵观。既久不得意,愤激求出。又在上前毁短参知政事王随,因奏:‘外人谓臣逐随,将取其位。愿先出臣,臣为陛下引奸邪去,而朝廷清矣。’及将行,复谓上曰:‘陛下朝无忠臣,一旦纪纲大坏,然后召臣,将何益!’夷简愈恶之,故寻被遣黜。”

《涑水记闻》卷3:“又曰:范讽性倜傥,好直节,不拘细行。自在场屋,与鞠咏、滕宗谅游,已有轩轾之名。及为中丞,力挤张士逊,援吕夷简,意夷简引己至二府。夷简忌其刚伉,久之不敢荐引,讽愤激求出,知兖州。将行,谓上曰:“陛下朝中无忠臣,一旦纪纲大坏,然始召臣,将无益。”夷简愈恶之,故寻被谴谪。”

十二日,枢密使王曙加同平章事(《宋史》卷10《仁宗本纪》)。

二十七日,河决澶州(《皇宋十朝纲要》卷4)。

八月三日,薛奎卒,享年六十八(《欧阳文忠公文集》卷26《资政殿学士户部侍郎简肃薛公墓志铭》)。

六日,王曙卒,享年七十二(《长编》卷115、《隆平集》卷10)。

七日,吕夷简上表请立皇后(《长编》卷115景祐元年八月“甲子”条载:“甲子,宰臣吕夷简等上表请立皇后。”)

十三日,王曾为吏部尚书、同平章事、枢密使(《长编》卷115、《宋宰辅编年录校补》卷4)。

八、九月间,仁宗病愈,欲食淮白鱼,吕夷简之妻应允献上。

《皇宋十朝纲要》卷5“景祐元年”条载:“九月丁酉,帝康复。”

邵伯温《邵氏闻见录》卷8:“至和间,仁宗不豫,一日少间,思见宰执,执政闻召,亟往。吕文靖为相,使者相望于路,促其行,公按辔益缓。至禁中,诸执政已见上。上体未平，待公久，稍倦，不乐曰：‘病中思见卿，何缓也？’文靖徐曰：‘陛下不豫，久不视朝，外议颇异。臣待罪宰相，正昼自通衢驰马入内，未便。’帝闻其言，咨叹久之，诸公始有愧色。又文靖夫人因内朝，皇后曰：‘上好食糟淮白鱼，祖宗旧制，不得取食味于四方，无从可致。相公家寿州，当有之。’夫人归，欲以十奁为献。公见，问之，夫人告以故。公曰：‘两奁可耳。’夫人曰：‘以备玉食，何惜也？’公怅然曰：‘玉食所无之物，人臣之家安得有十奁也？’呜呼！文靖公者，其智绝人类此。”

罗大经《鹤林玉露甲编》卷 2：“宋文帝时，司徒义康颛总朝权，西方馈遗，皆以上品荐义康，而以次品供御。上尝冬月啖柑，叹其形味并劣，义康曰：‘今年柑殊有佳者。’遣人还东府取柑，大供御者三寸。上寖不能平，义康旋以罪废。唐代宗谓李泌曰：‘路嗣恭献琉璃盘九寸，乃以径尺者遗元载，须其至议之。’赖泌一言，嗣恭免罪，而元载竟诛。吕许公不肯多进淮白鱼，盖惩此也。”

《续资治通鉴》卷 39 景佑元年八月“戊辰”条载：“戊辰，上不豫。”

按：吕夷简夫人动辄以“十奁为献”，“十奁”是多少？奁，指盛放梳妆用品的器具，亦泛指精致而小巧的匣子。由此可见，淮白鱼在当时何其珍贵。那么，淮白鱼到底是什么样的鱼呢？《唐书·地理志》：“颍州土贡有糟白鱼，今淮河白犹甲他处。”南宋杨万里《初食淮白》诗：“淮白须将淮水煮，江南水煮正相违。”元朝袁桷《王仪伯太守》诗：“逆浪风高淮白上，寒沙云落海青低。”淮白，明《中都志》称“淮鲌”。鲌鱼，身体则扁，口大，斜或向上翘，腹面全部或后部具肉棱。因通体银白色，密布细小的鳞片，称鲌鱼。又因生长在淮河，学名淮白或淮鲌，俗称翘嘴白、撅嘴腰。《凤阳新书》载：“鱼在凤淮产惟白鱼，其出冬杪至春正月。”眉批说：“白鱼俗呼爪鱼，其长止四五寸。”

考：《邵氏闻见录》载，“至和间，仁宗不豫”，言欲食淮白鱼之事，肯定有误，因为吕夷简早已过世。《续资治通鉴》卷 39 载景祐元年八月，“上不豫”。九月，帝康复，立皇后曹氏(《皇宋十朝纲要》卷 5)。说明是年仁宗的身体出了不小的问题，要不然史书是不会专门记载的。况且八、九月间，也是捕获淮白鱼的好季节。故权将吕夷简之妻应允献淮白鱼之事置于此。

九月六日，诏宰臣吕夷简等上表批答。

宋仁宗《宰臣吕夷简等上表批答》(景祐元年九月六日壬辰)：“今览所请，

深协其宜。又以弼亮之臣，咨访攸属，其双日内，如中书、枢密院有合奏公事，当诣便殿临对，贵于闲宴，以纳谋猷。繄尔具僚，体兹深意。所请宜允。”（《宋大诏令集》卷144、《全宋文》卷957）

约十五日至十八日间，吕夷简上疏阻止封陈氏为后。

《长编》卷115景祐元年九月“辛丑”（十五日）条载：“尚、杨二美人之出宫也，帝令参知政事宋绶面作诏，云：‘当求德门，以正内治。’既而左右引寿州茶商陈氏女入宫，绶谏曰：‘陛下乃欲以贱者正位中宫，不亦与前日诏语戾乎？’后数日，枢密使王曾入对，又奏引纳陈氏为不可，上曰：‘宋绶亦如此言。’宰相吕夷简、枢密副使蔡齐相继论谏，兼侍御史知杂事杨偕、同知谏院郭劝复上疏，卒罢陈氏。或曰陈氏父号陈子城者，始因杨太后纳女宫中，太后尝许以为后矣。”

《宋史》卷468《阎文应传》：“始杨、尚二美人之出宫也，左右引陈氏女入宫，父号陈子城，杨太后尝许以为后，宋绶不可。王曾、吕夷简、蔡齐相继论谏。陈氏女将进御，（阎）士良闻之，遽见仁宗。仁宗披百叶择日，士良曰：‘陛下阅此，岂非欲纳陈氏女为后邪？’仁宗曰：‘然。’士良曰：‘子城使，大臣家奴仆官名也，陛下纳其女为后，无乃不可乎！’仁宗遽命出之。”①

按：尚、杨二美人十五日出宫后，引寿州茶商陈氏女入宫。陈子城送女入宫之事，《涑水记闻》卷5、《皇宋通鉴长编纪事本末》卷33等亦有记载。十八日诏立皇后曹氏。故知此事当发生在十五日至十八日之间。

十八日，诏立皇后曹氏，吕夷简撰曹皇后受封册文。

《长编》卷115景祐元年九月“甲辰”（十八日）条载：“甲辰，诏立皇后曹氏。”自注称：“王严叟《元祐系年录》云：吕相白太后曰：‘亦闻仁皇罢陈子城亲事否？’太后曰：‘仁皇圣明，御药阎安说得子细。其父士良，当时正亲近。一日，仁皇曰：‘你何不贺我？’士良曰：‘贺甚事？’曰：‘贺我寻得皇后。’士良曰：‘谁家？’曰：‘陈子城家。’士良曰：‘子城官职乃奴隶也，富民用钱买到。’仁皇遽曰：‘几乎错了。’明日，以语吕夷简，夷简贺圣明。人言吕夷简先言，非也，却是仁皇说与，圣明如此。余曰：‘愿陛下体此意。’吕相亦云然。太后又问曰：‘当时因甚去，明肃服内纳后，大臣怎肯？神宗曾问及，不知何故如此，便及臣庶家也不

①阎士良是阎文应之子。

肯。’吕相等皆不知所对，枢密先下。余语师朴曰：‘适来事，先令公尝说及。今上再欲奏。’既复对，师朴奏：‘适来圣问明肃服内纳后事，先臣却曾说与王严叟。’余曰：‘臣尝闻韩琦说此事，当吕夷简作宰相，范仲淹作谏官。仲淹语琦曰：吕相又劝上做一件不是当底事也。须共理会。仲淹往见夷简，面责夷简曰：‘固知非礼，司谏却不知里面事。上春秋盛，妃嫔已杂进，不早立后，无以制，非所以爱上。’仲淹无以折，复见韩琦曰：吕相幸自不是，被他有说后，没可奈何。’太后笑曰：‘原来却是恁地。’师朴又曰：‘应是恐妃嫔中进起来作后。’太后曰：‘那门识甚君臣，识甚事体。’余曰：‘须立后，则事体自然正。’按，立曹后时，范仲淹已责在睦州，诘吕夷简者，必非仲淹也，严叟误记。”

庞元英《文昌杂录》卷5：“慈圣光献太皇太后，天圣中册为皇后，其文，丞相吕夷简之辞。元丰二年，奉上尊谥，诏同知枢密院事吕公著撰册文，丞相之子也。枢密公亦自陈遭遇，中外莫不感异云。”

按：慈圣光献皇后曹氏（1016—1079），北宋宋仁宗赵祯的第二位皇后，真定（今河北正定县）人，祖父为北宋名将曹彬，父亲为曹玘。明道二年，郭后废，诏聘入宫。景祐元年九月，册为皇后。《文昌杂录》卷5称“天圣中册为皇后”，误。

考：宋仁宗皇后郭后嫉妒成性，心胸狭窄，行为蛮横，且立后九年，依然无子。吕夷简赞成仁宗废郭，而范仲淹等极力反对。《长编》卷115景祐元年八月“壬申”（十五日）条载，诏净妃郭氏出居于外，逐美人尚氏、杨氏，“初，蔡齐力争削遗诰中‘太后参决军国大事’之语，吕夷简叹曰：‘蔡中丞不知，吾岂乐为此哉？上方年少，恐禁中事莫有主张者尔。’及二美人争宠恣横，卒赖太后派遣之，或谓夷简意实在此。然议者以为人主既位，而母后听政，自非国家令典。虽或能整齐禁中，而垂帘之后，外戚用事，亦何所不至，齐之力争，不为失也”。该卷自注称：“逐二美人，据《记闻》。吕夷简论蔡齐，据《龙川别志》。”史家多以此视吕夷简为奸臣。吕夷简参与选定的皇后曹氏与郭氏迥然不同，据《宋史·后妃上》记载，曹氏“性慈俭，重稼穑，常于禁苑种谷、亲蚕，善飞帛书”。庆历八年（1048）闰正月，宫中卫卒作乱，曹后英勇机智，保驾仁宗，平定叛乱。仁宗无子，引四岁的濮安懿王允让子在禁中，由曹后亲自抚养，是为英宗。英宗即位，曹氏被尊为太后，“权同处分军国事”，曹太后“颇涉经史，多援以决事。中外章奏日数十，一一能纪纲要。检会曹氏及左右臣仆，毫分不以假借，宫省肃然”。可见吕夷简当年并没有选错人。吕夷简舍弃郭后而定曹后，不仅仅符合仁宗的要求，巩固了皇室，更重要的是符合国家的利益。

十月，仁宗命知制诰丁度为《土牛经》作序[《玉海》卷76《明道籍田(纪)、仪注、类事》]。

十一月二十三日，令吕夷简与宰臣李迪分撰摄事乐章。

《长编》卷115景祐元年十一月“己酉”(二十三日)条载：“己酉，诏亲祠郊庙，乃用御所制乐章，其有司摄事乐章，令宰臣吕夷简、李迪分撰之”。该卷自注称：“御所制乐章，具明年六月。”

十二月二十九日，谏官孙沔言事被问责，与吕夷简有关。

《长编》卷115景祐元年十二月“癸未”(二十七日)条载，监察御史里行孙沔上书，认为“岂有至圣，犹忌危言”，被问责，“后七日(景祐二年正月六日)，责知潭州衡山县。”该卷自注云：“沔集自注此疏以十二月二十九日上，正月初六日责衡山。”

吕中《宋大事记讲义》卷9载：“景祐二年，贬孙沔……以言：废后事贬者非仁祖之本心也，而夷简实赞之。谏官伏阁，乃仁祖美意也，而夷简实沮之。此夷简入相之初，而国论为之一变也。”

是年，欧阳修投书时相吕夷简、李迪。

欧阳修《投时相书》(《欧阳文忠公文集》卷28)：“今幸以文字试于有司，因自顾其身时偶三者之幸也，不能默然以自羞，谨以所业杂文五轴贽阍人，以俟进退之命焉。”

按：据《宋史》卷211《宰辅表》，时相为吕夷简、李迪。景祐元年闰六月二十八日，因枢密使王曙举荐，授欧阳修宣德郎、试大理评事兼监察御史，充镇南军节度、掌书记、馆阁校勘(胡珂《庐陵欧阳文忠公年谱》)。[明]茅坤《唐宋八大家文钞》卷38载：“欧公以文为贽投时相，与韩昌黎同，而其自谦之中，实以自誉，殊不放倒自己地步。”《投时相书》有“今幸以文字试于有司”，推知此文当作于任馆阁职之后，故置于是年。

是年，郭后死于阎文应之手。仁宗皇帝见郭后故肩舆，凄然伤之，吕夷简、阎文应引以为惧。

《涑水记闻》卷5：“(景祐元年)十一月戊子，故后郭氏薨。后之获罪也，上直以一时之忿，且为吕夷简、阎文应所谮，故废之。既而悔之。后出居瑶华宫，章惠太后亦逐杨、尚二美人，而立曹后。久之，上游后园，见郭后故肩舆，凄然伤之，作《庆金枝》词，遣小黄门赐之，且曰：'当复召汝。'夷简、文应闻之，大惧。"

《宋史》卷468《阎文应传》："郭后既废，杨、尚二美人益宠专夕，仁宗体为之弊，或累日不进食，中外忧惧。杨太后亟以为言，仁宗未能去。文应早暮入侍，言之不已，仁宗厌其烦，强应曰：'诺。'文应即以毡车载二美人出，二美人涕泣，词说云云，不肯行。文应骂曰：'官婢尚何言？'驱使登车。翌日，以尚氏为女道士，居洞真宫；杨氏别宅安置。既而仁宗复悔废郭后，有复后之意，文应大惧。会后有小疾，挟太医诊视数日，乃言后暴崩，实文应为之也。"

按：十一月，故后郭氏薨。上游后园，见郭后故肩舆，当在故郭后去世之后，故置于此。

是年，范仲淹致书吕夷简，有《上吕相公并呈中丞咨目》（知苏州时）。

范仲淹《上吕相公并呈中丞咨目》（知苏州时）："某咨目，再拜上仆射相公：伏蒙回赐钧翰，又访以疏导积水之事。……去年姑苏之水，逾秋不退。……浙漕之任及数郡之守，宜择精心尽力之吏，不可以寻常资格儿授，恐功利不至，重为朝廷之忧，且失东南之利也。某已具此闻于相府，仰惟中丞有忧天下之心，为亦留意于此焉。干冒威重，卑情不任惶惧之至。"（《范文正公集》卷9、《吴中水利通志》卷10、《三吴水利考》卷8、正德《姑苏志》卷11）

楼钥《范文正公年谱》载，景祐元年，"夏六月壬申，徙苏州。苏为公乡郡，地滨震泽，田多水患。募游手疏五河，道积水入海。有《上吕相公并呈中丞咨目》言水利事"。

按：宋仁宗明道二年（1033），苏州发大水，洪灾导致大片农田被淹，灾民超过10万户。第二年，即景祐元年（1034）六月，范仲淹被朝廷调任苏州知州。范仲淹一上任，就对水患进行调查，察访水道，分析水患原因，寻求解决办法。吕夷简时任仆射相。

是年，吕夷简任译经润文使。

《景祐新修法宝录·总录》云："景祐元年，吕夷简充译经使兼润文，王曙同润文。"

按：吕夷简对译经多有偏爱，早在天禧三年九月，当他任起居舍人时，上言：

"故御史中丞赵安仁尝刻《圆觉道场礼忏禅观法》印版,望送法院,附入经藏。"得到仁宗诏许。[①]

考:吕夷简自景祐元年至庆历三年致仕,三次任相期间兼任译经润文使,据《宋会要·道释二》云:"(天禧四年)以宰臣丁谓兼充译经润文官,常一官。天禧中,以翰林学士晁迥、李维同润文,始置润文官二员。丁谓罢使后,亦不常置。天圣三年,又以宰相王钦若为之。自后首尾继领,然降麻不入衔。又以参政枢密为润文,其事寖重,每生辰必进新经,前两日二府皆集,以观翻译,谓之开堂。庆历三年,吕夷简罢相,以司徒为使,致仕,即章得象代之。"[②]其中,景祐四年四月编辑呈上的《景祐新修法宝录》,收录从大中祥符四年到景祐四年共27年间所译佛经以及中国本土所撰的佛学著作。

是年,王安礼生(《宋史》卷327本传)。

按:王安礼(1034—1095),王安石弟,吕公著与之有赠诗。

大约是年,欧阳修代内兄杨洎上书吕夷简,以求引荐。

《代杨推官洎上书吕相公求见书》(《欧阳文忠公文集》卷67):"某生也少,贱而愚,贱则不接乎朝廷之闻,愚故不能与于事,则虽有王公大人者并出,而欲一往识之,乃无一事可因而进焉。……然而不询于长者,不谋于蓍龟,而决然用是以自进者,盖冀万一得偿其素所愿焉,虽及门而获罪,不犹愈于望古而自为恨者邪!"

按:据刘德清《欧阳修纪年录》,是年十二月,欧阳修续娶谏议大夫杨大雅之女。《欧阳文忠公文集》卷62《杨氏夫人墓志铭》:"杨公已没,修始娶其女。……方其归也,修为镇南军掌书记、馆阁校勘。……归之十月,以疾卒,年十有八,实景祐二年九月也。"刘德清《欧阳修纪年录》将此文置于景祐元年。本人以为,有三点应考虑:一是杨洎之父杨大雅卒于明道二年(1033)四月十日,生前与吕夷简的关系,没有特殊性;二是杨洎任推官的年限,是否够转任;三是杨氏以疾卒,两人在一起仅生活了十个月。之前,欧阳修之前妻胥氏卒于明道二年(1033)三月,年十七,时生子未愈月。欧阳修代内兄杨洎上书吕夷简,在是年底抑或次年九月之前,为妥。

---

①见徐松《宋会要》第200册,中华书局1957年版。刘琳等点校本《宋会要》,上海古籍出版社2014年版,据《玉海》卷168改"天禧三年"为"天禧二年"。

②徐松《宋会要》第200册,中华书局,1957年版。

景祐二年(1035),吕夷简57岁,吕公著18岁

二月十二日,吕夷简致力再贬范讽。

《长编》卷116景祐二年二月“丁卯”(十二日)条载:“丁卯,龙图阁学士、给事中、知兖州范讽责授武昌行军司马,不签书事”,广东转运使庞籍,降授太常博士、知临江军,“先是籍为御史,数劾讽,宰相李迪右讽弗治,反左迁籍。籍既罢,益追劾讽不置,且言讽放纵不拘礼法,苟释不治,则败乱风俗,将如西晋之季,不可不察。会讽亦请辨,乃诏即南京置狱,遣淮南转运使黄揔、提点河北刑狱张嵩讯之。籍坐所劾讽有不如奏,法当免;讽当以赎论。讽不待论报,擅还兖州。吕夷简疾讽诡激多妄言,且欲因讽以倾迪,故特宽籍而重贬讽,凡与讽善者皆黜削。延年尝上书请庄献太后还政,讽任中丞,欲引延年为属,延年力止之,竟坐免。人谓籍劾讽不置,实夷简阴教之云”。

《宋史》卷304《范正辞传》附《范讽传》:“宰相吕夷简嫉讽诡激,特贬(范)讽武昌军节度行军司马;贷(庞)籍,止降官知临江军。由是宰相李迪等坐亲善讽皆斥。”

十三日,李迪因吕夷简故罢相,王曾为右仆射,王随、李谘并枢密院事(《宋宰辅编年录校补》卷4)。

《长编》卷116景祐二年二月“戊辰”(十三日)条载,李迪罢相,知亳州,“先是,上御延和殿,召宰臣吕夷简、参知政事宋绶决范讽狱,以迪素党讽,不召。迪惶恐还第,翼日遂罢相。……然迪性淳直,实不察讽之多诞也”。自注云:“《龙川别志》载李迪既贬,王曾在外,宋绶为曾告吕夷简求复相,且云宜善待曾,勿如待迪。按,迪以是年二月十三日罢政,即命曾代之。况曾为枢密使已半岁,不得云在外。若谓夷简初与迪不相能,欲倾之,因荐曾为枢密使,拟迪后,或先议逐迪,将遣曾过中书,故绶云云,则庶乎可也。今皆不取。”

苏辙《龙川别志》:“李文定与吕文靖同作相,李公直而疏,吕公巧而密。李公尝有所规画,吕公觉其非所能及,问人曰:‘李门下谁为谋者?’对曰:‘李无它客,其子柬之,虑事过其父也。’吕公因谓李公:‘公子柬之,才可用也,当授以事任。’李公谦不敢当。吕公曰:‘进用才能,此自夷简事,公勿预知。’即奏除柬之

两浙提刑,李公父子不悟也,皆喜受命。二公内既不协,李公于上前求去。上怪问其故。李奏曰:‘老疾无堪夷简慢欺。’具奏所以。上召吕而质之。时燕王贵盛,尝为门生某求官,二公共议许之。既而吕公遂在告,李公书奏与之,久之忘其实,反谓吕独私燕邸。吕公以案牍奏上,李惭惧待罪,遂免去。”

欧阳修《归田录》卷3:“从(李)迪至衡州,不离左右。仲宣颇惮之,迪由是得全。至衡州岁余,除秘书监、知舒州。章献太后上仙,时迪以尚书左右丞知河阳。上即位,召诣京师,加资政殿大学士,数日,复为相。迪自以受不世之遇,尽心辅佐,知无不为。吕夷简忌之,潜短之于上。岁余,罢相出知亳州。迪谓人曰:‘迪不自量,恃圣主之知,自以为宋璟而以吕为姚崇,而不知其待我乃如是也!’”

李心传《旧闻证误》卷1:“王沂公久在外,意求复用。宋宣献为参知政事,甚善吕许公,许公时为昭文相,为沂公言曰:‘孝先求复相,公能容否?’吕公许诺。宣献曰:‘孝先于公交契不浅,果许,则善待之,不宜如复古也。’(谓李文定。)吕公笑然之。遂奏言王曾有意复入,上许之,吕公愿以首相处之,上不可,许以亚相。乃使宣献问其可否,沂公无所择。既至,吕公专决,事不少让,二公又不协。(出苏辙《龙川别志》。)按《国史》:景祐元年八月癸亥,枢密使王文康公薨。是月庚午,召王沂公于河南,为枢密使。明年三月,李文定公自集贤相罢,沂公以次辅代其位。恐非求复入也。癸亥、庚午相去七日尔,岂容往来问可否耶?既因人而求相,又居右而不择,沂公决不然。文定所记,疑得之张宣徽,大不可据。”

同日,吕夷简加右仆射。

《长编》卷116景祐二年二月“戊辰”(十三日)条载,王曾为相,“门下侍郎、兼吏部尚书、平章事吕夷简加右仆射”。

二十五日,李迪举报夷简被贬密州。

《长编》卷116景祐二年二月“庚辰”(二十五日)条载,降李迪为太常卿、知密州。“始,迪再入相,自以受不世之遇,尽心辅佐,知无不为。及吕夷简继入中书,事颇专制,心忌迪,潜短之于上,迪性直而疏,不悟也。既坐范讽姻党罢政,怨夷简,因奏夷简私交荆王元俨,尝为补门下僧惠清为守阙鉴义。夷简请辨,上遣知制诰胥偃、度支副使张传即讯,乃迪在中书时所行,夷简以斋祠不预。迪惭惧待罪，故贬。然补惠清实夷简意，迪但行文书，顾谓夷简独私荆王，盖迪偶忘之。它日，语人曰：‘吾自以为宋璟，而以夷简为姚崇，不知其待我乃如是也！’”

曾巩《李文定公迪（遗直之碑阙）》：“景祐二年，范讽以罪贬，迪坐讽姻家，以出知亳州。久之，除翰林学士，留京师，奏吕夷简结荆王元俨，为除门僧惠清守鉴义。鞫之，乃迪在中书时补。降太常卿、知密州。”（《琬琰集》下集）

《宋会要·职官六四·黜降官一》：“（景祐二年二月）二十五日，资政殿大学士、兼翰林侍读学士、刑部尚书李迪降太常卿，知密州。初，迪以善范讽罢宰相，愿留京师。既又疾吕夷简在中书事多独行，因奏夷简尝为荆王元俨除僧官。及按其事，而夷简在斋祠中，乃迪奉行之。”

按：《长编》卷111明道元年（1032）十一月“辛卯”条载：“辛卯，孟王元俨徙封荆王，为永兴凤翔节度使。”荆王元俨庆历四年正月薨。

是月，以宋仁宗无子嗣，选汝南郡王（后封濮王）第十三子入宫抚养，时四岁（《宋史》卷13《英宗本纪》、《宋史》卷245《濮王允让传》）。

三月五日，范仲淹自苏州还京，官复天章阁待制（《长编》卷116）。

七日，宋仁宗《宰臣吕夷简等上表请听乐不允诏》。

宋仁宗《宰臣吕夷简等上表请听乐不允诏》（景祐二年三月七日）：“夫礼以顺变，盖有达丧之期；乐以布和，诚为治世之本。朕绍承丕构，务合大中。自慈掖升遐，永怀罔极。隙驹迅度，隧火荐新。甫临祥祭之辰，遽览封章之请，敷明大义，援据旧经，愿因飨宴时，将陈金石之奏。日月以易，虽勉徇于权宜；霜露既濡，固弥增于感怵。未过禫安置制，难从率吁之心。”（《宋会要·礼三五》、《全宋文》卷957）

《宋会要·礼三五》载，“（景祐）二年三月七日，夷简等复上表曰：‘礼本制中，圣贤不过其节；乐惟象德，人神乃通其和。……示惠于在位，饰喜于当阳。袭既美又善之文，弥不为将坏之叹。此臣等所以总与议而上干聪谋者也。伏望俯回天慈，旁徇人欲。’俾工师肆业，物采旅仪，抃鸟兽于虞庭，震坑谷于轩野。纳之大顺，不亦休哉！”

四月十五日，吕夷简与王曾并任都大管勾铸造大乐编钟。

《长编》卷116景祐二年四月“戊辰”（十五日）条载：“戊辰，命宰臣吕夷简、三曾都大管勾铸造大乐编钟。”

《宋会要·乐一·律吕一》：景祐二年四月，“十二日，诏宰臣吕夷简以下同共管勾铸大乐”。

按：《宋会要·乐一·律吕一》与《长编》时间记载不一，今并存之，待考。

二十五日，太常丞、直集贤院吕公绰同判刑部，“自言父夷简为宰相而判刑部多关中书，请徙避之”（《长编》卷116景祐二年四月“戊寅”条）。

二十七日，命吕公绰判吏部南曹、同判太常寺（《长编》卷116景祐二年四月“庚辰”条、《华阳集》卷30《吕公绰墓志铭》、《宋史》卷311附本传）。

七月九日，以亲郊，命吕夷简为大礼使，章得象为礼仪使，冯元为卤簿使，杜衍为仪仗使，王博文为桥道顿递使。

《宋会要·礼二八·郊祀五使》：“景祐二年七月九日，以亲郊，命宰臣吕夷简为大礼使，翰林学士承旨章得象为礼仪使，翰林侍读学士冯元为卤簿使，御史中丞杜衍为仪仗使，龙图阁学士、权知开封府王博文为桥道顿递使。”

十七日，宰臣吕夷简等拜表，请加上尊号。

《宋会要·礼四九·尊号四》：“景祐二年七月十七日，宰臣吕夷简等拜表，请加上尊号曰‘景祐体天法道钦文聪武圣神孝德皇帝’，表五上，诏答允。”

九月二十八日，吕夷简提议编成《中书总例》。

《长编》卷117景祐二年九月“戊申”（二十八日）条载：“参知政事宋绶，上所编修《中书总例》四百一十九册，降诏褒谕，堂后官以下赐器币有差。先是吕夷简奏令绶为此，既而谓人曰：‘自吾有此例，使一庸夫执之，皆可为宰相矣。’”自注云：“皇祐五年续编。”

《涑水记闻》卷3：“吕相在中书，奏令参知政事宋绶编次《中书总例》，谓人曰：‘自吾有此例，使一庸夫执之，皆可为相矣。’”

按：宋绶，明道二年（1033）为参知政事，景祐四年（1037）罢。

十一月九日，吕夷简任南郊大礼使。

《长编》卷117景祐二年十一月“己丑”（九日）条载：“南郊大礼使吕夷简言，宗室诣中书受誓戒不至者六十余人，诏勿以陪位。”

十五日，吕夷简上《景祐体天法道钦文聪武圣神孝德皇帝册文》。

吕夷简《景祐体大法道钦文聪武圣神孝德皇帝册文》（景祐二年十一月乙

未）：“维景祐二年岁次乙亥，十一月辛巳朔，十五日乙未，摄太尉、南郊大礼使、推忠协谋同德守正佐理功臣、开府仪同三司、行尚书右仆射兼门下侍郎、同中书门下平章事、昭文馆大学士、监修国史、东平郡开国公、食邑一万一千户、食实封四千五百户吕夷简率内外文武百官，诸军将校，藩卫牧伯，番夷酋长，僧道耆寿等再拜稽首上言曰……”（《全宋文》卷321、《宋大诏令集》卷6、《宋会要·礼四九》）

《宋会要·帝系一·帝号杂录》：“景祐二年十一月，加号景祐体天法道钦文聪武圣神孝德。”注文说：“《宋朝会要》：册文，宰臣吕夷简撰。”①

同日，“诏宰臣吕夷简等分造乐章参施群祀”（《玉海》卷106《景祐御制十三曲》）。

二十五日，吕夷简受封为申国公。

《长编》卷117景祐二年十一月“乙巳”（二十五日）条载：“乙巳，封宰臣吕夷简为申国公，王曾为沂国公。”

十二月十三日，范仲淹权知开封府，与吕夷简有关。

《长编》卷117景祐二年十二月“癸亥”条（十三日）载：“礼部员外郎、天章阁待制范仲淹为吏部员外郎、权知开封府。”

楼钥《范文正公年谱》：景祐二年，“冬十月除尚书礼部员外郎、天章阁待制”，“召还，判国子监”，“公进吏部员外郎，权知开封府。公自还朝，论事益急。宰相阴使人讽曰：‘待制侍臣，非口舌任也。’公曰：‘论思正侍臣事，余敢不勉？’宰相知不可诱，乃命知开封府，欲挠以繁剧，使不暇他议，亦幸其有失，即罢去。公决事如神，京邑肃然称治。都下谣曰：朝廷无忧有范君，京师无事有希文”。

按：时任宰相为吕夷简等。

是年，吕蒙正四女婿丁度知许州，授祠部员外郎（《琬琰集》上集卷3孙抃《丁文简公度崇儒之碑》、李之亮《北宋京师及东西路大郡守臣考》）。

是年，停贡举（《文献通考》卷32《选举考五·举士》）。

是年，章惇生（《琬琰集》下集卷18《实录·章丞相惇传》）。

按：章惇（1035—1105），字子厚，福建浦城人。王安石变法的主要人物之一，哲宗朝任宰相，恢复新法，与吕公著等有纠结。

---

①《宋会要·礼四九·尊号四》亦载。

景祐三年(1036),吕夷简58岁,吕公著19岁

正月九日,命李咨、蔡齐、程琳、杜衍、丁度更议茶法(《玉海》卷181)。

按:丁度时任“知制诰”,系吕蒙正之四女婿。

三十日,追复郭氏为皇后(《宋史》卷10《仁宗本纪》)。

是月,三司吏员聚众于吕夷简、王曾、杜衍府邸前滋事。

《长编》卷118景祐三年二月“甲寅”条载三司吏员聚众滋事于吕夷简府邸前事,自注云:“连去年九月及今年三月事并书。”

《续资治通鉴》卷40景祐三年正月“己酉”(三十日)条载:“先是帝以三司胥吏猥多,或老疾不知书计,诏御史中丞杜衍等与本司差择之。有欲中衍者,扬言于外曰:‘衍请尽黜诸吏。’于是三司后行朱正、周贵、李逢吉等百人辄相率诣宰相吕夷简第宣诉,夷简拒不见。又诣王曾第,曾以美言谕之,因使列状自陈。既又诣衍第投瓦砾,肆丑言。明日,衍对,请下有司推究。而曾具得其姓名。二月乙卯,正、贵杖脊配沙门岛。逢吉等二十二人决配远州军牢城,其为从者皆勒停。”

五月九日,知开封府范仲淹因论建都、言“官人之法”及上《百官图》被贬。

《长编》卷118景祐三年五月“丙戌”(九日)条载:“仲淹言事无所避,大臣权倖多忌恶之。时吕夷简执政,进者往往出其门。仲淹言:‘官人之法,人主当知其迟速、升降之序,其进退近臣,不宜全委宰相。’又上《百官图》,指其次第曰:‘如此为序迁,如此为不次,如此则公,如此则私,不可不察。’夷简滋不悦。”

楼钥《范文正公年谱》:景祐三年五月,“公论建都事”。“上尝以迁都事访诸夷简,夷简谓公迂阔,务名无实。公闻之,又上四论以献,一曰帝王好尚,二曰选贤任能,三曰近名,四月推委,大抵讥指时政。又为《百官图》以献,因指其迁进迟速次序,曰某为超迁,某为左迁,如是为公,如是为私,意在宰相。又言:‘汉成帝信张禹,不疑舅家,故有王莽之乱。臣恐今日朝廷亦有张禹坏陛下家法,以大为小,以易为难,以未成为已成,以急务为闲务者,不可不早辨。’夷简大怒,以公语辩于上前,且诉公越职言事,荐引朋党,离间君臣。公亦交章辩折,辞益切,遂罢黜,落职知饶州。”

二十一日，欧阳修作咏虎诗《猛虎》讥讽吕夷简（见于《欧阳文忠公文集》卷1）。

是月，范仲淹以言事贬，余靖、尹洙等鸣不平，也纷纷被贬；蔡襄作《四贤一不肖诗》以抗争。

田况《儒林公议》："范仲淹以天章阁待制权尹京府，自以言事被用，以谏诤为己责。吕夷简作相，气势熏炎，无敢迕者。仲淹屡犯其锋，夷简深怀忌惮，但博示含容，以亲仲淹。仲淹终不合，每对上言夷简纤邪不忠，宜制其渐，因泛论汉世莽、卓阶乱有胎，由辨之不早致然。其语漏泄，谮愬者日至矣。上遂疑仲淹离间大臣，徼幸进取，落待制职，出知饶州。言事官无敢辨之者，皆言仲淹不当指夷简为莽、卓。时尹洙、余靖、欧阳修皆雠书三馆，相与愤切。……事下中书，夷简乃贬（欧阳）修为峡州夷陵令。时王曾同在相位，意甚不平，然不能救止，但令亲识宽谕贬者而已。同年生蔡襄乃作《四贤诗》，叹美仲淹等。其咏修诗诮高若讷云'袖书乞怜天子旁'，人到于今讽诵且笑之。然'朋党'之说兆于兹矣。"

《宋史》卷320《蔡襄传》："蔡襄，字君谟，兴化仙游人。举进士，为西京留守推官、馆阁校勘。范仲淹以言事去国，余靖论救之，尹洙请与同贬，欧阳修移书责司谏高若讷，由是三人者皆坐谴。襄作《四贤一不肖诗》，都人士争相传写，鬻书者市之，得厚利。"

《宋史》卷295《尹洙传》：'用大臣荐，召试，为馆阁校勘，迁太子中允。会范仲淹贬，敕榜朝堂，戒百官为朋党。洙上奏曰："仲淹忠亮有素，臣与之义兼师友，则是仲淹之党也。今仲淹以朋党被罪，臣不可苟免。'宰相怒，落校勘，复为掌书记、监唐州酒税。"

按：范仲淹被贬，"士大夫畏宰相，少肯送仲淹者。天章阁待制李纮、集贤校理王质，皆载酒往饯"。因鸣不平，十五日，秘书丞、集贤校理余靖被贬；十八日，太子中允、馆阁校勘尹洙被贬；二十一日，镇南节度书记、馆阁校勘欧阳修被贬；西京留守推官仙游蔡襄作《四贤一不肖诗》，传于时，其中"四贤"指范仲淹、余靖、尹洙、欧阳修，"一不肖"指高若讷。（《长编》卷118）

是月，范仲淹被贬，力荐韩亿宜相，妄露荐称，引起仁宗猜疑。

韩元吉《桐阴旧话》："公在蜀既逾年，仁宗欲召为参知政事。宰相有谓当俟秩满者。及公受代，止以中丞召。至仁宗，遂迁公同枢密院，迄拜参政，乃知圣眷自有定也。然范文正公尝进《百官图》诋吕文靖，而力荐公宜相。文正出鄱阳,出榜朝堂,有妄露荐称,密行离间之语。仁宗以谕公,公奏曰:'臣顷岁陛下过听,擢赞枢密。未尝涉朋比,结左右也。况仲淹非亲戚故旧,若仲淹举臣以公,则臣之拙直,陛下所知;举臣以私,则臣委质以来,素无交托。进退之际,惟陛下所裁。'仁宗赐诏褒答。"

按:文中的"公",指韩亿。

是月,刘平因附吕夷简意,改高阳关副总管。

《长编》卷118景祐三年五月"丙午"条载:"丙午,诏澶州权停塞横垄决河。……先是台谏官数言政事得失,宰相吕夷简厌之。沧州副都部署刘平,前在定州为转运使苏耆所劾,落军职,意不能平,于是奏疏曰:'臣见范仲淹等毁訾大臣,此必有要人授旨仲淹辈,欲逐大臣而代其位者。……愿明谕台谏官,毋令越职,仍不许更相引荐。或阙员,则朝廷自择忠纯耆德用之。'平疏盖希夷简意也。(平疏不得其时,今附范仲淹等绌责之月)"①

《宋史》卷325《刘平传》:"时议塞河,而平言不知河事,乃徙沧州副都总管。时吕夷简为宰相,台谏官数言政事阙失,平奏书曰:'……'论者以谓希夷简意也。改高阳关副总管。"

七月十三日,吕夷简参修《景祐乐髓新经》。

章如愚《群书考索》卷50(《四库全书》本)载:"(景祐三年)七月十三日,冯元等上《广乐记》凡八十一卷……诏丞相吕夷简等分造乐章,参施郊祀及为《景祐乐髓新经》,凡五篇,第一释十二均,第二明主事,第三辨音声,第四图律吕相生。"

陈阳《乐书》卷156"圣朝乐章"载:"爰命窦俨、吕夷简、陶穀、王随、宋绶诸臣之属,并得承睿诏,被休光,参预圣制之末,以就一代乐章之韪,顾不盛哉。是故,景安、广安、彰安之类,我太宗制也;真安、灵安、庆安之类,我真宗制也;乾安之类,吕夷简为之也;初安之类,宋绶为之也。"

秦惠田《五礼通考》卷12引用《文献通考》称:"景祐二年十一月乙未,郊三圣并侑。先是,上亲制《郊庙乐章》二十一曲,财成颂体告于神明,诏宰臣吕夷简

① "平疏",指刘平的疏言。

等分造乐章，参施群祀。”①

按：吕夷简参修《景祐乐髓新经》的内容，为“干安之类”，其章附于太宗、真宗乐章之后。

二十三日，命丁度等详定钟律（《玉海》卷109《景祐编钟》）。

八月二十六日，吕夷简主持修成睦亲宅。

《长编》卷119景祐二年十一月，吕夷简“又因郊礼，授宗室子以环卫官。建睦亲宅，增教授员，置大宗正以总之”。

《长编》卷119景祐三年八月“辛未”（二十六日）载，睦亲宅建成。

按：睦亲宅，始建于景祐二年十一月，成于次年八月。

九月十二日，学士丁度等言，“奉诏详定”乐书（《玉海》卷105《景祐乐本图》）。

十月一日，置磨勘诸路提点刑狱司，以章德象、丁度、张观领其事（《宋会要·职官五九·课考》）。

十一月四日，杨太后卒（《宋史》卷10《仁宗本纪》）。

十二月十七日，吕夷简请编次《法音后集》，从之。

《玉海》卷28“天禧真宗御集”条载：“景祐三年十二月辛酉，吕夷简请编次《法音后集》，从之。”

二十三日月，王德用知枢密院事，章得象同知枢密院事（《宋宰辅编年录校补》卷4）。

是月，吕夷简、宋绶上言请准诏续修《法宝录》。

《宋会要·道释二·释院·传法院》：“（景祐）三年十二月，译经使吕夷简、润文宋绶言：‘准诏续修《法宝录》，请依旧体，御制序，赐名。’诏以《景祐新修法宝录》为名。是录即自大中祥符四年以后至景祐三年，惟净与法众并预编纂。”

是年，停贡举（《文献通考》卷32《选举考五·举士》）。

大约是年，吕夷简建言兴办州郡学校。

《东都事略》卷52《吕夷简传》载：“景祐二年封申国公。夷简尝建议立州郡

---

①“财”字疑误，系沿用《文献通考》卷71之说。《九朝编年备要》卷10：“上亲制《效庙乐章》二十一曲，裁成颂体……”由此可知，“财”当为“裁”。

学校。"

按：吕夷简景祐二年十一月二十五日封申国公。《长编》卷120载，景祐四年十二月，"自今须藩镇乃许立学"。李成学《吕夷简评传》对《长编》记录的立学情况进行统计发现，"从立学情况来看，立学数目的最大值出现在1036年，显然是在吕夷简提出建议以后出现的，当时吕夷简任昭文相。各地掀起了一股州郡立学的热潮。而在景祐四年(1037)四月吕夷简罢相后，州郡立学数目呈急速下降趋势。这与当时限制州郡立学有直接关系"。故推知，办州郡学校，景祐三年当是高潮。

大约是年，吕夷简认为文彦博当宰相，举荐其任殿中侍御史。

《琬琰集》下集卷13《文忠烈公彦博传》："迁殿中侍御史。丁父忧，服除，还旧职。"

《邵氏闻见录》卷4："文潞公自兖州通判代归，文靖公一见奇之，问潞公曰：'有兖州墨携以来。'明日，潞公进墨，文靖熟视久之，盖欲相潞公手也，荐潞公为殿中侍御史。"(中华书局点校本，1983年版)

《东轩笔录》卷3："许公夷简为相日，文潞公彦博为太常博士，进谒，许公改容礼接，因语之曰：'太博此去十年，当践某位。'"(中华书局点校本，1983年版)

《宋朝事实类苑》卷57《知人荐举·章郇公》："宝元中，河东阙漕使，堂上议，难得可任者。章郇公(得象)言：'闻缙绅间说文彦博者，磊落有称时。'吕许公曰：'恨不识也，可召来，试面讯之。'明日，召至堂上，许公都不交一谈，但睥睨不已。郇公强问其乡曲任使次第，因问河东事。曰：'某乡里无所不知。'郇公喜之，文退。许公叹曰：'此大有福人，何所任用不可？'遂自殿中侍御史差委。明年，就迁待制。不出十年，出将入相。"(上海古籍出版社1981年版)

按：文彦博父亲卒于景祐四年(1037)。《长编》卷123载："(康定元年即1040年)三月，朝廷乃命殿中侍御史文彦博、入内供奉官梁致诚就河内府置狱。"丁忧需三年，一般至少需二十七个月。文彦博在其父卒前任职当在景祐四年四月前。因吕夷简景祐四年四月已罢相。故将吕夷简举荐其任殿中侍御史之事，置于景祐三年左右。

景祐四年(1037),吕夷简59岁,吕公著20岁

二月,吕夷简奉册宝,庄惠皇太后上尊谥。

《庄惠皇太后谥册文》(景祐四年二月):“孝子嗣皇帝臣祯言:伏以敦仁厚爱,抚育之恩深;尊位大名,推崇之礼备。……谨遣摄太尉、右仆射、兼门下侍郎、同中书门下平章吕夷简奉册宝,上尊谥曰庄惠皇太后。”(《宋会要·礼三二》、《宋代诏令全集》第3册)

按:《宋代诏令全集》编者对此注有两条。一条是景祐四年,《宋会要辑稿·礼三二》载庄惠皇太后明道三年崩,四年二月葬。按,明道仅二年,《辑稿》显误。同书《后妃一》、《长编》卷120、《宋史·仁宗纪》及《后妃传》等俱云景祐三年十一月崩,次年二月葬,是,今从之。一条是仁宗皇帝之名“祯:原为‘仁宗庙讳’,今改为本名”。

四月三日,吕夷简以译经使的身份上修订《景祐法宝实录》二十一卷。

《长编》卷120景祐四年四月“乙巳”(三日)条载:“夏四月乙巳,译经使吕夷简上所修订《景祐法宝实录》二十一卷。”

《玉海》卷56《祥符法宝录》:“(景祐)四年四月乙巳,译经使吕夷简上所定《景祐法宝新录》二十一卷。”

二十二日,吕夷简与王曾不合并罢相,宋绶、蔡齐并罢参知政事,以王随、陈尧佐为相,盛度知枢密院事,韩亿、程琳、石中立并参知政事(《宋宰辅编年录校补》卷4、《宋史》卷10《仁宗本纪》)。**其前,吕夷简曾举荐陈尧佐为相,留诗句“自恨卷帘人已老”。**

《长编》卷120景祐四年四月“甲子”(二十二日)条载:“吏部侍郎知枢密院事王随、户部侍郎知郑州陈尧佐并为平章事,随加门下侍郎,尧佐守本官,夷简尝密荐二人可用故也。”

《湘山野录》卷中:“吕申公累乞致仕,仁宗眷倚之重久之,不许。他日复叩于便坐,上度其志不可夺。因询之曰:‘卿果退,当何人可代?’申公曰:‘知臣莫若君,陛下当自择。’仁宗坚之,申公遂引陈文惠尧佐曰:‘陛下欲用英俊经纶之臣,则臣所不知,必欲图任老成,镇静百度,周知天下之良苦,无如陈某者。’仁宗

深然之，遂大拜。后文惠极怀荐引之德，无以形其德，因撰《燕词》，揣觞相馆使人歌之曰……申公笑曰：‘自恨卷帘人已老。’文惠应曰：‘莫愁调鼎事无功。’老于岩廊，蕴藉不减，顷为浙漕，有吴江诗……”

《山堂肆考》卷82《无如尧佐》：“《湘山野录》：吕申公公著累乞致仕，仁宗问：‘卿去，谁可代者？’申公乃引陈文惠尧佐曰：‘陛下必欲得英俊经纶之臣，臣所不知。若图任老成，镇静百度，周知天下良苦，无如陈尧佐。’仁宗深然之，尧佐遂大拜。尧佐极怀申公荐引之德，因作《燕词》，揣酒过之，申公使之歌焉。……申公笑曰：‘自恨卷帘人已老，莫愁调鼎事无功。’”

按：早在天圣七年八月，据《长编》卷108载，夏竦与吕夷简不合，“故以尧佐易之”，陈尧佐取代夏竦任参知政事。景祐四年四月，陈尧佐年过七旬入相，吕夷简罢相。《湘山野录》卷中所载，吕夷简“累乞致仕”恐是曲笔。吕夷简乞致仕，事在庆历三年，陈尧佐早已于康定元年致仕(《长编》卷127)，且于庆历四年吕夷简与其先后去世，吕夷简若是在致仕时举荐一位已致仕的八旬老者，根本不合情理。《山堂肆考》卷82说吕申公是吕公著，更是大错。《词苑丛谈》卷7、《御选历代诗余》卷114，文中把时间说成“皇祐中”，吕夷简、陈尧佐早已过世，恐为“景祐中”之误。荐陈尧佐当发生在是年初。

同日，吕夷简出判许州。

宋仁宗《吕夷简罢相判许州制》(景祐四年四月甲子)：“推忠协谋同德守正佐理功臣、开府仪同三司、行尚书右仆射、兼门下侍郎、同中书门下平章事、昭文馆大学士、监修国史、上柱国、申国公、食邑一万二千户、食实封四千九百户吕夷简……可特授检校太师、同中书门下平章事、使持节陈州诸军事、行陈州刺史，充镇安军节度、陈州管内观察处置等使、判许州、兼堤堰桥道观农使及开治沟洫河道事，加食邑一千户、食实封四百户，仍改赐推诚保德崇仁守正忠亮翊戴功臣。”(《宋大诏令集》卷66、《宋宰辅编年录校补》卷4、《全宋文》卷960)

曾巩《隆平集》卷5《王曾传》：王曾“与吕夷简议论不协，求退，出判郓州，加资政殿大学士”。

曾巩《隆平集》卷7《蔡齐传》：“景祐二年参知政事，与宰相吕夷简论事不合。四年罢，出知颍州，卒。”

《长编》卷120，景祐四年四月“甲子”(二十二日)条载：“甲子，右仆射、兼门下侍郎、平章事吕夷简罢为镇安节度使、同平章事、判许州；右仆射、兼门下侍郎、平章事王曾罢为左仆射、资政殿大学士、判郓州；吏部侍郎、参知政事宋绶罢为尚书左丞、资政殿学士；礼部侍郎、参知政事蔡齐罢为吏部侍郎，归班”。吕夷简、王曾并罢相的原因在于：“天圣中，曾为首相，夷简参知政事，事曾甚谨。曾力荐夷简为亚相，未几曾罢，夷简为首相，居五年罢，不半岁，复位。李迪为次相，与夷简不协，夷简欲倾迪，乃援曾入使枢密。不半岁，迪罢，曾即代之。始曾久外，有复入意，绶实为曾达意于夷简，夷简即奏召曾。及将以曾代迪，绶谓夷简曰：‘孝先于公，事契不薄，宜善待之，勿如复古也。’夷简笑诺其言，绶曰：‘公已位昭文，处孝先以集贤可也。’夷简曰：‘不然，吾虽少下之，何害？’遂请用曾为首相，帝不可，乃为亚相。既而夷简专决，曾不能堪，论议多不合，曾数求去，夷简亦乞罢。上疑焉，问曾曰：‘卿亦有所不足耶？’曾言：‘夷简招权市恩。’时外传夷简纳知秦州王继明馈赂，曾因及之。帝诘夷简，至交论帝前，夷简乞置对，而曾言亦有失实者。帝不悦，绶素与夷简善，齐议事间附曾，故并绶、齐皆罢。”任命王随、陈尧佐为宰相，“吏部侍郎、知枢密院事王随，户部侍郎、知郑州陈尧佐，并为平章事，随加门下侍郎，尧佐守本官，吕夷简尝密荐二人可用故也。”

《宋宰辅编年录校补》卷4：景祐四年，“（王）随加门下侍郎，（陈）尧佐守本官，吕夷简尝密荐二人可用故也”。

《皇宋十朝纲要》卷5：景祐四年，“四月甲子，吕夷简罢为使相、判许州”。

徐乾学《资治通鉴后编》卷43景祐四年四月“甲子”条载：“以知枢密院事王随，户部侍郎、知陈州陈尧佐并为平章事。吕夷简尝密荐二人可用故也。”

宋庠《镇安军节度使同中书门下平章事吕夷简元随袁宗可银青光禄大夫检校国子祭酒兼监察御史武骑尉充教练使制》：“敕：某下元随袁宗……绶纡庠秩，宪职武勋。并示宠私，勉怀祇恪。可。”（《宋元宪集》卷24、《永乐大典》卷13507、《全宋文》卷420）

《宋会要·职官七八》：“（景祐四年）四月二十二日，右仆射吕夷简罢为镇海军节度使、同中书门下平章事、判许州。”①

①文中“镇海军节度使”，系“镇安军”之误，今从宋仁宗《吕夷简罢相判许州制》、宋庠《镇安军节度使同中书门下平章事吕夷简元随袁宗可银青光禄大夫检校国子祭酒兼监察御史武骑尉充教练使制》、《长编》卷120。

欧阳修《归田录·佚文》：“景祐中，王沂公曾、吕许公夷简为相，宋绶、盛度、蔡齐为参知政事。沂公素喜蔡文忠，吕公喜宋公垂，惟盛文肃不得志于二公。晚年王、吕相失，交章乞退。一日，盛文肃致斋于中书，仁宗召问曰：‘王曾、吕夷简乞出甚坚，其意安在？’文肃对曰：‘二人腹心之事，臣亦不能知。但陛下各询以谁可代者，即其情可察矣。’仁宗果以此问沂公，公以文忠荐。一日，又问许公，公以公垂荐。仁宗察其朋党，于是四人者俱罢政事，而文肃独留焉。”（《宋朝事实类苑》卷16）

《谈苑》卷1：“张邓公、吕许公同作宰相。一日，朝退，仁宗独留吕公，问曰：‘张士逊久在政府，欲与一差遣出去。’吕公曰：‘士逊出入两朝，亦颇宣力。’仁宗曰：‘恩命如何？’吕公曰：‘与除静江军节度使检校太傅知许州。’仁宗曰：‘不亏它否？’吕公曰：‘圣恩优厚。’吕公既退，张、吕，亲姻也，私焉。曰：‘主上独留公，必是士逊别有差遣。’因祈以恩命。吕沉吟久之，曰：‘使弼。’张亦欣然慰望。是日，张公打屏阁子内物色过半矣，既夕，锁院。明日早，张公令院子尽般阁子内物色归家，更不趋待漏院，只就审官东院待漏。既入朝，张公唯祗候宣麻，吕公唯准拟押麻耳。忽有堂吏报吕公云：‘相公知许州。’吕公大惊，于是张公押麻，乃吕公除静江军节度使检校太傅知许州也。”

十一月一日，宋祁作《上许州吕相公嗣崧许康诗二首》并书。

宋祁《景文集》卷5《上许州吕相公嗣崧许康诗二首》（并书。案：《宋史·吕夷简传》，夷简封申国公，景祐四年夏四月，以镇安军节度使同平章事判许州）：“十一月一日，尚书刑部员外郎直史馆宋祁敢再拜奏记相国申公执事：窃闻古者尧有四伯，是为四岳，实佐文命降宅九州帝庸嘉之故，赐姓曰姜，命氏曰吕，在周宣时有申甫者能左右王室以兴周道，国人美之……于今称颂，不自知量，谨作嗣崧诗五章，章十句，美公之国于申也；许康诗五章，章十二句，美公之安乎许也。立言之体略细语大故推而上之，以及于祖辞必欲类不容虚美，故循而下之后及于公，古之赋诗义取卒章焉，嗣崧之乱曰寿，考是承士大夫之祝也；许康之辑曰帝，曰还归邦人之志也。虽不足雍容揄扬其义，肆而不隘，辄因诞日之庆，缮写驰献侑奉觞之余欢，伏惟一加观采裁贷其罪，不宣。某惶恐再拜。”

按：文有“辄因诞日之庆”，知宋祁为吕夷简生日而作。

是年，吕夷简长子吕公绰“判三司理欠司”（《华阳集》卷30《吕公墓志铭》）。

是年，停贡举（《文献通考》卷32《选举考五·举士》）。

是年，吕公著与苏颂相识。

颜其中《苏颂年表》（宋人年谱丛刊）"景祐四年"条载："子容未冠，出举进士，辄据上游。是时其父方处显，子容深自刻励，敝衣徒步，所交皆当世豪俊。与吕公著（晦叔）相得于场屋。"

是年，苏轼生（苏辙《东坡先生墓志铭》）。

按：苏轼（1037—1101），北宋文学家、书画家、美食家。字子瞻，号东坡居士。与欧阳修并称欧苏，为"唐宋八大家"之一。与吕公著有交往。

大约是年，吕公著与鲁氏结婚[《吕公著传（实录）》]。

按：吕公著的长子吕希哲生于宝元二年（1039），公著母亲卒于宝元元年（1038），其父吕夷简是年四月罢相。基于丁忧等因素考虑，吕公著可能于是年初结婚。

宝元元年（1038），吕夷简60岁，吕公著21岁

正月十三日，命翰林学士丁度知贡举（《长编》卷121），**翰林学士胥偃、侍读学士李仲容、知制诰王尧臣、郑戬并权同知贡举**（《宋会要·选举一》）。

三月一日，王随、陈尧佐并罢相，韩亿、石中立并罢参知政事，张士逊、章得象拜相，王椋、李若谷并参知政事，王博文、陈执中并同知枢密院事。

《长编》卷121宝元元年三月"戊戌朔"（一日）条载："初，吕夷简罢，密荐随与尧佐二人为相，其意拔引非才，居己下者用之，觊他日上意见思而复相己。及随与尧佐、亿、中立等议政，数忿争于中书。随寻属疾在告，诏五日一朝，日赴中书视事，而尧佐复年高，事多不举，时有'中书翻为养病坊'之语。……会灾异仍见，琦论随等疏凡十上，尧佐亦先自援汉故事求策免，于是四人者俱罢"。"初，韩琦数言执政非才，上未即听。琦又言曰：'岂陛下择辅弼，未得其人故邪？若杜衍、孔道辅、胥偃、宋郊、范仲淹，众以为忠正之臣，可备进擢。不然，尝所用者王曾、吕夷简、蔡齐、宋绶，亦人所属望，何不图任也？'上虽听琦罢王随等，更命士逊及得象为相。士逊犹以东宫旧恩，或言又夷简密荐之。得象入谢，上谓曰：

‘往者太后临朝，群臣邪正，朕皆默识。惟卿清忠无所附，且未尝有干请，今日用卿，由此也。’”自注云：“夷简又荐士逊，据陈释《拜罢录》，当考。”

《宋宰辅编年录校补》卷4载，宝元元年三月戊戌，王随、陈尧佐并罢相，韩亿、石中立并罢参知政事，张士逊、章得象拜相，王倧、李若谷并参知政事，王博文、陈执中并同知枢密院事。

是月，赐礼部奏名进士、诸科及第出身724人（《宋史》卷10《仁宗本纪》），**省元范镇，状元为吕溱**（《文献通考》卷32《选举考五·举士》）。

七月二十一日，宰臣吕夷简等拜表，请加上尊号。

《宋会要·礼四九·尊号四》：“（景祐）五年七月二十一日，宰臣吕夷简等拜表，请加上尊号曰‘宝元体天法道钦文聪武圣神英睿孝德皇帝’，诏省‘英睿’字，余允所请。”①

十月三日，诏戒朋党，与吕夷简有关。

《长篇》卷122宝元元年十月“丙寅”（三日）条载：“冬十月丙寅，诏戒百官朋党。初，吕夷简逐范仲淹等，既逾年，夷简亦罢相，由是朋党之论兴。士大夫为仲淹言者不已，于是内降札子曰：‘向贬仲淹，盖以密请建立皇太弟侄，非但诋毁大臣。今中外臣僚屡有称荐仲淹者，事涉朋党，宜戒谕之。’故复下此诏。”

十一日，元昊称帝建国，自号“大夏国皇帝”（《长编》卷122）。

十一月十四日，资政殿大学士、左仆射王曾卒（《长编》卷122、富弼《王文正公曾行状》、宋祁《文正王公墓志铭》）。

十八日，改元。景祐五年即宝元元年（《长篇》卷122、《宋史》卷10《仁宗本纪》）。

判许州期间，吕夷简夫人马氏去世。

《吕文靖神道碑》：“其（吕夷简）配秦国夫人扶风马氏，太子少保忠肃公亮之女。妇体顺而正、母道慈以严。公在许昌，夫人以殁。”

《华阳集》卷30《吕公绰墓志铭》：“文靖再镇许昌，乃判三司理欠司。遭秦国太夫人忧，服除，判太常寺。”

王安礼《吕公弼行状》：“（吕公弼）迁太常博士、通判郑州。丁母夫人忧，服

---

①景祐五年，与宝元元年同年。

除，判吏部南曹。"(《全宋文》卷1805、《王魏公集》卷8)。

按：吕夷简去年四月判许州，今年十二月改任天雄军。在吕夷简判许州期间，夫人马氏去世。故将此事置于其调离许州之前。《长编》宝元二年十一月"丁酉"(十日)条载"(吕)公绰、公弼时丁母忧"，可为佐证。

十二月十六日，吕夷简改判天雄军。

《长编》卷122宝元元年十二月"戊寅"(十六日)条载："戊寅，徙判许州吕夷简判天雄军。"

《吕文靖神道碑》："制授武胜军节度使、同中书门下平章事、判陈州。将行燕见，愿得上三年计。帝曰：'行矣，半岁其还相余。'"

按：宋仁宗《吕夷简再相制》(康定元年五月壬戌)，称吕夷简判天雄军时的称谓是"推诚保德崇仁守正忠亮翊戴功臣、镇安军节度、陈州管内观察处置等使、开府仪同三司、检校太师、同中书门下平章事、使持节陈州诸军事、行陈州刺史、判天雄军府事、上柱国、东平郡开国公、食邑一万三千七百户、食实封五千七百户"(《宋大诏令集》卷53、《宋宰辅编年录校补》卷4、《全宋文》卷962)，有"行陈州刺史"之职。

是年，韩忠彦生(颜其中《苏颂年表》宝元元年条)。

按：韩忠彦(1038—1109)，字师朴，韩琦长子，吕公弼的女婿。历任户部尚书、尚书左丞、门下侍郎、左仆射等。

宝元二年(1039)，吕夷简61岁，吕公著22岁

正月二十二日，赵元昊遣使表请称帝改元(《宋史》卷10《仁宗本纪》)。

二月，吕夷简上《雷简夫除官奏》。

吕夷简《雷简夫除官奏》(宝元二年二月)："臣观士大夫有口才者，未必有实效。今遽爵之以美官，异时用有不周，即难于进。莫若且除一官，徐观其能。果可用，迁擢未晚。"(《宋元通鉴》卷19、《长编》卷135)

按：《续资治通鉴长编》系于庆历二年正月，《宋史》卷278《雷简夫传》又称此事在康定中，待考。

五月十一日，以吕夷简荐命试，刁约充馆阁校勘。

《宋会要·选举三一·召试除职》："宝元二年五月十一日，学士院试大理寺丞刁约，赋三下、诗三上，诏充馆阁校勘。以判天雄军吕夷简荐命试。"

二十二日，王德用罢枢密院事，夏守赟同知枢密院事（《宋宰辅编年录校补》卷4）。

六月，吕夷简上疏论平叛元昊不当事。

《长编》卷123宝元二年六月"壬午"（二十三日）条载："壬午，诏削赵元昊官爵，除属籍，揭榜于边"。自注云："《吕氏家塾记》云：赵元昊反，有诏削夺在身官爵，募能生擒元昊若斩首者，即以为节度使，仍赐钱万万。许公时在大名，闻之惊曰：'谋之误也。'立削奏曰：'前方镇叛命，如此诘誓，则有之矣，非所以御外国也。万一反有不逊之言，得无损国体乎！'朝廷方改之，已闻有指斥之词矣。宝元元年十二月，元昊反书闻，即绝边互市。今诏但削夺官爵，设赏格耳。本传并言绝互市，盖误也。"

按：六月，削赵元昊官爵（《宋史》卷10《仁宗本纪》）。许公（许国公），是吕夷简的封号，上疏论平叛元昊不当事。

八月四日，梅询借吕夷简之力而知许州。

《长编》卷124宝元二年八月"癸亥"（四日）条载："八月癸亥，翰林侍读、给事中梅询知许州。询以足疾请外补也。……然数为朝廷言兵。初贬濠州，梦人告曰：'吕丞相至矣。'既而，吕夷简通判州事，故询待遇特厚。其后，援询于废斥中，以至贵显，夷简之力也。"

九月，翰林学士丁度等编成《景祐集韵》。

《玉海》卷45《景祐集韵》："十卷（崇文目有之）。景祐四年，翰林学士丁度等承诏撰，宝元二年九月书成，上之。十一日进呈颁行。（庆历三年八月十七日雕印成）。"

是秋，吕夷简作诗句："人归北阙知何日？菊映东篱似去年。"

吕夷简《句》："人归北阙知何日？菊映东篱似去年。（九日呈梅集仙）"（《全宋诗》卷146）

按：吕夷简宝元元年十二月改判天雄军，此诗"人归北阙"，且"菊映东篱"。加之康定元年四月即返京复相。由此推知，当作于是年秋天。

十月二十七日，王曾葬于新郑（今河南新郑市）（宋祁《文正王公墓志铭》）。

十一月上旬，吕夷简二子受冯士元案牵连被罚铜十斤。

《长编》卷125宝元二年十一月"丁酉"（十日）条载，冯士元藏赃及禁书事发，牵涉多人，"（庞）籍与（吕）公绰、公弼皆尝令士元雇女口"受牵连，"前太常博士直集贤院吕公绰、前太常博士吕公弼、王畴罚铜十斤"，"公绰等既被罚，言者又奏父夷简失义方之训，夷简时判天雄军，上恐伤夷简意，赐诏慰抚"。自注云："公绰、公弼时丁母忧，王畴父博文去年四月卒，故皆称前官。《（郑）戬传》以为辞连宰相吕夷简者，误也。夷简时为镇安节度使、同平章事、判天雄军，即不任中书。"

《宋会要·职官六四·黜降官一》："（宝元二年）十一月九日……太常博士、直集贤院吕公绰，太常博士吕公弼、王畴各赎铜十斤。"

《宋史》卷292《郑戬传》："郑戬，字天休，苏州吴县人。……徙知审刑院，迁起居舍人、龙图阁直学士、权知开封府。吏冯士元为奸利，有告士元受赇藏禁书者，戬穷治之。辞连宰相吕夷简、知枢密院盛度、参知政事程琳，遂逮捕夷简子公绰、公弼参劾其状。既而士元流海岛，度、琳坐尝交关士元罢去，其余绌罚者自御史中丞孔道辅、天章阁待制庞籍又十余人，朝议畏其皦核。戬敏强善听决，喜出不意，独假贷细民，即豪宗大姓，绳治益急，政有能迹。徙权三司使，复转运使考课格，分别殿最。"

按：《长编》与《宋会要》记载时间不一，权存之，记作"上旬"。

十日，盛度罢知枢密院事，程琳罢参知政事（《宋宰辅编年录校补》卷4）。

十二日，下诏抚慰吕夷简。

《抚慰判天雄军吕夷简诏》（宝元二年十一月己亥）："卿夙以材猷，荐冠台席，向宠麾旄之授，适图屏翰之劳。而京府猾胥，宪台起狱，语连子舍，议止罚科。且有案章之臣，称乃训方之阙。朕以卿自辞魁柄，累易藩符，虑私靡遑，事迹弗及，故兹慰抚，无或惊疑。"（《宋大诏令集》卷188、《宋代诏令全集》第4册）[①]

①二年：原作"三年"。按，宝元三年二月丙午改元康定元年。又《长编》卷12宝元二年载此诏于宝元二年十一月，据此改。

按：是年十一月己亥，为十二日。

十五日，王椋知枢密院事，宋庠参知政事（《宋宰辅编年录校补》卷4）。

是年，吕夷简致力治理备战，浚魏州城恤。

蔡襄《端明集》卷17《乞罢吕夷简商量军国事》载，吕夷简“出许州一年有余，移领魏府”（福建人民出版社1999版）。

《吕公神道碑》载：“（吕夷简）至魏，浚城恤。”

《明一统志》卷4载：“吕夷简：以前宰相判天雄军兼北京留守，不以大臣自骄而留意民意。”

按：天雄军治魏州（今河北大名县），俗称“魏府”。吕夷简宝元元年（1038）十二月改任天雄军，积极备战。知其当在次年到任，谋划治理。

是年，吕公著之长子吕希哲出生。

按：《长编》卷472载，元祐七年（1092）四月，范祖禹言，“吕希哲……今已五十四岁……是臣妻兄”，可推知吕希哲应生于宝元二年。《东都事略》卷88本传载“卒，年七十八”，知其卒年应为1116年。李裕民《宋人生卒行年考》载“吕希哲（字原明，1039—1116）”，当是。

是年，停贡举（《文献通考》卷32《选举考五·举士》）。

宝元中，风传吕夷简欲用苏绅，当为虚言。

魏泰《东轩笔录》卷3：“宝元中，御史府久阙中丞。一日，李淑召对，仁宗偶问以宪长久虚之故，李奏曰：‘此乃吕夷简欲用苏绅，臣闻夷简已许绅矣。’仁宗疑之。异时，因问许公曰：‘何故久不除中丞？’许公奏曰：‘中丞者，风宪之长，自宰相而下，皆得弹击，其选用当出圣意，臣等岂敢铨量之？’仁宗颔之，自是知其直矣。”

李心传《旧闻证误·补遗》：“宝元中，御史府久阙中丞，仁宗偶问李淑，李奏曰：‘此乃吕夷简欲用苏绅，臣闻夷简已许绅矣。’仁宗疑之。异时，因问许公曰：‘何故久不除中丞？’许公奏曰：‘中丞者，风宪之长，当出自圣择。’仁宗颔之。自是知其直矣。（阙书名）。按《国史》，宝元元年、二年，宰相王章惠随、陈文宪尧佐、张文懿士逊、章文宪得象也。康定元年五月，张文懿致仕，吕许公始再入。按：是时孔原鲁道辅为中丞。宝元二年，原鲁罢，即以柳翰林植代其位。此谓久阙中丞者，误也。苏仪甫，庆历元年始自知制诰除学士，无缘宝元中吕公已许用为中丞，况吕公此时正在北京，道辅误矣。李献臣固非长者，然道辅记之不详，不可不辨。”

按：宝元中，吕夷简判许州及判天雄军，不在京都，更不是丞相。李心传《旧闻证误·补遗》所考，甚详，故录之。不过，苏绅没能除御史中丞，并不能代表吕夷简再入相后没想办法。

是年，苏辙生（孙汝听《苏颍滨年表》）。

按：苏辙（1039—1112），字子由。嘉祐二年与其兄苏轼同登进士科。唐宋八大家之一，与父洵、兄轼齐名，合称“三苏”。与吕公著有交往。

大约是年，吕夷简以不法奏贬杨景宗为齐州都监。

《宋史》卷463《杨景宗传》：“章惠崩，迁成州防御使，坐入临皇仪殿被酒欢噪，出为兖州总管，改天雄军副都总管。时吕夷简守魏，常以官属礼饬戒之，而景宗肆志不悛，遂以不法奏。贬齐州都监，徙卫州，又徙郓州钤辖。”

康定元年（1040），吕夷简62岁，吕公著23岁

二月二十一日，夏守赟罢同知枢密院事；改宝元三年为康定元年（《宋史》卷10《仁宗本纪》）。

三月二十四日，王椋罢知枢密院事，陈执中、张观并罢知枢密院事，晏殊、宋绶并知枢密院事，王贻永同知枢密院事（《宋宰辅编年录校补》卷4）。

五月九日，张士逊致仕，以吕夷简继其相位（《宋史》卷10《仁宗本纪》）。

宋仁宗《吕夷简再相制》（康定元年五月壬戌）：“推诚保德崇仁守正忠亮翊戴功臣、镇安军节度、陈州管内观察处置等使、开府仪同三司、检校太师、同中书门下平章事、使持节陈州诸军事、行陈州刺史、判天雄军府事、上柱国、东平郡开国公、食邑一万三千七百户、食实封五千七百户吕夷简……可特授行尚书右仆射、兼门下侍郎、同中书门下平章事、昭文馆大学士、监修国史，加食邑一千户，食实封四百户，仍可赐推忠协谋同德守正亮节佐理翊戴功臣。”（《宋大诏令集》卷53、《宋宰辅编年录校补》卷4、《全宋文》卷962）

《长编》卷127康定元年五月“壬戌”（九日）条载：“镇安节度使、同平章事、

判天雄军吕夷简行右仆射兼门下侍郎、平章事。”

《续资治通鉴》卷 42 康定元年五月“壬戌”条载：“以镇安节度使、同平章事、判天雄军吕夷简行右仆射兼门下侍郎、平章事、昭文馆大学士，以资政殿大学士、户部尚书李迪为彰信节度使，知天雄军。自元昊反，武事久驰，守将或为它名以避兵任。迪愿守边，诏不许，然甚壮其意，夷简自天雄复入相，即使迪代之。”

《皇宋十朝纲要》卷 5 康定元年五月“壬戌”条载：“判天雄军吕夷简加右仆射兼门下侍郎、同平章事，进昭文馆大学士”。

按：吕夷简与张士逊有姻亲。

吕夷简离任大名（判天雄军），民思之，建“吕公亭”。

《畿辅通志》卷 54“吕公亭”条载：“吕公亭：在府城东旧城内，宋吕夷简为留守时建，去后民思之，扁曰‘吕公亭’。”

大约五月中下旬，张俞上书吕夷简，建议重用范仲淹、王德用。

张俞《上吕夷简书》：“今之机务之大，宜有内外。先治乎内，后治乎外，则天下可安矣。……范仲淹以谏诤而遭摈斥，若外徇物望，内惟邦本，宜委重柄而授之。王德用雄毅宽政，世济其武，大军乐为之用，宜起之放黜，授以斧钺，用督三秦，亦人望也。苟能行此，是谓失之东隅，收之桑榆也。”（《东都事略》卷 118《张俞传》、《范文正公言行拾遗事录》卷 2、《全宋文》卷 551）

按：宝元初年，西夏事起，张俞曾上书朝廷论边防事。因人举荐，经试录用为秘书省校书郎，却不仕。吕夷简复相于五月九日，文中举荐范仲淹、王德用。五月二十六日，吕夷简请超迁范仲淹，《上吕夷简书》当在其前。故推知是文约作于五月中下旬。

二十六日，吕夷简请超迁范仲淹为龙图阁直学士，并为陕西经略安抚副使，获允。

《长编》卷 127 康定元年五月“己卯”（二十六日）条载：“己卯，以起居舍人、知制诰韩琦为枢密直学士，陕西都转运使、吏部员外郎、天章阁待制范仲淹为龙图阁直学士，并为陕西经略安抚副使，同管勾都部署司事。初，仲淹与吕夷简有隙，及议加职，夷简请超迁之。上悦，以夷简为长者。既而仲淹入朝，帝谕仲淹令释前憾，仲淹顿首曰：‘臣向所论盖国事，于夷简无憾也。’”

司马光《涑水记闻》卷8《吕夷简不念旧恶》载，康定元年，西夏开始攻打北宋，西北前线吃紧，范仲淹调至抗夏前线，复旧职，知永兴军。时夷简自大名复入相，他放弃前嫌，主动言于仁宗曰：“范仲淹贤者，朝廷将用之，岂可但除旧职邪？”即除龙图阁直学士、陕西经略安抚副使。仁宗为之感动，以夷简为长者。范仲淹面谢曰：“向以公事忤犯相公，不意相公乃尔奖拔。”吕夷简曰：“夷简岂敢复以旧事为念邪？”

范公偁《过庭录》：“文正尝指吕申公之失，文正出帅陕，吕欲疏远之。及韩、夏二公悉改除节钺，盖换武则不能在朝廷也。文正知其意，思上章辞之而不受。”

按：[宋]楼钥《范文正公年谱》：康定元年，“七月己卯，公除龙图阁直学士，与韩琦并为陕西经略安抚副使，同管勾都部署司事。初，公与吕夷简有隙，及议加职，夷简请超迁之，上悦，以夷简为长者。既而公入谢，上谕公使释前憾，公顿首曰：‘臣向所谕盖国事，于夷简何憾也。’”《长编》等作“五月己卯”，楼钥《范文正公年谱》作“七月己卯”，即七月二日。权从《长编》。

二十七日，吕夷简折中坚持并用林瑀、王洙天章阁侍讲。

《长编》卷127康定元年五月“庚辰”（二十七日）条载：“景祐末，灾异数起，上忧之，深自贬损。（林）瑀言灾异皆有常数，不足忧。又依《周易》推演五行阴阳之变，为书上之。上素喜方术，观瑀书异之，欲迁其官。参知政事程琳以为不可，止赐章服。时瑀兼诸王宫教授，琳因言瑀所挟书多图纬之言，不宜与宗室游。罢其官职。上每读瑀书，有不解者，辄令御药院批问。瑀由御药院益得关说于上，大抵皆谄谀之词，缘饰以阴阳，上大好之。于是天章阁侍讲阙，端明殿学士李淑等荐（王）洙，事在中书未行，一旦内批用瑀，执政皆怒瑀。吕夷简欲探上意坚否，乃曰：‘瑀，上所用；洙，臣下所荐耳。不若并进二人，惟上所择。’乃以洙、瑀名进。帝问洙何如，夷简言洙博学明经，上曰：‘吾已用瑀矣，若何？’夷简请并用二人，上许之。”

是月，西夏军侵延州，陷金明寨，宋军惨败于三江口（《长编》卷126）。

六月四日，夏守赟同知枢密院事（《宋宰辅编年录校补》卷4、《宋史》卷10《仁宗本纪》）。

八月二十六日，杜衍同知枢密事，夏守赟罢同知枢密院事（《宋宰辅编年录校补》卷4)。

是月,范仲淹致书吕夷简,有《上吕相公书》(一)。

范仲淹《上吕相公书》(一):"某启:仲秋渐凉,伏惟相公台候万福。某奉命此行,至重至忧。……延安重镇,数郡仰赖,若不主戎政,所失则大。段待制西人所望,明镐亦细知边事,惟相府裁之。某惶恐再拜。"(《范文正公集》卷9)

按:范仲淹是年五月任陕西经略安抚副使,同管勾都部署司事,吕夷简任昭文仆射相。范仲淹《上吕相公书》(一)写于仲秋,故知为八月。

九月六日,李若谷罢参知政事,宋绶、晁宗悫并参知政事;十六日,晏殊为枢密使,王贻永、杜衍、郑戬并为枢密副使(《宋史》卷10《仁宗本纪》)。

二十七日,命翰林学士丁度等"同共试验武艺"(《宋会要·选举一七·武举一》)。

十一月四日,范仲淹致书吕夷简,有《上吕相公书》(二)。

范仲淹《上吕相公书》(二):"十一月四日,具位某,谨东望再拜上书于昭文仆射相公阁下:窃以文武之道一,而文武之用异。然则经天下,定祸乱,同归于治者也。传曰:'天下安,注意相;天下危,注意将。'斯则将相之设,文武之殊久矣。……某复虑朝廷以逐路部署为经略、招讨之贰,谓之参用。则此使权杂伍于下,不足为重,谨之虚设。或以文换武,谓之参用,则前日换者,人皆以儒视之。或以新帅难动,则某愿避此路,以待武帅,请主外计,仍领安抚旧名,亦足救民生之困弊,复可按边陲之利病,咸得闻于朝廷,不为轻矣。区区之意,附记注梁学士达于台听。恐道涂雨雪之阻,故复拜此,不任恳切忧惶之至。不宣。某再拜。"(《范文正公集》卷9)

六日,吕蒙正外孙孙日新因系状元之子特录为官。

《长编》卷129康定元年十一月"丁巳"(六日)条载:"丁巳,录光禄寺丞、直集贤院孙暨子日新为郊社斋郎,以侍御史知杂事张奎言:暨在真宗朝举进士第一人,而日新再试礼部不中第,特录之。"

李心传《朝野杂记》甲集卷9《状元特任子》:"仁宗时孙暨、杨寘死于京,皆得官一子。"

按:孙暨是吕蒙正的大女婿,咸平二年状元。因不符合荫补条件,孙日新因状元之子特录,此为北宋首例。

十二月二十二日，宋绶卒于参知政事任(《长编》卷129)。

是年，范仲淹致书吕夷简，有《上吕相公书》(三)。

范仲淹《上吕相公书》(三)：“伏蒙台慈叠赐钧翰，而褒许之意，重如金石，不任荣惧！不任荣惧！……昔郭汾阳与李临淮有隙，不交一言，及讨禄山之乱，则执手泣别，勉以忠义，终平剧盗，实二公之力。今相公有汾阳之心之言，仲淹无临淮之才之力，夙夜尽瘁，恐不副朝廷委之之意。重负泰山，未知所释之地，不任惶恐战栗之极。不宣。仲淹惶恐再拜。”(《皇朝文鉴》卷113、《四续古文奇赏》卷34、《八代文钞》第二十七册)

按：从行文的内容看，实为军事要务，语气甚切。故置于范仲淹任陕西经略安抚副使当年。

是年，吕夷简上《请募勇敢士分营永兴奏》。

吕夷简《请募勇敢士分营永兴奏》(康定元年)：“自元昊反，被边城寨各为自守计。万一贼有奔冲，即关辅惊扰。虽夏竦等屯永兴，其实兵少。……请募勇敢士三万，训以武技，分置十队，以有谋者三人将之，分营永兴。西寇至，则举烽相应，或乘势讨击，进退不以地分，并受夏竦等节制。”(《宋史》卷196《兵志》10、《全宋文》卷321)

是年，吕夷简罢除宦官监军。

《东都事略》卷52《吕夷简传》：宋军与西夏作战，“刘平死于陈，黄德和诬平降贼，诏腰斩德和。议者以朝廷使宦者监兵，主帅节制不得专，故平失利。乞罢监兵。仁宗以问夷简，夷简曰：‘不必罢，但择谨厚者为之。’仁宗委夷简择其人，夷简曰：‘臣待罪宰相，不与中官私交，无由知其贤否。愿诏押班保举，有不职与同罪！’仁宗许之。翌日，都知押班叩首乞罢监兵。于是士大夫嘉夷简之有谋”。

按：此举至少对韩琦、范仲淹在陕西治军有利。

是年，吕夷简挽留章得象留任同中书门下平章事、集贤殿大学士。

《龙川别志》卷上：“章郇公虽闽人，然其为人厚重。少时有相工知人贵贱，公父以兄弟见之，相者曰：‘中有一人大贵。’公就位，舍去不复问，公弟从之不已。父曰：‘所谓贵者谁也？’相者曰：‘舍去者是也。’后以侍郎为参知政事，吕许公鄙其为人。宋宣献时以尚书为枢密副使，许公即以为参知政事，欲以逼公。公之亲友皆劝公自引去，公不听。久之，宣献卒，乃求避位。许公深愧之，言于仁宗,留公不遣。"

按:宋宣献,即宋绶,康定元年(1040 年)三月,因疏陈攻守十策,被召为知枢密院事。九月,拜兵部尚书兼参知政事。十二月,去世,年五十。追赠司徒兼侍中,谥号"宣献"。吕夷简挽留章得象留任同中书门下平章事、集贤殿大学士,当在是年。

是年,张方平致书吕夷简,有《上丞相吕许公书》。

张方平《上丞相吕许公书》:"景祐某年,某以茂材异等对诏策中选,辱在相国陶冶。既诣第伏谒,翌日,见故汝阴蔡贰卿,喜相谓曰:'相国有言,以生为远器,相国知生也已。'时某初登科,名微迹寒,性又野拙,未始游王公大人门。惟蔡公与今参政尚书宋公尝守南都,实乡里也,早与诸生旅见。二公采乡人善者之论,归而誉诸朝,值诏下,因共称荐。故独二公怜之。及此,虽闻汝阴言,终莫能致身门下。……前景祐五年,某以贤良方正再滥诏选,而往监桐庐郡,朝受命而夕行,未尝有干也。独恨廊庙之议,不出相国之化笔尔。及今恩命猥及,许之还都,趋伏屏下有日矣。"(《乐全集》卷 31)

按:文中有关的时间节点,"前景祐五年","今参政尚书宋公尝守南都"中的宋公指宋绶(《长编》卷 110 天圣九年十月"己卯"条、王巩《张方平行状》)。宋绶康定元年九月重新担任参知政事,十二月卒。吕夷简康定元年五月第三次拜相。由此推知,该书当作于是年九月至十二月间。但又与题目不符,吕夷简被封为"许国公"在下一年(庆历元年)十二月,此时宋绶已去世。看来,"吕许公"当是"吕公"之误。

是年,仁宗问御边之计,学士丁度上十策名《备边要览》(《玉海》卷 141《康定备边要览》、《康定论兵》)

按:《玉海》卷 141《康定论兵》载:"康定元年正月赵元昊寇边,诏近臣陈攻守策。"陈执中、丁度、吴育、文彦博等均上策言边事。故将丁度之策置于此。

是年,停贡举(《文献通考》卷 32《选举考五·举士》)。

是年,尹洙作《上吕相公书》(一)。

尹洙《上吕相公书》(一):"月日,朝奉郎、守太子中允、新差签署泾原秦凤两路经略安抚判官公事、骑都尉尹某,再拜献言仆射相国申公阁下:某谬为朝廷器使,预参西方军事,向一至京师,得以边书陈于上前,退又以所陈白于执事,非

以夸辩而谋合，冀事之亟行耳。……今日之军政，非大更置之，莫能成功。”(《河南先生文集》卷6、《全宋文》卷584)

按：《长编》卷126载康定元年三月“癸酉”条载：“太子中允、知长水县尹洙权签书泾原、秦凤两路经略安抚判官事，从葛怀敏之辟也。”《长编》卷127康定元年六月“甲申”条载，尹洙“数上疏论兵事，请便殿召二府大臣议边事”。十二月，又与韩琦一道决攻、守二策(《长编》卷129、韩琦《尹公墓表》)。从中可推知，尹洙三月权任泾原、秦凤两路经略安抚判官事，其《上吕相公书》(一)，当作于是年。

是年，吕夷简举荐吕渭入高等补官，荐李载知齐州。

《长编》卷167皇祐元年十月“壬戌”条载：“(吕)渭，冀州人，尝举进士，尤长于论兵。康定初，吕夷简荐之，赴试策，入高等补官，累迁大理寺丞。换武，从贾昌朝辟，平恩州有功，未及赏而卒，故恤之。”①

《宋史》卷333《李载传》：“知大名冠氏县，府守吕夷简入相，荐其材，知齐州。”②

是年，李师中年十五因父亲之责与吕夷简争辩。

《宋史》卷332《李师中传》：“李师中，字诚之，楚丘人。年十五，上封事言时政。父纬为泾原都监，夏人十余万犯镇戎，纬帅兵出战，而帅司所遣别将郭志高逗留不进，诸将以众寡不敌，不敢复出，纬坐责降。师中诣宰相辩父无罪，时吕夷简为相，诘问不屈，夷简怒，以为非布衣所宜言。对曰：‘师中所言，父事也。’由是知名。”

《长编》卷128康定元年九月“丙寅”条载：“明日，泾原路都监刘继宗、李纬、王秉等分兵出战皆失利。”

《宋史》卷485《夏国上》：康定元年，“又攻镇戎军败，刘继宗、李纬兵五千环庆部署，任福入白豹城，焚其积聚，破四十一族。庆历元年二月攻渭州，逼怀远城。韩琦檄巡边至高平，尽发镇戎兵及募勇士得万人，命行营总管任福等并击之”。

按：李师中，字诚之，楚丘人。庆历二年登进士。娶吕公绰之女，系吕夷简

---

①康定初，当为康定元年，因康定二年即改元。

②吕夷简康定元年五月由大名府入相。文称“康定初”，故置于此。

孙女婿。

考：李师中之父李纬兵败于康定元年九月，受罚当于是年间。故置于此。

大约是年，吕夷简荐傅求擢知宿州。

《宋史》卷330《傅求传》：“徙大名府，府守吕夷简委以事。夷简入相，荐其才，擢知宿州，提点江西、益州刑狱，为梓州路转运使。”

《河南通志》卷58《傅求传》：“徙大名府。府守吕夷简荐其才，擢知宿州，后召为户部副使。”

按：李之亮《宋两淮大郡守易替考》“宿州”部分载，傅求，天圣七年（1029）至天圣九年（1031）知宿州；景祐四年（1037）至宝元二年（1039）郡守失载。恐误。因傅求与吕夷简知大名府时相知，吕复相后予以擢用。故推知大约在是年。

庆历元年（1041），吕夷简63岁，吕公著24岁

正月二十八日，翰林学士丁度等言“详定服纪亲疏、在官回避条例”（《宋会要·职官六三·避亲嫌》）。

是月，元昊遣人请和于延州。陕西经略安抚副使、知延州范仲淹以其无表章，不敢闻于朝廷，自为书谕之（《长编》卷130）。

三月二十二日，以吕夷简荐命试，韩综充集贤校理。

《宋会要·选举三一·召试除职》：“（康定二年）三月二十二日，舍人院试殿中丞韩综，赋、诗并三上，诏充集贤校理。以宰臣吕夷简荐命试题。”①

是月，宋、夏交兵，张方平对元昊的态势予以预判，既而上“平戎十策”，受到吕夷简的赏识。

《长编》卷131庆历元年三月“丁卯”条，对张方平上“平戎十策”有详载，并自注：“按苏轼志方平墓，则云十策不果用，而载其初议特详，今从之。吕夷简以康定元年五月为宰相，宋绶以九月为参政。墓志云宰相吕夷简，则方平所献十

①康定二年十一月，改为庆历元年。

策，当在康定元年五月以后，恐太缓，今且从墓志，更当考之。方平知谏院，（哲宗）《实录》不记其时，今附此，当是代梁适，在六月间。"

《宋史》卷318《张方平传》："方平上《平戎十策》，以为：'入寇当自延、渭，巢穴之守必虚。宜屯兵河东，卷甲而趋之，所谓攻其所必救，形格势禁之道也。'宰相吕夷简善其策而不果行。当召试馆职，仁宗曰：'是非两策制科者乎？何试也？'命直集贤院，俄知谏院。"

《续资治通鉴》卷43庆历元年"三月"条载："兵既交，天下骚动，方平又献《平戎十策》，大略请及民力之完，屯重兵河东，示以形势。贼入寇必自延、渭，而兴州巢穴之守虚，我师自麟、府渡河，不十日可至，此所谓攻其所必救，形格势禁之道也。宰相吕夷简见之，谓参知政事宋绶曰：'大科得人矣！'然不果用其策。于是召对，除直集贤院，寻迁太常丞，知谏院。"

按：《长编》卷134庆历元年十月"壬寅"（二十六日）条载，知谏院张方平上疏言自元昊叛命以来情形，认为"故自古以来，论边事者莫不以和戎为利，征戎为害，盖深念此也。愿陛下廷召二府大臣，商愚计而施行之"。"上喜曰：'是吾心也。'令方平以疏付中书，吕夷简读之，拱手曰：'公言及此，社稷之福也。'"。张方平"平戎十策"之时间，前后有别，今权从三月。

四月五日，吕夷简面诘韩周入夏交往。

《长编》卷131庆历元年四月"癸未"（五日）条载："癸未，降陕西经略安抚副使、兼知延州、龙图阁直学士、户部郎中范仲淹为户部员外郎，知耀州，职如故。始，韩周等持仲淹书入西界，逆者礼意殊善。行既两日，闻山外诸将败亡，周等抵夏州，留四十余日。元昊俾其亲信野利旺荣为书报仲淹，别遣使与周俱还，且言不敢以闻兀卒，书辞益慢。仲淹对使者焚其书，而潜录副本以闻；书凡二十六纸，其不可以闻者二十纸，仲淹悉焚之，余又略加删改。书既达，大臣皆谓仲淹不当辄与元昊通书，又不当辄焚其报。吕夷简诘周不禀朝命，擅入西界。周言经略专杀生，不敢不从。坐削官，监通州税。宋庠因言于上曰：'仲淹可斩也。'杜衍曰：'仲淹本志，盖忠于朝廷，欲招纳叛羌耳，何可深罪！'夷简亦徐助衍言，知谏院孙沔又上书为仲淹辩。上悟，乃薄其责"。自注云："吕夷简面诘韩周，此必仲淹赴京师，或朝廷追入。"

是月，尹洙上书吕夷简。

尹洙《上吕相公书》(二):“四月日,朝奉郎、太子中允、充集贤校理、新差通判濠州军州事、骑都尉、赐绯鱼袋尹某,谨再拜献书于昭文仆射相国申公阁下:自羌虏犯边,某尝献书论事,又得陈说左右。今年虏寇平凉山外地……”(《河南先生文集》卷6、《全宋文》卷584)

祝尚书《尹洙年谱》(据《宋代文化研究》第7辑增订):康定二年,“四月,上书吕夷简,分析任福兵败事及备边之策。按《上吕相公第二书》(本集卷6)首称‘四月日,朝奉郎、太子中允、充集贤校理、新差通判濠州军州事、赐绯鱼袋尹某’,又称‘今以佐幕无状,被命南去’云云,知作于是年四月”。

按:《长编》卷131载,庆历元年,“经略安抚判官尹洙以正月丙子至延州,与范仲淹谋出兵。越三日,仲淹徐言已得旨,听兵勿出。洙留延州几两旬,仲淹坚持不可。辛丑,洙还至庆州,乃知任福兵败……夏竦寻劾洙擅发兵,降通判濠州”。尹洙以“新差通判濠州”的身份上书,《尹洙年谱》认为此“书”作于是年四月,当是。

五月十日,吕夷简与宋庠等奏擢任赵珣。

《长编》卷132庆历元年五月“戊午”(十日)条载:“戊午,以右班殿直、阁门祗候赵珣为阁门通事舍人、陕西经略安抚招讨都监。珣初随其父振在西边,访得五路徼外山川邑居道里,凡地之利害,究其实,作《聚米图经》五卷。韩琦言于帝,诏取其书,并召珣。至,又上《五阵图》《兵事》十余篇。帝给步骑,使按阵,既成,临观之。于是陈执中荐珣为沿边巡检使。吕夷简、宋庠共奏:‘用兵以来,策士之言以万数,无如珣者。’即擢任之。”

二十二日,吕夷简以“朋党”为由,贬叶清臣知江宁府、吴遵路出知宣州。

《长编》卷133庆历元年五月“庚午”(二十二日)条载:“庚午,龙图阁直学士、权三司使叶清臣知江宁府,权知开封府、天章阁待制吴遵路知宣州……清臣与遵路相厚,宋庠、郑戬皆同年进士,四人据要地,锐于作事,宰相以为朋党,请出之。”

《宋史》卷426《吴遵路传》:“时宋庠、郑戬、叶清臣皆宰相吕夷简所不悦,遵路与三人雅相厚善,夷简忌之,出知宣州。上《御戎要略》《边防杂事》二十篇。徙陕西都转运使,迁龙图阁直学士、知永兴军,被病犹决事不辍,手自作奏。及卒,仁宗闻而悼之,诏遣官护丧还京师。”

《宋史》卷295《叶清臣传》:"清臣与宋庠、郑戬雅相善,为吕夷简所恶,出知江宁府。逾年,入翰林学士,知通进银台司、勾当三班院。"

二十三日,吕夷简借力罢参知政事宋庠知扬州,出郑戬知杭州。

《长编》卷132庆历元年五月"辛未"(二十三日)条载:"辛未,右谏议大夫、参知政事宋庠守本官,知扬州;枢密副使、右谏议大夫郑戬加资政殿学士,知杭州。先是吕夷简当国,同列不敢预事,唯诺书纸尾而已,独庠数与争论,夷简不悦。帝顾庠颇厚,夷简忌之,巧为所以倾庠未得。及范仲淹通书元昊,又焚其报,夷简从容谓庠曰:'人臣无外交,希文何敢如此?'庠以夷简诚深罪仲淹也,他日于上前议其事,庠遽请斩仲淹,枢密副使杜衍力言其不可,庠谓夷简必助己,而夷简终无一言。上问夷简,夷简徐曰:'杜衍之言为是也,止可薄责而已。'上从之,庠遂仓皇失措,论者喧然,皆咎庠,然不知实为夷简所卖也。于是用朋党事,与戬俱罢。"

李心传《旧闻证误》卷2:"庆历中,郑天休诸公复会李氏第,既退,达晓,道遇李翰林造朝,事遂喧传,言者论之。宰相吕许公曰:'臣观赴会者姓名,皆朝贤俊,安得许多人代之?愿召至中书戒励。'上从之。既召诸公,无一人至者。(出王巩《闻见近录》)。按:庆历元年五月庚午,权三司使叶清臣知江宁府。辛未,参知政事宋庠知扬州,枢密副使郑戬知杭州。时宰相以庠、戬、清臣皆同年及第而并据要地,以为朋党,故出之。此《仁宗实录》中语也。时吕公位昭文,定国之言为吕公地耳。然郑文肃、宋元宪皆已执政,可召之戒励耶?"

《宋会要·职官六四·黜降官一》:"(康定二年)五月二十二日,龙图阁直学士、权三司使叶清臣罢知江宁府,天章阁待制、权知开封府吴遵路罢知宣州。时宰相以参知政事宋庠、枢密副使郑戬与清臣皆同时及第,又与遵路素相善,并据要地以为朋党,故出之。"

按:宋庠、叶清臣、郑戬及庠弟祁。时人谓之"四友"。田况《儒林公议》载:"宋庠、叶清臣、郑戬及庠弟祁同年登第,皆有名称。康定中,庠为参知政事,戬为枢密副使,清臣任三司使,祁为天章阁待制。趣尚既同,权势亦盛,时人谓之'四友'。吕夷简深忌之,指为朋党。俄有无名子作谤,庠有'天下文章惟独我,榜中龙虎更无人'之句,余韵甚多,深讦庠之私短。语寖上闻,乃尽罢四人为郡,仍降诏天下,戒朋比焉。"

考:《长编》与《宋宰辅编年录校补》同为“五月辛未”(二十三日),《宋会要》所记时间二十二日,恐误。

同日,王举正参知政事(《宋宰辅编年录校补》卷4)。

同日,吕夷简谏任中师与任布并用枢密副使。

《长编》卷132庆历元年五月“辛未”(二十三日)条载:“枢密直学士右谏议大夫知益州任中师、龙图直学士给事中知河南府任布并为枢密副使。先是,布数上书论事,帝欲用之,吕夷简荐中师才不在布下,遂俱擢任。或曰:‘中师前罢广州,尝纳赂于夷简。’于是,枢密副使阙,上谓夷简曰:‘用谏议大夫任姓者。’盖指布也。夷简遽进中师名,上徐曰:‘今在西川。’夷简因言中师可用,乃并用两人。”自注云:“此据《日记》。”

按:文中“谏议大夫”是任中师,偏偏说成“盖指布”,即任布。其中有误或遗漏。《长编》卷132庆历元年六月“壬辰”条载,梁适“以妻从父任中师为枢密副使,请罢谏院”。自注云:“司马光《记闻》云:梁适与任中师有姻,知其赂吕夷简事,明往视之,曰:‘宜绳子舍。’”

六月十一日,吕公孺等同进士出身。

《宋会要·选举九·赐出身》:“(康定二年)六月十一日,赐太子中允王顾、大理寺丞吕公孺、将作监李仙卿同进士出身。”

七月八日,以亲郊,命吕夷简为大礼使,李若谷为礼仪使,柳植为仪仗使,丁度为卤簿使,贾昌朝为桥道顿递使。

《宋会要·礼二八·郊祀五使》:“庆历元年七月八日,以亲郊,命宰臣吕夷简为大礼使,资政殿学士李若谷为礼仪使,权御史中丞柳植为仪仗使,翰林学士承旨丁度为卤簿使,龙图阁直学士、权知开封府贾昌朝为桥道顿递使。”

八月七日,因迁太宗亲书寺额,吕夷简谈孝俭。

《玉海》卷34《庆历宝奎殿御书》:“庆历元年八月甲申,上谓辅臣曰:‘近创一小殿,禁中而有司过为侈丽,不欲毁其成功,今大相国寺方营殿藏太宗亲书寺额,可迁置之。’吕夷简因言陛下:‘孝以奉先,俭以率下,圣人之盛德也。’”①

十月六日,吕夷简守司空,余如故。

---

①是年八月戊寅朔,甲申为七日。

宋仁宗《吕夷简守司空余如故制》(康定二年十月壬午):吕夷简“可特授守司空,余如故,仍令所司择日备礼册命。”(《宋大诏令集》卷53、《全宋文》卷964。)

按:康定二年十一月,改称新元“庆历”。十月壬午,为六日。

是月,同判太常寺吕公绰言事,其内容是郊祀配位议等。

《长编》卷134庆历元年十月“壬辰”(十六日)条载:“壬辰,同判太常寺吕公绰言:‘历代郊祀,配位无侧向,真宗示辅臣《封禅图》曰……请自今南郊祖宗之配,并以东方西向为定。’诏可。”

《玉海》卷93《皇祐南郊并配》:“庆历元年吕公绰言,历代郊祀配位无侧向。”

《宋会要·礼十四》:“庆历元年十月十五日,同判太常寺吕公绰言事。”

《宋会要·礼二五·郊祀配侑议论》:“康定二年十月二十六日,同判太常寺吕公绰言:‘诏有司撰郊仪,设太祖皇帝配坐,只具东方西向之仪。’”

吕公绰撰进南郊仪注,上《郊祀配位议》(《太常因革礼》卷8、《长编》卷134、《宋会要·礼二五》、《宋史》卷99《礼志二》、《全宋文》卷549)

吕公绰《乞郊庙祭享用五齐三酒奏》(《太常因革礼》卷13、《长编》卷134、《愧郯录》卷5、《宋史》卷98《礼志一》、《历代名臣奏议》卷126、《全宋文》卷549)。

按:吕公绰任职太常寺,期间言事,上《郊祀配位议》《乞郊庙祭享用五齐三酒奏》,符合常理。《长编》《宋会要·礼》记载,尽管时间不一,至少均在十月,故置之。

十一月二十日改元,康定二年与庆历元年同年(《长编》卷134)。

是月,仁宗谈人臣之要,吕夷简等对曰:“孔子第其门人,而颜回以德行为首。”

袁说友《东塘集》卷十一《讲义·讲学》:“庆历元年十一月,仁宗皇帝曰:‘人臣虽难以才适用,要当以德行为本,苟怀不正,挟伪以自蔽用,心虽巧而形迹益彰。朕以此观人洞见邪正。’吕夷简等曰:‘孔子第其门人,而颜回以德行为首。陛下所言知人之要,尽于此矣。’”

十二月一日,吕夷简晋封为许国公。

《隆平集》卷5《吕夷简传》:“庆历元年,进封许国公,判枢密院,以判院太重改兼枢密使。”

《长编》卷134庆历元年十二月“丙子”(一日)条载:“十二月丙子朔,加恩百官,进封宰臣申国公吕夷简为许国公。”

十五日,吕公绰因编修《庆历崇文总目》进职。

《玉海》卷52《庆历崇文总目》:“庆历元年十二月己丑,翰林学士王尧臣等上新修崇文总目六十卷。……至是上之。庚寅,以提举张观、宋庠、王尧臣及(聂)冠卿、(郭)稹并加阶,封编修吕公绰等进职。”

按:是年十月,吕公绰同判太常寺(《宋会要·礼一四》)。十二月丙子朔,己丑为十四日,庚寅为十五日。

是年,吕公绰任太常博士(宋庠《太常丞直集贤院判三司都理吕公绰可太常博士制》。转见于《宋元宪集》卷26、《全宋文》卷421)。

是年,停贡举(《文献通考》卷32《选举考五·举士》)。

是年,范祖禹生(《琬琰集》下集卷19《范直讲祖禹传》)。

按:范祖禹(1041—1098),字淳甫(淳,或作醇、纯,甫或作父),一字梦得。著《唐鉴》《帝学》《仁宗政典》等。系吕公著女婿。

大约是年,张方平致书吕夷简,作《上时相书》。

张方平《上时相书》:“谨以近所著《刍荛论》十卷二编以献。”(《乐全集》卷31、《全宋文》卷803)

按:时相是指吕夷简与章得象。此书与张方平“平戎十策”,可能作于同期,故置于此。

大约是年,吕公著任大理评事,“谦退如寒素”。品位:从八品下。

《曲洧旧闻》卷4:“吕申公公著,当文靖秉政时,自书铺中投应举家状,敝衣蹇驴,谦退如寒素,见者虽爱其容止,亦不异也。既去,问书铺家,知是吕廷评,乃始惊叹。”

按:龚延明《宋代官制词典》“阶官类”太常寺太祝、奉礼郎条载:“文阶名。北宋前期本阶官。转大理评事。”文中“廷评”当是大理评事之俗称,从“投应举家状”看,当在考进士之前,且不迟于是年。由恩赐奉礼郎转大理评事,符合规定。大理评事,全称为大理寺评事,亦称评事、评、廷评、评廷等。宋前期为文臣迁转官阶，无职事；品位，宋初因唐制，唐为从八品下(《新唐书·百官志》3)，元丰改制后为正八品(《宋会要·职官二四》、《职官分纪》卷19《评事》)。

大约是年，儒者张球献诗吕夷简。

《青琐高议前集》卷5："大丞相吕夷简，一日，有儒者张球献诗曰：'近日厨中乏所供，孩子啼哭饭箩空。母因低语告儿道，爹有新诗上相公。'公见诗甚悦，因以俸钱百缗遗之。又为引道贵官门馆，得依栖之。公三十年居政地，引援寒贱，拯救士类，外牧守得其人，内卿大夫各举其职，太平之贤宰相也。呜呼盛哉！"

按：吕夷简乾元元年(1022)为参知政事，至是年(1041)刚好三十年。故置于此。

庆历初，仁宗服药，久不视朝，召吕夷简却缓辔。

《涑水记闻逸文》："庆历初，仁宗服药，久不视朝，一日圣体康复，思见执政，坐便殿促召二府宰相。吕许公闻命，移刻方赴召。比至，中使数辈促公，同列亦赞公速行，公愈缓辔。既见，上曰：'久疾方平，喜与卿等相见，而迟迟其来何也？'公曰：'陛下不豫，中外颇忧，一旦闻急召近臣，臣若奔驰以进，虑人心惊动耳。'上以为深得辅臣之体。"

田况《儒林公议》："庆历初，夏寇方盛，陕西四路并任儒帅，久而未有成功。时吕夷简为相，上深所注意，夷简因言四帅皆儒臣，于军政非便，俸禄又薄于偏裨，遂皆除观察使，欲责其成功。时范仲淹帅环庆，素为吕所恶，及授命，乃抗章辞让。"

按：庆历初，吕夷简建议陕西四路并任儒帅，皆除观察使。

庆历二年(1042)，吕夷简64岁，吕公著25岁

正月十二日，命翰林学士聂冠卿权知贡举(《长编》卷135)，**翰林学士王拱辰苏绅、知制诰吴育、天章阁待制高若讷并权同知贡举**(《宋会要·选举一》)。

按：北宋省试，常于正月下旬或二月初举行。是年省试为《勋门赐戟诗》等。吕公著此年省试诗、赋、论题，均失载。同年进士韩宗彦(字钦圣)有存诗，载于

司马光《温公续诗话》。

同日，雷简夫有辩才，吕夷简认为"士大夫有口才者，未必能成事也"。

《长编》卷135庆历二年正月"丁巳"（十二日）条载："京兆府布衣雷简夫，隐居不仕，枢密使杜衍荐之，召见，论边事甚辩。上悦，令中书检真宗用种种故事，吕夷简言：'士大夫有口才者，未必能成事也，请姑试之。'乃以为校书郎、秦州观察判官。简夫，孝先子也。"

二十六日，命吕夷简为宝奎殿撰记。

《长编》卷135庆历二年正月"辛未"（二十六日）条载："辛未，以大相国寺新修太宗御书殿为宝奎殿。……命宰相吕夷简撰记。"

《玉海》卷34《庆历宝奎殿御书》："（庆历）二年正月辛未，诏以大相国寺新修太宗御书殿为宝奎殿，摹太宗御书寺额于石上飞白题之，命宰臣吕夷简撰记，章得象篆额，枢密使晏殊撰御飞白书记。"

王应麟《困学纪闻》卷20："仁宗摹太宗御书大相国寺额于石，即寺为殿而藏之，御飞白名曰'宝奎殿'。绍兴庚辰宏辞，以《宝奎殿太宗皇帝御书赞》命题，唐说斋中选，但云庆历二载而不纪月日，以《实录》考之，乃二年正月辛未也，苏子美作宝奎殿颂，周益公题其后云：上宰宗工，更为辞章者，谓吕夷简作记、章得象题额之类。《实录》云：命吕夷简撰记。而说斋谓：焕乎尧章，亲加纪述，亦误。"

《宋会要·崇儒六·御书》："庆历二年正月，大相国寺新修宝奎殿，摹（大）[太]宗御书寺额于石。帝飞白题之，命宰臣吕夷简撰记，章得象篆额，枢密使晏殊撰《御飞白书记》。"

孙岳颂《御定佩文斋书画谱》卷76《宋苏舜钦宝奎殿颂帖》："仁宗朝摹太宗御书大相国寺额于石，即寺为殿而藏之，御飞白名曰'宝奎殿'。舜钦此颂，当是召试馆职时所作，年方三十余也。其云：上宰宗工更为辞章者，为吕夷简作记，章得象题额之类欤。淳熙十年二月五日周必大书而归之玉山汪氏。（《平园集》）"①

二月六日，赐右赞善大夫赵承裕同进士出身。

《宋会要·选举九·赐出身》："庆历二年二月六日，赐右赞善大夫赵承裕同

①《六艺之一录》卷338《宋苏舜钦宝奎殿颂帖》，亦载此。

进士出身。（承裕，故参知政事安仁之子，以恩陈乞，召试学士院中等而命之。）”

按：赵承裕是吕蒙正的外孙。

三月一日，诏殿前指挥使、两省都知举荐武臣才堪为将者（《宋史》卷11《仁宗本纪》）。**二十二日，吕公著登进士第。是科杨置为省元、状元。**

《长编》卷135庆历二年三月“乙丑”（二十二日）条载：“御崇政殿，赐进士杨置等二百三十七人及第、一百二十二人出身、七十三人同出身。”

《太平治迹统类》卷28《祖宗科举取人·仁宗》：“三月，赐进士杨置等三百三十七人及第……杨置、韩绛、王珪、陈洙、王安石、吕公著、苏颂、傅尧俞、吕夏卿。”

《宋史》卷11《仁宗本纪》载，三月赐礼部奏名进士、诸科及第出身839人。

《琬琰集》下集卷10《吕正献公公著传·实录》载，吕公著“登庆历二年进士”。

罗浚《宝庆四明志》载，庆历二年考进士的试题：《应天以实不以文赋》《吹律听鸣凤诗》《顺德者昌论》。

《宋宰辅编年录校补》卷8：“（吕）公著又与安石同年为进士。”

《邵氏闻见录》卷3：“吕氏公著，字晦叔，最贤，亦与安石为同年进士。”

顾栋高《王荆国文公年谱》卷上载，庆历二年三月二十二日，“公与吕公著晦叔俱登第”。

《宋会要·选举二·贡举二》：“庆历二年四月二十三日，诏新及第进士第一人杨置为将作监丞，第二人王珪为大理评事，第三人韩绛为太子中允，并通判；第四人王安石为校书郎，第五人为曾公定为奉礼郎，并佥书诸州判官事；第六人已下两使职官。第二甲初等职官，第三甲试衔知县，第（三）[四]甲试衔簿尉，第五甲判司簿尉。”

《文献通考》卷32《选举考五·举士》：是年，“省元杨置，状元同”。

《万姓统谱》卷75“吕公著”条载：“吕公著：字晦叔，夷简子，幼嗜学，至忘寝食。……寓居洛阳，举进士。”

按：是科三月十五日举行殿试（《宋会要》选举七）。

三月十八日，晁宗悫罢参知政事（《宋宰辅编年录校补》卷4）。

四月七日，宰相吕夷简荐富弼出使契丹，人皆危之。欧阳修上书乞留富弼，

不报。

《长编》卷 137 庆历二年“四月”条载：“庚辰（七日），以右正言、知制诰富弼为回谢契丹国信使。”

田况《儒林公议》：“富弼使契丹报聘，再立盟约。时吕夷简方在相位，命弼讽契丹谕元昊，使纳欵。宗真当其言，谓可指麾立定。遂遣使诣元昊，谕以朝廷之意，元昊但依随而已。及杨守素至延州，道元昊语曰：‘朝廷果欲议和，但当下谕本国，何烦转求。’契丹界夹山部落呆家等族离叛，多附元昊。契丹以词责问，元昊辞，不报，自称西朝，谓契丹为北边。又言请戢所管部落，所贵不失两朝欢好。宗真既以强盛夸于中国，深耻之，乃举众西伐，聚兵于云州西约五百里夹山之侧，国内扰动，粮馈相继。先是，契丹预峙刍茭，以备冬计。元昊密令人焚之殆尽，且多饿死。及与战，遂败，惧朝廷知之，乃出榜幽州，称元昊归欵，自以夸大。其略云：‘元昊曩自先朝，求为巨援。拒一方之裂壤，迨三世以袭封。’又云：‘枭音易变，犬态多端。忘牢豢之深恩，肆狂悖之凶性。擅诱边俗，巧谍欢邻。罪既贯盈，理当难赦。是用躬驱锐旅，往覆危巢。方迩贼庭，乞修觐礼’云云。然燕人皆知其妄，我之谍者又见舆尸重伤者，相继自西而至，其败益明。然深自藏蔽，惧为朝廷所知。”①

按：《长编》卷 137 庆历二年闰九月“庚辰”（10 日）条载：“先是，吕夷简当国，人莫敢抗，弼既数论事，浸之……夷简益恨，因荐弼使契丹，变易国书，欲因事罪之。馆阁校勘欧阳修上书，引颜真卿使李希烈事。留之不报，而弼受命不少辞。”

五月二日，吕夷简认为郭谘限隔契丹虏骑之法可用。

《长编》卷 136 庆历二年五月“甲辰”（二日）条载：“殿中丞平棘郭谘言：‘契丹背盟犯界，请决御、洨、葫芦、新、唐五河，使之北出，则深、冀、瀛、鄚诸州皆在水东，足以限隔虏骑。’宰相吕夷简荐谘言可用。”

十六日，建大名府，称北京，从吕夷简之议。

《长编》卷 136 庆历二年五月“戊午”（十六日）条载：“戊午，建大名府为北京”。景祐中，范仲淹建议城洛阳以备极难，吕夷简说，“契丹畏壮侮怯，遽城洛

---

①《辽史拾遗》卷 22 亦载。

阳，亡以示威，必长敌势"，认为"设备宜在河北"，于是"卒建北京"。

《续资治通鉴》卷44庆历二年"五月"条载："戊午，建大名府为北京。释河北诸州军系囚。严饬行宫增制仓廒、营舍，并给赏钱，毋得科率。初，范仲淹知开封，建议城洛阳以备急难。及辽人将渝盟，言事者请从仲淹之请，吕夷简谓：'辽人畏壮侮怯，遽城洛阳，无以示威，反长彼势；宜建都大名，示将亲征，以伐其谋。'诏既下，仲淹又言：'此可张虚声耳，未足恃也。城洛阳既弗及，请速修京城。'议者多附仲淹议，夷简曰：'此囊瓦城郢计也。使辽人得渡河，而固守京师，天下殆矣！故设备宜在河北。'卒建北京，识者韪之。"

吕夷简《建都大名奏》（庆历二年五月）："契丹畏壮侮怯，遽城洛阳，亡以示威。景德之役，非乘舆济河，则契丹未易服也。宜建都大名，示将亲征，以伐其谋。"（《宋史》卷311《吕夷简传》、《全宋文》卷321）

朱熹《朱子全书》第12册《五朝名臣言行录》卷6《丞相许国吕文靖公》："庆历二年五月，契丹聚兵幽蓟，声言南下，朝廷人心惶惶，议者以范仲淹往日之谋为谋，建议置都洛阳，独吕夷简曰：'虏畏壮侮怯，易以威制。洛邑山川狭隘，以壮则不足，以威则退缩。'遂请建都大名。"

六月，范仲淹又致书吕夷简，有《上吕相公书》。

范仲淹《上吕相公书》："六月日，具位范某，谨齐沐上书于昭文仆射相公：某近者伏奉制命，就除邠州观察使。……某谓相公弼谐于内，在天下安危之事，不得而让也；某辈奔走于外，经书百事，亦不得而让也。某今日避此命者，岂偷安之人哉？诚有所存尔。为国家先重其身，而安其心，赖相公坐筹于内，某辈竭力于外，内外协一，奉安宗庙社稷，以报君亲，以庇生灵，岂小节之谓乎？恭维相公与二府大臣同忧天下之时，必能恕狂者之多言，采愚者之一得。某胸中甚白，无愧于日月，无隐于廊庙，惟相公神明其照，某岂得而昧之！干冒台严，卑情无任危切之至。不宣。某惶恐再拜。"（《范文正公集》卷9）

《范文正公年谱》"庆历二年"条载："四月癸亥，除（鄘）[邠]州管内观察使，辞不受。……辞甚切，表三上，乃命复为龙图阁直学士、左司郎中。"

按：范仲淹此次受命邠州观察使，辞不就。六月，致书吕夷简，文中有"三上让章"，并阐明观点。

七月五日，吕夷简力黜任布。

《长编》卷137庆历二年七月“丙午”（五日）条载，罢任布知河阳，“布任枢密，纯约自守无所补，然数与宰相吕夷简忤。布长子逊，素狂愚，夷简知之，乃怵使言事，许以谏官。逊即上书历诋执政大臣，且斥布不才。布见其书，匿之。夷简又趣逊以书上。逊复上书罪匿者。上问知匿者乃布也，布谢：‘臣子少有心疾，其言悖缪，惧辱朝廷，故不敢宣布。’侍御史鱼周询因劾奏布不才之甚，其子具知。布遂罢去，逊尚留京师，望谏官，夷简寻以它事黜之。”

《春明退朝录》卷上：“任恭惠与吕许公同年进士，而同为博士。恭惠登枢，年耆康强。许公时尚为相，尝所叹羡，询其服饵之法，恭惠谢曰：‘不晓养生之术，但中年因读《文选》有所悟尔，谓：石韫玉以山辉，水含珠而川媚也。’许公深以为然。”

按：任布，谥恭惠。“恭惠登枢”，当指任枢密副使，始于庆历元年五月。由此，可推知吕夷简“询其服饵之法”的时间。

十七日，追用富弼建议，以吕夷简兼判枢密院事。

宋仁宗《吕夷简依前判枢密院事制》（庆历二年七月戊午）：“推忠协谋同德守正亮节佐理翊戴功臣、开府仪同三司、行尚书左仆射、兼门下侍郎、同中书门下平章事、昭文馆大学士、监修国史、上柱国、许国公、食邑一万五千七百户、食实封六千五百户吕夷简……可特授依前尚书左仆射、兼门下侍郎、同中书门下平章事、判枢密院事、昭文馆大学士、监修国史、许国公，加食邑一千户、食实封四百户。”（《宋大诏令集》卷53、《宋宰辅编年录校补》卷4、《全宋文》卷965）

《长编》卷137庆历二年七月戊午（十七日）条载：“戊午，右仆射、兼门下侍郎、平章事吕夷简判枢密院事，户部侍郎、平章事章得象兼枢密使，加枢密使晏殊同平章事。初，富弼建议，宰相兼权枢密使，上曰：‘军国之务，当悉归中书，枢密非古官。’然未欲遽废，故止令中书同议枢密院事。及张方平请废枢密院，上乃追用弼议，特降制命夷简判院事，而得象兼使，殊加同平章事，为使如故。”

《石林燕语》卷8：“庆历二年，富郑公知谏院，吕申公、章郇公当国。时西事方兴，郑公力论宰相当通知枢密院事，二公遂皆加判枢密院。已而以判为太重，改兼枢密使。五年，二公罢，贾文元、陈恭公继相，遂罢兼使。”

按：《长编》卷137、《宋史》卷11、《编年录》卷4均有记载，时间为“七月戊午”，《宋史宰辅表》却误记为“七月壬午”（该月无壬午日）。

同日,章得象兼枢密使,枢密使晏殊同平章事(《宋宰辅编年录校补》卷4)。

二十二日,富弼等再次出使辽国,发生意外,面责吕夷简、晏殊。

《长编》卷137庆历二年七月“癸亥”(二十二日)条载:“癸亥,(富)弼与(张)茂实再以二事往,于是吕夷简传帝旨,令弼草答契丹书并誓书,凡为国书二,誓书三。议婚则无金帛。若契丹能令夏国复纳款,则岁增金帛二十万,否则十万。弼奏于誓书内创增三事:一,两界塘淀毋得开展;二,各不得无故添屯兵马;三,不得停留逃亡诸色人。弼因请录副以行。中使夜赍誓书五函并副,追及弼于武强,授之。弼行至乐寿,自念所增三事,皆与契丹前约,万一书词异同,则敌必疑,乃密启副封观之,果如弼所料,即奏疏待报。又遣其属前陵州团练推官宋诚、蔡挺诣中书白执政。上欲知敌中事,亟召挺问,挺时有父丧,听服衫帽对便殿,乃诏弼三事但可口陈。弼知此谋必执政欲变己所与北朝初议者,乃以礼物属茂实,疾驰至京师,日欲晡,叩阁门求对。阁门吏拘以旧制,当先进名,对仍翌日。弼责之,遂急奏,得入见,曰:‘执政固为此,欲致臣于死。臣死不足惜,奈何国事?’上急召吕夷简等问之,夷简从容曰:‘此误耳,当改正。’弼语益侵夷简。晏殊言:‘夷简决不肯为此,真恐误耳。’弼怒曰:‘殊奸邪,党夷简以欺陛下!’遂诏王拱辰易书。其夕,弼宿学士院,明日乃行。”

苏轼《富郑公神道碑》:“再聘,受书及口传之词于政府,既行次乐寿(今河北献县),谓其副(按:张茂实)曰:‘吾为使者而不见国书,万一书词与口传者异,则吾事败矣。’发书视之,果不同。乃驰还都,以晡入见,宿学士院一夕,易书而行。”

《邵氏闻见录》卷9:“(富弼)公驰还,见仁宗具论之。公曰:‘政府故为此,欲置臣于死地。臣死不足惜,奈国命何?’仁宗召吕夷简面问之,夷简从容袖其书曰:‘恐是误,当令改定。’富公益辩论不平,仁宗问枢密使晏殊曰:‘如何?’殊曰:‘夷简决不肯为此,真恐误耳。’富公怒曰:‘晏殊奸邪,党吕夷简以欺陛下。’富公,晏公之婿也,富公忠直如此。”

按:该事的起因,据《续资治通鉴》卷44庆历二年三月“己巳”(二十六日)条载:“先是正月己巳(二十二日),边吏言辽使且至,帝为之旰食,历选可使辽者,群臣皆惮行。宰相吕夷简举右正言富弼,入对便殿,叩头曰:‘主忧臣辱,臣不敢爱其死。’帝为动色。壬申(二十七日),命弼为接伴使。弼以二月丙子(二日)发京师,至雄州,久之,特默等始入境。遣中使慰劳,特默称足疾不拜,弼谓曰:'吾尝使北,病卧车中,闻命辄拜。今中使至而君不起,此何礼也?'特默矍然起,遂使人掖而拜。及特默等至,命御史中丞贾昌朝馆伴。廷议不许割地,而许以信安僖简王允宁女与辽之皇子梁王洪基结婚,或增岁赂;独弼为结婚为不可。"

是月,王安石代宋庠作贺吕夷简。

王安石《临川先生文集》卷81有《贺昭文相公启(代宋宣献公)》。

陈鹄《耆旧续闻》卷4:"庆历二年,西方用兵,张安道奏议,乞并枢密院归中书,因除昭文相吕申公兼判枢密院事,集贤相章郇公兼枢密使,而加晏元献同平章事,依旧枢密使。时宋元宪知维扬,王荆公为佥判,代作贺启三首。内昭文一首,宋公别撰,涂抹殆遍。前辈于礼仪语言间,谨重如此。宋氏稿副尚存,顷获观之,乃具录焉。"

按:吕夷简七月十七日,兼判枢密院事。王安石当已在签书淮南节度判官任上,宋庠时守扬州。

八月十七日,出内藏库缗十万,修北京行宫。

《长编》卷137庆历二年八月"戊子"(十七日)条载:"戊子,出内藏库缗十万,修北京行宫。"

按:修北京行宫,旨在表明北宋政府对加强北部边防的决心。吕夷简还亲自与辽国使者谈判。"及刘六符等再至,桀骜,久留不能遣。公奏请于殿外幕次与敌使相见,置酒面议以折之,上以为然。敌使见公畏状,语馆伴使曰:'观宰相如此,虽留无益。'遂亟就道。"①九月,宋辽和谈取得成功。

九月一日,以宰臣吕夷简荐命试,杨孜充秘阁校理。

《宋会要·选举三一·召试除职》:"(庆历二年)九月一日,学士院试太常博士孙甫、秘书丞杨孜,并赋三上、诗三下,诏并充秘阁校理。甫以枢密副使杜衍、孜以宰臣吕夷简荐命试。"

六日,吕夷简罢判枢密院,除兼枢密使。

宋仁宗《吕夷简罢判枢密院除兼枢密使制》(庆历二年九月丙午):吕夷简"可特授依前尚书右仆射、兼门下侍郎、同中书门下平章事、兼枢密使、昭文馆大

①朱熹、李幼武《宋名臣言行录》(宋史资料汇编)卷6,台湾文海出版社1967年版,第195页。

学士、监修国史、许国公，功臣、散官、勋、食邑、实封如故”。（《宋大诏令集》卷54、《全宋文》卷966）

曾巩《隆平集》卷5《王举正》：“时陕西用兵，吕夷简以宰相判枢密院。举王曰：‘判名太重，不可不避也。’乃改兼枢密使。”

按：注释中的系年日期“丙午”原无，今《全宋文》据《长编》卷137、《宋史》卷11《仁宗纪》3补。《长编》卷137庆历二年九月乙巳（五日）条载：“初，命宰臣吕夷简判枢密院事，既宣制，黄雾四塞，风霾终日，朝论甚喧。参知政事王举正言二府体均，判名太重，不可不避也。右正言田况复以为言。夷简亦不敢当。”自注云：“黄雾、风霾，据《御史台记》。”“丙午（六日），夷简改兼枢密使。”

二十五日，与契丹合议成。宋在“澶渊之盟”基础上，增纳岁银十万两、绢十万匹（《长编》卷137）。

闰九月十日，命富弼为吏部郎中、枢密直学士，弼又固辞。

《长编》庆历二年闰九月“庚辰”（十日）条载：“庚辰，复命右正言、知制诰、史馆修撰富弼为吏部郎中、枢密直学士，弼又固辞。先是，吕夷简当国，人莫敢抗，弼既数论事侵之，及堂吏以伪署度僧牒诛，夷简益恨，因荐弼使契丹，欲因事罪之。馆阁校勘欧阳修上书，引颜真卿使李希烈事乞留之，不报。而弼受命不少辞，自初奉使，闻一女卒，再奉使，闻一男生，皆不顾而行；得家书，不发而焚之，曰：‘徒乱人意尔。’”

叶梦得《避暑录话》卷3：“吕许公初荐富韩公使虏，晏献公为枢密使，富公不以嫌辞，晏公不以亲避，爱憎议论之际，无秋毫窥其间者，其直道自信不疑，诚难能也。及使还，连除资政殿学士，富公始以死辞不拜，虽义固当然，其志亦有在矣。”

按：除资政殿学士，恐误。当以枢密直学士为是，从《长编》。

是月，西夏兵侵定川寨，大败宋军，长驱直入（《长编》卷137）。

十一月十二日，复置陕西四路都部署经略安抚兼缘边招讨使，命韩琦、范仲淹、庞籍分领之（《长编》卷138）。

是冬，吕夷简因感风眩不能朝，帝手诏拜司空、平章军国重事。

《隆平集》卷5《吕夷简传》：“（庆历）二年，以病特进司空、平章军国重事。”

《长编》卷138庆历二年“十二月”条载：“是冬，宰相吕夷简感风眩不能朝，上忧之,手诏拜司空、平章军国重事,俟疾损,三五日一入中书。夷简力辞。复降手诏曰:‘古谓髭可疗疾,今剪以赐卿。’又问群臣可任两府者。其宠遇如此。夷简平生朝会,出入进止,皆有常处,不差尺寸。一日朝上,误忘一拜而起,外间欢言吕相失仪。汉州人张纮,时举制科在京师,闻之曰:‘吕公为相久,非不详审者,今大朝会而失仪,是天夺之魄,殆将亡矣。’后旬余,遂感风眩云”。自注云:“是年冬至不受朝,不知所指何日也。此据司马光《记闻》,当考。夷简得疾,《实录》并不书,此据本传。按《朔历》丙辰,夷简以疾请告,上许之。癸亥,夷简又以久疾辞中书、枢密商量文字,诏有大事即与夷简议之,然不载中书、枢密商量文字元降指挥是何日,又不载拜司空、平章重事及剪髭以赐,不知何也。今但从本传称是冬,而略其月日,须细考之。《会要》:十二月二十六日,宰臣吕夷简言所患未痊,右手尚难举,忝居重任,深不遑安,乞罢政事,未赐俞允,切虑中书、枢密院公事稽滞,已面说与章得象、晏殊等,两府事并请一面商量进呈施行,乞特降指挥。诏答依奏,如有大事,即与卿同共商量。又云庆历三年正月制,宰臣吕夷简进司空、平章军国重事,候疾损,三五日一入中书。夷简累以疾求罢,朝廷异数留之也。所称正月与本传不同,当考。”

是冬,仁宗剪髭为药以赐吕夷简。

《涑水记闻》卷5:“吕许公疾病,仁宗剪髭为药以赐之,又手诏以问群臣可任两府者,其亲遇如此。”

宋仁宗《剪须赐吕夷简疗疾手诏》(庆历二年冬):“古人言须可疗疾,今剪须合药,表予意也。”(嘉靖《寿州志》卷7、《长编》卷138、《全宋文》卷966)

是年,范仲淹三次致书吕夷简。

楼钥《范文正公年谱》:庆历二年“有《上吕相公》三书”。

是年,吕公著召试馆职,不就。

《宋史》卷336《吕公著传》载,吕公著“恩补奉礼郎,登进士第,召试馆职,不就”。

《琬琰集》下集卷10《吕正献公公著传·实录》:“登庆历二年进士第,累迁殿中丞,召试馆职,不就。”

按:《宋会要辑稿·选举二》载:“庆历二年新及第进士第一人杨寘为将作监丞,第二人王珪为大理评事,第三人韩绛为太子中允,第四人王安石为校书郎。”

王安石庆历二年三月二十二日登进士，可知吕公著中进士的时间为庆历二年。龚延明《宋代官制辞典》“阶官类”殿中丞条载：“北宋前期京朝官本阶官。有出身转太常博士，无出身转国子博士。”殿中丞品位，龚延明说，宋前期沿唐五代之旧，唐官品为从五品上（《新唐书·百官志二》）；宋《元祐官品令》为从七品（《分纪》卷24）。从吕公著的前后官职比较看，前任大理评事从八品下，后任太常博士从七品上，中间任殿中丞从五品上，显然有误。

吕夷简应对失去官印。

高晦叟《珍席放谈》卷上：“吕文靖当国，一日，归自中书，欲发奏牍，令子弟开堂，印莫知所在。家人骇顾，公默然，但命缄扃如故而已。翌日至政事堂用印，印在如故，盖主吏时或窃用。自是防察谨严，奸勿能措。若即暴扬穷治，则非惟贻中外讥笑，而牵连抵罪者亦多矣。世皆服公之识度绝人远甚也。”

按：此条时间难定，权置于致仕之前，待考。

庆历三年（1043），吕夷简65岁，吕公著26岁

正月，契丹使人至夏，谕令与宋议和。西夏遣使上书请和，许之（《长编》卷139、《宋史》卷11《仁宗本纪》）。

是月，吕夷简数求罢，上优诏未许。孙沔上书言其当国之失。

《长编》卷139庆历三年正月“丙申”（二十七日）条载：“吕夷简数求罢，上优诏未许。陕西转运使孙沔上书言：‘祖宗有天下，垂八十余载，未尝以言废人。……自吕夷简当国，黜忠言，废直道。’”

《续资治通鉴》卷45庆历三年正月“丙申”条载：“吕夷简数求罢，帝优诏未许。陕西转运使孙沔上言：‘祖宗未尝以言废人。景祐以前，纲纪未甚废，犹有感激进说之士。观今之政，是可恸哭，而无一人为陛下言者，由宰相多忌而不用正人也。自夷简当国，黜忠言，废直道，及以使相出镇许昌，乃荐王随、陈尧佐代己，盖引不若己者为自固之计，欲使陛下复思己而召用也。陛下果召夷简，还自大名，入秉朝政，于兹三年，以姑息为安，以避谤为智，西州累为败闻，契丹乘此求赂，兵歼货悖，天下空竭，刺史牧守，十不得一。法令变易，士民怨嗟。今夷简

以病求退，陛下手和御药，亲写德音，乃谓：恨不移疾于朕躬。四方传闻，有泣下者。夷简在中书二十年，三冠辅相，所请无不行，有宋得君，一人而已，未知何以为陛下报！今契丹复盟，元昊款塞，天下日望和平，因此振纪纲，修废坠，选贤任能，节用养士，则景德、祥符之风复见于今矣。若恬然不顾，遂以为安，臣恐土崩瓦解，不可复救。而夷简意谓四方已宁，欲因病而去，苟遂容身，不救前过，以柔而易制者升为腹背，以奸而可使者任为羽翼，使之在廊庙，布台阁，是张禹不独生于汉，李林甫复见于今也。’书闻，帝不之罪，议者喜其謇切。夷简谓人曰：‘元规药石之言，闻此恨迟十年。’人亦服其量云。”

《石林燕语》卷9：“庆历初，吕许公在相位，以疾甚求罢。仁宗疑其辞疾，欲亲视之。乃使乘马至殿门，坐椅子舆至殿阶，命其子公弼掖以登。既见，信然，乃许之。前无是礼也。”

《宋史·孙沔传》：“时宰相吕夷简求罢，仁宗优诏弗许。沔上书言：‘自夷简当国，黜忠言，废直道，及以使相出镇许昌，乃荐王随、陈尧佐代已。才庸负重，谋议不协，忿争中堂，取笑多士，政事寝废。又以张士逊冠台席，士逊本乏远识，至隳国事。盖夷简不进贤为社稷远图，但引不若己者为自固之计，欲使陛下知辅相之位非己不可，冀复思己而召用也。陛下果召夷简还，自大名入秉朝政，于兹三年，不更一事。……而夷简意谓四方已宁，百度已正，欲因病默默而去，无一言启沃上心，别白贤不肖，虽尽南山之竹，不足书其罪也。’书闻，帝不之罪，议者喜其謇切。”

按：《宋史》本传称，“自大名入秉朝政，于兹三年”。吕夷简康定元年(1040)五月，从大名归来再入相，庆历三年三月罢，为相约三年。

三月十二日，吕夷简长子吕公绰固辞修撰之命，复直集贤院。

《长编》卷140庆历三年三月“己酉”（十二日）条载：“吕夷简既罢相，命其子工部员外郎、直集贤院公绰为史馆修撰。公绰以夷简虽谢事，犹领国史，固辞修撰之命。己酉，命公绰复直集贤院。”

二十一日，吕夷简罢相，进司徒，与监修国史、议军国大事。李淑有贺文。

宋仁宗《吕夷简守司空加恩军国大事与中书门下密院同议制》（庆历三年三月戊子）：吕夷简“可特授守司空、监修国史、兼译经润文使、加食邑一千户、食实封四百户，仍改赐推诚保德翊戴亮节宣忠崇仁协恭守正功臣；每有军国大事，与中书门下、枢密院同议以闻”(《宋大诏令集》卷54、《宋宰辅编年录校补》卷5、《全宋文》卷966)。

《隆平集》卷5《吕夷简传》:“因再辞位,进司徒。”

《长编》卷140庆历三年三月“乙酉”条载:“右仆射、兼门下侍郎、平章事、兼枢密使吕夷简再辞位,帝御延和殿召见,敕乘马至殿门,命内侍取杌子舆以前。夷简引避久之,诏给扶,毋拜。戊子,罢相,为司徒、监修国史,军国大事与中书、枢密院同议”。自注云:“附传云夷简再辞位,荐富弼等数人可大用,正传已削去。恐夷简未必能荐弼也,今从正传。”

《宋会要·职官一·中书门下省》:“仁宗庆历三年三月,诏宰臣吕夷简,每有军国大事,与中书门下、枢密院同议以闻。”

《宋会要·职官一八·监修国史》:“庆历三年三月,制以宰臣吕夷简罢相,守司徒,监修国史。(罢相而带宰相任,优延老臣也。)”

李淑作《贺司空吕相公书》(《皇朝文鉴》卷121、《全宋文》卷597))。

《春明退朝录》卷上:“庆历三年,吕许公罢相,以司徒为译经润文使,明年致仕,章郇公代之。”

《避暑录话》卷3:“吕许公在相位,以郊礼特加司空,力辞,不拜。既病,归政事,仁宗眷之犹厚,乃复除司空平章军国重事,三五日一造朝,有大事及边机,许宰执就第咨访,前无是比也。元祐初,晦叔辞位,遂用故事,以文潞公平章重事,而晦叔亦拜司空平章事,逐践世官,尤为盛事。”

李心传《旧闻证误》卷2:“张安道云:吕申公免相,晏元献为政,富郑公自西都留守入参知政事,深疾申公,乞多置谏官以广上听。上方向之,而晏公深为之助,乃用欧阳修、余靖、蔡襄、孙沔等并为谏官。谏官之势自此日横,于是私说遂胜,而朝廷轻矣。(出苏辙《龙川别志》)。按:庆历三年三月戊子,吕公罢,章郇公、晏元献并相,富郑公自侍读学士除副枢密固辞。癸亥,王懿敏、欧阳公、余襄公并知谏院,此时富公未受命也。四月己酉,蔡君谟知谏院。八月丁未,富公始复枢密副使。孙威敏公庆历元年已知谏院,此时出为两浙提刑。张公误记矣。”

《皇宋十朝纲要》:庆历三年“三月戊子,吕夷简罢守司徒,与中书、枢密院同议军国大事”。

按:是年三月戊子为二十一日。《宋史》卷11《仁宗本纪》有载,《宋史宰辅表》记吕夷简"自司空、平章军国重事"而授之则不确,因表本身记载,庆历元年一月吕夷简加司空固辞,庆历二年九月以疾授司空、平章军国重事亦固辞,辞而不受,则不当以此系衔。

同日,以章得象、晏殊为相,并兼枢密使。夏竦为枢密使,贾昌朝参知政事,富弼枢密副使(《长编》卷140、《宋宰辅编年录校补》卷5)。

吕夷简任平章国事,就其第议政事。

《宋史》卷320《蔡襄传》:"吕夷简平章国事,宰相以下就其第议政事,襄奏请罢之。"

大约是春,夏竦作《寿州相公启》。

夏竦《寿州相公启》:"右,某伏念阃外之邦,宜严所守;弗当便道,增仰贵台。……畴庸方切,图任有归。伫再正于洪区,永增辉于盛旦。空竦之迹,终始是依。某无任依栖祷颂激切之至。"(《文庄集》卷17、《全宋文》卷348)

考:阃外,负军事专责的将帅。夏竦自宝元元年先后拜奉宁军节度使,泾原秦凤路安抚使,宣徽南院使兼陕西四路经略安抚招讨等使,可谓边关大帅。文中"某伏念阃外之邦",当指任边关军职之情形。"图任有归",当指即将返京。《长编》卷140庆历三年三月戊子条载,吕夷简辞相位为司徒、监修国史、军国大事与中书枢密院同议,"宣徽南院使、忠武节度使、判蔡州夏竦为户部尚书充枢密使"。这得益于吕夷简的举荐,后因台谏交章,四月八日仍"赴本镇"。夏竦《寿州相公启》当作于吕夷简辞相之前,大约在是春,其间两人可能有书信沟通。

四月七日,韩琦、范仲淹并枢密副使(《长编》卷140、《宋宰辅编年录校补》卷5)。

八日,杜衍为枢密使,宣徽南院使、忠武节度使夏竦"赴本镇"(《长编》卷140、《宋宰辅编年录校补》卷5)。

同日,吕夷简荐夏竦受阻,夏竦仍任原职。

《长编》卷140庆历三年四月"乙巳"(八日)条载:"乙巳,枢密副使、吏部侍郎杜衍依前官充枢密使,宣徽南院使、忠武节度使夏竦赴本镇。先是以枢密使召竦于蔡州,台谏交章论:'竦在陕西,畏懦苟且,不肯尽力,每论边事,但列众人之言,至遣敕使临督,始陈十策。尝出巡边,置侍婢中军帐下,几至军变。又,元昊常榜塞下,得竦首者予钱三千。为贼所轻如此 。卒于败丧师徒,略无成效。今而用之,则边将之志怠矣。'且言:'竦挟诈任数,奸邪倾险,与吕夷简不协 ,夷简畏其为人，不肯引为同列，既退而后荐之，以释宿憾。方陛下孜孜政事，首用怀诈不尽忠之臣，何以求治？'……前后言者合十八疏，上乃罢竦而用衍代之。"

《续资治通鉴》卷45庆历三年四月"乙巳"（八日）条载："乙巳，以枢密副使，吏部侍郎杜衍充枢密使，宣徽南院使、忠武节度使夏竦赴本镇。先是以枢密使召竦于蔡州，台谏交章论：'竦在陕西，畏懦不肯尽力，尝出巡边，置侍婢中军帐下，几致军变。又，元昊常榜塞下，得竦首者予钱三千。为贼所轻如此。'且言：'竦挟诈任数，奸邪倾险，与吕夷简不协，夷简畏其为人，不肯引为同列，既退而后荐之，以释宿憾。'御史沈邈，又言竦阴交内侍刘从愿，其言尤切。会竦已至国门，言者请毋令入见。谏官余靖又言：'竦累表引疾。及闻召用，即兼驿而驰。若不早决，竦必坚求面对，叙恩感泣，复有左右为之解释，则圣听惑矣。'御史中丞王拱辰对帝极言，帝未省，遽起，拱辰引帝裾毕其说。前后言者合十八疏，帝乃罢竦而用衍代之。"

十二日，吕公绰"复直集贤院"（《长编》卷140）。

二十七日，吕夷简罢议军国大事（《宋史》卷11《仁宗本纪》）。**蔡襄、欧阳修屡论夷简之非。**

蔡襄《乞罢吕夷简商量军国事奏》（庆历三年四月）："臣伏见前臣吕夷简被病以来，两府大臣三次诣夷简家议事；及守司徒罢相之后，朝廷有旨，令商量军国大事。今月二日，宰臣章得象以下又诣其家评论西事。臣切谓夷简病时，陛下于内中开设道场，及赐手诏，锡与至多，眷注之心，当世无比。臣谓陛下假人以恩则可，假人以礼则不可。何哉？陛下春秋方盛，固宜亲决万几，却令宰臣枢密诣夷简决事。臣恐天下四夷闻之，谓陛下如何主也？两府大臣辅陛下而治天下者，今乃并笏受事于夷简之门，里巷之人指点窃笑。臣恐天下四夷闻之，大国乏材，而无上下之名分。虽陛下特隆恩眷，优待老臣，正得为君之道，而夷简不能上承陛下之意，而无引避推让之心。夫为人臣，端居私家，屈大臣而自便，于理安乎？况夷简谋身忘公，养成天下今日之患，遂致二边连构，百姓困穷，万手所指，无敢言也。上天降临，祖宗垂灵，辄以病解，而陛下尚令参决大政，皆陛下至今未之悟也。……伏乞朝廷特罢商量军国大事，庶使两府大臣专当责任，无所推避。陛下于夷简，正君臣之分，存终始之恩。伏乞陛下断而行之，以全国礼，取进止。"（《蔡忠惠集》卷14、《长编》卷140、《宋宰辅编年录校补》卷5、《历

代名臣奏议》卷132、《全宋文》卷1000）

《长编》卷140庆历三年四月“壬戌”条载，谏官蔡襄弹劾吕夷简，“夷简谋身忘公，养成天下今日之患”。

欧阳修屡论吕夷简之非，有《吕夷简札子》《论吕夷简仆人受官札子》《论止绝吕夷简暗入文字札子》(《欧阳文忠公文集》卷100)。

《长编》卷140庆历三年四月“甲子”（二十七日）条载：“甲子，夷简请罢豫议军国大事，从之。”

《续资治通鉴》卷45庆历三年四月“甲子”（二十七日）条载：“吕夷简虽罢相，犹以司徒预议军国大事，于是谏官蔡襄疏言：‘夷简被病以来，两府大臣受事于夷简之门，夷简为相，首尾二十余年，功业无闻，今以病归，尚贪权势，不能力辞，伏乞特罢商量军国大事，使两府大臣专当责任，无所推避。’甲子，夷简请罢预议军国大事，从之。”

强至《韩忠献公遗事》：“公曰：申公为相，以进贤自任，恩归于己。时士皆出其笼络，独欧、范、尹，旋收旋失，终不受其笼络。”

按：刘琳《蔡襄年谱》（据《宋代文化研究》第4辑增订）载，庆历三年四月“二十五日，（蔡襄）上章乞罢前相吕夷简商量军国大事”，尽说吕夷简“七大过”（《蔡忠惠集》卷14），并说，“仁宗从之，二十七日，罢夷简商量军国大事”。

是月，石介作《庆历圣德诗》。

《长编》卷140庆历三年“四月”条载：“是月，太子中允、国子监直讲石介作《庆历圣德诗》”。

陈邦瞻《宋史纪事本末》卷29：国子监直讲石介，“会吕夷简罢相，章得象、晏殊、贾昌朝、韩琦、范仲淹、富弼同时执政，而欧阳修、蔡襄、王素、余靖并为谏官。夏竦既拜，复夺之，以衍代。因大喜曰：‘此盛事也，歌颂吾职，其可已乎！’作《庆历圣德诗》”。

《续资治通鉴》卷45庆历三年“四月”条载：“是月，国子监直讲石介作《庆历圣德诗》。介笃学尚志，乐善疾恶，喜声名，会吕夷简罢，章得象、晏殊、贾昌朝、韩琦、范仲淹、富弼同时执政，而欧阳修、蔡襄、王素、余靖并为谏官。夏竦既拜，复夺之，以杜衍代，因大喜曰：‘此盛事，歌颂吾职，其可已乎！’诗所称多一时名臣，其言大奸，盖斥竦也。诗且出，孙复闻之，曰：‘介祸始于此矣。’”

五月，吕夷简请罢所给俸禄。

《宋会要·职官五七·俸禄杂录》：“（庆历）三年五月，司徒吕夷简请罢所给俸禄，诏给宰臣俸料之半。”

七月十一日，王举正罢参知政事（《长编》卷142、《宋宰辅编年录校补》卷5）。

八月十三日，范仲淹拜参知政事，富弼为枢密副使（同上）。

十九日，韩琦代范仲淹宣抚陕西（《宋史》卷11《仁宗本纪》）。

是月，吕夷简误忘一拜而起。

《涑水记闻》卷3：“张安寿曰：‘吕申公夷简平生朝会出入进止皆有常处，不差尺寸。’庆历中为上相，首冠百僚起居，误忘一拜而起，外间欢言吕相失仪。余时举制科在京师，闻之，曰：‘吕公为相久，非不详审者，今大朝会而失仪，是天夺之魄，殆将亡矣。’后十四日，忽感风疾，遂致仕，以至不起。”

按：九月四日，吕夷简守太尉致仕。上推十四日，忽感风疾，故之其失仪当在八月。

九月四日，吕夷简守太尉致仕。欧阳修、蔡襄上奏吕夷简致仕官秩不当。

宋仁宗《吕夷简守太尉加恩制》（庆历三年九月戊辰）：“同寅协恭，和衷则帝谋遂达；功成名遂，身退乃天道之常。眷言耆哲之臣，屡形高尚之请，特推异数，以示群伦。推诚保德宣忠亮节崇仁协恭守正翊戴功臣、开府仪同三司、监修国史、守司徒、兼译经润文使、上柱国、许国公、食邑一万八千六百户、食实封七千三百户吕夷简……可特授守太尉致仕，加食邑七百户、食实封三百户，宜朝朔望及大朝会，并缀中书门下班，仍令所择日备礼册命。”（《宋大诏令集》卷67、《宋宰辅编年录校补》卷5、《全宋文》卷967）

《长编》卷143庆历三年九月“丁卯”（三日）条载：“司徒吕夷简固请老，戊辰，授太尉致仕，朝朔望及大朝会，并缀中书门下班。谏官欧阳修言：‘夷简为陛下宰相，而致四郊多垒，百姓内困，贤愚倒置，纪纲大隳，二十余年间，坏乱天下。人臣大富贵，夷简享之而去；天下大忧患，留与陛下当之。夷简罪恶满盈，事迹彰著，然而偶不败亡者，盖其在位之日，专夺主权，协制中外，人皆畏之，不敢发擿。……缘夷简子弟，因父侥幸，恩典已极。今边鄙多事，外面臣僚辛苦者，未尝非次转官，岂可使奸邪巨蠹之家、贪赃愚騃子弟不住加恩！其子弟，伏乞更不议恩典。’”“始命宰臣章得象监修国史。初，夷简罢相为司徒，犹带监修；

得象止除昭文馆大学士，及夷简致仕，乃以还得象。"

《宋会要·职官一》载："仁宗庆历三年九月三日，司徒监修国史，兼译经润文使、许国公吕夷简守大尉致仕。"

按：庆历三年九月是乙丑朔，戊辰为四日。《吕夷简守太尉加恩制》中写明"可特授守太尉致仕"，《长编》言"授太尉致仕"，前字为"授予"之"授"，后字为守护之"守"，两者有区别，细辨之，不难发现后者漏掉一个"守"字，把"授守"变成了"授"。《宋会要》所载时间为九月三日，疑为与"请老"致仕混而简之，不取，从《长编》。

蔡襄《乞降吕夷简致仕官秩奏》："臣切闻司徒吕夷简致仕，朝廷除太尉者。臣切以吕夷简立性奸邪，欺君卖国。……其吕夷简麻词乞不赐降下，别令中书详议官秩。取进止。"（《蔡忠惠集》卷14、《全宋文》卷1000）

按：刘琳《蔡襄年谱》载，庆历三年九月，"此月四日，吕夷简授太尉致仕，恩礼有加。欧阳修、蔡襄等俱上疏论其不当。十二日，中书舍人知开封府李淑除翰林学士。修上言淑奸邪阴险，自来朋附吕夷简，在'三尸''五鬼'之数。襄言不可使邪人在侧，罚奸邪在实罪之上，况李淑、梁适皆有实罪，乞与外郡，寻诏李淑罢翰林学士，出知郑州。九月'丁丑（十三日），诏执政大臣非假不许私第接见宾客，从知谏院蔡襄之言也。'按襄此疏本集未见"。

十一日，任中师罢枢密副使（《宋宰辅编年录校补》卷5）。

是月，欧阳修作《上仁宗论吕夷简仆人受官》。

《宋名臣奏议》卷69载有欧阳修《上仁宗论吕夷简仆人受官》："臣闻七年十月中曾有臣僚上言，乞今后大臣厮仆不得奏荐班行，敕旨颁下，总三四月已，却用吕夷简仆人袁宗二人为奉职。夷简身为大臣，坏乱陛下朝政多矣。"并注有上疏时间"庆历三年九月，上时为知谏院。"

十一月十七日，欧阳修例说吕夷简长子吕公绰滥在阁馆。

《长编》卷145庆历三年十一月"辛巳"（十七日）条载："辛巳，诏引进、四方馆使，自今并兼领阁门事。"谏官欧阳修又奏："臣窃见近降诏书，不许权贵奏子弟入阁馆。此盖朝廷为见近年贵家子弟，滥在阁馆者多，如吕公绰、钱延年之类，尤为荒滥，所以立此新规，革其甚弊。臣谓今后膏粱子弟，既不滥居清职，则前已在阁馆者，虽未能沙汰，尚须裁损。"

是年,吕夷简考杜甫卒地。

《麈史》卷中:"世言子美卒于衡之耒阳,故《寰宇记》亦载其坟在县北二里,不知何缘得此?《唐新书》称耒阳令遗白酒牛肉,一夕而死。予观子美侨寄巴峡三岁,大历三年二月始下峡流寓荆南,徙泊公安,久之方次岳阳,即四年冬末也。既过洞庭,入长沙,乃五年之春。四月,遇臧玠之乱,仓皇往衡阳。至耒阳,舟中伏枕,又畏瘴,复沿湘而下,故有《回棹》之作,末云:'舟师烦尔送,朱夏及寒泉。'又《登舟将适汉阳》云:'春色弃汝去,秋帆催客归。'盖《回棹》在夏末,此篇已入秋矣。继之以《暮秋将归秦留别湖南幕府亲友》云:'北归冲雨雪,谁悯敝貂裘?'则子美北还之迹见此三篇,安得卒于耒阳耶?要其卒当在潭、岳之间,秋、冬之际。按元微之《子美墓志》,称子美孙嗣业启子美柩,襄祔事于偃师,途次于荆,拜余为志,辞不能绝。其系略曰:严武状为工部员外郎、参谋军事,旋又弃去,扁舟下荆楚,竟以寓卒,旅殡岳阳。近时故丞相吕公为《杜诗年谱》云:'大历五年辛亥,是年还襄汉,卒于岳阳。'以前诗及微之之志考之为不妄,但言是年夏,非也。"

按:文中称"故丞相",当指致仕之后,故置于此。

是年,吕夷简荐包拯任监察御史里行。

《自警编》卷5:"吕许公夷简闻包拯之才,欲见之,一日,待漏院见班次有包拯名,颇喜,及归,又问知居同里巷,意以拯欲便于求见。无几,报拯朝辞,乃就部注一知县而出,尤奇之。遽使人追还,遂荐对除里行,自此擢用。"

齐涛《包拯年谱》(《安徽史学》1985年6期):庆历三年,"九月,吕夷简以太尉致仕。拯尝为其所举。按:《自警篇》云:'吕许公闻包拯之才,欲见之,一日待漏院,见班次有包拯名,颇喜。及归,又闻知居同里巷,意以拯欲便于求见,无几,报拯朝辞,乃就注一知县出,尤奇之。遂使人追还,遂荐对,除里行,自此擢用。'《五朝名臣言行录》引《卮史》亦记有此事。然此事与诸史多不合,包拯为里行前即任州职,与'乃就注一知县出'不合,拯除里行在本年十一月,诸史皆云王拱辰所荐,且吕氏二月已被罢为司徒,与议军国大事,九月致仕,与《自警编》等言夷简荐拯为里行又不合,但此事录于朱熹之《五朝名臣言行录》、赵善璙之《自警编》,恐确有吕氏荐拯之举,故今以'拯尝为其所举'系于夷简致仕条下,庶几无大缪矣"。

按:包拯(999—1062),字希仁。北宋天圣五年(1027)进士。康定元年

(1040),包拯出知端州(今广东肇庆)。庆历三年(1043)调到开封,被任命为监察御史里行。

是年,因父太尉致仕,授吕公著太常博士。

吕公绰《弟吕公著三任十年无所干请奏》(皇祐五年八月):“弟都官员外郎、知单州公著,顷因先臣致仕恩例乞试,蒙候得替取旨,后经三任十年,未曾有所干请。”(《长编》卷175、《全宋文》卷549)

《吕文靖神道碑》:吕夷简“七子:公绰,兵部员外郎、史馆修撰;公弼,度支员外郎、三司盐铁判官;公著、公孺,并太常博士,操行器识,儒学吏用,维其似之,必复大显;公倲,赠右赞善大夫;余早夭。”

按:太常博士,全称太常寺博士,亦称太博、大博、博士、曲台博士,宋前期无职事,为文臣转阶官,大中祥符见有掌定谥等事。元丰正名,太常博士始掌讲定五礼(吉、宾、军、嘉、凶礼)仪式;如有改革,则据经审议。宋庠《太常丞直集贤院判三司都理吕公绰可太常博士制》载:“敕具官吕公绰:《唐典》,博士隶奉常者,为六品清官。……姑为宠阶,尚服烦使。可。”龚延明《宋代官制辞典》‘太常寺博士’条载,其品位,宋初因唐制,唐为从七品上(《六典》卷14《太常寺》);元丰改制后正八品(《职官分纪》卷18《太常》)。

考:是年,“先臣致仕恩例乞试”,取旨得官。从次年(庆历四年)《吕文靖神道碑》中所记吕公著任职太常博士,其始任时间当在是年,得益于“致仕恩例”。到皇祐五年(1053)十年间历三任,是指颍州通判、同判吏部南曹、知单州。

是年,王素拜访吕夷简,其神采赢得吕家公子赞许。

高晦叟《珍席放谈》卷下:“文靖长于知人,世能道其事者。王仲仪,故相子,待制年未四十,一日谒公,簪绅骑从华奕,公二子窥之,相与羡慕。公知而语曰:‘汝辈何爱王某?’对曰:‘以其少年荣达耳。’又告之曰:‘尔曹皆当远过斯人。’二子者,晦叔、宝臣,一宰相,一枢密使。鉴裁之精如此。”

《宋史·王素传》:“王德用进二女子,素论之,帝曰:‘朕真宗皇帝之子,卿王旦之子,有世旧,非他人比也。德用实进女,然已事朕左右,奈何?’素曰:‘臣之忧正恐在左右尔。’帝动容,立命遣二女出。赐素银绯,擢天章阁待制,淮南都转运按察使。时新置按察,类多以苛为明。素独不擿细故,即有贪刻,必绳治穷竟,以故下吏爱而畏之。”

按：王素，字仲仪，太尉王旦的季子。据吴处厚《青箱杂记》载：“王端明素，卢太尉政，俱以丁未八月二十四日辰时生。”即宋真宗景德四年(1007)生。赐进士出身，相继任屯田员外郎、侍御史、知谏院、天章阁待制等。知谏院、同判国子监在庆历二年，庆历三年三月知谏院、兵部员外郎，十月任天章阁待制、淮南都转运按察使(《长编》卷144)，“年未四十”。

是年，停贡举(《文献通考》卷32《选举考五·举士》)。

是年，张商英生(《宋史》卷351本传、《中国历史大辞典·宋史》)。

按：张商英(1043—1122)，字天觉，号无尽居士，治平进士。哲宗初，张商英为开封府推官，反对变更新法。并且写信给苏轼，其中有“老僧欲往乌寺呵佛骂祖”的不满言语。吕公著听说后很不高兴，把他调出京城，先任河东刑狱，后在江西、淮南任职。哲宗亲政，召张商英为右正言、左司谏，上疏力攻司马光、吕公著等。后又入元祐党籍。大观四年(1110)拜尚书右仆射，变更蔡京所为。

大约是年，吕夷简举荐钱明逸。

《长编》卷137庆历二年八月“丁丑”条载，钱明逸“以为太常博士、通判庐州。明逸，易子也”。

《宋史》卷317《钱惟演传》附《钱明逸传》：“明逸字子飞。繇殿中丞策制科，转太常博士。为吕夷简所知，擢右正言。首劾范仲淹、富弼：‘更张纲纪，纷扰国经。凡所推荐，多挟朋党。乞早罢免，使奸诈不敢效尤，忠实得以自立。’疏奏，二人皆罢；其夕，杜衍亦免相。明逸盖希章得象、陈执中意也”。

《长编》卷153庆历四年十一月“辛未”条载，“辛未，太常博士钱明逸为右正言，谏院供职”。

按：吕夷简庆历三年九月致仕，举荐钱明逸任右正言当在致仕前，并未落实到位。因钱明逸擢右正言，为庆历四年十一月，此时吕夷简已经去世。

吕夷简致仕居于郑州，作《郑州浮波亭》。

吕夷简《郑州浮波亭》：“清波环绕地无尘，榜署嘉名得意新。若问经纶康济术，亭中兼有钓璜人。”(《全宋诗》卷146)

庆历初，张方平撰《上丞相吕许公书》。

张方平《上丞相吕许公书》：“前景祐五年，某以贤良方正再滥诏选，而往监桐庐郡，朝受命而夕行，未尝有干也。独恨廊庙之议，不出相国之化笔尔。及今

恩命猥及,许之还都,趋伏屏下有日矣。”(《乐全集》卷31、《全宋文》卷801)

按:吕夷简庆历元年十二月被封为许国公。《长编》卷131庆历元年三月丁卯,“著作佐郎、通判睦州张方平上言……”《长编》卷133庆历元年八月壬午条载,“知谏院张方平奏(王)逵肆情害物……”文称“许之还都,趋伏屏下有日矣”。可推知,该文约作于庆历初,即庆历元年十二月至庆历三年九月(吕夷简致仕)间。

庆历四年(1044),吕夷简66岁,吕公著27岁

正月二十八日,吕夷简长子吕公绰因参与《太常新礼》等受赏[《长编》卷146庆历四年正月“辛卯”(二十八日)条载:“辛卯,太常礼院上新修《太常新礼》四十卷、《庆历祀仪》六十二卷”,赐提举、编修等官,“直集贤院吕公绰”名列其中,“器币有差”]。

三月七日,谏官余靖认为吕夷简次子公弼进用太速。

《长编》卷147庆历四年三月“己巳”(七日)条载,谏官余靖言,“府界提点,比省府判官,固是降等,然吕公弼前以三司判官,就此差遣,未及半年,早已迁陟,议者不论其才,但云故相之子,所以进用太速”。

三月末,余靖奏疏语及吕夷简。

《长编》卷147庆历四年三月“丁亥”(二十五日)条载,谏官余靖上疏曰:“自宝元之初,元昊僭拟,契丹骄傲,当此之时,汹汹惟忧陨越,而不能得非常之才,因可为之势,以修国度,以兴治道,人皆归过于张士逊、吕夷简,责其惟能私徇,不识权变。自夷简病去,陛下取章得象、晏殊而任之,又不能因此时修举法度,以副天下具瞻。今既逾年,人心无所冀矣。……臣愚以谓当今为陛下计者,但能自揽权威,大臣公行赏罚,内择百官,外择将帅,沮蛮夷之气,塞贼盗之原,宽民力,足国用,则天下久安之势也。”自注云:“余靖疏称吕夷简病去今已逾年。按夷简以三年罢相,故附此疏于四年三月末。靖谏草称择取人望而任之,张英《政要》则云‘章得象、晏殊’,今从《政要》。”

六月,范仲淹为陕西、河东路宣抚使,过郑州,与吕夷简欢然相得。

《长编》卷150庆历四年六月"壬子"(二十二日)条载,以参知政事范仲淹为陕西、河东路宣抚使,"始,范仲淹以忤吕夷简放逐者数年,士大夫持二人曲直,交指为朋党。及陕西用兵,天子以仲淹士望所属,拔用护边。及夷简罢,召还倚以为治,中外想望其功业,而仲淹亦感激眷遇,以天下为己任,遂与富弼日夜谋虑,兴致太平,然规摹阔大,论者以为难行。及按察使多所举劾,人心不自安;任子恩薄,磨勘法密,侥幸者不便;于是谤毁浸盛,而朋党之论,滋不可解。然仲淹、弼守所议弗变"。自注云:"正传谓仲淹及弼更张无渐,规摹阔大,论者以为不可行。此当时群小人谤仲淹及弼,故云尔。"

《龙川别志》卷上:"范文正公笃于忠亮,虽喜功名,而不为朋党。早岁排吕许公,勇于立事,其徒因之,矫厉过直,公亦不喜也。自越州还朝,出镇西事,恐许公不为之地,无以成功,乃为书自咎,解仇而去。其后以参知政事安抚陕西,许公既老居郑,相遇于途。文正身历中书,知事之难,惟有过悔之语,于是许公欣然相与语终日。许公问何为亟去朝廷,文正言欲经制西事耳。许公曰:'经制西事,莫如在朝廷之便。'文正为之愕然。故欧阳公为《文正神道碑》,言二公晚年欢然相得,由此故也。后生不知,皆咎欧阳公。予见张公言之,乃信。"

《后山谈丛》卷6之《吕夷简语》:"吕文靖公致政,居郑州。范文正公自参知政事出为河东陕西宣抚使,过郑,见文靖公。文靖问曰:'参政出使何也?'文正曰:'某在朝无补,自谓此行欲图报于外。'文靖笑曰:'参政误矣!既跬步去朝廷,岂能了事?'文正闻其言,始有悔意。未几,除资政殿学士、知邠州、兼陕西四路安抚使。时富韩公亦自枢密副使为河北宣抚使,将还朝,除资政殿学士、知郓州、兼四路安抚使。呜呼!文靖公既老,其料天下事尚如此,智数绝人远矣。"

张邦基《墨庄慢录》卷8:"欧阳文忠,本朝第一等人也。其前言往行,见于国史、墓碑及文集诸书中,详矣。予复得四事于公之曾孙当世望之,云尝载于《泷冈阡表》。泷冈阡,盖欧阳氏松楸垅名也。今不传于世,惜其遗没,因识于此……三云:范公自言学道三十年,所得者平生无怨恶尔。公初以范希文事得罪于吕相,坐党人,远贬三峡,流落累年。比吕公罢相,公始被进擢。后为范公作神道碑,言西事,吕公擢用希文,盛称二人之贤,能释私憾而共力于国家。希文子纯仁大不以为然,刻石时辄削去此一节,云'我父至死,未尝解仇'。公一叹曰:'我亦得罪于吕丞相者。惟其言公,所以信于后世也。'吾尝闻范公自言平生无怨恶于一人，兼其与吕公解仇书，见在范集中，岂有父自言无怨恶于一人，而其子不使解仇于地下！父子之性，相远如此。”

楼钥《范文正公年谱》：庆历四年六月，“乞更不带招讨、都部署职任。遂以公为陕西、河东宣抚使。先是，公尝言契丹、元昊事可疑者六，可忧者三。始公以忤吕夷简放逐数年，士大夫持二人曲直，交指为党。及陕西用兵，天子以公士望所属，拔用护边。及夷简罢，召还，倚以为治，中外属望，公亦感激眷遇，以天下为己任。遂与富弼日夜谋虑兴致太平，然规模阔大，论者以为难行。及按察使多所举劾，人心不自安；任子恩薄，磨勘法密，侥幸者不便。于是谤毁浸盛，而朋党之论滋不可解，然公与弼等所议不变。先是石介奏记于弼，责以伊、周之事。夏竦怨介斥己，又欲因是倾弼等，乃使女奴阴习介书。久之习成，遂改伊、周曰伊、霍，而伪作介为弼撰废立诏草，飞语上闻。上虽不信，而公与弼恐惧，不敢自安于朝，皆请出按西北边，未许。适有边奏。公因固请行，乃有是命。初，公之出也，过郑州，因见吕夷简，问何事遽出，公对以暂往经抚两路，事毕即还。夷简曰：‘君此行正蹈危机，岂复再入！’又《龙川别志》云：范公以参知政事出使，吕夷简已老居郑，范公往见之。吕公欣然，相与语终日”。

范公偁《过庭录》：“文正尝指吕申公之失，文正出帅陕，吕欲疏远之。及韩、夏二公悉改除节钺，盖换武则不能在朝廷也。文正知其意，思上章辞之而不受。”

七月七日，以亲郊，命宰臣章得象为大礼使，翰林学士承旨丁度为礼仪使翰林学士宋祁为卤簿使，权御史中丞王拱辰为仪仗使，翰林学士、权知开封府吴育为桥道顿递使。（《宋会要·礼二八·郊祀五使》）

十三日，蔡挺管勾陕西河东宣抚机密文字，范仲淹请之也。蔡挺曾受吕夷简举荐。

《长编》卷151庆历四年七月“壬申”（十三日）条载：“壬申，殿中丞蔡挺管勾陕西河东宣抚机密文字，范仲淹请之也。挺诡谲多计，人莫能得其情实，每持仲淹等机事泄于吕夷简以自售云。（此据《墨史附传》）”

《宋史》卷328《蔡挺传》：“挺谲而多知，人莫能窥其城府。初，为富弼、范仲淹客，颇泄其几事于吕夷简以自售。”

是月，长子吕公绰同判太常寺，言事。

《长编》卷151庆历四年七月癸酉(十四日)条载:“先是,同判太常寺吕公绰言……”可知,吕公绰七月已转任同判太常寺。

吕公绰上《请改后谥奏》(《宋会要·礼一五》、《长编》卷151、《全宋文》卷549);**上《郊礼前遣官先上宝册奏》**(《长编》卷151、《全宋文》卷549)。

估计是年九月前,吕夷简次子吕公弼为三司盐铁判官。

《王魏公文集》卷8《吕公弼行状》:“以尚书屯田员外郎擢充三司判官。公以文靖公方引疾得谢,恳辞不拜,乃提点府界诸县镇公事。久之,复以为三司盐铁判官。”

按:吕公弼此职当在吕夷简病故之前,因丁父忧期间不任职。故置于是年九月之前。

九月十日,太尉致仕许国公吕夷简卒,享年六十六岁。宋仁宗尝大书“方正忠良”四字以赐,亲临发哀,计辍朝四日。

《长编》卷152庆历四年九月“戊辰”(十日)条载:“戊辰,郑州言太尉致仕许国公吕夷简卒。帝见辅臣,涕下曰:‘安得忧公忘身如夷简者!’赠太师、中书令,谥文靖。……帝因惨然思夷简,书‘怀忠碑’三字以赐之”。自注云:“此据《夷简新传》。执史笔者,颇为夷简道地,当别删修乃可。《吕氏家塾记》云:皇祐初,王沂公家始乞御篆碑额,仁宗同日自制二碑名,亲书以赐二家,沂公曰‘旌贤碑’,文靖公曰‘怀忠碑’,各三字。王子融乞上为沂公亲书碑文。上曰:‘吕夷简何故无请?’左右曰:‘非故事也。’遂请书‘怀忠碑’赐之。以坟寺为怀忠荐福院,又改马亭乡为怀忠。《春明退朝录》云‘怀忠’踵沂公而赐,误也。《实录》云‘怀忠之碑’四字,亦误。今不取。”

《续资治通鉴》卷47庆历四年九月“戊辰”条载:“戊辰,寿州言太尉致仕申国公吕夷简卒。帝涕下曰 :‘安得忧公忘身如夷简者 !’赠太师,中书令,谥文靖。夷简当国柄最久,虽数为言者所诋,帝眷倚不衰。然所斥士旋复用,其于天下事屈伸舒卷,动有操术。后配食庙庭。始,王旦奇夷简 ,谓王曾曰 :‘君其善交友之 。’卒与曾并居相位。后曾家请御篆墓碑,帝因惨然思夷简,书‘怀忠碑’三字以赐之。”

苏辙《龙川别志》卷上:“王沂公为相,兼玉清昭应宫使,宫焚而罢,吕许公当国。是时太后临朝,仁宗尚幼,公能以智辑睦二宫,无纤毫之隙。及许公薨,仁宗方视朝,恸哭久之,顾左右大臣曰:‘吕夷简死,谁复能办大事者!’及举哀,哭之甚恸。遂以祭奠器皿尽赐其家。张公安道时摄太常卿,亲见其事。其后奉敕撰《许公神道碑》,其家欲言和协二宫事,安道于上前质其虚实,上不喜,曰:‘吾不能复记此事。’良久乃曰:‘明肃章献尝自言梦周王佑真宗子,早夭。来告,将脱生荆王宫中。时允初始生,允初,荆王少子,所谓五相公者。太后欲取入宫养之,吕夷简争之,乃止。’上所言如此,则许公信有力矣。”

《宋名臣言行录》前集卷6《吕夷简》:“公薨于郑,讣闻,上震悼,对执政语及公辄涕下曰:‘安得忧公忘身、理万事、干四鄙如吕夷简者?’上尝大书‘方正忠良’四字以赐,及书‘怀忠’之碑以赐(并行状)。”

《宋史》卷11《仁宗本纪》:“(庆历四年九月)戊辰,吕夷简薨。”

《琬琰集》下集卷8载有曾巩《吕文靖公夷简》:“卒年六十六。”

十二日,晏殊罢相,杜衍拜相(《宋宰辅编年录校补》卷5)。

十五日,宋仁宗亲临为吕夷简发丧。

《宋会要·礼四一·亲临宗戚大臣丧·发哀》:“太尉致仕吕夷简,庆历四年九月十五日。”

《宋会要·礼四一·亲临宗戚大臣丧·辍朝》:“太尉、许国公吕夷简(庆历四年九月,辍三日,葬辍一日)。”

朱熹《宰相经纬学》和《吕氏世系谱序》载,吕夷简卒于郑州府第,葬于郑州新郑县马亭乡吕氏坟域。

按:《长编》云“郑州言”,《续资治通鉴》卷47云“寿州言”,当从《长编》,因致仕地在郑州。夷简卒,辍朝三日,葬辍一日,宋仁宗亲临发哀。

二十六日,贾昌朝进枢密使,陈执中为参知政事(《宋宰辅编年录校补》卷5)。

十一月,吕夷简夫人马氏也祔葬于新郑。

张方平《吕文靖神道碑》:“公在许昌,夫人以殁。及郑展墓也,且将葬大人,卜有日矣,而公薨,即以庆历四年十一月壬申,祔于新郑陪先兆,君子以为知命。”

康熙三十二年(1693)版康熙《新郑县志》卷3《陵墓》将吕夷简墓误为吕蒙正墓,乾隆四十一年(1776)版《新郑县志》卷11《祀祠志(附陵墓)》对此予以“勘误”:“宋同中书平章军国事赠太师吕许公文靖公夷简墓:按旧志作吕文穆公墓，而富郑公弼撰文穆墓碑云，在洛阳县南金石村奉先里，其不在此，明矣。今郭店西南冈下有冢，盖文靖公夷简墓地。《紫微诗话》吴春卿过郭店，有谒文靖公诗，可证也。诗载《艺文志》，有田夫耕其墓北，皆青石磨方正，平铺广田，盖墓侧僧院废址，王子融奏乞依吕夷简坟所僧院例是也。盖以沂公墓与之相近，故援之耳。东北有石赑屃半埋土中。《宋史》本传：王曾家请御篆墓碑，帝因惨然思夷简，书'怀忠之碑'四字以赐之。今碑亡而其趺在。闻其墓上石兽，明季犹完好。为冈王村宗室某所毁，遂无一存焉。墓门左右有土隆起，盖旧阙垣也。旧志以为蒙正墓，特沿《广舆记》之陋说耳，故正之。"

按：薛文灿《新郑县文物志》（中州古籍出版社 1993 年版）吕夷简墓条载："吕夷简墓位于新郑县郭店乡李坟村东约 500 米处。冢高 4 米，周长约 40 米。"

考：《长编》卷 160 庆历七年正月"辛丑"条载："辛丑，命权御史中丞高若讷、同判太常寺吕公绰管勾修郊庙祭器。"因父丧丁忧三年，一般需 27 个月，可知吕公绰同判太常寺系除服后首个职务。《长编》卷 151 庆历四年七月"癸酉"条载："先是，同判太常寺吕公绰言……"知吕公绰任同判太常寺，系除服后恢复原职。"公绰，兵部员外郎、史馆修撰"（张方平《吕文靖神道碑》），系除服期间"起复"之职，时间当在张方平撰写《神道碑》之前。

是月，范仲淹撰《祭吕相公文》。

范仲淹《祭吕相公文》："维庆历四年十一月日，具位某，谨致祭于故相、赠太师令公吕公之灵。富贵之位，进退惟艰。君臣之际，始终尤难。公觐昌辰，宰于庶揆。保辅两宫，訏谋二纪。云龙协心，股肱同体。万国久宁，雍容道行。匹鄙多故，忧劳疾生。辞去台衡，命登公衮。以养高年，如处嘉遁。呜呼！日月迭来，数不可回。两楹告兆，万乘兴哀。某素游大钧，猥居近辅。得公遗书，适在旁土。就哭不逮，追想无穷。心存目断，千里悲风。尚飨！"（《范文正公集》卷 14、《全宋文》卷 391）

楼钥《范文正公年谱》：庆历四年，"十二月，有《祭吕相公文》"。

按：《年谱》称祭文写于十二月，误。从范仲淹《祭吕相公文》，当为十一月。

是月，张方平撰文靖吕公神道碑。

张方平作《故推诚保德宣忠亮节崇仁协恭守正翊戴功臣开府仪同三司守太尉致仕上柱国许国公食邑一万八千四百户食实封七千六百户赠太师中书令谥

文靖吕公神道碑铭并序》(庆历四年十一月)(《乐全集》卷36、《全宋文》卷819)。

是年,范仲淹曾三次投书吕夷简。

楼钥《范文正公年谱》:庆历四年,"夏六月,有《上吕相公书》",八月,"有《上吕相公书》","十一月四日,又有《上吕相公书》"。

按:吕夷简九月十日卒,范仲淹十一月四日又投书之,同月撰《祭吕相公文》,说明十一月中旬或以后才知吕夷简去世。

是年,韩琦为太尉吕夷简献挽辞。

韩琦《太尉吕公挽辞二首》其一:"韦平传庆裔,方召起隆名。塞上天声远,帷中庙算精。众期调玉铉,时忽丧金城。朝野悲何甚,邦家重老成。"其二:"要剧更中外,几微照古今。嘉谋增国重,和气入人深。龙已须云起,星俄向垒沉。得名非得寿,天报此难忱。"(《安阳集》卷54、《全宋诗》卷338)

是年,李淑为吕夷简作墓志铭。

包拯《包孝肃奏议集》卷6《弹李淑·第一章》:"臣等伏观除授李淑充翰林学士兼端明学士侍读学士者,窃以李淑未丁忧间只带侍读、端明两职……又于吕夷简墓志有遏猾鸡晨之语。……谓之鸡晨,实累上德,其中更有甚不可者,臣等不忍言也。"

吕夷简一生编撰著述颇丰。

陈振孙《直斋书录解题》卷20"诗集类下":吕夷简"不以文鸣,而其诗清润和雅,未易及也。"

按:吕夷简生前编修《新修国史》150卷(《长编卷109》)、《三朝宝训》30卷、《天圣编敕》12卷、《天圣令文》30卷、《一司一务敕》30卷、《景祐法宝录》21卷、《五朝宝训》60卷(《宋史·艺文志》)及《景祐乐髓新经》(章如愚《群书考索》)、《天圣茶法》、《景祐茶法》(《玉海》卷181)、《籍田记》(章如愚《群书考索》)等,撰《吕文靖集》5卷(陈振孙《直斋书录解题》卷20"诗集类下")、《吕文靖试卷》1卷(陈振孙《直斋书录解题》卷20"别集类")。《全宋文》《全宋诗》存有吕夷简部分诗文,目前辨不清其年份的诗、文、句,权列如下:

1.《过灵岩寺》:"净名庵下灵岩路,峻壁层崖倚半空。我爱老僧年八二,一生长住翠微中。"(朱谏《雁山志》卷4、《全宋诗》卷146)

2.《咏天宁院》:“飘然吟魄到鳌山,好句空疏水石间。眼界清虚心不息,浮生能有几人闲?”(《锦绣万花谷》续集卷10)

3.句:“人为子推初禁火,花愁青女再飞霜。”(《诗话总龟》前集卷12)

4.句:“梅无驿使飘零尽,草怨王孙取次生。”(《全宋诗》卷146)

5.句:“江涵帝子翚飞阁,山际真君鹤驭天。”(《舆地纪胜》卷26《江南西路·隆兴府》)

6.《门铭》:“古者盘盂几杖,规戒存焉。今为门铭,窃类于此:忠以事君,孝以养亲。宽以容众,谨以修身。清以轨俗,诚以教民。谦以处贵,乐以安贫。勤以积学,静以澄神。敏以给用,直以全真。约以奉己,广以施人。重以临下,恭以待宾。贯之以道,总之以仁。在家为子,在邦为臣。斯言必践,盛德聿新。勒铭于门,永代书绅。”(《皇朝文鉴》卷73、《古今图书集成》卷134《考工典》)

附:吕夷简编年后录

皇祐初,宋仁宗书“怀忠碑”赐吕夷简,以坟寺为怀忠荐福院,又改马亭乡为怀忠。

《吕氏家塾记》云:“皇祐初,王沂公家始乞御篆碑额,仁宗同日自制二碑名,亲书以赐二家,沂公曰‘旌贤碑’,文靖公曰‘怀忠碑’,各三字。王子融乞上为沂公亲书碑文。上曰:‘吕夷简何故无请?’左右曰:‘非故事也。’遂请书‘怀忠碑’赐之。以坟寺为怀忠荐福院,又改马亭乡为怀忠。”(《长编》卷152庆历四年九月“戊辰”条引)

《春明退朝录》卷上:“本朝太宗撰《中令赵公碑》。皇祐中,王侍郎子融守河中还,乃以唐明皇所题裴耀卿碑额上之,仁宗遂御篆赐沂公碑曰‘旌贤’。其后踵之者:怀忠吕许公。”

《渑水燕谈录》卷9:“仁宗天纵多能,尤精书学,凡宫殿门观,多帝飞白题榜,勋贤神道,率赐篆螭首。……吕夷简曰‘怀忠’……大臣碑额赐篆,盖始于此。其后英庙、神考,亦屡有赐者。”

至和元年(1054),吕夷简死后第10年,宋仁宗认为吕夷简之次子吕公弼

"甚似其父",重用之。

《续资治通鉴》卷54至和元年七月"己巳"条载:"以权知开封府、龙图阁直学士吕公弼为枢密直学士、知益州。先是帝每念吕夷简,闻公弼有才,书其名于殿柱。公弼奏事,帝目送之,语宰相曰:'公弼甚似其父。'既召程戡入辅,因使公弼代戡。公弼固辞,乃复授龙图阁直学士、同知群牧使。甲戌,以知滑州张方平为户部侍郎、知益州。"

宋祁受命视吕夷简等诸公茔。

宋祁作《遣吏视诸公茔树回有感·文靖吕丞相》:"庆历公三入,边陲扰太平。啖金真间敌,挠酒不寒盟。上印情虽切,然髭病遽轻。惜哉天弗慭,宸幄泪先横。"(《宋祁诗集》卷9)

按:宋祁为王曾、吕夷简、宋绶作《遣吏视诸公茔树回有感》诗,时间待考。

嘉祐元年(1056),吕夷简死后第12年,吴育(春卿)过郭店,作《谒文靖公墓诗》。

吕本中《紫薇诗话》:"吴春卿参政,以资政殿大学士知河南,过郭店,《谒文靖公墓诗》云:'汉相岩岩真国英,门庭曾是接诸生。阳秋谈论四时具,河岳精神一座倾。'议者以为颇尽文靖仪观论议云。"

按:吴育(1004—1058),字春卿,建州浦城(今属福建)人。曾多次知河南府,以资政殿大学士的身份知河南府,是在至和三年即嘉祐元年。《长编》卷184载:"(嘉祐元年十月)庚午,宣徽南院使、判河中府吴育复为资政殿大学士、尚书左丞、知河南府,育以疾自请之。"

嘉祐八年(1063),吕夷简死后第19年,配享仁宗祔庙。

《宋会要·礼一一·配享功臣》:配宋仁宗的功臣为王曾、吕夷简、曹玮,其中:"太尉、赠尚书令吕夷简。"注文说:"《事类合璧》:吕文靖公名夷简,字坦夫,寿州人,进士及第,位至宰相,以太尉致仕。韩琦曾言:'仁宗议配享,清议皆与沂公,不与申公,诚意不可欺如此!'"

《宋会要·礼一一·杂录》:"英宗嘉祐八年十月十九日,翰林学士王珪等奏:'准诏,下两制定议,仁宗祔庙当以何人配享。……故太尉、赠尚书令、谥文靖吕夷简,聪明亮达,规模宏远。服在大僚,历登三事,左右皇极,勤劳王家,二十余年,厥功茂焉。'"

《长编》嘉祐八年十一月"丙午"(九日)条载:"丙午,祔仁宗神主于太庙,乐曰《大仁之舞》,以王曾、吕夷简、曹玮配享庙庭。"自注云:"配享议《实录》载八月癸酉,今附此。"

王珪《请以王曾吕夷简曹玮配享仁宗庙庭奏》(嘉祐八年十月):"故太尉、赠尚书令、谥文靖吕夷简,聪明亮达,规模宏远,服在大僚,历登三事,左右皇极,勤劳王家二十余年,厥功茂焉。……伏请并配享仁宗庙庭"。(《宋会要·礼一一》及同书《礼五九》、《宋代蜀文辑存》卷2、《全宋文》卷1153)

《续资治通鉴》卷61嘉祐八年十一月"丙午"条载:"丙午,祔仁宗神主于太庙,庙乐曰《大仁之舞》,以王曾、吕夷简、曹玮配享庙庭。"

《清波杂志》卷1:"国朝配享功臣于太庙横街南,东西相向设位。'仁宗室:王曾、吕夷简。'"

宋徽宗政和三年(1113),吕夷简死后第69年,四月颁布《五礼新仪》,规定配享功臣之位设于殿庭之次,王曾、吕夷简、曹玮位于横街之南道东,西向,第一序列。

《宋史》卷109《礼志一二》:"《五礼新仪》,配享功臣之位,设于殿庭之次……王曾、吕夷简、曹玮位于横街之南道东,西向,第一序列。"

宋高宗绍兴四年(1134),吕夷简死后第90年,瑞石山之左建太庙,吕夷简等功臣配享。

田汝成《西湖游览志》卷12:"瑞石山之左,宋有太庙,绍兴四年建正殿七楹,为祏室十有四,以奉太祖、太宗、真宗、仁宗、英宗、神宗、哲宗、徽宗,其后益以高宗、孝宗、光宗、宁宗、理宗,凡十三主,钦宗则缺而不祀。设七祀位于殿下,横街之北,以祀司命……设配享功臣,位于横街之南……仁宗则王曾、吕夷简……"

绍兴十三年(1143),吕夷简死后第99年,正月绘吕夷简像入景灵宫配飨。

《玉海》卷57《绍兴景灵宫图配飨功臣》:"(绍兴)十三年正月乙酉建景灵宫。十八年五月甲子[作'乙丑'],命有司图配飨功臣像于景灵宫廷之壁。皇武殿(太祖)……。美成殿(仁宗):沂文正公王曾,许文靖公吕夷简,签书枢密院谥武穆曹玮。"

绍兴十八年(1148),吕夷简死后第104年,二月,朝廷令寻前朝配享功臣赵

普、吕夷简等遗像，复摹于景灵宫廷壁。五月，画于壁。

熊克《中兴小历》卷33：“(绍兴十八年)四月癸丑，礼部下诸路转运司，访到赵普、曹彬、薛居正、石熙载、潘美、李沆、王旦、李继隆、王曾、吕夷简、曹宝臣、韩琦、曾公亮、富弼、司马光、韩忠彦凡一十六人绘像。五月乙丑，诏并画于景灵宫廷之壁。”

《宋史》卷109《礼志》12：“(绍兴十八年)二月，监登闻鼓院徐琏言：‘国家原庙佐命配享，当时辅弼勋劳之臣绘像庙庭，以示不忘，累朝不过一十余人。今之臣僚与其家之子孙必有存其绘像者，望诏有司寻访，复摹于景灵宫之壁，非独假宠诸臣之子孙，所以增重祖宗之德业，以为臣子劝。’遂下诸路转运司，委所管州军寻访各家，韩王赵普、周王曹彬、太师薛居正、石熙载、郑王潘美、太师李沆、王旦、李继隆、王曾、吕夷简、侍中曹玮、太师曾公亮、富弼、司马光、韩忠彦，各令摹写貌像投纳，绘于景灵宫之壁。”

绍兴中，吕夷简后人吕本中编辑《吕文靖公事状》，被认为“有不得已焉尔”。

汪应辰《题吕文靖公事状》：“右《吕文靖公事状》，公之孙中书舍人本中所论次也。文靖相仁宗，得君之专，行政之久，他人莫敢望焉。……宰相之事业，盖亦不言而喻矣。然而世之言伊尹、百里奚者，孟子特明其不然，则是书之作，盖亦有不得已焉尔。”(《文定集》卷10、《东南文范》卷60、《全宋文》卷4777)

按：汪应辰(1118—1176)，与吕本中(1084—1145)有交往，“顷从中书舍人吕居仁游离”(汪应辰《题吕子进集》、《文定集》卷10)，认为吕本中编辑《吕文靖公事状》“有不得已焉尔”，其问题在于时人对吕夷简褒贬不一。《建炎以来系年要录》卷103绍兴六年七月“癸酉”条载：“吕本中守起居舍人。”编辑《事状》，当在吕本中任起居舍人或其后，即在绍兴中。

淳熙十六年(1189)，吕夷简死后第145年，杨万里以吕夷简朋党论而建言破除“党论”。

杨万里《诚斋集》卷69《奏对札子》(己酉自筠州赴行在奏事十月初三日上殿第一札子)载，朋党论本朝始于吕夷简，形成甲宰相党、乙宰相党，甲州党、乙州党，道学党、非道学党等，实际上“天下士大夫孰不由宰相进”，建言“勿问其某某党"则"党论不攻而自破"。[1]

宝庆二年(1226),吕夷简死后第182年,三月宋理宗画吕夷简像于昭勋阁,吕夷简为昭勋阁二十四功臣之一(张岱《夜航船》卷3《人物部》、《御批历代通鉴辑览》卷91)。

大约元代,《吕文靖集》5卷已失传。

陈振孙《直斋书录解题》卷20"诗集类下"著录"《吕文靖集》五卷。丞相许国公寿春吕夷简坦夫撰。文靖不以文鸣,而其诗清润和雅,未易及也。"

按:该书未见其他书目记载,说明后来流传不广,甚至元代已失传。

明代永乐十一年(1413),吕夷简死后第379年,杨士奇论吕夷简元旦日食朝贺如常仪之不妥。

廖道南《殿阁词林记》卷1《华盖殿大学士杨士奇》:"(永乐)十一年十二月岁除钦天监,奏明年元旦日有食之,礼部请朝贺如常仪,士奇曰:'日食天变之大者,宋仁宗时元旦日食,富弼请罢宴撤乐,吕夷简不从。后闻契丹免贺,仁宗悔甚。臣愚以为宜免贺。'上曰:'君子受人以德,其如士奇议。'乃加左春坊大学士。"

《殿阁词林记》卷22《议礼下》:"永乐十一年十二月鸿胪寺奏习正旦贺仪,诏礼部及本院官问曰……杨士奇对曰:'日食天变之大者,前代元正日食多不受朝,宋仁宗时元正日食,富弼请罢宴撤乐,宰相吕夷简不从,弼曰:万一契丹行之,为中国羞。后有言敌是日罢宴,仁宗深悔。'今免贺诚当上,遂免贺及宴。"

明代邹智上奏,认为吕夷简知错能改,建言"孰为吕夷简吾容之"。

邹智《立斋遗文》卷1《弘治庚申拾遗》:"宋之英主,无出仁宗,夏竦怀奸,挟诈孤负任使则罢之;吕夷简痛改前非,力图后效,则包容之;杜衍、韩琦、范仲淹、富弼抱才气、有重望,则不次擢之,故能北御契丹、西臣元昊,而庆历、嘉祐之治号为太平。……臣愿陛下……孰为夏竦吾黜之,孰为吕夷简吾容之,孰为杜衍、韩琦、范仲淹、富弼吾擢之。"

明代王世贞建言,吕夷简、吕公著父子亦可配享庙庭。

---

①杨万里(1127—1206),己酉年为建炎三年(1129)、淳熙十六年(1189)。建炎三年,杨万里3岁,故知此札子当作于淳熙十六年。

王世贞《弇州四部稿》卷265《说部·宛委余编十》:“父子配享庙庭者……吕夷简、公著之类差亦可纪。”

大约清初,新郑仍纳吕夷简、吕公著父子于“十贤祠”合祀。

乾隆《新郑县志》卷11《祀祠志(附陵墓)》:“十贤祠:旧志在北门外,今其地实在尊恩观三清殿西,盖自明知县匡铎拓城东北千余雉庙已在城内矣。祀唐裴晋公度、宋王沂公曾、曾公公亮、吕文穆公蒙正(原注应改作‘许公夷简’)、吕申公公著、陈秦公省华及其子文惠公尧佐、吴正肃公育、欧阳文忠公修、郑文正公居中,以其墓在境内,故合祀焉,今废。”

庆历五年(1045),吕公著28岁

正月四日,范仲淹罢参知政事,富弼罢枢密副使;五日,杜衍罢相,贾昌朝拜相,王贻永为枢密使,宋庠参知政事,吴育、庞籍并为枢密副使(《宋宰辅编年录校补》、《宋史》卷11《仁宗本纪》)。

二月四日,“诏罢京朝官用保任叙迁法,又罢荫补限年法”(《宋史》卷11《仁宗本纪》)。

三月五日,韩琦罢枢密副使,加资政殿学士、知扬州(《长编》卷155、《宋宰辅编年录校补》卷5)。

四月二十二日,章得象罢相,陈执中拜相;二十四日,吴育参知政事,丁度枢密副使(《宋宰辅编年录校补》卷5)。

八月二十一日,欧阳修因“张甥案”被贬,以知制诰出知滁州。据说与其曾用力指责有关。

《长编》卷157庆历五年八月“甲戌”(二十一日)载:“甲戌,降河北都转运按察使、龙图阁直学士、右正言欧阳修为知制诰、知滁州。……初,修有妹适张龟正,卒而无子,有女实前妻所生,甫四岁,以无所归,其母携养于外氏,及笄,修以嫁族兄之子晟。会张氏在晟所与奴奸,事下开封府。权知府事杨日严前守益州,修尝论其贪恣,因使狱卒附致其言以及修。谏官钱明逸遂劾修私于张氏,且欺其财。诏(苏)安世及(王)昭明杂治,卒无状,乃坐用张奁中物买田立欧

氏券。”

《避暑录话》卷 2:“吕申公本嫉公[1]为范文正党,滁州之谪实有力。”

按:吕公著当时为父亲丁忧,《避暑录话》的说法只是孤证,实难信之。

十月二十八日,罢宰臣兼枢密使,从贾昌朝、陈执中之请(《长编》卷 157)。

十一月十日,以夏竦称富弼阴使石介入契丹谋起兵,诏令兖州核石介死生虚实(《长编》卷 157)。

是年,吕公绰起复,除兵部员外郎,复充飨职。

王珪《吕公绰墓志铭》:“未几,文靖薨,除兵部员外郎,复充飨职。公流涕辞还,不受。明年,遂以前所授之命即家在所赐之第。终制,复判太常寺,兼提举修祭器。”

按:明年,指庆历五年。兵部员外郎,即兵部司员外郎。宋前期依唐制,为从六品上。

是年,停贡举(《文献通考》卷 32《选举考五·举士》)。

是年,丁度撰《兵录》五篇,宋祁为之作序(《玉海》卷 139《庆历兵录》)。

庆历六年(1046),吕公著 29 岁

正月十三日,命翰林学士孙抃权知贡举(《长编》卷 158),**御史中丞张方平、龙图阁直学士高若讷、集贤校理同修起居注杨伟、钱明逸并权同知贡举**(《宋会要·选举一》)。

三月,赐礼部奏名进士、诸科及第出身 853 人(《宋史》卷 11《仁宗本纪》)。**省元裴煜,状元为贾黯**(《文献通考》卷 32《选举考五·举士》)。

五月,京师雨雹、地震(《宋史》卷 11《仁宗本纪》)。

八月十六日,策试制科,并试武举人(《宋史》卷 11《仁宗本纪》)。**苏洵举制策不中。次年悉焚旧稿,闭户苦读**(曾枣庄《苏洵年谱》)。

二十六日,吴育枢密副使,丁度参知政事(《长编》卷 159、《宋宰辅编年录校

[1]“公”指欧阳修。

补》卷5)。

是秋,欧阳修自号“醉翁”,于滁州作《醉翁亭记》,并有题诗(《欧阳文忠公文集》卷39)。

十月二十五日,诏发兵讨湖南徭贼(《宋史》卷11《仁宗本纪》)。

庆历七年(1047),吕公著30岁

正月八日,同判太常寺吕公绰与权御史中丞高若讷管勾修郊庙祭器(《长编》卷160庆历七年正月“辛丑”条)。

十三日,杜衍以太子少师致仕,居南京(《长编》卷160)。

二月十四日,以翰林承旨丁度等上林概著《史论》《辨国语》,命试太常博士林概充集贤校理(《宋会要·选举三一·召试除职》)。

二十七日,以参知政事丁度荐命试,屯田员外郎陆广充集贤校理(《宋会要·选举三一·召试除职》)。

二月,欧阳修作《答吕公著见赠》。

欧阳修《答吕公著见赠》(《欧阳文忠公集》卷4):“三年谪永阳,陷阱不知危。种树满幽谷,疏泉泻清池。”

按:刘德清《欧阳修编年录》结合“命谢缜于幽谷杂植花卉”于滁州等情形,认为该诗写于是年二月。当是。

三月十九日,“许中外臣僚实封条上三事”(《宋史》卷11《仁宗本纪》)。

二十一日,贾昌朝罢相,陈执中为首相,夏竦为相,吴育罢枢密副使,文彦博为枢密副使(《宋宰辅编年录校补》卷5)。

二十三日,改夏竦为枢密使,文彦博参知政事,高若讷为枢密副使(《宋史》卷11《仁宗本纪》)。

是春,王安石调知鄞县,兴修水利,贷谷于民,邑人便之(蔡上翔《王荆公年谱考略》)。

六月十八日,诏天下知县、县令非鞫狱毋得差遣(《长编》卷160、《宋史》卷11《仁宗本纪》)。

二十七日，命参知政事丁度提举编修唐书（《长编》卷160）。

是月，夏竦因石介事控告富弼，欲破石介墓，吕居简阻之。

富弼《叙述前后辞免恩命以辨谗谤奏》："谗者自知北兵无验，又别谗臣，云北敌结连不起，富某却遣石介往登莱州，结连金坑无赖凶恶数万人，欲举兵为辞。朝廷以至累遣本路监司相度，拟发石介墓以观其死之虚的。兼当时所遣之官，至今犹有在者，所造终无成而罢。"

《长编》卷160庆历七年六月"庚午"（二十七日）条载："中使持诏至奉符，提点刑狱吕居简曰：'今破冢发棺而介实死，则将奈何？且丧葬非一家所能辨说，即令结罪保证，如此亦可应诏矣。'中使曰：'善。'及还奏，上意果释。"

《宋史·吕蒙正传》："庆历中，居简提点京东刑狱，时夏竦有憾于石介，介死，竦言于上曰：'介未尝死，北走邻国矣。'乃遣中使发棺验之。居简谓曰：'万一介果死，则朝廷为无故发人之墓，奈何？'中使曰：'于君何如？'居简曰：'介死，当时必有内外亲族及门生会葬，问之可也。'中使乃令结状保证以闻，介事乃白。居简长者，其行事多类此。"

按：许毓峰《石徂徕年谱》载，石介卒于庆历五年。因作《庆历圣德诗》斥夏竦之奸，故"竦衔介甚"（《宋史》卷432），会徐狂人孔直温谋反，搜其家得石介书，竦欲因以报复，且欲中伤富弼与杜衍等，因言先生不死，弼阴使入契丹谋发兵，弼为内应。当时，有诏下兖州，核其生死虚实，知州杜衍会官属议之，众莫敢对，独掌书记龚鼎臣"愿以合族保其必死"，仍羁石介妻子于他州（《通鉴长编纪事本末》卷37）。"后至庆历七年，吕居简提点京东刑狱，时竦仍言于上曰：'介未(常)[尝]死，北走邻国矣。'乃遣中使发棺验之"，终被吕居简所劝阻，"先生事乃白"（《通鉴长编纪事本末》卷37、《宋史》卷265《吕蒙正传》）。庆历七年六月，石介妻子始得返（《通鉴长编纪事本末》卷37）。石介死后二十年，"其家始克葬先生于奉符"（《宋人轶事汇编》引《续夷坚志》）。兖州奉符是石介的家乡。吕居简是吕蒙正的第九子。

十一月二十八日，"冬至，祀天地于圜丘，大赦"（《宋史》卷11《仁宗本纪》）。

十二月八日，"加恩百官"（《宋史》卷11《仁宗本纪》）。

是年，吕公著服除，仍任太常博士。

按:吕夷简薨在庆历四年(1044)九月,丁忧三年,一般执行27个月,即两周年零三个月。《长编》卷160庆历七年正月“辛丑”(初八)条载:“命权御史中丞高若讷、同判太常寺吕公绰管勾修郊庙祭器官。”长兄吕公绰服除任职,吕公著理应受职,从下文皇祐元年(1049)欧阳修《答通判吕太博》(卷11)的称呼,可推知重新任太常博士的时间当始自是年。

是年,吕公著次兄吕公弼任淮南转运使。

王安礼《王魏公文集》卷8《吕公弼行状》:“文靖公薨,以恩迁度支员外郎。服除,又为盐铁判官,为淮南转运使。召为三司度支判官,迁兵部员外郎,纠察在京刑狱,拜直史馆,为河北转运使。”

按:吕夷简薨在庆历四年九月,吕公弼丁忧三年。皇祐二年(1050)二月,公弼任河北转运使。加之,孙甫庆历八年正月时任淮南转运使。据《乐全集》卷33《江宁府重修府署记》载:“庆历八年正月癸巳,江宁府署火。除龙图阁直学士、知扬州张奎右谏议大夫,领军府事。属之经治,才选也;命发运副使许元、转运使孙甫鸠材庀工。”淮南转运使、发运使与扬州府治所均在扬州。吕公弼任淮南转运使当在其前,据此推知,吕公弼任淮南转运使当在庆历七年。

是年,吕公著弟吕公孺知颍州。

《宋史》卷311《吕公孺传》:“知泽、颍、庐、常州。”

李之亮《北宋京师东西路大郡守臣考》称,吕公孺庆历六年至庆历八年知颍州。

按:李之亮《北宋京师东西路大郡守臣考》此条所考,恐误,因庆历六年吕公儒仍在家丁忧,疑在庆历七年始知颍州。

是年,停贡举(《文献通考》卷32《选举考五・举士》)。

是年,曾肇生(《龟山集》卷29《曾文昭公行述》),**毕仲游生**(陈恬《毕公墓志铭》,转见于《永乐大典》卷20205;《宋史》卷281《毕世安传》附传《毕仲游传》),**蔡京生**(《宋史》卷472本传)。

按:曾肇(1047—1107),字子开,号曲阜先生。曾巩异母弟。历任吏、户、刑、礼四部侍郎。与吕公著因修史等有交集。毕仲游(1047—1121),“早受知于司马光、吕公著,不及用。范纯仁尤知之,当国时,又适居母丧,故未尝得尺寸进。然亦堕党籍,坎壈散秩而终,年七十五”(《宋史》卷281《毕世安传》附传

《毕仲游传》)。蔡京(1047—1126),字元长,先后四次任相。与司马光、吕公著、范祖禹等有交集。

庆历八年(1048),吕公著31岁

闰正月一日王则在贝州的叛乱被平定,并改贝州为恩州(《宋史》卷11《仁宗本纪》)。

九日,文彦博拜相(《宋宰辅编年录校补》卷5)。

十六日,欧阳修转起居舍人,依旧知制诰,徙知扬州(胡珂《庐陵欧阳文忠公年谱》)。

四月一日,封元昊子谅祚为夏国主(《宋史》卷11《仁宗本纪》)。

四日,丁度罢参知政事,明镐参知政事(《宋宰辅编年录校补》卷5)。

十日,赵顼(宋神宗)生(《宋史》卷11《神宗本纪》)。

五月二十四日,夏竦罢枢密使,宋庠任枢密使,庞籍参知政事(《宋宰辅编年录校补》卷5)。

六月九日,河决澶州,"诏馆阁官须亲民一任,方许入省、府及转运、提点刑狱差遣"(《宋史》卷11《仁宗本纪》)。

二十九日,司空致仕章得象卒(《长编》卷164)。

八月十一日,吕公著长兄知制诰吕公绰与翰林学士钱明逸,查处许怀德、张方平、杨仪等事[《宋会要·职官六五·黜降官二》:"(庆历八年)八月十一日,殿前副都指挥使、宁达节度使许怀德知亳州,落管军。……命翰林学士钱明逸、知制诰吕公绰鞫其事。"]

九月二十一日,光禄寺丞丁讽"以父度罢参知政事恩陈乞,故命试",诏充馆阁校勘(《宋会要·选举三一·召试除职》)[1]。

是月,因龙图阁直学士吕公绰上新制天地祖宗位版,帝召辅臣观御书。

《长编》卷165庆历八年九月"己亥"条载:"御延和殿,召辅臣观御书,龙图

---

①丁讽是吕蒙正的外孙,丁度之子。

阁直学士吕公绰上新制天地祖宗位版，因命辅臣同观之。”

十一月二十五日，命观文殿学士丁度、翰林学士钱明逸、翰林侍读学士张锡同详定《一州一县编敕》（《宋会要·刑法一·格令一》）。

十二月一日，颁德音，诏明年改元（《宋史》卷11《仁宗本纪》）。

二十六日，吕蒙正第九子吕居简由“度支判官、司封郎中”为太常少卿（《长编》卷165庆历八年十二月“庚寅”条）。

是年，吕公著仍任太常博士。

按：欧阳修次年任颍州知州时，对其有赠诗，如欧阳修《答通判吕太博》（《欧阳文忠公集》卷11）、《答吕太博赏双莲》（同前书卷56），可证在欧阳修到颍州之前，吕公著曾任太博。太博，系太学博士或太常博士的省称。

是年，吕公著长子吕希哲10岁，“命之坐则坐，不问不得对”。

《童蒙训》卷上：“正献公教子既有法，而申国鲁夫人，简肃公讳宗道之女，闺门之内，举动皆有法则。荥阳公年十岁，夫人命对正献公则不得坐，命之坐则坐，不问不得对。诸子出入，不得入酒肆茶肆。每诸妇侍立，诸女少者则从妇傍。”

明伦汇编《闺媛典·闺淑部·列传二·吕希哲母》：“按《河南府志》，吕希哲母，申国夫人，正献公之元配也。性严，有法教。希哲事事循规蹈矩，甫十岁祁寒暑雨侍立终日，不命之坐不敢坐，日必冠带，见长者在父母长者之侧，不得去巾袜、衣服，无令入肆市，郑卫之音未尝一经于耳，不正之书、非礼之色未尝一接于目，教诲之严如此。故希哲德器大异于人。”

按：吕希哲生于宝元二年（1039）。故置于此。

是年，停贡举（《文献通考》卷32《选举考五·举士》）。

皇祐元年（1049），吕公著32岁

正月八日，命翰林学士赵概权知贡举（《长编》卷166），**翰林侍读学士张锡，天章阁待制王贽、张揆，天章阁侍读赵师民并权同知贡举**（《宋会要·选举一》）。

十三日，欧阳修移知颍州（今安徽阜阳）（胡珂《庐陵欧阳文忠公年谱》）。

二月三日欧阳修至颍州，有谢表（《欧阳文忠公文集》卷90《颍州谢上表》）

三月，契丹遣使来告伐夏国；赐礼部奏名进士、诸科及第出身1309人（《宋史》卷11《仁宗本纪》）。**省元、状元均为冯京**（《文献通考》卷32《选举考五·举士》）。

六月十三日，贾昌朝为观文殿大学士、判都省（《长编》卷166）。

八月四日，陈执中罢相，文彦博拜昭文相，宋庠拜集贤相，庞籍为枢密使，高若讷参知政事，梁适为枢密副使（《宋宰辅编年录校补》卷5）。

九月十五日，广源州蛮侬智高寇邕州（《宋史》卷11《仁宗本纪》）。

是年，欧阳修知颍州，与吕公著成“讲学之友”，多有赠答诗。

《宋史》卷336《吕公著传》：“吕公著……通判颍州，郡守欧阳修与为讲学之友。”

黄宗羲《宋元学案》卷4《庐陵学案》，称欧阳修、尹洙、梅尧臣、吕公著为“庐陵讲友”。

欧阳修《答吕公著见赠》（《欧阳文忠公集》卷4）：“春膏已动脉，百卉渐葳蕤。……尚可执鞭弭，周旋以忘疲。”

按：题下原注：“一本作‘奉答通判太博为予不饮见赠之作’。”

欧阳修《答通判吕太博》（《欧阳文忠公集》卷11）：“千顷芙蓉盖水平，扬州太守旧多情。画盆围处花光合，红袖传来酒令行。舞踏落晖留醉客，歌迟檀板换新声。如今寂寞西湖上，雨后无人看落英。”

欧阳修《答吕太博赏双莲》（《欧阳文忠公集》卷56）：“年来因病不饮酒，老去无悰懒作诗。我已负花常自愧，君须屡醉及芳时。”

无名氏《南窗纪谈》：“吕申公为颍州通判，欧公为守。素不以文靖（吕夷简）为然，及与其子为僚，见其学识，已改观矣。”

按：《答吕公著见赠》，作于是年早春。《答吕太博赏双莲》，作于是年夏季。《答通判吕太博》结尾“如今寂寞西湖上，雨后无人看落英”，当作于是年初秋，因次年六月吕公著已离颍州赴京，欧阳修也于七月改任。龚延明《宋代官制辞典》“官制表格”附表6《州府军监长贰官一览表》载，上州通判正七品，中、下州通判从七品。颍州，属中下州，颍州通判为从七品。欧阳修与吕公著之关系，拙作《吕公著与欧阳修“讲友”关系之定位》(《千年欧公》,中国文史出版社2007年12月版),有考论。

是年,吕公著命长子吕希哲从学于焦千之。

吕本中《童蒙训》卷上:“正献公年三十余,通判颍州,欧阳文忠公知州事。焦伯强千之方从欧阳公学,正献公请伯强处书室,命荥阳公从学焉。其后,正献公罢归京师,请伯强同行,欧阳公有送行诗,所谓‘有能掇之行,可谓仁者勇’者也。伯强性耿介不苟,危坐终日,不妄笑语。每诸生有不至,则召之坐,面切责之,不少假借。荥阳公幼时,申公与夫人严毅如此,就师傅而得伯强,其后有成,非偶然也。荥阳公尝言:‘中人以下,内无贤父兄,外无严师友,而能有成者,未之有也。’”

朱熹《吕侍讲家传略》(《伊洛渊源录》卷7):“正献公(吕公著)通判颍州,欧阳文忠公适知州事,焦先生千之伯强客文忠公所,严毅方正。正献公招延之,使教诸子。”

黄宗羲《宋元学案》卷4:“焦千之,字伯强,颍州焦陂人也。从欧阳公学,称上弟。……欧阳公知颍州,吕正献公为通判,正献日与公讲学,其于诸弟子中独敬先生,延之馆,使子希哲辈师事焉。”

按:焦千之拜师欧阳修,吕希哲拜师焦千之。是年,吕公著之长子吕希哲10岁。家教严,延师教子,吕氏家学绵延成风。

考:吕希哲从学于焦千之,当始于是年,原因有二:一、吕本中《童蒙训》称,“焦伯强千之方从欧阳公学,正献公请伯强处书室,命荥阳公从学焉”。二、焦千之至少在是年“伏日”已成为欧阳修弟子。欧阳修《伏日赠徐焦二生》(《欧阳文忠公文集》卷4)题下原注:“一本作‘徐焦二生伏日游西湖,余以病不能往,因以赠之’。”“徐焦二生”指的是徐无党、焦千之。

范仲淹过颍州,与欧阳修及吕公著小聚。

吕本中《童蒙训》卷上:“正献公年三十馀,通判颍州,已有重名。范文正公以资政殿学士知青州,过颍,来复谒公,呼公谓之曰:‘太博,“近朱者赤,近墨者黑”,欧阳永叔在此,太博宜频近笔研。’申国夫人在厅,事后闻其语,尝举以教荥阳公焉。前辈规劝恳切,出于至诚,类如此也。”

是年,吕公著长兄吕公绰知永兴,改河南府。

《北宋经抚年表》卷3“皇祐元年”条载，王拱宸，皇祐元年五月，知永兴；七月，改河南府。“吕公绰(《华阳集》《吕公绰墓志铭》)：复判尚书部，知永兴、秦州，迭帅两路。明堂飨，召还。”

是年，吕公著弟吕公孺仍任太常博士。

宋祁《张文懿公士逊旧德之碑》载，张士逊有四子、四女，吕公孺为三女婿，“叔归吕氏公孺，为太常博士”。

按：张士逊（964—1049），康定元年(1040)拜太傅，封邓国公致仕，皇祐元年卒。可证吕公孺皇祐元年仍任太常博士。

是年，程颢、程颐受学于周敦颐(朱熹《伊春先生年谱》)。

是年，停贡举(《文献通考》卷32《选举考五·举士》)。

是年，秦观生(《淮海集》后集卷6《书王氏斋壁》)。

按：秦观(1049—1100)，江苏高邮人，字少游，一字太虚。被尊为婉约派一代词宗，别号邗沟居士，学者称其淮海居士。苏轼曾戏呼其为“山抹微云君”。吕公著知扬州时，秦观曾投书吕公著。

吕公著在颍州，刘敞、王回相从。

黄震《古今纪要》卷19《宋朝》载：“吕公著，夷简子。……仕颍时，刘敞、王回与相从，故欧公知之。辞试馆职，不奉诏，进所业。辞知制诰。”

吕公著任颍州通判时造葵亭。

《江南通志》卷36《颍州府》(《四库全书》本)：“葵亭在府城。宋吕公著为颍倅作亭，后圃题曰‘葵亭’。及为守时，休倅圃，有葵亭集。”

皇祐二年(1050)，吕公著33岁

正月七日，吕公著与欧阳修、刘敞、魏广、焦千之、王回、徐无逸等在聚星堂筵席探韵赋诗。欧阳修称其有“宰相器”。

欧阳修有《人日聚星堂燕集探韵得丰字》(《欧阳文忠公文集》卷4)。

《正德颍州志》卷1《聚星堂》：“宋欧阳文忠公守颍，……建堂治内，题曰聚星。”

与欧阳修等分题赋诗，得“瘿木壶”。

《吕氏杂记》卷下：“欧阳公居颍，日与正献公及刘敞原甫、魏广晋道、焦千之伯强、王回深甫、徐无逸从道，七人会于聚星堂。分题赋诗，得‘瘿木壶’，其诗曰：‘天地产众材，任材谓之智。栋桷与楹杙，小大无有弃。方者以矩度，圆者中规制。嗟尔木之瘿，何异肉有赘。生成臃肿姿，赋象难取类。檃括所不施，钩绳为尔废。大匠睨而往，恻然乃有意。孰非造化功，而终配玉器。刳剔虚其中，朱漆为之外。斟浆挹酒醴，施用惟其利。牺象非不珍，金罍岂不贵。设之于楹阶，十目肯注视。幸因左右容，及见为奇异。人之于才性，夫岂远于是。性虽有不善，在教之揉励。才亡不可用，由上所措置。饰陋就其长，皆得为良士。执一以废百，众工何由备。是唯圣人心，能通天下志。’识者于是知公有辅相之器。”

朱弁《风月堂诗话》卷上：“欧公居颍上，申公吕诲叔作太守[1]，聚星堂燕集，赋诗分韵。公得‘松’字，申公得‘雪’字，刘原父得‘风’字，魏广得‘春’字，焦千之得‘石’字，王回得‘酒’字，徐无逸得‘寒’字。又赋室中物，公得鹦鹉螺杯，申公得瘿壶，刘原父得张越琴，魏广得澄心堂纸，焦千之得金星砚，王回得方竹杖，徐无逸得月砚屏风。又赋席间果，公得橄榄，申公得红焦子，刘原父得温柑，魏广得凤栖，焦千之得金橘，王回得荔枝，徐无逸得杨梅。又赋壁间画像，公得杜甫，申公得李文饶，刘原父得韩退之，魏广得谢安石，焦千之得诸葛孔明，王回得李白，徐无逸得魏郑公。诗编成一集，流行于世，当时四方能文之士及馆阁诸公，皆以不与此会为恨。”

无名氏《南窗纪谈》(《四库全书》本)：“吕申公为颍州通判，欧公为守。素不以文靖为然，及与其子为僚，见其学识，已改观矣。时刘原甫、王深甫皆寓居都下，四人日相从讲学为事，情好款密。一日分题赋诗，申公《瘿木壶》。其辞曰：……欧公称赏，以为有宰相器。”

按：农历正月初七日，谓“人日”。说明吕公著与欧阳修等人分题、分韵赋诗的时间，当为是年正月初七，因为欧阳修上年二月三日到任，而吕公著是年六月已改任赴京。据朱弁《风月堂诗话》卷上载，可知此次活动一共进行了 4 场，吕公著共赋诗 4 首，仅《瘿木壶》存世。

---

[1]吕公著为颍州通判，知州为欧阳修。

二月十一日,吕公弼充河北转运使。

《宋会要·选举三三·特恩除职》:“(皇祐)二年二月十一日,兵部员外郎吕公弼直史馆,充河北转运使。”

是春,欧阳修有感怀诗,与其和之。

欧阳修《感春杂言》(《欧阳文忠公文集》卷5):“鸠鸣兮屋上,雀噪兮檐间。百鸟感春阳,有如动机关。……人生一世中,一步百险艰。俟河之清不可得,聊自歌此讥愚顽。”①

三月二十三日,契丹遣使以伐夏师还来告(《宋史》卷12《仁宗本纪》)。

六月二十六日,赴京师同判吏部南曹,赐五品服。

胡宿《吕公孺吕公著并可屯田员外郎制》:“敕某等:朕褒优治民,详慎课吏,均用一闰,参比众功治最,必甄节廉者起。尔等并旧相之子,济名门之美,率繇科等之奋,咸服吏资之敏。耿纯获试郡之请,仲举被题舆之招,悉上计文,交中褒典,在劳可纪,于法得迁。”(《文恭集》卷15)

《长编》卷168皇祐二年六月“辛巳”(二十六日)条载:“辛巳,屯田员外郎吕公著同判吏部南曹。公著,夷简子也,尝召试馆职,不就。于是上谕曰:‘知卿有恬退之节。’因赐五品服。”

按:屯田员外郎,全称尚书省工部屯田司员外郎。宋前期无职事,为文臣京朝叙禄官阶,因唐制,为从六品上;元丰新制后为正七品。胡宿《吕公孺吕公著并可屯田员外郎制》有“耿纯获试郡之请”,当指吕公著任颍州通判之实;“于法得迁”,说明任屯田员外郎当为颍州通判之迁官。判吏部南曹,系流内铨的辅助机构,掌选人履历验审,将按吏部格式可以叙资迁调的选人材料(如历任功过)送往流内铨,经流内铨注拟迁资的选人,再由南曹发给历子。简称南曹、选院。判吏部南曹事,多由判吏部流内铨事差遣兼,或由判吏部事兼(《宋会要·职官八》、《宋会要·选举二三》)。吕公著的实职是同判吏部南曹,当是判吏部南曹的助手。

是月,焦千之随其赴京教其子,欧阳修有送行诗《送焦千之秀才》。

欧阳修《送焦千之秀才》(《欧阳文忠公文集》卷4):“吕侯相家子,德义胜

---

①题下注:“一本题下有‘和吕公著’。”

华宠。焦生得其随,道合若胶巩。"

按:刘德清《欧阳修纪年录》载,该诗"原系皇祐元年,据诗意吕、焦同行,改系于此"。当是,今从之。

七月,欧阳修也由知颍州改任应天府(今河南商丘),兼南京留守司事(胡柯《庐陵欧阳文忠公年谱》)**,贻书吕公著,自表服官处事之道。**

欧阳修《与吕正献公晦叔》(其一):"暑中,喜承寝味多福。某十三日受命,与孙公(孙祖德)易地,此月下旬当行。效官不惮宣力,苟为公家,何所不可?若区区应接人事,以避往来之谤,只恐违其天性,难久处也。……秋凉,惟冀保重。"(《欧阳文忠公文集》卷145)

按:刘德清《欧阳修纪年录》载,由"暑中""秋凉"句,知时在七月。

考:胡柯《庐陵欧阳文忠公年谱》称欧阳修改任时间为七月一日。欧阳修《与吕正献公晦叔》称,"某十三日受命",下文有"下旬当行",说明作文时不在下旬。改任时间当以欧阳修文为准。吕公著六月二十六日受命赴京,欧阳修送行。可知该文当作于七月中旬。

九月二十七日,"大赦,百官进秩一等"(《宋史》卷12《仁宗本纪》)。

十二月一日,"定三品以上家庙制"(《宋史》卷12《仁宗本纪》)。

是月,余靖应吕公绰之邀作判词。

易行广《余靖年谱简编》:皇祐二年,"十二月,应吕公绰(字仲祐,天圣中为馆阁对读,累迁至翰林侍读)之邀作判词"。

是年,吕公著任都官员外郎、知单州。

《都官员外郎吕公著可司封员外郎依前崇文院检讨制》:"敕:具官某生于相门,不忸华习,潜心道义,饬励诚节。入游文馆,弥见冲挹。以三年大比之法,而进而资级。勉修职业,用永来誉。"(《蔡忠惠集》卷11、《宋代诏令全集》第6册)

考:皇祐五年(1053)八月,吕公著任司封员外郎依前崇文院检讨(《长编》卷175)。此官"以三年大比之法"由都官员外郎、知单州转官而来,可上推知吕公著任都官员外郎、知单州的时间在皇祐二年(1050)。李之亮《北宋京师及东西路大郡守臣考》"单州"载,皇祐二年至五年,吕公著知单州,当为是。

是年,吕公孺知常州。

《宋史》卷311《吕公孺传》:"知泽、颍、庐、常州。"

李之亮《宋两淮大郡守臣易替考·庐州》称:"按:(吕)公孺知常州在皇祐二年"。

是年,停贡举(《文献通考》卷32《选举考五·举士》)。

皇祐三年(1051),吕公著34岁

三月九日,宋庠罢相,刘沆参知政事(《宋宰辅编年录校补》卷5、《宋史》卷12《仁宗本纪》)。

四月二十一日,河北转运使、工部郎中、直史馆吕公弼任天章阁待制、河北都转运使。

《长编》卷170皇祐三年四月"辛丑"(二十一日)条载:"河北转运使、工部郎中、直史馆吕公弼为天章阁待制、河北都转运使。公弼在职逾年,通御河,漕粟实塞下。又置铁冶,佐经用,减近边屯兵,使就食京东,以省支移。诸州增壮城兵,专给版筑,以宽民役。"自注云:"按,皇祐二年二月,公弼始除河北漕,三年四月遂除都漕运。"

七月十三日,河决大名府郭固口(《宋史》卷12《仁宗本纪》)。

八月,诏:"判吏部南曹自今以朝臣历一任知州、馆职一任通判为之,不得干托保荐及有陈乞。"(《宋会要·职官八·吏部一》)

按:吕公著"尝召试馆职,不就",说明并未在职馆任过职。他以通判直接判南曹的第二年,宋仁宗颁发这道诏书,可能因有人质疑而为之。这与他是年转任单州知州有关。

九月二十四日,吕公著次兄吕公弼与李柬之提举修郭固河事。

《长编》卷171皇祐三年九月"壬申"(二十四日)条载:"壬申,观文殿学士丁度等言,所议修塞决河,谓宜先塞郭固……乃诏河北都转运使李柬之、吕公弼提举修郭固河事。"

是秋,王安石通判舒州(《临川先生文集》卷24《到舒次韵答平甫》)。

十月二十二日,文彦博罢相,庞籍拜昭文相,高若讷任枢密使,梁适参知政事,王尧臣枢密副使(《宋宰辅编年录校补》卷5)。

是月，因李淑作《吕夷简墓志》中有论章献太后与仁宗之际为“鸡晨”等情况，包拯弹劾之，夺李淑翰林学士。

齐涛《包拯年谱》：皇祐三年十月，“翰林学士兼端明殿学士、翰林侍读学士知制诰李淑为包拯、吴奎所弹，落翰林学士。拯上有《弹李淑一》，谓淑不尽侍养之责，妄驰仕进，又作‘周陵’诗以古讽今，作《吕夷简墓志》谓章献太后与仁宗之际为‘鸡晨’，因请夺其翰林学士等职”。

十二月二十三日，“诏文武以上未致仕者，更不考课迁官”（《宋史》卷12《仁宗本纪》）。

王安石借韩、吕二族关系而发展受质疑。

蔡上翔《王荆公年谱考略》卷4“皇祐三年”条载，文彦博首荐安石，陈襄有举荐安石的《荐士书》，又数年则有欧阳修荐于朝，“毁者乃谓：‘安石本楚士，未知名于中朝，以韩、吕二族为巨室，欲藉以取重，乃深与韩绛、绛弟维及吕公著三人更相称扬之，名始盛。’而正史采之。呜呼！为是言者，亦曾考皇祐三年文潞公以韩维、王安石并荐乎？亦曾考陈襄《与陈舍人荐士书》，谓安石文学政事已著闻于时乎？亦曾考嘉祐初欧阳公以王安石、吕公著并荐于朝乎？而是时刘敞之荐孙侔，亦曰求之朝廷吕公著、王安石之流乎？由是言之，韩维、吕公著方藉文、欧二公与安石并荐，而韩、吕岂能重安石，安石亦奚藉韩、吕以为重哉？夫自皇祐三年至熙宁，中间二十年，安石声名满天下，若范文正公、富郑国、韩魏公、曾鲁公，皆为所称誉甚久。乃毁者置诸君子不言，而曰藉韩、吕为重，于此见毁者无之而不妄也”。

是年，吕公绰仍知秦州。

吴廷燮《北宋经抚年表》卷3“皇祐三年”条载：“吕公绰：七月，成德李昭述知秦，不拜。包孝肃奏议：昭述知秦，替吕公绰赴阙。九月，公绰仍知。”

是年，停贡举（《文献通考》卷32《选举考五·举士》）。

皇祐四年（1052），吕公著35岁

正月，范仲淹由知青州徙知颍州（楼钥《范文正公年谱》）。

五月二十日，范仲淹徙官途中卒于徐州（同上）。

是月，吕公绰权知开封府（《开封府题名记》）。

是月，侬智高陷邕州，称帝，建大南国，遂陷横、贵等八州，围广州；宋廷随之派兵征讨（《长编》卷172、《宋史》卷12《仁宗本纪》）。

六月十四日，狄青任枢密副使（《宋宰辅编年录校补》卷5）。

九月二十八日，以狄青为荆湖宣抚使，督师征讨侬智高（《宋史》卷12《仁宗本纪》）

十二月，吕公绰上《乞兴国寺行香皇亲臣僚于殿门下马奏》（《宋会要·礼四二》、《全宋文》卷549）。

皇佑中，吕公著知单州，勤政。

赵善璙《自警编》卷8："吕正献公为郡，率五鼓起，秉烛视案牍，黎明出庭决民讼，退就便坐，宴居如斋，宾寮至者毋拘时。以故郡无留事，而下情通。凡典六郡以为常，后虽年高贵重不少替。单，陋邦也，公以恺悌为政，不严而肃。转运司辇乳香万斤配卖郡中，公停之郡库，虽符檄督迫，竟不为强配。"

《明一统志》卷23《兖州府》："吕公著：皇祐中知单州，率五鼓，起秉烛，视案牍，黎明出庭决民讼，宾寮至者毋拘时。以故郡无留事，下情易通，为政不严而肃。"

按：《山堂肆考》卷74《郡无留事》亦载。

是年，停贡举（《文献通考》卷32《选举考五·举士》）。

皇祐五年（1053），吕公著36岁

正月十二日，翰林学士承旨兼侍读学士王拱辰权知贡举（《长编》卷174），**翰林学士曾公亮、翰林侍读学士胡宿、知制诰蔡襄王珪并权同知贡举**（《宋会要·选举一》）。

十七日，狄青败侬智高于邕州，斩首5000余级，智高遁去，广南平定（《宋史》卷12《仁宗本纪》）。

二月十三日，狄青为护国节度使、枢密副使（《长编》卷174）。

十八日，“诏：百官遇南郊奏荐，无子孙者听奏期亲一人”（《宋史》卷12《仁宗本纪》）。

三月，赐礼部奏名进士、诸科及第出身1042人（《宋史》卷12《仁宗本纪》）。**是科省元徐无党，状元为郑獬**（《文献通考》卷32《选举考五·举士》）。

五月六日，狄青任枢密使，高若讷罢枢密使；八日，孙沔为枢密副使（《宋宰辅编年录校补》卷5）。

闰七月五日，庞籍罢相，陈执中进昭文相，梁适拜集贤相（《宋宰辅编年录校补》卷5）。

二十五日，降翰林侍读学士、刑部郎中吕公绰为龙图阁学士、知徐州（《长编》卷175）。

按：《宋史》卷311《吕夷简传》附吕公绰传：“权知开封府。岁余，愿罢府事，进翰林侍读学士，知审刑院兼判太常寺。”说明吕公绰自皇祐四年五月在开封任职一年多，转任翰林侍读学士，知审刑院兼判太常寺及翰林侍读学士、刑部郎中，大约两三个月时间，随后任职徐州。

八月十六日，吕公绰奏请重用其弟吕公著，朝廷诏吕公著任司封员外郎、充崇文院检讨。

吕公绰《弟吕公著三任十年无所干请奏》（皇祐五年八月）：“弟都官员外郎、知单州公著，顷因先臣致仕恩例乞试，蒙候得替取旨。后经三任十年，未曾有所干请。”（《长编》卷175、《全宋文》卷549）

《长编》卷175皇祐五年八月“壬子”（十六日）条载：“诏吕公著充崇文院检讨。”自注云：“《会要》皇祐五年八月十六日事，《实录》无之。”

《都官员外郎吕公著可司封员外郎依前崇文院检讨制》：“敕：具官某生于相门，不忸华习，潜心道义，饬励诚节。入游文馆，弥见冲抱。以三年大比之法，而进而资级。勉修职业，用永来誉。”（《蔡忠惠集》卷11、《宋代诏令全集》第6册）

《宋会要·选举三三·特恩除职》：“（皇祐）五年八月十六日，翰林侍读学士吕公绰言：‘弟都官员外郎、知单州公著，顷因先臣致仕恩例乞试，蒙俟得替取旨。后经三任十年，未曾有所干述。’诏公著充崇文院检讨。”

按：都官员外郎，全称为尚书省刑部都官司员外郎，宋前期无职事，为官阶名，属中行员外郎，官品为从六品上；《宋史·地理志一》：“单州，上，砀郡，建隆元年(960),升为团练。”宋初知州以京朝官充,《元祐官品令》才确立上州知州正六品与中、下州知州从六品;崇文院检讨,馆职名,以京官充,参预校勘等馆务。文中“蒙候”,载于《长编》,《宋会要》则记为“蒙侯”,今并存之。

十月四日,吕公绰以赵清贶之死辨明于朝,“复为侍读学士”(《长编》卷175皇祐五年十月“己亥”条)。

十一月四日,“祀天地于圜丘,大赦”,“加恩百官”(《宋史》卷12《仁宗本纪》)。

至和元年(1054),吕公著37岁

正月八日,张贵妃卒。十二日追册为皇后,赐谥温成(《长编》卷176)。

二月,吕公弼由龙图阁直学士改任龙图阁直学士、权知开封(《长编》卷176、《开封府题名记》、《北宋经抚年表》卷3)。

三月五日,王贻永罢枢密使,孙沔罢枢密副使,王德用任枢密使,田况任枢密副使(《宋宰辅编年录校补》卷5)。

十六日,改至和元年,大赦天下(《长编》卷176)。

五月二十七日,以宰臣陈执中荐命试,屯田员外郎韩宗彦,诏充集贤校理(《宋会要·选举三一·召试除职》)。①

七月六日,程戡参知政事(《宋宰辅编年录校补》卷5)。

七日,梁适罢相(《宋宰辅编年录校补》卷5)。

八日,“权知开封府、龙图阁直学士、兵部郎中吕公弼为枢密直学士、知益州”(《长编》卷176)。

按:《续资治通鉴》卷47:“以权知开封府、龙图阁直学士吕公弼为枢密直学士、知益州。先是帝每念吕夷简,闻公弼有才,书其名于殿柱。公弼奏事,帝目送之,语宰相曰:‘公弼甚似其父。’既召程戡入辅,因使公弼代戡。公弼固辞,乃复授龙图阁直学士、同知群牧使。甲戌,以知滑州张方平为户部侍郎、知益

---

①陈执中、韩宗彦均为吕氏姻亲。

州。"可知,仁宗念及与吕夷简的情谊,重用其子吕公弼。

十七日,吕公弼同群牧使。

《宋会要·官职二三》:"至和元年七月十七日,差龙图阁直学士吕公弼同群牧使。权添此一员,后不得为例。"

二十四日,吕公弼自请位居欧阳修下。

《宋会要·舆服六》:"至和元年七月二十四日,龙图阁直学士吕公弼言:'龙图阁直学士欧阳修丁忧服阕,缘修除学士在臣之前,望令立位在上。'从之。"

二十七日,欧阳修罢流内铨,出知同州(今陕西大荔)(《长编》卷176)。

八月十五日,刘沆拜集贤相(《宋宰辅编年录校补》卷5)。

九月一日,王安石任群牧判官(《长编》卷177)。

十五日,"契丹遣使来告夏国平"(《宋史》卷12《仁宗本纪》)。

是年,欧阳修举荐吕公著与王安石任谏官。

欧阳修《荐王安石吕公著札子》(至和中):"伏见殿中丞王安石,德行文章,为众所推,守道安贫,刚而不屈。司封员外郎吕公著,是夷简之子,器识深远,沉静寡言,富贵不染其心,利害不移其守。……今谏官尚有虚位,伏乞用此两人。"(《欧阳文忠公集》卷110)

张邦基《墨庄慢录》卷8:"欧阳文忠,本朝第一等人也。其前言往行,见于国史、墓碑及文集诸书中,详矣。予复得四事于公之曾孙当世望之,云尝载于《泷冈阡表》。泷冈阡,盖欧阳氏松楸垅名也。今不传于世,惜其遗没,因识于此:……三云:范公自言学道三十年,所得者平生无怨恶尔。公初以范希文事得罪于吕相,坐党人,远贬三峡,流落累年。比吕公罢相,公始被进擢。后为范公作神道碑,言西事,吕公擢用希文,盛称二人之贤,能释私憾而共力于国家。希文子纯仁大不以为然,刻石时辄削去此一节,云'我父至死,未尝解仇'。公一叹曰:'我亦得罪于吕丞相者。惟其言公,所以信于后世也。'吾尝闻范公自言平生无怨恶于一人,兼其与吕公解仇书,见在范集中,岂有父自言无怨恶于一人,而其子不使解仇于地下!父子之性,相远如此。公知颍州时,吕公著为通判,为人有贤行而深自晦默,时人未甚知。公后还朝,力荐之,由是渐见进用。"

茅坤《文钞》卷3:"王荆公学行属望固似不难,而吕申公则欧公所仇而屡斥之者,公举其子,可见公之公平正大矣。"

彭大翼《山堂肆考》卷75《公著贤行》:“《归田录》:欧阳公知颍州,吕公著为通判,为人有贤行而深自晦默,时人未甚知耳。后公还朝,力荐之。由是渐见擢用。”

顾栋高《王荆国公年谱》卷上:“按《欧札子》下云‘乞留中’,遂不出,意当日谏官之命未下也。”

按:欧阳修荐王安石为谏官,王安石以祖母年高辞命。文中称“殿中丞王安石”,可知王安石时犹未任群牧判官。王安石任群牧判官的时间不晚于嘉祐元年,据欧阳修《再论水灾状》(嘉祐元年)载:“今欲救大弊,弭大患,如臣前所陈一二大计,既未果为,而又不思众贤以济庶务,则天变何以塞?人事何以修?故臣复敢进用贤之说也。……太常博士、群牧判官王安石,学问文章,知名当世,守道不苟,自重其身,论议通明,兼有时才之用,所谓无施不可者。”(《欧阳文忠公集》卷110、《全宋文》卷687)

考:至和元年五月欧阳修丧服期满,七月权判吏部流内铨,九月迁翰林学士、兼史馆修撰,又差勾当三班院(胡珂《欧阳文忠公年谱》)。“至和”仅有二年,文中称吕公著为司封员外郎,而至和二年吕的职务是侍读。可证司封员外郎当为是年改任。

是年,停贡举(《文献通考》卷32《选举考五·举士》)。

大约是年,与王安石交游,叹尧、舜之道不可复。

《王荆文公诗李壁注》(朝鲜活字本)就王安石《寄吴冲卿》一诗,引《晦叔家传》:“公自单州归,益研精讲学,无进趋之意。尝与王介甫相对而叹曰:‘今天下虽小康,然尧、舜之道,知不可复行。’以故求闲局,将遂其志。”

按:吕公著与王安石为同年进士。吕公著皇祐五年自单州返京,充崇文院检讨。王安石至和元年九月任群牧判官,与吕公著的二哥吕公弼(群牧使)同在群牧司任职,当有接触机会。故推知大约是年,吕公著始与王安石交游。

至和中,吕公著书座右铭:“好衣不近节士体,粱谷似怕腹中书。”

赵善璙《自警编》卷2:“吕正献公平生未尝较曲直,闻谤未尝辩也。少时书于座右曰:‘不善加己,直为受之。’盖其初自惩艾也如此。至和中,手书东汉延笃与李文德书于座右。又书古人诗‘好衣不近节士体,粱谷似怕腹中书’,两句于子舍屏风。”

至和二年(1055),吕公著38岁

正月九日,“邕州言苏茂州蛮内寇,诏广西发兵讨之”(《宋史》卷12《仁宗本纪》)。

三月十八日,封孔子后裔为衍圣公(《宋史》卷12《仁宗本纪》)。

四月十一日,契丹遣使贺乾元节(《宋史》卷12《仁宗本纪》)。

五月八日,吕公绰侍经筵(《长编》卷179至和二年五月“乙丑”条)。

同日,新差知河阳吕公绰上《论审官院勘会合差官奏》(《宋会要·官职一一·审官东院》,《全宋文》卷549。)①

六月十一日,陈执中罢相,文彦博、富弼并相(《宋宰辅编年录校补》卷5)。

十六日,张昪任御史中丞。富弼、张昪、欧阳修并在朝,士大夫誉为“三得人”(《长编》卷180)。

九月,契丹使来告其国主宗真殂,遣吕公弼为祭奠使(《长编》卷181)。

九月底之前,吕公绰上《郊祀总仪》。

《玉海》卷93《至和郊祀总仪》记为“至和二年判太常吕公绰……集为《郊祀总仪》上之”。

按:吕公绰从徐州迁河阳过京都,留侍经席。十月上旬迁右司郎中。未拜命,生病,十月十四日卒于家。故推知,上《郊祀总仪》当在留侍经席期间,估计在九月底之前。

十月十四日,吕公绰卒(王珪《吕公绰墓志铭》)。

二十九日,“下溪州蛮彭仕义内寇,诏湖北路发兵捕之”(《宋史》卷12《仁宗本纪》)。

十一月五日,行并边见钱和籴法(《宋史》卷12《仁宗本纪》)。

十二月,因欧阳修称赞,吕公著名扬契丹。

《长编》卷180至和二年八月“辛亥”(二十六日)条载:“辛亥,雄州以契丹主之丧来奏。……癸丑改命欧阳修、向传范为贺契丹登宝座使。”

---

①《全宋文》无日期,从《宋会要》补。

《宋史》卷336《吕公著传》:“后修使契丹,契丹主问中国学行之士,首以公著对。”

朱熹《宋名臣言行录》后集卷8《吕公著》:“及(欧阳)修使北,中动问中国德行文章之士,修首以公及王荆公对。(《家传》)”

按:欧阳修八月出使契丹,始命为契丹国母生辰使,后因契丹国主去世,改命为贺契丹登宝位使;十二月抵契丹境内松山,受契丹破例招待(刘德清《欧阳修年谱》、《宋人年谱丛刊》第二册),并于当月离契丹上京南归。故欧阳修赞吕公著当在契丹新主登基之后,即是年十二月。

是年,欧阳修多次致信吕公著。

日本东英寿《新见九十六篇欧阳修散佚书简辑存稿》(《中华文史论丛》2012年第1期)载,新见至和二年,欧阳修致书吕公著6篇。其一:“前日定力不得奉言宴,辱示谕以头昏服药。不审旦夕尊候何似,必已清康。时暑,更希为道自重……修再拜晦叔学士坐前。”其二:“以经夏涉秋雨,喘加以痰毒、风眩,居常在告。近承已出庭,因循未遑祗候。忽辱手诲,承已朝参,且喜尊候已平安,岂胜欣慰!旦夕当遂瞻见。人还,谨此为谢,不宣。修再拜晦叔学士。”其三:“不审初凉体气何似?拙诗污黩,欲乞一篇以饰陋作,此外惟求圣俞尔。……修再拜晦叔学士足下。”其四:“前日承示手教,兼见还弊制,便欲再伸面请,适值累日牵仍,岂胜区区!修行能素薄,仰慕清德,梦寐之勤,自谓终所不能企及。……惟谅其勤切,一挥笔之顷,为赐无涯,亦何忍却也?谨再以请,惶恐惶恐。修再拜晦叔学士。”其五:“修顿首。人至,辱手字,所以诲谕丁宁,岂胜感愧!旦夕诣前,力尽所怀。人还,且奉此。修再拜晦叔学士执事。”其六:“昨日不审见过,失于迎候,深负,恐悚恐悚。临行忙迫,殊少暇,无由一诣门求别,心实瞻系。惟冀为吾道自重,以副区区,不宣。修再拜晦叔学士。十四日。”并附记:“承侍读违和,牵冗无由咨问,旦夕必安。希道,下恳下恳。”

按:欧阳修时任翰林学士,六月二日,乞罢陈执中政事,不报。自请出知蔡州(今河南汝南)。随后侍御史赵抃、知制诰刘敞奏书留欧阳修,十一日陈执中罢相出判亳州,文彦博、富弼并为宰相,七月二日欧阳修复领翰林学士。

考:文中称吕公著为“晦叔学士”,第6篇补记有“承侍读违和,牵冗无由咨问,旦夕必安”语,说明此时吕公著任“侍读”。其中有翰林侍读、太子侍读两类,宋代太子侍读,初置于治平三年(1066)十二月(《宋会要·职官七·东宫官》),翰林侍读则始置于太平兴国八年(983)(《宋会要·职官六》),咸平二年(999)七月二十六日改翰林侍读为翰林侍读学士。可知吕公著当为翰林侍读学士,简称侍读、侍读学士。

是年,停贡举(《文献通考》卷32《选举考五·举士》)。

吕公著与司马光友善。

赵善璙《自警编》卷1:“皇祐、至和间,司马光名犹未甚辉赫,吕正献公曰:‘吉君实者可谓实过其名也。’后温公隆名盖代,士无贤不肖、无贵贱皆知畏而爱之,众人未知之前,惟庞丞相与正献公二人而已。”

嘉祐元年(1056),吕公著39岁

正月十一日,赦天下,蠲免受灾田租及倚阁税(《宋史》卷12《仁宗本纪》)。

闰三月一日,王尧臣参知政事,程戡任枢密副使(《宋宰辅编年录校补》卷5)。

四月,六塔河成,引黄河水入故道,因河堤决口,溺死者“不可胜计”(《长编》卷182)。

六月,欧阳修致信吕公著。

日本东英寿《新见九十六篇欧阳修散佚书简辑存稿》载,新见嘉祐元年,欧阳修致书吕公著1篇,文中说:“残暑,体气康和。承领太常,此岂足以发贤蕴?然而礼乐残缺,所存无几,自非识虑深远,孰肯勤勤于是?是亦有望于高明也。特辱惠教,但增感愧。谨奉此,聊代布谢,不宣。修再拜晦叔太常学士。”

按:残暑,夏末时节,当指六月。《欧阳修集》卷151《与赵学士(彦若,字元考)一通(熙宁年间)》:“修启。顷蒙轩骑少留,匆匆殆疏款奉,然每亲余论,获益已多。少别,方尔倾驰,辱书感愧。旦夕亮且就道,霜月向寒,千万爱摄。不宣。欧阳修奉启太常学士执事。八月晦日。承示《集古跋尾》数事,顿发蒙滞,恨不早拜呈也。”文中也提到“太常学士执事”。

考:嘉祐元年闰三月五日,欧阳修判太常寺兼礼仪事,五月二日,知通进银

台司兼门下封驳事(胡柯《庐陵欧阳文忠公年谱》),欧阳修当是任该职时举荐吕公著的,称其"承领太常""晦叔太常学士",由此可知吕公著当时的职位肯定低于判太常寺,估计是太常寺丞(从五品上),而不可能是太常寺卿(正三品)、太常寺少卿(正四品上),因为六年后的嘉祐七年(1062)任天章阁待制兼侍讲仅为从四品。

七月,欧阳修因水灾上疏举荐包拯、张瓌、吕公著、王安石四贤。

欧阳修《再论水灾状》(嘉祐元年):"今欲救大弊,弭大患,如臣前所陈一二大计,既未果为,而又不思众贤以济庶务,则天变何以塞?人事何以修?故臣复敢进用贤之说也。……祠部员外郎、崇文院检讨吕公著,故相夷简之子,清静寡欲,生长富贵而淡于荣利,识虑深远,文学优长,皆可过人,而喜自晦然,此左右顾问之臣也。太常博士、群牧判官王安石,学问文章,知名当世,守道不苟,自重其身,论议通明,兼有时才之用,所谓无施不可者。此四臣者,名迹已著,伏乞更广询采,亟加进擢,置之左右,必有裨补。"

按:欧阳修《论水灾状》(《欧阳文忠公文集》卷110),自署"七月六日"。《长编》卷183嘉祐元年七月丙戌(六日)条也载有此奏章。《再论水灾状》与此奏章时间相隔当不会太远,故置于是月。明茅坤《文钞》卷7评曰:"因水灾议及用贤,亦探本之论。"

八月十四日,狄青罢枢密使,韩琦任枢密使(《宋宰辅编年录校补》卷5)。

九月十二日,大赦,改元(《长编》卷183)。

十一月三日,王德用罢枢密使,贾昌朝任枢密使(《宋宰辅编年录校补》卷5)。

十二月五日,刘沆罢相,曾公亮参知政事(《宋宰辅编年录校补》卷5)。

是年,停贡举(《文献通考》卷32《选举考五·举士》)。

嘉祐二年(1057),吕公著40岁

正月六日,翰林学士欧阳修权知贡举(《长编》卷185):**"翰林学士王珪、龙图阁直学士梅挚、知制诰韩绛、集贤殿修撰范镇并权同知贡举。"**(《宋会要·选

举一》)

三月一日,赐礼部奏名进士、同出身388人;三日,赐诸科及第、特奏名及第出身603人(《长编》卷185)。**是科省元李置,状元章衡**(《文献通考》卷32《选举考五·举士》)。**苏轼**(《宋史》卷338本传)、**苏辙**(《宋史》卷339本传)、**曾巩**(《南阳集》卷29《曾南丰神道碑》)、**程颢**(《琬琰集》下集卷21《程宗丞颢传》)、**张载**(《伊洛渊源录》卷6)**同登此榜。**

二十四日,狄青卒于陈州(《长编》卷185)。

四月二十八日,光禄卿吕居简为右谏议大夫、集贤院学士、知梓州(《宋会要·选举三三·特恩除职》)。①

五月二十四日,诏举行磨勘法(《宋史》卷12《仁宗本纪》)。

是月,王安石改太常博士、知常州,吕公著“告以四言”。

李壁《王荆文公诗注》卷10《寄吴冲卿》,《王荆文公诗李壁注》(朝鲜活字本)引《晦叔家传》:“公初列馆阁,与安石友善。安石博辩有文,同舍莫敢与之亢,独公以精识约言服之。安石出守常州,求赠言,公告以四言曰‘庄重靖密’。”

宫梦仁《读书纪数略》卷24《人部·法戒》:“吕公著四字(王介甫守常州,公著告以四言):庄、守、精、密。”

按:顾栋高《王荆国文公年谱》:嘉祐二年,“公任太常博士、知常州军州事”,“五月,出京师。六月,至楚州,七弟安上病,留四五日。至扬州,与四弟安国俱丧,群牧②所生一子。七月四日,抵常州任视事”。吕公著“告以四言”,当在王安石启程之前。

七月,王安石致书吕公著。

《王荆文公诗注》卷10《寄吴冲卿》,《王荆文公诗李壁注》(朝鲜活字本)引《晦叔家传》:“安石出守常州,求赠言,公告以四言曰‘庄重靖密’。安石至郡,寓书于公,曰:‘备官京师二年,鄙吝积于心,每不自胜。一诣长者,即废然而反。夫所谓德人之容使人之意消者,吾于晦叔见之矣。’”

---

①范成大《吴郡志》卷11《牧守》载:“吕居简(虎丘留题诗刻云光禄卿。至和三年)”由此可知其一年前即为光禄卿。

②群牧,指王安石。欧阳修于嘉祐元年作《再论水灾状》,举荐王安石,称其“太常博士、群牧判官”。此为王安石抵达常州任职之前的职务。

刘成国《王安石年谱长编》“嘉祐二年”条按:《全宋文》卷1379录入此文,题为《与吴正宪书》,注曰:“《历代诗话》第373页《紫微诗话》。”然检《历代诗话》,“正宪”前无“吴”,知“吴”为《全宋文》编者擅加。“晦叔”,吕公著字;“正献”,吕公著谥。“正宪”,吴充谥。因“宪”“献”音同,《紫微诗话》中屡次混淆吴充、吕公著二人。

按:王安石离京前向吕公著“求赠言”,七月抵常州任职,“至郡,寓书于公”,当不会迟疑,故置于是年七月。

是年,欧阳修致书吕公著。

日本东英寿《新见九十六篇欧阳修散佚书简辑存稿》载,新见嘉祐二年,欧阳修致书吕公著2篇,称“晦叔学士执事”或“晦叔学士”。

按:吕公著嘉祐二年兼任执事一职。

是年,吕希哲以师礼首事程颐。

杨时《龟山语录》:“伊川二十四五时,吕原明首师事之。”①

《宋史·程颐传》:“(胡)瑗得其文,大惊异之,即延见处以学职。吕希哲首以师礼事之。”

按:程颐,字伊川,与吕希哲相识于太学。其25岁,为嘉祐二年,有《上仁宗皇帝书》,当已任职太学。据许毓峰《周濂溪年谱》“嘉祐元年”条载:“嘉祐二年伊川上仁宗皇帝书时(按:伊川《上仁宗皇帝书》乃撰于嘉祐二年。《伊川文集·上仁宗皇帝书》下注,朱子《伊川先生年谱》,及《宋史·程颐传》均谓撰于皇祐二年,误。疑皇祐系嘉祐之讹),已称‘职事’,知其时已任职太学。”故将吕希哲(字原明)首师程颐事,置于是年。

是年,文彦博、富弼为相(《宋史》卷211《宰辅表》2)。

是年,始定间岁一科举(《文献通考》卷32《选举考五·举士》)。

是年,邵伯温生(《宋史》卷433本传)。

按:邵伯温(1055—1134),字子文,洛阳人,邵雍之子。

---

① 《二程外书》卷12、《二程子抄释》卷8亦载。

嘉祐三年(1058),吕公著41岁

正月二十七日,凿永通渠(《皇宋十朝纲要》卷6)。

二月十五日,常州知州王安石提点江南东路刑狱(《长编》卷187)。

六月七日,文彦博罢相,富弼拜昭文相,韩琦拜集贤相,贾昌朝罢枢密使,宋庠任枢相,田况任枢密使,张昪任枢密副使(《宋宰辅编年录校补》卷5)。包拯为右谏议大夫、权御史中丞(《长编》卷187)。

十一日,欧阳修“可特授依前右谏议大夫、知制诰、史馆修撰、充翰林学士,兼龙图阁学士、权知开封府,兼畿内劝农使”(胡珂《欧阳文忠公年谱》)。

是夏,富弼、欧阳修、胡瑗、包拯同在朝,时人誉为“四真”,即富弼“真丞相”、欧阳修“真翰林学士”、胡瑗“真先生”、包拯“真中丞”(《欧阳文忠公文集》附录卷5《事迹》)。

八月二十二日,彭仕義率众降(《宋史》卷12《仁宗本纪》)。

九月五日,议罢榷茶法(《宋史》卷12《仁宗本纪》)。

十月二十七日,王安石为三司度支判官,上书陈当世之务,系统提出变法主张(《长编》卷188)。

十二月,吕陶代吕公弼作《重修成都西楼记》(王智勇《吕陶年谱》)。

是年,欧阳修致书吕公著。

日本东英寿《新见九十六篇欧阳修散佚书简辑存稿》载,新见嘉祐三年,欧阳修致书吕公著2篇,称“诲叔学士”。第一篇谈及王纮、苏洵:“王纮举子,所存甚远,岂易得耶？然不及苏洵”;第二篇举荐王纮:“王纮者,去年南省所得进士,履行纯固,为乡里所称”,“可否幸示一言,庶几自信”。

嘉祐四年(1059),吕公著42岁

正月九日,翰林学士胡宿权知贡举(《长编》卷189),翰林侍读学士吕溱、知制诰刘敞并权同知贡举(《宋会要·选举一》)。

十四日,吕公著任天章阁侍讲,举司马光、王安石自代。

《长编》卷189嘉祐四年正月“己酉”(十四日)条载:“己酉,祠部郎中、崇文院检讨吕公著为天章阁侍讲。公著以疾辞,乞改命直秘阁司马光、度支判官王安石。不报。”

按:天章阁侍讲,属于经筵官,为皇帝讲经术、释疑义,轮流侍讲于迩英、延义二阁。《宋代官制辞典》天章阁侍讲官品条载:“比直龙图阁,入内殿起居,居班在直史馆、昭文馆等馆阁官及本官之上。”(《长编》卷120)

二月三日,欧阳修因病准免权知开封府,转给事中,同提举在京诸司库务(胡珂《庐陵欧阳文忠公年谱》)。**举吕公著自代。**

欧阳修《举吕公著自代状》(嘉祐四年):“司封员外郎、崇文院检讨吕公著,出自相门,躬履儒行,学赡文富,器深识远,而静默寡欲,有古君子之风。用之朝廷,可抑浮俗;置在左右,必为名臣。非惟臣所不如,实当今难得之士,臣今举以自代。”

按:《欧阳文忠公集》卷91、《全宋文》卷674所载此文称“司封员外郎、崇文院检讨吕公著”,自注:“嘉祐四年”。《欧阳文忠公集》(《四库全书》本)卷91所录三个相连奏章与此相关,即嘉祐四年二月《辞转给事中札子》、《辞转给事中札子》、《举吕公著自代状》,说明《举吕公著自代状》作于是年二月。可知,欧阳修请“自代”没被采纳,吕公著仍为天章阁侍讲。

四日,罢榷茶(《皇宋十朝纲要》卷6)。

三月十三日,赐进士、诸科及第出身339人(《宋史》卷12《仁宗本纪》)。**赐特奏名进士诸科65人**(《长编》卷189)。**是科省元刘挚,状元刘煇**(《文献通考》卷32《选举考五·举士》)。

五月二十三日,田况罢枢密使(《宋宰辅编年录校补》卷5)。

二十五日,韩绛上疏言吕公孺(吕公著之弟)不可任监司。

韩绛《吕公孺不可任监司奏》(嘉祐四年五月):“公孺父夷简执政日,公孺兄公绰受四方赂遗,往往为公孺恐喝夺之,又与公绰小女奸,不可以任监司。”(《长编》卷189、《全宋文》卷1025)

《长编》卷189嘉祐四年五月“戊午”(二十五日)条载:“祠部郎中吕公孺自户部判官出为京西转运使。御史中丞韩绛言:‘公孺父夷简执政日,公孺兄公绰受四方赂遗,……’”

六月一日,吕公孺降知安州[《长编》卷189嘉祐四年六月“癸亥”条载:“六月癸亥朔,降吕公孺知安州。公孺自讼为(韩)绛所诬,乞置狱考实,诏不许,趣令之官。”]。

六、七月间,欧阳修致书吕公著。

据日本东英寿《新见九十六篇欧阳修散佚书简辑存稿》载,新见嘉祐四年欧阳修致书吕公著1篇,称“晦叔侍讲”,文中说:“自承尊候违和,久阙咨问。亦屡遣人奉诇,知未见客。暑毒方甚,不审体气何如?必惟已就平愈。稍凉当得诣前,未间,聊奉此布万一。”

按:从“暑毒方甚”可推知,时令为六七月份。

七月,吕公著上《议四后庙飨奏》。

吕公著《议四后庙飨奏》(嘉祐四年七月):“臣闻宗庙,父昭子穆,皆有配坐。苟非正嫡,虽以子贵立庙,即无配祔之体。案《周官·大司乐》之职,歌《中吕》,舞《大镬》,以享先妣者,姜嫄也。姜嫄即帝喾之妃,后稷之母,既无所配,故特立庙而祭,谓之閟宫。晋简文宣太后,既不配食,亦筑宫于外。唐开元四年,以昭成皇后升祔睿宗庙,遂为失礼之首。先朝自元德皇太后追尊之后,累有臣寮请行升祔之礼。先皇敬重礼典,皆不允从,别庙荐享,凡十有七年。其后宰臣等不深详典据,继上封奏,请从升祔,中旨勉俞。至明道中,议章献皇太后、章懿皇太后庙享,有司参酌仪典,请立新庙,二后同殿异室,每岁五享,及禘祫并就本庙,及特撰乐章,以崇世享。是为奉慈庙,载之甲令,盖合经据。其后卒用钱惟演之议,祔于真宗庙室。臣等今参议,若以懿德皇后祔于后庙,元德、章献、章懿三后祔于奉慈庙,同殿异室,每岁五享,四时为新,朔望上食,一同太庙,庶合典礼。”(《宋名臣奏议》卷88)

十月十二日,“大祫于太庙,大赦”,“加恩百官”(《宋史》卷12《仁宗本纪》)。

十二月,吕公著上《论濮王在殡乞罢上元燕游奏》。

吕公著《论濮王在殡乞罢上元燕游奏》(嘉祐四年十二月):“臣窃以帝尧之圣,始于明俊德,以亲九族,然后协万邦,致时雍,斯诚制治之道,次序之节然也。伏见旧制,虏使到阙,曲宴紫宸殿。及上元节,当游幸诸宫观,御楼观灯。臣愚以为赠中书令濮王在殡,虽天子绝期,然宴乐以早,则于情理有所未安。昔智悼子未葬,殡于绛,晋平公饮酒以乐,杜蒉议之,此盖异姓之臣尔。况濮王于宗戚之中，亲尊莫贰，若陛下出于恩厚，北使朝宴日特命去乐，将来上元观灯游宴并从寝罢，如此则亲亲之道，可以率卜而笃俗矣。"(《宋名臣奏议》卷93、《历代名臣奏议》卷194)

吕公著初列馆阁，与王安石甚相友善。

《宋宰辅编年录校补》卷5"元丰元年"条载："(吕)公著初列馆舍，与安石甚相友善。安石辨博有文，同舍莫敢与之抗，公著独以精识约言服之。安石以书寓公著曰：'疵吝每不自胜，一诣长者即废然而反。夫所谓德人之容使人之吝意消者，于晦叔见之矣。'"

晁说之《晁氏客语》："荆公谓吕晦叔曰：'汉元晚节，刘向数上疏切谏，疑犯分也。'晦叔曰：'有贵戚之卿。'荆公论：'舜纳于大麓，何义?'晦叔曰：'荐之于天。周室班爵禄，诸侯恶其害己也，而皆去其籍。故司录禄之官阙焉。'"

按：《邵氏闻见录》卷12亦载，内容略同。吕公著初列馆舍，当自天章阁待讲之时，故置于是年。

是年，吕公弼知延州(《北宋经抚年表》卷3"鄜延路"条载，嘉祐四年、五年，吕公弼知延州)。

是年，吕公著长子吕希哲入太学。

吕本中《童蒙训》卷上："荥阳公入太学，时二十一岁矣。胡先生实主学，与黄右丞安中履、邢尚书和叔恕同斋舍。时安中二十六岁，为斋长，和叔十九岁。安中方精专读书，早晨经书每授五百遍，饭后史书可诵者百遍，夜读子书每授三百遍。每读书，危坐不动，句句分明。和叔时虽少，当世时务无不通晓，当世人材无不遍知。"

朱熹《伊川先生年谱》："皇祐二年，年十八，上书阙下，劝仁宗以王道为心，生灵为念……不报，闲游太学。时海陵胡翼之先生方主教导，尝以颜子所好何学论诸生。得先生所试，大惊，即延见，处以学职。见文集。吕希哲原明与先生邻斋，首以师礼事焉。"

按：吕希哲(1039—1116)，学者称其为荥阳先生，21岁时为1059年。

估计是年至嘉祐六年，吕公著上《经传所载逆乱事奏》。

《经传所载逆乱事奏》："弑逆之事，臣子所不忍言，而仲尼书之《春秋》者，所以深戒后世人君，欲其防微杜渐，居安虑危，使君臣父子之道素明，长幼嫡庶之分早定，则乱臣贼子无所萌其奸心。故《易》曰：‘履霜，坚冰至。’由辨之不早辨也。”（《宋名臣言行录》后集卷8、《自警编》卷6、《言行龟鉴》卷6）

按：《经传所载逆乱事奏》，见《全宋文》卷1096和《言行龟鉴》卷6，俱未载明时间。朱熹《三朝名臣言行录·丞相申国吕正献公》亦有记载，并有一段引自《家传》的话：“公既侍经筵，时仁宗春秋高，公于经传同异，训诂得失，皆粗陈其略。至于治乱安危之要，闻之足以戒者，乃为上反复深陈之。仁宗尝诏讲官：‘凡经传所载逆乱事，皆直言毋讳。’公因进讲言”云云。吕公著于仁宗嘉祐四年（1059）春正月始任天章阁侍讲，这则讲言当是嘉祐四年至六年所进。

嘉祐五年（1060），吕公著43岁

四月二十五日，程戡罢枢密副使，孙抃为枢密副使（《宋宰辅编年录校补》卷5）。

二十八日，命右谏议大夫吕居简（吕蒙正之子）与包拯等同详定均税。

《长编》卷192嘉祐五年四月“丙戌”（二十八日）条载：“命权三司使包拯、右谏议大夫吕居简、户部副使吴中复同详定均税。”

《玉海》卷176载：“（嘉祐）五年四月丙戌，诏三司置局详定，三司使包拯、谏议吕居简、户部副使吴中复领其事。”

齐涛《包拯年谱》：嘉祐五年，“在权三司使任上。四月，拯受命与吕居简、吴中复等详定均税”（《续长编》卷191嘉祐五年四月“丙戌”条、《皇宋十朝纲要·嘉祐五年》）。

五月十二日，常秩为试将作监主簿、颍川州学教授，欧阳修、吕公著等誉之。

《宋史》卷329《常秩传》：“秩平居为学求自得。……欧阳修、胡宿、吕公著、王陶、沈遘、王安石皆称荐之，翕然名重一时。”

七月七日，“邕州言交阯与甲峒蛮合兵寇边”，诏发诸路兵讨捕（《宋史》卷12《仁宗本纪》）。

八月十六日，右谏议大夫、知梓州吕居简进奉乾元节无量寿佛一帧。

欧阳修《赐右谏议大夫知梓州吕居简进奉乾元节无量寿佛一帧敕书》（八月

十六日)一文称,“嘉乃爱君之意,见于事上之恭”。(《欧阳文忠公集》卷89、《全宋文》卷671)

按:《欧阳文忠公集》卷89中此条前标注有“八月十六日”。王珪《华阳集》卷22载有《赐外任臣僚吕居简等进贺寿圣功德疏诏》。《长编》卷190嘉祐四年十一月“丙申”条载,“翰林学士王珪”等同详定除放欠负。刘德清《欧阳修年谱》(《宋人年谱丛刊》第2册)载,嘉祐四年二月,欧阳修辞去知开封府,仍兼有翰林学士之职;嘉祐五年九月一日,转任翰林侍读学士。翰林学士撰写诏书,是常态。从王珪、欧阳修任翰林学士及吕居简知梓州的履历,可知欧阳修此文当作于是年。

九月十日,枢密直学士、右谏议大夫吕公弼同详定均税(《长编》卷192嘉祐五年九月“丙申”条)。

十一月十六日,宋庠罢枢密使,曾公亮为枢密使,张昪、孙抃并参知政事,欧阳修、陈旭、赵概并任枢密副使(《宋宰辅编年录校补》卷5)。

十二月二十三日,吕公弼受命知成都。

《长编》卷192嘉祐五年十二月“戊寅”(二十三日)条载,吕公弼的职务是“龙图阁学士、知成都府”。

《北宋经抚年表》卷5:“嘉祐四年王素知成都,五年十二月,吕公弼代王素。”

二十四日,苏茂州蛮寇邕州(《宋史》卷12《仁宗本纪》)。

是年,邹浩生(李兆洛《道乡先生年谱》)。

按:邹浩(1060—1111),据《宋史·邹浩传》载,“邹浩,字志完,常州晋陵人。第进士,调扬州、颍昌府教授。吕公著、范纯仁为守,皆礼遇之”。吕公著离扬州赴京履新,邹浩有赠诗;吕公著卒,为其撰祭文。

嘉祐六年(1061),吕公著44岁

正月八日,翰林学士王珪权知贡举(《长编》卷193),**翰林学士范镇、御史中丞王畴并权同知贡举**(《宋会要·选举一》)。

三月九日，赐进士、诸科及第同出身295人(《宋史》卷12《仁宗本纪》)。**是科省元为江衍，状元为王俊民**(《文献通考》卷32《选举考五·举士》)。

十六日，富弼以母丧守制去丞相位(《宋宰辅编年录校补》卷5、《宋史》卷12《仁宗本纪》)。

四月十七日，罢陈升之枢密副使，以包拯为枢密副使(《宋宰辅编年录校补》卷5)。

是月，吕公弼由知延州转知成都。(《净德集》卷13《重修成都西楼记》:“嘉祐六年夏四月，予自延安就领成都节。”)

六月十五日，司马光知谏院(《宋史》卷12《仁宗本纪》)。

十七日，王安石以三司度支判官知制诰(《长编》卷193)。

六月底，王安石作《举吕公著自代状》。

王安石《举吕公著自代状》:“具某官吕公著，冲深而能谋，宽博而有制，其器可以大受，而退然似不能言，故众人知之有所不尽。如蒙选用，得试其才，必有绩效，不孤圣世。臣实不如。今举自代。”(《临川文集》卷40)

《石林燕语》卷9:“司马温公与吕申公素相友善，在朝有所为，率多以取则。温公自修起居注，召度知制诰，申公亦自外同召。温公既就试，而申公力辞不至，改除天章阁待制。温公大悔，自以为不及。命下凡九章，辞不拜，引申公自比，云:‘臣与公著同被召，公著固辞得请，而臣独就职，是公著廉逊，而臣无愧耻也。’朝廷察其诚，因亦除天章阁待制。《考异》:温公与申公相友善，云‘在朝有所为，率多以取则’，非也。温公辞修注云:‘王安石差修《起居注》，力自陈诉，章七八上，然后朝廷许之，臣乃追悔恨，向者非朝廷不许，由臣请之不坚故也。使臣之才得及安石一二，则闻命之日受而不辞。今臣自循省一无可取，乃与之同被选擢，比肩并进，岂不玷朝廷之举，为士大夫所羞哉!’辞知制诰云‘窃闻天章阁侍讲吕公著与臣同时被召，公著辞让不至，朝廷已除公著天章阁待制，臣始自悔恨’云云。辞修注则引荆公，辞知制诰则引申公，各一时之事，非有所取则也。”

按:王安石与吕公著关系密切，嘉祐年间是相交最好的时期之一。笔者认为王安石推荐吕公著作《自代状》的原因有三:一、司马光、吕公著、王安石、韩维被称为“嘉祐四友”。二、吕公著在嘉祐七年三月前有辞知制诰之实(《长编》卷

196)，有众望。三、举官自代，宋代有规定。《宋史》卷160《选举六》："今官品制度沿革不同，请令两省、御史台、尚书省六品以上，诸司四品以上，授讫，具表让一人自代，于阁门投下，方得入谢。在外者，授讫，具表附驿以闻。"朱弁《曲洧旧闻》卷4："唐制，常参官建中以后，视事之三日，令举一人以自代，所以广得人之路也。本朝沿袭，惟两制以上乃得举自代，而常参官不预也。"王安石嘉祐六年六月二十七日知制诰（《长编》卷193），七月上《谢知制诰表》，文称"臣某言：今月初二日，伏蒙圣恩赐臣敕除臣知制诰者"（《临川先生文集》卷56）。刘成国《王安石年谱长编》把《举吕公著自代状》置于受命知制诰之后、知制诰谢表之前，符合规制，当是。王安石初于嘉祐六年六月二十七日授知制诰，其后举吕公著自代，正式任命于七月初二，其后上谢表，可知举吕公著自代当在六月底。

七月五日，淮南、江、浙水灾，诏体量免税（《宋史》卷12《仁宗本纪》）。

闰八月二十日，韩琦拜昭文相，曾公亮拜集贤相，张昇任枢密使，欧阳修参知政事，胡宿任枢密副使（《宋宰辅编年录校补》卷5）。

十一月，吕公著上《请罢真宗神御殿役奏》。

吕公著《请罢真宗神御殿役奏》（嘉祐六年十一月）："都城中，真宗既有三神御殿矣，营造不已，非'祀无丰昵'之义，请罢其役。"（《全宋文》卷1092）

《长编》卷195嘉祐六年十一月"癸亥"（十四日）条载："癸亥，以寿星观新作真宗神御殿为永崇殿。先是上清宫灾而寿星殿独存，遂建为寿星观。或言寿星殿像则真宗御容也，于是别建神御殿。天章阁侍讲吕公著言：'都城中，真宗既有三神御殿矣，营创不已，非"祀无丰昵"之义，请罢其役。'不许。"

是年，苏轼入三等，除大理评事、签书凤翔府判官，知制诰王安石作制。吕公著称道苏轼制策。

邵博《邵氏闻见后录》卷14："东坡中制科，王荆公问吕申公：'见苏轼制策否？'申公称之。荆公曰：'全类战国文章，若安石为考官，必黜之。'故荆公后修《英宗实录》，谓苏明允有战国纵横之学云。"

苏轼《策略三》（《东坡应诏集》卷1）："当今之患，法令虽有未安，而天下之所以不大治者，失在于任人，而非法制之罪也。"

王安石《应才识兼茂明于体用科守河南福昌县主簿苏轼大理评事制》（《王荆公年谱考略》卷8）："敕某：而方尚少，已能博考群书，而深识当世之务。才能之异，志力之强，亦足以观矣。其使序于大理，吾将试尔从政之才。"

孔凡礼《三苏年谱》"嘉祐六年"条按语曰："安石乃考官，《后录》偶失实。申公乃公著。"

按：苏轼的观点与王安石《上时政书》中主张"明法度，建贤才"明显不同，王安石认为"患在不知法度"。缘此而论，王安石对"东坡中制科"的评价不高是有前因的。

考：苏轼任大理评事、签书凤翔府判官，见于《长编》卷194，未载具体日期。《欧阳文忠公文集》卷150《与焦殿丞千之》："苏氏昆仲，连名并中，自前未有，盛事！盛事！"该简作于嘉祐六年，故置于此。

是年，吕公著言王陶"反复不可近"。

《宋史》卷329《王陶传》："吕公著言其反复不可近，又以侍读学士知蔡州"。

按：《宋史》卷329《王陶传》："知卫州，改蔡州。明年，复以右正言召。"《长编》卷196嘉祐七年三月"丙辰"条载："召右正言知蔡州王陶赴谏院供职。"可知，王陶知蔡州始于嘉祐六年，亦即吕公著言此事之时间。

是年，吕公孺任盐铁勾院（《西溪文集》卷5《祠部郎中判三司盐铁勾院吕公孺可刑部郎中制》，嘉祐中制）。

按：李之亮《宋代京朝官通考》认为吕公孺任盐铁勾院在嘉祐六年，今存之。

嘉祐七年（1062），吕公著45岁

正月，吕公著上《乞改温成庙为祠殿奏》。

《长编》卷196嘉祐七年正月"乙亥"（二十七日）条载："乙亥，诏太常礼院自今南郊以太祖定配，改温成皇后庙为祠殿，岁时令宫官以常馔致祭。初谏官杨畋上言《洪范》五行传曰……"

《宋会要·礼一〇·后妃庙》："（嘉祐）七年正月二十七日，谏官上言：'《洪范》五行传曰：简宗庙，则水不润下。去年夏秋之交，久雨伤稼，澶州河决，东南数路大水为灾，其七庙之飨，必有失于顺者，惟陛下精思而矫正之。'于是，诏太常礼院检详郊庙未顺之事，乃言：'温成皇后立庙城南，四时尽日祭奠，以待制、

舍人摄事……'"

《九朝编年备要》卷16《仁宗皇帝》:"壬寅嘉祐七年春正月,诏南郊奉太祖定配,改温成庙为祠殿。"

《吕正献公公著传(实录)》(《琬琰集》下卷10):"嘉祐中,同判太常寺兼礼仪事,数言濮安懿王在殡、请燕北使无用乐、辍上元游幸、废温成庙为祠殿,多见听用,擢天章阁待制。"

《宋史》卷300《杨畋传》:"……进龙图阁直学士,复知谏院。嘉祐六年,京师大水,畋上言:'《洪范》五行传:简宗庙,则水不润下。'又曰:'听之不聪厥罚常水,去年夏秋之交,久雨伤稼,澶州河决,东南数路大水为沴,陛下临御以来,容受直谏,非听之不聪也,以孝事亲非简于宗庙也……'乃下其章,礼官并两制考仪,咸言南郊三圣并侑,温成皇后立庙,皆违经礼。于是诏:自今南郊以太祖皇帝定配,改温成庙为祠殿。"

吕公著《乞改温成庙为祠殿奏》(嘉祐七年正月):"臣伏见故追尊温成皇后于城南立庙,四时孟月祭奠,以待制、舍人摄事,牲币祼献,登歌设乐,并同太庙之礼。盖当时有司失于讲求,非有典据。昔商宗遭变,饬己思咎,祖己训以'祀无丰于昵'。况以内宠列于秩祀,非所以享天心,奉祖宗之意也。欲乞改温成庙为祠殿,岁时只遣宫臣行事,荐以常馔,以明祀事有渐。"(《全宋文》卷1092、《宋名臣奏议》卷94)

《宋名臣奏议》卷94载有吕公著《上仁宗乞改温成庙为祠殿》,文中云:"臣伏见故追尊温成皇后于城南立庙,四时孟月祭奠,以待制、舍人摄事,牲币祼献,登歌设乐,并同太庙之礼。"注释为"嘉祐七年正月上","公著时为礼官"。

《历代名臣奏议》卷126《礼乐》载:"嘉祐八年正月,礼官吕公著上奏曰:'臣伏见故追尊温成皇后于城南立庙,四时孟月祭奠,以待制、舍人摄事,牲币祼献,登歌设乐,并同太庙之礼。'"

按:改温成庙为祠殿,最先由谏官杨畋引发(《长编》卷196、卷241),王珪等议之(《宋史》卷312《王珪传》)。吕公著亦奏议其事,当时职务为天章阁侍讲(《长编》卷189)。上《乞改温成庙为祠殿奏》,当作于嘉祐七年正月,明代所录《历代名臣奏议》说成是"嘉祐八年正月",存误。误导之因主要与辑自南宋的两条史料有关:一、《吕正献公公著传(实录)》把"废温成庙为祠殿"置于吕公著同判太常寺兼礼仪事期间；二、《宋名臣奏议》尽管说改“庙”成“祠殿”的时间是嘉祐七年正月，可注释云“公著时为礼官”。实际上，吕公著嘉祐七年八月始任同判太常寺，成为礼官。疑《历代名臣奏议》对《宋名臣奏议》中所录此奏进行研判，以吕公著担任“礼官”的时间段，误把“嘉祐七年”改为“嘉祐八年”，并添上“礼官吕公著”之名以佐证。今从《长编》、《宋会要》等。

三月八日，孙抃罢参知政事，赵概参知政事，吴奎为枢密副使(《宋史》卷12《仁宗本纪》)。

十三日，吕公著三辞知制诰不就，改任天章阁待制兼侍讲。

《长编》卷196嘉祐七年三月“庚申”(十三日)条载：“刑部郎中、天章阁侍讲、崇文院检讨吕公著为天章阁待制兼侍讲。公著初召试中书，将除知制诰，三辞不就，故有是命。”

王珪撰《赐天章阁待制权知审刑院吕公著断绝奖谕》(宋王珪《华阳集》卷13，《内制》，中华书局1985年版)载，宋仁宗命吕公著接受职务，不准再推辞。

《吕正献公公著传·实录》(《琬琰集》下集卷10)：“擢天章阁待制，召试知制诰，三辞不就，除天章阁待制兼侍讲，赐三品服。寿星观建真宗神御殿。公著言，都城中，真宗有三御殿而营建不已，非‘祀无丰昵’之议。”

按：吕公著与司马光同被召试制诰，吕公著三辞不就，故有是命。司马光见吕公著辞而改任天章阁待制兼侍读，也一再辞让，接连上疏辞知制诰九状(《司马温公集编年笺注》卷22)，后改任天章阁待制兼侍讲、同知谏院。天章阁待制，《职官分纪》卷15：“天圣七年，置天章阁待制，寓直于秘阁，与龙图阁递宿。”侍讲是皇帝讲读经史之官，职任与侍读相同，但比侍读地位稍低。《宋会要·职官六》：“先是，侍读名秩未崇，真宗首置此职，择耆儒旧学以充其选，班秩次翰林学士，禄赐如之。设直庐于秘阁，侍读更直，侍讲长上，日给尚食珍膳，夜则迭宿。”天章阁待制的品位为从四品，位龙图阁待制下。

考：《东都事略》卷88《吕公著传》：“召试，知制诰，三辞不就，兼侍讲。”《长编》卷196也称吕公著“天章阁待制兼侍讲。”司马光《辞知制诰第一状》：“公著辞让不至，朝廷已除公著天章阁待制兼侍讲。”此三条宋代史料可证吕公著此时兼侍讲，而不是侍读。吕公著、司马光任“龙图阁直学士兼侍读”的时间在治平二年十月(《长编》卷206)。《续资治通鉴·宋纪六十》称“吕公著为天章阁待制兼侍读",从《宋史》卷336《吕公著传》"知制诰,三辞不就。改天章阁待制兼侍读",均误。

三月十四日起,因吕公著辞知制诰而改任,司马光接连上辞知制诰等九状(司马光《传家集》卷24)。**后来,改命司马光为天章阁待制**(《长编》卷196)。

吕公著任天章阁待制、权知审刑院,成效明显,受到嘉奖,被誉为"文学之臣,副之政事,能率其属,蔽断无留"。

王珪《赐天章阁待制权知审刑院吕公著断绝奖谕诏》:"敕:夫古之用刑,盖所以期无刑夜。朕念哀元元,离法者众,天下所上廷尉之狱,又命官以审之,庶几罚当而奸少止矣。卿文学之臣,副之政事,能率其属,蔽断无留。嘉欢之怀,曷维其已!仍依奏付史馆。"(《全宋文》卷1123、《华阳集》卷20)

八月五日,诏立濮王子宗实为皇子(《长编》卷197)。

九日,从同判太常寺吕公著议,宗庙社稷用太牢。

《长编》卷197嘉祐七年八月"癸未"(九日)条载:"太常礼院言:'奉诏详定同判太常寺吕公著状……宗庙社稷则用太牢,以别天神之祭也。……请如公著议,凡因郊礼亲享太庙,旧用犊四、羊四、豕四,今请用犊一、羊七、豕七。孟享、腊享,旧用羊二、豕二,今请用羊七、豕七。禘祫摄事,旧用羊四、豕四,今请用羊七、豕七。皇后庙孟享、腊享,旧用羊一、豕一,今请用羊四、豕四。'诏恭依。"

《吕正献公公著传·实录》(《琬琰集》下集卷10):"嘉祐中,同判太常寺兼礼仪事,数言濮安懿王在殡,请燕北使无用乐,辍上元游幸,废温成庙为祠殿,多见听用。"

《东都事略》卷88《吕公著传》:"嘉祐中,同判太常寺。"

按:吕公著同判太常寺与兼礼仪事,当在同时。同判太常寺,位次于判太常寺。《宋会要·职官二二》:"康定元年置判寺、同判寺兼礼仪事。"

九月七日,大赦(《宋史》卷12《仁宗本纪》)。

十月二十一日,知制诰王安石同勾当三班院(《长编》卷197)。

是年,吕公著上《论三圣并侑奏》。

吕公著《论三圣并侑奏》(嘉祐七年):"臣谨按《孝经》:'郊祀后稷以配天,宗祀文王于明堂,以配上帝。'《春秋传》曰:'自外至者,无主不止。'然则天地之祭,必有所配者,皆侑神作主之意也。且祖一而已,始受命也,宗无豫数,待有德也。由宗而下,功德显者,自可崇庙祐之制,百世不迁,垂之无穷。至于对越大地,则神无二主,所以奉上帝之尊,示不敢渎。至唐垂拱中,始以三祖同配。开元十一年,明皇亲享,遂罢同配之礼。优见皇祐五年诏书,今来南郊,三圣并侑。后次却依旧礼,布告中外。未几复有每遇南郊,三圣并侑之诏。虽出孝思,颇违经礼。臣等谓自今宜以太祖定配,为得礼之正。”(《宋名臣奏议》卷86、《历代名臣奏议》卷19)

嘉祐八年(1063),吕公著46岁

正月七日,翰林学士范镇权知贡举(《长编》卷198),**知制诰王安石、天章阁待制司马光并权同知贡举**(《宋会要·选举一》)。

二月十一日,仁宗患病(《宋史》卷12《仁宗本纪》)。

三月二十二日,赐进士、诸科及第、同出身341人(《宋史》卷12《仁宗本纪》)。**又赐特奏名进士、诸科100人及第、同出身、诸州文学、长史**(《长编》卷198)。**是科省元孔武仲,状元许将**(《文献通考》卷32《选举考五·举士》),**范祖禹(后为吕公著女婿)为第四名**(《太史范公文集》卷37《祭从叔主簿文》)。

二十九日,仁宗崩(《宋史》卷12《仁宗本纪》)。

四月一日,赵曙即位,是为英宗(《宋史》卷13《英宗本纪》)。

十一日,新及第进士任职,“第四人范祖禹、第五人龚原试校书郎、知县”(《宋会要·选举二·贡举二》)。**其中,范祖禹被任命为试校书郎、知资州龙水县**(《宋史》卷337《范祖禹传》)

五月十七日,富弼拜枢相(《宋宰辅编年录校补》卷6)。

八月十二日,王安石母吴氏卒于京师(曾巩《曾巩集》卷45《仁寿县太君吴氏墓志铭》)。**士大夫皆往吊王安石母丧,苏洵独不往,作《辩奸论》以讽之**(张方平《文安先生墓表》)。

十月二十七日,宋仁宗葬于永昭陵(《宋史全文》卷9下)。

十一月九日,吕夷简与王曾、曹玮配享仁宗庙庭。

《长编》卷199嘉祐八年十一月“丙午”(九日)条载:“丙午,祔仁宗神主于

太庙,乐曰大仁之舞,以王曾、吕夷简、曹玮配享庙庭。"自注云:"配享议《实录》载八月癸酉,今附此。"

王珪《请以王曾吕夷简曹玮配享仁宗庙庭奏》(嘉祐八年十月):"故太尉、赠尚书令、谥文靖吕夷简,聪明亮达,规模宏远,服在大僚,历登三事,左右皇极,勤劳王家二十余年,厥功茂焉。……伏请并配享仁宗庙庭。"(《宋会要·礼一一》及同书《礼五九》、《宋代蜀文辑存》卷2、《全宋文》卷1153)

《续资治通鉴》卷61:嘉祐八年十一月,"丙午,祔仁宗神主于太庙,庙乐曰《大仁之舞》,以王曾、吕夷简、曹玮配享庙庭"。

《清波杂志》卷1:"国朝配享功臣于太庙横街南,东西相向设位。'仁宗室:王曾、吕夷简。'"

十四日,契丹遣使来贺宋英宗即位(《宋史》卷13《英宗本纪》)。

十二月二日,吕公著在迩英阁讲《论语》。

《长编》卷199嘉祐八年十二月"己巳"(二日)条载:"始御延英阁[①],召侍读、侍讲讲《论语》,读《史记》。吕公著讲'学而时习之'曰……"(《四库全书》本)。

《续资治通鉴·宋纪》卷61:嘉祐八年十二月己巳(二日),"始御迩英阁,召侍读、侍讲讲《论语》,读《史记》。吕公著讲《论语》'不知不愠'曰:'古之人,君令有未孚,人心有未服,则反身修德,而不以愠怒加之。如舜之诞敷文德,文王之皇自敬德也。'刘敞读《史记》至'尧授舜以天下',因陈说曰:'舜至侧微,尧越四岳禅之以位,天地享之,百姓戴之,非有它道,惟其孝友之德光于上下耳。'二人辞气明畅,帝竦体改容,知其以义理讽也。既退,王珪谓敞曰:'公直言至此乎!'太后闻之,亦大喜"。

是年,上《不以造次废礼奏》。

吕公著《不以造次废礼奏》:"陛下以宗藩选继大统,奉母后当极子道,虽居深宫之中,不以造次废礼,则中外瞻仰,天下幸甚。"(朱熹《三朝名臣言行录》卷8《丞相申国吕正献公》)

按:姚红《吕公著著述考》认为此奏撰于"时英宗初亲政"。宋英宗即位于

---

①宋时无延英阁,当作"迩英"。《宋史》及《续资治通鉴》载之。

嘉祐八年四月，此奏折当作于英宗即位之后、是年底之前。

吕公著系“嘉祐四友”成员之一，“四友”即王安石、司马光、吕公著、韩维。

徐度《却扫篇》卷中：“王荆公、司马温公、吕申公、黄门韩公维，仁宗朝同在从班，特相友善。暇多会于僧坊，往往谈燕终日，他人罕得而预。时目为‘嘉祐四友’。”

吕希哲《吕氏杂记》：“嘉祐中，正献公言：‘君子当正其衣冠，尊其瞻视。王介甫之衣冠不整，亦一大病。’”

王明清《挥麈后录》卷5：韩维“嘉祐中，与司马文正、吕正献、王荆公号为四友”。

为侍从时，吕公著专以荐贤为务。

吕本中《童蒙训》卷上：“正献公之在侍从也，专以荐贤为务，如孙莘老觉、李公择常、王正仲存、顾子敦临、程伯淳颢、张天祺戬等，皆为一时显人。”

按：宋称大学士至侍制、给事中、六部尚书侍郎为侍从官，亦称从官；称中书舍人、起居郎、起居舍人以下为小侍从；又称外省之带诸阁学士、竺制衔者为在外侍从。《宋史·李常传》：“常与孙觉齐名，俱受知于吕公著。”

治平元年(1064)，吕公著47岁

正月一日，改元(《宋史》卷13《英宗本纪》)。

四月十四日，司马光上《贡院定夺科场不用诗赋状》，论吕公著“科场不用诗赋”。

司马光《贡院定夺科场不用诗赋状》(《四库全书》本题下注云：“治平元年四月十四日上。”)：“准中书送下天章阁待制、判国子监吕公著札子：‘臣闻以言取人，固未足以尽人之才。今之科场，格之以辞赋，又不足以观言。国家承平日久，文物至盛，学者莫不欲宗经向道，至于浮华博习，有不得已而为之者。先帝察取士之弊，尝集近臣之论，形于诏文，则曰：「本学校之教习，然后可以求其行。先策论，则辨理者得尽其说；简程序，则闳博者颇见其才。」虽丁宁申谕，而有司不能奉行。窃闻昨来南省考校，始专用论策升黜，议者颇以为当。臣犹恐四方

疏远，未知所尚，有司各持所见，则人无适从。欲乞今来科场，更不用诗赋。如未欲遽罢，即乞令第一场试论，第二场试策，第三场试诗赋。每遇廷试，亦以论压诗赋，为先后升降之法，庶成先帝之志，永底人文之盛。臣谬司学政，盍进舆言。如允所奏，即乞预行告示，令本院定夺闻奏者。'当院看详。近世取人，专用诗赋，其为弊法，有识公知。今来吕公著欲乞科场不用诗赋，委得允当。然进士只试论、策，又似太简。欲乞今后省试除论、策外，更试《周易》《尚书》《毛诗》《周礼》《仪礼》《春秋》《论语》大义，共十道，为一场。其策只问时务。所有进士帖经、墨义一场，从来不曾考校，显是虚设，乞更不试。……今若罢去诗赋，仍乞依吕公著起请，预行告示，使天下学者早得闻知。"（司马光《传家集》卷30）

按：吕公著时任天章阁待制、判国子监。国子监，《宋史·职官志五》："国子监，旧置判监事二人，以两制或带职朝官充，凡监事皆总之。直讲八人，以京官、选人充，掌以经术教授诸生，旧以讲书为名，无定员。"

考：龚延明《宋代官制辞典》"判国子监事"条载："宋前期，以待制以上朝官领国子监事者，带'判'，共二员，一员为'同判'"。司马光《贡院定夺科场不用诗赋状》（《四库全书》本题下注云："治平元年四月十四日上。"）载，吕公著的职务是天章阁待制、判国子监，可知是年四月吕公著以待制身份已判国子监。

十八日，吕公著讲解《论语》"子之所慎斋战疾"。欧阳修于英宗前称赞吕公著"为人恬静而有文"。

吕公著《论语讲义》"子之所慎斋战疾"："有天下者为天地、宗庙、社稷之主，其于斋戒祭祀，必致诚尽恭，不可不谨。古之人君，一怒则伏尸流血，故于兴师不可不谨。至于人之疾病，常在乎饮食起居之间，众人所忽，圣人所谨。况于人君，任大守重，固当节嗜欲，远声色，近医药，为宗社自爱，不可不谨。"（《长编》卷201、《全宋文》卷1092）

《长编》卷201治平元年四月"甲申"（十八日）："后因辅臣奏事，语及公著。欧阳修曰：'公著为人恬静而有文。'上曰：'比于经筵讲解甚善。'"

林希《曾南丰墓志》（《曾巩集》附录）："治平中，大臣尝议典礼，而言事者多异论，欧阳公方执政，患之。公著议一篇，据经以断众惑，虽亲戚莫知也。后十余年，欧阳公退老于家，始出而示之。欧阳公谢曰：'此吾昔者愿见而不可得者也。'"

《续资治通鉴·宋纪》卷62治平元年四月“甲申”条载:“帝自即位感疾,至是犹未全安,每不喜进药。吕公著讲《论语》‘子之所慎斋、战、疾’,因言:‘有天下者,为天地、宗庙、社稷之主,其于斋戒祭祀必致诚尽恭;古之人君,一怒则伏尸流血,故于兴师动众不可不谨;至于人之疾病,常在乎饮食起居之间,众人所忽,圣人所谨。况于人君,任大守重,固当节嗜欲,远声色,近医药,为宗庙自爱,不可不谨。’帝为之动容。后因辅臣奏事,语及公著,欧阳修曰:‘公著为人恬静而有文。’帝曰:‘比于经筵讲解甚善。’”

二十五日,吕公著撰《乞依礼废罢温成皇后庙飨奏》。

吕公著《乞依礼废罢温成皇后庙飨奏(治平元年四月二十五日)》:“按《礼记·丧服小记》:‘慈母不世,祭。’恭以章惠皇太后,准章圣皇帝遗札,褒上太妃之号。仁宗皇帝书以母称,故加保庆之号。盖生有慈保之功,故没有庙飨之报。今于陛下则恩有所止,义难永祀。其奉慈庙,乞依礼废罢。”(《宋会要·礼一〇》、《文献通考》卷95)

《宋会要·礼一〇》:“治平元年四月二十五日,同判太常寺吕公著言事。”

《宋史》卷109《礼志》:“治平元年同判太常寺吕公著言:‘按丧服小记,慈母不世祭。章惠太后,仁宗尝以母称,故加宝庆之号,盖生有慈保之勤,故没有庙享之报。今于陛下恩有所止,礼难承祀。其奉慈庙,乞依礼废罢。’”

按:吕公著上《乞依礼废罢温成皇后庙飨奏》,当其兼有同判太常寺职责所系。

五月十一日,命吕公著与邵必编集仁宗御制。吕公著此时的职务是右谏议大夫、天章阁待制兼侍讲。

《长编》卷201治平元年五月“丁未”(十一日)条载:“丁未,命天章阁待制兼侍讲吕公著,集贤校理、同修起居注邵必编集仁宗御制。”

《玉海》卷28“治平仁宗御书”条载:“治平元年五月十一日丁未,命天章阁待制吕公著,修起居注邵必编集仁宗御制。公著等奉敕悉发宝文旧藏而编次之(就资善堂编)。二年十月甲寅,编成一百卷以进(目录三卷),英宗御延和殿服靴袍观书,两府皆侍,诏以御集藏于宝文阁。四年五月乙巳,以公著兼宝文阁学士,必为直学士。”

欧阳修《仁宗御集序》(英宗皇帝密旨代序):“乃诏尚书刑部郎中、知制诰邵必，右谏议大夫、天章阁待制吕公著悉发宝文之旧藏而类次之，以为百卷，而必、公著勉朕以叙述之，曰：‘是不可阙也。’”（《文忠集》卷64）

《续资治通鉴·宋纪》卷62治平元年五月“丁未”条载：“丁未，命天章阁待制吕公著，同修起居注邵必编集仁宗御制。”

十三日，英宗病愈，皇太后还政（《宋史》卷13《英宗本纪》）。

闰五月三日，宰相韩琦加尚书右仆射（《宋宰辅编年录校补》卷6）。

八月，吕公著上《请日御讲筵奏》。

吕公著《请日御讲筵奏》（治平元年八月）：“先帝时无事，常开讲筵。近因圣体不安，遂于端午及冬至以后盛暑、盛寒之际，权罢数月。今陛下始初清明，宜亲近儒雅，讲求治术。愿不惜顷刻之间，日御讲筵。”（《长编》卷202）

按：此奏章系与司马光同奏。《长编》卷202治平元年八月“丁巳”条载：“初，有诏以是日开迩英阁，至重阳节当罢讲。吕公著、司马光言：‘先帝时，无事常开讲筵。近因圣体不安，遂于端午及冬至以后盛暑盛寒之际，权罢数月。今陛下始初清明，宜亲近儒雅，讲求治术，愿不惜顷刻之间，日御讲筵。’从之。”《吕正献公公著传·实录》（《琬琰集》下集卷10）：“（治平元年）九月五日开迩英阁，至重阳节当罢。公著言：‘陛下始初清明，而亲经术，讲治道，愿不惜顷刻之间，以御讲筵。’从之。”《续资治通鉴·宋纪》卷62治平元年九月“丁卯”（初五）条亦记之。

十一月二十七日，吴奎因丁父忧，罢枢密副使（《长编》卷203、《宋宰辅编年录校补》卷6）①。

十二月十五日，王畴任枢密副使（《宋宰辅编年录校补》卷6）。

是月，吕公著建议皇上收回处罚钱公辅之命。不从。

《长编》治平元年十二月“丙午”（十五日）条载，皇上任命王畴为枢密副使，知制诰钱公辅认为其不称职，退回任职的谕旨，次日被追责贬为滁州团练副使，引发争议：“知谏院事吕诲言：‘畴自登科三十五年，仕宦不出京城，进身由径，

① 《长编》卷203治平元年十一月“戊子”（二十七日）条载：“戊子，将作监致仕、赠太子少师吴怀德卒。枢密副使奎父也。”《宋宰辅编年录校补》卷6载，治平元年，“十二月戊子，吴奎罢枢密副使。（以父忧罢。）”《宋史》卷211《宰辅表》载，治平元年，“十二月戊子，枢密副使吴奎丁父忧。”查治平元年十二月为壬辰朔，无戊子，知《宋史》、《宋宰辅编年录校补》卷6，存误。《长编》为是。

从而可知。公辅言其资浅望轻，盖欲朝廷选任贤才，未为过也。责降太重，士论纷纭，臣窃为陛下惜之。伏乞复公辅旧官，止夺其职，移知僻小州军，俾令思过，以稍息纷纭之论 。’天章阁待制兼侍讲吕公著亦上疏乞寝公辅责命，不报。后数日，龙图阁直学士卢士宗因奏审刑院事对便殿，从容又为上言，外议皆谓责公辅太重，讫不从。明年十二月乃以刑部员外郎知广德军。”

《吕正献公公著·实录》(《琬琰集》下集卷10)：“治平元年为谏议大夫。时修庆宁宫，建本命殿，公著言，畿内京东西淮南饥，修宫非急务，宜罢，以息民。王畴为枢密副使，知制诰钱公辅坐封还词头贬，公著极论公辅举职不宜黜。”

是年，吕公著举荐程颐为太学正；程颐辞，撰《谢吕晦叔待制书》。

朱熹《伊川先生年谱》：“治平、熙宁间，近臣屡荐，自以为学不足，不愿仕也。见文集。又按《吕申公家传》云：‘公判太学，命众博士即先生之居，敦请为太学正。先生固辞，公即命驾过之。’又杂记：‘治平三年九月，公知蔡州，将行，言曰：伏见南省进士程颐，年三十四，有特立之操，出群之姿。嘉祐四年，已与殿试，自后绝意进取，往来太学，诸生愿得以为师。臣方领国子监，亲往敦请，卒不能屈。臣尝与之语，洞明经术，通古今治乱之要，实有经世济物之才。非同拘士曲儒，徒有偏长。使在朝廷，必为国器，伏望特以不次旌用。’”

程颐《谢吕晦叔待制书》：“窃以古之时，公卿大夫求于士，故士虽自守穷闾，名必闻，才必用。今之时，士求于公卿大夫，故干进者显荣，守道者沈晦。颐处乎今之世，才微学寡，不敢枉道妄动，虽亲戚乡闾间，鲜克知其所存者，矧敢期知于公卿大夫乎？伏承阁下屈近侍之尊，下顾愚陋，仰荷厚礼，愧不足以当之。噫！公卿不下士久矣。颐晦于贫贱，世莫之顾，而公独降礼以就之，非好贤乐善之深，孰能如是乎？幸甚幸甚。愿阁下持是好贤之心，广求之之方，尽待之之道，异日登庙堂，翊明天子治，以之自辅，以福天下，岂不厚与？鄙朴之人，不善文词，姑竭其区区，少致谢恳。”(《全宋文》卷1753、《河南程氏文集》卷9、《历代名臣奏议》卷302、《程子抄释》卷9、《程子年谱》卷7)

康熙《御定渊鉴类函》卷95《设官部三十五》“国子祭酒”条载：“又曰：吕公著为祭酒，所举学官如王回、吴政、姜潜、张载，皆一世大儒；王存、顾临为元祐名臣，常秩、吴申、黄履、朱临、盛乔一显于世；处士程颐隐居不仕，公命博士即其家敦请以为太学正，颐固辞，公即命驾过之。”

考：吕公著以待制身份判国子监始于是年。次年二月，改任权发遣户部副使（《长编》卷204治平二年二月“辛丑”条）。吕公著举荐程颐为太学正，程颐致谢称其为“待制”，可知当在是年。

治平二年（1065），吕公著48岁

正月九日，以翰林学士冯京权知贡举，翰林侍读学士范镇、知制诰邵必并权同知贡举（《宋会要·选举一》）。

二月十一日，权发遣户部副使吕公著上《修庆宁宫非急务奏》，从之。

《长编》卷204治平二年二月“辛丑”（十一日）条载：“二月辛丑，权发遣户部副使吕公著言：‘古者民勤于力，则工役罕……’从之。”

吕公著《修庆宁宫非急务奏》（治平二年二月）：“古者民勤于力，则工役罕；民勤于食，则百事废。今京畿诸县及京东西、淮南州军类多遭饥歉，民有饿殍。陛下方发粟赈贷，遣使存抚，远近闻之，皆知陛下有恻然忧民之心。然臣愚以为凡力役之事，非不得已者，皆宜权罢。况修盖庆宁宫，非为急务。就使功力至微，然作于禁中，恐四方传闻，或致讥议。臣欲乞候将来郊礼成后，年谷稍丰日，徐议修盖。”（《全宋文》卷1092、《长编》卷204、《九朝编年摘要》卷17）

《宋会要·方域》卷1：“（治平）二年二月十一日，权发遣三司户部副使吕公著奏事。”

按：三司户部副使缺，资浅者为之带“权”字，更浅者带“权发遣”字。六月，吕公著认为称濮王为皇伯不妥，其职务仍是天章阁待制（《续资治通鉴·宋纪》卷63）。可知，其任发遣户部副使的时间不过数月。

十三日，枢密副使田畴卒于任所（《长编》卷204）。

二十九日，起复居丧守制之枢密副使吴奎（《长编》卷204）。

是月，赐礼部奏名进士、明经诸科及第出身361人（《宋史》卷13《英宗本纪》）。**是科省元、状元均为彭汝砺；“始诏三岁一科举”**（《文献通考》卷32《选举考五·举士》）。

周琮等创新历，赐名“明天历”，三月施行（《宋史》卷74《律历志》）。

五月四日，陈升之为枢密副使(《宋宰辅编年录校补》卷6、《长编》卷205)。

二十五日，富弼病告，宰臣韩琦、曾公亮权兼枢密院公事(《长编》卷205)。

六月二十六日，“诏遣官与契丹定疆界”(《宋史》卷13《英宗本纪》)。

是月，吕公著认为称濮王为皇伯不妥。

吕公著《皇伯考不可于濮王奏》(治平二年六月)：“真宗以太祖为皇伯考，非可加于濮王也。”(《全宋文》卷1092、《长编》卷205、《东都事略》卷88《吕公著传》)

《续资治通鉴·宋纪》卷63治平二年六月“己酉”(二十一日)条载：“于是珪等议：‘濮王于仁宗为史，于皇帝宜称皇伯而不名，如楚王、泾王故事。’时议者或欲称皇伯考，天章阁待制吕公著曰：‘真宗以太祖为皇伯考，非可加于濮王也。’”

按：四月九日，诏礼官及待制以上，详议崇奉濮王典礼(《长编》卷204治平二年四月“戊戌”条)。“濮议之争”由此揭幕。六月二十一日，诏尚书集三省、御史台再议。以王珪、司马光、吕诲等台谏言派请称濮王为皇伯，改封大国，与韩琦、欧阳修等执政派持论不一。其后，曹太后出手书，“切责韩琦等不当议称皇考”(《长编》卷205治平二年六月“辛亥”条)。最终诏罢议，乃得以暂时平息。

七月五日，富弼罢枢相；十八日，张昇罢枢密使，文彦博任枢密使(《宋宰辅编年录校补》卷6)。

二十三日，吕公弼“自工部侍郎、权三司使、枢密直学士除守本官、枢密副使”(《宋史·宰辅表》卷2治平二年七月“辛巳”条)。

王珪撰《赐枢密副使吕公弼免恩不允断来章批答》(《华阳集》卷28)。

苏轼有贺启(《苏轼文集》卷47《贺吕副枢启》)。

九月三日，吕公著参与修成《太常因革礼》。欧阳修提举编纂此书。

《长编》卷206治平二年九月“辛酉”(三日)载：“提举编纂礼书、参知政事欧阳修奏，已编纂礼书，成百卷。诏以《太常因革礼》为名。……至是书成，赐修等银帛有差”。

《欧阳文忠公集》卷首《年谱》本日纪事称，书成，欧阳修等奏云：“凡始立庙，皆有议论，不可以不特见，谓之庙议。其余即用《通礼》条目，为一百篇。赐名《太常因革礼》。虽不足以称先帝考礼修业,传示无极之意,犹庶几于守职不废,以待能者"。并称系欧阳修、李柬之、吕公著、宋敏求、周孟阳、吕夏卿、李育、陈绎、姚辟、苏洵"谨上"。

按:《太常因革礼》卷末李壁跋:"《太常因革礼》,老苏先生奉诏所修也。"孔凡礼《三苏年谱》治平二年九月辛酉条认为,"此文(指欧阳修之奏文),当即《长编》所云之奏。修之集不见。此文当出自苏洵之手。而洵集亦不见,《集》未收"。看来,欧阳修、吕公著等只是参与者。

十月四日,同判流内铨吕公著任龙图阁直学士兼侍读。

《吕正献公公著传·实录》(《琬琰集》下集卷10):"(治平)二年,同判流内铨,除龙图阁直学士,郊祀摄太仆、参,上问:'今之郊与古之郊何如?'对曰:'古之郊也贵诚而尚质,今之郊也盛仪卫而已。'因言仁宗亲祀,去黄茵不入小次,上皆循用之。"

《长编》卷206治平二年十月"庚寅"(四日)条载:"冬十月庚寅,天章阁待制吕公著、司马光为龙图阁直学士兼侍读。"

按:宋龙图、天章等阁首置学士,直学士次之,待制又次之。学士正三品,直学士从三品,待制从四品。

二十八日,吕公著编《仁宗御集》一百卷以进。

《长编》卷206治平二年十月"甲寅"(二十八日)条载:"甲寅,吕公著编《仁宗御集》一百卷以进,上御延和殿,服靴袍观之,两府皆侍。"

十一月十六日,吕公著摄太仆卿、参乘。

《长编》卷206治平二年十一月"壬申"条载:"龙图阁直学士吕公著摄太仆卿,参乘。故事,参乘皆以翰林学士,知杂学士参乘自公著始。帝问:'今之郊何如?'对曰:'古之郊也贵诚而尚质,今之郊也盛仪卫而已。'因言仁宗亲祠,撤黄道以登虚,小次不入。帝皆循用之。"

《宋会要·礼二八·郊祀御札》:"治平二年十一月十六日,合祭天地于南郊,以太祖配。……时吕公著摄太仆卿、参乘,为上言仁宗亲祠,撤黄道以登虚,小次不入,上皆循用之。"

按:龙图阁直学士,从三品(《职官分纪》卷15)。以往只有翰林学士才有参乘这个资格,而吕公著只是知杂学士就可以陪同皇帝参加祭祀,从此成为定制。

是年，吕公著上《应诏论水灾奏》。

吕公著《应诏论水灾奏》(治平二年)：“臣闻水旱之灾，虽圣人在上，不能免也。然圣人在上，虽有水旱，而终不为害者，遇灾而惧，见异而修德，夙夜自省，以答天戒，故灾可以转而为福，危可以徙而为安。后世人君不知祸福无常，而谓天命为己有；不知人情可畏，而谓力可以制之。灾害既作矣，犹不自知其非也，乃引尧汤水旱以为比，而不知畴咨自责之获终吉也。故人心不从，天命不祐。灾害不已，怪异随之；怪异不已，伤败随之。由是观之，水旱之灾不能使必无于世，而其终所以安危存亡者，以惧与不惧耳。伏惟陛下莅政以来，日孳孳于庶事。然累岁旱潦，人多疫疾。又近者大雨为沴，下民昏垫。陛下撤宴损膳，下毋讳之诏，开直言之路，将克己自新，以求天意。然臣愚独以为此皆常事，犹不足以弭大灾也。唯当兢兢业业，以求己过，自奉先养亲，以至于任官使人，求贤纳谏，爱民节用，无不物物而思之，行所未行，补其阙误，以谢天心，以顺人意，则社稷幸甚。”(《全宋文》卷1092、《宋名臣奏议》卷42、《历代名臣奏议》卷301)

是年，吕公著举苏轼试馆职，苏轼致谢。

《苏轼文集》卷60《谢吕龙图》第一简称，“两登进士举，一中茂才科”，“欧公引之于其始，韩公荐之其中，今又阁下举之于其后”。

《邵氏闻见后录》卷14：“东坡中制科，王荆公问吕申公：‘见苏轼制策否？’申公称之。荆公曰：‘全类战国文章，若安石为考官，必黜之。’故荆公后修《英宗实录》，谓苏明允有‘战国纵横之学’云。”

按：欧公指欧阳修，韩公指韩琦。吕龙图则指吕公著。《宋史》卷336《吕公著传》：“英宗亲政，加龙图阁直学士。”傅藻《东坡纪年录》“系此简于嘉祐五年，失之。”(孔凡礼《三苏年谱》“治平二年”条)

治平三年(1066)，吕公著49岁

正月十日，吕公著兼判太常寺，上《论濮安懿王称亲奏》。

《长编》卷207治平三年正月“丁丑”(十日)条载：“及是诏下，判太常寺吕公著上言：‘窃以称亲之说，盖汉宣时有司奏请史皇孙故事，按皇孙即宣帝所生

之父，宣帝为昭帝后，是以兄孙遥继祖统，于汉家无考之嫌。……’不报”。

二十一日，吕公弼“奏乞以南郊赠封三代恩，追赠亡子希仁一官”，从之。（《长编》卷207治平三年正月“丙子”条）

二十六日，吕公著上《论回避濮王名讳奏》。

《长编》卷207治平三年正月“辛巳”（二十六日）条载：“……皆从中书所请也。吕公著言：‘谨按礼文，七庙之讳，虽不及于天下……’不从。”

吕公著《论濮安懿王称亲奏》（治平三年正月）：“臣伏睹降敕下太常礼院，濮安懿王，皇帝称亲。臣忝预礼司，晓夕惟虑，义有未安，不敢自嘿。窃以称亲之说，盖用汉宣帝时有司奏请史皇孙故事。谨按皇孙即宣帝所生之父，宣帝为昭帝后，是以兄孙遥继祖统，于汉家无贰考之嫌。史皇孙初无爵谥，有司奏请之始，故且称亲。其后既已立谥，秖称悼园。然则亲字非所以为称谓。且陛下以圣明之德，仁宗皇帝拔自旁支，入继大统。虽天下之人，三尺童子，皆知陛下濮王所生。今但建立园庙，以王子承祀，是于濮安懿王无绝父之义，于仁宗皇帝无两考之嫌，可谓兼得之矣。其亲字，既称谓难立，且义理不安，伏乞更不施行。”（《全宋文》卷1092、《宋名臣奏议》卷89、《长编》卷207、《文献通考》卷95）

吕公著《论回避濮王名讳奏》（治平三年正月）：“臣近睹敕文，中书门下奏濮安懿王名下一字，应中外文书合行回避，奏圣旨依奏。数日以来，朝野有学识者，皆以为未安。臣谨按礼文，七庙之讳，虽不及于天下，皆须告于天下。又晋尚书王彪之等议，所生之讳，臣下不当回避。当时以彪之之议为当。今来辅弼奏请，盖缘臣子之心，陛下未有谦抑之辞，切恐四方后世不免讥议。臣愚欲乞特降诏，可濮安懿王名下一字，唯上书奏事并听回改，余公私文字，不须讳避。若续降此指挥，则与祖宗七庙名讳小有差别，在于天下，臣子亦安敢故犯？臣忝守经术，又为礼官，臣若不言，谁当言者？”（《全宋文》卷1092、《宋名臣奏议》卷90、《长编》卷207）

按：判太常寺，差遣官，以三品以上官兼充，或两制官充（《春明退朝录》卷上、《宋会要·职官二二》）。

二十七日，吕公著为吕诲等论事过当辩解。

《乞追吕诲等降责敕命奏》（治平三年正月）：“吕诲等以论事过当，并从降责。闻命之始，物论腾沸。皆云陛下自即位以来，纳善从谏之风，未形于天下。

今诲等又全台被黜，窃恐义士钳口，忠臣解体。且自古人君纳谏则兴，拒谏则亡。兴亡之机，不可不审。臣愿陛下以天地之量，包荒含垢，特追诲等敕命，令依旧供职，则天下幸甚。”（《全宋文》卷1092、《长编》卷207、《东都事略》卷88《吕公著传》、《通鉴长编纪事本末》卷55、《宋史》卷336《吕公著传》、《续资治通鉴》卷64）

《长编》卷207治平三年正月“戊寅”（二十三日）条载：“戊寅，吕诲等又奏：‘臣窃思前敕三省集议，因皇太后手书切责大臣，遂罢集议。今有此命，始末相戾，群情震骇……’……不从。壬午[1]，诏罢尚书省集议……吕公著言：‘吕诲等以论事过当，并从责降。闻命之始，物论腾沸。皆云陛下自即位以来，纳善从谏之风，未形于天下。今诲等又全台被黜，窃恐义士钳口，忠臣解体。且自古人君，纳谏则兴，拒谏则亡，兴亡之机，不可不审。臣愿陛下以天地之量，包荒含垢，特追诲等敕命，令依旧供职，则天下幸甚！’”

四月九日，枢密副使吕公弼举荐大理评事种古“沿边任使”（《宋会要·职官六一·换官》）。

二十七日，胡宿罢枢密副使，郭逵同签书枢密院事（《宋宰辅编年录校补》卷6、《长编》卷208）。

八月十七日，吕公著以龙图阁直学士兼侍讲、崇文院检讨知蔡州。

《长编》卷208治平三年八月“己亥”（十七日）条载：“龙图阁直学士兼侍讲、崇文院检讨吕公著知蔡州。公著尝言濮安懿王不当称亲，及颁讳于天下，又请追还吕诲等。皆不从，即称疾求补外官。帝曰：‘学士朕所重，岂得轻去朝廷！’公著家居者百余日，遣内侍杨安道即家敦谕，且戒安道曰：‘公著劲直，宜徐徐开晓，语勿太迫也。’又数令其兄公弼劝之。公著起就职，才数月，数上章请出，故有是命。”

《续资治通鉴·宋纪》卷64治平三年八月“己亥”（十七日）条载：“以龙图阁直学士兼侍讲吕公著知蔡州。公著尝言濮安懿王不当称亲，及颁讳于天下，又请追还吕诲等。皆不从，即称疾求补外官。”

按：龙图阁直学士，从三品（《职官分纪》卷15）。

---

[1]壬午，为二十七日。

九月，吕公著出知蔡州（今河南汝南），临行前上书英宗举荐程颐。

朱熹《伊川先生年谱》：“治平、熙宁间，近臣屡荐，自以为学不足，不愿仕也。见文集。又按《吕申公家传》云：‘公判太学，命众博士即先生之居，敦请为太学正。先生固辞，公即命驾过之。’又杂记：‘治平三年九月，公知蔡州，将行，言曰：“伏见南省进士程颐，年三十四，有特立之操，出群之姿。嘉祐四年，已与殿试，自后绝意进取，往来太学，诸生愿得以为师。臣方领国子监，亲往敦请，卒不能屈。臣尝与之语，洞明经术，通古今治乱之要，实有经世济物之才。非同拘士曲儒，徒有偏长。使在朝廷，必为国器，伏望特以不次旌用。’”（《二程集》附录朱熹《伊川先生年谱》引，《四库全书》本）

李幼武《宋名臣言行录》外集卷3：“吕申公知蔡州，将行，言曰：‘伏见南省进士程颐年三十四，有特立之操，出群之姿。’”

吕公著知蔡州，衣借紫。

朱彧《萍洲可谈》卷1：“典制：寄禄官三品紫衣金鱼，五品绯文银鱼；职事官虽高，非特赐不得预，虽特赐而寄禄未至本品，则带赐鱼在衔内，寄禄官已至本品则不入衔；外任官或借衣色者不佩鱼，衔内称借色，有赐色者仍称赐色，转运使副、提点刑狱、知州军并借紫，本衣绿者止借绯，转运判官、通判州军并借绯。自崇宁初增置提举官不一，惟学事与常平借绯，余衣本色。其合借衣色者，敕上云‘候回日依旧服色’，自朝辞出国门，则衣借色，回入国门，则衣本色。近制借色仍佩鱼。吕公著曾任知州，借紫，后除转运判官，敕上不带借紫，公著仍衣紫。”

按：“吕公著曾任知州，借紫”，吕公著知单州为首任，职位低，根本不存在“借紫”之基础。嘉祐七年，吕公著任天章阁待制兼侍讲（从四品，赐三品服），几年后知蔡州，属差遣，“借紫”顺理成章。故置于此。

是年八月至次年闰三月，吕公著任职蔡州，有“吕蔡州”之誉。

《吕氏杂记》：“治平中，李常公择数与朋友言：‘吕蔡州未尝闻其疾声，见其遽色，亦未草书，学者当师慕之。其后唯范纯父如此。’先公时知蔡州。欧阳公答先公书曰：‘修行能素薄，仰慕清德，梦寐之勤，自谓终身不可跂及。唯得托附高名，以见后世。’”

《明一统志》卷31《汝宁府》载：“吕公著：治平中知蔡州，酿水泉灌田，易军营草舍以瓦，修孔子庙，荐举孝行，善政为多。”

十二月二十二日，英宗病笃，立颍王赵顼为皇太子，大赦（《长编》卷208、《宋史》卷13《英宗本纪》）。

是年，韩琦多次请罢相，吕公著“又为言，上亦不听”。

杨希闵《韩忠献公年谱》（据《十五家年谱丛书》本）：治平三年，“闵按：是年夏，有三次乞罢相表。又灾异待罪三表。冬又三次乞罢相表”，“又按：侍读吕公著又为言，上亦不听。乞外补，乃出知蔡州。当时台臣近于恣横，把持朝政，朋党之咎，其能免乎？嗣是韩、欧亦遂不安于其位矣”。

按：韩琦（1008—1075），字稚圭，号赣叟，相州安阳（今属河南）人。天圣五年进士。嘉祐元年除枢密使，三年拜相。英宗即位，力促曹太后归政，进右仆射，封魏国公。神宗立，守司空兼侍中，出判相州。王安石用事，屡言新法不便。八年卒，年六十八，谥忠献。

大约是年，吕公著嫁女于范祖禹。

《太史范公文集》卷37《奠申国夫人文》载，范祖禹自称“某昔受室于颍”。

高叶青《范祖禹生平与史著研究》（陕西师范大学2008年博士论文，第18页）：“范祖禹结婚的时间至迟应该不会晚于英宗治平四年（1067），因为就在这一年，范祖禹长子出生。”

按：范祖禹（1041—1098）之子范冲生于1067年，卒于1141年。《宋史》卷435《范冲传》载：“卒，年七十五。”《建炎以来系年要录》卷143载，绍兴十一年（1141）十二月，“左太中大夫提举江州太平观范冲卒于婺州”。由此推之，范冲的生年为1067年。

考：范祖禹，嘉祐八年（1063）登进士甲科。宋代有一种习俗，即达官显贵“求婿必欲得高第者”（程颢、程颐《二程集·河南程式文集》卷12《家世旧事》）。范祖禹娶吕公著女为妻大概在中进士之后，其长子范冲（《琬琰集》下集卷19《范直讲祖禹传》载，范祖禹“子冲、温”）生于治平四年（1067）。故推知，范祖禹大约于是年结婚。

治平四年(1067),吕公著50岁

正月八日,英宗崩,神宗即位(《宋史》卷14《神宗本纪》、《宋会要·礼二九》)。

十九日,欧阳修覃恩转尚书左丞,进阶特进(胡柯《庐陵欧阳文忠公年谱》“可特授特进、行尚书左丞,依前参知政事,加食邑”、《欧阳文忠公文集》卷92《覃恩转左丞表》)。

二十五日,以龙图阁直学士司马光权知贡举,知制诰韩维、邵元并权同知贡举(《宋会要·选举一》)。

三月二十四日,欧阳修罢参知政事,除观文殿学士、转刑部尚书、知亳州(胡柯《庐陵欧阳文忠公年谱》)。

二十五日,吴奎任参知政事(《宋宰辅编年录校补》卷7)。

是月,赐礼部进士及第、出身461人,状元为许安世(《宋史》卷14《神宗本纪》、《文献通考》卷32《选举考五·举士》)。**其中,吕公著第三子吕希纯成为进士**(《紫薇诗话》:“张先生子厚与从祖子进,同年进士也。”张举,字子厚,治平四年登第)。

闰三月二十五日,章惇任著作佐郎,王安石以知制诰出知江宁军州事(《长编》卷209)。

二十六日,吕公著与司马光并为翰林学士。

《长编》卷209治平四年闰三月“甲辰”(二十六日)条载:“龙图阁直学士、知蔡州吕公著,龙图阁直学士兼侍讲司马光,并为翰林学士。”

《翰苑群书·学士年表》:“(治平四年)闰三月,(吕公著)以龙图阁直学士、给事中、知蔡州拜。”

《宋史·吕公著传》:“神宗立,召为翰林学士、知通进银台司。司马光以论事罢中丞,还经幄。公著封还其命曰:‘光以举职赐罢,是为有言责者不得尽其言也。’诏以告直付阁门。公著又言:‘制命不由门下,则封驳之职,因臣而废。愿理臣之罪,以正纪纲。’帝谕之曰:‘所以徙光者,赖其劝学耳,非以言事故也。’公著请不已,竟解银台司。”

《续资治通鉴·宋纪》卷65治平四年闰三月“甲辰”(二十六日)条载:“以龙图阁直学士知蔡州吕公著、龙图阁直学士兼侍讲司马光并为翰林学士。……他日,帝问王陶曰:‘公著及光为学士,当否?’陶曰 :‘二人者 ,臣尝论荐矣。用人如此,天下何忧不治!’”

按:翰林学士,即翰林学士、知制诰,掌内制、备皇帝咨询顾问等事,正三品(《宋史·职官志八·官品》、《职官分纪》卷15)。《宋史·职官志二》:“翰林学士院掌制诰、诏、令撰述之事。凡立后妃,封亲王,拜宰相、枢密使、三公、三少,除开府仪同三司、节度使,加封,加检校官,并用制;赐大臣太中大夫、观察使以上,用批答及诏书;余官用敕书。”知通进银台司,差遣官,凡经通进、银台二司收发的所有内外章奏、案牍,均需过问、审察,一月奏报一次,不得延误(《长编》卷34)。

二十八日,王存任馆阁校勘,为欧阳修、吕公著等荐用。

《长编》卷209治平四年闰三月“丙午”(二十八日)条载:“屯田员外郎刘瓛、著作佐郎王存为馆阁校勘……并以召试学士院,诗赋入等也。”

《宋史》卷341《王存传》:“久之,除密州推官。修洁自重,为欧阳修、吕公著、赵概所知。”

按:《长编》卷208治平三年十月甲午(13日)条载:“诏宰臣、参知政事举才行士、可试馆阁者各五人。”举荐的名单中有王存。此时,欧阳修为参知政事。曾肇《王学士存墓志铭》称王存“首为欧阳文忠公所知”。吕公著为翰林学士,作为近臣,进言、举人当为常,至于何时举荐王存,不详。

是月,吕公著上《论举台官不必校资序奏》。

吕公著《论举台官不必校资序奏》(治平四年闰三月):“臣近蒙恩充翰林学士,伏见本院自来举台官,并须前行员外郎已下,至太常博士,历通判一任已上者,仍须众学士同状保举。切以御史之职,所以上辅天子聪明,下绳纠百职事,无大小皆得奏论,必须资性端方,学识兼茂,然后可以处宪寺,任言责。由是而求诸多士之中,未易中选。今乃限以资格,而常欲得人,必恐其难。窃见近岁以来,前行员外郎以上知谏院者,并得兼起居舍人。朝廷之意,务欲广进人之路。而御史兼官之制尚阙,盖有司未尝讲求。臣又见比来保举堪充御史里行,或以资浅报罢。臣闻唐太宗雅好直言,马周以布衣为监察御史里行。里行之名,自马周始。其后官卑,未得真御史者,皆除里行。然则里行之设,本以待资浅之人。今乃以资浅为不应选,正失前代设官之意。臣又睹天圣七年,言事者以三院御史出为省府判官、转运使,其间多是知县充举,深为侥幸,乃诏今后知州、通判方得奏举。近日台官其称职者,虽或次补谏列,其不任职者,虽真御史亦以旧资出补外任。然则资序高下,不必校量。又闻孔子曰:'举尔所知,尔所不知,人其舍诸?'夫以人才之难,必待数人尽知固不可得。苟一人知之,众人非出于实信,但雷同系书,则又非为国求贤之意。凡臣所言,灼然易见。若增成旧制,于体无害。伏惟陛下以圣明文武,初即尊位,左右之臣悉皆访逮,岩穴之士尚将旁求,岂独于御史耳目之官,而不能广开其路?伏望圣慈裁许,自今后每御史有阙,即输学士、御史中杂一员保举。自正郎、前行员外郎并依谏官例,除兼御史。朝官以上,不问资序,并除里行。太常博士、通判及一年者,并依旧制。如此则用人之法不致苛密,而举善之心各得自尽,不胜大幸。"(《全宋文》卷1092、《宋名臣奏议》卷52、《历代名臣奏议》卷135)

五月九日,吕公著任翰林学士兼侍读。

《长编拾补》卷1:"(治平四年五月)丙戌(初九),翰林学士兼侍读。"自注云:"《纪事本末》卷53(案)朔闰考四月戊申朔无丙戌日。《十朝纲要编年备要》五月置宝文阁学士、直学士、待制,以翰林学士吕公著知制诰,不载兼侍读事或《纪事本末》上脱'五月'二字也。丙戌五月初九日。"

二十九日,吕公著兼宝文阁学士,系首任。

《玉海》卷28"治平仁宗御书"条载:"(治平)四年五月乙巳,以公著兼宝文阁学士,必为直学士。"①

《宋史》卷162《职官》"宝文阁学士"条载:"学士,治平四年初置,以吕公著兼。"

是月,吕公著任知制诰(黄以周等辑注,《续资治通鉴长编拾补》,顾古辰点校,北京:中华书局点校本,2004年版)。

是月,吕公著上《王陶不可复召奏》。

吕公著《王陶不可复召奏》(治平四年五月):"臣恐奸邪小人,因奏对之际,

①治平四年五月乙巳,为二十九日。

希合上意，蔽陶之罪，谓其忠直。望陛下割一人之私恩，采天下之公议，登用中立之士，杜绝阿党之原，无为偏见私说所惑，则天下幸甚。”（《全宋文》卷1092、《太平治迹统类》卷12）

《长编拾补》卷1治平四年五月“戊子”条载：“（王）陶遂得免。吕公著恐上惑，陶说将复召之，即奏曰：臣伏见自陛下即位以来，中外皆称圣朝。昨因王陶渎乱天听，上下震骇，已黜守外藩，继一露奏表章，历诋近臣及论大臣不轨，又漏泄上前密语。陛下以其官邸之旧，尝加眷遇，兼谓出于一时……”自注云：“《纪事本末》卷57（案）：毕氏《通鉴》熙宁二年七月知梓州，何郯又乞召还。王陶以迎合上意，帝薄之，后陶入为三司使，迁翰林学士、中丞，吕公著复论陶赋性倾邪。”

七月二十二日，河东转运使吕公孺建言州军“随行马直人骑数目”（《宋会要·仪制四·导从》）。

八月十四日，因吕公著《乞旌用郝戭奏》，诏郝戭除两使职官。

吕公著《乞旌用郝戭奏》（治平四年八月）：“戭前任兴国军通山县令日，为父樵年老，遂乞致仕，欲封父一官。不期樵卒，遂扶护还蔡州西平县本乡，于墓侧负土培坟，不避霜雪。行谊乡里所重，缙绅所推。今父服已除，齿发未衰，乞赐旌用。”（《全宋文》卷1092、《宋会要·职官七七》）

《宋会要·职官七七·致仕上》：“（治平四年）八月十四日，诏以太子中允郝戭除两使职官，候一任回与磨勘。先是，翰林学士吕公著言：‘戭前任兴国军通山县令日，为父樵年老，遂乞致仕，欲封父一官。不期樵卒，遂扶护还蔡州西平县本乡，于墓侧负土培坟，不避霜雪。行谊乡里所重，缙绅所推。今父服已除，齿发未衰，乞赐旌用。’故有是命。”

八月二十七日，葬英宗于永厚陵（《宋史》卷14《神宗本纪》）。

五月至九月间，吕公著撰《赐宰臣韩琦请郡不允诏》。

吕公著《赐宰臣韩琦请郡不允诏》：“夫忘身徇国者，前志之所高；送往事君者，人臣之所勉。顾惟寡昧，矧在亮阴，永言负荷之艰，实赖股肱之助。荐披来奏，颇异予闻。谓已事于山园，必听辞于机柄。虽末代或尔，在本朝则无。唯天圣之初，冯拯去位，非缘使领而获罢，盖以疾疢匪任。卿体力素强，望实兼劭，所宜遗履谦之近节，懋经国之远图。深体至怀，勉绥厥位。”（《皇朝文献》卷31）

按：吕公著于治平四年五月任知制诰（黄以周等辑注,《续资治通鉴长编拾补》,顾古辰点校,北京：中华书局点校本,2004年版）。是年王陶力攻韩琦,畤琦称疾求去,先后上《乞罢相第一奏状》和第二奏状、第三奏状、第四奏状,力辞宰相之位,固请一郡。九月辛丑,琦如愿以偿,特授守司徒兼侍中、镇安武胜军节度使、判相州（同上,第58页）。由此推知,吕公著撰写此诏书时间当在治平四年（1067）五月至九月之间。

九月二十三日,王安石为翰林学士（《长编拾补》卷2）。

二十六日,吕公弼由枢密副使升任枢密使、检校太傅。

宋神宗《吕公弼拜相制》（治平四年九月辛丑）：“本朝之制,并分二府之严；执政之臣,共干庶邦之重。文武承式,兵民是图。属在贤明,总司使职,诞敷明制,布告大廷。具官吕公弼器蕴诚明,机灵精达。瑰材任重,中广夏之栋梁；雅音自和,合请庙之琴瑟。登贰枢机之密,治闻议论之长。屡陈忧国之言,多发便时之策。深明王体,有柬朕心。宜升帝傅之崇,以正本兵之重。爰田增赋,真食衍封。名器益隆,典章允穆。於戏！信而能用,常思明哲之难；知无不为,期尽臣邻之益。祇若休命,以赞大猷。”。（《宋宰辅编年录校补》卷7、《全宋文》卷2438、《皇朝文鉴》卷34、《宋代诏令全集》第4册）

按：是年九月辛丑,为二十六日。《古今事文类聚新集》卷2、《宋文鉴》卷34、《文章辨体汇选》卷17载,此文作者为张方平,名为《除吕公弼枢密使检校太傅制》,内容相同,当是。

同日,韩琦罢相,吴奎罢参知政事,张方平、赵抃并参知政事,陈升之罢枢密副使,韩绛、邵亢并枢密副使；二十八日,郭逵罢同签书枢密院事（《宋宰辅编年录校补》卷7）。

是月,吕公著上《司马光举言职不当赐罢奏》《论司马光告敕不由封驳司奏》。

吕公著《司马光举言职不当赐罢奏》（治平四年九月）：“光以言举职而赐罢,则有言责者不得尽其言矣。陛下虽有欲治之心,而安危利害,何从而知。”（《全宋文》卷1092、《东都事略》卷88《吕公著传》）

《东都事略》卷88《吕公著传》：“神宗即位,召为翰林学士兼侍读,顷之兼宝文阁学士、知通进银台司。时御史中丞司马光以言张方平不可为参知政事罢为学士,公著封还制书,言:‘光以言举职而赐罢,则有言责者不得尽其言矣。陛下虽有欲治之心,而安危利害,何从而知?’于是内出光诰付阁门。又言:‘诰不由封驳而出,则是职因臣而废,乞正臣祗罪,以正纪纲。’神宗手批其奏:‘俟迩英,当谕朕意。’”

吕公著《论司马光告敕不由封驳司奏》(治平四年九月):“臣近为降下司马光等告敕到封驳司,寻以为不便,遂具封驳闻奏。窃知已直降光等告敕付阁门。臣伏以祖宗置封驳之职,盖以朝廷政令不能一一尽当,故使有司得各竭其意,以补阙遗。臣既缪当官守,苟有愚见,诚不敢自默,以失祖宗置司之意,是以即有论列。今来朝廷既以臣言不当,自当愿行黜责。……若因臣一言不当,遂使今后封驳之司不复能举正职事,则是祖宗法度由臣而坏。伏望圣慈正臣封驳不当之罪,特加显黜,以振纲纪。”(《全宋文》卷1092、《宋名臣奏议》卷56、《太平治迹统类》卷12、《东都事略》卷88《吕公著传》、《宋史》卷336《吕公著传》、《历代名臣奏议》卷160)

《续资治通鉴·宋纪》卷65治平四年九月“癸卯”(二十八日)条载:“权御史中丞司马光复为翰林学士兼侍读学士,以滕甫权御史中丞。光言:‘臣昨论张方平参政,不协众望,其言既不足采,所有新命,臣未敢祗受。’光等诰敕下通进银台司,吕公著具奏封驳。帝手诏谕光曰:‘朕以卿经术行义,为世所推,今将开迩英之度,欲得卿朝夕讨论,敷陈治道,以箴遗阙,故换卿禁林,复兼劝讲,非为前日论奏张方平也。吕公著封还,盖不知此意耳。’于是取诰敕直付阁门,趣光等受职。公著又言:‘诰敕不由本司,则封驳之职因臣而废。’帝手批其奏曰:‘俟开迩英,当谕朕意。’”

《长编拾补》卷2治平四年十月“丙午”(一日)条载:“十月丙午朔,司马光言(案:此为言张方平第二札子也。《纪事本末》不系日,接光为翰林学士兼侍读条下。今据《传家集》,乃十月一日上纪事连类附及,故不系日,今依本集):‘臣昨论张方平参知政事不协众望,臣识浅,才下其言……’……光又奏:‘臣愚暗,不达圣旨。’又恐累吕公著,上言:‘公著方正,朕使之掌银台,固虑诏令有失,欲其封驳耳,奈何罪之?’”

按:《长编拾补》卷2与《续资治通鉴·宋纪》卷65所载时间有别。封驳事,当发生在九月底,因十月一日已言及封驳“第二札子”。

十月四日,宋神宗于迩英阁听讲,单独留其叙谈。

《续资治通鉴·宋纪》卷65治平四年十月"己酉"(四日)条载:"初御迩英阁,召侍臣讲读经史。讲退,独留吕公著,语曰:'朕以司马光道德、学问,欲常在左右,非以其言不当也。'公著力请解职,许之。它日,又谓公著曰:'光方直,如迂阔何?'公著曰:'孔子上圣,子路犹谓之迂;孟轲大贤,时人亦谓之迂。况光者,岂免此名!大抵虑事深远,则近于迂矣。愿陛下更察之!'"

十五日,吕公著上《乞班在司马光下奏》。

吕公著《乞班在司马光下奏》(治平四年十月十五日):"司马光近除翰林学士,缘光前入院在臣之先,今乞班在光下。"(《全宋文》卷1092、《宋会要·仪制三》)

是月,吕公著撰《除富弼尚书左仆射充观文殿大学士集禧观使制》。

吕公著《除富弼尚书左仆射充观文殿大学士集禧观使制》:"圣王赋禄,所以崇德而观劳;贤者辞隆,所以激贪而厉俗。眷我外相,惟时宗工。愿还重绂之荣,盖露累章之请。既重违于悃愊,宜特示于褒优。载揆刚辰,式敷涣号。推诚保德崇仁忠亮佐运翊戴功臣、武宁军节度、徐州管内观察处置等使、开府仪同三司、检校太师、同中书门下平章事、徐州大都督府长史、上柱国、郑国公富弼,体资忠亮,识蕴渊闳。炳岳渎之粹灵,挺栋甍之厚器。光辅仁祖,蔚为文武之师;迨事先皇,实总机衡之要。引疾遽辞于大柄,均劳式殿于近邦。未移岩石之瞻,併及洪河之润。肆予缵绍,尤渴仪刑。虽体力之未平,顾风猷之克庄。而乃过持冲守,深缝宠名。谕言已周,诚意弥确。腾惟安危所寄,虽赖老成之人;损益有规,宜伸大雅之志。俾进班于左揆,听复节于中台。仍总领于殊庭,伫论思于秘殿。用彰宠数,盖示春怀。於戏,进止不胶,共扶于名义,幽明有相,终畀于寿臧。风于四方,时汝之德。"(《皇朝文鉴》卷35、《八代四六全书》卷2、《文翰类选大成》卷137)

按:《富郑公弼显忠尚德之碑》:"神宗即位,改镇武宁军,进封郑国公。公又乞罢使相,乃以为尚书左仆射、观文殿大学士、集禧观使,召赴阙。公以足疾固辞,复判河阳。熙宁元年移汝州。"神宗即位是在治平四年正月。《长编拾补》卷2记载,富弼复判河阳的时间为治平四年十月。因此,此制书当写于治平四年十月。

是年，释契嵩向吕公著赠书《辅教编》。

释契嵩《上吕内翰书》：“月日，沙门某谨撰书寄献于内翰吕公阁下：某尝以卑论，幸阁下善之；其后虽欲益进其说，以始终阁下听览德义之贶，念某弃匿山林，不能果也。比闻诏还，益用大手之笔，发挥天子制命，此不可不励己以求达其志也。幸阁下不忽其幽陋而少留意焉。某闻善其理者，天下至公之谓也。今天下所谓圣人之教者至焉，虽其名不类，考其理而皆欲人趋善，则其理未始异。然犹日月年数，虽其近远差异，而其成岁之功一也。故少壮之时，皆读其书，求其意，得其意则尝以告之人，曰是皆可从而不可拒也。既告之人，又患其不广，乃以之为书，欲其大劝。所著之书，虽积十余万言，而名微身晦，不能传之，欲望资之圣贤而相与振之，乃卒无所遇。及其老弊于山谷，弟子辈恐其书与其师皆没，固请以刻木；刻已，又请致之士大夫。初避要名之诮，而不从其请。余自谓之曰：‘自古至人皆以护其教法，获讥陨身。为远大者，又奚恤流俗之讥耶？’乃浩然尽发其书，致之缙绅、先生之徒。虽未始识者，立使布之其人，况忝阁下一言之察。而阁下高识达量，素以天下之善而为意也，而敢不陈之乎？谨以其书一部三册所谓《辅教编》者封题，仗僧致之下执事者。偿辱阁下谕之于人，则其胜缘阴功幽德，当奉大君子同之。神明在焉，实闻斯语，尘涜高明，岂胜皇恐之至。不宣。某谨白。”（《镡津文集》卷10、《全宋文》卷765）

按：释契嵩所撰《辅教编》嘉祐六年至京师，献给皇帝。从该文内容看，其后推出木刻本。吕公著痴心佛学，天下皆知。“比闻诏还”，与从蔡州回京任翰林学士吻合。内翰，即翰林。治平四年闰三月（1067），吕公著任翰林学士，故推知当在是年寄信、书。

是年，吕公孺为河东转运使。

《宋会要·仪制四》：“（治平四年七月二十二日）河东转运使吕公孺言事。”

治平末，吕公著荐郝戭任奉宁军推官。

《宋史》卷456《郝戭传》：“治平末，以翰林学士吕公著荐，起为奉宁军推官，泾原经略使亦奏辟幕府。戭曰：‘向所以未老致仕，欲官及亲也。既不能及，尚庶几以恩得赠，今则无及矣！’姻族语其妻聂氏，使劝戭仕，曰：‘吾不德，无以助君子，矧敢强其所不欲以累其高哉。’聂事舅姑亦以孝义著。戭忠信自将，笃行苦节，不仕而卒。司马光为铭其墓。”

韩氏兄弟韩绛、韩维与吕公著争扬王安石，安石之名始盛。

《邵氏闻见录》卷3："吕氏公著，字晦叔，最贤，亦与安石为同年进士。子华、持国、晦叔争扬于朝，安石之名始盛。安石又结一时名德之士，如司马君实辈，皆相善。先是，治平间神宗为颍王，持国翊善，每讲论经义，神宗称善。持国曰：'非某之说，某之友王安石之说。'至神宗即位，乃召安石，以至大用。"

按：是年，神宗即位。王安石被召回，九月二十三日任翰林学士（《长编拾补》卷2）。故置于此。韩氏兄弟韩绛，字子华；韩维，字持国。

熙宁元年（1068），吕公著51岁

正月一日，改元（《宋史》卷14《神宗本纪》）。

二十一日，吕公著兼判尚书兵部。

《吕正献公公著传·实录》（《琬琰集》下集卷10）："熙宁元年，修《英宗实录》，转礼部侍郎、知开封府。"

《宋会要·职官六三·避亲嫌》："神宗熙宁元年正月二十一日，翰林学士、知通进银台司、兼门下封驳事吕公著兼判尚书兵部，以龙图阁直学士、判尚书兵部张掞知通进银台司、兼门下封驳事。公著自陈兄公弼任枢密使，领封驳非便也。"

二十三日，赵概罢参知政事，唐介参知政事（《宋宰辅编年录校补》卷7）。

二十四日，诏以宰相曾公亮提举，吕公著、韩维、王安石修撰，孙觉、曾巩检讨，修《英宗实录》。

《玉海》卷48《熙宁英宗实录》："熙宁元年正月二十四日（一云二月丁酉），诏以宰相曾公亮提举，吕公著、韩维、王安石修撰，孙觉、曾巩检讨。二年七月己丑司徒韩琦等上《英宗实录》三十卷、《事目》三卷（一云曾公亮等上），赐诏奖谕。"

《直斋书录解题》卷4："《英宗实录》三十卷。学士寿春吕公著晦叔、长社韩维持国、知制诰浦城吴充冲卿撰。熙宁元年正月奉诏，二年七月宰臣提举曾公亮上之。"

《宋孙莘老先生年谱》:“宋晁公武《读书志》:熙宁元年,诏修《英宗实录》。曾公亮提举,吕公著、韩维修撰,孙觉、曾巩检讨。”

《续资治通鉴·宋纪》卷66熙宁二年二月“庚子”条载:“命翰林学士吕公著修《英宗实录》。”

按:《吕正献公公著传·实录》、《玉海》、《直斋书录解题》、晁公武《郡斋读书志》,均说修《英宗实录》始于熙宁元年。且《玉海》有编修过程,可信。今从《玉海》等。

四月十日,吕公著谏言取消五月初一上尊号的旧例。

《续资治通鉴·宋纪》卷66熙宁元年四月“辛亥”(十日)条载:“礼官议,欲用唐故事,以五月朔请御大庆殿受朝,因上尊号。翰林学士吕公著言:‘五月会朝,始于唐德宗,取术数厌胜之说,宪宗以不经罢之。况尊号非古典,不系人主重轻。陛下方追复三代,何必于阴长之日为非礼之会,受无益之名!’从之。”

十九日,吕公著与王安石等言“讲者当赐坐”,苏颂有“驳坐讲议”。

《宋史全文》卷11:“(熙宁元年四月庚申)翰林学士兼侍讲吕公著、王安石等言事。”①

吕公著《请坐讲奏》(熙宁元年四月):“臣等窃寻故事,侍讲皆赐坐。自乾兴以来,讲者始立,而侍者皆坐听。臣等窃以谓侍者可使立,而讲者当赐坐。所以当赐坐者,以传先王之道故也。伏惟陛下躬仁圣之质,将兴尧舜之治,于传道之际,不宜因循有司一时之失,不正其礼。欲乞以臣等所言付礼官考议。”(《全宋文》卷1092、《苏魏公文集》卷16、《帝学》卷7、《太平治迹统类》卷26、《通鉴长编纪事本末》卷52、《演繁露》续集卷1)

苏颂《苏魏公文集》卷16《驳坐讲议:翰林学士侍讲吕公著王安石起居舍人兼侍讲同知谏院吴充等札子请坐讲》:“伏惟陛下躬仁圣之质,将兴尧舜之治,于传道之际不宜因循有司一时之失,不正其礼。欲乞以臣等所言付礼官考议,奉圣旨送太常礼院详定闻奏。”

《续资治通鉴·宋纪》卷66熙宁元年四月“庚申”(十九日)条载:“庚申,吕公著、王安石等言:‘故事,侍讲者皆赐坐;自乾兴以来,讲者始立,而侍者皆坐

①庚申,为十九日。

听。臣等窃谓侍者可使立,而讲者当赐坐。'礼官韩维、刁约、胡宗愈言:'宜如天禧旧制,以彰陛下稽古重道之意。'刘攽曰:'侍臣讲论于前,不可安坐。避席言语,乃古今常礼。君使之坐,所以示人主尊德乐道也;若不命而请则异矣。'龚鼎臣、苏颂、周孟阳、王汾、韩忠彦皆同攽议,曰:'乾兴以来,侍臣立讲,历仁宗、英宗两朝,行之且五十年,岂可轻议变更!'帝问曾公亮,公亮曰:'臣侍仁宗书筵亦立。'后安石因讲赐留,帝面谕曰:'卿当讲日可坐。'安石不敢坐,遂已。"

是月,吕公著上《五月会朝非礼奏》。

吕公著《五月会朝非礼奏》(熙宁元年四月):"五月会朝,始于唐德宗,取数术厌胜之说。宪宗以不经罢之。况尊号非古典,不系人主重柄。陛下方追复三代,何必于阴长之日,为非礼之会,受无益之名!"(《全宋文》卷1092、《东都事略》卷88《吕公著传》、《宋史》卷366《吕公著传》、《续资治通鉴》卷66)

是月,吕公著知开封,欧阳修有《与开封府吕内翰公著启》。

欧阳修《与开封府吕内翰公著启》(熙宁元年四月):"伏自某官辍从迩列,暂领陪藩。窃顾愚蒙,获兹庇赖;载惟孤拙,每荷优容。积于佩德之诚,无异遗民之爱。恭惟入趋宸扆,容署天畿,仰匪日以政成,即畴贤而柄用。"(《欧阳文忠公集》卷96、《全宋文》卷703)

是月,王安石与吴充被任命为同修《英宗实录》修撰官,王安石因与吴充有姻亲上疏辞免,奏折涉及吕公著。

王安石《乞免修实录札子》:"臣准閤门报敕,差臣与吴充同修英宗实录,窃缘臣与吴充为正亲家,虑有共事之嫌,今来实录院止阙吕公著一人,臣于讨论缀缉不如吴充精密,若止差吴充一人以代公著自足办事,伏望圣恩详酌,指挥所有敕牒,臣未敢受取进止。"(《临川文集》卷42)

按:吴充次子吴安持娶王安石长女。正月神宗命吕公著修《英宗实录》,不久辞职,可能系四月知开封而离开实录院,而转命吴充修实录。

五月十六日,吕公著上《举淹废人引见考试到人奏》。

吕公著《举淹废人引见考试到人奏》(熙宁元年五月十六日):"准手诏举列淹废之人,因选人不该磨勘者,依身言书判人例施行。续准诏考试到三十七人,分五等,令流内铨连逐人卷子,依敕引见。具指定引见日,先申中书,欲今月二十一日上殿引见。"(《全宋文》卷1092、《宋会要·选举一〇》)。

二十五日,枢密使吕公弼"请河北每指挥择才勇百人"(《玉海》卷139《熙宁保甲》)。

七月九日,陈升之(旭)知枢密院事(《宋宰辅编年录校补》卷7)。

十四日、二十日京都接连发生地震,时任知开封府吕公著上疏论政。

吕公著《论淫雨地震奏》(熙宁元年七月):"臣伏见夏秋之交,淫雨为沴,遒甲申地震京师。天威不远,谴告甚明,此诚陛下抑畏修省之时也。臣窃考自昔人君,每有变异,或因恐惧而致福,或以简诬而致败。盖古之王者,知祸福无不自己,故侧身修行,以求消复,则天之应也,敏若影响,此所谓恐惧以致福者也。至于后世,乃以为天地灾眚皆有常数,或专修外事,或归过于下,则是坐视天灾,无复自饬,此所谓简诬以致败者也。恭惟陛下以圣德在位,将兴太平,然而灾害重仍,殆有以警惧陛下。臣愚以为必须历考庶事,正所未正,则灾可转而为福。……伏望陛下少留圣意,未行者勉而行之,既行者勉而终之,则天下幸甚。"(《全宋文》卷1093、《宋名臣奏议》卷42、《东都事略》卷88《吕公著传》、《宋史》卷366《吕公著传》、《历代名臣奏议》卷302、《续资治通鉴》卷66)

《续资治通鉴》卷66载,熙宁元年七月,"知开封府吕公著上疏曰:'自昔人君遇灾者,或恐惧以致福,或简诬以致祸。上以至诚待下,则下思尽诚以应之,上下尽诚而变异不消者,未之有也。唯君人者去偏听独任之弊,而不主先入之语,则不为邪说所乱。颜渊问为邦,孔子以远佞人为戒。盖佞人唯恐不合于君,则其势易亲;正人唯恐不合其义,则其势易疏。惟先格王正厥事,未有事正而世不治者也。'"

十八日,曾公亮为大礼使,王珪为礼仪使,司马光为卤簿使,滕甫为仪仗使,吕公著为桥道顿递使。

《宋会要·礼二八·郊祀五使》:"熙宁元年七月十八日,以亲郊,命宰臣曾公亮为大礼使,翰林学士承旨王珪为礼仪使,翰林学士司马光为卤簿使,权御史中丞滕甫为仪仗使,翰林学士、权知开封府吕公著为桥道顿递使。"

二十二日,吕公著论王陶赋性。

吕公著《劾王陶奏》(熙宁元年七月):"陶赋性倾邪。当韩琦秉政,谄事无所不至,自以尝预宫僚,欲立至公辅。及为中丞,挟私怀忿,乃诬琦以不臣之迹,

陷琦以灭族之祸。反复如此,岂可信任!"(《全宋文》卷1093、《宋宰辅编年录校补》卷7、《续资治通鉴》卷66)

《续资治通鉴》卷66熙宁元年七月"壬辰"(二十二日)条载:"韩琦自永兴复请相州以归。会河北地数震,知梓州何郯因上书言阴盛臣强以讥切琦,又乞召还王陶,以迎合上意,帝薄之。后陶入为三司使,迁翰林学士,中丞吕公著复论:'陶赋性倾邪,当韩琦秉政,谄事无所不至;及为中丞,及诬琦以不臣之迹,陷琦以灭族之祸。反复如此,岂可信任!'乃出陶知蔡州。"

八月,吕公著上《设首免之科为开改恶之路奏》。

吕公著《设首免之科为开改恶之路奏》(熙宁元年八月):"安石、光所论,敕律悉已明备,所争者惟谋为伤因、不为伤因而已。臣等以为,律著不得自首者凡六科,而于人损伤不在自首之例。释谓因犯杀伤而自首者,得免所因之罪,仍从故杀伤法。盖自首者但免所因之罪,而尚从故杀伤法,则所因之谋,罪虽原免,而伤者还得伤之罪,杀者还得杀之刑也。且律于器物,至不可备偿,则不许首,今于人损伤尚有可当之刑,而必使偿之以死,不已过乎?古初立法,杀人者死,伤人者抵罪。后世因劫杀而伤者,增至于斩,因谋杀而伤者,则增入于绞。傥有不因先谋,则不过徒杖三等之科而已,岂深入于绞斩乎?若首其先谋,则伤罪仍在,是伤不可首而因可首,则谋为伤因亦已明矣。律所以设首免之科者,非独开改恶之路,恐犯者自知不可免死,则欲遂其恶心,至于必杀。今若由此著为定论,塞其原首之路,则后之首者不择轻重,有司一切按文杀之矣。朝廷虽欲宽宥,其可得乎?苟以为谋杀情重,律意不通其首,则六科之中,当著谋杀已伤不在自首之例也。编敕所载,但意在致人于死,并同已伤,及伤与不伤,情理凶恶不至死者,许奏裁。今令所因之谋得用旧律,而原免已伤之情复以后敕而奏决,则何为而不可也?臣等以为宜如安石所议便。"(《全宋文》卷1093、《文献通考》卷170)

十月二十五日,神宗从权知开封府吕公著之请,定京畿县丞、簿、尉及开封、祥符二县令任职事宜。

《宋会要·职官四八·县令(试衔知县)》:"神宗熙宁元年十月二十五日,诏:'开封、祥符二县令,开封府举有出身,经一任三考,无赃私罪、公罪徒以上,曾有举主三人者充。'从权知开封府吕公著之请也。"

《宋会要·职官四八·县丞》:"神宗熙宁元年十月,诏:'京畿县丞、簿、尉除举官外,令审官院、流内铨精加选择。'从权知开封府吕公著之请也。"

《宋会要·职官四八·县丞》:"神宗熙宁元年十月二十五日,诏:'京畿县丞、簿、尉除举官外,令审官院、流内铨精加选择。内开封、祥符二县令,开封府举有出身,经一任三考,无赃私罪、公罪徒以上,曾有举主三人者充。'从权知开封府吕公著之请也。"

按:《宋会要》三条权知开封府吕公著记载,一并录之,以证其实。

考:《开封府题名记》载,吕溱"熙宁元年四月,翰林学士权知";滕甫"熙宁元年十二月,翰林学士权知"。吕公著自熙宁元年四月至十月,《宋会要》有其权知开封府的记载,可补《开封府题名记》之遗漏。胡珂《庐陵欧阳文忠公年谱》也记载吕公著权知开封府始于熙宁元年四月,当为又一佐证。

十一月十八日,大赦(《宋史》卷14《神宗本纪》)。

十二月二十三日,邵亢罢枢密副使(《宋宰辅编年录校补》卷7)。

是年,吕公著举荐周敦颐。

度正《濂溪先生周元公年表》:熙宁元年,"吕正献公公著在侍从,闻先生名,力荐之。会清献公在中书,擢授广南东路转运判官。有启谢正献公云:'在薄宦有四方之游,于高贤无一日之雅。'"

吕本中《童蒙训》卷上:"二程始从周茂叔先生为穷理之学,后更自光大。茂叔名敦颐,有《太极图说》传于世,其辞虽约,然用志高远可见也。正献公在侍从时,闻其名,力荐之,自常调除转运判官。茂叔以启谢正献公云:'在薄宦有四方之游,于高贤无一日之雅。'"

李幼武《宋名臣言行录》外集卷1《周敦颐》:"熙宁初,用赵抃、吕公著荐,擢广东漕。"

《东都事略》卷114《周敦颐传》:"用吕公著荐,擢广南东路转运判官,移提点刑狱。"

《宋史》卷427《周敦颐传》:"熙宁初,知郴州,用(赵)抃及吕公著荐,为广东转运判官,提点刑狱,以洗冤泽物为己任,行部不惮劳苦,虽瘴疠险远,亦缓视徐按。"

许毓峰《周濂溪年谱》:熙宁元年,"是时,吕公著在侍从,闻先生名,力荐之。

奏曰:'臣伏见尚书虞部员外郎、通判永州军事周敦颐操行清修,才术通敏,凡所临位,皆有治声。臣今保举,堪充刑狱钱谷繁难任使,如蒙朝廷擢用,后犯正入己赃,臣甘当同罪。其人与臣不是亲戚,谨具状奏闻,伏候敕旨。'奏上,会赵抃在中书,遂擢授先生广南东路转运判官。"

是年,吕公著作答诏,引起陈旸叔不满。

《吕氏杂记》:"神宗初,陈旸叔在枢府,求郡以便养亲,正献公时在翰林,作答诏云:'退食委蛇,自足荣于就养。'旸叔不悦,盖惑於郑说,以为讥也。谓惠穆公曰:'犹自不退食已尔。'公乃别准备一诏云:'虽枋臣光宠之异,足以显亲;唯上国甘珍之多,尤宜就养。'盖补成前诏之义也。未及用而旸叔得请外补。"

《童蒙训》卷上:"当世言:' 熙宁初,与陈旸叔、吕宝臣同任枢密。旸叔聪明少比,遇事之来,迎刃而解。而吕宝臣尤善称停事,每事之来,必称停轻重,令必得所而后已也。'"

按:陈旸叔,即陈升之(1011—1079)。熙宁元年(1069)七月,陈升之知枢密院事,吕公弼为枢密使,吕公著为翰林学士。故置于此。

是年,吕公著长子吕希哲监陈留税务,章楶时任知县,称其"诚厚德可服"。

《童蒙训》卷上:"熙宁初,荥阳公监陈留税务,时汪辅之居陈留,恃才傲物,独敬重公。横渠先生闻之,语人云:'于蛮貊之邦行矣,于吕原明见之。'"又云:"荥阳公之监陈留税也,章枢密质夫楶知县事,雅敬爱公。一日,因语次暴陵折公,公不为动。质夫笑曰:'公诚厚德可服,某适来相试耳。'"

《宋史》卷328《章楶传》:"章楶,字质夫,建州浦城人。祖频,为侍御史,忤章献后旨黜官,仁宗欲用之而卒,楶以叔得象荫,为孟州司户参军。应举入京,闻父对狱于魏,弃不就试,驰往直其冤。还,试礼部第一,擢知陈留县,历提举陕西常平、京东转运判官、提点湖北刑狱、成都路转运使,入为考功、吏部、右司员外郎。"

考:章楶(1027—1102),字质夫。治平二年(1065)进士,知陈留县。按文官三年一任,至少熙宁元年已任满。据黄锦君《章楶年谱》载,章楶治平二年至熙宁元年,知陈留县;熙宁二年至熙宁四年为秘书丞;熙宁五年(《长编》卷235熙宁五年七月"己亥"条)至熙宁六年再次知陈留县。吕本中《童蒙训》卷上载,"熙宁初",吕希哲监陈留税务,时任知县为章楶,故推知当在熙宁元年。

熙宁二年(1069),吕公著52岁

正月,王安石与神宗论天下事,以为“变风俗,立法度,最方今所急也”(《宋史全文》卷11)。

二月二日,富弼再入相(《宋宰辅编年录校补》卷7、《宋史》卷14《神宗本纪》)。

三日,以王安石参知政事(《宋宰辅编年录校补》卷7、《宋史》卷14《神宗本纪》)。**命吕公著修《英宗实录》。**

《宋史》卷14《神宗本纪》:“(熙宁二年二月)庚子,以王安石参知政事。命翰林学士吕公著修《英宗实录》。”

同日,孙固建言吕公著与司马光、韩维可为贤相。

《续资治通鉴·宋纪》卷66熙宁二年二月“庚子”条载:“初,帝欲用安石,以问曾公亮,公亮力荐之。唐介言安石不可大任,帝曰:‘卿谓安石文学不可任邪,经术不可任邪,吏事不可任邪?’介曰:‘安石好学而泥古,议论迂阔,若使为政,恐多变更。’退,谓公亮曰:‘安石果用,天下困扰必矣。诸公当自知之。’帝又问侍读孙固曰:‘安石可相否?’固对曰:‘安石文行甚高,处侍从献纳之职可矣。宰相自有度,安石狷狭少容。必欲求贤相,吕公著、司马光、韩维其人也。’凡四问,皆以此对。帝不以为然,竟用安石,谓之曰:‘人皆以为卿但知经术,不晓世务。’安石对曰:‘经术,正所以经世务也。但后世所谓儒者,大抵多庸人,故流俗以为经术不可施于世务耳。’帝曰:‘然则卿所设施,以何为先?’安石曰:‘变风俗,立法度,今之所急也。’帝深纳之。”

九日,皇上知司马光名闻外国,因吕公著使辽归来告之。

《吕正献公公著传·实录》(《琬琰集》下集卷10):因司马光罢御史中丞,“公著请不已,会奉使契丹。使还,解银台司”。

朱熹《三朝名臣言行录》卷7:“吕晦叔曰:昨使契丹,北中接伴问副使狄谘曰:‘司马中丞今为何官?’谘曰:‘今为翰林兼侍读。’曰:‘不为中丞耶?闻是人甚忠亮。’”

《司马太师温国文正公年谱》卷8:(熙宁元年)二月“丙午”(三日),“公登

对，乞一州，上不许。……初，公罢御史中丞，契丹因问公著以公何不为中丞，公著归，告于上，故上知之”。

《续资治通鉴》卷66熙宁二年二月“丙午”（九日）条载：“丙午，司马光入对，乞郡。帝不许，曰：‘卿名闻外国，奈何出外？’先是吕公著使辽时，光初解台职，辽人因问光何不为中丞；公著归，告帝，故知之。”

按：是年二月，戊戌朔，丙午为九日。《年谱》称丙午为三日，误。

二月，吕公著上《乞罢提举官吏及住散青苗钱奏》。

吕公著《乞罢提举官吏及住散青苗钱奏》（熙宁二年）：“臣窃闻近日中外臣寮累有章疏，乞罢昨差提举常平广惠仓官吏，及住散人户青苗钱，至今未有施行。臣伏思朝廷所以特遣使人颁行新法，本欲惠恤百姓，非为剥下奉上。朝廷之意固已甚善，然而朝野沸腾，皆以为不便者，盖由朝廷处置，前后自相违戾。如昨来元本敕旨，止于河北、京东、淮南三路，后来忽然续差官吏遍行天下，所差官吏往往多不得人。如苏涓、王广廉、皮公弼之徒，张皇事势，必欲生事邀功。朱经、李元瑜之辈，庸猥下才，所在为人轻笑。其间取利之条日增，惠民之意渐失，所以人心摇动，日益不宁。臣欲乞应前来所遣官吏，可一切罢归。其青苗钱且只于近京一两路，专委提刑司或转运司相度俵散，务要惠民，不必取利。候散及一二年，如见得于公私无损，实有惠济，推之诸路，亦未为晚，兼人心亦自信服。若一二年间，民犹以为不便，则朝廷亦宜改作，不可必遂前失。如此则人心自安，无不得所。”（《宋名臣奏议》卷111、《历代名臣奏议》卷266）

是月，吕公著议谋杀人自首量刑起纷争。

《续资治通鉴》卷66载，熙宁二年，“二月，诏：‘今后谋杀人自首，并奏听敕裁。’帝初从王安石议，凡谋杀已伤而自首，减二等科罪，众论不服。御史中丞滕甫请再选官定议，诏送翰林学士吕公著、韩维、知制诰钱公辅重定。公著等议如安石，于是法官齐恢、王师元、蔡冠卿等皆劾奏公著等所议为不当，又诏安石与当官集议。反复论难，久之不决，故有是诏。”

按：《续长编拾补》卷5熙宁二年八月“乙未”条载：“八月乙未朔，诏谋杀自首及案问欲举，并依今年二月二十七日敕施行。先是吕公著等定按问欲举如王安石议，诏依所定。于是，审刑大理寺官齐恢、王师元、蔡冠卿等皆以公著等所议不当，中丞吕诲亦皆论谋杀不当用首法，文彦博以杀伤者欲杀而伤者，而已杀者不可首,吕公弼以为杀伤于律不可首。会富弼入相,上令弼议而以疾病久之弗议,至是乃决,而弼在告不与(《纪事本末》卷75)。”这说明谋杀人自首量刑之事,至八月才算告一段落。

三月一日,吕公著兼任流内诠,验选人身。

《续长编拾补》卷4熙宁二年三月“戊辰”(一日)条载:“三月戊辰朔,命翰林学士吕公著、知制诰苏颂与流内诠,主判官试验,选人身言书判。初,议差吕公著等,上问执政试判故事,因曰:‘此何足以见人材?’对曰:‘诚然,先朝有与京官者,实可惜。’上以为然。”

《宋会要·选举二四》:“(熙宁二年)三月一日,命翰林学士吕公著、知制诰苏颂验选人身。”

四月二十六日,吕公弼与王安石持节册命皇后。

《临川先生文集》卷45《皇后册文》:“维熙宁二年岁次己酉,四月丁酉朔二十六日壬戌,皇帝若曰……今遣摄太尉、推忠协谋同德佐理功臣、枢密使、光禄大夫、检校太傅、行尚书刑部侍郎、上柱国、东平郡开国公、食邑五千户、食实封一千户吕公弼,摄司徒、朝散大夫、右谏议大夫、参知政事、护军、太原郡开国侯、食邑一千一百户、赐紫金鱼袋王珪,持节册命尔为皇后。……”①

《宋会要·礼五三·册后》:“(熙宁二年)四月二十六日,上御文德殿,遣摄太尉、枢密使吕公弼,摄司徒、参知政事王安石,持节册命皇后。”

五月,吕公著上《论除监司条制奏》《答诏论学校贡举之法奏》。

吕公著《论除监司条制奏》(熙宁二年五月):“臣先准中书批状,送两制议选知州以下条制内一项。王珪等议,未曾历知州人,不得权入转运判官以上差遣。臣愚以为未便。窃以国家承平难久,于人材素养之法,有所未备。缓急求才,犹恐难得,若资格愈密,则简拔愈难。今知州以下从审官院差遣,则严其条式可也。转运判官以上,自朝廷推擢,则不当更增以资格。昔荀况称贤与能不待次而举,疲不能不待顷而废。董仲舒亦称小才难累日不离于小官,贤才虽未久不害为辅佐。且汉之部刺史,今之监司。如隽不疑乃自布衣拔为青州刺史,

---

①转见于《宋代诏令全集》第3册。刘成国《王安石年谱长编》考,王珪系熙宁三年十二月任参知政事。文中王珪当为王安石。《宋会要·礼五三·册后》所载,则为又一明证。

当时号为称职。方今豪俊之士,多伏在下位。若必待其已历知州,然后任使,则或至白首而不见旌用。臣愚以谓知州有治迹者,固当升入监司。自余果有才能,为众所推,虽资历尚浅,亦系自朝廷,不次选择,充转运判官、权发遣省府推判官及权充知州差遣。若试无效,自可退从常调。如此则劝沮兼行,贤愚无滞。"(《宋名臣奏议》卷67、《历代名臣奏议》卷166)

吕公著《答诏论学校贡举之法奏》(熙宁二年五月):"臣谨按《学记》……所谓学校之法者,天子自立太学于京师,取道德足以为天下师法者主之。自开封府及天下州县皆立学,取道德足以为人师者主之。然学校教化所以一道德,同风俗之原,今若人自为教,则师异说,人异习。故宜博选天下所谓有道德,可以为人师,先集于太学,使讲议所以教育之法。而朝廷以道揆其得失,讲议既定,然后取其得者置之要会州府,使主其学。其余州郡,既委转运司与知州、通判于本州及属县内,选经术通明,行谊素著者一人,使主州学。如本州无人,既转运司于同路、州、县选差,并令就见朝廷所置学官于本路会府,而受朝廷教育之法。或本州士人道德可以为人师而不仕者,委本州与转运司发遣赴阙,当度其可否,特与注官,就差本处主学,仍于太学受所以教育之法。所谓贡举之法者,应天下士人并须本县公吏等结罪保明乡贡素行,方得入于州学。州学每岁贡士,量州府大小,大郡贡二人,其小郡士人绝少处,二岁若三岁贡一人。并知州、通判与主学官,于学生内选入学一年以上,经明行修者,贡于朝廷。而升于太学者,官为给食。太学每岁于学生内,选到住太学一年以上,经明行修,通世务,可以治人者七十人,进于朝廷。其在上等者,委中书门下量才官使,其在次等者,送流内铨依名次注官。计一岁所贡者七十人,三岁所贡者二百人,则后次科场进士经学,南省奏名之数内,可各减一百人。二岁之后,就学者众,诸州所贡人数可以倍增,而太学三岁可增置四百人,则进士经学奏名内更各减一百人。又行之三岁,科举可尽罢,而士之进者皆出于学校矣。其到太学及一年以上,经述行谊入下等,及经虽稍通,行有毁玷者,并罢归本州,一不与选,愿归者亦听。其自太学罢归,非行有毁玷者,并不碍后来选贡。应天下知州、通判及掌学官,所贡士人上等者为最,在任皆最者特与旌赏。入下等为殿,在任皆殿者,当行重罚。其本郡士人,实有经行,蔽而不举者,委安抚、转运使、提点刑狱及御史台觉察以闻,当行重罚。……今建立学校,将以经术教养,则代赋以经,亦变法之渐也。

又经学一科，虽其来盖远，然自唐以后，始加填贴，由是应此科者，专务记诵。此于章句音切，尚不能辨，然而举用之曰‘此可以治人’，不待有议者然后知其非也。臣以谓自后次科场，明经止用正文填贴，更不以注，而增试大义。如此应明经者渐多，而诸科之弊自消矣。”（《宋名臣奏议》卷78、《历代名臣奏议》卷166）

五月，吕公著权知开封府，欧阳修致书予以勉励。

《开封府题名记》：开封知府一职，吕公著“熙宁二年五月，翰林学士权发遣”。

欧阳修《与开封府吕内翰公著启》：“恭惟入趋宸扆，荣署天畿，仰匪日以政成，即畴贤而柄用。”（《欧阳文忠公文集》卷96）

《邵氏闻见录》卷8：“熙宁初，富公再入，与曾鲁公并相。吕公公弼为枢密使，韩公绛、赵公概、冯公京、赵公抃皆为参知政事，俱久次。王荆公安石拜参知政事，乃荐吕公公著为御史中丞。有旨特许不避公弼，公弼不自安，乞出，除宣徽使、判太原府，移秦州。”

《曲洧旧闻》卷2：“岐王始封昌王时，飞语云：‘昌字两日并出也。’裕陵惑之，以问大臣，大臣无能对者。吕申公知开封府，因上殿奏事罢，上从容曰：‘卿闻昌王之说乎？’申公曰：‘不知陛下有何所疑？若圣意不能释然，以臣所见，改封大国，则妄议息矣。’裕陵意遂解。”

按：据《开封府题名记》：开封知府一职，吕公著“熙宁二年五月，翰林学士权发遣”，李肃之“熙宁二年六月，天章阁待制权知”，韩维“熙宁二年六月”（权知开封），可知吕公著知开封仅一个月左右。此为吕公著第二次权知开封府。

五、六月间，吕公著权知开封，荐李琮知阳武县。

《宋史》卷333《李琮传》：“吕公著尹开封，荐知阳武县。”

按：吕公著尹开封在熙宁二年五、六月间。

吕公著在开封为官有政绩。

彭大翼《山堂肆考》卷64《宾僚时见》（《四库全书》本）载，吕公著在开封为官时，“率五鼓视事，宾僚至者，不拘时见，故府无废事，下情易达”。

《明一统志》卷26《河南布政司》：“吕公著：熙宁初知开封府，率五鼓视事，宾僚至者，不拘时见，以故府无废事，下情易达。”

六月十二日，吕公著举荐常秩入台阁。

《续长编拾补》卷4熙宁二年六月“丁未”（十二日）条载：“丁未，翰林学士吕公著言：‘颍川人常秩，道德修于乡里，名实著于海内，欲乞召置台阁。’诏本州长史敦遣赴阙”。自注云：“《纪事本末》卷65。案：诏秩赴阙，初诏在治平四年十月癸丑，可考。”

二十二日，以知开封府吕公著为御史中丞。

《苏魏公文集》卷31《翰林学士兼侍读学士宝文阁学士礼部侍郎吕公著可御史中丞制》（熙宁二年底）：“敕：朕惟御史之任，内承本朝之风化，外为列位之表率。……惟尔一门公卿，三朝侍从，久宜登于近用，尚有避于当涂。况朕方以至公待人，不疑群下，岂以弟兄之任事，而废朝廷之擢才？矧在仁祖之时，已格亲嫌之制。台端之拜，无以宜卿。是用辍三学士之清班，委中执法之要地。尔其深体至意，言念匪躬。无自拘于细文，亟往践于阙位。肃正朝采，敦厚时风。伫观猷为，以辅台德。可。”（《宋代诏令全集》第5册）

《东轩笔录》卷5：“国朝旧制，父子兄弟及亲近之在两府者，与侍从执政之官，必相回避。熙宁初，吕公弼为枢密，其弟公著除御史中丞，制曰：‘久欲登于逸用，尚有避于当涂。’公弼闻之，义不能安，遂乞罢枢府，久之，以观文殿学士知并州。”

《宋史》卷336《吕公著传》：“（熙宁）二年，为御史中丞。出知颍州。”

《续资治通鉴》卷66熙宁二年六月“丁巳”（二十二日）条载：“以知开封府吕公著为御史中丞。”

按：《宋史·神宗本纪》载：“（熙宁二年）六月丁巳，右谏议大夫、御史中丞吕诲以论王安石，罢知邓州。”以吕公著代替吕诲任御史中丞。御史中丞，宋前期为正三品。

是月，吕公著上《遣司马光修二股河不当奏》。

吕公著《遣司马光修二股河不当奏》（熙宁二年六月）：“朝廷遣光相视董役，非所以褒崇近职，待遇儒臣也。”（《全宋文》卷1093、《宋史》卷91《河渠志一》）

按：《续文献通考》：“熙宁元年六月，河决恩、冀、瀛州。二年，浚二股河，以导东流。盖司马光请用宋昌言、程昉之议也。韩琦以为不可。唯光力主之。七月，二股河通，大河东流，而商胡河北稍塞。盖东流者，自滑、恩经德、沧入海之路。北流者,商胡、乾宁入海之路。”可见,当时二股河治理是有成效的。

七月二十七日,因吕公著言,著作佐郎、新知衡州衡阳县章辟光降湖南路监当。

《宋会要·职官六五·黜降官二》:“(熙宁二年)七月二十七日,著作佐郎、新知衡州衡阳县章辟光降湖南路监当。初,御史中丞吕公著言辟光不当干议岐王建外邸事,及素行贪猥,所至狼藉。上谕以言事不可加罪,然以辟光诚贪猥,乃止其素行绌之。”

八月一日,吕公著上《监张靖薛向对论事奏》。

吕公著《监张靖薛向对论事奏》(熙宁二年八月一日):“昨奉诏与司马光等监张靖、薛向对论陕西盐法及根磨粮草亏增。其盐法利害已定夺申奏。所有粮草亏增,缘公著已除御史中丞,未审合与不合管勾。”(《全宋文》卷1093、《宋会要·食货二四》)

《宋会要·食货二四·盐法三·盐法杂录二》:“(熙宁二年)八月一日,御史中丞吕公著言:‘昨奉诏与司马光等监张靖、薛向对论陕西盐法及根磨粮草亏增。其盐法利害已定夺申奏。所有粮草亏增,缘公著已除御史中丞,未审合与不合管勾。’诏依前降指挥。”

按:是年七月二十九日,“(司马)光奏薛向初罢任,粮草数比到任所亏极多,而中书得向状,自言罢任粮草数增于到任时。继而光奏前所上薛向粮草数,乃三司吏人之误,已牒三司依理施行。诏令吕公著、吴充据二状物数不同,取索三司及薛向所执文字看详定夺,取见诣实闻奏”(《宋会要·食货二四·盐法三·盐法杂录二》)。八月一日,吕公著对此作出回应。

八日,吕公著上《文臣磨勘转官不当比类施行奏》。

吕公著《文臣磨勘转官不当比类施行奏》(熙宁二年八月八日):“伏见英宗朝文臣磨勘转官,例展一年。至少卿、监以上,更不磨勘迁转。其武臣横行以上,旧例四年一转,使臣五年一转。初出官,三年便转。当时并不曾比类施行。又仁宗朝尝著令,正任防团以上,非有边功,不得转迁。后来冲改,但及十年以来,曾历外任,即许迁转。亦不曾与少卿、监以上比类施行。”(《全宋文》卷1093、《宋会要·职官一一》、《宋史》卷158《选举志》4)

二十七日,吕公著推荐程颢、王子韶、谢景福为监察御史里行。

《童蒙训》卷上："大程先生名颢，字伯淳，以进士得官。正献公为中丞，荐之朝，用为御史。论新法不合，罢去。泰陵即位，以宗正丞召，未受命，卒于家。其门人共谥为明道先生。先生尝以董仲舒'正其义不谋其利，明其道不计其功'为合于圣人，仲舒之学度越诸子者以此，故门人以先生学之所就，以明道见其志焉。"

《宋史》卷160《选举》："初，神宗罢荐举，惟举御史法不废。熙宁二年，王安石言：'举御史法太密，故难于得人。'……帝乃令悉除旧法，一委中丞举之，而稍微其资格。……既改法，著作佐郎程颢、王子韶、谢景福方为条例司属官，中丞吕公著荐之，遂以太子中允权监察御史里行。"

《宋史》卷427《程颢传》："熙宁初，用吕公著荐，为太子中允、监察御史里行。神宗素知其名，每召见，从容咨访。将退，则曰：'卿可频来求对，欲常相见耳。'一日，议论甚久，日官报午正，先生始退。"

《续资治通鉴》卷67熙宁二年八月"辛酉"（二十七日）条载："（程）颢自晋城令改著作佐郎，至是吕公著荐为御史。帝素知其名，数召见。每将退，必曰：'频求对，欲常常见卿。'一日，从容咨访，报正午，始趋出庭中。中官曰：'御史不知上未食乎？'"

《续长编拾补》卷5载，熙宁二年八月，"《续宋编年资治通鉴》：吕公著荐程颢授太子中允兼御史悰行①，上章论王霸。略曰：'得天理之正，极人伦之至者，尧、舜之道也；用其私心，依仁义之偏者，霸者之事也。王道坦然，本乎人情，出乎礼义，若履大道而行，无复回曲；霸者崎岖反侧於曲径之中，而卒不与尧、舜之道。故诚心而王则王矣，假而求霸则霸矣！'案：《宋史·本纪》：八月辛酉，以秘书省著作佐郎程颢、王子韶并为太子中允、权监察御史悰行。《续宋编年资治通鉴》附五月下，盖脱书'八月'二字，今依《宋史本纪》附此。薛应旂《通鉴》、毕沅《通鉴》云：颢自晋城令改著作佐郎，至是吕公著荐为御史。帝素知其名，数召见。每将退，必曰：'频来求对，欲常常见卿。'一日，从容咨访，报正午，始趋出庭中。中官曰：'御史不知上未食乎？'颢前后进说甚多，大要以正心窒欲、求贤育才为先，不饰辞辨，务以诚意感悟主上。帝尝使推择人材，颢所荐数十人，以父

①御史悰行，当为御史里行。

表弟张载及弟程颐为首。又劝帝防未萌之欲，及勿轻天下士。帝俯躬曰：‘当为卿戒之。’帝尝召颢，问所以为御史，对曰：‘使臣拾遗补阙裨赞朝廷则可，使臣掇拾臣下短长以沽直名则不能。’帝以为得御史体。居职数月，章疏屡上。又论时务十事，大略以为：‘圣人创法，皆本诸人情，极乎理物。圣人之所以必为者，行之有先后，用之有缓急，在讲求设施如何耳。’帝嘉纳之。又案：《明道文集·论王霸之辨疏》：‘霸则霸矣’句下，又有云：二者其道不同，则在择审其初而已。《易》所谓‘差若毫厘，谬以千里’者，其初不可不审也。故治天下者，必先立其志，正志先立，则邪说不能移，异端不能惑，故力进于道而莫之御也。苟以霸者之心而求王道之成，是炫石以为玉也。故仲尼之徒无道桓、文之事，而曾西耻比管仲者，义所不由也，况下于霸者哉？陛下躬尧、舜之资，处尧、舜之位，必以尧、舜之心自任，然后为能充其道。汉、唐之君，有可称者，论其人则非先王之学，考其时则皆驳杂之政，乃以壹曲之见，幸致小康，其创法垂统，非可继于后世者，皆不足为也。然行仁政而不素讲其具，使其道大明而后行，则或出或入，终莫有所至也。夫事有大小，有先后。察其小，忽其大，先其所后，后其所先，皆不可以适治。且志不可慢，时不可失。惟陛下稽先圣之言，察人事之理，知尧、舜之道备于己，反身而诚之，推之以及四海，择同心一德之臣，与之共成天下之务，《书》所谓‘尹躬暨汤，咸有一德’，又曰‘一哉王心’，言致一而后可以有为也。古者三公不必备，惟其人，诚以谓不得其人而居之，则不若阙之之愈也。盖小人之事，君子所不能同；岂圣贤之事，而庸人可参之哉？欲为圣贤之事，而使庸人参之，则其命乱矣。既任君子之谋，而又入小人之议，则聪明不专而志意惑矣。今将矫千古深锢之弊，为生民长久之计，非夫听览之明，尽正邪之辨，致一而不二，能胜之乎？或谓：人君举动，不可不谨，易于更张，则为害大矣。臣独以为不然。所谓更张者，顾理所当耳。其动皆稽古质义而行，则为谨莫大焉，岂若因循苟简，卒致败乱者？自古以来，何常有师圣人之言，法先王之治，将大有为而反成祸患者乎？愿陛下奋天锡之勇智，体乾纲而独断，霈然不疑，则万世幸甚！”

杨希闵《宋程纯公年谱》（民国二十三年燕京大学图书馆排印本）：熙宁二年，“是年，御史中丞吕公著荐为太子中允，权监察御史里行”。

按：《续资治通鉴》卷67熙宁三年四月己卯（十九日）条载，“监察御史里行程颢，每进见必陈君道以至诚仁爱为本，未尝及功利”。“监察御史里行”一职与监察御史有别,御史须太常博士以上、曾任通判并有三人举荐,方能除授,如不及资格而除台官,则带“里行”。《祥符御史台》:“景祐元年四月癸酉,置监察御史里行。”《宋史·职官志四》:“官卑而入殿中监察御史者,谓之‘里行’。治平四年,中丞王陶言:‘奉诏举台官,而才行可举者多以资浅不应格。’乃诏举三任以上知县为里行。”叶梦得《石林燕语》:“人未历通判,非特旨不荐,仍为里行。”

九月三日,吕公著举谢景温及秘书丞侯叔献充御史。

司马光《温公日录》卷1:“(熙宁二年九月)丙寅,孙彦先知(军)[单]州。晦叔复举谢景温及秘书丞侯叔献充御史。叔献亦制置条例局中人也。”

吕本中《童蒙训》卷上:“侯叔献者,少有声名。熙宁初,屡来求见正献公。荥阳公因为公言:‘叔献可比赵清献。’正献深不以为然,云:‘赵清献自守一世,方成就如此。后生有多少事,岂可便比前辈?’既而叔献果建水事求进。”

王安石《熙宁日录》:“淮南转运使、屯田郎中谢景温为工部郎中兼侍御史知杂事。景温雅善安石,又与安石弟安国通姻。吕公著之为中丞也,人谓景温必先举御史,及公著罢,乃有此除。先是安石独对,问上曰:‘陛下知今日所以纷纷否?’上曰:‘此由朕置台谏非其人。’安石曰:‘陛下遇群臣无术,数失事机,别置台谏官,恐但如今日措置,亦不能免其纷纷也。’”①

按:谢景温是王安石弟王安国的姻亲。《长编》卷210熙宁三年四月“辛巳”条载:“淮南转运使、屯田郎中谢景温为工部郎中兼侍御史知杂事。景温雅善安石,又与安石弟安国通姻。吕公著之为中丞也,人谓景温必先举御史,及公著罢,乃有此除。”可知,吕公著举荐谢景温为御史,当时并未获准。

考:熙宁二年九月甲子(初一)朔,推知丙寅为三日。《温公日录》,据日本内阁文库所藏《增广司马温公全集》(1993年日本汲古书院影印本)录文,记载熙宁二年(1069)八月至三年十月事,其中熙宁三年正月、二月记事缺,三月仅收一条。王安石《熙宁日录》,是其当政期间记录政事及奏对之语而成,故名之。

四日,行青苗法(《宋史》卷14《神宗本纪》)。

---

①《长编》卷210熙宁三年四月“辛巳”条注云:“此安石三月十六日对上语。”今不取。与《温公日录》等所载不合。

六日，召吕公著赴经筵。

《温公日录》卷1：“（熙宁二年九月）己巳，召晦叔来，且赴经筵。开宝解锁厅五十四人，张公益应诏式，吕升卿为之首。”

《续长编拾补》卷5熙宁二年九月“己巳”（六日）条载：“召御史中丞吕公著来旦赴讲筵”。自注云：“《纪事本末》卷53。案：《纪事本末》此条上书二年二月甲寅初开讲筵，而此条接书不更系月。据《玉海》卷26云：熙宁二年九月戊辰开讲筵，己巳召中丞吕公著来旦赴讲筵。钱氏《朔闰考》，九月甲子朔，己巳初六日。考《宋史·本纪》，公著为御史中丞在六月丁巳日，二月尚未为御史中丞。《纪事本末》上脱书‘九月’二字，今依《玉海》附此。”

《玉海》卷26《熙宁读资治通鉴》：“二年九月戊辰，初开经筵。己巳，召中丞吕公著侍经筵。先是治平四年（神宗已立）十月己酉（四日），初御迩英讲读。甲寅，司马光读《通鉴》。熙宁元年二月十一日御阁，召王珪、范镇、司马光、吕公著、吴申、周孟阳讲《礼记》，读《史记》《资治通鉴》（光读至苏秦事）。……元丰元年三月二午，侍读吕公著读《后汉书》论治体（又论唐太宗，公著以屈己从谏讽上）。”

《玉海》卷26《皇祐迩英阁讲〈易〉》：“（贾）昌朝、吕公著以台丞而劝讲。”

范祖禹《帝学》卷8《神宗英文烈武孝皇帝下》：“熙宁三年九月戊辰初御迩英殿讲读。己巳，召御史中丞吕公著来日赴经筵。公著以台丞侍讲，又兼经筵职，遇讲读即赴。”

按：范祖禹《帝学》卷8所载，误，今从《温公日记》《玉海》。

十一日，吕公著举荐张载、邢恕。

《宋会要·职官三三》：“（熙宁二年）九月十一日，御史中丞吕公著言：‘伏见秘书省著作佐郎张载，为学得修身事君之大要，久在陕西，一方士人以为师表。前河南府永安县主簿邢恕刚毅不挠，勇于为善，学术操守，实贾谊、马周之流。伏望特赐裁择，或召对以观其才，或置之馆阁，以待任使。’诏令阁门引对。既对，并特命为崇文院校书。”

十月三日，富弼罢相，曾公亮拜昭文相，陈升之拜集贤相（《宋宰辅编年录校补》卷7）。

二十二日，从吕公著等言，令王介、刘攽并归馆供职。

《宋会要·职官六五》：“同日（熙宁二年十月二十二日），集贤校理王介、馆阁校勘刘攽罢判鼓院、同知太常礼院，并令归馆供职。先是，介、攽充进士考试官，议事不合，御史张戬言：'介、攽天资薄恶，污辱书馆，慢侮多士。'命监试御史知杂事陈襄具析因依。襄具相诟詈之语以闻，诏各特罚铜八斤。既而御史中丞吕公著言：'攽素行猥薄，言多亵慢，一时流辈，比之俳优。介禀性躁妄，喜于争闹，所至州军，目为狂疾。昨试院中放恣益甚，语言传播，中外鄙笑。乞削职与外处差遣。'故有是命。"

刘攽《彭城集》卷27《与青城欧阳尚书别纸》言及"在试院"处理事宜："上恩宽博，裁令赎金。中宪吕公著以为朝廷纲纪，在此一奏，风俗惇厚，在此一举，不放逐邪佞，不足以正邦，毅然奋笔，有仲山甫不吐之风。知杂陈御史身在试院，目见始末，上牵下掣，不得自由，传致文字，使之相称。朝廷怜其无辜，又不欲小挫台宪之气，遂但夺差遣，使归馆供职。"

是月，吕公著上《乞罢制置三司条例司奏（一）（二）》《论推择太精群材难进奏》《论臧否人物宜谨密奏》。

吕公著《乞罢制置三司条例司奏（一）》（熙宁二年十月）："臣窃以三代圣王之政，至于久则不能无弊，在审所救云尔。国家享天下逾百年，凡当世举可以修旧起废，兴利除害者，固非一日。至于近日改更宗室法度，省罢银台奏白，减外亲奏荐，处置疲癃官吏之类，中外之论，孰曰不然？惟是制置三司条例一司，本出权宜，名分不正，终不能厌塞舆论。盖以措置更张，当责成于二府，修举职业，宜倚办于有司。若政出多门，固非国体。宰相不任其责，则坐观成败，尤非制世御下之术。兼臣昨来已曾论列，所有制置条例一司，伏乞罢归中书，其间事目有可付之有司者，即付之有司。"（《宋名臣奏议》卷110、《历代名臣奏议》卷160）

吕公著《乞罢制置三司条例司奏（二）》（熙宁二年十月）："臣近具札子言，乞罢制置条例司，归中书，至今未蒙施行。臣闻孔子曰：'名不正则言不顺，言不顺则事不成。'今来制置一司，上既不关政府，下又不委有司。是以从初置局，人心莫不疑眩。及见乎行事，物论日益腾沸。盖朝廷大事，无不出于二府。惟是今来制置条例，实系国家安危，生民休戚。而宰相不得与闻。若宰相以为可，自宜与之共论；以为不可，亦不当坐观成败，但事书敕尾而已。至于仓场库务，琐细利害，又恐不必执政大臣然后能集。臣又闻圣人之政，贵乎显仁藏用。管仲霸者之佐耳，及其为令，犹曰法成而邻国不知。今朝廷处置，实未能有利及民，然而先置一司，使天下疑惑、愁怨，至今不定，恐非策之得者也。乞检会臣前奏施行。”（《宋名臣奏议》卷110、《长编》卷210、《历代名臣奏议》卷160）

吕公著《论推择太精群材难进奏》（熙宁二年十月）：“臣窃惟陛下以圣哲之资，将兴致治，其于臣下能否，固所周知。然临朝而叹，常苦乏人。臣窃以为人之难知，尧舜犹病。然自昔有为之君，亦不借贤于异代。况今之人才，众人之所共知，而陛下之所熟讲者，盖亦不少。若用之既尽，然后可以言乏才；试之不效，然后可以言难知。今则不然，左右之任尚多阙员，而大小之贤鲜得汇理。陛下虽推择至精，可以无滥赏之过，然群材难进，谁与致非常之功？昔唐之德宗，非不爱惜名器，由其责人太密，授任至难，至于东省闭凡累月，南台唯一御史，故陆贽以为太精而失士。臣窃观之，自昔用人之际，所以常多疑贰者，患在君臣之间，未免形迹，居尝谋事，则多已睽异，至于议论，则尤难协同。臣伏愿陛下与执政之臣，凡选任之际，务求公坦，忘去形迹，则俊乂咸事，天工不旷矣。”（《宋名臣奏议》卷15、《右编》卷29）

吕公著《论臧否人物宜谨密奏》（熙宁二年十月）：“臣闻《易》曰：‘君不密则失臣，臣不密则失身。’几事不密，则害成。夫人主延见群臣，与讲天下之事，而论及人物之臧否，此所宜谨密者也。苟人主谨密而有所不至，则人臣悼后害之及，念失身之戒，而不敢尽其所欲言，此《易》之所谓不密则失臣者也。况人君用人，既用其所长，固欲知其所短。若知其所短而暴之，则莫肯尽其心。方将同舟而济，共舆而驰，苟不能使人人尽其力，则其势未可知也。惟留意幸甚。”（《宋名臣奏议》卷15、《皇朝文鉴》卷51、《历代名臣奏议》卷135、《右编》卷6、《经济类编》卷89）

十一月二日，命韩绛制置三司条例（《宋史》卷14《神宗本纪》）。

三日，吕公著举邢恕任崇文院校书。

《温公日录》卷1：“（熙宁二年）十一月甲子朔。丙寅……晦叔举选人邢恕，诏以为崇文院校书，仍诏选举到可试用人，并令崇文院校书，以备朝廷访问差使，候及二年取旨，或拔擢资任，或只与合入差遣。”

《续长编拾补》卷5载，熙宁二年十一月，“丙寅，邢恕为崇文院校书（《长编》卷210：三年五月乙巳，胡宗愈言：‘新进士，崇文校书未有法度。’恕堂除近地，试衔知县。原注：熙宁二年十一月三日初为校书，十年三月己巳复为校书。案：程俱

《麟台故事》卷2:熙宁中,以前河南府永安县主簿邢恕为崇文院校书。先是,御史中丞吕公著荐恕以为贾谊、马周之流,召对,而有是命。乃诏今后应选举可试用人,并令除崇文院校书,以备访问任使,二年取旨,或除馆职,或合入差遣。《宋史·邢恕传》:恕从习程颢学,因出入司马光、吕公著门。登进士第,补永安主簿。公著荐于朝,得崇文院校书。王安石亦爱之,因宾客谕意,使养晦以待用,恕不能从,而对其子雱语新法不便。安石怒,谏官亦言新进士未历官而即处馆阁,开奔竞路,出知延陵县,县废不复调,浮沉陕、洛间者七年,复为校书)”。

《宋会要·选举三三·特恩除职》:“(熙宁二年)九月十一日,御史中丞吕公著言:‘伏见秘书省著作佐郎张载,为学修身事君之大要,久在陕西,一方士人以为师表。前河南府永安县主簿邢恕刚毅不挠,勇于为善,学术操守,实贾谊、马周之流。伏望特赐裁择,或召对以观其才,或置之馆阁,以待任使。’诏令(阁)[閤]门引对。既对,并特命为崇文院校书。校书自是始置,有诏须供职二年,奏取旨。是后非以故罢黜者,皆充馆阁校勘。”

按:熙宁二年十一月甲子(一日)朔,推知丙寅为三日。《宋会要》记为九月十一日,当为吕公著举荐邢恕、张载之日期,而邢恕、张载任崇文院校书,在其后。

九日,吕公著乞使河中知府任职终三年。

《温公日录》卷1:“熙宁二年十一月,壬申,晦叔举馆职王存、顾临充台官,不许。又乞召还范纯仁补中都剧职。时纯仁徙权成都府路转运使。晦叔又言:‘河中五易知府十一人,来者乞使终三年。’”

按:熙宁二年十一月月甲子(一日)朔,推知壬申为九日。

闰十一月九日,吕公著推荐张载为崇文院校书。辞未及谢,复命案狱浙东。

《东都事略》卷114《儒学传·张载》:张载“与程颢、程颐讲学。举进士,为祁州司法参军、云岩令。吕公著言载与弟戬有古学,神宗召见,问以治道。对曰:‘为政不以三代为法者,终苟道也。’除崇文检书”。

《太平治迹统类》卷12:熙宁二年,“闰十一月壬寅,张载为崇文院校书。先是,吕公著荐载召对,问以治道,载曰:‘为政不以三代为法者,终苟道也。’上谓载才胜邢恕,王安石亦以为然,遂命之。”

《宋史》卷427《张载传》:“熙宁初,御史中丞吕公著言其有古学,神宗方一新百度，思得才哲士谋之，召见问治道，对曰："为政不法三代者，终苟道也。"帝悦，以为崇文院校书。他日见王安石，安石问以新政，载曰："公与人为善，则人以善归公；如教玉人琢玉，则宜有不受命者矣。"明州苗振狱起，往治之，末杀其罪。"

《续资治通鉴》卷67 熙宁二年闰十一月"壬寅"（九日）条载："壬寅，以张载为崇文院校书。载少喜谈兵，以书谒范仲淹，仲淹曰：'名教中自有可乐，何事于兵！'因劝读《中庸》，载读其书，犹以为未足，又访诸释、老，累年知无所得，反而求之"六经"。后与程颢兄弟语道学之要，涣然自信曰：'吾道自足，焉用傍求！'至是以御史中丞吕公著荐，召见，问以治道，对曰：'为政不法三代者，终苟道也。'帝悦，遂有是擢。它日，见王安石，安石曰：'新政方行，欲求助于子。'载曰：'公与人为善，则人以善归公。如教玉人琢玉，则宜有不受命者矣！'载，戬之兄也。"

武澄《张子年谱》：熙宁二年，张子至京师，见帝论治道。"谋之吕公著，荐载有古学，召见问治道"，（张载）"十二月召为崇文院校书，寻辞归"。

吕大临《横渠先生行状》（《张子全书》卷15 附）：熙宁二年，被召入对，除崇文院校书。又既命崇文，先生辞未得谢，复命案狱浙东。

刘廷诏《理学宗传辨正》："以吕公著荐，被召入对，除崇文院校书。辞未得，遂命按狱浙东。明道程子争之曰："载以经术德义进，而使之按狱，非朝廷所以待贤之意也。"安石曰："淑问如皋陶犹谳囚，此何伤？"命竟下，宽疏也。"

归曾祁《横渠先生年谱》：熙宁二年，"闰十一月，先生案狱浙东。曾祁案：《明道文集·论遣张载按狱》注熙宁二年闰十一月上，时为监察御史里行"。

按：《太平治迹统类》、《续资治通鉴》与《张子年谱》所说张载被召为崇文院校书的时间不一，当以《太平治迹统类》为是。《宋会要·刑法三·勘狱》："（熙宁二年闰十一月）二十二日，命崇文院校书张载劾苗振事。"当为又一佐证。

二十二日，命崇文院校书张载劾苗振事。吕公著与程颢等认为不当。

《宋会要·刑法三·勘狱》："（熙宁二年闰十一月）二十二日，命崇文院校书张载劾苗振事。初遣徐九思，未行，而王子韶乞别选人，故改命载。于是吕公著与程颢等皆言：'载贤者，不当使鞫狱。'上曰：'鞫狱岂贤者不可为之事邪？'弗许。"

按：苗振，“前知明州、光禄卿”，因“御史王子韶得其不法事故也”（《宋会要·刑法三·勘狱》）。

是月，吕公著上《官不及谏议大夫只除权御史中丞奏》。

吕公著《官不及谏议大夫只除权御史中丞奏》（熙宁二年闰十一月）：“今后除中丞者，如官不及谏议大夫，即乞更不带官，只除权御史中丞。俟罢日，却与旧官或朝廷推恩，即于旧官上迁转。”（《全宋文》卷1093、《宋会要·职官一七》）

《宋会要·职官一七·御史中丞》：“神宗熙宁二年闰十一月，权御史中丞吕公著言：‘今后除中丞者，如官不及谏议大夫，即乞更不带官，只除权御史中丞。俟罢日，却与旧官或朝廷推恩，即于旧官上迁转。’诏官未至谏议大夫，并守本职兼权。故事，官未至谏议大夫者，自正言而上皆除右谏议大夫。”

十二月二十一日，吕公著言“条例司近转疏脱，所举官皆是奴事吕惠卿得之”。

《长编纪事本末》卷61：“（熙宁二年）十二月癸未，上谓王安石、韩绛曰：吕公著言：‘条例司近转疏脱，所举官皆是奴事吕惠卿得之，并非韩绛、王安石所识。’”

《续长编拾补》卷6熙宁二年十二月“癸未”（二十一日）条载：“癸未，上谓王安石、韩绛（案：《太平治迹统类》作“韩维”）曰：吕公著言：‘条例司近转疏脱，所举官皆是奴事吕惠卿得之，并非韩绛、王安石所识。’安石曰：‘自外举者，诚或非臣等所识，然取于众议，若谓奴事吕惠卿，则惠卿在条例司用事已来，几日在外，人如何奴事得？’（《纪事本末》卷66）”

是年，吕公著上《乞招罢正兵益讲民兵府卫之法奏》。

吕公著《乞招罢正兵益讲民兵府卫之法奏》（熙宁二年）：“臣窃以古者兵农不分，而耕战并事。平居无不耕之民，有事无不战之家。故兵籍虽广，而财力不屈。后世唯唐之府卫，最为近古。开元以后，其制复坏。国家承五季之乱，虽庶事草创，未复古制，然祖宗之初，兵不过数十万，故当时未见其害。是后招募之数日增，而简练之法益弛。平居则常苦于冗食，有事则不足以应敌。故建议之臣，颇谓民兵可复，而正兵可消。诚以今之禁兵，率以中等校之，每人岁用钱粮衣赐计直五十缗，千人则岁费五万缗。至于兵民，则非有方廪给，唯是给之土田，或只将见今有地人户稍宽其租税，省其力役。以正兵千人之费，足以得民兵数万人。然今之正兵，亦不可骤行减放。但当即罢招填，益讲民兵府卫之法，使财力不屈，而战守有备。以之强国捍边，实万世之利也。臣欲乞诏辅臣，选议治体，晓兵法，或先曾献议，其言可用者数人，使议兵制施行。”(《宋名臣奏议》卷123、《历代名臣奏议》卷220)

是年，吕公著上《乞致仕官给四分俸钱奏》。

吕公著《乞致仕官给四分俸钱奏》(熙宁二年)：“臣窃以古之仕者，七十而致仕。虽有不得谢者，然年至而去，实礼之常制。盖当其壮也，既竭勤瘁以任其事，故及其老也，则使之优逸以终其身，此君上之至恩，而臣下之极荣也。然自本朝以来，凡致仕者虽例改官资，或推恩子弟，年及而愿退者常少。议者以疲癃老疾之人，其精神筋力不足以任职，则或至于蠹政而害民。故著令应年及而不退者，自知州以下，皆降为监当。然比年以来，致仕者亦不加多矣。昔为守倅而今厘务，虽至愚之人，岂不以为辱？然所以被辱而不去者，亦由朝廷立法有以致之。何则？古之为仕者，终身食其地，今之致政者，即日夺其廪；古之仕者，不出乡里，今则有奔南北之劳；古之仕者，常处其职，今则有罢官待次之费。故自非贪吏及素有经产，则其禄已常苦不足。一日归老，则妻子不免冻馁。是以虽廉洁之士，犹或隐忍而不能去，议者不推其本，则曰此皆无耻之人，宜思所以重辱之。此朝廷之恩所以愈薄，而臣下之节所以益坏也。臣愚欲乞应文武官致仕，非因过犯及因体量者，并依外任官例，与给四分俸钱。岁时州郡量致酒粟之问，如此则自非无耻之甚者，莫不感抱恩德，而争自引去矣。朝廷优之如此，而犹不能去，则虽重辱之，亦不为甚过也。或曰今国用方患不足，吏禄岂宜有增？臣窃以为今日所议，正为年及而不退者。彼若年及而不退，则其禄故未尝绝。如自此人多引去，则今之去而受禄者，乃向之不去而居官者也。臣所论者，其实国无所费，而足以全遇下之恩，臣无重辱，而足以去瘝官之弊。伏惟陛下方以至仁厚德风化天下，则于优养耆老，固所先务，伏乞详酌施行。”(《宋名臣奏议》卷74、《皇朝文鉴》卷51、《历代名臣奏议》卷286、《右编》卷29、《经济类编》卷24、《古今图书集成》经济汇编铨衡典卷79)

是年，吕公著上《乞宽假长民之官奏》。

吕公著《乞宽假长民之官奏》(熙宁二年)：“臣伏见审官院、流内铨以知县、县令阙多，凡选人被举充职官及转京官者，例差知县，已被差者不通举辟，不许避免。

臣窃以为当国家有道之时，付之以百里之地，有民人社稷之重，则士子所宜愿为。今乃设一切之令，强所不欲，与坐殿负犯者亡异。此殆郡县法纲太密，而劝别之道不明。吏有尽心奉法，治行明白者，未闻有所褒异。一罹微文，则不能自免于谴斥。加以近岁朝廷以更改法度，郡县之吏或不能奉行，故于常法之外，峻其黜典。经赦去官，多不原免。积累岁月，坐此殿累者益众。臣愚以为长民之官，朝廷宜少宽假，非有职私显状及罢软尤不胜任者，虽坐小法，无轻替易。仍诏诸路监司、牧守，其所属令长，有奉公爱民，治效尤异者，每岁别荐三二人，间或奖拔，待以不次。其次如职事修举，有举主合转京官者，特与依诸州教授例，就任改官，许令再任。如此则勤廉者得以自保，劳能者有所激劝，中才足以强勉，异効不至滞留。"(《宋名臣奏议》卷68、《愧郯录》卷9、《历代名臣奏议》卷166)

是年，吕公著上《谋对夏国奏》。

吕公著《谋对夏国奏》："臣早来入对，陛下论及夏国事宜。臣窃以夏国既不肯全归二寨故地，则朝廷须却留绥州，向去必是难保誓约，或至用兵。……惟当修严武备，来则应之，以逸待劳，保无失利。若临遣大臣，张皇武事，或议深入，或求奇功，皆非国家至计。仍虑向后或有边境急奏，乞朝廷静镇，无致警扰。"(朱熹《三朝名臣言行录》卷8《丞相申国吕正献公》)

按：此奏文作于吕公著任御史中丞之时，当作于熙宁二年。

是年，富弼作《吕文穆公蒙正神道碑》。

《琬琰集》上集卷15《吕文穆公蒙正神道碑》："大中祥符四年四月十九日，遂不起，年六十六。五年十月二十七日，葬于河南府洛阳县金石乡奉先里。后五十七年，其子居简始议琢碑于墓次，请文于里人富某。"

按：大中祥符五年(1012)，后推五十七年，即是年。

是年，吕诲、吴充、祖无择荐邵雍出仕，邵雍辞不就。

《邵氏闻见录》卷18："熙宁二年，神宗初即位，诏天下举遗逸。御史中丞、三司副使吴充、龙图阁学士祖无择皆荐康节。时欧阳公作参知政事，素重常秩，故颍川亦再以秩应诏。康节除秘书省校书郎、颍州团练推官。辞，不许。既受命，即引疾不起。"

朱熹《康节先生行状略》(录自同治谊堂本朱熹撰《伊川渊源录》卷5)："今上熙宁之初，复求逸士，御史中丞吕公诲、龙图阁直学士祖公无择与今丞相吴公充又以先生为言，补颍川团练推官，皆三辞不获而后从命，然卒称疾不之官。”

李贽《藏书》卷32《邵雍传》（录自《藏书》之《儒臣传·德业儒臣》）：“熙宁二年，吕诲、吴充、祖无择荐雍，除颍川团练推官，辞不许。既受命，即引疾。”

郭彧、于天宝点校本《邵雍全集》之《邵雍年表》载，熙宁二年，“神宗诏天下举遗逸，御史中丞吕晦叔、三司副使吴充等皆举荐先生，诏下除秘书省校书郎、颍州团练推官。辞不许，既受命而引疾不起。作《诏三下答乡人不起之意》诗，有‘幸逢尧舜为真主，且放巢由作外臣’句”。

按：熙宁二年，吕诲、吕公著先后任御史中丞；祖无择，是年十二月，因事入狱，则举荐邵雍当在十二月之前。《康节先生行状略》称“今上熙宁之初，复求逸士”之“熙宁之初”，当为熙宁二年。

考：《邵氏闻见录》卷18载，熙宁二年，“御史中丞”后无姓名，《邵雍年表》补吕公著，恐误，当以吕诲为是，今从《康节先生行状略》等。因吕公著在居于洛阳（熙宁五年八月，吕公著提举崇福宫而居洛阳）之后才“雅敬雍，恒相从游”，与邵雍交游密切（《宋史·吕公著传》）。

任职御史中丞期间，吕公著仍好佛。

王晫《道山清话》：“吕晦叔为中丞。一日，报在假，馆中诸公因问：‘何事在假？’时刘贡父在坐，忽大言：‘今日必是一个十斋日。’盖指晦叔好佛也。”

按：吕公著次年四月罢御史中丞，时间跨度当在两年左右，故置于此。

吕公著夺刘攽判尚书考功。

《西塘集耆旧续闻》卷10：“刘贡父、王介同为考试官，因忿争，介以恶语侵攽，攽不与较，遂皆赎金。中丞吕公著意不乐攽，以为议罪太轻，遂夺主判。”

《东轩笔录》：“刘攽、王介同为开封府试官，举人有用‘畜’字者，介谓犯主上嫌名，攽谓礼部先未尝定此名为讳，不可用以黜落。因纷争不已，而介以恶语侵攽，攽不较。继而御史张戬、程颢并弹之，遂皆赎金。御史中丞吕公著又以为议罪太轻，遂夺主判，其实中丞不乐攽也。谢表略曰：‘彍弩射市，薄命难逃；飘瓦在前，忮心不校。’又曰：‘在矢人之术，惟恐不伤；而田主之牛，夺之已甚。’盖谓是也。”

按：刘攽，字贡父（夫），号公非。临江新喻（今江西新余）人。与兄敞同举仁宗庆历六年（1046）进士，历仕州县二十年，始为国子监直讲。熙宁中，判尚书考功,同知太常礼院。文中“夺主判”,当指夺“判尚书考功”。

张戬为御史,用吕公著荐。

《童蒙训》卷上 :“张戬天祺与弟载子厚,关中人,关中谓之二张。笃行不苟,为一时师表,二程之表叔也。子厚推明圣学,亦多资于二程者。吕大临与叔兄弟、后来苏昞等皆从之学,学者称子厚为横渠先生。天祺之为御史,用正献公荐也。二程与横渠,从学者既盛,当时亦名其学为‘张程’云。”

按:吕公著,谥正献,故后人称其正献公。推测吕公著任御史中丞期间,荐张戬为御史。

吕公著任御史中丞期间,评价王安石“外示朴野,中藏巧诈”。

谢采伯《密斋笔记》卷 1:“仁宗朝,王安石知制诰。赏花钓鱼,内侍各以金楪盛钓饵。安石食之尽。明日帝谓辅臣曰:‘王安石,诈人也。’老苏云:‘王安石乃庐杞、王衍合为一人,天下将被其祸。’后安石参政,御史中丞吕晦叔云:‘安石外示朴野,中藏巧诈,骄蹇慢上,阴贼害物。大奸得路,群阴汇进,则贤者渐去,乱由是生。误天下苍生者,必斯人矣。’”

按:是年四月八日罢御史中丞,而三月仍有言新法不便等奏折。故推知,该评论当在三四月间。

熙宁初,欧阳修、吕公著举荐毕仲衍。

《宋史》卷 281《毕世安传》附传《毕仲衍传》:“(毕仲衍)举进士中第,调沈丘令。欧阳修、吕公著荐之,入司农为主簿,升丞。吴充引为中书检正,奉使契丹。”

按:《长编》卷 283 熙宁十年七月丙辰条载:“以太子中允黄廉为监察御史里行。……以御史中丞邓润甫荐(黄)廉与权检正中书户房公事毕仲衍才任御史故,因命廉而下此诏。”毕仲衍熙宁十年任中书检正,系吴充举荐。吕公著熙宁三年四月罢御史中丞,知颍州,欧阳修熙宁中期卒于颍州。欧、吕举荐毕仲衍,当发生在熙宁初。因后来王安石执政与吕关系紧张,举荐也难以奏效。甚至出现凡吕公著举荐的一律罢去的情形,如《宋史》卷 329《邓绾传》载:“邓绾,字文约,成都双流人。举进士,为礼部第一。稍迁职方员外郎。熙宁三年冬,通判宁州。……明年,迁侍御史知杂事、判司农寺。……凡吕公著、谢景温所置推直官、主簿,悉罢去之,而引蔡确、唐坰为御史。”

熙宁三年(1070),吕公著53岁

正月九日,以翰林学士承旨王珪权知贡举,御史中丞吕公著,知制诰苏颂,直集贤院、同修起居注孙觉并权知贡举(《宋会要·选举》19)。

二十四日,诏诸路给青苗钱(《皇宋十朝纲要》卷9、《续长编拾补》卷7)。

二月十一日,司马光任枢密副使(《宋宰辅编年录校补》卷7)。

二十日,枢密副使司马光上书乞罢三司条例司,并请追还诸路提举勾当常平使者(《续长编拾补》卷7)。

是月,吕公著上《再论青苗钱奏》。

吕公著《再论青苗钱奏》(熙宁三年二月):"臣近具札子言,制置三司条例司本出权宜,合从废罢。诸路散青苗钱,违戾元降敕旨,及遣提举官等不当,并宜追还。昨日亦曾面奏,未蒙施行。臣伏思近日朝廷颇有更张,其意虽欲便民,然其间事理,岂能尽当?苟博采群言,事有未便者,不惮改作,则善莫大焉。若举措既失,人心已摇,专以朝廷之威,欲胜众多之口,则恐执之愈久,物情益更不安。至于迷而后复,所失多矣。伏乞特赐检会臣前奏,降出施行。"(《宋名臣奏议》卷110)

三月五日,孙觉、吕公著、张戬、程颢、李常上疏极言新法不便(《宋史》卷15《神宗本纪》)。

八日,策进士,"罢诗、赋、论三题",从吕公著言(《皇宋十朝纲要》卷9、《宋史》卷15《神宗本纪》)。

《太平治迹统类》卷27《神宗》:"熙宁三年,知贡举王珪上合格进士陆佃等。先是知贡举吕公著在贡院中,密上言:'天子临轩策士而用诗赋,非举贤求治意。乞出自宸衷,以谘访治道。'己亥,上御集英殿进士。初就席,有司犹给礼部韵及试题,出乃策问也,上顾辅臣曰:'对策亦何以尽人才?然愈于用诗赋取人尔。'既而遂赐叶祖洽。"

按:朱熹《三朝名臣言行录》卷8《丞相申国吕正献公》载,吕公著乞殿试用策论。《长编拾补》卷7熙宁三年三月壬子条注释云,这是吕公弼同知贡举所奏,误。《宋会要选举一》、《太平治迹统类》卷27《祖宗科举取人·神宗》载,熙

宁三年，权知贡举的是吕公著。

同日，以翰林学士吕公著、知制诰苏颂与判流内铨官试验选人身言书判。

《宋会要·选举一〇·书判拔萃科》：“（熙宁）三年三月八日，以翰林学士吕公著、知制诰苏颂与判流内铨官试验选人身言书判。初议差公著等，上问试判故事，因曰：‘此何足以见人材？’辅臣或对先朝有与京官者，或以为京官可惜，上以为然。”

十一日，赐礼部奏名进士、明经及第829人（《宋史》卷15《神宗本纪》）。**是科省元陆佃，状元叶祖洽**（《文献通考》卷32《选举考五·举士》）。

是月，吕公著屡奏乞罢提举官。

吕公著《乞罢提举常平仓官吏奏》（熙宁三年三月）：“臣近两具札子言，乞罢提举常平广惠仓官吏，未蒙施行。臣窃惟朝廷自颁行此法以来，中外议者，皆以为本非惠民，实欲掊利。人情忧惧，物论沸腾。朝廷以法令既行，惮于改作，直至取大臣所奏，逐条疏驳，巧为辨说，敷告天下。其余中外官守，或因有所论列，或以不即奉行，皆欲劾问。专以朝廷之威，杜塞众口，是以比日以来，人情愈更不宁。臣伏思陛下自即位之始，慨然有大有为之志，其规模固欲高视近古。然今日所行绕一二末事，颇已轻失人心，纵使法意虽善，其施设固亦未工。况人无智愚，皆以为不便。伏望博采公议，尽罢诸路所遣提举官，委提刑或转运司且于三两路相度支散。候见得于民无害，则不独此法可以推行，其他处置皆足以取信于人。若百姓终以为病，朝廷亟为改之，犹不至害及天下。所有臣前奏，伏乞检会，付外施行。”（《宋名臣奏议》卷112、《历代名臣奏议》卷266）

《续长编拾补》卷7载，熙宁三年三月，“甲辰，吕公著屡奏乞罢提举官。（案：《长编》卷210：熙宁三年四月戊辰，辨公著对及琦疏之误。原注云：公著自三月十三日不复对，凡二十二日。此奏当在十三日之前，今不得其日，姑附十三日甲辰下。）王安石读至‘取大臣章奏疏驳，巧为辨说，敷告天下’，上曰：‘如此，则韩琦安得不动心乎？’安石曰：‘朝廷作有理之法，今藩镇逐条疏驳，而执法乃不以为非。方镇作无理章奏，朝廷谆谆晓谕，而执法乃谓之巧为辨说，即非理之正。言事官当逐辨论其非，以开悟陛下之聪明可也。今但言巧为辨说，而不见辨说之不当，则其情可见矣！’（《纪事本末》卷63、68）上怪上下纷纷何至此，安石曰：‘陛下作法，宰相摇之于上，御史中丞摇之于下，方镇摇之于外。而初无人与陛下为先后奔走颠侮之臣，则人情何为而不至此耶！'又读至'止令提点刑狱或转运使管勾。'安石曰：'比曾公亮亦有此奏。陛下试思府界若无提举官止有吕景，则此法已不得行；京西无提举官止有提点刑狱，则已言人皆不愿。请以此验之，则不设提举官，付之他司，事必不举矣。'上患官吏慢法而不奉行，安石曰：'提举官虽卑，然以朝廷之命出使，尚未敢按举州县不法，即已纷纷然以为凌轹州县。言事官本当为朝廷守法，乃更朋比流俗，如此岂是正理！'上以为然(《纪事本末》卷68)"。

按：《宋朝诸臣奏议》卷112载吕公著此札子，题为《上神宗乞罢提举常平仓官吏》，注曰："熙宁三年三月上，时为御史中丞。"

是月，吕公著言青苗事不便，谏官孙觉、御史程颢等被指专附吕公著而迁职。

《续长编拾补》卷7载，熙宁三年三月，"《续宋编年资治通鉴》：御史里行程颢言以不行，乞罢，除京西提刑，辞不受。先是，程颢尝与孙莘老于上前言青苗事不便，又尝与介甫言：'管仲犹能言出令当如流水，以顺民心。今参政苦要做不顺心事，何耶？'介甫言：'道此则成贤诚意。'时张天祺于中书大悖介甫，介甫怒，遂以力争於上前，上为之一一听用。从此党分矣。莘老受约束而不肯行，遂坐贬。颢遂待罪，既而除京西提刑。颢复求对见上，上曰：'有甚文字？'颢曰：'今咫尺天颜，尚不能少回天意，文字复何用？'欲去，而上问者再四，颢曰：'陛下不宜轻用兵，朝廷群臣无能任事者。'案：《十朝纲要》：'三月，谏官孙觉、御史程颢皆坐论新法不便，觉出知广德军，颢提举京西刑狱。'《宋史·本纪》作'五月乙卯'。考《长编》，五月事俱存，不载此文，明非五月，《宋史·本纪》恐误。《编年》《通鉴》脱书'三月'，今依《纲要》附录于此。又案：《明道文集·辞提刑疏》云：'臣伏蒙圣恩差权京西路提刑。已沥悬诚，不敢祗受，愿从窜谪，日冀允俞。不避烦渎，辄再陈请。臣出自冗散，过蒙陛下拔擢，寘在言责。伏自供职以来，每有论列，唯知以忧国爱君为心，不敢以扬己矜众为事。陛下亮其愚直，每加优容，故当指陈安危，辨析邪正。知人主不当自圣，则未尝为谄谀之言；知人臣义无私交，则不敢为阿党之计。明则陛下，幽则鬼神，臣之微诚，实仰临照。然臣学术寡陋，智识阔疏，徒有捧上之心，曾微回天之力。近以力陈时政之失，异论大臣之非，不能裨补圣明，是臣隳废职业。既已抗章自劾，屏居俟命。岂意刑书未正，而恩典过颁。使臣粗知廉隅，必不敢蒙耻顾就。如其见利忘义，靦面受之，陛下有臣如此，亦将安用？况台谏之任，朝廷纪纲所凭，使不以言之是非，皆得进职而去，臣恐纪纲自此弛废。臣虽无状，敢以死请。伏望陛下开白日之照，厉严霜之刑，投谪荒陬，实所甘分。'《集》中注云：疏上，上谓安石曰：'人情如此纷纷，奈何？'安石曰：'陈襄、程颢专附吕公著，都无助陛下为治之实。今当邪说纷纷之时，乃用襄知制诰，颢提点刑狱，人称其平正。此辈小人，若附公著，得行其志，则天下之利皆归之，既不得志，又不失陛下奖用，何为肯退听而不为善？'乃以为佥书镇宁军节度使判官事"。

是月，吕公著上《论不宜轻失人心奏》《论新法乞外任奏》《论青苗奏》。

吕公著《论不宜轻失人心奏》（熙宁三年三月）："臣窃惟祖宗承五季之乱，抚有天下，其间法度草创，固亦未尽及古。至于临下以简，御众以宽，好生之德，洽于民心，则汉唐之盛，无以加也。是以有国百年，民心欣戴。虽凶年饥岁，流离至死，而无有背叛之心者，良以仁恩厚德，深足以固结其心。唯是日月既久，事或有弊，此陛下所以临朝奋然，思欲惩革。然而设施措置，未得其术，才及一二末事，颇已咈戾众心。是以内外乖离，人人危惧。切以祖宗以来，所以深得人心者，艰难积累固非一日，今岂可以一二末事轻失其心？人心一摇，未易复收，后虽有善政，亦难行矣。况上下危疑之际，难安易动，此臣所以为寒心也。伏望陛下仰思先烈，俯察物情，凡所施为，务在仁厚，无致近薄，以敛众怨，则人心悦而天意从矣。"（《宋名臣奏议》卷113、《长编》卷210、《宋会要辑稿补编》第189页、《历代名臣奏议》卷106）

吕公著《论新法乞外任奏》（熙宁三年三月）："臣近两具手奏，为前后论事不蒙朝廷施行，及多病早衰，乞补外郡，或管当南京留司御史台一次，准中书札子，奉圣旨不允者。臣切以臣之事君，不可无义；君之用人，亦宜以礼。臣虽愚陋，陛下过听，以为御史中丞，居言事之长。若朝政不致乖戾，于国体未有所损，则岂敢辄有奏述，遽言去就？唯自权立制置条例司，政出多门，名分不正，故识者皆已忧之。然臣当时亦未敢再三言者，犹冀因此或能有所兴立。自添差提举官四五十人，颁青苗法于天下，条诏纷纠，自相违戾，人无智愚，莫不讥议。而庙堂之上，欲必以威力胜之，以至凌轹旧臣，沮折言者，聚敛之志，形于四海。奉公忧国之士，莫不怀愤切叹。臣既当事任，义不容默。是以累求进对，连上奏封，反覆开陈，冀欲寝罢。陛下虽心知其然，依违终未能决。臣言既不从，又不能引避，则事君之义，岂不亏损？或朝廷未赐矜从，臣所请固不敢已，直俟谗慝积深，方行谴责，则于陛下用人之礼，得无过差？况臣疲病之质，不能堪任显职。伏乞检会臣前奏，早赐施行。”（《宋名臣奏议》卷23、《全宋文》卷1094）

吕公著《论青苗奏》（熙宁三年三月）：“臣累具札子言，昨遣提举常平广惠仓官吏不当，诸路散青苗钱违戾元降敕旨，未蒙施行。臣闻《易》曰：‘说以先民，民忘其劳。’又曰：‘感人心而天下和平。’自古有为之君，未有不先人心而能立事者也。亦未有胁之以朝廷之威，胜之以颊舌之辩，而能终得人心者也。陛下以聪明睿智之资，承祖宗积累之后，方其未有所为，四方已自欣戴。至于今所施设，其事乃至浅末，然而人情汹汹如此之甚，则致之不为无由。陛下固宜审察主议之臣，乃以为流俗浮议不足恤。臣切以人心惟危，圣人所畏，难安易动，今日为甚。若不幸有奸宄之谋窥伺间隙，则于陛下威德，必有所沮，不可挽也。且今之所谓豪俊多才，布在显要，皆陛下与执政大臣平日所共精择。然而不谋同辞，皆以此举为谬，岂有平日所谓贤者，今则皆尽不肖？由此观之，亦不可概谓之流俗浮议也。借使朝廷处置皆已尽善，尤当反覆惟虑，求所以附顺人心。况今日纷纷，实自朝廷致之。且如转运使、提点刑狱官，皆陛下选抡，委以一路。岂有一路之政，皆所倚办，独此数事，不可信任？纵其人不可任，自当亟罢其职，别择能臣。苟以为可任，又不当别置提举官。此诸路监司所以离心者也。况国家制法，本欲便人，然而使人心违怨，一至于此，尚曰善为政乎？臣切观陛下每延见群臣，讲求政事，常欲曲尽物情，期于公当。兼今来众人所议，实系国家安危。若向去人情益扰，陛下必不能力主。惟是不远而复，庶几害不及民。况臣之所以区区者，亦不独惜此一事，诚恐人心既已乖离，陛下之志终必疑殆，则向去朝廷难乎复有所为。伏乞检会臣累奏，早赐施行。”（《宋名臣奏议》卷113、《通鉴长编纪事本末》卷35、《少微通鉴续编节要》卷6、《宋史》卷336《吕公著传》、《历代名臣奏议》卷266）

大约是春，吕公著建言王广渊“还故官”。

《宋史》卷329《王广渊传》：“神宗立，言者劾其漏泄禁中语，出知齐州，改京东转运使，得于内省传达章奏。曾公亮、王安石持不可，乃止。广渊以方春农事兴而民苦乏，兼并之家得以乘急要利，乞留本道钱帛五十万，贷之贫民，岁可获息二十五万，从之。其事与青苗钱法合，安石始以为可用，召至京师。御史中丞吕公著摭其旧恶，还故官。程颢、李常又论其抑配掊克，迎朝廷旨意以困百姓。会河北转运使刘庠不散青苗钱奏适至，安石曰：‘广渊力主新法而遭劾，刘庠故坏新法而不问，举事如此，安得人无向背？’故颢与常言不行。徙使河东，擢宝文阁待制、知庆州。”

按：《长编》卷211载，熙宁三年五月，“丁巳，京东转运使、工部郎中、直龙图阁王广渊为河东转运使”。并自注称：“广渊为京东漕在二年十二月八日。”王广渊被王安石召至京师，御史中丞吕公著谏阻之，在熙宁二年十二月八日至熙宁三年四月八日（吕公著四月八日即罢御史中丞）之间，扣除辩议及处理刘庠不散青苗钱事宜所花时间，估计当在是年春。

四月五日，吕公著解职御史中丞，复“旧职、同提举诸司库务”，除翰林学士兼侍读学士、宝文阁学士。

《长编》卷210熙宁三年四月“戊辰”（八日）条载：“公著在言职，累奏乞罢制置三司条例司及提举常平官……皆不听，乃求罢职，家居俟命。四月乙丑[①]，诏复除公著旧职、同提举诸司库务，韩绛为中丞，李中师权知开封府。命且下，复留之。至是乃黜公著，且以冯京代中师。”

按：吕公著四月八日罢御史中丞、知颍州之前，任职有变化。五日，仍复“旧职”，即擢御史中丞之前的职务“翰林学士”（《宋史》卷14《神宗一》）等。随即，吕公著再次上奏，据朱熹《三朝名臣言行录》卷8《丞相申国吕正献公》载，“……况臣已曾面陈，实为多病衰耗，兼因论列时事，乞补外任。今有此命，决不敢受”。最后，免去翰林学士、宝文阁学士之职而外任。

八日，以孙觉言误作吕公著摧沮韩琦之语，且极言新法不当行，而罢御史中丞，贬知颍州。

宋神宗《吕公著韩维冯京降官制》（熙宁三年四月戊辰）：“御史中丞吕公著，比大臣之抗章，因便坐之与封，乃诬方镇有除恶之谋，深骇予闻，乖事理之实，可翰林侍读学士、知颍州。”（《长编》卷210、《宋会要辑稿补编》第189页、《全宋文》卷2442）

---

①四月乙丑，为五日。

《长编》卷210熙宁三年四月“戊辰”（八日）条载，诏“御史中丞吕公著……可翰林侍读学士、知颍州”，究其原因，“司马光记所闻于赵抃曰：‘上谕执政，以公著自贡院出，上殿言朝廷摧沮韩琦太甚，将兴晋阳之甲以除君侧之恶。王安石怨公著叛己，因此用为公著罪。’”

《东轩笔录》卷6：“熙宁初，朝廷初置条例司，诸路各置提举常平司，及俵常平钱，收二分之息。时韩魏公镇北部，上章论其事，乞罢诸路提举官，常平法依旧，不收二分之息。魏公精于章表，其说从容详悉，无所伤忤。有皇城使沈惟恭者，辄令其门客孙棐诈作魏公之表云：‘欲兴晋阳之甲，以除君侧之恶’表成，惟恭以示阁门使李评，评夺其稿以闻。上大骇，下惟恭、孙棐于大理，而御史中丞吕公著因便坐奏事，犹以棐言为实。上出魏公章送条例司，谓恭流海上，孙棐杖杀于市，罢公著中丞，出知颍州，制曰：‘比大臣之抗章，因便坐而与对，乃厚诬方镇有除恶之谋，深骇予闻，乖事理之实。’盖因此耳。”

《邵氏闻见录》卷8：“司马温公除枢密副使，以议新法不合，辞不拜，出知永兴军。吕公公著力言新法，罢中丞，出知永州。”①

《邵氏闻见录》卷9：“至荆公作相，行新法，魏公言其不便。神宗感悟，欲罢其法。荆公怒甚，取魏公章送条例司疏驳，颁天下。又诬吕申公有言藩镇大臣将兴晋阳之师，除君侧之恶，自草申公谪词，昭著其事，因以摇魏公。”

《邵氏闻见录》卷12：“吕晦叔、王介甫同为馆职，当时阁下皆知名士，每评论古今人物治乱，众人之论必止于介甫，介甫之论又为晦叔止也。一日，论刘向当汉末言天下事，反复不休，或以为知忠义，或以为不达时变，议未决。介甫来，众问之，介甫卒对曰：‘刘向强聒人耳。’众意未满。晦叔来，又问之，则曰：‘同姓之卿欤。’众乃服。故介甫平生待晦叔甚恭，尝简晦叔曰：‘京师二年，鄙吝积于心，每不自胜。一诣长者，即废然而反。夫所谓德人之容使人之意消者，于晦叔得之矣。以安石之不肖，不得久从左右，以求于心而稍近于道。’又曰：‘师友之义，实有望于晦叔。’故介甫作相，荐晦叔为中丞。晦叔迫于天下公议，及言新法不便，介甫始不悦，谓晦叔有驩兜、共工之奸矣。”

《邵氏闻见录》卷12：“王荆公与吕申公素相厚，荆公尝曰：‘吕十六不作相，

①此条吕公著“知永州”，误，当为颍州。

天下不太平。’又曰：‘晦叔作相，吾辈可以言仕矣。’其重之如此。议按举时，其论尚同。荆公荐申公为中丞，欲其为助，故申公初多举条例司人作台官。既而天下苦条例司之为民害，申公乃言新法不便。荆公怒其叛己，始有逐申公意矣。方其荐申公为中丞，其辞以谓有八元、八凯之贤；未半年，所论不同，复谓有驩兜、共工之奸。荆公之喜怒如此。初亦未有以罪申公也，会神宗语执政，吕公著尝言：‘韩琦乞罢青苗钱，数为执事者所沮，将兴晋阳之甲，以除君侧之恶。’荆公因用此为申公罪，除侍读学士，知颍州。宋次道当制辞，荆公使之明著其语，陈相旸叔以不可，次道但云：‘敷奏失实，援据非宜。’荆公怒，自改之曰：‘比大臣之抗章，因便殿之与对，辄诬方镇，有除恶之谋，深骇予闻，无事理之实。’申公素谨密，实无此言。或云孙觉莘老尝为上言：‘今藩镇大臣如此论列而遭挫折，若当唐末五代之际，必有兴晋阳之甲以除君侧之恶者矣。’上已忘其人，但记美须，误以为申公也。”

《宋会要·食货五》：“（熙宁三年）四月八日，御史中丞吕公著罢知颍州。”

《宋会要·职官六五·黜降官二》：“（熙宁三年）四月八日，户部侍郎、守御史中丞吕公著为翰林侍读学士，知（颖）[颍]州。（坐数言事失实也）。”

《续资治通鉴》卷67熙宁三年四月“戊辰”（八日）条载：“戊辰，御史中丞吕公著罢。时青苗法行，公著上疏曰：‘自古有为之君，未有失人心而能图治，亦未有胁之以威，胜之以辩，而能得人心者也。昔日之所谓贤者，今皆以此举为非，岂昔皆贤而今皆不肖乎？’王安石怒其深切。帝使公著举吕惠卿为御史，公著言惠卿奸邪不可用；帝以语安石，安石益怒。会韩琦论青苗之害，帝语辅臣以公著上殿言：‘朝廷摧沮韩琦太甚，将兴晋阳之甲以除君侧之恶。’安石用此为公著罪，罢知颍州。公著实无此言，盖孙觉常为帝言：‘今藩镇大臣如此论列而遭挫折，而当唐末、五代之际，必有兴晋阳之甲以除君侧之恶者矣。’帝误记以为公著也。”

十六日，司马光上《请自择台谏札子》，为吕公著罢知颍州辩解。

司马光上《请自择台谏札子》（《四库全书》本题下注云：“熙宁三年四月十六日上。”）：“臣窃见近日台谏上言制置三司条例司害民及吕惠卿奸邪者，率被责降，或更加以恶名，如吕公著告辞云：‘乃污方镇，有除恶之谋。’中外闻者，无不骇愕。”（《司马温公编年笺注》卷43）

十七日，王安石荐韩维代吕公著；韩维力辞，任权知开封府。冯京为权御史中丞（《长编》卷210）。

十九日，赵抃罢参知政事，韩绛参知政事（《宋宰辅编年录校补》卷7）。

二十二日，王子韶、李常、张戬乞召还吕公著，被贬。

《长编》卷210："（熙宁三年四月壬午），（张）戬屡言青苗不便……（王）子韶初尝乞追孙觉、吕公著谪命，及言台谏方论青苗，乞罢兄子渊管勾京东常平差遣。"

《温公日录》卷2："（熙宁三年四月十九日）又，（赵）悦道曰：'晦叔罢中丞之日，上谕执政曰王子韶言青苗实不便，但臣先与此议论，不敢论列'，小人首鼠两端，当黜之。'介甫德其独不叛己，至今未黜之。"

《宋史》卷329《王子韶传》："中丞吕公著等论新法，一台尽罢。子韶出知上元县，迁湖南转运判官。"

《续资治通鉴》卷67熙宁三年四月壬午（二十二日）条载："子韶初附安石，按苗振之狱，陷祖无择于罪；至是论新法不便，乞召还孙觉、吕公著，故与戬同贬。"

《宋会要·食货五·青苗下》载，熙宁三年四月二十二日，因"（王）子韶、（李）常乞追孙觉、吕公著谪命"，右正言、秘阁校理李常落职为太常博士、通判滑州，监察御史里行张戬、王子韶并落职为知县。

按：司马光《温公日录》载，四月十九日，王子韶仍未贬。从《宋会要》《宋史》等可知，王子韶后来也贬为知县。

同日，陈襄因累奏罢青苗法、上《论李常侍罪不报及吕公著落职札子》等，罢侍御史知杂事；程颢继罢监察御史里行之后，恳辞京西提点刑狱，王安石斥其党附吕公著，责降"签书镇宁节度判官事"。

《长编》卷210熙宁三年四月"壬午"（二十二日）条载："刑部郎中、侍御史知杂事陈襄同修起居注，罢知杂事。襄累奏乞罢青苗法，其第三奏曰……"

陈襄《古灵集》卷7《论李常侍罪不报及吕公著落职札子》："近闻御史中丞吕公著亦以造膝之言落职补郡。参知政事王安石增改诰词暴扬其语，欲以中伤公著，且以杜藩臣之言传播四方，深失事体。"

陈晔《古灵先生年谱》（宋绍兴三十一年陈辉刻本《古灵先生文集》附）：熙

宁四年,有“《论李常侍罪不报及吕公著落职札子》”。

按:陈襄(1017—1080),字述古,侯官古灵(今福建福州)人,学者称古灵先生。与陈烈、周希孟、郑穆为友,倡知天尽性之说,时号“四先生”。庆历二年进士。神宗朝擢知谏院,除知制诰兼直学士院,数论新法不便,出知杭、陈二州。陈襄作《论李常侍罪不报及吕公著落职札子》,在吕公著罢御史中丞(四月八日)之后,文称“近闻”,当在四月上中旬,故置于此。

《长编》卷210熙宁三年四月“己卯”(十九日)条载:“太子中允、权监察御史里行程颢权发遣京西路提点刑狱。”

《宋会要·食货五》:“(熙宁三年四月己卯)同日,权监察御史里行程颢权发遣京西路同提点刑狱,以颢数言常平新法,乞责降,故有是命。”

《长编》卷210熙宁三年四月“壬午”(二十二日)条载:“太子中允、同提点京西刑狱程颢签书镇宁节度判官事。颢既罢御史,恳辞京西故也。……安石曰……陈襄、程颢专当吕公著,都无助陛下为治之实。今天下事不如理至多,人至为奸罔至众,襄与颢曾有一言及之否?”

按:程颢,四月十九日罢监察御史里行,二十二日责降签书镇宁节度判官事。王安石论陈襄、程颢为附吕公著之同党。

二十四日,宋神宗与司马光谈论吕公著。

司马光《迩英留对录》:“及退,上留光,谓曰:‘吕公著言藩镇欲兴晋阳之甲,岂非谗说殄行?’光曰:‘公著平居与侪辈言,犹三思而发,何故上前轻发乃尔?外人多疑其不然。’上曰:‘此所谓静言庸违也。光曰:‘公著诚有罪,不在今日。向者朝廷委公著专举台官,公著乃尽举条例司之人,与条例司互表里,使炽张如此,乃始逼于公议,复言其非,此所可罪也。公著与韩琦亲,何故以险语谗之?’上曰:‘非谗琦也,志在君侧之人耳!’光曰:‘据诰词,则谗琦也。公著有罪无罪,在于事实,不在诰词。诰词虽云尔,外人皆云公著坐乞罢条例司,及言吕惠卿奸邪,不云坐为谗也。’”(《司马温公编年笺注》附录卷2《佚文一》、《太平治迹统类》卷26)

《续资治通鉴》卷67熙宁三年四月“甲申”(二十四日)条载:“甲申,翰林学士司马光读《资治通鉴》至贾山上疏,因言从谏之美、拒谏之祸。帝曰:‘舜塈谗说殄行。若台谏为谗,安得不黜!’及退,帝留光,谓曰:‘吕公著言藩镇欲兴晋阳之甲，岂非谗说殄行？'光曰：'公著平居与侪辈言，犹三思而发，何故上前轻发乃尔？外人多疑其不然。'帝曰：'今天下汹汹者，孙叔敖所谓国之有是，众之所恶也。'光曰：'然陛下当察其是非。今条例司所为，独王安石、韩绛、吕惠卿以为是耳，陛下岂能独与此三人共为天下邪？'光又读至张释之论啬夫利口，曰：'孔子称恶利口之覆邦家者。夫利口何至覆邦家？盖其人能以是为非，以非为是，以贤为不肖，以不肖为贤。人主信用其言，则邦家之覆，诚不难矣。'时吕惠卿在座，光所论，专指惠卿也。"

是月，宋敏求以草吕公著责词而忤王安石求罢。

张保见《宋敏求事迹简录》：熙宁三年，"本年，以知制诰奉诏重修门仪制，同群臣议文德殿仪制"，"夏四月乙丑，以知制诰奉命看详减省银台司文字，以草吕公著责词忤王安石而求罢，不久，封还李定任监察御史里行词头，固求解职，罢知制诰，以右谏议大夫奉朝请(《长编》卷210)。后李大临、苏颂当草制，亦以封还词头罢，时称'熙宁三舍人'(《宋史》卷331)。李定亦罢(《长编》卷500)"。

按：宋敏求(1019—1079)，字次道，宋绶长子。治平二年知制诰，同修《仁宗实录》。神宗朝拜右谏议大夫、龙图阁直学士。元丰二年卒，年六十一。

五月十六日，邢恕因属吕公著门客，罢试知县。

《温公日录》卷2："(熙宁三年五月)十六日，邢恕除试衔知县。外人皆言：'介甫欲除新及第进士皆为校书。'谏官胡宗愈闻之，上言：'新进士且宜试以民事，然后用之。'恕本晦叔门下客，介甫恶晦叔，因此以恕无考第罢之。"

按：邢恕早年从学于北宋哲学家程颢门下，才华过人，"博贯经籍，能文章，喜功名，论古今成败事，有战国纵横习气"。他与北宋政治家司马光、吕公著来往密切。陈长方《步里客谈》卷上："邢和叔遇人即训诲，时人目曰'邢训'。吕正献初喜邢恕，闻恕到京，访之旅邸中。"考取进士后，被授予永安主簿。后由吕公著举荐，任崇文院校书。力主变法的王安石，想争取他支持变法。刑恕却和司马光一道攻击变法。王安石得知后，将其贬任延陵知县。

同日，吕公著仍在朝言事。

《宋会要·选举一〇·书判拔萃科》："(熙宁三年)五月十六日，翰林学士吕公著等言：'准手诏举到淹废之人，内选人不该磨勘者，依身言书判人例施行。续准敕考试到三十七人，分五等，令流内铨连逐人卷子依赦引见。具指定引见日，先申中书。欲今月二十一日上殿引见。'诏(阁)[阁]门依所定日数引见。"

按：可能当时吕公著仍未离京，对有关问题仍在辩解。

二十八日，吕公弼与宋神宗、王安石议差官案治王庆民(《长编》卷211)。

六月十九日，吕公著女婿范祖禹受邀与司马光同修《资治通鉴》(《长编》卷212)。

七月四日，吕公弼罢枢密使，为吏部侍郎、观文殿大学士、知太原府，冯京任枢密副使(《长编》卷213、《宋宰辅编年录校补》卷7、《宋会要·职官七八·罢免上》)。

按：《长编》卷213熙宁三年秋七月"壬辰"条载："王安石变法，公弼数言宜务安静，又与韩绛不协。从孙嘉问窃公弼论事奏草，以示安石，安石辄先白上，上始不乐公弼。"吕嘉问是吕公绰的嫡孙，追随王安石。

八日，宋神宗与司马光谈论吕公著、王安石之关系。

司马光《垂拱登对乞知外郡录》："垂拱登对，乞知许州，或西京留司御史台、国子监。……光曰：'……臣善安石，岂如公著？安石所举公著云何？后毁之云何？彼一人尔，何前是而后非？必有不信者矣。'上曰：'安石与公著如胶漆，及其有罪，不敢隐其恶，乃安石之至公也。'上曰：'青苗已有显效。'光曰：'兹事天下知为非，独安石之党以为是尔。'"(《司马温公集编年笺注》附录卷2《佚文一》、《增广司马温公全集》、《长编》卷214、《宋史全文》卷11、《资治通鉴后编》卷78、《太平治迹统类》卷13)

司马光《议置条例司不便录》："介甫与晦叔素亲厚，患台谏多横议，故用晦叔为中丞，专使之举台谏官。晦叔悉举条例司人王子韶、程颐等以为台官。既而天下皆患条例司为民患，晦叔乃复言条例司不便，请罢之。屡奏，上不听，各居家请罪。介甫以晦叔叛己，怨之尤深。已而上语执政：'吕公著尝言韩琦乞罢青苗钱，数为执事所沮，将兴晋阳之甲，以除君侧之恶。'介甫白用此，为晦叔罢除侍读学士、知颍州。次道但云：'敷陈失实，援据非宜。'介甫怒。明日进呈，改之曰：'比大臣之抗章，因便殿之与对，辄诬藩镇，有除恶之谋；深骇予闻，无事理之实。'晦叔素谨审，实无此语。或云：'莘老尝为上言：今藩镇大臣如此论列，而遭挫折，若当唐末五代之际，必有兴晋阳之甲，以除君侧之恶者矣！'上误记以为晦叔也。介甫以子华掌条例司，改用秉国为中丞，欲其无异议也。述古言其不

可，秉国亦固辞，乃以当世代之。"(《司马温公集编年笺注》附录卷2《佚文一》、汲古书院本《增广司马温公全集》卷2)

《续资治通鉴》卷68熙宁三年七月"乙丑"(八日)条载："乙丑，司马光因入对，乞外。帝曰：'王安石素与卿善，何自疑?'光曰：'臣素与安石善，但自其执政，违迕甚多。今迕安石者如苏轼辈，皆肆行诋毁，中以危法。臣不敢避削黜，但欲苟全素履。臣善安石，岂如吕公著？安石初举公著，后复毁之。彼一人之身，前是而后非，必有不信者矣。'帝曰：'青苗有显效。'光曰：'兹事天下知其非，独安石之党以为是耳。'帝又曰：'苏轼非佳士，鲜于侁在远，轼以奏稿传之；韩琦赠银三百两而不受，乃贩盐及苏木、瓷器。'光曰：'凡人当察其情，轼贩鬻之利，岂能及所赠之银乎？安石恶轼，以姻家谢景温为鹰犬，使力攻之，臣焉能自保？不可不去也。且轼虽不佳，岂不贤于李定？定不服母丧，禽兽之不知，安石喜之，乃欲用为台臣，何独恶于轼也？'"

八月，欧阳修由青州赴蔡州任，经颍州与吕公著小聚。

欧阳修有致书一封，告之行程："修至亳，少留一宿，即趋鈐下，欣幸欣幸。"(日本东英寿《新见九十六篇欧阳修散佚书简辑存稿》)

九月十四日，曾公亮罢相，冯京任参知政事，吴充为枢密副使(《宋宰辅编年录校补》卷7、《宋史》卷15《神宗本纪》)。

十月二十一日，陈升之以母丧罢相(《宋宰辅编年录校补》卷7、《宋史》卷15《神宗本纪》)。

二十二日，吕公孺知许州(《温公日录》卷2："熙宁三年十月二十二日，……吕公孺知许州。")。

十一月冬至节，欧阳修致书吕公著，有《与颍州吕侍读贺冬状》(《欧阳文忠公文集》卷96)。

按：欧阳修《与颍州吕侍读贺冬状》，注释云："公熙宁三年改知蔡州，与吕正献公二状，今载吕公《五州录》。"熙宁三年(1070)，吕公著受王安石排挤，以翰林侍读学士出知颍州，欧阳修写给吕公著的两封书信亦载于此书，现佚。欧阳修《与颍州吕侍读贺冬状》，后收入《五州录》，说明吕公著编辑《五州录》至少在是年十一月之后。

十二月一日、二十五日，欧阳修分别致书吕公著。

日本东英寿《新见九十六篇欧阳修散佚书简辑存稿》载，熙宁三年新见欧阳修致书吕公著4篇，称"知府侍读侍郎执事""知府侍读侍郎""知府侍郎"。其中，落款为"十二月一日"的书信中写道："壤土相接，未期瞻近。惟冀为朝自重，以须亨复。企祝企祝，不宣。修再拜知府侍读侍郎台几。"落款为"十二月廿五日"的书信中写道："新正纳庆，方欲驰贺，遽辱惠教，但增感愧……修再拜知府侍郎。"

八日，龙图阁直学士吕居简卒（《长编》卷218）。[①]

九日，行畿县保甲法（《长编》218）。

十一日，韩绛、王安石并拜相，王珪参知政事（《宋宰辅编年录校补》卷7）。

二十四日，命宰臣王安石提举编修三司令式并敕及诸司库务岁计条例。元绛、李肃之等同详定，吕嘉问等并充删定官（《宋会要·刑法一·格令一》）。

是月，右赞善大夫吕嘉问擘画左藏库（《宋会要·食货五一·左藏库》）。

是年，吕公著上《论江西重折苗钱奏》。

吕公著《论江西重折苗钱奏》（熙宁三年）："臣切闻江南西路，去年米价每斗约四十五以来，转运司和籴每斗五十以来，所有人户合纳苗米，却令纳一色见钱，每斗九十以来，比市价增及一倍，比和籴价亦增四十有余。臣切以米者地之所生，而钱非农人所蓄。舍其所有，责其所乏，则固已非义，况复于常计之外，敢增倍之入？竭泽而渔，何以过此？伏惟陛下乘公私交匮之际，奋然兴起，求所以足国裕民之术，固非欲掊民自利也。然而小大之臣，未必能尽知陛下仁民爱物之意。至有巧谲不仁之吏，求为小忠近效，以规一时之宠利，刻薄苟且，无所不至。及乎害及于民，而怨归上，则上下相蒙，恬不为虑。陛下为民父母，民为陛下赤子，然而所任之吏，负法害民，至敢如此。若复不加谴责，则虽有仁民爱物之意，何以取信于天下？兼闻本路转运司并是受指挥，尚亦有此处置。伏乞朝廷特赐访察施行。"（《宋名臣奏议》卷104）

是年，吕公著长子吕希哲因吕公著与王安石关系之变，未能任职崇政殿说书。

李廌《师友谈记》："太史公言：'吕元明顷在熙宁中，王荆公欲与其子雱并

---

①吕居简是吕蒙正之子。

除崇政殿说书，已有成命。会吕正献公与荆公论新法相失，其事遂格。后二十余年，今上之即位八年，朝廷以功臣子有学问，复除前命。盖知官职，命实使之，虽迟迟亦不为也。王公父子，今已物故，而元明竟居讲筵，虽以世德多学问，亦有命也。’”

按：吕公著与王安石关系之变发生在是年，故置于此。

吕公著结识常秩，后引以为憾。

《童蒙训》卷上：“正献公既荐常秩，后秩改节，尝对伯淳有悔荐之意。伯淳曰：‘愿侍郎宁百受人欺，不可使好贤之心少替。’公敬纳焉。”

《长编》熙宁四年四月“甲戌”（十九日）条载，十九日，常秩为右正言、直集贤院、管勾国子监。该条自注引《林希野史》云：“常秩，颍州人。……今上即位，公著密荐于上，及除御史中丞，又荐秩自代。庚戌岁，公著黜守颍，（欧阳）修亦赴青州，道过颍。秩时已有仕意，二公与秩谈及时政，皆主以为是，修随折之，（王）安石乃敕本郡以人船送秩赴阙。辛亥五年至京师，馆于太学。召对，上问所以久不起之意，秩对：‘先帝召臣以官，故臣不敢至。陛下不以官召臣，臣所以起。’上大悦。又问安石、修、公著优劣及时事是非。秩对青苗等事皆合古义，安石知经知道，公著不知经不知道，修于浮文为长耳。明日，除官右正言、直集贤院、判国子监，面赐绯鱼。……修自去颍，每为诗思颍，无不及秩，共为几杖之游，公著荐之尤有力，一旦秩为安石所诱，特起仕臣，议论时事附会，二人大失望。公著方黜居颍，修又致仕来归，秩方起，闻其誉安石而短己，遂不复与见。”

大约是年，王安石致书吕公著，以论长短。

汪应辰《跋王荆公与吕申公书》：“右王介甫与吕申公书。介甫自少气高一世，而于申公屈服推重如此。然一旦同朝议论少异，则诋之惟恐不力，况疏远之人而欲与之较长短哉？观末后一纸，无复异时之绸缪矣。”（《文定集》卷 11）

按：汪应辰见过王安石给吕公著的书信。吕公著熙宁三年与王安石关系不和，离开京都。估计此信当作于是年。

熙宁四年(1071),吕公著54岁

正月九日,渝州夷李光吉叛(《皇宋十朝纲要》卷9)。

二月一日,罢诗赋及明经诸科,以经义、论、策试进士(《长编》卷220、《皇宋十朝纲要》卷9)。

五日,王素带职致仕,此为推行新致仕法之首例(《长编》卷220、《宋史》卷320《王素传》)。

三月五日,欧阳修致书吕公著。

日本东英寿《新见九十六篇欧阳修散佚书简辑存稿》载,熙宁四年,“修以春阳发动眼疾为苦,漠然无复悰况。惟思及公未严召间,得为民幸矣。执笔甚艰,余恳莫布。修再拜知府侍读侍郎执事。三月五日”。并有附件:“姚都官,佳士也,希一顾之重。求舟,望略指麾。修以营办人车未集,道路泥水,计须月首方得离此。瞻见匪远,欣幸。”

按:欧阳修时任蔡州,是年二月“百病交攻”(欧阳修《与太寺丞发》其五,题下原注“熙宁四年二月”,见于《欧阳文忠公集》卷151),告假在家。三月十一日,病告中撰成求致仕表疏,因边事急切未上奏。在写给吕公著的信中,可能已透露致仕归颍州的信息及行程,打算“计须月首方得离此”。

十三日,次兄、知太原府吕公弼乞解寄任,因王安石言“(吕)公弼无罪”而诏不允(《长编》卷121)。

二十二日,韩绛以陕西用兵失败而罢相(《宋宰辅编年录校补》卷7、《宋史》卷15《神宗本纪》)。

四月十八日,“新知许州、端明殿学士兼翰林侍读学士、右谏议大夫司马光权判西京留司御史台”(《宋会要·职官十七·三京留司御史台》)。

十九日,常秩受召,出为右正言、直集贤院、管勾国子监(《长编》卷222)。

按:此次应召,因王安石之力荐。欧阳修、吕公著也曾荐之。

二十七日,诏令知太原府吕公弼“体量本路提刑为庆州军贼窃发尝勾差诸州军义勇守城事状以闻”(《令陕西严捕贼盗诏》,注明时间是熙宁四年四月二十七日,见《宋会要·兵一二》)。

七月初，欧阳修致仕后抵达颍州（胡柯《庐陵欧阳文忠公年谱》）。**当年与吕公著有诗答和及书信往来。**

欧阳修《答和吕侍读》（《欧阳文忠公集》卷14）：“昔日题舆愧屈贤，今来还见拥朱轓。笑谈二纪思如昨，名望三朝老更尊。野径冷香黄菊秀，平湖斜照白鸥翻。此中自有忘言趣，病客犹堪奉一樽。”①

日本东英寿《新见九十六篇欧阳修散佚书简辑存稿》载，熙宁四年新见欧阳修致书吕公著14篇，称“知府侍读侍郎执事”“侍读执事”“宝文侍郎”。

二十一日，次兄吕公弼改知郑州（《长编》卷225熙宁四年七月“甲辰”条载：“徙知太原府、观文殿学士吕公弼知郑州，公弼以疾自请也。”）。

二十五日，御史台官员宋飞卿、孙奕、赵仝因曾受吕公著举荐而离职。

《长编》卷225熙宁四年七月“戊申”（二十五日）条载：“侍御史知杂事邓绾言本台推直官宋飞卿、孙奕皆前御史中丞吕公著所举，台主簿赵仝亦薛昌朝、谢景温荐引，各怀所知，意趣乖异，欲乞别选推直官二员、主簿一员。诏宋飞卿、孙奕、赵仝并送审官东院，其御史台推直官、主簿令不依名次选人。”

二十八日，诏殿中丞宋靖国，赞善大夫吕嘉问相度锡庆院建太学（《宋会要·职官二八·国子监》）。

九月十八日，吕公著复兼宝文阁学士。

《长编》卷226熙宁四年九月“己亥”条载：“翰林侍读学士、知颍州吕公著复兼宝文阁学士。”

十月一日，罢差役法，使民出钱募役（《皇宋十朝纲要》卷9、《宋史》卷15《神宗本纪》）。

二十六日，吕嘉问由“提举诸司库务勾当公事、右赞善大夫”权遣户部判官（《长编》卷227、《宋史》卷355本传）。

按：吕嘉问系吕公著长兄吕公绰的长子，支持王安石变法。

十一月二十七日，管勾国子监公事常秩建言查考卷，致使焦千之等罢职国子监直讲。

---

①由该诗首联、颈联可知，作于归颍州后之秋天。据《欧阳文忠公集》卷94《谢致仕表》载，熙宁四年六月十七日，“今月十七日，进奏院递到敕告”，伏蒙致仕。欧阳修六月下旬因雨阻碍才离开蔡州（欧阳修《与吴正献公冲卿》其五），抵达颍州当在七月初。胡柯《年谱》，当是。

《宋会要·职官二八·国子监》：“（熙宁四年十一月）二十七日，管勾国子监公事常秩言：‘取索在监直讲等前后所出策论题，考校诸生试卷，定到优劣等第。’诏焦千之等五人并罢职，与堂除合入差遣。”

按：常秩与欧阳修、吕公著在颍州交游，与焦千之有交往。焦千之是欧阳修作为考官于嘉祐六年五月四日“隐逸”特科招考而来的（见于刘德清《欧阳修纪年录》及《长编》卷193）。

是冬，曾巩致欧阳修书，附寄吕公著《为人后议》，欧氏颇为赞叹。

欧阳修《答曾舍人巩》其一（《欧阳文忠公集》卷150）：“某秋冬来，目足粗可勉励，第渴琳不稍减。”又其二：“辱示《为人后议》，笔力雄赡，固不待称赞，而引经据古，明白详尽，虽使聋盲者得之，可以释然矣。……方群口喧哗之际，虽有正论，人不暇听，非著之文章以要于久远，谓难以口舌一日争也。斯文所期者远，而所补者大，固不当以示常人，皆如来谕也。”

林希《曾南丰墓志》（《曾巩集》附录）：“治平中，大臣尝议典礼，而言者多异论，欧阳公方执政，患之。公著议一篇，据经以断众惑，虽亲戚莫知也。后十余年，欧阳公退老于家，始出而示之。欧阳公谢曰：‘此吾昔者愿见而不可得者也。’”

吕公著诸子在颍州拜见欧阳修。

《齐东野语》卷9：“熙宁初，吕晦叔诸子谒欧阳公于颍上，疑当拜与否。既见叙，拜。文忠不复辞，受之如受子侄之礼。二子既出，深叹前辈不可及。”

按：吕公著熙宁三年知颍州，欧阳修熙宁四年七月致仕回到颍州，吕公著“诸子谒欧阳公于颍上”，当发生在此之后。加之时间是“熙宁初”，说明下线在熙宁四年之前，因为熙宁年号仅有十年。

吕公著骑马出渡桥，将至岸而桥坏，略无所伤。

吕希哲《吕氏杂记》：“正献公守颍日，尝骑马出渡桥，将至岸而桥坏，略无所伤。后数年人稍知之，皆云骑马渡桥也。然家僚吏多，多不知。子进一日侍，语及之，问：‘信有之否？’公曰：‘然以语邢和叔。’和叔曰：‘桥坏而神色不动，未为难也。能不为人言，此其难耳。’”

大约是年，吕公著建焦馆。

《江南通志》（《四库全书》本）卷36《颍州府》：“焦馆，在府治西南隅水池上。宋吕公著守郡时建，以馆焦千之，因名。"

按：焦千之熙宁四年九月罢国子监直讲。吕公著可能基于处理其善后事宜，邀请焦千之来颍州讲学。故推知，焦馆大约建于是年。

熙宁五年(1072)，吕公著55岁

正月十九日，王安石议除吕公弼代郭逵，未允(《长编》卷229)。

二月十六日，蔡挺任枢密副使(《宋宰辅编年录校补》卷8)。

同日，观文殿学士、吏部侍郎、知郑州吕公弼为宣徽南院使、判秦州(《长编》卷230)。

二十八日，欧阳修致书吕公著。

日本东英寿《新见九十六篇欧阳修散佚书简辑存稿》载，熙宁五年新见欧阳修二月致书吕公著1篇，称"知府侍读侍郎"，落款是"二十八日"。

三月十三日，欧阳修房舍扩建告竣，吕公著应邀光临。

欧阳修《与吕正献公》其四(《欧阳文忠公集》卷145)："某启。晴阴不常，不审动履何似？前日四望，一赏群芳之盛，已而遂雨。古人谓四乐难并，信矣。十三日欲枉轩骑顾访，盖以草堂仅成，幸一光饰之尔。谨此咨布，余留面叙。"

按：刘德清《欧阳修纪年录》考，据"一赏群芳之盛"句，知时在三月。今从之。

十八日，富弼以司空致仕；立文武换官法(《宋史》卷15《神宗本纪》)。

二十六日，立市易法(《长编》卷231)。

二十七日，吕嘉问由赞善大夫、户部判官改任提举在京市易务(《长编》卷231、《宋会要·职官二七》)。

是春，赵概自南京来颍州访欧阳修，吕公著置酒于堂宴二公，因名其堂"会老堂"。

吕希哲《吕氏杂记》："正献公出守颍时，赵康靖公概自宋访欧阳公于颍，与公二人会燕于欧阳公第，因名其堂曰'会老'。"

王辟之《渑水燕谈录》卷4："初，欧阳文忠公与赵少师概同在中书，尝约还

政后再相会。及告老,赵自南京访文忠公于颍上。时翰林吕学士公著方牧颍,职兼侍读及龙图,特置酒于堂,宴二公。文忠公亲作口号,有'金马玉堂三学士,清风明月两闲人'之句,天下传之。"

吴处厚《青霜杂记》卷8:"文忠喜公(赵康靖公概)之来,特为展宴,而颍守翰林吕公亦预会。"

胡仔《苕溪渔隐丛话》后集卷23引蔡启《蔡宽夫诗话》:"文忠与赵康靖公概同在政府,相得欢甚。康靖先告老归睢阳,文忠相继谢事于汝阴。康靖一日单车特往过之,时年几八十矣,留剧饮逾月,日于汝阴纵游而后返,前辈挂冠后,能从容自适,未有若此者。……因榜其游从之地为'会老堂'。明年,文忠欲往睢阳报之,未果行而薨。"

按:"清风",即春风;"明年"即熙宁六年(欧阳修死于熙宁六年),可知"会老堂"故事即吕公著"宴二公",当在熙宁五年春。乾隆《颍州府志·建置志·古迹》"会老堂"条载:"西湖上。宋欧阳修与赵公概同在政府,相得甚欢,熙宁中俱谢事归。赵公年几八十,来访欧阳公于湖上,流连逾月。时,吕公公著守郡,因名其堂。"

张师正《倦游杂录》:"赵叔平罢参政,致政居睢阳,欧阳永叔罢参政,致政居汝阴。叔平一日乘安舆来访永叔,时吕晦叔以金华学士知颍州,启宴以召二公。于是欧公自为优人致语及口号……口号曰:'欲知盛集继荀陈,请看当筵主与宾。金马玉堂三学士,清风明月两闲人。红芳已过莺犹啭,青杏初尝酒正醇。好景难逢良会少,乘欢举白莫辞频。'"

五月七日,行保马法(《长编》卷233)。

六月一日,废考课院(《长编》卷234、《宋史》卷160《选举六》)。

二十七日,继仁宗朝之后,复置武学(《长编》卷234)。

吕公著在颍州研修佛学。

《吕氏杂记》:"正献守颍时,有诚大士在湖西荐福院讲《华严经》。颍倅张隐之比部喜内学,旧与诚游。一日诚为素馔,召隐之。公闻之,使人语诚,欲掇坐。诚即加笾豆之实,而隐之家亦备蔬俎甚丰。公又盛为具以往,人言有此院来未有此盛会也。公问:'佛许十二时中,以二时外学?'诚曰:'□医卜之类欤?'隐之曰:'外学者,学佛学法耳。然则不许其外学时,正念而已。正念者,无念也，曹洞所谓正位是也。宗师谓佛也，著不得。’呜呼，今得二时内学，可贵矣。庞公曰：‘我贵刹那净。’”

按：吕公著是年七月改判太常寺，故置于其前。

闰七月九日，召知颍州吕公著判太常寺。吕公著“以病辞”，并未就任。

《长编》卷236熙宁五年闰七月“丙辰”（九日）条载：“知棣州、翰林侍读学士、宝文阁学士吕公著判太常寺。先是，侍御史刘孝孙劾公著在颍州多饮宴，子弟以公库器皿于豪民家质钱，由是部吏无所畏惮，多纵逸踰矩。诏转运副使陈知俭按覆，皆不实，惟幕官程嗣先等踰法事，乃在熙宁三年十月赦前，时公著尚在御史府，前守尝以公库銀锅质钱于祝氏供宴饮费，既去，公著为赎之，非公著子弟所为也。上谓王安石等曰：‘固知公著必无是事，今果然。’安石曰：‘公著实病，郡或不治，宜与依新法置通判。’上曰：‘置通判公著安肯听？’安石曰：‘公著但宽弛，非强愎也。’上不欲令公著治郡，安石曰：‘令入京主判闲局亦无害。’故以太常寺处之。”

《太平治迹统类》卷12熙宁五年闰七月“丙辰”（九日）条载：“闰七月丙辰，知颍州、翰林学士吕公著判太常寺。先是，侍御史刘孝孙劾公著在颍州多饮宴，子弟以公库器皿于豪民家质钱，由是部吏无所畏惮，诏转运副使陈知检按覆，皆不实。上谓王安石等曰：‘致知公著必无是事，今果然。’……改以太常寺处之。”

《长编》卷237熙宁五年八月“己卯”条载：“己卯，翰林侍读学士、判太常寺吕公著提举崇福宫，从所请也。上始欲令公著归朝，公著以病辞。”

按：《太平治迹统类》出自《长编》，但亦有改之。《长编》卷236云“知棣州”，疑误，当为知颍州。由《长编》卷237，知其并未回京就职判太常寺。

十九日，秦凤路经略使吕公弼言择“上义勇”事（《宋会要·兵二·义勇保甲》）。

二十三日，欧阳修病逝于颍州私第（韩琦《安阳集》卷50《欧阳公墓志铭》、胡柯《庐陵欧阳文忠公年谱》[1]）。

---

①有人据《长编》认为，欧阳修卒于熙宁五年七月八月八日，实则为七月二十三日。《长编》卷237熙宁五年八月“甲申”（八日）条载：“颍州言观文殿学士、太子少师致仕欧阳修卒，赠太子太师。太常初溢曰‘文’，常秩曰‘修有定策之功，请加以忠。’乃溢‘文忠’。”并非指卒于八日，当指溢“文忠”为八日。今从韩琦《欧阳公墓志铭》、胡柯《年谱》之说。

是秋，吕公著罢颍守，退居于陈。苏辙从公著游。

《乐城集》卷16《吕司空挽词》其三："罢郡来清颍，微官忆宛丘。"诗末自注："公罢颍川，退居于陈。辙为陈学官，时请见焉。"

孙汝听《苏颍滨年表》载，熙宁三年，"二月戊午，观文殿学士、新知河南府张方平知陈州，方平奏改辟辙为陈州教授"；熙宁六年，"二月，重到颍州"。

孔凡礼《三苏年谱》"熙宁五年"条载："公著罢颍守居陈，或为本年事。若在明年，辙于其年之秋已自陈州赴齐州，则与'时请见'云云不甚切合。"

按：熙宁五年四月，赵概访欧阳修时，吕公著仍在颍州；后因有人举报其在颍州多饮宴，闰七月，召知颍州吕公著判太常寺。苏辙从公著游，当在熙宁五年秋，证据有二：一、熙宁六年二月，苏辙到颍州任职。吕、苏结识，当在其前，并在熙宁五年闰七月九日（吕罢知颍州）之后；二、吕公著被任命于太常寺，并未就职，"上始欲令公著归朝，公著以病辞"（《长编》卷237），而是退居于陈，才有八月提举崇福宫之改任。由此推知，吕公著退居陈州在熙宁五年闰七月及八月期间，故称"是秋"。

八月三日，吕公著提举崇福宫。随之，居于洛阳白狮子巷。

《长编》卷237熙宁五年八月"己卯"（三日）条载："己卯，翰林侍读学士、判太常寺吕公著提举崇福宫，从所请也。上始欲令公著归朝，公著以病辞。王安石因言：'公著既诬韩琦欲举晋阳之甲，乃自讳匿云未尝言。'其意恐公著复用，故力排之。"

陈襄《古灵集》卷1："翰林侍读学士、宝文阁学士、尚书户部侍郎、提举西京嵩山崇福宫吕公著：道德醇明，学有原本，事君以进贤，汲善为己任，可谓知务也。"

《邵氏闻见录》卷12："熙宁四年，申公以提举嵩山崇福宫居洛，寓兴教僧舍，欲买宅，谋于康节先生。康节曰：'择地乎？'曰：'不。''择材乎？'曰：'不。'康节曰：'公有宅矣。'未几，得地于白师子巷张文节相宅西，随高下为园宅，不甚宏壮。康节、温公、申公时相往来，申公寡言，见康节必从容，终日亦不过数言而已。一日，对康节长叹曰：'民不堪命矣！'时荆公用事，推行新法者皆新进险薄之士，天下骚然，申公所叹也。康节曰：'王介甫者，远人，公与君实引荐至此，尚何言！'公作曰：'公著之罪也。'"（中华书局1983年版）

《琬琰集》下集卷10《吕正献公公著传》:"(熙宁)五年,复宝文阁学士,召还经筵,辞疾,提举嵩山崇福宫。"

《明一统志》卷29《河南府》:"吕公著宅:在洛阳县白狮子巷张知白宅西。"

纪昀、陆锡熊等《河南通志》卷52《古迹下》亦称"吕公著宅,在府城白狮巷张知白宅西"(《四库全书》本)。

按:吕公著熙宁五年七月授判太常寺,不就。八月,提举崇福宫。从《长编》。《嘉庆重修一统志》卷206《河南府》:"崇福宫在登封县北嵩山万岁峰下,相传汉建,曰万寿观。唐改名太乙观。宋天禧三年改今名,为真宗祝釐之所,设提举管勾官,朝臣领之。韩维、司马光及程、朱诸臣皆尝为此官。"

九月十二日,详定库务利害吕嘉问言鞍辔库事(《宋会要·食货五二·鞍辔库》)。

十二月四日,诏寺观奉圣祖及祖宗陵寝神御者免役法(《宋史》卷15《神宗本纪》)。

八日,陈升之拜枢密相(《宋宰辅编年录校补》卷8)。

十三日,吕公弼判河阳(《长编》卷241)。

熙宁中,一寺僧开堂,吕公著约富弼同往,司马光、邵雍止之。

《邵氏闻见录》卷18:"一日薄暮,司马温公见康节曰:'明日僧(显修)[修颙]开堂说法,富公吕晦叔(公著)欲偕往听之。晦叔贪佛已不可劝,富公果往,于理未便。某后进,不敢言,先生曷止之?'康节曰:'恨闻之晚矣。'明日,公果往。后康节因见公,谓公曰:'闻上欲用裴晋公礼起公。'公笑曰:'先生以谓某衰病能起否?'康节曰:'固也。或人言上命公,公不起,一僧开堂公乃出,无乃不可乎?'公惊曰:'我未之思也。'"

《道山清话》:"洛中有一僧,欲开堂说法。司马君实夜过邵尧夫,云:'闻富彦国、吕晦叔欲往听,此甚不可。但晦叔贪佛,已不可劝,人亦不怪。如何劝得彦国?'尧夫曰:'今日已暮矣,姑任之。'明日,二人果偕往。后月余,彦国招数客共饭,尧夫在焉。因问彦国曰:'主上以裴晋公之礼起公,公何不应命?又闻三遣使,公皆卧内见之。'彦国曰:'衰病如此,其能起否?'尧夫曰:'上三命,公不起;一僧开堂,以片纸见呼即出,恐亦未是。'彦国曰:'弼亦不曾思量至此。'"

《道山清话》:"司马君实尝言,吕晦叔之信佛,近夫佞;欧阳永叔之不信,近夫躁:皆不须如此。信与不信,才有形迹,便不是。"

陆继辂、魏襄《洛阳县志·格言记》卷14:"洛阳有寺僧开堂,吕公约富公同往,邵子闻之往见。富公曰:'比闻朝廷,欲以文潞公礼起公。'富公举手曰:'先生视某尚可起耶?'邵子曰:'朝廷起,公以病辞,和尚开堂,即欲赴,何也?'富公谢,弗往。"

考:熙宁四年九月十七日,诏许富弼西京养疾(《富弼神道碑》)。《宋史》卷14《神宗本纪》载,熙宁五年三月,"戊戌,富弼以司空致仕"。吕公著熙宁五年八月才因提举崇福宫而定居洛阳。邵雍熙宁十年七月初五卒。曹清华《富弼年谱》将此事置于熙宁五年。笔者认为,当在熙宁五年至九年间,因吕公著十年二月赴河阳任职。故称"熙宁中"。

吕公著在洛阳与程颢(号道明)、程颐(号伊川)等交往。

《程氏遗书》记有程子曰:"熙宁中,洛阳以清德为朝廷尊礼者,大臣曰富韩公,侍从曰司马温公、吕申公。士大夫位卿监,以清德早退者十余人,好学乐善有行义者,几二十人。康节隐居谢聘,皆相从,忠厚之风,闻于天下。里中后生皆知畏廉耻,欲行一事,必曰:'无为不善,恐司马端明、邵先生知。'"(转见于《温公年谱·熙宁六年》)

晁说之《晁氏客语》:"伊川谓道明曰:'吾兄弟近日说话太多。'道明曰:'使见吕晦叔,则不得不少。见司马君实,则不得不多。'十月二十四日降圣节。(冠于仁庙朝。)"

《童蒙训》卷上:"小程先生名颐,字正叔,举进士,殿试不中,不复再试。元祐初,正献公与司马温公同荐,遂得召用,侍讲禁中。旋又罢去,遂不复用。绍圣中,贬涪州。元符还洛。大观间卒于家。学者谓之广平先生。后居伊阳,又谓之伊川先生。"

杨希闵《宋程纯公年谱》(民国二十三年燕京大学图书馆排印本):熙宁五年,"五年,太中公告老而归,公求折资监当以便养。归洛岁余,得监西京洛河竹木务。家素清窭,僦居洛城殆十余年,与弟从容亲庭,日以读书讲学为事。士大夫从游者盈门。自是身益退,位益卑,而名益高于天下。(《言行录》)"

陆继辂、魏襄《洛阳县志》卷13《拾遗记》:"吕荥公兄弟与伊川书,必涤笔砚、正衣冠,然后写。"

陆继辂、魏襄《洛阳县志》卷13《拾遗记》：吕晦叔“家于洛阳，性沈厚，不妄交游，洛阳士人往往不之识。司马温公选举志”。

按：程颢（1032—1085），字伯淳，世称明道先生。享年五十四岁。嘉定中赐谥纯公，淳祐元年封河南伯。吕公著与程颢、程颐兄弟等交往涉及一个细节，时间节点为降圣节。降圣节，宋诸庆节之一。《宋史·礼志十五》载，宋大中祥符元年诏：以圣祖十月二十四日降延恩殿日为降圣节，休假、宴乐并如天庆节。文中可知在降圣节假日其间，推断当在熙宁后期，因为“二程”与司马光、吕公著俱在洛阳，且时间宽松。

考：《宋程纯公年谱》云熙宁二年，吕公著推荐程颢任监察御史里行。程颢熙宁五年归洛阳，吕公著是年也到了洛阳。熙宁七年十二月，程颐任“新监西京河洛抽税竹木务”。熙宁八年十月程颐撰《代吕公著应诏上神宗皇帝书》，足见关系之非常。

熙宁六年（1073），吕公著56岁

三月十三日，吕公弼卒，赠太尉，谥惠穆（《长编》卷243、《王魏公文集》卷8《吕公行状》），**并辍朝二日。**

《宋会要·礼四一·亲临宗戚大臣丧·辍朝》执政条载：“西太一宫使吕公弼。（熙宁六年三月。并辍一日）。”

《宋会要·礼四一·亲临宗戚大臣丧·辍朝》前执政条载：“宣徽南院使、检校太尉、西太一宫使吕公弼。（六年三月。并辍朝二日）。”

十九日，夏人寇秦州（《皇宋十朝纲要》卷9）。

二十四日，范祖禹点校试卷违规遭贬，由开封至洛阳书局，随司马光修书（《长编》卷243）。

是春，吕公著之长子吕希哲作《和安乐窝中好打乖吟》致邵雍。

吕希哲《和安乐窝中好打乖吟》云：“先生不是闭关人，高趣逍遥混世尘。得志须为天下雨，放怀聊占洛阳春。家无儋石宾客满，论极锱铢意始新。任便终身卧安乐，一毫何费养天真。”（邵雍《伊川击壤集》第115页，陈明点校，学林出

版社2003年版)

郭彧、于天宝点校本《邵雍全集·邵雍年表》:"熙宁六年癸丑(1073年),六十三岁。先生作诗四十余首。作《安乐窝中好打乖吟》,富弼、王拱辰、司马光、程颢、吕希哲等人均以诗和之。"

考:"安乐窝"建于熙宁六年。郭彧、于天宝点校本《邵雍全集》之《伊川击壤集》卷9载,程颢的唱和诗中有"且因经世藏千古,已占西轩度十春"。"西轩"指洛阳天宫寺西的住宅。郭彧、于天宝点校本《邵雍全集》之《邵雍年表》嘉祐七年(1062)条载:"先生王宣徽尹洛阳,就天宫寺西、天津桥南五代节度使安审珂宅故基,以郭崇韬废宅余材建屋三十间,请先生居之。宰相富弼为买对宅一园。作《天津新居成谢府尹王君贶尚书》诗,有'嘉祐壬寅岁,新巢始僝功'句。"文中的已度"十年春",当指满十年。吕之唱和诗中有"春",故推知,作于是年春天。

四月二十六日,文彦博罢枢密使(《宋宰辅编年录校补》卷8)。

五月二十八日,吕嘉问因提举市易务岁收息钱有羡,升为国子博士(《长编》卷245)。

是月,范镇作《吕惠穆公公弼神道碑》(熙宁六年五月)(《全宋文》卷871第40册、《琬琰集》上集卷26)

是年,吕公著与富弼、司马光等为邵雍置"安乐窝"。

《宋史》卷427《邵雍传》:"初至洛,蓬荜环堵,不庇风雨……富弼、司马光、吕公著诸贤退居洛中,雅敬雍,恒相从游,为市园宅。雍岁时耕稼,仅给衣食。名其居曰'安乐窝',因自号安乐先生。"

《嘉庆重修一统志》卷206《河南府》:"安乐窝在洛阳县天津桥南。五代时安审琦故居。宋嘉祐中,王拱辰尹洛,请邵康节居之,名安乐窝。时游城中,士大夫识其车音,争相迎候,或留信宿乃去。好事者做屋以待其至,谓之行窝。"

按:司马光熙宁四年以端明殿学士判西京留司御史台,熙宁六年买园于尊贤坊,以"独乐"名之,"始与邵康节游"(《温公年谱·熙宁六年》);吕公著熙宁五年提举崇福宫居洛,推测购置"安乐窝"当在是年。

是年,吕公著妻子鲁夫人卒。

吕本中《师友杂志》:"熙宁间,荥阳公居申国鲁夫人忧而居京师,尝至洛中省觐。正献公令荥阳公日讲《周易》一卦。后崇宁间，张绎思叔自洛中访待制叔祖于汝州，留连几月，亦日讲《周易》一卦。"

范祖禹《祭申国夫人文》（元祐四年五月）："某昔受室于颍，得拜夫人。退居洛阳，实同淡泊。音容杳远，十有七年。"

王得臣《麈史》卷下《盛事》："鲁夫人，父太师简肃公也，其舅吕申公也，夫丞相司空也，子希纯中书舍人，婿翰林学士范祖禹也。"

按：范祖禹给申国夫人的祭文是五月，从"音容杳远，十有七年。今从申公，永宅玄壤"可知，申国夫人卒于熙宁六年（1073）。此亦说明范祖禹是年也"退居洛阳"。

是年，邵雍作《四贤诗》，称"晦叔之言简当"。

《邵氏闻见录》卷15："元祐初用司马温公、吕申公荐，召对，初除职官，再除馆职，除崇政殿说书。岁余出判西京国子监，两除直秘阁，不拜。绍圣中，坐元祐党谪涪州，遇上皇即位，赦得归，久之，复官以卒。是谓伊川先生。三先生俱从康节游，康节尤喜明道，其誉之与富韩公、司马温公、吕申公相等。故康节《四贤诗》云：'彦国之言铺陈，晦叔之言简当，君实之言优游，伯淳之言调畅。四贤洛之观望，是以在人之上。有宋熙宁之间，大为一时之壮。'"

按：邵雍与"四贤"在洛阳的会聚，始于是年，司马光"始与邵康节游"（《温公年谱·熙宁六年》）。其他"三贤"也早已来到洛阳，为其密切交往创造了条件。加之，"安乐窝"的构建，故推知。

是年，取进士400人，诸科40人，省元邵刚，状元余中（《文献通考》卷32《选举考五·举士》）。

熙宁中，吕公著、司马光居洛阳，号"二龙"。

陆继辂、魏襄《洛阳县志·拾遗记》卷13："吕晦叔、司马君实居洛，号二龙。"

熙宁七年（1074），吕公著57岁

二月四日，孙固因言王安石不可任相而称颂吕公著、司马光等原因，出知成德军。

《长编》卷250熙宁七年二月“壬申”（四日）条载：“龙图阁直学士孙固知成德军。先是上以固东宫旧僚，尝问固王安石可相否，固曰：‘安石文行甚高，侍从献纳其选也。宰相自有度，而安石为人少从容。’凡四问，四以此对。及安石当国，固数议事不合，久之，乃出守。”

《宋史》卷341《孙固传》：“还知审刑院，复领银台、封驳兼侍读，判少府监。神宗问：‘王安石可相否？’对曰：‘安石文行甚高，处侍从献纳之职，可矣。宰相自有其度，安石狷狭少容。必欲求贤相，吕公著、司马光、韩维其人也。’凡四问，皆以此对。及安石当国，更法度，固数议事不合。青苗法出，又极陈其不便。”

三月五日，木征、鬼章寇岷州（《宋史》卷15《神宗本纪》）。

四月十九日，王安石罢相，韩绛再入相，吕惠卿参知政事（《宋宰辅编年录校补》卷8）。

八月十七日，吕嘉问由“都提举市易司、国子博士”知常州（《长编》卷255熙宁七年八月“壬午”条）。

九月十八日，“诏新知常州、国子博士吕嘉问监市易务上界”（《宋会要·食货五五·市易务》）。

按：《宋会要·食货五五·市易务》：“（神宗五年）七月五日，诏以榷货务为市易西务下界，市易务为东务上界。”可知所谓的“上界”即“东务上界”。

十二月四日，王韶任枢密副使（《宋宰辅编年录校补》卷8）。

十一日，程颐任“新监西京河洛抽税竹木务”（《长编》卷258）。

熙宁八年（1075），吕公著58岁

正月七日，蔡挺罢枢密副使，冯京罢参知政事（《宋宰辅编年录校补》卷8）。

二月十一日，王安石再入相（《长编》卷260、《宋宰辅编年录校补》卷8）。

三月二十七日，吕嘉问复领市易，并为宰属（《长编》卷261）。

是春，因杨郎中新居，吕公著作诗二首。

吕公著《杨郎中新居和尧夫先生韵》（二首），其一：“高斋旷望极山川，却顾卑居不值钱。二室峰峦凝画碧，万家楼阁带轻烟。春浓缭绕环游骑，地胜依稀

寓列仙。唱发幽人丞相和，当时纸贵洛城传。”（韩相公同和）其二：“碧瓦朱门将相居，见嵩临洛百家无。登高此地还能赋，会老他年定入图。花发四时排步障，鸟鸣终日劝提壶。何人遇赏偏留赏，逸士清风激鄙夫。”

按：邵雍《伊川击壤集》卷17（学林出版社2003年版，陈明点校）所录吕公著的和诗题目是《杨郎中新创高居二首和尧夫先生韵》，除第一首诗“凝画碧”，《伊川击壤集》录为“凝昼碧”外，其他均同。邵雍与韩、吕两大家族有关联，据《宋宰辅编年录校补》卷7“熙宁二年”条载：“初，（王）安石与韩、吕二家兄弟韩绛、韩维与吕公著友，三人皆游，扬之。”后来，吕公著与邵雍结识，与韩绛唱和，当在情理之中。

考：吕公著此诗“和尧夫先生韵”，说明邵雍作杨郎中新居诗在前。查《全宋诗》卷377有邵雍《留题水北杨郎中园亭二首》，诗中有“洛下谁家不买居，买居还得似君无”，知新居在洛阳。吕公著唱和诗中有“唱发幽人丞相和，当时纸贵洛城传”等，“宰相和”，据郭彧、于天宝点校本《邵雍全集》之《伊川击壤集》卷17注释云：“韩相公同和。”这里的“韩相公”指的是丞相韩绛。韩绛在熙宁间，两次入相，据《宋宰辅编年录校补》载，第一次是熙宁三年十二月至四年三月；第二次是熙宁七年四月至八年八月。第一次期间，吕公著与邵雍没交往，不可能有共同唱和之作。这说明韩绛、吕公著共同唱和邵雍之作，只能是韩绛于熙宁间第二次为相期间，加之，节令在春天。故推知该诗作于熙宁八年之春。吕诗的第二首也当作于同期。

四月十七日，吴充任枢密使（《宋宰辅编年录校补》卷8）。

二十三日，吕嘉问由“金部员外郎、检正中书户房公事”兼提举市易司（《长编》卷262）。

闰四月二十八日，陈升之罢枢密相（《宋宰辅编年录校补》卷8）。

八月十四日，“诏韩琦子忠彦，候服阕，除直龙图阁”（《宋会要·选举三三·特恩除职》）。①

二十一日，韩绛罢相（《宋宰辅编年录校补》卷8）。

十月二日，吕惠卿罢参知政事（《宋宰辅编年录校补》卷8）。

①韩忠彦系吕公弼女婿。

十四日，赦天下(《宋史》卷15《神宗本纪》)。**吕公著应诏上疏议朝政。**

《续资治通鉴》卷71熙宁八年十月"壬寅"(十四日)条载："吕公著应诏上疏曰：'陛下临朝愿治，为日已久，而左右前后莫敢正言，使陛下有欲治之心而无致治之实，此任事之臣负陛下也。夫士之贤不肖素定，今则不然，前日所举以为至贤，而后日逐之以为至不肖，其于人才既反覆不常，则于政事亦乖戾不审矣。古之为政，初亦有不信于民者，若子产治郑，一年而人怨之，三年而人歌之。陛下垂拱仰成，七年于此，然舆人之诵亦未有异于前日，陛下独不察乎！'"

是月，程颐撰《代吕公著应诏上神宗皇帝书》。

程颐《代吕公著应诏上神宗皇帝书》(熙宁八年十月)："伏睹今月十三日诏敕，以彗出东方，许中外臣僚直言朝廷阙失。臣自言事得罪，久去朝廷，无所补报，退就闲冗。……近世以来，引咎之诏，自新之言，亦常有之，倘人君不由于至诚，则天下徒以为虚语，其能感天心弭灾变乎？臣愿陛下因此天戒，奋然改为，思商宗之休实，鉴后代之虚节，不独消复灾沴于今日，将永保丕基于无穷，天下幸甚！"(《全宋文》卷1751、《河南程氏文集》卷5、《历代名臣奏议》卷302、《程子年谱》卷8)

是月，吕公著上《答诏论彗星奏》。

吕公著《答诏论彗星奏》(熙宁八年十月)："臣伏睹今月十三日诏书，许中外臣寮直言朝政阙失者。臣世受国厚恩，陛下莅政之初，首被选擢，自外藩召入翰林。故在左右日，口陈手奏，数进愚忠，颇蒙采纳。今虽散处闲外，其于爱君忧国惓惓之心，未尝敢忘。伏见陛下祗畏天戒，焦劳恳恻，实天下幸甚。……臣伏自去国六年，未尝有一言仰达圣聪。至于私居接人，亦未尝轻议时政。今日所以辄进愚悃者，诚恐陛下不于此时感悟，则后日虽欲改为，非奇谋高策，亦未易为也。"(《宋名臣奏议》卷42、《长编》卷269、《太平治迹统类》卷14、《东都事略》卷88《吕公著传》、《历代名臣奏议》卷302、《宋元通鉴》卷35、《右编》卷6、《续资治通鉴》卷71)

十一月二十五日，枢密直学士陈襄举荐吕公著等人。

《宋史》卷321《陈襄传》："在经筵时，神宗顾之甚厚，尝访人材之可用者。襄以司马光、吕公著、苏颂、范纯仁、苏轼至于郑侠三十三人对，谓光、维、公著皆股肱心膂之臣，不当久外。"

《续资治通鉴》卷71熙宁八年十一月“癸未”(二十五日)条载:“帝尝访人材之可用者,襄对以司马光、韩维、吕公著、苏颂、范纯仁、苏轼,下至郑侠,凡三十三人。且谓 :‘光、维、公著皆股肱心膂之臣,不当久外。侠愚直敢言,发于忠义,投窜瘴疠,朝不谋夕,愿使得生还 。’帝不能用。”

是月,交趾陷钦州、廉州(《宋史》卷15《神宗本纪》)。

十二月十五日,元绛参知政事,曾孝宽签书枢密院事(《宋宰辅编年录校补》卷8)。

熙宁九年(1076),吕公著59岁

正月十一日,交趾陷邕州(《宋史》卷15《神宗本纪》)。

二月、三月,宗哥首领鬼章寇五牟谷(同上)。

十一月九日,吕嘉问“罢检正中书户房公事,赐紫章服,兼提举在京诸司库务”(《长编》卷279熙宁九年十一月“辛酉”条)。

十二月七日,哲宗皇帝生(《东都事略》卷9《本纪》)。

二十四日,王安石罢左相,吴充、王珪并相,冯京知枢密院事(《宋宰辅编年录校补》卷8)

熙宁中,吕公著与司马光等凝聚洛阳忠厚之风。

《自警编》卷6:“熙宁中,洛阳以清德为朝廷尊礼者,大臣曰富韩公,侍郎曰司马温公、吕申公。士大夫位卿监以清德早退者十余人,好学乐善,有行义者几二十人,康节隐居谢聘皆相从,忠厚之风闻于天下。”

按:吕公著熙宁十年二月知河阳,此事当在其前。暂置于此。

是年,取进士422人,诸科194人,省元张嶬,状元徐铎(《文献通考》卷32《选举考五·举士》)。

吕公著为官洛阳,淡然处之。

张知甫《可书》:“公[1]退寓陈、洛,僦舍不庇风雨。公默然一室,凝尘满席。

---

①指吕公著。

及为三公居大府,亦然。"

吕公著与洛阳主簿陆刚叔有赠诗。

同治《河南府志·职官志》洛阳主簿条载:"宋:陆刚叔:洛阳主簿。见吕公著赠诗补。"

按:与洛阳主簿陆刚叔之赠诗,当作于吕公著为官洛阳期间。

熙宁十年(1077),吕公著60岁

正月十七日,从知永兴军吕公孺言,"诏自今学官非公宴不得豫妓乐会"(《宋会要·崇儒二·郡县学》)。

二月十二日,以吴充举荐,吕公著知河阳。程颢作诗《送吕晦叔赴河阳》。

苏象先《丞相魏公谭训》卷1:"绍圣中,蔡衡州重修《裕陵实录》。其叙吴丞相言,充在政府,数言新法不便,又多荐引王安石所斥退之人司马某、吕某晦叔、韩某持国、苏某等。吴虽为相未久,其所施设,天下属望,以为贤相。"

《长编》卷280熙宁十年二月"癸巳"(十二日)条载:"癸巳,翰林侍读学士兼宝文阁学士、提举崇福宫吕公著知河阳。公著再任崇福,及是,乃起为州。"

《邵氏闻见录》卷12:"(熙宁)十年春,吕公著起知河阳,河南尹贾公昌衡率温公、程伯淳饯于福先寺上东院,康节以疾不赴。明日,伯淳语康节曰:'君实与晦叔席上各辩论出处不已,某以诗解之曰:二龙闲卧洛波清,几岁优游在洛城。愿得二公齐出处,一时同起为苍生。'申公镇河阳岁余,召拜枢密副使。"

程颢作诗《送吕晦叔赴河阳》:"晓日都门飐旆旌,晓风铙吹入三城。知公再为苍生起,不是寻常刺史行。"(程颢、程颐《二程文集》卷1,《四库全书》本)

吕希哲《吕氏杂记》:"正献……后公守河阳,司马文正公、范忠文公自洛来访,因名所馆曰'礼贤',是二会皆有歌诗盛传于世。范淳夫寄诗纪其事曰:'会老名堂清颍上,礼贤开馆大河滨。'"

按:王安石熙宁九年十二月罢相,吴充由枢密使、检校太傅、行工部侍郎以前官升同平章事监修国史(史馆相)。

考:程颢熙宁五年罢归洛阳,致力讲学;熙宁七年,"岁余得监西京洛河竹木

务”(《二程集》,《程式文集》卷11)。《宋史》卷336《吕公著传》:“起知河阳,召还,提举中太一宫。”河南府尹贾昌衡同司马光、程颢在洛阳福先寺上东院设宴为吕公著饯行,邵雍因病没有赴宴。席间吕公著与司马光辩论甚为激烈,程颢作诗《和花庵》《送吕晦叔赴河阳》《赠司马君实》等,以调和二人的矛盾。“明日,伯淳语康节曰:‘君实与晦叔席上各辩论出处不已,颢以诗解之。’”(朱熹《朱熹集》,四川教育出版社1996年版)

十六日,王韶罢枢密副使(《宋宰辅编年录校补》卷8)。

五月一日,监西京抽税竹木务、太子中允程颐改太常寺(《长编》卷282)。

六月八日,吕公孺由右谏议大夫降知蔡州(《长编》卷282)。

七月五日,颍州团练推官邵雍卒。吕公著与司马光等曾为其购宅,名曰“安乐窝”。

《续资治通鉴》卷72熙宁十年七月“癸丑”(五日)条载:“癸丑,颍州团练推官邵雍卒。雍受《易》于李之才,探赜索隐,衍伏羲无天之旨,著书十万余言。富弼、司马光、吕公著在洛,雅敬雍,为市园宅,雍名其居曰安乐窝。以荐授将作主簿,后补颍州团练推官,皆固辞;及受命,竟称疾不之官。程颐尝与议论终日,退而叹曰:‘尧夫,内圣外王之学也。’”

吕公著知河阳期间,宽下户输钱者,有政绩。

《自警编》卷8:“吕公著知河阳时,役法已定,类多张虚数以取羡余。盖所统五县,岁取于民者有募监仓库人等钱三千九百二十七缗,而官未尝募人,实以军吏代役。又有追偿旧欠秋重役钱五千五百缗,然至是所偿已尽,而取于民者遂为定数,岁输之无已时。公为括其数,以告于朝,请一切蠲之,以宽下户之输钱者。诏付司农,竟不行。”

《山堂肆考》卷77《宽下户输钱》:“宋吕公著知河阳县蠲役法以宽下户输钱,民甚德之。”

《明一统志》卷28《彰德府》:“吕公著:知河阳,三城蠲役法,以宽下户输钱。”

按:吕公著知河阳,在是年二月至十月间,故置于此。

吕公著自河阳回京任职,百姓相庆。

朱熹《宋名臣言行录》后集卷8《吕公著》:“初,公自河阳入觐,都人环观相谓曰:‘此公还朝,百姓之幸也。’至是,士民相庆,既受命出殿门,武夫、卫卒皆欢,抃咨叹,慈圣光献太后闻公进,尤喜曰:‘积德之门也。’”

十月十八日,吕公著掌管中太一宫。

《长编》卷285载,熙宁十年十月乙未,“知河阳、翰林侍读学士吕公著提举中太一宫”。

《续资治通鉴》卷72熙宁十年十月“乙未”(十八日)条载:“乙未,知河阳、翰林侍读学士吕公著提举中太一宫。公著至京师,时将祀南郊,特诏阁门以散斋日对延和殿,劳问周至,且曰:‘不见卿七八年,殊觉卿老也。’公著回奏:‘臣伏睹近诏举才行堪任升擢官。窃观陛下自临御以来,虚心屈己,以待天下之士,诚欲广收人才,无所遗弃。然世固未尝之贤,而人才亦不可多得。今中外所举盖百有余人,虽不能尽当,诚参考名实而试用之,宜有可以塞厚望、应明指者。臣又窃详今日诏意,正欲达所未达,然数年以来,天下之士,陛下素知,其能尝试以事而终就闲外者尚多,恐其间亦有才实忠厚、欲为国家宣力者,未必尽出于迂阔缪戾而难用也。汉武帝时,公孙弘初举于朝,以不称旨罢,后再以贤良举,帝亲擢为第一,不数年,遂至宰相。由是观之,人固未易知,而士亦不可忽。何则?昔日所试,或未能究其详,数年之间,其才业亦各有进。惟陛下更任之事以观其能,或予之对以考其言,兼收博纳,使各得自尽,则圣明之世,无滞才之叹,不胜幸甚!’自熙宁初,论新法不附执政者,皆谴逐,不复收用,故公著首言之。”

按:北宋神宗熙宁六年四月十七日建成中太乙宫(《长编》卷244),别名中太一宫。提举中太一宫,即为中太一宫使,系宫观使名、祠禄官名。熙宁八年四月二十一日,张方平曾担任此职(《长编》262)。

二十一日,金部员外郎吕嘉问任“司封员外郎、直昭文馆、知江宁府”(《长编》卷285)。

十一月,吕公著上《乞广收人才奏》。

吕公著《乞广收人才奏》(熙宁十年十月):“臣伏睹近诏举才行堪任升擢官。窃观陛下自临御以来,虚心屈己,以待天下之士。士之起草茅,由小官而超至显近者,不可胜数。然犹孜孜以求贤为急,诚欲广收人才,无所遗弃。臣伏思自昔有为之君,不借贤于异代;然唐虞之际亦称才难,则世固未尝乏贤,而人才亦不可多得。今陛下降由中之诏,非徒为虚文也。中外所举,盖百有余人。虽不尽当，诚参考名实而试用之，宜有可以塞厚望、应明指者。臣又窃详今日诏意谓乏才，然数年以来，天下之士，陛下素知其能，尝试以事，而终就闲外者尚多。恐其间亦有才实忠厚，欲为国家宣力者，未必尽出于迂阔缪戾而难用也。汉武帝时，公孙弘初举于朝，以不称旨罢。后再以贤良举，帝亲擢为第一。不数年间，遂至宰相。由是观之，人固未易知，而士亦不可忽。何则？昔日所试或未能究其详，数年之间，其才业亦各有进。惟陛下更任之事，以观其能；或予之对，以考其言。兼收博纳，使各得自尽，则盛明之世，无滞才之叹，不胜幸甚！”（《宋名臣奏议》卷15、《皇朝文鉴》卷51、《长编》卷285、《历代名臣奏议》卷135、《经济类编》卷30、《古今图书集成》黄极典卷260、选举典卷5、《续资治通鉴》卷71）

十二月二十日，诏明年改元（《皇宋十朝纲要》卷10上）。

元丰元年（1078），吕公著61岁

正月十七日，从知永兴军吕公孺所请，诏：“自今学官，非公筵不得预妓乐会。”（《宋会要·职官二八·国子监》）

闰正月六日，吕公著任翰林侍读学士、宝文阁学士、提举中太一宫兼端明殿学士、知审官西院。

《长编》卷287元丰元年闰正月“辛巳”（六日）条载：“辛巳，翰林侍读学士，宝文阁学士、提举中太一宫吕公著兼端明殿学士、知审官西院。先是，上批：‘公著侍从旧臣，宜除翰林学士承旨兼旧职。’而公著以齿发向衰，辞不就，故改是命。”

十七日，孙固同知枢密院事；二十四日，曾孝宽罢签书枢密院事（《宋宰辅编年录校补》卷8）。

三月八日，吕公著与皇帝论治体。

《长编》卷288元丰元年三月“壬午”（八日）条载：“是日，侍读吕公著读《后汉书》毕，上留公著极论治体，至三皇无为之道，释、老虚寂之理，公著问上曰：‘此道高远，尧、舜能知之乎？’上曰：‘尧舜岂不知？’公著曰：‘尧舜虽知之，然常以知人、安民为难，此所以为尧舜也。’上又论前世帝王，曰：‘汉高祖、武帝有雄

才大略，高祖称"吾不如萧何，吾不如韩信"，至张良，独曰'吾不如子房'，盖以子房道高，尊之，故不名。'公著曰：'诚如圣谕。'……上临御日久，群臣畏上威严，莫敢进规。至是，闻公著言，竦然敬纳之。"

七月，吕公著上《数起诏狱群下震恐奏》《乞增馆阁之选奏》，并入对，深得皇帝嘉许。

吕公著《数起诏狱群下震恐奏》(元丰元年七月)："臣伏见昨来澶州曹村坝决溃，全河冲注山东，圣心恻然，即议闭塞，奋自独断，出于群疑，功未踰时而有成，患不阅岁而寻弭。虽上下竭力，遂致澄清，实由陛下至诚忧民爱物之心，天相神助，殆非人力。以此见天道聪明，日监在下，棐忱辅德，遄应不迟。为人上者，可不钦畏！恭惟陛下圣德仁厚，出自天性，临下御众，有日月之明，天地之量，诚非凡庶庸妄所能臆度。以至今日数起诏狱，逮系颇众，有司极于锻炼，群下无不震恐，比至临决，多从末减。昔于公一郡之狱吏耳，犹以阴德有报，光大子孙。况以万乘之尊，六合之广，布德施恩，固宜受福无疆，施及万世。然臣愿陛下虽性得之，犹复加圣心焉。上奉天，下接人，加精致诚，执要行简。道高百王而谦以自牧，学贯六艺而虚以受人。虽威肃群品，不得谓下绝欺诬；虽智烛舆情，不得谓事无壅蔽。亲正士，拒壬人，必有忍以济事功，惟内恕以及人物。于以崇起忠厚，保合太和，则《易》所谓'自天佑之，吉无不利'，《诗》所谓'干禄百福，子孙千亿'者，盖将以类而应。臣以无状，获备近列，窃慕古人将美尽规之义，惟陛下裁幸。"(《长编》卷290、《太平治迹统类》卷12、《少微通鉴续编节要》卷7)

吕公著《乞增馆阁之选奏》(元丰元年七月)："臣闻'济济多士，文王以宁'。方周以兴，至于兔罝之人，有可以当腹心干城之任者。今三馆秘阁之职，乃朝廷之华选。前世以来，将相名臣，多出其间。得人之盛，难以遽数。臣在皇祐、至和中，备员馆阁，当时同辈，后亦往往至通显。比来虽有简拔，其数不多。其中或以劳进者，又皆外补，朝廷平日艰于收采，缓急必乏使令。以至近者遣使高丽，颇烦圣择。古人有言，'士不素养，无以重国'。临事仓卒乃求，非所以尊朝廷也。臣窃以谓天下未尝乏才也，求之而后至，用之而后知耳。臣愚愿陛下考合庶言，断自圣见，更得隽伟之士，疏通之才，稍增馆阁之选。平日足以优游饬厉，缓急惟所用之，以重朝廷，不胜幸甚。"(《宋名臣奏议》卷59、《长编》卷290)

《长编》卷 290 载,元丰元年七月,"是月,公著入对,上迎谓曰:'览卿所奏,深得人臣尽规之义。'时,狱犴浸蕃,而上继嗣未广,公著辞顺而意切,故上深纳焉。"

九月一日,吕嘉问改知润州(《长编》卷 292)。

二日,交趾来贡(《宋史》卷 15《神宗本纪》)。

十四日,吕公著与薛向,并同知枢密院事。

《长编》卷 292 元丰元年九月"乙酉"(十四日)条载:"乙酉,端明殿学士兼翰林侍读学士、宝文阁学士、户部侍郎吕公著,枢密直学士、工部侍郎薛向,并同知枢密院事。"

宋神宗《吕公著同知枢密院事制》(元丰元年九月乙酉):"夫侍帷幄,以赞密命。非令问硕望,岂易授哉!具官吕公著邦家名儒,台阁旧老。先后三世,辅翊累朝。肆惟尔躬,克秉纯德,独立不挠,行己有方。出处之间,罔替古人之节;议论之际,益见良臣之风。断自朕心,擢陪枢莞。非体国不能济成务,非应变不能中事机,勉汝之才,副朕所望。"(《宋宰辅编年录校补》卷 8、《全宋文》卷 2482)

按:《续资治通鉴》卷 73 元丰元年九月"乙酉"(十四日)条载:"乙酉,以端明殿学士吕公著、枢密直学士薛向并同知枢密院事。向善商财,计算无遗策,然不能无病民,所上课间失实。时方尚功利,王安石从中主之,御史数有言,不听也,向以是益得展奋其业。至于论兵帝所,通畅明决,遂由文俗吏得大用。其事公著甚久,公著亦稍亲之,议论亦颇相左右。"《长编》卷 296 元丰二年正月乙亥条载有薛向与吕公著之关系。元祐间,同知枢密院事之官品为正二品(《分纪》卷 12 引《元祐官品令》)。

是月,富弼致贺吕公著知枢密院事。司马光闻此,仅致书都下友人,却没有致书吕公著。

吕公著元丰元年(1078)知枢密院,富弼予以祝贺:"时富韩公、司马温公皆在洛。闻公登枢,富公寓书为庆曰:'公之名德闻于天下,然尝以直道忤执政,士大夫未敢逢望登进,忽报拜命,出于事外,人甚为喜。此得于舆论,非敢佞也。'"[朱熹《三朝名臣言行录》卷 81《宰相申国吕正献公(公著)》,四部丛刊,上海商

务印书馆 1929 年版]①

《童蒙训》卷下:“司马温公既辞宥密之命,名冠一时,士无贤不肖皆所归重,而两程先生、孙莘老、李公择诸公尤推重正献。已而二公同居洛中。熙宁末正献起知河阳,明道以诗送行曰……又与温公同饯正献,复有诗与温公云:‘二龙闲卧洛波清,此日都门独饯行。愿得贤人均出处,始知深意在苍生。’盖以二公出处无异,且恐温公以不出为高也。及正献公自河阳乞在京宫祠,神庙大喜召还,遂登枢府。人或问二程以二公出处为有优劣,二程先生曰:正不如此。吕公世臣也,不得不归见上;司马公争臣也,不得不退处。盖自熙宁初正人端士相继屏伏,上意常不乐,以为诸贤不肯为我用,故正献求在京宫祠,以明不然,上意始大喜。”

朱熹《宋名臣言行录》后集卷 8《吕公著》:“温公在洛闻公登枢,以书遗都下友人,曰:‘晦叔进用,天下皆喜,以为治。表闻其尤力辞,光不敢致书,君宜劝之早就职。’”

司马光《遗都下友人书》:“晦叔进用,天下皆喜,以为治。表闻其尤力辞,光不敢致书,君宜劝之早就职。”(《三朝名臣言行录后集》卷 8)

按:吕公著知枢密院事,先“力辞”,后任。可知,富弼、司马光有关书信,当作于是月。

考:《司马温公集编年笺注》附录卷 3《佚文二》,把司马光《遗都下友人书》置于嘉祐四年(1059),恐误。嘉祐四年,吕公著力辞天章阁侍讲之职,请改命直秘阁司马光、度支判官王安石,当时吕、王、司马均在京都开封。《遗都下友人书》作于是年,有三个佐证:一是朱熹《宋名臣言行录》后集卷 8《吕公著》所载司马光“在洛闻公登枢”而致书都下友人;二是司马光在洛阳,不在京都,才有致书都下友人之必要;三是司马光早在熙宁十年对吕公著仕河阳持反对意见(朱熹《朱熹集》,四川教育出版社 1996 年版),故才有司马光“闻其尤力辞,光不敢致书”之情形发生。

是月,吕公著上《肉刑不可复奏》。

①富弼与吕夷简曾多次发生直接冲突,与其子吕公著却颇为友善,两人不仅政治观点相似,而且均乐习佛事。

吕公著《肉刑不可复奏》(元丰元年九月):“后世礼教未备而刑繁。肉刑不可复,将有踊贵履贱之议。”(《全宋文》卷1094、《长编》卷292)

十一月二十三日,辰州徭贼叛(《宋史》卷15《神宗本纪》)。

十二月二日,右谏议大夫吕公孺罚铜十斤。

《宋会要·职官六六·黜降官三》:“(元丰元年十二月)二日,右谏议大夫吕公孺罚铜十斤。坐御史何正臣言,检正中书刑房文字杜纮见公孺理雪失入死罪事,而阴与苞苴往来,究实故也。”

二十六日,辽遣使来贺正旦(《宋史》卷15《神宗本纪》)。

是年,吕公著上《乞选用前日议论之人不终遗弃奏》。

吕公著《乞选用前日议论之人不终遗弃奏》(元丰元年):“臣闻皋陶陈谟,以知人为难;孟子论道,以知言为要。所谓知人则哲,能官人,何忧乎驩兜,何畏乎巧言令色孔壬者,知人也。诐辞知其所蔽,淫辞知其所陷,邪辞知其所离,遁辞知其所穷者,知言也。故曰帝王之德,莫大乎知人;而成败之机,在于察言。是以尧舜在上,明目达聪,询四岳以难任人,命纳言以堲谗说,使恶直丑正者不能乱天下之俗,服谗蒐慝者不能迁人主之意。然后四门穆穆,而朝廷清明,权归于上,而天下无事。臣向蒙陛下擢在枢府,中谢曰不敢缕陈细务,辄论及判别忠邪之道。尝谓陛下励精为治,十年不懈,小大政事,日欲增葺,而朝廷之间,邪说尚胜。大抵小人之害君子,必求要切之语以中之,使之不能自解。方朝廷修改法度之初,凡在朝野,孰无论议?陛下圣度兼包,岂尝记录?而小人贼害,指目未已。苟昔有异同之论,而今不为言者所容,则必指以为沮坏法度之人,不可复用。非陛下加意省察,则端人良士,类遭排格。当时粗陈此语,陛下颇赐开纳。近日除顾临开封府推官,程颢判武学,缙绅闻之,皆以为颢昔任御史,尝有所言,陛下不以为过,有稍用之意。朝廷用人,不终遗弃,必料传之四方,士人无不欣仰。然命下数日,复因言者而罢去,则知臣前所陈者,其风犹未殄也。臣实不安,尝为一二议者私道陛下盛德。窃以为陛下春秋鼎盛,履崇高之位,操生杀之柄,而记人之功,忘人之过,极天地山海之量,此群下所以爱戴,而人人愿立于朝也。小大之臣,虽奸回颇僻如邓绾者,犹降责不逾年,遽复侍从,授以方面。则是盛明之世,本无弃绝之人,邪正贤不肖,亦未易以一言而定也。臣愚以谓今日公卿士夫,尝于朝廷法令有所可否,然其爱君许国之心,愈久而益明者甚众。其唱和雷同，承迎附会，而奸言污行卒为陛下所照者，盖亦不少。然则人固未易知，而士亦不可忽也。况如颢者，陛下早自知之，其立身行己素有本末，讲学论议久益疏通。且其在言路日，时有论列，皆辞意忠厚，不失臣子之体。使得复见用于圣世，其奋身报国，未必在时辈之后。兼所除武学差遣，亦未为仕宦之要津，而小人断断必以为不可者，直欲深梗正路，广沮善人，其所措意，非特一二人而已。臣区区所虑者，谗说殄行之徒日以炽盛，则守正向公之士愈难自立，其于圣政不为无损。臣受恩与常人不同，苟有所当言，不敢顾避缄默，以负陛下优遇。惟陛下幸察。"(《宋名臣奏议》卷15、《皇朝文鉴》卷51、《长编》卷296、《宋元通鉴》卷37、《右编》卷30、《经济类编》卷33)

是年，司马光写诗《去春与景仁同至河阳谒晦叔馆于府之后园既去晦叔名其馆曰礼贤得作诗以纪其事光虽愧其名亦作诗以继之》，抒怀去年河阳之行。

司马光《去春与景仁同至河阳谒晦叔馆于府之后园既去晦叔名其馆曰礼贤得作诗以纪其事光虽愧其名亦作诗以继之》："蓬飞匏系十余年，并荫华榱出偶然。郭隗金台虽见礼，华歆龙尾岂能贤。浮云世味闲尤薄，寒柏交情老更坚。明日河梁即分手，人生乐事信难全。"(《司马光编年笺注》卷14)

顾栋高《温公年谱》卷6："(熙宁十年)是年春，与景仁同至河阳谒晦叔，馆于府之后园。既去，晦叔名其馆曰'礼贤'。梦得作诗以纪事。后一年，公作诗继和，吕公具燕，设口号，有云：'玉堂金马，三朝侍从之臣；清洛洪河，千古图书之奥。'(《东莱诗话》)"

按：司马光元丰元年在洛阳提举嵩山崇福宫时作。

元丰二年(1079)，吕公著62岁

正月，吕公著赞同薛向的观点，不优进韩存宝官秩。

《长编》卷296元丰二年正月"乙亥"条载："初薛向与吕公著并命入枢府，向事公著甚恭，既久，公著亦稍亲之，议论颇相左右。(韩)存宝将陕西兵平泸州叛夷，上欲优进官秩，以劝立功者，向曰：'泸州本无事，今优赏存宝，后有立功大于存宝者，何以加之？'公著曰：'薛向言是也。'上从之。"

《宋宰辅编年录校补》卷8“元丰元年”条载：“（元丰）二年正月，西上阁门使韩存宝除四方馆使、忠州团练使。存宝将陕西兵平泸州叛夷，上欲优进官秩，以劝立功者。（薛）向曰：‘泸州本无事，今优赏存宝，后有立功大于存宝者，何以加之？’公著曰：‘薛向言是也。’上从之。”①

《宋朝事实类苑》卷17《忠言谠论·薛师正》：“吕晦叔与薛师正并入枢府，师正事晦叔甚恭，久之，晦叔亦稍亲之，议事颇相佐佑。阁门副使韩存宝将陕西兵讨戎泸蛮，拔数栅，斩首数百级。上欲优进官秩，以劝立功者，师正曰：‘戎泸本无事，今优赏存宝，后有立功大于此者，何以加之？’晦叔曰：‘薛向言是也。’乃除四方馆使。”

二月八日，吕公著挚友程颢判武学，十五日罢［《长编》卷296元丰二年二月“丁未”（八日）条载：“太常丞程颢判武学。”自注云：“十五日颢罢，吕公著云云”］。

十三日，准范祖禹改京官罢任，仍留洛阳书局作唐长编（《长编》卷296元丰二年二月“壬子”条）。

五月六日，知润州吕嘉问落直昭文馆，因“江东转运判官何琬劾奏嘉问不法”（《宋会要·职官六六·黜降官三》）。

十七日，元绛罢参知政事；二十一日，蔡确参知政事（《宋宰辅编年录校补》卷8）。

八月一日，夏人寇绥德城，被击退（《皇宋十朝纲要》卷10上）。

十二日，吕公孺知河阳（《长编》卷299元丰二年八月“丁未”条）。

九月十二日，因陈世孺案处理不当，大理寺诸官受罚。

《宋会要·职官六六·黜降官三》：“（元丰二年）九月十二日，诏大理寺卿、少各罚铜十斤，丞二十斤。以勘前国子博士陈世孺并妻李等狱不当故也。”

按：陈世孺是吕公著妹妹之子。陈世孺的妻子是李中师之女，据《宋史·李中师传》载：“李中师，字君锡，开封人。举进士，陈执中荐为集贤校理、提点开封府界。……有女嫁陈执中子世儒，坐夫事诛死。”

十月二十三日，命吕公著上慈圣光献太皇太后尊谥册文。

---

①时吕公著与薛向同知枢密院事。

庞元英《文昌杂录》卷5:"慈圣光献太皇太后,天圣中册为皇后,其文,丞相吕夷简之辞。元丰二年,奉上尊谥,诏同知枢密院事吕公著撰册文,丞相之子也。枢密公亦自陈遭遇,中外莫不感异云。"

《宋会要·礼三二·慈圣光献皇后》:元丰二年十月二十三日,"命参知政事蔡确撰哀册文,同知枢密院吕公著撰谥册文,翰林学士章惇撰谥号文,龙图阁直学士韩缜书哀册、谥册、谥宝文。"

按:元丰二年十月二十日,慈圣光献太皇太后去世。《宋会要·礼三二·慈圣光献皇后》载,元丰三年正月,"十四日,群臣诣庆寿宫上谥册"。

二十五日,交趾归所掠三个州之人。以顺州赐之(《皇宋十朝纲要》卷10上)

是年,与冯京(当世)、孙固(和甫)、薛向(师正)同在枢府,三人屡于上前争论,吕公著因语简而当,上常纳之。

《宋朝事实类苑》卷17《忠言谠论·吕晦叔》:"冯当世、孙和甫、吕晦叔、薛师正同在枢府,三人屡于上前争论,晦叔独默不言。既而上顾问之,晦叔方为开析可否,语简而当,上尝纳之,三人亦莫能违也。出则未尝语人,皆讥晦叔循默,不副众望,晦叔亦不辩也,而同僚或辩之。"

按:四人同在枢密始于是年,故置于此。

是年,取进士348人,省元先浚明,状元时彦(《文献通考》卷32《选举考五·举士》)。

元丰三年(1080),吕公著63岁

正月十四日,吕公著撰《慈圣光献皇后谥册文》。

吕公著《慈圣光献皇后谥册文》:"维元丰三年岁次庚申,正月乙丑朔,十四日戊寅,孝孙嗣皇帝臣顼再拜稽首言曰:臣闻道本无形,不可拟以称谓:德合无疆,不可规以封畛。然自昔贤圣相继,作民父母,莫不稽行以立溢,纪功而建号.著在典册,声于郊庙。盖休烈盛美。既有以冒于四海;则隆名尊称,必有以诏于万世。恭惟大行太皇太后,实天祐宋,诞生淑圣。听明渊静,至性得于自然;慈

仁粹和，懿范冠于往昔。惟艺祖肇造区夏，武惠之勋，从享大室。积德流庆，用大集于后昆，遹登中闱，作配仁祖。夙夜警戒，逾三十年。亿宁神人，嘉靖内外。翊赞圣治，迄用有成。深惟宗社之重，援立先帝，大策既定，五谋协从。谅暗之初，哀疚弗豫，勉同听决，庸济艰难，群情于是获安，神器以之增重。而进退以正，劳谦有终。迹不践于外廷，岁甫基而复辟。方且宅心道秘，颐神物表，享东朝之尊，十有七年。福浸黎元而扮挹不居，奉极天下而恭俭自牧。较其全德远度，休声茂实，虽诗人所载任、姒之美，殆无以加，汉氏以来马、邓之烈，曾莫得而比伦矣。顾惟冲菲，获奉晨昏，教诲抚存，慈惠兼至。间禀要务，仰遵成规。家用平康，民以宁一。庶蒙休祐，永锡难老，以伸小子欲报之志，以慰万方欣戴之心。不图邦衅上延，奄弃崇极。玉衣如在，飚驾不还。痛色养之长违，顾孺慕而何及！考卜维吉，因山有期，乃稽旧章，节大惠，易鸿名，请于祖宗，告于几筵。谨遣摄太尉、光禄大夫、行尚书礼部侍郎、同中书门下平章事、集贤殿大学士王珪奉宝册上尊谥曰慈圣光献皇后。伏惟明灵在天，降鉴于下，膺兹典礼，永配庙祐，储祉锡羡。光于无穷。呜呼哀哉！谨言。"(《全宋文》卷1092、《宋会要·礼三二》)

按:《宋会要·礼三二·慈圣光献皇后》载:"神宗元丰二年十月二十日，太皇太后崩于庆寿宫……二十三日，命参知政事蔡确撰哀册文，同知枢密院吕公著撰哀册文……"存误。《长编》卷300元丰二年十月"戊午"条载:"戊午，诏易园陵为山陵。(新、旧纪并载诏书)命参知政事蔡确撰哀册文，同知枢密院吕公著撰谥册文，翰林学士章惇撰谥号文，龙图阁直学士韩缜书哀册、谥册、谥号文。"吕公著所撰为谥册文。今从《长编》。另，册文说，"维元丰三年岁次庚申，正月乙丑朔，十四日戊寅"，知作于元丰三年正月十四日。吕公著元丰二年十月二十三日始受命撰谥册文。《全宋文》标注为"元丰元年正月十四日"，误，今正之。

十八日，因吕嘉问狱事，太常博士范峒、太常丞彭汝砺各夺一官。

《宋会要·职官六六·黜降官三》:"(元丰三年正月)十八日，太常博士范峒、太常丞彭汝砺各夺一官。坐鞫前知江宁府吕嘉问狱不尽，虽会恩，特夺之。"

按:吕嘉问是吕夷简的长子长孙，吕公著的侄子。

二月十二日，章惇参知政事(《宋宰辅编年录校补》卷8)。

二十五日，因陈世儒狱事，贾种民、崔台符、杨汲、何正臣等受处理。

《宋会要·职官六六·黜降官三》："（元丰三年）二月二十五日，大理寺丞贾种民冲替，大理卿崔台符、少卿杨汲、权监察御史里行何正臣各罚铜十斤。大理初鞫陈世儒狱，并治世儒妻李氏，母吕氏尝干其叔父公著，请求于知开封府苏颂。公著未尝以语颂，而种民挟情传致其罪。公著自辨，移御史台推治得实，种民坐罪，而正臣坐尝监勘，与台符、汲各不举察故也。"

二十八日，因陈世儒狱事，苏颂、庞元英、吕希亚、晏靖等受处理。

《宋会要·职官六六·黜降官三》："（元丰三年二月）二十八日，知濠州、秘书监、集贤院学士苏颂归班，群牧判官、尚书都官郎中庞元英送审官东院，大理评事吕希亚、赞善大夫晏靖并冲替。颂坐前知开封府鞫陈世儒事，而元英诣颂探问，颂尝酬对，但言情状极丑恶，刑名未可知。法寺当颂，元英以不应为从重，希亚、靖亦尝探问，后坐报上不实也。"

三月二日，吴充罢相（《宋宰辅编年录校补》卷8）。

二十六日，上欲以曹佾为正中书令，吕公著上疏阻之。

《宋史全文》卷12下《宋神宗》："（元丰三年三月）己丑，上以慈圣光献故，大推恩于曹氏，且欲以佾为正中书令。吕公著言：'非所以宠外戚。'上曰：'褒宠外戚，诚非家国美事，顾以慈圣光献有功于宗社，宜优恤其家尔。'公著因言：'自古亡国乱家不过亲小人、任宦官、通女谒、宠外戚等数事而已。'上深然之。时王中正、宋用臣等任事，故公著假此以讽上，既退，薛向叹曰：'公乃敢言如此事，使向汗流浃背。'"①

四月四日，基于陈世儒狱事已解，吕公著复归西府。

《长编》卷303元丰三年四月丁酉（四日）条载："是日，同知枢密院吕公著复归西府。先是，元年六月，开封府鞫陈世儒狱，公著时为端明殿学士兼侍读。世儒妻李将就逮，亟谓其母吕曰：'幸告端明公为祝苏尹，得即讯于家。'吕即夜至公著所，如女言。公著曰：'不可，比相州狱止坐请求耳，逮系者数百人。况此，岂可干人耶？'吕涕泣而退。其年九月，公著除同知枢密院。明年正月，御史言开封所鞫不尽，诏迁其狱于大理。大理丞贾种民因欲蔓其狱，间问李曰：'亦

①三月甲子朔，己丑为二十六日。

尝有属于官司乎？’李即具对尝请于公著，而公著不许。种民得之，乃更其狱牒，谓公著尝许之，而公著子希绩、希纯皆与闻。遂逮李母吕。吕至，对如李辞。又逮公著从子希亚、世儒友婿晏靖而告于朝。（希亚、靖见二月二十八日。）上谓执政曰：‘公著宜无此。’乃遣御史黄颜监治。其五月，种民来就问于西府，公著及二子皆以实对。颜知狱皆诬枉不可就，而畏避不敢言，未几，托疾去。时上已稍知狱官之无状，因不复遣御史。中书复固请用御史何正臣监讯。正臣至大理，而狱益炽。其八月壬子（十七日）又迁其狱于御史台，逮公著婿邵篪及二婢，仍檄阁门止公著朝谒。上诏公著入谒如常，公著即以其月丙辰（二十一日）避位待辨于家。上数遣内侍劳问，促公著复位，公著讫不敢起。世儒既伏诛，请求事犹未辨。会慈圣光献崩，被召乃就职。及易月之制毕，上以十一月己丑复视朝。翌日，公著面奏曰：‘臣比蒙召命，以陛下方在丧次，臣子当奔走承事，不敢以私故辞。今陛下已抑情听政，臣请复待罪于家。’上固留公著，公著遂杜门不复出。正臣治狱久不决，至追逮苏颂于濠州，锻炼靡所不至，竟无事实。辛卯，中丞李定等入对，即奏云：‘公著实未尝请求，特尝因垂拱退朝，颂与众从官汎言陈氏事，公著亦预闻耳。’欲用此辞以结狱。是日，何正臣称疾不上。壬辰，诏御史舒亶以定等所奏，就问公著于家。公著言：‘臣审闻此于法固无害，第实不预闻，不敢妄对以欺君尔。’十二月己亥，定等复入对，正臣又称疾不上。定等奏被系者讫无所承，且皆无左验。上始大感悟，遂诏停狱。而种民以擅更狱辞下御史台劾治。上既诏停狱，即日遣中使谕公著狱事已解，可亟入就职。越三日，壬寅，公著入谒展谢，上曰：‘有司考竟无一事。’比拜起，上如是言者再。遣使押公著家属归西府，公著亦未敢迁。始公著被诬，或谓公著以辅弼挂吏议，当随事自承，不宜有陈。公著曰：‘不然。自古公卿大臣遭枉滥，而不能自直者多矣，皆不得其时也。今吾生治世，事明主，近在帷幄之间，一旦被诬而不能申理，则四方疏远之人何以自明？将恐治狱者狃以自张，被罪者望风畏却，一罹呵问，例自承服，致朝廷有滥罚之讥，罪乃在吾，而不在朝廷也。’狱事既释，公著曰：‘吾身备辅弼，既被吏议矣，虽无事，安可以复在位？’会慈圣梓宫在殡，陵事方严，未可以请。及慈圣神主祔庙，公著即再上表乞补外郡。上再遣使封还，仍诏公著入对，敦谕弥切,公著乃复归西府。"①

《邵氏闻见录》卷3:"黄中之孙种民者,元丰中为宰相蔡确所用,官大理寺丞,锻炼故相陈恭公执中之子世孺与其妇狱至极典,天下冤之。又以蔡确风旨,就府第问同知枢密院吕公公著,呼公之子希纯及老妪立庭下,问世孺妻吕氏请求事,以枷捶胁之。希纯等曰:'吕氏固枢密之侄,尝以此事来告枢密。枢密不语,垂涕而已。'竟无以为罪。神宗知之,怒曰:'原无旨就问吕公著,贾种民小臣,辄敢凌辱执政,特冲替。'呜呼!黄中之后衰矣。"

十二日,因陈世儒杀母事,陈开放永不收叙。

《宋会要·职官六六·黜降官三》:"(元丰三年)四月十二日,诏虞部员外郎陈开放归田里,永不收叙。开,陈世儒之从兄。世儒杀母事觉,开谕世儒自尽而心利其财故也。"

七月九日,黄河决澶州(《宋史》卷16《神宗本纪》)。

九月二十四日,薛向、孙固并枢密副使;二十七日,冯京枢密使,薛向罢同知枢密院(《宋宰辅编年录校补》卷8)。

二十八日,吕公著任正议大夫、枢密副使、权发遣宣徽院。

《长编》卷308元丰三年九月"丁亥"(二十八日)条载:"丁亥,以户部侍郎、同知枢密院事吕公著为正议大夫、枢密副使。公著与冯京、薛向、孙固同任西府,三人者屡于上前争论,公著独不言。既而上顾问之,公著乃徐为开析可否,语简而当,上尝纳之,三人者亦不能违已。出则未尝语人,外皆讥公著循嘿,不副众望,公著亦不辨也。而同僚或为辨之。上数与辅臣论天下事,一日,谓公著曰:'民间不知有役矣。'公著对曰:'然。上户昔以役多破家,今则饱食安居,诚幸矣。下户昔无役,今率钱,则苦矣。'上曰:'然则法亦当更也。'"自注云:"二事据司马《记闻》,今附见。"

---

①吕公著因陈世儒案遭诬陷。对陈世儒案的处置,据《长编》卷300元丰二年九月丁丑条载:"诏前国子监博士陈世儒并妻李、婢高、张等十九人,并处斩,婢高凌迟,妻李特杖死,婢单等七人贷死,杖脊,分送湖南、广南、京西路编管。世儒,宰相执中子,执中嬖妾张氏淫悍不制,生世儒未久而执中死,诏张氏为尼。世儒既长,迎归,与妻李事之不谨。李,龙图阁直学士中师女,母吕氏,夷简孙也。世儒知舒州太湖县,庸骙不乐为外官,与李讽诸婢谋杀张,欲以忧去,诸婢以药毒之不死,夜持钉陷其脑骨,以丧还京师,为诸婢告发,而李辞屡变,凡三易狱,始得实。于是元勘官皆得罪,知大理卿事崔台符、权发遣大理少卿蹇周辅、杨汲,各罚铜十斤,权大理丞贾种民二十斤"。文中吕公著《遭枉滥宜辨明奏》,《全宋文》失载,朱熹《三朝名臣言行录》卷8著录。

王安礼《尚书户部侍郎同知枢密院事吕公著可正议大夫充枢密副使加食邑一千户实封二百户制》:“朕均神之暇,以劳天下,况于股肱辅弼之臣,恩礼攸异,宠章徽数,其可后乎?具官某,器识闳深,资质冲茂。进陪枢要,闻望愈隆。为国宗工,相予明祀。增封衍食,迁贰使名。往惟懋哉,以对休命。可。”(《全宋文》卷1798、《王魏公集》卷2)

《涑水记闻》卷14:“冯当世、孙和叔、吕晦叔、薛师正同知枢密府,三人屡于上前争论,晦叔独默不言。既而上顾问之,晦叔方为之开析可否,语简而当,上尝纳之,三人亦不能违已。出则未尝语人。皆讥晦叔循默,不副众望。晦叔亦不辨也,同僚或为辨之。(伯淳云。)”

《宋宰辅编年录校补》卷8载,元丰三年九月,“丁亥,吕公著改枢密副使。(自户部侍郎、同知枢密院改正议大夫除。)”

《宋会要·官职六·宣徽院》:“(元丰)三年九月二十八日,户部侍郎、同知枢密院事吕公(着)[著]为正议大夫、枢密副使、权发遣宣徽院。”

《涑水记闻》卷14:“上好与两府议论天下事,尝谓晦叔曰:‘民间不知有役矣。’对曰:‘然。上户昔日以役多破家,今则饱食安居,诚幸矣。下户昔无役,今索钱,则苦矣。’上曰:‘然则法亦当更矣。’(伯淳云。)”

《续资治通鉴·宋纪》卷75元丰三年九月“丁亥”(二十八日)条载:“丁亥,以吕公著为枢密副使。公著与冯京、薛向、孙固同在西府,三人者屡于上前争论,公著独不言。及帝问之,乃徐为开析可否,言简而当,帝常纳之,三人者亦不能违也。”

按:王瑞来《宋宰辅编年校补》“校证”:“《枢密院时政记》:公著改枢副又在闰九月一日,新纪于丁亥日书公著为枢副,旧纪不书。”今存此,备考。枢密副使,北宋建隆元年(960)即置,其官品未见记载。

吕公著为枢密副使,六十余岁,仍不耻下问。

《童蒙训》卷上:“正献公为枢密副使,年六十余矣。尝问太仆寺丞吴公传正安持己之所宜修,传正曰:‘毋敝精神于蹇浅。’荥阳公认为,传正之对,不中正献之病,正献清静不作,为患于太简也。本中后思得正献问传正时,年六十余矣,位为执政,当时人士皆师尊之。传正,公所奖进,年才三十余,而公见之,犹相与讲究,望其切磋,后来所无也。荥阳公独论其问答当否,而不言下问为正献公之难，盖前辈风俗纯一，习与性成，不以是为难能也。”

按：吕公著任枢密副使在元丰三年九月至次年正月，前后不足五个月，故置于此。

是年，因吕公著任枢密副使，苏轼有贺启。

《苏轼文集》卷47有《贺吕副枢启》。苏轼在贬谪之所黄州，致简祝贺。

按：《经进东坡文集事略》卷27收此文，称为贺吕公弼。贺启云“荷三朝两世之恩”，可吕公弼除枢密副使，为英宗治平二年七月辛巳，总二朝，不合。《苏文系年考略》谓此启作于元丰元年九月，为贺吕公著，然其时公著所任职为枢密院事，也不合。孔凡礼《三苏年谱》卷30元丰三年条载：“贺启云：‘轼登门最旧，称庆无缘。’以时遭贬谪也，合。”苏轼责授黄州团练副使，时在贬谪之所黄州。所考为是，今从之。

是年，吕公孺知河阳。

《宋史》卷311《吕公孺传》：“知永兴军。徙河阳。知审院东院，出知秦州。”

按：《宋史·地理志一》：“孟州，望，河阳三城节度。”李之亮《北宋京师及东西路大郡守臣考》称，元丰三年，吕公孺当仍知河阳。

是年，吕公著之次子吕希绩任淮南发运副使。

《古今图书集成·明伦汇编·氏族典》卷54：“希绩，《奇姓通》：字纪常，神宗元丰间为淮南发运副使。”

按：希绩，即吕希绩。李之亮《宋代路分长官通考》结合前后任职情况，推知其任淮南发运副使的时间为元丰三年至元丰五年。

元丰四年（1081），吕公著64岁

正月十二日，诏试进士加律义（《皇宋十朝纲要》卷10下）。

二十三日，冯京罢枢密使，孙固知枢密院事，吕公著与韩缜并同知枢密院（《宋宰辅编年录校补》卷8）。

《长编》卷311元丰四年正月“辛亥”（二十三日）条载：“枢密使、正议大夫兼群牧制置使冯京为光禄大夫、观文殿学士知河阳。”“枢密副使、太中大夫孙固

知枢密院兼群牧制置使，枢密副使、正议大夫吕公著同知枢密院，龙图阁直学士、太中大夫、枢密都承旨兼群牧使韩缜同知枢密院。”自注云：“五年四月二十六日丁丑，吕公著罢，可考。吕公著与孙固同改迁，而《实录》阙之，今追书。家传云‘用先朝故事’，按故事，枢密院置知院，则当为副使者皆改同知院，见熙宁元年。四年十一月二十二日甲辰，枢密院置知院、同知院，余悉罢。《职官志》与《实录》不同，已具注在彼。”

《枢密副使正议大夫吕公著依前正议大夫同知枢密院制》（元丰四年正月二十三日辛亥）：“敕：朕有信臣，典司机密，正名定位，时乃旧章。具官某，资质冲深，器识宏达，入陪枢要，望重朝廷。属右府之进迁，俾命书而加锡。往祗阙服，其愈懋哉。可。”（《王魏公集》卷3、《宋代诏令全集》第4册）

三月十六日，章惇罢参知政事；十七日，张璪参知政事（《宋宰辅编年录校补》卷8）。

四月，山阴县主簿余行之谋反，黄河澶州小吴坝，北流（《皇宋十朝纲要》卷10下）。

五月二十八日，知审官东院、通议大夫吕公孺兼权判都水监（《长编》卷312元丰四年五月“甲寅”条）。

六月二十八日，议西讨之事，因缺主帅，主张暂停。

《长编》卷313元丰四年六月“癸未”（二十八日）条载：“上初议西讨，知枢密院孙固曰：‘举兵易，解祸难。’前后论之甚切。上意既决，固曰：‘必不得已，请声其罪，薄伐之，分裂其地，使其酋长自守。’上笑曰：‘此真郦生之说。’时执政有请直渡河者，上意益坚。固曰：‘然则孰为陛下任此者？’上曰：‘吾以属李宪。’固曰：‘伐国大事，而使宦者为之，士大夫孰肯为用？’上不悦。固请去，不许。他日，又对曰：‘今举重兵五路并进，而无大帅，就使成功，兵必为乱。’固数以大帅为言，上谕以无其人，同知枢密院吕公著进曰：‘既无其人，不若且已。’固曰：‘公著言是也。’”自注云：“此月十日壬戌俞充奏疏，并元丰元年八月十一日壬子充初除庆帅，邵伯温《闻见录》并苏辙《龙川别志》云云，已具注彼，并合参考。”

按：《皇宋十朝纲要》载，元丰四年，七月夏人囚其主，举兵问罪；“十一月癸未朔，日食。……辛丑，师还。初，上将与师，知枢密院孙固、副使吕公著皆力谏。至是，诸将皆无功，上大悟，谕孙固曰：‘若用卿言，必不至此。’”是年十一月征伐无功而返，说明吕公著等的力谏是务实的。

七月二十四日，曾巩管勾编修院。吕公著常评曾巩“行义不如政事，政事不如文章”。

《长编》卷314元丰四年七月“己酉”（二十四日）条载：“己酉，手诏朝散郎、直龙图阁曾巩素以史学见称……仍诏巩管勾编修院……吕公著常评巩，以为为人不及论议，论议不及文章”。自注曰：“田画作王安礼行状云：曾巩以文学称天下，在熙宁、元丰间龃龉不用。王安礼荐于上曰：‘巩之词采足传于后，今老矣。愿俾修文当代，成一家言。’上曰：‘公著尝谓巩行义不及政事，政事不逮文学。果然无足为者。’安礼曰：‘诚如其言，请取其最上者。’上乃用巩为史官。按：安礼此时犹以内翰知开封，未执政。”

《九朝编年备要》卷21：“吕公著谓（曾）巩为人不及议论，议论不及文章。”

《宋史》卷319《曾巩传》：“吕公著尝告神宗，以巩为人行义不如政事，政事不如文章，以为不大用云。”

十一月九日，吕公孺“寻改命知审官东院、通议大夫”（《长编》卷319）。

是年，吕公著之侄吕希道“权发遣三司都勾院”（《范太史集》卷42《左中散大夫守少府监吕公墓志铭》，从李之亮《宋代京朝官通考》说法。）

元丰五年（1082），吕公著65岁

二月二十四日，知秦州吕公孺言“望特权借提举司钱斛”事（《宋会要·食货五三·常平仓》、《长编》卷323）。

按：《全宋文》卷1361有吕公孺《乞权借提举司钱斛救恤秦州属蕃弓箭手奏》。《宋会要·兵四》亦载。

四月二十二日，元丰官制改成（《皇宋十朝纲要》卷10下）；**王珪任左仆射，蔡确为右仆射**（《宋宰辅编年录校补》卷8）。

二十三日，章惇守门下侍郎，张璪守中书侍郎，蒲宗孟守尚书左丞，王安礼守尚书右丞（《宋宰辅编年录校补》卷8）。

二十六日，因举兵伐夏事，吕公著上表求罢同知枢密院事，改任资政殿学

士、知定州。之前，上《兴吊伐之师宜谨慎奏》。

《长编》卷325元丰五年四月“丁丑”（二十六日）条载：“丁丑，正议大夫、同知枢密院吕公著为光禄大夫、资政殿学士、知定州。始，议五路举兵伐夏，公著谏，不听，寻上表求罢，仍谒告不出。上封还其奏，赐手诏曰：‘在廷之臣，可为腹心之寄，无逾卿者，安得自外自逸？’公著乃复起视事。及西师无功，公著言，外议皆谓王中正宜正典刑。于是用李宪策，将图再举，公著又固谏，上不悦。会章惇自定州召为门下侍郎，公著固乞代惇守边。上曰：‘朕待卿不止此，卿其少安。’或谓公著曰：‘今官制新行，所用为相者，或素出公下，又西府方以二员为制，而公与孙和甫、韩玉汝为三人，有溢员，上以是诏未用二员之制。今遽求去，得毋近于躁乎？’公著曰：‘所谓大臣者，病不能以义进退耳，皇恤其他？’章继上，乃有是命。”

《宋会要·职官七八·罢免上》：“（元丰）五年五月十日，正议大夫、枢密副使、权发遣宣徽院吕公著罢为光禄大夫、资政殿学士、知定州。先是，乞补外，帝遣使封还其奏，至是再有请，故有是命。”

宋神宗《赐吕公著手诏》（元丰五年四月）：“在廷之臣，可托腹心之寄，无逾卿者，安得自外自逸？”（《长编》卷325、《全宋文》卷2505）

《宋宰辅编年录校补》卷8载，元丰五年四月，“丁丑，吕公著罢同知枢密院事。（自正议大夫罢为光禄大夫、资政殿学士、知定州。）公著自元丰元年九月除同知枢密院事，三年九月改枢密副使，四年正月复同知枢密院事，至[五年]四月罢，在枢府凡五年”。

吕公著《兴吊伐之师宜谨慎奏》：“如谍者所告，则夏人诚有罪。然陛下欲兴吊伐之师，未审以何人为元帅？未得其人，则不如不举。”（朱熹《三朝名臣言行录》卷8）

按：北宋定州，属河北西路，治所在今河北定州。《元丰九域志》卷2：“定州，博陵郡，定武军节度。治安喜县。”

考：《长编》《宋宰辅编年录校补》载吕公著知定州为四月二十六日，《宋会要》记为五月十日，恐误。

五月，吕公著上《定州谢上表》。

吕公著《定州谢上表》：“尸荣右府，无裨庙算之奇；假守中山，复当阃制之重。戴恩为惧，虔命以行。遄届郡封，恪宣条诏。伏念臣降才谫薄，植性懦愚。学术不足以稽五谋之疑，识虑不足以筹千里之胜。特以百年旧族，荷累圣不赀之恩；一介微躯，辱主上非常之遇。夤缘宠渥，更践清华。晚收疏外之孤踪，擢赞微几之要务。奉天光而咫尺，被圣诲之丁宁。谓臣世服近僚，有均休共戚之义，察臣傍无厚援，绝背公死党之嫌。曲示优容，俾思报效。顾驽鈆之难强，嗟蒲柳之易衰。久预枋司，积有妨贤之畏；洊祈麾寄，更图陈力之方。伏遇皇帝陛下体虚静以储神，极高明而尽下。俯矜素悃，特霈俞音。惟定武之奥区，侍轩墀，实轩枢莞。凡治军经武之要，洎守塞御戎之宜，日炙睿谋，备观宸断。逮兹临遣，得以遵承。谨当细大必躬，夙宵弥励。进不敢希功而生事，退不敢驰备以旷官。期不玷于误知，庶少酬于鸿施。"（《皇朝文鉴》卷67、《四六法海》卷4、《唐宋元名表》、嘉靖《真定府志》卷18、《宋四六选》卷7、《古今图书集成》职方典卷105、道光《直隶定州志》卷21）

朱熹《宋名臣言行录》后集卷8《吕公著》："公至定州，谢表曰：'进不敢希功而生事，退不敢驰备以旷官。'人人传诵，以为摭实。是时，朝廷方经武事，增修边，趋时者争献北伐之策，公至定武，即为上言：'中国与契丹通好久，边境晏然无事。'"

按：吕公著四月二十六日知定州。估计五月到任，上表谢恩。

七月三日，黄河决灵平坝（《长编》卷328）。

九月一日，宋神宗不豫，十三日康复（《长编》卷329）。

二十日，夏人陷银川（《皇宋十朝纲要》卷10下）。

十月一日，拓疆惨败，宋神宗后悔不听吕公著的谏言。

《长编》卷330元丰五年十月"戊申"（一日）条载："元丰五年冬十月戊申朔，李柜、种谔、沈括奏：'永乐城陷，蕃汉官二百三十人，兵万二千三百余人皆没。'先是沈括奏：'敌兵来逼城，见官军整，故还。'上览奏，忧之，曰：'括料敌疏矣！彼来未战，岂肯遽退耶？必有大兵在后。'已而，果然，及闻城陷，涕泣悲愤，为之不食。早朝，对辅臣痛哭，莫敢仰视，既而叹息曰：'永乐之举，无一人言其不可者。'右丞蒲宗孟进曰：'臣尝言之。'上正色曰：'何尝有言！在内惟吕公著，在外惟赵卨，尝言用兵不是好事耳。'"

《续资治通鉴·宋纪》卷77元丰五年十月"戊申朔"（一日）条载："冬，十月，戊申朔，沈括、种谔奏：‘永乐城陷，汉、蕃官二百三十人，兵万二千三百余人皆没。’帝涕泣悲愤，为之不食。早朝，对辅臣痛哭，莫敢仰视，既而叹息曰：‘永乐之举，无一人言其不可者。’蒲宗孟进曰：‘臣尝言之。’帝正色曰：‘何尝有言！在内惟吕公著，在外惟赵卨，尝言用兵非好事耳。’初帝之除禧也，王安礼谏曰：‘禧志大才疏，必误国事。’不听，及败，帝曰：‘安礼每劝朕勿用兵，少置狱，盖为此也。’自熙宁开边以来，凡得夏葭芦、吴保、义合、米脂、浮图、塞门六堡，而灵州、永乐之役，官军、熟羌、义保死者六十万人，钱、粟、银、绢以万数者不可胜计。帝始知边臣不足任，深悔用兵，无意西伐矣。”

十一月十七日，吕公孺知相州（《长编》卷331元丰五年十一月“甲午”条）。

是年，吕公著上书言“边民疲”。

《明一统志》卷3《真定府》：“吕公著：元丰中为定州安抚使，时永乐城陷，神宗临朝，叹曰：‘边民疲如此，独吕公著为朕言之耳。’”

是年，吕公著之侄吕希道知汝州。

《宋史翼》卷1《吕希道传》：“迁知滁州，又知汝州，权发遣三司都勾院。”

李之亮《北宋京师及东西路大郡守臣考》称，吕希道元丰五年、六年知汝州。

按：吕希道系吕公著长兄吕公绰之子。

是年，取进士445人，经明3人，省元刘概，状元黄裳（《文献通考》卷32《选举考五·举士》）。

吕公著知定州时，称王岩叟为“古良吏”。

《山堂肆考》卷77《挞猾吏导讼》：“宋黄岩叟知安喜县有法吏，罢居乡里，导人为讼，严叟捕挞于市，众皆竦然，定州吕公著叹曰：‘此古良吏也。’”

《宋史》卷342《王岩叟传》：“后知定州安喜县，有法吏罢居乡里，导人为讼，岩叟捕挞于市，众皆竦然。定守吕公著叹曰：‘此古良吏也。’”

按：《长编》卷357元丰八年六月“戊寅”条载：“奉议郎、知定州安喜县事王岩叟为监察御史。”可知，《山堂肆考》所说“黄岩叟”当为“王岩叟”。按三年一任算，王岩叟知安喜县当在元丰五年至元丰八年。而吕公著知定州为元丰六年至七年，当在其任期内与王岩叟接触，并称赞之。值得注意的是，元丰八年六月，王岩叟擢任监察御史，正是在吕公著受重用之际。

元丰六年(1083),吕公著66岁

正月、三月,夏人寇兰州(《皇宋十朝纲要》卷10下)。

四月十一日,中书舍人曾巩卒。

《长编》卷334元丰六年四月“丙辰”(十一日)条载:“丁忧人前朝散郎、试中书舍人曾巩卒。”

《续资治通鉴·宋纪七十七》载,元丰六年四月,“是月,中书舍人曾巩卒。巩为文自成一家。少与王安石游,安石声誉未振,巩导之于欧阳修;及安石得志,遂与之异。帝尝问 :‘安石何如人?’对曰:‘安石文学行义不减扬雄,以吝,故不及 。’帝曰:‘安石轻富贵,何吝也?’曰 :‘臣所谓吝者,谓其勇于有为,吝于改过耳 。’吕公著尝言于帝曰 :‘巩行义不如政事,政事不如文章 。’故不至大用”。

五月,夏人寇麟州(《皇宋十朝纲要》卷10下)。

六月,吕公著上《契丹宜静镇奏》《请专以旧弓箭手从事奏》。

吕公著《契丹宜静镇奏》元丰六年“六月”条载:“ 中国与契丹通好久,边境晏然无事,塞上屯军亦素有节制,惟宜静以镇之。”(《全宋文》卷1094、《长编》卷335)

吕公著《请专以旧弓箭手从事奏》(元丰六年六月):“古人之治兵农,有疆以周索者,有疆以戎索者。今遣边人习战法于境上尤非,且非管子寄令之意也。请一切罢去,专以旧弓箭手法从事。”(《全宋文》卷1094、《长编》卷335)

闰六月一日夏请表修贡,诏止陕西、河东出兵(《皇宋十朝纲要》卷10下)。

七月十三日,孙固罢知枢密院事,韩缜知枢密院事,安寿同知枢密院事(《宋宰辅编年录校补》8)。

八月初,吕公著上《再行市丝民将受害奏》。

《长编》卷338元丰六年八月“丙戌”(十三日)条载:“真定府定州路都总管司走马承受陆中言,祁、定州差禁军防送罪人,有违配法。手诏:‘朝廷新造法度,颁行之初,既已明悉,若有司尚敢不遵禀,理须痛与征治,以肃慢令之人。宜下提点刑狱李宁劾违法官吏,纵逢非次赦恩不原。’(十月二十一日,吕公著降

官。)先是,定州以教保甲、修城池、建太仓,中使旁午于道。吕公著预戒有司谨饬饩劳,然公著素静重寡言,接对有常礼,初无所假借,以是至者多不乐。中被旨市丝五万两供尚方,已而中复献计增市,诏以付定州。公著停其诏,上曰:‘日前所市者,皆先期给緡钱,故民力犹可办。今已涉深夏,民间渐就机织,以备输纳,若仓卒再行收市,人将受其害。’上悟,即诏公著寝其事。中又受旨转董仓役,日使人持梃立城西门,民有以车乘辇薪蒸鬻城中者,皆强致之仓所,以供陶甓,城中几废爨。公著命擒中所遣卒,尽杖之,一城欢呼。公著之未至也,中受命经始仓役,即坏民居、毁僧舍,民有葬于仓西者,中改筑垣直其域中,民号泣发其墓持丧而去。其所占地盖广矣,然不足于素虑者犹二百五十二楹,中因请别度地建小仓以足之。公著曰:‘今二大仓所受已不赀,若又益一小仓,徒费公私,无益也。’奏罢之。中既数被沮,因借是以抱怨云。”

吕公著《再行市丝民将受害奏》(元丰六年八月):“日前所市者,皆先期给緡钱,故民力犹可办。今已涉深夏,民间渐就机织,已备输纳。若仓卒再行收市,人将受其害。”(《全宋文》卷1094、《长编》卷338)

按:吕公著《再行市丝民将受害奏》写于陆中“抱怨”之前,加之“数被沮”的过程,《全宋文》称在八月,估计应在八月之初。

八月十八日,蒲宗孟罢尚书左丞,王安礼为尚书左丞,李清臣为尚书右丞(《宋宰辅编年录校补》卷8)。

二十七日,吕公著上《乞敕措置籴便司广籴白米奏》。

吕公著《乞敕措置籴便司广籴白米奏》(元丰六年八月):“河朔秋稔,异于常岁。定州所修衍积、宝盈二仓已成,乞申敕措置籴便司,比在市量增直,参用见钱文钞广籴。然据新仓见籴白米须九分以上,太求精凿,则民难入中。及访问若不留一二分谷,则易损坏。况本仓已籴米,复用人功搅拌。今若止籴八分细米,经年退去谷壳,已是九分以上。缓急支用,不须舂变。不惟省官钱,籴数多,兼可经久。”(《全宋文》卷1094、《长编》卷338)

《长编》卷338元丰六年八月“庚子”(二十七日)条载:“定州路安抚使吕公著言:‘河朔秋稔,异于常岁。定州所修衍积、宝盈二仓已成……’诏措置籴便司相度。”

十月十二日,光禄卿吕嘉问言“郊庙供奉”酒事宜(《宋会要·职官二一·光禄寺》)。

二十一日,吕公著坐违法差禁军防送罪人,降一官。

《长编》卷340元丰六年十月“癸巳”(二十一日)条载:“又诏定、祁州官吏,资政殿学士、光禄大夫吕公著以下八人各降一官,坐违法差禁军防送罪人也。初,上患禁兵有防送之劳,乃定令凡罪人当配流者,皆就隶当州,其一条编管迁乡人,以递铺卒转送。至是……祁以武卫卒护至定,定复以饶武卒送之。陆中素不快于公著,亟奏其事。李宁案鞫,即观望以为河埽重役人应即用编管人法,以递铺卒转送。既上于朝,大理亦附会以蔽罪,然理官自知其大谩,并引不应为律,公著与属官递减,当赎金三斤至一斤。执政请夺职,上以为太重,故有是命。”自注云:“八月十三日,命李宁劾。”

按:吕公著的官职除知定州外,当时还是“资政殿学士、光禄大夫”。因受处罚,削去光禄大夫一职。

《宋会要·职官六六·黜降官三》:“(元丰六年十月二十一日)同日,定、祁州官吏资政殿学士、光禄大夫吕公著以下八人各降一官。坐违法差禁军防送罪人。”

十一月十八日,吕公著知扬州。

《长编》卷341元丰六年十一月“乙未”条载:“(元丰六年十一月乙未)资政殿学士、降授正议大夫吕公著知扬州,从所乞也。”①

是月,夏人又大举寇兰州(《皇宋十朝纲要》卷10下)。

元丰七年(1084),吕公著67岁

正月二十二日,吕公著请觐,既辞未行,即任资政殿大学士。

《长篇》卷342元丰七年正月“癸丑”(二十二日)条载:“吕公著自定州徙扬州,请觐,许之。是日入对,言边境无虞,不宜生事,又以前岁上尝属疾,劝上以

---

①元丰六年十一月壬寅朔,无乙未日,疑为“己未”之误。原因有二:(1)是年十月有“乙未”,为二十三日。与文中“从所乞也”不符。当年交通不便,仅隔一天时间,根本无法回复。(2)吕公著此次受处理,有曲折。先降职回京(《长编》卷342),经征求意见,再任职知扬州。元丰七年正月,未赴扬州前“请觐”,又旋任资政殿大学士。故推知,吕公著知扬州之时间,当在元丰六年十一月己未(十八日)。

宗社自谨重。已而言：‘定州官吏，坐小法皆夺官冲替。如臣忝窃已厚，固无甚害，自余小官，皆失所宜。定州以禁卒护重役人，而议狱者以为犯编管人用递铺法，岂非舞文耶？若于法明审，则理官不当复引不应为律矣。’上意悟，谕公著曰：‘朝廷姑欲法行耳，然此法诚未明，当更增修之。’公著既辞，未行，即除资政殿大学士。（除大资，在壬戌，今并此。）且谓执政曰：‘仁皇侍从，所余无几。’咨嗟久之。寻又复光禄大夫。其后，定州官吏被遣者，自列于朝，诏即御史台详定。既而明其非辜，悉除之。”自注云：“除职、复官、释定州官吏，当各附本月日。”

《宋史》卷 336 本传：“徙扬州，加大学士。哲宗即位，以侍读还朝。”

是月，吕公著次子吕希绩以校书郎充伴送辽国贺正旦使（《宋史翼》卷 1 本传、《宋会要·番夷二》）。

二月，徐积写诗为吕公著送行。

徐积《送吕掾归扬州》（二月四日于枕上奉送）：“年年二月春色稠，今年二月寒未收。路上无花空酒瓯，清吟清啸到扬州。到扬州后登高城，绿波芳草连江津。吟哦若望江南春，梅花便是江头云。”（《全宋诗》11 册）

三月，吕宗简之子、管勾京西路保马吕公雅上《乞保马充肥给以旌赏奏》[①]。（《长编》卷 340、《全宋文》卷 2014）

七月十七日，王安礼罢尚书左丞（《宋宰辅编年录校补》卷 8）。

二十三日，吕公雅上《乞减买马保马之数奏》（《长编》卷 347 元丰七年七月“庚申”条、《宋会要·兵二二》、《全宋文》卷 2014）。

八月十五日中秋节，甘泉县云山阁落成，吕公著宴客其上，秦观即席赋诗。

《江南通志》卷 33《扬州府》：“云山阁在甘泉县西北隅，即环碧亭旧址。《宝祐志》云，陈升之建名胜志云，吕公著守扬时建，落成，值中秋，燕客其上，秦观即席赋诗，一坐欢服。”

按：吕公著元丰七年初守扬州，八年五月回京。甘泉县是扬州府的属县。因时值中秋，故推知落成仪式举办于是年，吕公著应邀出席。

---

①《建炎以来系年要录》卷 133 绍兴九年十有一月“戊子”条载：“广问，公雅孙，公雅，夷简第三子”；《全宋文》“吕公雅”条，称“吕夷简从子”；程敏政《新安文献志》卷 93《吕待制传》，称吕广问是“行简之曾孙也”，均误。当从《南涧甲乙稿》卷 20 之韩元吉《吕广问墓志铭》，吕公雅是吕宗简之子。

十月十一日，吕公著侄子吕嘉问任光禄卿（《长编》卷349元丰七年十月“丁丑”条）。

是月，苏东坡前来探望吕公著，为其歌者题诗。

《邵氏闻见后录》卷19：“吕申公帅维扬，东坡自黄岗移汝海，经从见之。申公置酒，终日不交一语。东坡昏睡，歌者唱‘夜寒斗觉罗衣薄’，东坡惊觉，小语云‘夜来走却罗医博’也，歌者皆匿笑。酒罢，行后圃中，至更坐，东坡即几案间笔墨，书歌者团扇云：‘雨叶风枝晓自匀，绿阴青子静无尘。闲吟绕屋扶疏句，须信渊明是可人。’申公见之亦无语。”

孔凡礼《三苏年谱》卷35载，元丰七年十月，“十九日，轼扬州上表，乞常州居住。未能投进”。

按：苏轼《王中父哀词(并叙)》：“仁宗朝以制策登科者十五人，轼忝冒时，尚有富彦国、张安道、钱子飞、吴长文、夏公酉、陈令举、钱醇老、王中父并轼与家弟辙，九人存焉。其后十有五年，哭中父于密州，作诗吊之，则子飞、长文、令举殁矣。又八年，轼自黄州量移汝海，与中父之子沇之相遇于京口，相持而泣，则十五人者独三人存耳，盖安道及轼与家弟而已，呜呼悲夫。”（《苏轼诗集》卷14）文中“哭中父于密州，作诗吊之……又八年，轼自黄州量移汝海，与中父之子沇之相遇于京口”，可证移汝海的时间。结合孔凡礼《三苏年谱》所考十月十九日在扬州之上表(表见《佚文汇编》卷)，从而确定到扬州拜访吕公著的时间，大体在是年十月。

大约是月，吕公著有“胜则伤仁，败则伤俭”之感叹。

《清波杂志·善博日胜》：“苏东坡云：‘如人善博，日胜日负。’王荆公改作‘日胜日贫’。坡之孙符云：元本乃‘日胜日贫’。吕正献尤不喜人博，有‘胜则伤仁，败则伤俭’之语。”

按：《东坡文集》卷12有《胜相院经藏记》，其第二段有“如人善博，日胜日贫，自云是巧，不知是业”语。王文诰《苏文忠公诗编注集成总按》载，苏东坡元丰三年二月一日始至黄州，四年十一月，成都惟简使悟清来乞胜相院经藏碑，十二月为惟简作《胜相院经藏记》。由王安石在江宁，得知该文约在元丰五年左右。刘永翔《清波杂志》校注云：“《三朝名臣言行录·丞相申国吕正献公引吕氏家塾记》作‘胜则伤仁，败则伤俭’。”苏东坡与吕公著相见，想必谈起王安石及其改字之情形，吕公著借此发出感叹，当合乎情理。故置于此。

十一月十九日，吕公著复光禄大夫。

《长编》卷350元丰七年十一月“乙卯”（十九日）条载：“资政殿大学士降授正议大夫吕公著复光禄大夫。公著先坐知定州日违法差禁军防送罪人降官，满一期也。”

十二月，拟定司马光、吕公著为师保。

《长编》卷元丰七年十二月“戊辰”（三日）条载：“是岁，秋宴，帝感疾，始有建储意。又谓辅臣曰：‘来春建储，其以司马光及吕公著为师保 。’”

《邵氏闻见录》卷3：“崇宁中，蔡京等修哲宗史，为《王安石传》，至以王安石为圣人，然亦书慈圣光献后、宣仁圣烈后因间见上流涕为言安石变乱天下，已而安石罢相。岂安石之罪虽其党竟不能文耶？抑天欲彰吾本朝母后之贤，自不得而删也？帝退安石，十年不用。元丰末，帝属疾，念可以托圣子者，独曰：‘将以司马光、吕公著为师傅。’王安石不预也。呜呼，圣矣哉！”

《邵氏闻见录》卷11：“‘来春建储，以司马光、吕公著为师保。’帝意以谓非二公不可托圣子也。至来春三月，未及建储而帝升遐，神宗知公之深如此。”

《续资治通鉴·宋纪》卷78元丰七年十二月“庚寅”（二十五日）条载：“是岁，秋宴，帝感疾，始有建储意。又谓辅臣曰：‘来春建储，其以司马光、吕公著为师保 。’”

按：《长编》、《续通鉴》拟定司马光、吕公著为师保，均置于十二月。今从之。

是月，司马光荐吕公著女婿范祖禹。

司马光《荐范祖禹状》：“臣于熙宁三年，奏范祖禹自前知资州龙水县事同修《资治通鉴》，至今首尾一十五年。……伏望陛下或使之供职秘省，观其述作；或使之入经筵，察其学行。自余进用，系自圣衷。”①

是月，吕公雅上《乞令守官在外之家养马奏》（元丰七年十二月。《长编》卷350、《全宋文》卷2014）。

是年，夏人多次犯境；黄河决元城，浸北京（《皇宋十朝纲要》卷10下）。

---

①此文当系司马光元丰七年十二月进《资治通鉴》之后所上。故置于是月。

是年，吕公孺知陈州。

《乾道临安志》卷3载，公孺知杭州在元丰八年四月。

《宋史》卷311《吕公孺传》：“徙相州，更陈、杭、郑、瀛四洲。”

按：由《乾道临安志》与《宋史》本传可推知，是年，吕公孺当知陈州。

是年，取进士485人，省元、状元均为焦蹈（《文献通考》卷32《选举考五·举士》）。

知扬州，吕公著有政绩。

《明一统志》卷12《扬州府》：“吕公著：知扬州，勤于听览，人人得尽所欲言，然御下简肃，入公府者屏气不敢哗，上下恪职，事无不举。”

《大清一统志》卷67《扬州府》：“吕公著：寿州人，元丰中为扬州安抚使，性勤励，秉烛视牍，尤详于听览。转运使辇乳香万斤，配卖郡中，悉贮之库，不为常配，民尤德之。”

元丰八年（1085），吕公著68岁

二月二十三日，中书录黄、前淮南节度推官吕公宪等言磨勘改官事宜。

《宋会要·职官二·门下省》：“（元丰）八年二月二十三日，门下省言：‘中书录黄、前淮南节度推官吕公宪等状，各磨勘当改官，乞下吏部先引验。’”

按：吕公宪，疑为吕夷简之侄。

三月一日，立延安郡王傭为皇太子，皇太后权同处分军国事（《皇宋十朝纲要》卷10下）。**宫僚以司马光、吕公著、孙觉作之。**

王巩《闻见近录》：“元丰八年三月，神宗诏立延安郡王为皇太子，以出阁当议宫僚，谓司马光、吕公著、孙觉俱可作之。未几，神宗弃天下。”

《宋史》卷16《神宗本纪三》：“（元丰八年）三月甲午朔，立延安郡王傭为皇太子，赐名煦。”

五日，神宗崩（《皇宋十朝纲要》卷10下）。

二十七日，哲宗登基，吕公著与文彦博、张方平、孙固等受赏赐。

《皇宋通鉴长编纪事本末》卷95《哲宗皇帝》“用旧臣上”条载：“元丰八年

三月庚申(二十七日),诏以登位,赐致仕前宰相守太师潞国公文彦博、前执政宣徽南院使太子少师张方平、观文殿学士提举西京嵩山崇福宫孙固、资政殿大学士知扬州吕公著、资政殿学士知太原府吕惠卿、资政殿学士知亳州蒲宗孟、端明殿学士知江宁府王安礼袭衣、金带、银帛有差。”

是月,秘书省正字范祖禹上疏论丧服之制(《续资治通鉴》卷 78 元丰八年三月“庚申”条)。

是月,程颢预测司马光、吕公著将拜相。

《宋程纯公年谱》:元丰八年,“三月,神宗升遐,会公以檄至府举哀。既罢,留守韩康公之子宗师问朝廷之事如何,曰:‘司马君实、吕晦叔作相矣。’又问果作相当如何,曰:‘当与元丰大臣同。若先分党与,他日可忧。’宗师曰:‘何忧?’曰:‘元丰大臣皆嗜利者,使自变其已甚害民之法则善矣。不然,衣冠之祸未艾也。’二公果并相,以宗丞召公,未行而卒”。

四月十四日,吕公著任资政殿大学士兼侍读。

《长编》卷 354 元丰八年四月“丁丑”(十四日)条载:“资政殿大学士吕公著兼侍读。公著时知扬州,召用之,遵先帝意也。”

《皇宋通鉴长编纪事本末》卷 95《哲宗皇帝》“用旧臣上”条载,元丰八年三月,“丁丑,资政殿大学士、银青光禄大夫吕公著兼侍讲。公著时知扬州,召用之,遵先帝意也。《新录》于此别书云:先是,神宗谕辅臣曰:‘皇子明年出阁,当以吕公著为保傅。’至是。吕公著侍经筵,遵先帝意也。按:神宗谕辅臣前已具书,此不必重载。今但存‘遵先帝意也’一句。《新录》自为一书,故不得不尔。”

按:《纪事本末》文中的“三月”,当为“四月”,从《长编》。《宋史·职官志》系于“五月”,亦误。《宋会要·职官六》,与《长编》同。另,资政殿大学士为正三品(《分纪》卷 15)。

同日,吕公著之三子吕希纯为太常博士(《长编》卷 404 元祐二年八月“辛卯”条注:“吕希纯为太常博士。政目在八年四月十四日。”)。

十八日,蔡确谋划与司马光、吕公著周旋。

《续资治通鉴》卷 78 元丰八年四月“辛巳”(十八日)条载:“以职方员外郎邢恕为右司员外郎。蔡确欲因恕以结司马光、吕公著,故骤迁都司。”

按:《续资治通鉴》卷 78 元丰八年二月“癸巳”(二十九日)条载:“先是蔡确

虑帝复用吕公著、司马光,则必夺己相,乃与邢恕谋为固位计。恕雅与皇太后侄高公绘、公纪游,帝初寝疾,恕密问会绘,公绘具言疾可忧状,恕闻此,更起邪谋。确尝遣恕邀二人,二人辞不往。明日,又遣人招至东府,确曰:'宜往见邢职方。'既见,恕曰:'家有桃着白花,可愈人主疾,其说出《道藏》,幸枉一观。'入口庭,则红桃花也,惊曰:'白花安在?'恕执二人手曰:'右相令布腹心,上疾亡损,延安郡王幼冲,宜早定议。雍、曹皆贤王也。'二人复惊曰:'此何言,君欲祸我家邪!'急趋出。"蔡确阴结邢恕,谋废太子,不成。三月,宋神宗驾崩,哲宗即位,宣仁太后垂帘听政。邢恕反而因蔡确举荐得以升迁,并最终成为司马光、吕公著的对立面。

是月,王安石欲到扬州相见,因将赴京就职未果。

《自警编》卷4:"初,王安石与吕正献公晦叔善,及秉政,为人所间,怒公甚。晚稍悔悟,及退居金陵既久,闻公至扬州,数寄声欲就见。安石未用时,以兄礼事公甚谨,自熙宁后,间一通庆吊,皆书吏以公函答。至是,以亲书复称兄。然公未久即赴召,竟不果来见。"

吕祖谦《题伯祖紫微与曾信道手简后》:"先君子尝诲某曰:'吾家全盛时与江西诸贤特厚,文靖公与晏公戮力王室,正献公静默自守,名实加于上下,盖自欧阳公发之。平生交友如王荆公、刘侍读、曾舍人,屈指不满十,虽中间以国论与荆公异同,元丰末,守广陵,钟山(王安石)犹有书来,甚惓惓,且有绝江款郡斋之约,会公召归乃止。'"(吕祖谦《东莱吕太史文集》卷7)

考:刘成国《王安石年谱长编》"元丰七年"条载,"是年,以吕公著知扬州,致之书,约绝江款郡斋",不够准确。元丰八年四月十四日,召吕公著回京,"会公召归乃止",估计当在此月函告王安石,辞其在扬州相见之约。

是月,苏轼在扬州晤州守吕公著,代作论治道二首。

《苏轼文集》卷4有《上初即位论治道二首》,原注谓"代吕申公"。

按:申公,即吕公著。孔凡礼《三苏年谱》卷36将苏轼"代作论治道二首"之事置于元丰八年四月条目下,今从之。

是月,吕公孺知杭州(《乾道临安志》卷3)。

五月七日,诏令吕公著回京。

《长编》卷356元丰八年五月"己亥"(七日)条载:"己亥,诏资政殿大学士、银青光禄大夫、兼侍读吕公著，乘传赴阙。”

十四日，吕公著提举中太一宫、兼集禧观公事。

《宋会要·职官五四·宫观使》：“（元丰）八年五月十四日，诏资政殿大学士、兼侍读吕公著提举中太一宫、兼集禧观公事。”

五月十八日，左仆射王珪卒（《宋宰辅编年录校补》卷9）。

二十四日，吕公著回京途中，太皇太后派宦官出迎。

《续资治通鉴·宋纪七十八》元丰八年五月“丙辰”（二十四日）条载：“太皇太后驿召司马光、吕公著，未至，遣中使迎劳，手书问今日设施所宜先。未及条下，已散遣修京城役夫，减皇城逻卒，止禁庭工技，出近侍尤无状者，戒中外无苛敛，宽民间保户马，罢所买物货场。事由中旨，王珪等弗预知也。”

二十五日，正议大夫、新知杭州吕公孺改为龙图阁直学士、知郓州（《长编》卷356）。

二十六日，蔡确进左仆射，韩缜右仆射，章惇知枢密院事，司马光守门下侍郎（《长编》卷356、《宋宰辅编年录校补》卷9）。

是月，秦观投书吕公著。

秦观《上吕晦叔书》：“五月日，进士秦某谨再拜献书知府大资阁下：某闻天下之功成于器识，来世之名立于学术。古之大臣以道事君，不可则止，未始有意于功名，然其器识学术，博大而精微，则功名岿然，与时自至，虽欲深闭固拒，挥而去之，不可得也。……某时方食，闻之投匕箸而起，遂欲身从服役之后，求备扫洒之列，而困于无介绍，某获自通，窃伏淮海，抱区区之愿，缺然未厌者有年矣。比者，天幸阁下来守是邦，而某丘墓之邑，实隶麾下，是以辄忘贱陋，取其不腆之文，录在异卷，贽诸多下执事。又述其愿见之说，为书先焉。夫大冶无弃金，大陶无弃土，江海不却水，王侯不遗士。某虽不能廉小谨曲以自托于乡间，然古人所以处废兴而择去就者，窃尝讲其一二矣。傥阁下不赐拒绝而辱收之，请继此以进。干冒台严，俯伏待命。不宣。”（《全宋文》卷2576、《淮海集》卷37、《国朝二百家名贤文粹》卷95、《苏门六君子文粹》卷36、《文章辨体汇选》卷229、《宋元学案补遗》卷99）

吕本中《紫薇诗话》：“李尚书公择，向见秦少游上正宪公投卷诗云：‘雨砌堕危芳，风轩纳飞絮。’再三称赏云：‘谢家兄弟得意诗，只如此也。’”

吕本中《紫薇诗话》:"余旧藏秦少游上正宪公投卷,张丈文潜题其后云:'余见少游投卷多矣,《黄楼赋》《哀镈钟文》,卷卷有之,岂其得意之文欤?少游平生为文不多,而一一精好可传,在岭外亦时为文。此卷是投正宪公者,今藏居仁处。居仁好其文,出以示余,览之令人怆恨。时大观改元二月也。'"

按:秦观(1049—1100),扬州府高邮(今江苏省高邮市)人,别号邗沟居士,学者称其淮海居士,元丰八年(1085)进士。此文当写于吕公著知扬州之际。吕本中《紫薇诗话》中的"正宪公"即为"正献公",因避讳改"献"为"宪"。

是月,邹浩写有《诗送晦叔先生》。吕公著任郡守,礼遇之。

邹浩《诗送晦叔先生》其三:"疾卧几为万鬼邻,金丹一粒遇高真。此身从比无他事,长作升平击壤人。"

《宋史》卷345《邹浩传》:"邹浩,字志完,常州晋陵人。第进士,调扬州、颍昌府教授。吕公著、范纯仁为守,皆礼遇之。"

按:邹浩(1060—1111),字志完,常州晋陵(今江苏常州)人。元丰五年(1082)进士。此诗当写于吕公著离开扬州之际,邹浩时任扬州教授。后来,邹浩得益于苏颂举荐,得以升迁。据《长编》卷483元祐八年四月"己巳"条载:"前颍昌府教授邹浩以媚道交结苏颂子弟,乃得除太学博士。"

是月,徐积写诗为吕公著送行。

徐积《送晦叔》:"两人俱是白发翁,不用语言情意通。且喜胸中无一事,一生常在平易中。愿公活百岁,我活九十九。白发变成黄发翁,回来同把一杯酒。"(《全宋诗》11册)

按:徐积(1028—1103),字仲车,山阳人。初从胡瑗学。治平四年(1067)进士,以耳聋不能仕。元祐初近臣交荐他的孝廉文学,乃以扬州司户参军为楚州教授。改宣德郎,鉴中岳庙,卒。此诗当写于任扬州司户参军之时。

六月二十一日,吕公著上奏十事:一曰畏天,二曰爱民,三曰修身,四曰讲学,五曰任贤,六曰纳谏,七曰薄敛,八曰省刑,九曰去奢,十曰无逸。《上蔡语录》称此十篇"可为人君座右铭"。

《长编》卷357元丰八年六月"癸未"(二十一日)条载:"是日,吕公著入见,太皇太后遣中使赐食。公著上奏曰:臣伏睹皇帝陛下绍履尊极,方逾数月,临朝穆穆,有君子之度;太皇太后陛下勤劳庶政,保佑圣躬,德泽流行,已及天下。臣远从外服，召至左右，窃思人君即位之初，宜讲求修德为治之要，以正其始。然后日就月将，学有缉熙于光明，新而又新，以至于大治。是用罄竭愚诚，考论圣道，概举十事，仰赞聪明。一曰畏天……”

《续资治通鉴》卷78元丰八年六月“癸未”(二十一日)条载：“癸未，吕公著入见，太皇太后遣中使赐食。公著上奏十事：一曰畏天，二曰爱民，三曰修身，四曰讲学，五曰任贤，六曰纳谏，七曰薄敛，八曰省刑，九曰去奢，十曰无逸。又上奏言：‘先帝新定宫制，设谏议大夫、司谏、正言，员数甚备。宜选骨鲠敢言之士，遍置左右，使职谏争。又，御史之官，号为天子耳目，而比年以来，专举六察故事。伏乞尽罢察案，止置言事御史四人或六人，仍诏谏官、御史并须直言无讳，规主上之过失，举时政之纰缪，指群臣之奸党，陈下民之疾苦。’”

《上蔡语录》：谢良佐评价吕公著奏“十事”说，“为君之道几无出此十篇，可为人君座右铭”。①

同日，吕公著上《乞选置台谏罢御史察案奏》。

吕公著《乞选置台谏罢御史察案奏》(元丰八年六月)：“臣闻古者天子听政，命百官箴王阙，近臣尽规，亲戚补察，然后事行而不悖。故孔子曰：‘天子有诤臣七人，虽无道，不失其天下。’唐太宗以高世之资，亲定大业，然犹克己从谏，以致太平。贞观初，孙伏伽始谏，太宗悦而赏之。有言赏太厚者，答曰：‘朕即位以来，未有谏者，故特赏之尔。’他日，尝怒苑西监，而皇太子骤谏，太宗喜曰：‘朕始得魏征，朝夕进谏。征亡，而刘洎、岑文本、褚遂良、马周继之。儿在膝前，见吾悦谏熟矣。’故太宗始以纳谏致治，而又以悦谏教其子孙，宜乎功烈甚高而百王鲜及也。然至其裔孙德宗，恶谏诤之臣，以为卖直取名。当时北省闭阙累月，南台唯一御史，不闻过失，终致乱亡。由是观之，好谏者帝王之高致，可不务哉？恭惟太皇太后陛下，自亲庶政，盛德日新；皇帝陛下临朝恭默，未有过事。然而天下至大，万务至广，方始初清明之际，正是求贤纳谏之时。况先帝新定官制，设谏议大夫、司谏、正言之官，其员数甚备。伏乞申敕辅弼，选忠厚骨鲠之人，正直敢言之士，偏置左右，使掌谏铮，无空要职，益广言路。又御史之官，号为天子

①《四库全书》史部七，转见于朱熹《宋名臣言行录后集》卷8，其注云：出自《下蔡语录》。误，当为《上蔡语录》。

耳目。而比年以来，专举六察故事。废国家治乱之大计，察官司簿领之细过。唐制湮没已久，别无分明稽据。臣在枢府日，常见先皇颇已厌其烦碎，特因近臣献言，聊试其法耳，伏乞尽罢察案，只置言事御史四人或六人，仍诏谏官、御史，并须直言无讳，规主上之过失，举朝政之疵缪，指群臣之奸党，陈下民之疾苦。言有可用，不以人微而废言；令或未便，不为已行而惮改。所言无取，姑亦容之，以示明盛之世，终不以言罪人。若缄默选懦，畏避不言者，明正其罚。如此，则左右前后不能壅蔽，嘉言罔伏，庶绩咸熙，天下幸甚。”（《宋名臣奏议》卷53、《长编》卷357、《续资政通鉴》卷78）

《长编》卷357元丰八年六月“癸未”（二十一日）条载：“是日，同上奏曰……益广言路。又御史之官，号为天子耳目，而比年以来，专举六察故事，废国家治乱之大计，察案司簿领之细过……伏乞尽罢察案，只置言事御史四人或六人。仍诏谏官、御史，并须直言无讳，规主上之过失，举时政之疵谬，指群臣之奸党，陈下民之疾苦。言有可用，不以人微而废言；令或未便，不为已行而惮改。所言无取，姑亦容之，以示明盛之世，终不以言罪人。若缄默选懦，畏避不言者，明正其罚。如此，则左右前后不能壅蔽，嘉言罔伏，庶绩咸熙，天下幸甚！”

按：《全宋文》录此文无日期，只有年月，今从《长编》补之。

二十六日，高皇后谕吕公著。

《长编》卷357元丰八年六月“戊子”（二十六日）条载：“吕公著既上十事，太皇太后遣中使梁惟简谕公著曰：‘览卿所奏，深有开益……’”

高皇后《谕吕公著札子》（元丰八年六月）：“览卿所奏，深有开益。备见忠亮，良切嘉称。当此拯民疾苦，更张何者为先？更无灭裂，具悉以闻。”（《全宋文》卷1738、《长编》卷357）

二十八日，奏王安石变法之弊端，吕公著上《论更张新法当须有术奏》。

吕公著《论更张新法当须有术奏》（元丰八年六月）：“臣伏见陛下自临朝以来，留神庶政，以休息生民为念。凡所施为，皆中义理。如罢导洛、堆垛等局，减放市易见欠息钱，罢人户养马，放积欠租税，差官体量茶盐法。使者之刻剥害民如吴居厚、霍翔、王子京等，内臣之生事敛怨如李宪、宋用臣等，皆从罢去。中外闻之，无不欣喜踊跃。今来复蒙陛下不遗疏拙，特降清问，臣虽无状，敢不竭尽愚见？臣伏思先帝初即位，召臣充翰林学士，当时亲见先帝至诚求治，尝令臣草诏书,以宽省民力为意。自王安石秉政,变易旧法,群臣有论其非便者,则以为沮坏法度,必加废斥。自是青苗、免役之法行,而取民之财尽;保甲、保马之法行,而用民之力竭;市易、茶监之法行,而夺民之利悉。若此之类甚众。今陛下既已深知其弊,至公独断,不为众论所惑,则更张之际,当须有术,不在仓卒。且如青苗之法,但罢逐年比较,则官司既不邀功,百姓自免抑勒之患。免役之法,当少取宽剩之数,度其差雇所宜,无令下户虚有输纳,上户取其财,中户取其力,则公私自然均济。保甲之法,止令就冬月农隙教习,仍只委本路监司提按,既不至妨农害民,则众庶相得安业,无转为盗贼之患。如此三事,并须别定良法,以为长久之利。至于保马之法,先帝已知有司奉行之谬。市易之法,先帝尤觉其有害而无利。及福建、江南等路配卖茶盐过多,彼方之民,殆不聊生,俱非朝廷本意,恐当一切罢去。而南方盐法,三路保甲,尤宜先革者也。以上数事,皆略陈大概,其他详悉,非书所能尽。然臣所深虑者,陛下必欲更修庶政,使不惊物听而实利及民,莫若任人为急。故臣前日辄献愚诚,乞陛下广开言路,选置台谏官,诚得中正之士布在要职,使讲求天下利害,议所以更修之术,朝廷上下,协力同心,斟酌而裁制之,则天下不难为矣。若不得其人,则虽有欲治之意,终不可以济事功。臣又窃虑议事者以为若更张青苗、助役等法,则向去国用必至不足。然自来提举常平司等处钱物,并系封桩,自不许拨充军国常费。况今日正是息民省事之时,既外不轻用兵革,内无土木横费,自然国计易给。兼罢得上件掊敛,则民力以渐宽舒,只如近日方罢导洛司、堆垛场,沿汴税额已有增数。此古人所谓百姓足,君孰与不足者也。”(《宋名臣奏议》卷117、《长编》卷357、《宋宰辅编年录校补》卷9、《宋史》卷366《吕公著传》、《历代名臣奏议》卷268、《右编》卷33、《续资治通鉴》卷78)

《长编》卷357元丰八年六月“庚寅”(二十八日)条载:“庚寅,公著复上奏曰:臣伏见陛下自临朝以来,留神庶政,以休息生民为念,凡所施为,皆中义理。如罢导洛、堆垛等局,减放市易见欠息钱,罢人户养马,放积欠租税,差官体量茶、盐法。使者之刻剥害民,如……自王安石秉政,变易旧法,群臣有论其非者,便指以为沮坏法度,必加废斥。自是青苗、免役之法行而夺民之财尽,保甲、保马之法行而用民之力竭,市易、茶盐之法行而夺民之利悉,若此之类甚众”。

按:《全宋文》录此文无日期,今从《长编》补之。《续资治通鉴》卷78又载,司马光与吕公著对新法具体内容的看法也有差别，吕公著对保甲法有保留，司马光则认为：“公著所论，与臣言正相符合，惟保甲一事，既知其为害于民，无益于国家，当一切废罢，更安用教习？”

同日，吕公著上《荐孙觉范纯仁等奏》，举荐孙觉、范纯仁、李常、刘挚、苏辙、王岩叟等。

吕公著《荐孙觉范纯仁等奏》（元丰八年六月）：“臣迩具手奏，乞陛下广开言路，登用正人，此最为当今急务。臣尚虑陛下深居九重，未能尽知人才，辄敢冒陈愚见，以助收采。臣伏睹秘书少监孙觉，方正有学识，可以充谏议大夫或给事中。直龙图阁范纯仁，劲挺有风力，可充谏议大夫或户部右曹侍郎，使议青苗、免役、市易等法。礼部侍郎李常，清直有守，可备御史中丞。吏部郎中刘挚，资性端厚，可充侍御史。承议郎苏辙，新授察官王岩叟，并有才气，可充谏官或言事御史。臣诚见陛下有意更张，而阙人裨助，故不避狂妄，辄有论荐。”（《长编》卷357元丰八年六月“庚寅”条、《全宋文》卷1095）①

《太平治迹统类》卷18《宣仁垂帘听政》元丰八年六月纪事：“吕公著……荐孙觉、范纯仁、李常、刘挚、王岩叟、苏辙。”

七月一日，司马光上《看阅吕公著所陈札子》。

司马光《看阅吕公著所陈札子》（元丰八年六月上）：“臣今月一日夜，蒙降到吕公著札子一道，付臣看阅所陈更张利害，有无兼济之才，直书当与未当，具悉奏来者。臣自公著到京，止于都堂众中一见，自后来未常私见及有简帖往来。今公著所陈，与臣所欲言者，正相符合。盖由天下之人皆欲如此，臣与公著但具众心奏闻耳。……伏望陛下察公著所陈，参以臣民所上实封奏状，若与之同者，断志行之，勿复有疑。臣见太平之功，不日可成矣。公著一言而天下受其利，可谓有兼济之才，所言无有不当，惟有保甲一事，欲就农隙教习。臣愚以为朝廷既知其为害于民，无益于国，便当一切废罢，更安用教习？容臣续具札子奏闻次。其公著札子谨同封上。取进止。”（《全宋文》卷1202）

《长编》卷357元丰八年六月“庚寅”（二十八日）条载有此事，自注云：“光奏乃七月一日，今并书之。”

---

①《全宋文》录此文无日期，从《长编》补之。

按:《全宋文》所标时间有误。顾栋高《温公年谱》卷七:“(元丰八年)七月二日,《看阅吕公著所陈札子》。”《年谱》不知以何为据,权以《长编》自注为是。此札当作于六月底,因故迟至七月初一日上。

六日,吕公著任尚书左丞。

《宋会要·职官一·三省》:“(元丰八年)七月六日,(哲宗已即位,未改元。)资政殿大学士、银青光禄大夫、兼侍读吕公著为尚书左丞。”

《宋宰辅编年录校补》卷9“元丰八年”条载:“七月戊戌,吕公著尚书左丞。”

《东都事略》卷9《本纪》:“(元丰八年)七月戊戌,吕公著尚书左丞,罢保甲。”

《长编》卷358元丰八年七月“戊戌”(六日)条载:“戊戌,资政殿大学士、银青光禄大夫兼侍读吕公著为尚书左丞。公著言:‘臣伏睹《周官》,三公三少掌论道经邦,寅亮天地,然皆分治卿职,盖进则坐而论道,退则作而行之,此三代之明法也……’……遂诏应三省合取旨事及台谏章奏,并同进呈施行。”自注曰:“公著以七月六日拜左丞,十一日上此议。今附见,不知得请果是何月日。”

庞元英《文昌杂录》卷6:“七月,以资政殿大学士吕公著为尚书左丞。自王安礼罢,左丞久阙,至此方有除授。”

十一日,吕公著上《乞三省事同上奏禀奏》。

吕公著《乞三省事同上奏禀奏》(元丰八年七月):“臣伏睹《周官》,三公三少掌论道经邦,寅亮天地,然皆分治卿职,盖进则坐而论道,退则作而行之,此三代之明法也。唐太宗用隋制,以三省长官共职国政,事无不总,不专治省事。国朝之制,每使殿奏事止是中书、枢密院两班。昨来先帝修定官制,凡除授臣寮及兴革废置,先中书省取旨,次门下省审覆,次尚书省施行。每省各为一班。虽有三省同上进呈者,盖亦鲜矣。此盖先帝临御岁久,事多亲决,执政之臣,大率奉行成命,故其制在当时为可行。今来陛下始初听政,理须责成辅弼,况执政之臣,皆是朝廷遴选,安危治乱,均任其责,正当一心同力,集众人之智,以辅惟新之政。譬如共舆而驰,同舟而济,人无异心,则何求而不得,何为而不成?伏望圣慈留神省察,明降指挥,应三省事合进呈取旨者,并令三省执政官同上奏禀,退就本省,各举官制施行。”(《宋名臣奏议》卷47、《宋会要·职官一》、《太平治迹统类》卷30、《东都事略》卷88、《历代名臣奏议》卷161)

按:《长编》卷358元丰八年七月"戊戌"(六日)条载,吕公著上《乞三省亭同上奏禀奏》,作于十一日。

七八月间,相继罢镇寨、州县市易、抵当,罢府界、三路提举保甲钱粮官司(《皇宋十朝纲要》卷10下)。

八月六日,苏辙以承议郎为秘书省校书郎,得益于吕公著、司马光等举荐。苏辙有《初闻得校书郎示同官三绝》。

《长编》卷359元丰八年八月"丁卯"(六日)条载有苏辙任秘书省校书郎。

《栾城集》卷14《初闻得校书郎示同官三绝》其一末云:"奔走半生头欲白,今年始得校书郎。"

按:《长编》卷357元丰八年六月戊子纪事,吕公著荐苏辙有才气,可充谏官。

十三日,吕公著侄吕嘉问为"太皇太后贺辽主正旦使"(《长编》卷359)。

九月四日,诏应配者悉配行如旧法(《皇宋十朝纲要》卷10下)。

十四日,吕公著次子吕希绩因其关系遭致出知颍州。

《长编》卷359元丰八年九月"乙巳"(十四日)条载:"先是,御史中丞黄履言:'又以希绩是左丞吕公著之子,故自吏部员外郎为少府少监。'希绩亦出知颍州。"

《元祐党人传》卷6《吕希绩传》:"吕希绩字纪常,公著次子。元丰八年,为吏部员外郎、秘书少监。"

十五日,吕公著与司马光同举程颐。

司马光《与吕公著同举程颐札子》(元丰八年九月十五日上):"臣等窃见河南处士程颐力学好古,安贫守节,言必忠信,动遵礼仪。年逾五十,不求仕进,真儒之高蹈,圣世之逸民。伏望圣慈特加召命,擢以不次,足以矜式士类,裨益风化。取进止。"(《司马公文集》卷49、《少微通鉴续编》卷8、《宋三朝纪要》第二册、《道命录》卷1、《伊川先生年谱》卷1、《宋史》卷427《程颐传》、《永乐大典》卷8164、《伊洛渊源录》卷4、雍正《山东通志》卷11)

是月,吕公著欲复引邢恕为中书舍人。

《皇宋通鉴长编纪事本末·哲宗皇帝》卷95"用旧臣上"条载,元丰八年九月,"己酉(十八日),朝奉郎、秘书少监刘挚为侍御史,朝奉郎苏轼为礼部郎中。

《邢恕家传》云：先是，吕公著欲复引恕为中书舍人，然与恕素厚，众所共知，不欲专自己发。孙固时在门下，乃责公著所援进，因召固至阁子中，属令开端，公著从而赞之，诸公无他言。及刘挚，云：‘恕到河阳亦未久，且除集撰作帅，如何？’者公皆不答，遂罢。是时宣仁已有召恕之意，公论亦以恕当还朝，挚不能夺众意，故始欲以集撰塞之，因其子懿过河阳，即令告恕本末。挚于恕初亦相亲，特以蔡确故，乃见疏忌。恕始为起居舍人，因诸公论先用挚，闻之，云：‘和叔此举，鬼神也须服！’及三少初合，蔡确第一笔除挚侍御史、苏轼礼部郎中。问恕曰：‘以此二人破题，如何？’恕犹戏确云：‘所谓德动天鉴，祥开日华也。’恕意取唐李程《日五色赋》破题如此，遂冠多士，古今传诵耳。盖挚元祐初任言责，确犹在相位，与王岩叟排击不已，司马光深不以为然。时傅尧俞为秘书监，温公即属令见，挚止之云：‘蔡非久自去，何必如此形迹？’挚既已奏疏，即答尧俞云：‘已做到这里，如何住得？’方确之为山陵使也，公著及光已尝为恕言，欲假蔡以节旌，处之北门或颍昌矣。蔡初见，力引光，已而同在门下，相得甚欢。章惇则自任语快，尝以光为绝不晓事。论事之际，数以语侵光，光亦不能平，间语所亲曰：‘光若不是持正，容可处也？’时京师知事者皆闻此语，《恕家传》因之也。姑存之，使后世有考。”

《曲洧旧闻》卷6：“邢恕字和叔，吕申公、司马温公皆荐其才可用。子居实，字惇夫，年未二十，文学早就，议论如老成人。黄鲁直诸公皆与之为忘年友，所谓‘原武小邢’是也。元祐更张新政之初不本于人情者，和叔见申公密启曰：‘今日更张，虽出于帘帏，然子改父法，上春秋鼎盛，相公不自为他日地乎？’申公不答。未几，复以此撼摇温公。温公曰：‘他日之事，吾岂不知？顾为赵氏虑，当如此耳。’和叔忿然曰：‘赵氏安矣，司马氏岂不危乎？’温公曰：‘光之心本为赵氏，如其言不行，赵氏自未可知，司马氏何足道哉？’和叔恚恨二公不听纳其说。绍圣中，言二公有废立之意，而已独逆之，阴沮其事。蔡元度乘虚助之，踪迹诡秘，士大夫莫不知之。章子厚入其言，酝酿已成，密令觇者于高氏南北二第，讥察其出入。哲宗将御后殿施行之，钦成知之而不能遏，以闻钦圣。钦圣曰：‘事急矣。’乃同邀车驾，问曰：‘常时不曾御后殿，今必有大事也。’哲宗亦不隐。钦圣曰：‘大臣既有异谋，必上累娘娘。且官家即位后，饮食起居尽在娘娘阁，未尝顷刻相离也。使娘娘果怀此心，当时何所不可，乃与外廷谋乎？’哲宗始大悟，怀中探一小册子，以授钦圣，遂降指挥，不御后殿，其事遂寝。然申、温二公犹追贬也。惇夫是时已蚤世矣。”

十月十六日，吕公著建言“监察御史兼言事，殿中侍御史兼察事”。

《宋史全文》卷12下元丰八年十月“丁丑”（十六日）条载：“诏：‘监察御史兼言事，殿中侍御史兼察事。’用吕公著及刘挚之言也。”

《续资治通鉴》卷78元丰八年十月“丁丑”（十六日）条载：“诏：‘监察御史兼言事，殿中侍御史兼察事。’用吕公著及刘挚言也。”

二十四日，葬神宗于永裕陵（《东都事略》卷9《本纪》、《皇宋十朝纲要》卷10下）。

二十五日，罢方田，罢府界、三路提举保甲官（《皇宋十朝纲要》卷10下）。

十一月二十七日，吕公著举荐程颐为汝州团练推官、充西京国子监教授。

《宋会要·选举三四·举遗逸》：“神宗元丰八年十一月二十七日，草泽程颐为汝州团练推官、西京国子监教授。（以韩绛、吕公著、司马光荐也。）”

《续资治通鉴·宋纪》卷78元丰八年十一月“丁巳”（二十七日）条载：“丁巳，以乡贡进士程颐为汝州团练推官、充西京国子监教授；用司马光、吕公著、韩绛之荐也。”

十二月，因吕公著、范纯仁荐，王觌擢右正言。

《宋史》卷344《王觌传》：“哲宗立，吕公著、范纯仁荐其可大任，擢右正言，进司谏。”

《长编》卷363元丰八年十二月“戊寅”条载：“奉议郎、太常丞王觌为右正言。觌首上疏论知人安民曰……”

是年，吕公著上《实录许令纪实以信后世奏》《收复人才奏》。

吕公著《实录许令纪实以信后世奏》（元丰八年）：“臣先任御史中丞，前后乞罢制置三司条例司，论差官散青苗钱不当，不蒙施行，五乞责降外任差遣。亦尝入对面陈，蒙神宗曲赐敦谕，圣意温厚，初无谴怒之旨。四月五日，闻除臣翰林学士兼侍讲学士、宝文阁学士、知审官院，臣于六月再奏，以言事不效，乞降责，至七日，闻有指挥落两学士，黜知颍州。是时王安石方欲主行新法，怒议论不同，遂取舍人已撰词头，辄改修，添入数句，诬臣曾因对论及韩琦以言事不用，将有除君侧小人之谋。缘臣累次奏对，不曾语及韩琦一字，方欲因入辞自辨，时已过正衙，忽有旨放臣朝辞，令便赴任。至元丰中，臣再对朝廷，先帝待臣甚厚，未几，遂除柄任，及尝赐臣手诏，大略云：“顾在廷之臣，可以托中外心腹之寄，均皇家休戚之重，无逾卿者。”被诬遭逐，全不出于圣意，止是王安石怒臣异议，吕惠卿兴造事端。日月既久，臣本不欲自明，适以宰职总领史任，今《实录》若即依安石所诬编录，既因臣提举修进，则便为实事，它时直笔之士虽欲辨正，亦不可得。望以臣奏付实录院，许令纪实，以信后世。”（《长编》卷210、《全宋文》卷1095）

吕公著《收复人才奏》（元丰八年）：“臣老于闲外，蒙陛下收之桑榆，唯知拳拳纳忠，以报恩遇。自熙宁以来，朝廷议论不同，端人良士，例为小人排格，指为沮坏法度之人，不可复用，此非国家之利也。愿陛下加意省察。”（朱熹《三朝名臣言行录》卷8《丞相申国吕正献公》）

是年，韩琦评价司马光与吕公著入用，“才偏规模小”。

强至《韩忠献公遗事》：“或问：君实、晦叔天下所属望，他时入用，如何？公曰：‘才偏规模小。’问晦叔平日，公曰：‘今日乃是平日。’”

按：韩琦，谥忠献。吕公著是年从扬州还朝，故置于此。

是年，吕公雅知濠州（《全宋文》“吕公雅”条载，元丰“八年知濠州”）。

按：吕公雅是吕宗简之子，吕宗简是吕夷简之弟。

元祐元年（1086），吕公著69岁

正月一日，改元（《皇宋十朝纲要》卷11）。

十二日，朝散大夫、光禄卿吕嘉问知淮阳军。

《宋会要·职官六六·黜降官三》：“哲宗元祐元年正月十二日，朝散大夫、光禄卿吕嘉问知淮阳军。以监察御史孙升言，市易之法初行，嘉问实领其事，罔上坏法，失陷甚多，故有是命。”

十四日，诏司马光、吕公著别作一班，止两拜。

《长编》卷364元祐元年正月“癸卯”（十四日）条载：“是日，诏阁门，司马光、吕公著自今前后殿起居，特令别作一班，止两拜。”

《司马光吕公著前后殿起居别作一班诏》(元祐元年正月癸卯)："司马光、吕公著自今前后殿起居，特令别作一班，止两拜。"(《长编》卷364、《宋代诏令全集》第11册)

十八日，吕公著与司马光等荐黄廉任户部郎中。

《长编》元祐元年正月"丁未"(十八日)条载，朝散郎、集贤校理黄廉为户部郎中，"司马光闲居，往来陕、洛间，闻河东民言甚美，因熟问治状；吕公著亦言河东军兴、边民德廉甚厚，故有是除"。自注云："此据黄庭坚所作廉行状增入，更当考之。"

《续资治通鉴·宋纪》卷79元祐元年正月"丁未"(十八日)条载："丁未，以集贤校理黄廉为户部郎中。先是廉提举河东路保甲凡六年，司马光闲居，往来河、洛间，闻其治状，吕公著亦言河东军与边民德之，遂有是除。"

二十八日，诏司马光、吕公著正谢，特令再拜，不舞蹈。

《长编》元祐元年正月"丁巳"(二十八日)条载："司马光、吕公著既迁官，诏阁门，光及公著正谢，特令再拜，不舞蹈；恭谢景灵宫神御，亦止再拜。光寻以疾谒告，是日(二十八日丁巳。)复有诏放正谢及恭谢。光惶恐不敢奉诏，乞俟疾间入谢，依减拜指挥。光自是凡十有三旬不能出，然奏疏相属。"自注云："五月十三日，光乃入对延和殿。"

是月，吕公著侄吕嘉问由朝散大夫、光禄卿"知河阳军"(《宋会要·职官六六》)。

是月，司马光书《与吕晦叔简(一)》，因病托国事与之。

司马光《与吕晦叔简(一)》(元祐元年正月)："光启。自晦叔入都，及得共事，每与僚寀行坐不相离，未常得伸悃愊。虽日夕接武，犹隔阔千里也。今不幸又在病告，杳未有展觌之期，其邑邑可知。光平生有国武子之疾，好尽言以招人过。遇庸人时，或妄发以取恨怒，况至交益友，岂敢反怀情不尽乎？晦叔自结发志学，仕而行之，端方忠厚，天下仰服，垂老乃得秉国政，平生所蕴藉不施于今日，将何俟乎？比日以来，物论颇讥晦叔谨默太过，若此际复不廷争，郭事蹉跌，则入彼朋矣。愿勉旃，勉旃！光诚不肖，岂敢以忧国为己任？然昨日富家之谕，已上闻矣。光自病以来，悉以身付医，家事付康，惟国事未有所付，今日属于晦叔矣。"(《全宋文》卷1215、《司马公文集》卷63、《赵宋五太后临朝事略》、《长编》卷364、《太平治迹统类》卷18、《宋三朝纪要》第二册、《宋元通鉴》卷40、《古今尺牍清裁》卷52、《司马温公年谱》卷8)

《续资治通鉴》卷79元祐元年正月“丙辰”(二十七日)条载:“时新法多所厘革,独免役、青苗、将官之法犹在,而西戎之议未决。司马光以疾谒告,凡十有三旬,不能出,叹曰:‘四患未除,吾死不瞑目矣!’乃力疾移书三省曰:‘今法度宜先更张者,莫如免役钱。光见欲具疏奏闻,若降至三省,望诸公协力赞成。’又手书与吕公著曰:‘光自病以来,以身付医,以家事付愚子,唯国事未有所托,今以属晦叔矣。’”

按:《长编》卷364将此简置于正月丁巳(二十八日)条下。

二月二十五日,诏差尚书左丞吕公著管勾门下省。

《长编》卷366元祐元年二月“甲申”(二十五日)条载:“甲申,蔡确言:‘已再具表辞位,准朝旨令臣管勾门下省,缘臣见候解罢,欲望差权官管勾。’诏差尚书左丞吕公著”。

二十九日,从吕公著言,准陕西帅漕同计五年之蓄。

《长编》卷元祐元年二月“戊子”(二十九日)条载:“戊子,吕公著乞陕西帅漕同计五年之蓄,从之。”

是月,吕公著上《请选差近臣详定役法奏(一)》《请选差近臣详定役法奏(二)》。

吕公著《请选差近臣详定役法奏(一)》(元祐元年二月):“勘会司马光近建明役法文字,大意已善,其间不无疏略未完备处。若博采众论,更加公心,申明徐行,向去必成良法。今章惇所上文字,虽其言亦有可取,然大率出于不平之气,专欲求胜,不顾朝廷命令大体。早来都堂三省枢密院会议,章惇、安焘大段不通商量。况役法元不属枢密院,若如此论议不一,必是难得平允。望宸衷详酌,或选差近臣三数人专切详定闻奏。”(《长编》卷367、《宋会要·食货一三》、《太平治迹统类》卷21)

吕公著《请选差近臣详定役法奏(二)》(元祐元年二月):“自来故事,朝廷有大议论,亦多选差两制,或下两省定夺。近刘挚、王岩叟、苏辙数有论奏,恐涉嫌疑,惟宸衷裁择。”(《长编》卷367、《宋会要·食货一三》、《太平治迹统类》卷21)

《长编》卷367元祐元年二月"丁亥"(二十八日)条载:"尚书左丞吕公著札子:'勘会司马光近建明役法文字,大意已善。'又言:'自来故事,朝廷有大议论,亦多选差两制或下两省定夺……'"

《皇宋十朝纲要》卷11元祐元年二月"乙亥"条载:"先是,知枢密院章惇条驳司马光论役法疏略等事,尚书左丞吕公著言章惇所上文字,专欲求胜,不存大体,乞选近臣专切详定。丁亥,诏资政殿大学士韩维等详定以闻。"

《续资治通鉴》卷79元祐元年二月"丙子"(十七日)条载:"丙子,司马光言:'复行差役之初,州县不能不少有烦扰,伏望朝廷执之,坚如金石,虽小小利害未周,不妨徐为改更,勿以人言轻坏利民良法。'章惇取光所奏,凡疏略未尽者,枚举而驳奏之,又尝与同列争曰:'保甲、保马一日不罢,则有一日之害。如役法者,熙宁初以雇代差,行之太速,故有今弊。今复以差代雇,当详议熟讲,庶几可行。而限止五日,其弊将益甚矣。'吕公著言:'光所建明,大意已善,其间不无疏略。惇言出于不平之气,专欲求胜,不顾朝廷大体。乞选差近臣三四人,专切详定奏闻。'"

闰二月二日,从吕公著言,诏详定役法。

《续资治通鉴》卷79元祐元年闰二月"庚寅"(二日)条载:"诏韩维、吕大防、孙永、范纯仁详定役法以闻,从吕公著言也。"

同日,吕公著以左丞押麻。

林希《林文节元祐日记》:"庚辰,垂箔。崇政朔班起居毕,移班常起居文德。吕左丞押麻,蔡确以本官为观文大学士、判陈州,(不迁官,不加食邑)司马门下迁左仆射。宣制毕,微雨,闾(卷)[巷]翕然,云'司马雨'。"

按:《长编》卷368元祐元年闰二月"庚寅"(二日)条载,"庚寅,正议大夫、守尚书左仆射蔡确,依前官充观文殿大学士、知陈州","正议大夫、守门下侍郎司马光,依前官守尚书左仆射、兼门下侍郎"。

考:《林文节元祐日记》(转见于《宋代日记丛编》)残帖记十日事,编者称"当属林希为中书舍人期间所撰,时元祐元年(1086)闰二月。今据《宝晋斋法书赞》录文。"实则不然,文中有"庚寅""中伏""天贶节"等,中伏属夏天,天贶节是六月初六,知其并非"闰二月"之事。况且元祐元年二月有"庚辰""闰二月"无"庚辰"。从此条记载的内容看,蔡确知陈州,司马光任左仆射,实发生在闰二月，看来《林文节元祐日记》此条之时间“庚辰”，当为“庚寅”。

同日，蔡确罢相，知陈州。

《宋会要·职官七八·罢免上》：“哲宗元祐元年闰二月二日，尚书左仆射、正议大夫、兼门下侍郎蔡确罢为观文殿学士、知陈州。时司马光、吕公著、苏轼、苏辙、吕大防、刘挚、王岩叟相继进用，确遂连表乞解机务，故有是命。”

按：后来，蔡确之子蔡京为相，“清算”元祐党籍。

四日，吕公著任门下侍郎。

《长编》卷368元祐元年闰二月“壬辰”（四日）条载：“壬辰，金紫光禄大夫、尚书左丞吕公著为门下侍郎。”

《东都事略》卷9《本纪》：“（元祐元年闰二月）壬辰，吕公著门下侍郎。”

《邵氏闻见录》卷12：“哲宗即位，拜左丞，迁门下侍郎，与温公并相，元祐如伯淳之诗云。伯温以经明行修命官，见公于东府。公语及康节，咨叹久之，谓伯温曰：‘科名特入仕之门，高下勿以为意，立身行道，不可不勉。’伯温起谢焉。公三子，希哲、希绩、希纯，皆师事康节，故伯温与之游甚厚。”

《邵氏闻见录》卷13：“兵部曰：‘今日朝廷之事如何？’宗丞曰：‘司马君实、吕晦叔作相矣。’兵部曰：‘二公果作相，当何如？’宗丞曰：‘当与元丰大臣同，若先分党与，他日可忧。’兵部曰：‘何忧？’宗丞曰：‘元丰大臣皆嗜利者，若使自变已甚害民之法则善矣，不然，衣冠之祸未艾也。君实忠直，难与议，晦叔解事，恐力不足耳。’既二公果并相，召宗丞，未行，以疾卒。”

按：金紫光禄大夫，正三品；门下侍郎，元丰新制定为正二品（《宋会要·职官二》）。

八日，范纯仁上疏《论吕公著文字不经书读》。

《长编》卷368元祐元年闰二月“丙申”（八日）条载：“试给事中兼侍讲范纯仁言：‘近除门下侍郎吕公著文字，并不经臣书读，兼不得见。’”

范纯仁《论吕公著文字不经书读》（元祐元年闰二月）：“臣伏以近除门下侍郎吕公著文字，不经臣书读。尚书吏部亦将不经门下省文字直行，虑别有被受。按门下省缴覆中书省录黄，枢密院录白，有与侍郎妨碍，或系亲戚，并贴黄奏知。欲今后侍郎两员，皆合避亲或妨碍。及独员依旧奏知外，许令给事中系书缴覆。”（《全宋文》卷1551、《范忠宣公遗文》）

同日，司马光提举修撰《神宗皇帝实录》，吕公著婿著作佐郎范祖禹为实录院检讨官(《长编》卷368)。

八日、十六日，朱光庭两次贴黄，言"唯有吕公著一人忠朴可倚"。

《长编》卷368元祐元年闰二月"丙申"(八日)条载，左正言朱光庭"又前贴黄：'臣窃睹陛下忧勤之如此，而大臣奸邪之如彼，一日万几，何以倚仗？今司马光未出，惟有吕公著一人忠朴可委外，皆已累言，乞用范纯仁补左丞之阙'"。

《长编》卷369元祐元年闰二月"甲辰"(十六日)条载，左正言朱光庭："贴黄：'今日庙堂之上，司马光未出，惟有吕公著一人忠朴可倚，其余皆奸邪及备位者也。伏望圣慈早进范纯仁，庶得贤者在位，同心一德，以辅圣政。'"

按：《续资治通鉴》卷79元祐元年闰二月"甲辰"(十六日)条载："朱光庭奏：'今日庙堂之上，司马光未出，惟有吕公著一人忠朴可倚，其余皆奸邪。伏望圣慈早进范纯仁，庶得贤者在位，同心一德，以辅圣政。'"对《长编》初八条贴黄之事未载。

二十七日，以吕公著之荐，范纯仁任同知枢密院。

《长编》卷370元祐元年闰二月"乙卯"(二十七日)条载，安焘知枢密院，范纯仁同知枢密院。

吕大忠《杂说》："元祐初，申公与司马温公同为左右相，温公久病不出，申公数于帘前荐吕大防、范纯仁可大用。而已以大防为尚书左丞，纯仁命未下也，温公一日召荥阳公至府第，谓公曰：'范纯仁作执政固好，吕大防是韩缜宣抚判官，相公何故却荐为执政？'荥阳公即以意答公曰：'相公且看即今从官，谁是胜得吕大防者？'温公默然久之，曰：'是也，都不如吕大防。'二公同时并相，其不相疑如此之深，其易晓如此之笃，前后任事所无也。初，申公荐大防可在密院，纯仁可在中书，帘中误记，遂以大防为右丞。久之，以纯仁同知枢密院。"(转引自《长编》卷370元祐元年闰二月"乙卯"条)

二十九日，程颐为通直郎、汝州团练推官，充西京国子监教授，从司马光、吕公著、韩维言。

《太平治迹统类》卷25《程颐出处本末》："元祐元年闰二月丁巳，以乡贡进士程颐为通直郎、汝州团练推官，充西京国子监教授，以门下侍郎司马光、尚书左丞吕公著及西京留守韩维荐其学术,故有是命。"①

《宋史》卷427《程颐传》:"治平、元丰间,大臣屡荐,皆不起。哲宗初,司马光、吕公著共疏其行义曰:"伏见河南府处士程颐,力学好古,安贫守节,言必忠信,动遵礼法。年逾五十,不求仕进,真儒者之高蹈,圣世之逸民。望擢以不次,使士类有所矜式。"诏以为西京国子监教授,力辞。寻召为秘书省校书郎,既入见,擢崇政殿说书。"

是月,司马光拜左仆射,吕公著为门下侍郎,李清臣尚书左丞,吕大防尚书右丞,章惇罢知枢密院事,安寿知枢密院事,范纯仁同知枢密院事(《宋宰辅编年录校补》卷9)。

三月,吕公著上《安焘范纯仁除命事奏》。

吕公著《安焘范纯仁除命事奏》(元祐元年三月):"安焘、范纯仁除命,虽已依中旨发下,而中外纷纷,皆以为门下省失官。若言者论奏不已,则恐转难处置,闻焘方固辞不敢受,或因其请,特赐俞允,则朝廷命令不至乖失,其于待焘亦为得体。"(《长编》卷371、《国朝诸臣奏议》卷57、《范忠宣公奏议》卷下。)

四月四日,著作佐郎范祖禹为著作郎(《苏轼文集》卷38《范祖禹可著作郎制》、《长编》卷374)。

六日,王安石卒。司马光、吕公著得知后予以妥善安排。

《长编》卷374元祐元年四月"癸巳"(六日)条载,王安石卒,司马光致简吕公著,"光意以谓朝廷特宜优加厚礼","诏再辍视朝,赠太傅,推遗表恩七人,命所在应副葬事"。

《琬琰集·王荆公安石传》:"哲宗即位,拜司空。明年四月癸巳薨,年六十六。再辍视朝。赠太傅。推遗表恩七人。诏所在给葬事。"

司马光《与吕晦叔简(二)》:"介甫文章、节义过人处甚多,但性不晓事,而喜遂非。致忠直疏远,谗佞辐辏,败坏百度,以至于此。今方矫其失,革其弊,不幸介甫谢世,反覆之徒必诋毁百端。光意以谓朝廷特宜优加厚礼,以振起浮薄之风。苟有所得,辄以上闻。不识晦叔以为如何?更不烦答以笔札。扆前力言,则全仗晦叔也。"(《全宋文》卷1215、《司马公文集卷》63、《长编》卷374、《通

①闰二月己丑朔,丁巳为二十九日。

鉴长编纪事本末》卷60、《太平治迹统类》卷13、《宋史全文续资治通鉴》卷13、《文章办体汇选》卷276、《续资治通鉴》卷79、《王文公年谱》卷3、《司马温公年谱》卷8）

《邵氏闻见录》卷12：“荆公知温公长者，不修怨也。至荆公薨，温公在病告中闻之，简吕申公曰：‘介甫无他，但执拗耳。赠恤之典宜厚。’大哉！温公之盛德不可及矣。”

《续资治通鉴》卷79元祐元年四月“癸巳”（六日）条载：“安石性强忮，自信所见，执意不回。至议变法，在廷交执不可，安石傅经义，出己意，辨论辄数百言，众不能诎。甚者谓天变不足畏，祖宗不足法，人言不足恤。罢黜中外老成人几尽，多用门下儇慧少年。久之，以旱引去。洎复相，岁余罢，终神宗世不复召。安石著《日录》七十卷，如韩琦、富弼、文彦博、司马光、吕公著、范镇、吕诲、苏轼及一时之贤者，皆重为诋毁，晚居金陵，于钟山书室多写‘福建子’三字，盖恨为吕惠卿所误也。及卒，司马光于病中闻之，亟简吕公著曰：‘介甫文章、节义，颇多过人，但性不晓事，而喜遂非，今方矫其失，革其弊。不幸介甫谢世，反覆之徒，必诋毁百端。光以为朝廷特宜优加厚礼，以振起浮薄之风。’其不修怨如此。”

五月一日，韩缜罢右仆射，吕公著任尚书右仆射兼中书侍郎，文彦博任太师、平章军国重事。邓润甫撰册文，刘弇代贺，滕元发贺。

《长编》卷377元祐元年五月“丁巳”（一日）条载：“五月丁巳朔，金紫光禄大夫、门下侍郎吕公著依前官守尚书右仆射兼中书侍郎。自蔡确、章惇罢，司马光已卧疾，及韩缜去位，公著常摄宰相事。先是，执政官每三五日一聚都堂，堂吏日抱文书历诸厅白之，故为长者得以专决，同列难尽争也。光常肯确欲数会议，庶各尽所见，而确终不许。公著既秉政，乃日聚都堂，遂为故事”。自注云：“（吕）公著、（文）彦博除命，《新（录）》《旧录》并在四月十五日壬寅。而《公著家传》乃于五月一日丁巳载之。又与韩维拜门下侍郎同日。按《实录》，维拜门下侍郎在五月一日丁巳也，距公著、彦博除命凡半月。据司马光札子，三人者除授实同一札子商量，不知何故维命独后半月。《实录》记宰辅进拜不应差误，或《家传》叙事偶失其次乎？然彦博既除太师，则不应云守太师。今四月十九日诏尚称守太师，二十二日亦称守太师，二十四日进对，又称河东节度使、开府仪同三司致仕。若已除未授，亦应如司马光例，书新除左仆射，不应俱称旧衔也。《家传》所载或得其实，今从之。吕大防《政目》：彦博重事、公著右揆、维门侍同在五月一日，然则《实录》果不足信矣。”

《宋会要·职官一·三省》：“（元祐元年）五月一日，金紫光（录）［禄］大夫、门下侍郎吕公著依前官守尚书右仆射兼中书侍郎。”

邓润甫《除吕公著右仆射制》：“国莫难于置相，君莫重于知人。尧、舜之隆，盖以畴咨而熙载；商、周之盛，至以梦卜而求贤。天降割于我家，予未堪于多难。思用耆德，交秉政钧，其敷宠章，以诏群辟。金紫光禄大夫、门下侍郎、上柱国、东平郡开国公吕公著，行应仪表，学通本原。忠义得于天资，功名自其世美。被遇先帝，尝入赞于枢庭；暨予冲人，遂同寅于政路。传经意以谋国体，推上泽以纾民心。叙收俊贤，补苴法度。方重不倚，雅有大臣之风，调娱适中，遂通当时之务。是用陛下之右揆，委以繁机，申衍爰田，陪敦真赋。尔则代天而物理，予则羞耇以惟君。於戏！丞相之位，未尝无其人；儒者之效，久不白于世。孟轲言元有者数百岁，杨雄称自得者二三臣。盖迪远业者其功难，循近迹者其力易。勉行所学，以底丕平！”（《全宋文》卷1578、《皇朝文鉴》卷36、《宋宰辅编年录校补》卷9）

刘弇《代贺仆射吕晦叔启》：“右，某伏审祗膺中检，进督西台。迈众平奕叶之华，揆房杜分联之右，伏惟庆慰。”（《龙云集》卷13、《全宋文》卷2549）

《石林燕语》卷5：“元祐初，文潞公为太师，吕申公为左仆射①，皆以高年特赐免拜。二公力辞。苏子瞻为翰林学士，因论‘八十拜君命，一坐再至，此但传命非朝见，犹且不免。周天子赐齐小白无下拜，非不拜，谓无降阶，然终下拜。今二臣既辞，宜当从其请。遇见间或传宣免，则可为非常之恩’，仍降允诏，当时以为得体。”

吴曾《能改斋漫录》卷14载有《滕元发贺吕正献启》：“滕元发《贺正献吕公拜相启》云：‘玉璜钓濑，家传渭水之符；金鼎调元，代出山东之相。’又云：‘寰区大忭，尽还仁祖之风；朝野一辞，复见申公之政。’当时称颂之。”

吕本中《紫薇诗话》：“滕元发甫《贺正献公拜相启》云：‘玉璜钓濑，家传渭

①《石林燕语》卷5文中“吕申公为左仆射”，误，当为右仆射。

水之符；金鼎调元，代出山东之相。’又云：‘寰区大抃，尽还仁祖之风；朝野一辞，复见申公之政。’当时称颂之。”

按：《东都事略》卷9《本纪》：“（元祐元年四月）壬寅，吕公著尚书右仆射兼中书侍郎。”《续资治通鉴·宋纪》卷79元祐元年四月壬寅（十五日）条载：“壬寅，诏：‘文彦博特授太师、平章军国重事。以门下侍郎吕公著为尚书右仆射兼中书侍郎。’太皇太后欲用彦博为右相，刘挚、王觌并言彦博春秋高，不可为三省长官。朱光庭亦三上章，以为：‘彦博师臣，不宜烦以吏事。若右相，则吕公著、韩维、范纯仁皆可为之。’帝问司马光，光对曰：‘若令彦博以太师平章军国重事，亦足尊老成矣。’又言宜为右相者莫如吕公著，帝皆听之。”《东都事略》《续通鉴》采信于《实录》。吕公著、文彦博二人除拜时间，《宋史》本纪及《编年录》卷9所记同表，其中《宋史宰辅表》元祐元年丙寅“宰相进拜加官”栏：“四月壬寅，吕公著以金紫光禄大夫、门下侍郎依前官加右仆射兼中书侍郎。文彦博自河东节度使、守太师、开府仪同三司、潞国公落致仕加太师、平章军国重事。”唯《长编》卷377并《十朝纲要》卷12记在“五月丁巳朔”。李焘据《公著家传》及吕大防《政目》等第一手史料证《实录》所记之误，今移之可证《东都事略》《宋史宰辅表》亦误。尚书右仆射兼中书侍郎，元丰新制，为正一品（《职官分纪》卷8《尚书省》）。

三日，上《论司马光扶持入对》，获准。

《长编》卷377元祐元年五月“辛酉”条载：“（元祐元年五月）三日己未，公著上奏曰：‘光久病在假，未克陛见，虽被优礼，恐须蹴踖不遑，未敢祗命。兼闻光亦愿扶持入对，然后供职。况熙宁初，左仆射富弼徙判汝州，仍诏入觐，以足疾许肩舆至崇政门，令男绍隆扶掖入对。又以殿门至延和尚速，先帝特为御内东门小殿以见之，自存故事，更乞圣慈详酌。’上乃尽从公著所奏，而光不欲诣小殿。”

六月十六日，举荐孔平仲、毕仲游、孙朴。

《长编》卷380元祐元年六月“壬寅”（十六日）条载：“右仆射吕公著举朝奉郎孔平仲，承议郎毕仲游、孙朴。”

二十六日，御史林旦认为吕公著对贾种民“屡引私嫌，欲废公议”。

《长编》元祐元年六月“壬子”（二十六日）条载，殿中侍御史林旦认为吕公著对贾种民"屡引私嫌,欲废公议","初,御史弹奏(贾)种民尝持虚券,冒夺人产业,又尝寓夏伯孙家,以乞假不如意,斗其兄弟,讽令析居。元丰中,任大理寺官,为蔡确鹰犬,专中伤善民。诏黜为通判,已而吕公著面奏,曰:'方种民为狱官,臣亦与被诬陷,今臣方在相位,而种民得罪,恐所惩者小,所损者大,非所以示天下。'乃寝前命,乃退就殿庐批旨,门下侍郎韩维固执不肯书。明日奏曰:'种民罪恶,众所共知,奈何以吕公著故屈朝廷公议!'公著复有请,乃有临江之命,于是,又改通利军"。

二十八日,吕公著论"治道"。

《续资治通鉴》卷79元祐元年六月"甲寅"(二十八日)条载:"始,邓绾谪滁州,言者未已。太皇太后因欲下诏慰存反侧,吕公著以为宜然,遂从之。或谓公著曰:'今除恶不尽,将遗患他日。'公著曰:'治道去太甚耳。文、景之世,网漏吞舟。且人才实难,宜使自新,岂宜使自弃邪!'"

二十九日,吕公著称赞程颐是真正的侍讲。

《续资治通鉴》卷79元祐元年六月"乙卯"(二十九日)条载:"乙卯,程颐上疏曰:'今讲读官共五人,四人皆兼要职,独臣不领别官,近差修国子监条例,是亦兼也,乃无一人专职辅导者。执政之意,盖惜人材,不欲使之闲尔,又以为虽兼它职,不妨讲读,此尤不思之甚也。古人斋戒而告君,臣前后两得进讲,未尝敢不宿斋戒,潜思存诚,觊感动于上心。若使营于职事,纷其思虑,待至上前,然后善其辞说,徒以颊舌感人,不亦浅乎?今诸臣所兼皆要官,若未能遽罢,且乞免臣修国子监条例,俾臣夙夜精思竭诚,专在辅导。'颐一日讲'颜子不改其乐",既毕文义,乃复言曰:"陋巷之士,仁义在躬。人主崇高,奉养备极,苟不知学,安能不为富贵所移!且颜子,王佐才也,而箪食瓢饮;季氏,鲁国蠹也,而富于周公。鲁君用舍如此,非后世之鉴乎?'文彦博、吕公著等入侍,闻其讲说,辄相与叹曰:'真侍讲也!'"

是月,吕公著三子吕希纯上《皇帝亲祠明堂复设小次奏》。

吕希纯《皇帝亲祠明堂复设小次奏》(元祐元年六月):"皇帝亲祠明堂,请依皇祐及嘉祐、熙宁故事,复设小次。俟皇帝初献毕,礼仪使奏请归小次。三献毕,奏请就版位。恐议者以元丰新定礼文,皇帝立于阼阶,故因去小次。请自今仍旧设于明堂午阶之东,太庙即设于东阶之下。"(《全宋文》卷2354、《长编》卷

379）

七月二十四日，左仆射司马光、右仆射吕公著、左丞李清、右丞吕大防等言尚书省设官分职及其工作流程（《宋会要·职官四·尚书省》）。

是月，吕公著上《熙河不可与西夏奏》。

吕公著《熙河不可与西夏奏》（元祐元年七月）："先朝所取皆中国旧境，而兰州乃西蕃地，非先属夏人。今天子嗣守先朝境土，岂宜轻以予人？夏戎无厌，与之适足以启其侵侮之心。且中国严守备以待之，彼亦安能遽为吾患？"（《全宋文》卷1096、《长编》卷382）

八月六日，吕公著与司马光、韩维等在太皇太后面前论台谏官。

《长编》卷384元祐元年八月"辛卯"（六日）条载："太皇太后谕辅臣曰：'台谏官言，近日除授多有不当。'司马光言：'朝廷近诏臣僚举可任监司。既令各举所知，必且试用，待其不职，然后罢黜，亦可并坐举者。'吕公著曰：'举官虽是委人，亦须执政审察人材，择可用者试之。'光曰：'自来执政只于举到人中取其所善者用之，余悉弃去，何尝审择？'韩维曰：'光所言非是。朝廷极士大夫之选，择执政七八人，岂可谓抡选无益，而直信举者之言？'……公著曰：'近来除用多失，亦由限以资格。'维又言：'光持资格太谨，若抡选失人而空守资格，欲以何用？'光又曰：'资格岂可少？'维又曰：'资格但可施于叙迁，若升擢人材，岂可拘于资格？'"

同日，吕公著之婿著作郎范祖禹兼侍讲。

《长编》卷384元祐元年八月"辛卯"（六日）条载："吏部侍郎兼侍讲傅尧俞，以职烦目病，乞罢侍讲。司马光请改尧俞为侍读，而用著作郎范祖禹兼侍讲。祖禹，吕公著之婿也，请避嫌。光奏：'宰相不当以私嫌废公议。'韩维奏：'朝廷遴选执政，本以进达贤能为职，今乃以执政妨用人，不可。方今人材难得，幸而有可用之人，又以执政故退罢。若七八执政各避私嫌，甚妨贤路，且多存形迹，非大公之道。'遂以祖禹兼侍讲。"

《长编》卷384元祐元年八月"乙亥"条自注载："范祖禹八月六日以著作郎兼侍讲。"

九月之前，吕公著与司马光一道推荐曾肇充神宗实录检官，擢起居舍人。

杨时《曾文昭公行状》："哲宗嗣位，宣仁太后垂帘听政，用司马温公、吕申公为宰相。士多趋时自效,曾文昭公独挺然不为世变所移。由是,诸公益贤之,知其有常德也。以公先帝史官故,命公充神宗实录检官,擢起居舍人,兼权中书舍人数月,召试即真迁实录修撰,赐三品服。”

《自警编》卷2:“哲宗嗣位,宣仁太后垂帘听政,用司马温公、吕申公为宰相。士多随时自效,曾文昭公独挺然不为世变所移,由是诸公益贤之,知其有常德也。”

按:曾肇是曾巩的同父异母弟,“南丰三曾”之一。杨时《曾文昭公行状》:“公讳肇,字子开,建昌军南丰县人。”吕公著与司马光同时为宰相,在元祐元年。九月初一,司马光卒。故置于九月之前。

九月一日,左仆射兼门下侍郎司马光卒,吕公著献挽词云:“漏残余一榻,曾不为黄金。”

《长编》卷387元祐元年九月“丙辰朔”条载有司马光病逝情况。

《谈圃》云:“公病亟,犹肩舆见吕申公,议改都省。临终,床箦萧然,唯枕间有役书一卷。故申公为挽词云:‘漏残余一榻,曾不为黄金。’”(转见于顾栋高《温公年谱》卷8)

六日,以大享明堂,蠲放数百万,吕公著获加恩。

《皇宋通鉴长编纪事本末·哲宗皇帝》卷94“变新法”条载:元祐元年,“九月辛酉,以大享明堂,肆赦。《吕公著家传》云:文靖公之当国也,每搜访四方利害,有可以施舍使民者,手笔记录,因大赦而行之,多至数十事。其后漫益多。至是,始尽贷青苗、市易息钱及其他逋负,贫不能偿者,凡蠲放数百万。官吏坐违法,用一切之制不得理去官,及以赦原者,并听收叙。总校前赦,凡增一十七事。四方欢呼。以为新天子赦令以忧民为意,无不称庆”。

《吕公著加恩制》(元祐元年明堂):“门下:王者制行以合礼,昭孝以驭神。圜丘之祀,则事之以天道;明堂之享,则接之以人情。天道贵质也,故配之以祖烈;人情尚文也,故侑之以祢宫。……往膺异数,茂辑元勋。”[《宋大诏令集》卷62;《宋代诏令全集》第7册,注曰:“元祐元年大享明堂在九月辛酉(六日)”]

按:此时,吕公著独当国,其中当有其付出之辛劳,故加恩。

二十四日,张璪罢中书侍郎(《宋宰辅编年录校补》卷9)。

是月,吕公著三子吕希纯上《论司马光薨乞罢紫宸殿称贺奏》。

吕希纯《论司马光薨乞罢紫宸殿称贺奏》(元祐元年九月):“以此见古之人君,闻大臣之丧,虽宗庙之祭皆废。今来宰臣司马光,其薨适在明堂散斋日内。严父配天,国之大典,固不可废;至于御楼肆赦,恐亦难罢。唯是紫宸殿受贺一节,缘是庆贺之事,比之宗庙之祭为轻。方圣情轸悼元臣,而群臣拜舞称庆,恐于礼义人情,未为宜称。所有今来礼毕,紫宸立班,伏乞圣慈,特赐详酌指挥。”(《全宋文》卷2354、《国朝诸臣奏议》卷93、《历代名臣奏议》卷123)

是月,因与吕公著之亲故,范祖禹两上《辞免兼侍讲状》。

范祖禹上《辞免兼侍讲状》(二):“臣妻父吕公著方秉国政,虽在臣职业所不当避,而于臣情分则有未安,窃恐仰累至公,下负夙志,岂可冒昧先诸儒而进乎?”(《范太史集》卷4)

按:范祖禹《辞免兼侍讲状》(一)的落款时间是“元祐元年九月”,故推知其上《辞免兼侍讲状》(二)之时间当在同月。

十月八日,吕公著提举修《神宗皇帝实录》。因与吕公著之亲故,范祖禹上《实录院乞避亲状》。

《长编》卷389元祐元年十月“壬辰”(八日)条载:“右仆射吕公著提举修《神宗皇帝实录》。”

范祖禹《实录院乞避亲状》:“右臣伏睹已降敕命差尚书右仆射吕公著提举修神宗实录,伏缘公著是臣妻父,于条合该回避,伏乞罢臣检讨之任,谨录奏闻。”(《范太史集》卷4)

十六日,赐吕公著生日礼物口宣。

苏轼《赐宰臣吕公著生日礼物口宣》(元祐元年十月十六日):“有敕:朕之元老,生以兹辰。实为邦国之华,岂独闺门之庆。故命尔息,往宣余怀。仍分厩库之良,以助子孙之寿。”(《全宋文》卷1856、《苏文忠公全集》卷41)

十八日,从吕公著等言,诏章惇依旧知汝州。

《长编》卷390元祐元年十月“壬寅”(十八日)条载:“壬寅(十八日),诏章惇依旧知汝州。先是,左仆射吕公著等以(章)惇父老,且自政府罢,既经赦宥,故迁之便郡,又欲以次甄叙诸放逐者,使各不至失所。既而言者交章谓惇不宜遽迁,语侵执政。太皇太后怒问:‘主惇者谁耶?’公著前对曰:‘众议也。’时惇子(《宋朝要录》:惇子持勾当京西排岸司)又上书为其父讼冤,且侵执政,诏并责之。公著曰:'子之为父,何所不至。'乃止。惇被命将至国门,诏追扬州敕,复遣归汝州。自是当叙复者皆稍难也。"

按:文中吕公著任左仆射,恐有插曲。《长编》仅此一处载吕公著为"左仆射"。此后,《长编》仍称吕公著为右仆射。不过,吕公著后人、南宋"东南三贤"之一吕祖谦称吕公著有"尚书左仆射"之任职,据《东莱吕太史文集》卷14《东莱公家传》载,"公著事神宗、哲宗,历枢密副使、门下侍郎、尚书左仆射、司空平章军国事、申国公,谥正献。"有的则说吕公著元祐二年任左仆射,如《太平治迹类统》卷20《哲宗委任台谏》载,元祐二年五月,"迁升(梁)焘有是命。左仆射吕公著先虑言者将激上,意致朝廷有罪直言之失,乃奏乞稍与优迁,令节言职。"《历代名臣奏议》卷139载,"(元祐)二年,尚书左仆射吕公著论韩维不当罢门下侍郎。"而《长编》卷401则载,元祐二年五月,吕公著仍为右仆射。我认为,吕公著可能有左仆射之任命,但没有接受,才形成"独当国"(《宋史·吕公著传》)三年之现状。这恰是吕公著"谦让"左仆射的高明之处,因为当时他居于"右仆射"而不升迁,无人敢问鼎"左仆射"。

二十七日,赐吕公著生日诏。

光绪《寿州志》卷29《艺文志》载,《宋哲宗赐吕公著生日诏》(元祐元年十月二十七日):"敕吕公著:卿将相三世,辅翼两朝。方《斯干》献梦之辰,有《既醉》太平之福。宜膺庆赍,方锡寿康。今赐卿生日羊、酒、米、面等,具如别录,至可领也。(《东坡集》)"

苏轼《赐金紫光禄大夫守尚书右仆射兼中书侍郎吕公著生日诏》(元祐元年一月二十七日):"敕公著:卿将相三世,辅翼两朝。方《斯干》献梦之辰,有《既醉》太平之福。宜膺庆赍,方锡寿康。"(《东坡全集》卷109)

十一月一日,吕公著上《章惇乞提举洞霄宫宜允奏》。

《长编》卷392元祐元年十一月"戊寅朔"条载:"正议大夫、知汝州章惇提举洞宵宫,从所乞也"。自注云:"十月十八日,依旧知汝。三年二月十六日,复资政、越州。《政目》'章惇洞宵宫'下有'邢恕汝州'四字,当考。吕公著言:'惇父老,居苏州,今惇留汝州,上方以孝治天下,岂可使大臣失晨昏之养。'遂从惇请。此据《丁未录》。"

吕公著《章惇乞提举洞霄宫宜允奏》(元祐元年十一月):"惇父老,居苏州。

今惇留汝州。上方以孝治天下,岂可使大臣失晨昏之养?”(《长编》卷392、《全宋文》卷1096)

按:章惇“语侵执政”,吕公著的应对,可知吕很有胸襟。

四日,吕公著举荐尚书右丞吕大防为中书侍郎,御史中丞刘挚为尚书右丞。

《长编》卷391元祐元年十一月“丙辰”(二日)条载:“自张璪罢,中书侍郎久未补人。吕公著言吕大防忠实可任大事。退而上奏曰:‘检会官制以前,中书宰臣二员,参知政事二员。今虽分三省,事多同呈,然机务之本并在中书。犬马之齿,六十有九,多病早衰,精力不健,难以独当繁务。伏望出自宸衷,早赐选差中书侍郎一员,庶宽圣虑,不至瘝旷。’上又以手札问公著曰:‘卿前日言刘挚可执政,缘未曾作尚书,恐无此体例。欲且除尚书,卿更详度,并此文字同进来。’公著奏曰:‘国朝自中丞入二府者,如贾昌朝、张昪、赵概、冯京等例甚多。近年蔡确不曾历直学士以上职,自权中丞除参知政事。又章献垂帘初,闻姜遵劲直,自散议大夫擢枢密副使,当时谓之‘姜擦子’。兼新定官制,御史中丞在枢密直学士、诸行侍郎之上。’挚遂自中丞入辅。”十一月“戊午”(四日)条载:“戊午,朝请郎、试侍御史中丞刘挚为中大夫、尚书右丞。中大夫、尚书左丞吕大防守中书侍郎。吏部侍郎兼侍读傅尧俞为御史中丞,仍兼侍读。”

吕公著《刘挚可作执政奏》(元祐元年十一月):“国朝自中丞入二府者,如贾昌朝、张昪、赵概、冯京等例甚多。近年蔡确不曾历直学士以上职,自权中丞除参知政事。又章献垂帘初,闻姜遵劲直,自散谏议大夫擢枢密副使,当时谓之‘姜擦子’。兼新定官制,御史中丞在枢密直学士、诸行侍郎之上。”(《长编》卷391、《全宋文》卷1096)

《续资治通鉴》卷80元祐元年十一月“戊午”(四日)条载:“戊午,以尚书右丞吕大防为中书侍郎,御史中丞刘挚为尚书右丞。自张璪罢,中书侍郎久未补人。吕公著言:‘吕大防忠实,可任大事。’帝又以手札问公著曰:‘卿前日言刘挚可执政,缘未作尚书,恐无此例,欲且除尚书。’公著奏:‘国朝自中丞入二府者,如贾昌朝、张昪、赵概、冯京等甚多。’帝从其言,挚遂自中丞入辅。以傅尧俞为御史中丞,仍兼侍读。”

同日,因任职市易司,“独吕嘉问降知淮阳军”(《宋会要·食货五五·市易务》)。

是月，吕公著上《望早选差中书侍郎一员奏》，言吕大防可任大事，又言孙觉、李常、胡宗愈皆可用。

吕公著《望早选差中书侍郎一员奏》（元祐元年十一月）：“检会官制以前，中书宰臣二员，参知政事二员。今虽分三省，事多同呈。然机务之本，并在中书。犬马之齿，六十有九，多病早衰，精力不健，难以独当繁务。伏望出自宸衷，早赐选差中书侍郎一员，庶宽圣虑，不至瘝旷。”（《长编》卷391、《全宋文》卷1096）

《长编》卷391元祐元年十一月“丙辰”条载：“自张璪罢，中书侍郎久未补人。吕公著言吕大防可任大事，又言孙觉、李常、胡宗愈皆可用。上深以为然。”

十二月六日，孙朴为秘阁校理，从吕公著所荐。

《宋会要·选举三一》载，元祐元年十二月六日诏“承议郎行军器监丞孙朴”等“并为秘阁校理”。

李元纲《厚德录》卷2：“孙学士元忠朴，吕正献公所荐馆职也。尝为吕居仁言：‘元祐间，某尝对侍讲非笑程正叔，侍讲笑某：“正叔有多少好事，元忠不说，何故只言其短？”某因释然心服，后不复敢深议正叔。’因思今人如元忠乐善者少矣！侍讲谓荥阳公吕原明也。”（转见于《童蒙训》）

孙朴《书阁本〈战国策〉后》：“臣自元祐元年十二月入馆，即取曾巩三次所校定本，及苏颂、钱藻等不足本，又借刘敞手校书肆印卖本参考，比巩所校，补去是正，凡三百五十四字。八年，再用诸本及集贤院新本校，又得一百九十六字，共五百五十签，遂为定本，可以修写黄本入秘阁。集贤本最脱漏，然亦间得一两字。癸酉岁，臣朴校定。”落款为“右十一月十六日书阁本后 孙元忠”。（《战国策》士礼居丛书本）

按：孙朴，字元忠，孙温靖长子。

是年，苏轼有《上吕相公》书，论醉中不省记杀人，其情可悯，可以原贷。

《苏轼文集》卷50《上吕相公》载：“近者西京奏课儿于大醉不省记中打杀南贵，就缚至醒，取众证为定，作可悯奏，已得旨贷命，而门下别取旨断死”。

按：《苏轼文集》卷29《乞郡札子》叙及司马光卒后，“刑部侍郎范百禄与门下侍郎韩维争议刑名，欲守祖宗故事，不敢以疑法杀人”，知上公著书中门下指的是韩维。《宋史》卷337《范百禄传》谓“元祐元年，为刑部侍郎，诸郡以故斩杀情可矜者请谳",百禄以为原情足悯者可贷,后从其请。孔凡礼《三苏年谱》"元祐元年"条载,苏轼"上公著书约为本年事",当是。

是年,吕公著三子吕希纯上《祀明堂请罢从祀群神奏》。

吕希纯《祀明堂请罢从祀群神奏》(元祐元年):"至元丰中,但以英宗配上帝,悉罢从祀群神,得严父之义,请循其式。"(《宋史》卷336《吕希纯传》、《全宋文》卷2354)

大约是年,吕公著评价曾肇子开修史书之事。

《曲洧旧闻》卷3:"曾肇子开修史书,吕文靖事不少假借。元祐间,申公当国,或以为言,公不答,待子开如初。客以密问公者,公曰:'肇所职,万世之公也;人所言,吾家之私也。使肇所书非耶,天下自有公议;所书是耶,吾行其私,岂能使后世必信哉!'晁以道尝为予说其事,叹曰:'申公度量如此,真宰相也。'"

按:吕公著当国,始于是年,权置于此。

元祐哲宗皇帝大婚,吕公著执议不用乐。

周煇《清波杂志》卷1:"元祐大昏,吕正献公当国,执议不用乐。宣仁云:'寻常人家娶个新妇,尚点几个乐人,如何官家却不得用?'钦圣云:'更休与他懑宰执理会,但自安排着!'遂令教坊、钧容伏宣德门里。皇后乘翟车甫入,两部阑门,众乐具举。久之,伶官辇出赏物,语人曰:'不可似得这个科第相公,却不教用!'《实录》具书纳后典礼,但言婚礼不贺,不及用乐一节。王彦霖《系年录》载六礼特详,亦不书此。"

按:《宋史》卷243《哲宗昭慈圣献孟皇后》载,孟皇后(1077—1135)是孟元的孙女,被称为"元祐皇后"。"初,哲宗既长,宣仁高太后历选世家女百余人入宫。后年十六,宣仁及钦圣向太后皆爱之,教以女仪。元祐七年,谕宰执'孟氏子能执妇礼,宜正位中宫'。命学士草制。"宋哲宗(1076—1100)元祐七年始立皇后,而吕公著早已去世。所谓元祐大婚,当指为哲宗选妃事宜。故置于此。

吕公著喜佛,罕与士大夫接。

《却扫编》卷上:"吕申公素喜释氏之学,及为相,务简静,罕与士大夫接。惟能谈禅者,多得从容。于是好讲之徒往往幅巾道袍,日游禅寺,随僧斋粥,谈说理情,觊以自售,时人谓之'禅钻'云。"

按:吕公著为相,始于是年,权置于此。

元祐二年(1087),吕公著70岁

正月二十三日,吕公著建议令苏轼、傅尧俞、王岩叟、朱光庭速依旧供职。

《长编》卷394元祐二年正月“丙子”(二十三日)条载:“丙子,诏:‘苏轼所撰策题,本无讥讽祖宗之意,又缘自来官司试人,亦无将祖宗治体评议者。盖学士院失于检会。札子与学士院共知。令苏轼、傅尧俞、王岩叟、朱光庭各疾速依旧供职。’盖从右仆射吕公著之议也。”

按:苏轼策题引发风波。一、朱光庭上疏发难。《长编》卷393元祐元年十二月“壬寅”条载,左司谏朱光庭言:“学士院试馆职策题云:‘欲师仁祖之忠厚,而患百官有司不举其职,或至于偷;欲法神考之励精,而恐监司守令不识其意,流入于刻。’又称:‘汉文宽大长者,不闻有怠废不举之病;宣帝综核名实,不闻有督查过甚之失。’臣以谓仁祖之深仁厚德,如天之为大,汉文不足以过也;神考之雄才大略,如神之不测,宣帝不足以过也。后之为人臣者,惟当盛扬其先烈,不当更置之议论也。今来学士院考试不识大体,以仁祖难名之盛德、神考有为之善志,反以偷刻为议论,独称汉文、宣帝之全美,以谓仁祖、神考不足以法师,不忠莫大焉。伏望圣慈察臣之言,特奋睿断,正考试官之罪,以戒人臣之不忠者。”策题,系苏轼文,诏特放罪。该条自注云:“(苏)轼自辩札子称元年十二月十八日上,明年正月十七日又上。”二、改变科举考试模式。《长编》卷394元祐二年正月“戊辰”条载:“戊辰,诏:‘自今举人程试,并许用古今诸儒之说,或出己见,勿引申、韩、释氏之书。考试官于经义、论、策通定去留,毋于老、列、庄子出题。’”自注云:“吕大防作《吕公著神道碑》云:‘自熙宁四年,始改科举,罢词赋等,用王安石经义以取士,又以释氏之说解圣人之经。学者既不博观众书,无修词属文之意,或窃诵他人已成之书写之以干进。由此科举益轻,而文词之官渐艰其选。先帝以答高丽书不称旨,故当时以为言,议者欲以诗赋代经义,公著乃于经义之外益以诗赋,而先经义,以尽多士之能,又禁有司不得以老、庄之书出题,而学者不得以申、韩、佛书为说,经义参用古今诸儒之学,不得专用王氏。’”

二十四日,吕公著任景灵宫奉安神宗皇帝御容礼仪使。

《长编》卷394元祐二年正月“丁丑”(二十四日)条载:“诏以右仆射兼中书

侍郎吕公著为景灵宫奉安神宗皇帝御容礼仪使。"

二月六日，命尚书右仆射吕公著撰太皇太后册文。

《宋会要·礼四九·尊号六》："元祐二年二月六日，命尚书右仆射吕公著撰册文，中书侍郎吕大防书册。"

按：此册文为太皇太后册文。

十四日，吕公著荐孔文仲为集贤校理。

《宋史》卷344《孔文仲传》附传《孔平仲传》："平仲字义甫。登进士第，又应制科。用吕公著荐，为秘书丞、集贤校理。"

《长编》卷395元祐二年二月"丁酉"（十四日）条载："朝奉郎孔平仲为集贤校理。"

十七日，苏轼书吕公著之次兄吕公弼招致高丽人之事。

苏轼《吕公弼招致高丽人》："元祐二年二月十七日，见王伯虎炳之。言：'昔为枢密院礼房检详文字，见高丽公案。始因张诚一使契丹，于虏帐中，见高丽人私语本国主向慕中国之意。归而奏之先帝，始有招来之意。枢密使吕公弼因而迎合，亲书札子，乞招致。遂命发运使崔拯遣商人招之。'天下知罪拯，而不知罪公弼，如城一，盖不足道也。"（《苏文忠公全集》卷72、《全宋文》卷1977）

二十八日，知瀛洲、龙图阁直学士吕公孺改知秦州（《长编》卷395；苏辙《吕公孺知秦州》，见于《栾城集》卷28《苏文定公辙子由先生文集》）。

三月二日，吕公著从毕仲游议，将来太皇太后受册，"止可就崇政殿"。

《长编》卷396元祐二年三月"甲寅"（二日）条载，将来太皇太后受册，"止可就崇政殿"。自注云："陈恬作《毕仲游墓志》云：公之在太常也，会太皇太后将受宝、册，宰相申公吕公及礼部侍郎、郎中、员外郎，太常卿、丞、博士，至政事堂喻吾且订其论。公心知宰相欲遵用章献明肃皇太后故事，受册文德殿也。堂吏持其目示座人，次至公，果然。公白愿与同列更议，宰相曰：'此先帝遗制，且故事也，奈何！'是时，群礼官无一人敢置议者，公惧其事遽上，抗声白曰：'外朝者，天子之明堂，非母后所宜居之。今如此受册，遂将垂帘听政，一失其位，无以示万世，且先帝遗制，岂不曰旧章阙失，更在讨论耶？'宰执默谕其意，群礼官犹守旧不变，公退，独表请正之。宰相以闻，太皇太后乃下诏曰：'以吾不德，岂可以充入旧贯之居，其受册于中而已。'于是缙绅大夫悚然伟公之建明"。

十日，吕公著答太后临朝。

《长编》卷 396 元祐二年三月“丁巳”（五日）条载：“丁巳，太皇太后手诏云：‘……所有将来受册，可止于崇政殿。’后数日，执政奏事延和殿，太皇太后谕曰：‘性本好静，昨止缘主上幼冲，权听政事，盖非得已。况母后临朝，非国家盛事。文德殿天子正朝，岂女主所当御？’宰臣吕公著等言：‘陛下执谦好礼，加以思虑精深，非臣等所及。’”

《续资治通鉴》卷 80 元祐二年三月“壬戌”（十日）条载：“壬戌，辅臣奏事延和殿，太皇太后谕曰：‘性本好静，昨止缘皇帝幼冲，权同听政，盖非得已。况母后临朝，非国家盛事。文德殿天子正衙，岂女主所当御！’吕公著等言：‘陛下执谦好礼，思虑精深，非臣等所及。’”

按：《长编》言初五太皇太后手诏，数日后执政奏对；《续资治通鉴》言十日，吕公著答于太后临朝。两者时间大体吻合，今权从后者。待详考。

二十一日，诏公著摄事酌献礼。

《长编》卷 396 元祐二年三月“癸酉”（二十一日）条载：“癸酉，群臣诣文德殿行告迁礼，皇帝行酌献礼，宗室立班前导神御至景灵宫宣光殿奉安。”自注云：“《吕公著家传》云：三月二十一日癸酉，奉安神宗皇帝御容于景灵宫宣光殿。是日晨，百官立班文德殿廷，诏公著摄事酌献，以上感寒蹇不出故也。献毕，宰臣、亲王以下皆徒步导从至本殿，非礼也，盖二王欲之。此与《实录》同，当考。”

二十九日，一天两次批答吕公著乞退不准。

苏轼《赐宰相吕公著乞退不许批答》（元祐二年三月二十九日）：“卿才全而德备，积厚而施博。明亮笃诚，坐屈众策。既以天下公议而用于此矣，岂以卿之私意而听其去哉。水旱之灾，不德所召。卿当助我，求所以消复之道，不当求去我也。《诗》不云乎：‘大夫君子，昭假无赢。大命近止，无弃尔成。’勉思厥职，以答民望。”（《全宋文》卷 1861、《苏文忠公全集》卷 43）

苏轼《赐宰相吕公著乞退不允批答》（元祐二年三月二十九日）：“用贤之功，必要之久远。日计不足，岁计有余。朕之用卿，期于百姓之既富，卿之自信，亦岂一日而成功。常旸之灾，天以警朕。夙夜祗惧，与卿同之。朕若归过于股肱，何以答天戒；卿若释政而安逸，何以塞民言。各思其忧，少安厥位。”（《全宋文》卷 1861、《苏文忠公全集》卷 43、《奇赏斋古文汇编》卷 144、《四六法海》卷 1）

《长编》卷397元祐二年三月"辛巳"(二十九日)条载,"三月辛巳,太师文彦博奏乞致仕,右仆射吕公著以旱乞退,皆答诏不允"。

是月,吕公著听取苏辙黄河"自先帝不能回"建议。

《续资治通鉴·宋纪》卷80载,元祐二年三月,"时知枢密院事安焘以东流为是,两疏言:'朝廷之议回河,独惮劳费,不顾大患。盖自小吴未决以前,河入海之道虽屡变移,而仍在中国,故京师恃以北限强敌,景德澶渊之事可验也。且河决每西,则河尾益北,若复不止,则南岸遂为辽境,彼必作桥梁,守以州郡。如庆历中因取河南熟户之地,遂筑军以窥河外,已然之效如此。盖自河而南,地势平衍,直抵京师,长虑却顾,可为寒心。今欲便于治河而变于设险,非计也。'文彦博议与焘合,中书侍郎吕大防从而和之,三人者力主其议,同列莫能夺。中书舍人苏辙谓吕公著曰:'河决而北,自先帝不能回,而诸公欲回之,是自谓智勇势力过先帝也,盖因其旧而修其未备乎?'公著唯唯,曰:'当与公筹之。'然回河之役遂兴。"

四月三日,李清臣罢尚书左丞,知河阳(《宋宰辅编年录校补》卷9)。

按:《太平治迹统类》卷20载:"元祐二年四月壬申朔。戊申,尚书左仆射李清臣以资政殿学士知河阳。"文中"尚书左仆射李清臣",误。

六日,吕公著再表乞罢,不允。

《长编》卷398元祐二年四月"丁亥"(六日)条载:"吕公著再表乞罢,不允。诏公著勿复请,且召公著入对,遣使押赴都堂。公著即归私第。时阁门及通进司皆被旨无得受公著章奏,公著乃具申中书省以闻,于是遣内侍陈衍谕旨,押赴都堂,公著始复位。"

同日,吕公著令修延义阁,太后不准。

范祖禹《范太史日记》:因侍讲程颐"乞自四月就宽凉处讲读","(元祐二年三月)二十八日,移讲读就延和。四月六日丁亥,讲读依旧迩英阁。顾子敦封驳,以为'延和,执政得一赐坐啜茶,已为至荣,岂可使讲读小臣坐殿上,违咸造勿亵之义'。持国、微仲进呈,令修延义阁。帘内云:'此待别有擘画。'未知何所也。""(四月)十五日丙申,迩英进讲,文公以下预焉。迩英新修展,御坐比旧近台数尺。门南北皆朱漆,钓窗前帘设青幕障日,殊宽凉矣。"

十三日,吕公著等以时雨不继,诏书责躬,乞赐降黜。

《长编》卷398元祐二年四月“甲午”(十三日)条载:“甲午,宰臣吕公著等以时雨不继,诏书责躬,乞赐降黜。诏不允”。

十八日,吕公著上《候八月行太皇太后册礼奏》,准。

《长编》卷398元祐二年四月己亥(十八日)条载:“先是吕公著言:‘六月二十六日,行太皇太后册礼,有司先期修制玉册,其文当称述圣德,臣撰次已毕。伏惟陛下以悯雨焦劳,责躬减膳,未敢上进。欲乞特降中诏,候八月西京奉安御容礼毕受册,兼秋高气清,两宫被法服,群臣称庆,于行礼为宜。’太皇太后纳其言,遂降权罢之诏”。自注云:“此据《吕公著家传》。”

吕公著《候八月行太皇太后册礼奏》(元祐二年四月):“六月二十六日,行太皇太后册礼。有司先期修制玉册,其文当称述圣德。臣撰次已毕,伏惟陛下以悯雨焦劳,责躬减膳,未敢上进。欲乞特降中诏,候八月西京奉安御容礼毕受册。兼秋高气清,两宫被法服,群臣称庆,于行礼为宜。”(《长编》卷398、《全宋文》卷1096)

二十四日,吕公著请复制科,二十六日获准。

《宋史》之《吕公著传》:“(司马)光薨,独当国,除吏皆一时之选。时科举罢词赋,专用王安石经义,且杂以释氏之说。凡士子自一语上,非新义不得用,学者至不诵正经,唯窃安石之书以干进,精熟者转上第,故科举益弊。公著始令禁三司不得出题老、庄书,举子不得以申、韩、佛书为学,经义参用古今诸儒说,毋得专取王氏。复贤良方正科”。

《续资治通鉴》卷80元祐二年四月“乙巳”(二十四日)条载:“吕公著请复制科,丁未(二十六日),诏复置贤良方正能直言极谏科,自今年始。”

四月,吕公著奏免苏颂尚书右丞。

苏象先《丞相魏公谭训》卷1:“祖父元祐二年四月除尚书右丞,吕司空奏方有族人诉昭穆事在省,遂改命王正仲。五年三月,方左丞。”

按:魏公姓苏名颂,字子容,翰林学士绅之子。庆历二年进士,仕至右仆射兼中书侍郎,罢,为观文殿大学士、集禧观使。苏象先是苏颂的长孙。

五月二日,吕公孺任秘书监受奏劾(《长编》卷400;《全宋文》卷2021载有孙升《奏劾吕公孺奏》)。

十二日,赐御批于吕公著。

《赐吕公著御批》(元祐二年五月癸亥):“览卿奏,以台谏官供职日久,欲稍与优迁,令解言职,更择有名望学识臣僚,使备谏诤事。详卿忠意,深用嘉欢。卿宜先具可罢言职之人,各开坐欲除拟次第,密具实封进入。”(《长编》卷400)

十六日,刘挚尚书左丞,王存尚书右丞(《宋宰辅编年录校补》卷9)。

二十六日,吕公著上《王岩叟可除直龙图阁知藩郡奏》,帝诏告之。

《长编》卷401元祐二年五月“丁丑”(二十六日)条载,王岩叟既除起居舍人,固辞不拜,吕公著上奏王岩叟可除直龙图阁知藩郡,“又批付公著曰:‘王岩叟在言路日浅,虽有除命,比朱服、满中行不曾赴职。卿相度于次龙图阁下一等职任拟定,实封进入。’竟以岩叟为直集贤院,然故事知杂侍御史无为提点刑狱者,乃除知齐州”。自注云:“王岩叟出知齐州,《实录》于六月八日因傅尧俞补外乃言之,今从《吕公著家传》,附五月二十六日。按:尧俞二十二日改吏侍,岩叟寻出,尧俞遂力辞新命,自当先书岩叟之出也。吕大防《政目》:岩叟知齐州在二十八日。”

吕公著《王岩叟可除直龙图阁知藩郡奏》(元祐二年五月):“岩叟近日言张舜民事,诚为过当,但自来台谏亦多是相率论事。今若因其坚乞外补,与除直龙图阁、知藩郡。近时朱服、满中行皆自起居舍人,因有人言,如此除授。”(《全宋文》卷1096、《长编》卷401)

《付吕公著诏》(元祐二年五月丁丑):“岩叟不能自力为朝廷论事,而多计会已下之官符同论列,及荐张舜民不当,欲行黜责。然以前后论事颇多,不欲深罪,亦难为授起居舍人。今因坚请外补,欲除与一直贤院、提点刑狱差遣,于恩礼不为不优也。如中理,则待批岩叟再乞补状,付外施行。卿相度如何,却实封进入。”(《长编》卷401、《宋代诏令全集》第9册)

《付吕公著御批》(元祐二年五月丁丑):“王岩叟在言路日浅,虽有除命,比朱服、满中行不曾赴职。卿相度于次龙图阁下一等职任拟定,实封进入。”(《长编》卷401、《宋代诏令全集》第9册)

是月,王岩叟、傅尧俞等论张舜民不当罢御史,吕公著后来“折中”解决“罪言者之失”。

《长编》卷401元祐二年五月“己未”条载吕公著相关奏言及处置:“右仆射吕公著虑言者将激怒上意,致朝廷有罪言者之失,乃奏曰:‘伏见陛下自临政以来，开广言路，登用直臣，纳谏之盛，近古未有……’癸亥，御札：‘付吕公著：览卿奏，以台谏官供职日久，欲稍与优迁，令解言职，更择有名望学识臣僚，使备谏事。详卿忠意，深用嘉叹。卿宜先具罢言职之人，各开坐欲除拟次第，密具实封进入。’公著即依旨条上。明日，复降手札数条，付公著问可否，且言不须别作文字，只于逐条下帖出。奏入后数日，尧俞等皆递迁，盖用公著之言也。”

《续资治通鉴》卷80元祐二年五月“壬子”（一日）条载：“五月，壬子朔，王岩叟、傅尧俞等言：‘臣等累章论张舜民不当罢御史，不蒙开纳。言责难以冒居，伏望降黜。’吕公著虑言者将激怒上意，致朝廷有罪言者之失，乃奏乞稍与优迁，令解言职。”

按：《长编》卷401元祐二年五月“壬子”条，载王岩叟、傅尧俞等言，未载吕公著相关处置。《长编》卷401元祐二年五月己未条则载吕公著相关奏言及处置。可知《续资治通鉴·宋纪》卷80所记模糊了时间，当从《长编》。因此事持续数天，均在五月间，故置于此。

是月，吕公著上《乞台谏官稍与优迁令解言职奏》，并有批答。

吕公著《乞台谏官稍与优迁令解言职奏》（元祐二年五月）：“伏见陛下自临政以来，开广言路，登用直臣，纳谏之盛，近古未有。然台谏官数人，例各供职日久，前后言事既多，不能一一尽中。若以其言失当，便行罢黜，则今日以前，不避仇怨，为朝廷言事不少；欲且一向包容，则虑过当日甚，或向后愈更纷拏，朝廷却不能保全。臣夙夜惟念，欲乞稍与优迁，令解言职。更择有名望学识臣僚，使备谏诤。如此，则陛下于言事之臣可以全其恩意，不至骇动物听。”（《全宋文》卷1096、《长编》卷400。）

六月五日，范祖禹乞假回颍昌府探望范镇（《太史范公文集》卷4《乞给假至颍昌状》）。

二十一日，安焘知枢密院事（《宋宰辅编年录校补》卷9）。

是月，著作佐郎兼侍读范祖禹上疏请罢开乐宴（《长编》卷402）。

七月六日，吕公著致力外放张商英。

《长编》卷403元祐二年七月“乙卯”（六日）条载：“是日，朝奉郎、权知开封县罗适为开封推官，朝奉郎、权知开封推官张商英为提点河东路刑狱。商英上书谓：‘三年无改于父之道，今先帝陵土未干，奈何轻议变更！’又尝移书苏轼，欲作言官事。或得之,以告吕公著,公著不悦,故出之。"自注云:"此据《徽录商英传》及《邵伯温辩诬》修入。邵伯温作《章淳传》云……张商英在元祐初为开封推官,欲作言官,简苏内翰子瞻云:'老僧欲住乌寺,呵佛骂祖一巡,如何?'偶馆职孙朴过子瞻,窃得其简,示吕申公之子希纯,希纯白申公,申公不悦,出商英为河东路提刑。"

《续资治通鉴》卷80元祐二年七月"乙卯"(六日)条载:"初,朝廷稍更新法,商英上书言:'三年无改于父之道。今先帝陵土未干,奈何轻议变更!'又尝移书苏轼,求入台,有'老僧欲住乌寺,呵佛骂祖'之语,或得之,以告吕公著,公著不悦,故出之。"

按:《宋史》卷346《常安民传》载:"今大臣为绍述之说,皆借此名以报复私怨,朋附之流,遂从而和之。张商英在元祐时上吕公著诗求进,谀佞无耻,近乞毁司马光及公著神道碑。"看来,吕公著与张商英的"过节"是有缘由的。

七月十三日,韩维罢门下侍郎(《宋宰辅编年录校补》卷9)。

十三日、十四日,吕公著与吕大防建言皇帝改变对韩维的不公处理。

《长编》卷403元祐二年七月"壬戌"(十三日)条载:"壬戌,御札付中书省曰:'门下侍郎韩维尝面奏范百禄任刑部侍郎所为不正,及有非理事十余件,经今多日,疑无奏牍,及令开具闻奏,却称须俟讨寻。……夫辅臣奏劾臣僚,当形章疏,明论曲直,岂但口陈,意欲无迹,既无明文,何异奸说?维为辅臣,不正如此,朕何赖焉!可罢门下侍郎,守本官分司南京,仍放谢辞。'……是日,吕公著又言:'臣适来已具奏论韩维不当责降。臣待罪宰臣,若人主有过举,臣第一合当论列。况韩维素有时望,今来罪名不显,忽行责降,除命若出,物论必然大骇,皆以朝廷为失政,致陛下于有过之地,臣亦何安。'"

吕公著《论韩维不当罢门下侍郎奏》(元祐二年七月):"臣伏思陛下自临政以来,慈仁宽大,判别忠邪,于辅弼之臣,每加优礼。故得上下安乐,人情悦服。今来韩维必是进对之间,语言乖谬,上触龙鳞。然维昨与范百禄争论刑名等事,若以为性强好胜则有之,亦未见奸邪事迹。若以奏劾臣僚,当有章疏。则自来大臣造膝密论,亦未尝须有章疏。比来批语所罪,恐未足以宣示四方。兼维素有人望,久以直言废弃。陛下始初清明,方蒙收用。忽然峻责,罪状未明,虑必仇嫌之人飞语中伤,以惑圣听。况五六十年来,执政大臣不曾有此降黜,恐中外闻之，无不惊骇，自此人情不敢自安。臣又窃思皇帝陛下春秋方富，正赖太皇太后陛下训以仁厚之道，调平喜怒，以复仁祖之政。若大臣仓猝被罪，则小臣何以自保？臣受陛下恩与常人不同，意欲致君于尧舜，措国于不倾，以报陛下。故今来虽当雷霆之怒，不敢爱身，以陷陛下于有过之地。伏望少留圣虑，其批降指挥，见只在臣处收掌，听候圣旨。”（《宋名臣奏议》卷47、《皇朝文鉴》卷52、《长编》卷403、《历代名臣奏议》卷134、《续资治通鉴》卷80）

吕公著《再论韩维不当责降奏》（元祐二年七月）：“臣适来已具奏，论韩维不当责降。臣待罪宰臣，若人主有过举，臣第一合当论列。况韩维素有时望，今来罪名不显，忽行责降，除命若出，物论必然大骇，皆以朝廷为失政。致陛下于有过之地，臣亦何安？伏望圣慈特赐包容，且令安职。俟其有请，听使去位，以全君臣之大体，免致中外讥议。”（《全宋文》卷1096、《长编》卷403）

《罢韩维事付吕公著御批》（元祐二年七月壬戌）：“览卿所奏为罪韩维事，维不惟性强好胜，今日观维族人、知识布在津要，与卿孰多？以此，人多不平。维之强横，若俟其有请而后罢，则今后朝廷何敢行事，纪纲自此不复振也！卿更详度作文字进入。”（《长编》卷403、《宋代诏令全集》第4册）

吕公著《三论韩维不当责降奏》（元祐二年七月）：“昨日两具札子[①]，论列韩维不当责降事。伏蒙圣恩特降批旨，稍霁威严，仍令臣更详度，作文字进入者。臣所以区区论奏，盖以韩维于兄弟中最有美誉，亦别无奸邪显状。若诏命一出，恐必致四方讥议。臣伏思陛下自去春以来，包容蔡确等，使自引去，独于韩维不能少忍耶？且门下侍郎位遇至重，自非罪恶彰显，必俟其有请，即听去位，最为得体。伏乞圣慈少留神虑，其元降到指挥，谨同封进入。”（《全宋文》卷1096、《长编》卷403）

十四日，皇帝就罢韩维事再付御批。

《罢韩维事再付吕公著御批》（元祐二年七月癸亥）：“卿所奏韩维于兄弟中最贤，以兄弟推之，则粗有虚名，若考实则未闻。维之欺罔，宜在不赦。然以卿累言，更不欲重责，止以其罪罢门下侍郎，与一知州差遣。卿宜先定一知州实封进入，续降出文字施行。”（《长编》卷403、《宋代诏令全集》第9册）

---

①文中“昨日两具札子”指的是十三日之事，故该奏疏的时间即为十四日。

吕公著《拟令韩维带资政殿大学士出知邓襄奏》（元祐二年七月）：“祖宗朝执政以罪罢，亦皆带职或转官。告词内不说事因，只平罢者；但不因陈请，即非美罢。近世吴奎，祖宗以其留韩琦、排王陶，自礼部侍郎、参知政事除户部侍郎、资政殿大学士、知青州。臣兄公弼为与王安石、韩维争事，亦是不因陈请，自枢密使、刑部侍郎除观文殿学士、吏部侍郎、知太原府。今来韩维若只不与转官，令带旧职知州，即是罢黜。然但恐命下之日，执政辅臣及台阁侍从，必更有论执政者。今拟上邓、襄两郡及令带资政殿大学士，更乞裁酌。”（《全宋文》卷1096、《长编》卷403）

吕大防《上哲宗论韩维不当罢门下侍郎》（元祐二年七月）：“臣今据吕公著封送录到降付中书省御批指挥一件，为门下侍郎韩维面奏范百禄不当，可守本官分司南京，及称一面缴奏元降指挥。……公著不令臣知，一面论列，必已竭尽至诚，上裨圣治。伏望天慈详察，特为开纳。”（《全宋文》卷1572、《宋名臣奏议》卷47、《长编》卷403、《历代名臣奏议》卷139）

《续资治通鉴·宋纪》卷80元祐二年七月“壬戌”（十三日）条载：“壬戌，御札付中书省曰：‘门下侍郎韩维，尝面奏范百禄任刑部侍郎所为不正。辅臣奏劾臣僚，当形章疏，明论曲直，岂但口陈，意欲无迹，何异奸谗！可罢守本官，分司南京。’吕公著上疏言：‘自来大臣造膝密论，未尝须具章疏。维素有人望，忽然峻责，罪状未明，恐中外人情不安。’吕大防亦以为言。”

按：七月十五日，宋哲宗下诏，任命韩维知政殿大学士、邓州知州。不久韩维改任汝州知州（《续资治通鉴·宋纪》卷80）。是月癸亥为十四日。

十九日，吕公著于便殿复论责韩维事。

《长编》卷403元祐二年七月“戊辰”（十九日）条载：“吕公著于便殿复论责韩维事。是日，内批付公著曰：‘卿适奏改韩维词头，欲作何意？’公著即具奏。乃诏中书省，韩维诰词宜作均劳逸意。舍人苏辙实为之。”

按：《长编》卷403元祐二年七月“甲子”（十五日）条载，诏韩维除资政殿大学士、知邓州，“然犹用前责辞”。中书舍人曾肇封还韩维词头，被吕陶指为“（韩）维素喜（曾）肇，力主张之，今日肇以此报德耳”。故有复论之事。

二十三日，皇帝付吕公著手诏。

《付吕公著等手诏》（元祐二年七月壬申）：“今于文臣中择有才行风力、兼

知边事、堪大用者三五人，具姓名亲书实封进入。”（《宋代诏令全集》第3册、《长编》卷403）

二十四日，吕公著上《荐孙固苏颂等奏》。

《长编》卷403元祐二年七月“壬申”（二十三日）条载：“是日，手诏付吕公著等，今于文臣中择有才行风力，兼知边事，堪大用者三五人，具姓名亲书实封进入。公著即上奏曰……”自注云：“按：手诏问有才行风力、兼知边事、堪大用者，范纯仁亦被此诏，盖当时遍问执政，不但吕公著也。《公著家传》有所荐人姓名，因备载之，仍具言‘付吕公著等’，庶不失事实。纯仁所荐既无姓名，更不别出。《公著家传》载此奏或加删削，盖私有所避也。臣寿得别本于汪应辰，今附注在后，仍稍增入。吕公著奏：‘臣今月二十三日，准御批令臣于文臣中择有才行风力、并知边事、堪大用之人三五人者……七月二十四日。’”

吕公著《荐孙固苏颂等奏》（元祐二年七月）：“臣今月二十三日，准御批令臣于文臣中择有才行风力、并知边事、堪大用之人三五人者，臣未准圣旨以前，亦尝思虑筹度，除今日已大用人外，其余两制以上及前执政并未见卓然有远识、骨鲠能当大事、可充柱石之任者。其谙晓边事臣僚，尤更难得。今且于短中取长，略具数人。观文殿学士孙固，在先朝任知枢密院事，亦曾历河北边任，和厚有守，然才识有所不至。吏部尚书苏颂资性平和，谙练古今典故，然人格不至高。户部尚书李常好贤乐善，处事平允，然风力不甚强。吏部侍郎孙觉，学术行义为众所推，然临事或不至肤敏，觉见任侍郎，或乞日近且进为吏部尚书。户部侍郎赵瞻，和厚习吏事，本是关中人，颇晓边事，然进用未久，伏乞更观后效，若户部尚书有阙，或且试用。天章阁待制顾临，忠义倜傥，有报国之大志，亦好讲求边事，然进用未久，且乞圣虑记录，更试其才。御史中丞胡宗愈，自来众皆称其劲挺，有学识，然前日弹杜纯一事颇为乖缪，疑为小人所误，乞更且观察。右更乞圣慈详酌。（贴黄）勘会见今三省职事与旧日中书一般，中书宰相、参政本以四员为额，今来若不得人，三省权不添人，及枢密院且令安焘、范纯仁久任。安焘虽人望不美，然在密院亦颇用心习熟。范纯仁累任西边，陛下自庶僚擢至辅弼，宜且安职，亦未至关事。更乞详酌。”（《全宋文》卷1096）

考：《全宋文》卷1096载吕公著《荐孙固苏颂等奏》只有月份，没有具体日期。《长编》卷403元祐二年七月“壬申”条自注有落款时间“七月二十四日”，可证奏文时间。

八月二日，吕公著论谏官之道。

《长编》卷404元祐二年八月“辛巳”（二日）条载：“八月辛巳，朝奉郎、右司谏贾易知怀州。自苏轼以策题事为台谏官所言，而言者多与程颐善。轼、颐既交恶，其党迭相攻。易独建言请并逐二人，又言：‘吕陶党助轼兄弟，而文彦博实主之。’语侵彦博及范纯仁。太皇太后怒，欲峻责易，吕公著言：‘易所言颇切直，惟诋大臣太甚，第不可复处谏列耳。’太皇太后曰：‘不责易，此亦难作。（自注云：公祚切。）公等自与皇帝议之。’公著曰：‘不先责臣，易责命亦不可行。’争久之，乃止罢谏职 。既退，公著谓同列曰 ：‘谏官所论得失未足言，顾主上方富于春秋，异时将有进导谀之说，以惑上心者。当今之时，正赖左右力诤，不可预使人主轻厌言者也。’于是吕大防、刘挚、王存私相顾而叹曰：‘吕公仁者之勇，乃至于此！’”自注云：“此据《吕公著家传》稍删润之。贾易言文彦博、吕陶党助苏轼、苏辙，辙奏《乞外任札子》可见。易到怀州谢上表又言：‘轼持密命以告人，志在朋邪而害正。’苏辙又乞取问实状。据此，则易所言大略具在，独不知范纯仁何与也。又颐乃易党，而易请并逐之，未知信否。颐虽与易同逐，自缘他事为孔文仲弹劾，不知《家传》何以云然。又《家传》载易责命在七月二十四日，今从《实录》，盖七月二十四日有旨，及是乃施行耳。《旧录》云以侵毁大臣，言事失当，故黜之。《新录》削去‘侵毁大臣’四字。”

程大昌《演繁露续集》卷1《吕公著论台谏》：“元祐二年，监察御史张舜民言，夏国封册使刘奉世，是文彦博欲有所润，故以起居舍人使藩臣。诏罢御史。已而台谏王岩叟、傅尧俞等救之，屡章不已。右仆射吕公著奏，乞稍与优迁，令解言职。岩叟等皆它除出台，别用贾易为司谏。易因论苏轼曰：‘文彦博实主之。’太皇欲峻责易，曰：‘不责易，此亦难作。’公著力争曰：‘不先逐臣，易命亦不可行。’乃止罢谏职。既退，公著谓同列曰：‘主上方富春秋，异时将有进导谀之说以惑主上者，当尔之时，正赖左右力诤，不可豫使人主轻厌言事也。’吕大防、王存皆曰：‘仁者之勇也。’按此章，公著先乞移台谏，既尝行之，则禁中以为当然，故不一日，便径欲峻责贾易。公著觉之，故因易事力诤，以冀他时不尔，其实公著失之于前也。至三年二月，正言刘安世论不当罢言事官，曰：‘阳饵以美迁，阴夺其言责。若出于大臣之私意，臣谓奸人用事之始，任台谏以折其谋。及祸胎既成，圣贤不能救其害。’安世乃因宣仁问司马光门下最厚人，吕公著以安世对，遂自正字迁正言。此之所指，可见前辈不为比周。三年六月，内批：王觌论列不当，罢谏议大夫，与外任，不与职名，以觌论胡宗愈除右丞不当也。翌日甲子，吕公著论疏未行，内批后又与文彦博、吕大防、范纯仁等继论，曾肇封还词头，纯仁不敢签书，赵挺之、杨康国皆乞留觌。竟不许，仅加直龙图阁、知润州。此又起于轻易台谏云。”

十二日，吕公著三子吕希纯为宗正寺丞（《长编》卷404）。

二十三日，吕公著乞外任不允。

《赐宰相吕公著乞外任不允批答口宣》（元祐二年八月二十三日）：“有敕：全德之老，朕所仰成。卿当畏去。纯忠所激，微疾自除。”（《苏文忠公全集》卷41、《宋代诏令全集》第8册）

二十四日，诏赐文彦博、吕公著凡有拜礼宜并特免。

《长编》卷404元祐二年八月“癸卯”（二十四日）条载：“诏赐文彦博、吕公著曰：‘朕闻几杖以优贤，著之典礼；耋老无下拜，书于《春秋》。魏太傅钟繇以足疾乘车就坐，自尔三公有疾，以为故事。而唐司徒马燧亦以老疾自力，对于延英，诏使毋拜。今吾耄老大臣，四朝之旧，德隆而望重，任大而忧深者，惟卿与公著而已。方资其蓍龟之告，岂责以筋力之礼？今后入朝，凡有拜礼，宜并特免。卿其专有为之报，略无益之仪，毋或固辞，以称朕意。’”

苏轼《赐太师平章军国重事文彦博宰相吕公著自今后入朝凡有拜礼宜并特与免拜诏》（元祐二年八月二十五日）：“敕彦博：‘朕闻几杖以优贤，著之典礼；耋老无下拜，书于《春秋》。魏太傅钟繇以足疾乘车就坐，自尔三公有疾，以为故事。而唐司徒马燧亦以老疾自力，对于延英，诏使毋拜。今吾耄老大臣，四朝之旧，德隆而望重，任大而忧深者，惟卿与公著而已。”（《东坡全集》卷109《四库全书》本、《宋代诏令全集》第4册）

按：苏轼《赐太师平章军国重事文彦博宰相吕公著自今后入朝凡有拜礼宜并特与免拜诏》，其时间与《长编》不同，当考。

二十七日，吕公著一天两次乞罢相位不许断来章批答。

苏轼《赐宰相吕公著乞罢相位不许断来章批答（一）》（元祐二年八月二十七日）：“孔子曰：‘苟有用我者，期月而已可也，三年有成。’夫以圣人，独待三年而后成功，况其下者。今卿助我为治，自以为既成矣乎？其未也。譬如玉人雕琢玉，中道而易之，岂复成器哉！"（《全宋文》卷1861、《苏文忠公全集》卷43）

苏轼《赐宰相吕公著乞罢相位不许断来章批答（二）》（元祐二年八月二十七日）："古者君臣之间，率常千载一遇。今圣母在位，正身虚己，仰成辅弼。虽疏远小臣，犹欲毕命自效，而卿乃以小疾求去，纵无意于功名，独不惜此时乎？勉卒乃事，使百姓富足，四夷乂安。然后谢事归老，岂不臣主俱荣哉！"（《全宋文》卷1861、《苏文忠公全集》卷43）

《长编》卷404元祐二年八月"丙午"（二十七日）条载："丙午，翰林学士苏轼言：'……今来彦博、公著今后免拜指挥，自是朝廷优贤贵老，度越古今，无可议者。但有司合守典礼，兼恐彦博、公著终不敢当，不若允其所请。若圣恩优悯老臣，眷眷不已，遇其朝见，间或传宣不拜，足以为非常之恩。所有不允批答，臣未敢撰。'从之。"又载："诏：'吕公著步履艰难，自今每遇入朝，许令男一人入殿扶掖。'又诏：'吕公著乞外任，已降指挥不允，令诸处无得收接文字。'"自注云："《御集》八月二十七日。"

二十八日，高皇后作《答文彦博吕公著许不拜恩命诏》，苏轼撰《赐宰相吕公著乞罢免相位不允诏》。

高皇后《答文彦博吕公著许不拜恩命诏》（元祐二年八月丁未[①]）："览表具之。抑陛廉之仪，重股肱之任。陛廉达则堂皇峻，股肱逸而元首安。故出异恩，特镌苛礼。而卿深执恭异，立守典刑，确然自陈，义不可夺。勉从其意，愧叹于中。所请宜许。"（《全宋文》卷1738、《宋大诏令集》卷70）

苏轼《赐宰相吕公著乞罢免相位不允诏》（元祐二年八月二十八日）："敕公著：宰相之责，绥靖四方。羌人既俘，士气益振。长髻达驭，方资老谋。卿不强起，孰卒吾事？近以二老之故，削亟拜之礼。而彦博执谦不回，朕既从其请矣。卿起就位，复何疑哉！"（《苏文忠公全集》卷40、《宋代诏令全集》第8册）

苏轼《赐宰相吕公著乞罢相位不允断来章批答口宣》（元祐二年八月二十八日）："有敕：卿之在位，为德与民。朕意不移，徒烦屡请。速起视事，毋复固辞。"（《苏文忠公全集》卷41、《宋代诏令全集》第8册）

---

①八月丁未日是二十八日。

《文彦博吕公著辞不拜恩命允诏》(元祐二年八月丁未):“省表具之。朕优礼师傅,达德齿之尊,以亟拜为可略,古之道也;卿严肃朝廷,谨君臣之分,以不拜为不安,礼之节也。道并行而不悖,义有重而难移。勉徇所陈,不忘嘉欢。所请宜允。”(《宋大诏令集》卷70、《宋代诏令全集》第4册)

《长编》卷404元祐二年八月“丁未”(二十八日)条载:“丁未,文彦博上章辞不拜恩命,诏曰:‘朕优礼师傅,达德齿之尊,以亟拜为可略,古之道也。卿尊朝廷,明君臣之分,以不拜为不安,礼之节也。道并行而不悖,义有重以难移,勉徇所陈,不忘嘉叹。所请宜允。’”

《石林燕语》卷5:“元祐初,文潞公为太师,吕申公为左仆射,皆以高年特赐免拜。二公力辞。苏子瞻为翰林学士,因论‘八十拜君命,一坐再至,此但传命非朝见,犹且不免。周天子赐齐小白无下拜,非不拜,谓无降阶,然终下拜。今二臣既辞,宜当从其请。遇见间或传宣免,则可为非常之恩。’仍降允诏,当时以为得体。(见《内制集》四)”

汪应辰《石林燕语辨》“九十辨文潞公吕申公以高年免拜”条载:“文潞公为太师久矣,非元祐初也。元祐初,乃平章军国重事,吕申公乃右仆射,非左仆射也。其免拜皆一辞即从,此云力辞,亦非。”

按:文彦博上章辞不拜恩命,虽吕公著没见类似上章,但从高皇后《答文彦博吕公著许不拜恩命诏》及《石林燕语》中可知吕亦辞不拜恩无疑。

二十八日,吕公著之侄吕希道知亳州(嘉泰《吴兴志》卷14载,吕希道徙知亳州在元祐二年八月二十八日)。

二十八日、二十九日,吕公著相继赐乞罢相位除一外任不许批答。

苏轼《赐宰相吕公著乞罢相位除一外任不许批答(一)》(元祐二年八月二十八日):“夫以才御物,才有尽而物无穷;以道应物,道无穷而物有尽。凡今之患,所乏非才。以卿笃于爱君,必能建长久之策;澹然无我,可以寄枉直之权。二年于慈,百度惟正。事既就绪,民亦小康,至于微疾之屡攻,此亦高年之常理。卿其良食自辅,为国少安。譬如止水之在槃,岂复劳心于鉴物?心且不劳,而况于力乎!”(《全宋文》卷1861、《苏文忠公全集》卷43、《皇朝文鉴》卷33、《翰墨大全》甲卷1、《奇赏斋古文汇编》卷144)

苏轼《赐宰相吕公著乞罢相位除一外任不许批答(二)》(元祐二年八月二

十九日）："朕以天下之大，知为君之难。有朽索驭六马之忧，有抱火措积薪之惧。正赖多士，协于一心。朝夕以思，弥缝其阙。凡今中外执事戮力之毕陈，视吾一二老进退以为节。卿若无事而引去，人将相顾以自疑。而况边鄙未宁，兵民多故。而予左右之老，先自求于便安，则夫疏远之臣，何以责其尽瘁？勉辅不逮，期于有成。"（《全宋文》卷1861、《苏文忠公全集》卷43）

按：苏轼《赐宰相吕公著乞罢相位除一外任不许批答（二）》之"措"，光绪《寿州志》之《艺文志》引《东波集》作"厝"。成语有"火厝积薪"，知"厝"为是。

九月一日，吕公著一天两赐辞免不拜恩命允批答。

苏轼《赐宰相吕公著辞免不拜恩命允批答（一）》（元祐二年九月一日）："卿执德惟一，守礼不回。不以坐论为安，而以拜上为泰。使朕不尽养老之意，而卿得畏威之道。勉从其志，嘉欢不忘。"（《全宋文》卷1861、《苏文忠公全集》卷43）

苏轼《赐宰相吕公著辞免不拜恩命允批答（二）》（元祐二年九月一日）："君之视臣，譬之手足。方责其大，不强所难。而卿深执歉恭，力求避免。深惟孔子事君尽礼之义，曲从其请，以儆惰偷。"（《全宋文》卷1861、《苏文忠公全集》卷43）

二日，吕公著诏对其今后凡有失仪、无得弹奏；吕公著作《与文彦博等书》。

《长编》卷405元祐二年九月"辛亥"（二日）条载："诏：'吕公著今后入朝，凡有失仪，无得弹奏。'"并因擒获西蕃大首领鬼章，"是日，太皇太后遣中使赐宰臣执政酒、果并黄金三百两、犀带两条，谕旨云：'知卿等于边事极留意劳心，故有是赐，其御封物仍不许辞免。'吕公著亟以小牍告文彦博等曰：'密赉恐不可不辞免。鬼章得罪先朝，获之诚可庆，若便指为庙堂之功，则将帅闻之，必过有希望，反启将来贪功生事之弊，岂可不熟虑也！'彦博等遂各具手札辞免，继以面论，讫不许，乃受之。"①

吕公著《与文彦博等书》（元祐二年九月）："密赉恐不可不辞免。鬼章得罪先朝，获之诚可庆，若便指为庙堂之功，则将帅闻之，必过有希望，反启将来贪功生事之弊，岂可不熟虑也？"（《全宋文》卷1096、《长编》卷405）

同日，太皇太后遣中使赐吕公著等。

《玉海》卷86《端拱瑞草毬文带、元祐赐犀带》："元祐二年九月辛亥，太皇太

---

①"鬼章"，一作"果庄"。

后遣中使赐宰辅酒果及黄金三百两，犀带二，以奖其留意边事。（文）彦博、（吕）公著辞，不许，乃受。”①

十五日，赐宰臣等宴于东宫，吕公著等次日谢之。

《太平治迹统类》卷26《哲宗皇帝》：“（元祐二年）九月甲子，赐宰臣执政经筵官宴于东宫，上亲书唐人诗分赐之，以讲《论语》终篇也。乙丑，吕公著以下谢赐宴、御书。”②

二十一日，吕公著建言培养皇上阅读兴趣。

《长编》卷405元祐二年九月“庚午”（二十一日）条载：“庚午，吕公著言：‘伏睹今月十五日，以经筵讲毕《论语》，赐执政及讲官御筵。是日，内出皇帝御书唐贤律诗，分赐臣等各一篇。臣等次日于延和殿帘前谢，蒙太皇太后宣谕：“皇帝好学，在宫中别无所为，惟是留心典籍。”天下幸甚！臣伏思皇帝陛下睿哲之性，出于天纵，而复内禀慈训，日新典学，诚以尧、舜、三代为法，则四海不劳而治。今来《论语》终帙，进讲《尚书》。二书皆圣人之格言，为君之要道。愿陛下念兹在兹，以广圣德。臣职在辅导，无能禆补，辄于《尚书》《论语》《孝经》中节取要语共一百段进呈。圣人之言，本无可去取。今惟取明白切于治道者，庶便于省览。或游意笔砚之间，以备挥染，亦日就月将之一助也。’他日，三省奏事毕，太皇太后宣谕公著曰：‘所进《尚书》《论语》等要义百篇，今皇帝已依所奏，每日书写看览，甚有益于学问，与写诗篇不同也。’公著与同列皆言此圣人经训，有补于治，日宜亲阅。”

吕公著《进尚书论语孝经节语奏》（元祐二年九月）：“伏睹今月十五日，以经筵讲毕《论语》，赐执政及讲官御筵。是日内出皇帝御书唐贤律诗，分赐臣等各一篇。臣等次日于延和殿帘前谢，蒙太皇太后宣谕：‘皇帝好学，在宫中别无所为，惟是留心典籍。’天下幸甚！臣伏思皇帝陛下睿哲之性，出于天纵，而复内禀慈训，日新典学，诚以尧、舜、三代为法，则四海不劳而治。今来《论语》终帙，进讲《尚书》。二书皆圣人之格言，为君之要道。愿陛下念兹在兹，以广圣德。臣职在辅导，无能禆补，辄于《尚书》《论语》及《孝经》中节取要语，共一百段进

①是年九月庚戌朔，辛亥为二日。

②是年九月甲子为十五日。

呈。圣人之言,本无可去取。今惟取明白切于治道者,庶便于省览。或游意笔砚之间,以备挥染,亦日就月将之一助也。"(《全宋文》卷1096、《长编》卷405、《玉海》卷41、《续资治通鉴》卷80)

张知甫《可书》:"正献吕公著,哲宗以迩英讲《论语》,终秩赐燕。上手书唐人诗赐辅臣、讲读官人一篇。翌日,公入谢,因摘取《尚书》《论语》《孝经》要语以进,曰:'此皆明白,切于治道,可以备翰墨挥染,亦日就月将之一助。'太皇太后谓执政曰:'吕相进《三经要语》,皇帝每书以省览,甚有益学问,与书唐人诗不类也。'"

十月十八日,赐吕公著生日礼物口宣、生日诏。

《赐宰相吕公著生日礼物口宣》(元祐二年十月十八日):"有敕:卿仁以庇民,忠以卫上。诞弥之日,庆慰良深。往锡宠章,以介眉寿。"(《苏文忠公全集》卷41、《宋代诏令全集》第4册)

苏轼《赐宰相吕公著生日诏》(元祐二年十月十八日):"敕公著:卿三世将相,四朝耆老,赉我良弼,实惟兹辰。茂膺维岳之灵,永锡如陵之寿。宜颁宠数,以示眷怀。"(《东坡全集》《四库全书》本;《宋代诏令全集》第4册)

是月,吕公著上《果庄不可命官奏》。

吕公著《果庄不可命官奏》(元祐二年十月):"果庄为边患二十年,先帝欲生致之而不可得。今二圣待以不死,其恩固已厚矣,尚何官之有?况可放乎?疆场之功,虽不可过赏,然有劳不报,何以使人?"(《全宋文》卷1096、《长编》卷406)

按:查《长编》卷406元祐二年十月条,名为"鬼章"非"果庄",看来为音译之异所致。

十一月七日,与吕大防、刘挚、王存同上《驳孔文仲论朱光庭除太常少卿不当奏》。

吕大防《驳孔文仲论朱光庭除太常少卿不当奏》(元祐二年十一月)(《全宋文》卷1572、《长编》卷407)。①

《长编》卷407元祐二年十一月"乙卯"条载:"乙卯,右仆射吕公著、中书侍

①《全宋文》称此奏系吕公著与吕大防、刘挚、王存同上,与《长编》同。

郎吕大防、尚书左丞刘挚、右丞王存同上疏曰：‘臣等窃以朝廷设谏诤之官，固欲开广视听，以尽下情。然言事之臣，所言无由尽当，须系朝廷审择……’乃寝文仲奏，光庭竟就职。”自注转《公著家传》又云：“文仲本以伉直称，然惷不晓事，数为浮薄辈所使，以害善良。自程颐、贾易相继去，腾说者日益胜，于是李常、杜纯、范纯礼各求补外，公与执政面奏：‘善人惧谗邪而不敢自安，非朝廷之福也。’上嘉纳焉。”

吕公著《朱光庭除太常少卿事奏（一）》（元祐二年十一月）：“臣等窃以朝廷设谏诤之官，固欲开广视听，以尽下情。然言事之臣，所言无由尽当，须系朝廷审择。其言或不可用，自当置而不行；若复挟情用意，则尤不可不察。伏见谏议大夫孔文仲累有文字论列左司员外郎朱光庭除太常少卿不当，其言殊为乖谬，臣等昨日已曾面奏，谨具条陈以闻。一、孔文仲称朱光庭本无异于常人，止缘朋附推荐，骤居清要。谨按：光庭进用之初，惟是司马光与臣公著。公著与光庭素不相熟，但见司马光累称于朝，陛下御笔亲擢为谏官，即非因朋附推荐而进。一、孔文仲称朱光庭未尝献一公言，补一国事。谨按：光庭自任谏官仅一年半，前后所上章疏不啻数百，赐对便殿亦及数十，凡内外法度有未便于民者，小大臣僚有不允公议者，光庭不避仇怨，未尝不言，兼已往往施行。此皆陛下素所深知，岂可谓之未尝献一公言，补一国事？一、孔文仲称朱光庭二年之间，躐等超拔，望轻资浅，恩宠太过。臣等窃以朝廷用人，固不当专较岁月。兼自来两省以上差除，亦不曾专用资序。况光庭始初自因御笔亲除为左正言，一年后自正言迁司谏，即非躐等。后来因光庭累次居家待罪，一次为言苏轼，一次为言张舜民，罢为右司员外郎，亦非超拔。今来自都司除太常少卿，虽班位少进，亦非峻迁。且如光庭同时谏官苏辙，系知县资序，供职在光庭后，今已为中书舍人。又如孔文仲进用在光庭后，已是校书郎，岁余为左谏议大大。则光庭除少卿，岂是恩宠太过？一、孔文仲称太常贰卿职严地密，使光庭居之，登列谏议，擢领风宪皆可也。臣等窃以朱光庭今来止是除太常少卿，何以知其后为台谏？兼朝廷若欲用光庭为台谏官，只自左司员外郎除授，有何不可？一、孔文仲称朱光庭一日得志，援程纳贾，当不旋踵。谨按程颐、贾易或罢归乡里，或黜守外任，朝廷亦未有召用之议。然光庭今来止是除寺监官，其职事尤轻于左右司，岂能援程纳贾？借使程颐、贾易复至朝廷，于国家岂有所害？只是文仲党与自以为不便耳。臣等蒙陛下任用，列居辅弼，以进贤退不肖为职，只知为官择人，不敢顾避人情。其朱光庭，臣等亦非以其人所为尽善。但今来既知孔文仲所言不当，若却将朱光庭除命寝罢，则恐从此浮言浸盛，正人难立。朝廷之势，日就陵迟。兼陛下既以臣等为执政之官，而不许臣等执持政事，臣等亦何以自处？伏望陛下曲回圣听，特赐省察，其朱光庭除太常少卿新命，欲候来日帘前面禀。或更有臣僚党助文仲论奏，亦乞陛下察其情伪，无至眩惑。”①(《长编》卷407、《全宋文》卷1096)

十九日，诏赐御筵于吕公著私第，令公著与辅臣近侍宴乐。

《长编》卷407元祐二年十一月“丁卯”(十九日)条载：“丁卯，冬至，诏赐御筵于吕公著私第。初，有司以故事赐冬至节会，既获免矣，至是，以嘉雪应期，朝廷无事，中旨特令公著与辅臣、近侍宴乐。其日又赐教坊乐七十人，又遣中使赐上罇酒及禁中果实、镂金花，皆瑰奇珍异，十倍常数。又遣近侍赐香药，以御饮器劝在席甚苦，惟于公著颇宽。又出御前钱赐教坊乐人百缗、开封衙前乐人五十缗及管勾使臣等四十缗。至晡，复赐椽烛二十秉，且传令继烛坐。皆异恩也。”

苏辙《栾城集》卷47载有《贺雪御筵状二首》，系苏辙参加宴会之谢表。

《宋史》卷119《礼》：“元祐二年十一月冬至，诏赐御筵于吕公著私第。”

按：孔凡礼《三苏年谱》卷40元祐二年条载，苏辙《栾城集》《贺雪御筵状二首》(其一)云“微阳将复”，扣冬至节。末云“锡之备礼，重叨曲燕之私”，指家宴、私宴，与《长编》纪事合。

是年，吕公著改革科举制度，于经义之外益以诗赋，而先经义以尽多士之能。

吕大防《吕公著神道碑》：“自熙宁四年，始改科举，罢词赋等，用王安石经义以取士，又以释氏之说解圣人之经。学者既不博观群书，无修词属文之意，或窃诵他人已成之书，写之以干进。由此科举益轻，而文词之官渐艰其选。先帝以《答高丽书》不称旨，故当时以为言。议者欲以诗赋代经义，公著乃于经义之外益以诗赋，而先经义以尽多士之能。又禁有司不得以老、庄之书出题，而学者不得以申韩、佛书为说。经义参用古今诸儒之学，不得专用王氏。”(《全宋文》卷

①此乃吕公著与吕大防、刘挚、王存合奏。

1573、《长编》卷394）

按：原碑文已轶，此系节文。

是年，吕公著在舍人厅后作篱，以防泄密。

苏轼《东坡志林》载文《禁同省往来》：“元祐元年，余为中书舍人，时执政患本省事多漏泄，欲于舍人厅后作露篱，禁同省往来。余曰：‘诸公须简要清通，何必栽篱插棘！’诸公笑而止。明年竟作之。暇日读“乐天集”，有云：‘西省北院，新构小亭，种竹开窗，东通骑省，与李常侍窗下饮酒作诗。’乃知唐时得西掖作窗以通东省，而今日本省不得往来，可叹也。”

按：文中的“执政”当为吕公著，时兼任中书侍郎。

孙升对吕公著提议张问为给事中及弟公绩除庆帅辞疾不行又改任有异议，被罢出济州。

孙升《孙公谈圃》下：“元祐初，吕申公欲以张问为给事中。张老甚，外议恟恟。公上言：‘朝廷欲用老成者，谓其有成人之德，岂特苍头白发而已乎？’人有谗于申公，申公以皓首上。又弟公绩除庆帅，辞疾不行，请宫观，即以秘书少监领真祠。公言：‘近尝有某官亦如此请者，因得罪，不宜以宰相弟遂挠法。’申公不悦，出公知济州。”

按：孙升（1038—1099），字君孚，孙观（字南老）之子，北宋高邮州甓社湖畔（今金湖县闵桥镇）人。幼颖异，治平二年（1065）与叔父孙览同科中进士，签书秦州判官。哲宗立，为监察御史，迁殿中侍御史，后出知济州。

元祐三年（1088），吕公著71岁

正月二日，吕公著女婿、著作郎兼侍讲范祖禹言复广惠仓，从之（《长编》卷408）。

二月七日，吕公著上《积雪久阴乞从罢黜奏》，诏不允。

《长编》卷408元祐三年二月“甲申”（七日）条载：“甲申，尚书右仆射吕公著等言：‘去冬积雪，甚于常岁，今春以来，沉阴不解，经时阅月，民被其灾。望赐罢黜，以答天变’。诏曰：‘……古之明王遇灾而惧，则克己修省，以正阙德，不闻

归罪大臣，以塞责文过。卿其一德同心，夙夜咨沃，以辅朕不逮，庶几消复，称朕意焉。姑体眷怀，少安厥位，所请宜不允。'"

吕公著《望赐罢黜奏》（元祐三年二月）："去冬积雪，甚于常岁。今春以来，沉阴不解。经时阅月，民被其灾。望赐罢黜，以答天变。"（《长编》卷408、《全宋文》卷1096）

按：《全宋文》此奏文无具体时间，今从《长编》补之。

九日，苏轼建议皇上询问吕公著等人，权衡差役法利弊。

《长编》卷408元祐三年二月"丙戌"（九日）条载："翰林学士兼侍读苏轼言：'……臣闻差役之法，天下以为未便，独台谏官数人者主其议，以为不可改，磨厉四顾，以待言者，故人畏之而不敢发耳。近闻疏远小臣张行者力言其弊，而谏官韩川深诋之，至欲重加编窜。此等亦无他意，方司马光在时，则欲希合光意，及其既没，则妄意陛下以为主光之言。殊不知光至诚尽公，本不求人希合，而陛下虚心无我，亦岂有所主哉？使光无恙至今，见其法稍弊，则更之久矣。臣每见吕公著、安焘、吕大防、范纯仁，皆言差役不便，但为已行之令，不欲轻变，兼恐台谏纷争，卒难调和。愿陛下问吕公著等，令指陈差、雇二法各有若干利害？昔日雇役，中等人户岁出钱几何？今者差役，岁费几何？及几年一次差役？皆可以折长补短，约见其数，以此计算，利害灼然。而况农民在官，贪吏狡胥百端蚕食，比之雇人，苦乐十倍。"

苏轼《大雪论差役不便札子》："元祐三年二月九日，翰林学士、朝奉郎、知制诰兼侍读苏轼札子奏：……臣每见吕公著、安焘、吕大防、范纯仁，皆言差役不便，但为已行之令，不欲轻变，兼恐台谏纷争，卒难调和。"（《东坡全集》卷54）

按：《续资治通鉴》卷80元祐三年二月"乙酉"（八日）条载："乙酉，时久阴不解，翰林学士兼侍读苏轼言：'差役之法，天下以为未便，独台谏官数人者主其议，以为不可改。近闻疏远小臣张行者力言其弊，而谏官韩川深诋之，至欲重加贬窜。此等亦无他意，方司马光在时，则欲希合光意；及其既殁，则妄意陛下以为主光之言。殊不知光至诚尽公，本不求人希合；而陛下虚心无我，亦岂有所主哉！使光无恙至今，见其法稍弊，则更之久矣。臣每见吕公著、安焘、吕大防、范纯仁，皆言差役不便，但为已行之令，不欲轻变，兼恐台谏纷争，卒难调和。愿陛下问吕公著等，令指陈差、雇二法各有若干利害；昔日雇役，中等人户岁出钱几何；今者差役，岁费钱几何；又几年一次差役。皆可以折长补短，约见其数，以此计算，利害灼然。而况农民在官，贪吏狡胥，百端蚕食，比之雇人，苦乐十倍，民穷无告，致伤阴阳之和。今来所言，万一少有可采，即乞留中，作圣意行下，庶几上答天戒，下全小民。’”《长编》卷408与《续资治通鉴·宋纪》卷80所记苏轼建言时间不一，今从《长编》。

十一日，吕公著上《积雪久阴乞从罢黜奏》，诏不允。

《长编》卷408元祐三年二月“戊子”（十一日）条载，吕公著等积雪久阴等“望赐罢免”，诏不允，“仍断来章”。

《宰相吕公著等以阴雪再乞罢不允批答》（元祐三年二月戊子）：“朕惟天之示人，虽若影响，而灾咎之发，事岂一端？……所请宜不允，仍断来章。”（《宋大诏令集》卷154、《宋代诏令全集》第4册）

吕公著《积雪久阴乞从罢黜奏》（元祐三年二月）：“臣等近以自冬涉春，积雪久阴，变理无状，乞从罢黜，未蒙俞允。窃自思念，备位鼎辅，以统和人神为职。今协气弗充，变沴异常，陛下虔恭谴戒，惕惧备至，隐恤刑狱，宽惠民力，令下之日，内外知感。然而阴曀寒栗，仍未开齐。繇臣等材不称位，无以上裨皇化，补助万分。望赐罢免，以副舆议。”（《长编》卷408、《全宋文》卷1096）

按：《全宋文》此奏文无具体时间，今从《长编》。

十二日，吕公著等复议减水河事宜，诏开修之。

《长编》卷408元祐三年二月“己丑”（十二日）条载：“知大名府冯京言：‘准敕开修减水河，在本府护城横堤之南，请下有司预行固护。’诏令都提举修河司照会。初，元丰八年十一月，朝廷用王令图议，将复大河故道，诏李常视之，李常言不可，旋罢。元祐二年，王孝先代领都水，欲开孙村口减水河，安焘两奏疏，认为“今欲便于治河，而缓于设险，非至计也”，文彦博、吕大防从而和之，“三人者，力主其议，同列莫能夺。中书舍人苏辙见右仆射吕公著，乘间问曰：‘公自视智勇孰与先帝？势力隆重能鼓舞天下孰与先帝？’公著惊曰：‘君何言欤？’曰：‘河决而北，自先帝不能回，而诸公欲回之，是自谓智勇势力过先帝也。且河决自元丰，导之北流亦自元丰，是非得失，今日无所预。诸公不因其旧而修其未完，乃欲取而回之，其为力也难，而其为责也重矣。’公著唯唯曰：‘当与诸公筹之。’（此据《苏辙自叙》）然竟莫能夺也，回河之役遂兴。”

苏辙《龙川略志》卷7:“吕晦叔时为中书相,予为舍人,谓晦叔曰:‘闻方欲回河,公自视勇智孰与先帝?势力隆重能鼓舞天下,孰与先帝?’晦叔曰:‘何敢拟也?’曰:‘河决而北,自先帝不能回,而诸公欲回之,是自谓勇智势力过先帝也。且河决自元丰,导之北流亦元丰,是非得失,今日无所预。诸公不因其旧而条其未备,乃欲取而回之,其为力也难,而为责也重矣。’晦叔唯唯曰:‘当与诸公筹之。’然自是回河之议纷然而起。”

陈长方《步里客谈》卷上:“元祐间,顾子敦临为夕郎[①],封驳任情。吕汲公大防谋之于吕正献,吕曰:‘迁临耶,躁进者效之;责临耶,畏懦者将不敢。方今治河之议未决,宜遣相河。’因此赏罚皆非由封驳也。”

按:元丰五年(1082)黄河归北流,依然决溢不断。元祐元年(1086)九月,朝廷命“秘书监张问相度河北水事”,十一月张问“请于南乐大名埧开直河并签河,分引水势入孙村口,以解北京向下水患”,回河东流之议复起。大臣文彦博、安焘、吕大防、王岩叟、王觌和都水王令图、王孝先、吴安持、李伟等,力主回河东流;右相范纯仁和苏辙、曾肇、赵瞻、范百禄、王存、胡宗愈等则主张维持北流,反对回河。元祐三年六月皇帝下诏称,黄河未复故道,终为河北之患,兴役不可中罢,宜接续工料,恢复故道。

十八日,吕公著答太皇太后询问,以正字刘安世为右正言。

《长编》卷408元祐三年二月“乙未”(十八日)条载:“乙未,朝散郎、右正言丁骘为左正言,宣德郎、正字刘世安为右正言。司马光既没,太皇太后问吕公著:‘光门下士素所厚善,可任台谏者,孰当先用?’公著以安世对,遂擢任之。”

《宋史》卷345《刘安世传》:“(司马)光入相,荐为秘书省正字。光薨,宣仁太后问可为台谏于吕公著,公著以安世对。擢右正言。时执政颇与亲戚官,安世言:‘祖宗以来,大臣子弟不敢受内外华要之职。自王安石秉政,务快私意,累圣之制,扫地不存。今庙堂之上,犹习故态。’因历疏文彦博以下七人,皆耆德魁旧,不少假借。”

《钦定四库全书总目》卷55《尽言集》十三卷(山东巡抚采进本):“宋刘安世撰。安世……又以吕公著荐除右正言,迁左谏议大夫。”

---

①应劭《汉官仪》:“黄门郎日暮入,对青琐门拜,名曰夕郎。”顾临元祐二年,擢给事中,亦称“夕郎”。

二十八日，朝奉大夫吕希绩为少府少监(《长编》卷408[1])。

同日，一天两赐吕公著上第一表乞致仕不允批答。

苏轼《赐宰相吕公著上第一表乞致仕不允批答(一)》(元祐三年二月二十八日)：“省表具之。古者世臣，譬之乔木。粤自拱把，至于栋梁。杰然群材之中，夫岂一日之力？卿擢自仁祖，迨兹四朝；光辅朕躬，允有一德。不独卿无心而事自定，抑或民既信而功易成。方今布在朝廷，岂无豪杰之士？犹当养以岁月，待其德望之降。卿虽欲归，势未可去。宜安厥位，以副朕心。”(《全宋文》卷1861、《苏文忠公全集》卷43)

苏轼《赐宰相吕公著上第一表乞致仕不允批答(二)》(元祐三年二月二十八日)：“览表具之。卿三世将相，一时耆龟。不求备以取人，则房乔之比；其经远而无竞，有谢安之风。用能宁辑我家，靖共尔位。政在元老，人无异词。胡为厌事而求归，不复为国之长虑。方今官冗财匮，岁艰民贫。天步虽安，国是未定。若方勤于朴斫，而遽易于工师。人其谓何，势必不可。告老之请，吾未欲闻。”(《全宋文》卷1861、《苏文忠公全集》卷43、《古文渊鉴》卷49)

按：批答类公文，据《朝野类要》卷4载：“执政以上有章奏请，则降批答，以下则降诏”。《石林燕语》卷6载：“学士院旧制，自侍郎以上辞免、除受、赐诏，皆留其章中书，而尚书省略其事因，降札子下院，使为诏而已。自执政而上至于节度、使相，用批答。批答之制，更不由中书，直禁中封所上章付院。今降批表，院中即更用纸连其章后书辞，并其章赐之，此其异也。”

大约是月中上旬起，吕公著乞致仕。

苏轼《赐吕公著上表陈乞致仕不允诏》：“敕吕公著：卿将相三世，凛乎正始之风；出入四朝，蔚然难老之状。浩穰之治，谈笑而成。方观报政之能，遽有归休之请，公议未可，卿其少安。”(《东坡全集》，《四库全书》本)

按：吕公著致仕的起因，可能与二月初上《积雪久阴乞从罢黜奏》及诏不允有关。从诏文看，与二月二十八日一天两赐上第一表乞致仕不允批答相比较，语气明显弱于后者，可知此诏当作于二十八日之前，估计作于中上旬。

三月二十九日，一天两赐吕公著上第二表乞致仕不许断来章批答。

---

[1]《元祐党人传》卷6《吕希绩传》则记为“元祐二年”，疑误。从《长编》卷408。

苏轼《赐宰相吕公著上第二表乞致仕不允批答口宣》(元祐三年三月二十九日):“有敕:朕以冲眇,垂拱仰成。卿以耆老,图任共政。无故而去,于义未安。”(《全宋文》卷1859、《苏文忠公全集》卷43)

苏轼《赐宰相吕公著上第二表乞致仕不许断来章批答(一)》(元祐三年三月二十九日):“览表具之。难进易退,固君子之常节;久劳思逸,亦老者之至情。然心存社稷,则常节为轻;身系安危,则至情可夺。惟卿体国,岂待多言。苟大义之未安,虽百请而何益。宜安厥位,勿复此辞。”(《全宋文》卷1861、《苏文忠公全集》卷43)

苏轼《赐宰相吕公著上第二表乞致仕不许断来章批答(二)》(元祐三年三月二十九日):“览表具之。宰相不自用,人主不自为。予欲识人物之忠邪,故以卿为水镜;予欲知利害之轻重,故以卿为权衡。苟明此心,虽老犹壮。与其轻去轩冕,独善其身;孰若优游庙堂,兼享其乐?益敦此义,勿复有云。”(《全宋文》卷1861、《苏文忠公全集》卷43、《皇朝文鉴》卷33、《古文渊鉴》卷49)

四月一日,赐宰相吕公著乞致仕不允断来章批答口宣。

苏轼《赐宰相吕公著乞致仕不允断来章批答口宣》(元祐三年四月一日):“有敕:卿望重缙绅,义均休戚。如左右手,可须臾离。虽屡形于恳词,必难移于朕意。”(《全宋文》卷1859、《苏文忠公全集》卷43)

二日,诏勿受吕公著告老章奏。

《长编》卷409元祐三年四月“戊寅”(二日)条载:“夏四月戊寅,诏勿受尚书右仆射兼中书侍郎吕公著告老章奏,以屡故请也。”

三日,以年老,数辞位。

《续资治通鉴·宋纪》卷80元祐三年四月“己卯”(三日)条载:“尚书右仆射兼中书侍郎吕公著,以年老,数辞位。”

四日,特授吕公著守司空同平章军国事加食邑实封。

吕大防《请以吕公著为司空平章军国事奏》(元祐三年四月):“臣伏详诏旨,有以见陛下尊德优老之意,周旋曲折,莫不精当。臣愚不肖,不胜大幸。以臣愚见,只欲因其旧官而优假之,但进一官作特进,依前令充右仆射。加以平章军国事,即烦劳职事悉已蠲免,亦不至阙事。如不合圣意,即乞罢右仆射,进两官,作司空、平章军国事,仍令三省、枢密院各令议军国事条目闻奏,余依文彦博

已得指挥。”(《全宋文》卷1572、《长编》卷409)

苏轼《除吕公著特授守司空同平章军国事加食邑实封余如故制》(元祐三年四月四日):“门下:仁莫大于求旧,智莫良于用众。……金紫光禄大夫、守尚书右仆射兼中书侍郎、上柱国、东平郡开国公、食邑七千一百户、食实封三千三百户吕公著……可特授司空、同平章军国事、加食邑七百户、食实封三百户,余如故。仍一月三赴经筵,二日一入朝,因至都堂议军国事”[①]。(《全宋文》卷1852、《苏文忠公全集》卷38、《皇朝文鉴》卷36、《崇古文诀》卷25、《古今事文类聚》新集卷3、《秘笈新书》卷1、《翰墨大全》甲集卷6、《文章类选》卷25、《文章辨体》卷17、《文翰类选大成》卷137、《宋四六选》卷2)

王巩《随手杂录》:“子瞻为学士。一日锁院,召至内东门小殿。时子瞻半酣,命以新水漱口解酒。而已入对,授以除目:吕公著司空平章军国事,吕大防、范纯仁左右仆射。”

《三朝名臣言行录》卷8《丞相申国正献公》引《神道碑》:“宋兴以来,大臣以三公平章军国事者四人,二人出公家。草制之夕,上御阐殿,见学士苏轼曰:‘吕仆射以疾求去,不欲烦以事,故以三公留之。’”

按:《宋史·职官志一》:“宋承唐制,以同平章事为真相之任,无常员。有二人则分日知印,以丞郎以上至三师为之。其上相为昭文馆大学士,兼修国史,其次相为集贤殿大学士。”

五日,吕公著拜司空、同平章军国事,苏轼作《除吕公著守司空同平章事制》,刘弇、秦观等致贺。

苏轼《除吕公著守司空同平章事制》:“仁莫大于求旧,智莫严于用众。……今见其心,三年有成。”(富大用《古今事文类聚新集》卷3《三公部》)

《长编》卷409元祐三年四月“辛巳”(五日)条载:“金紫光禄大夫、守尚书右仆射兼中书门下侍郎吕公著为司空、同平章军国事,仍一月三赴经筵,二日一朝,因至都堂议事。”

《邵氏闻见后录》卷12:“东坡在翰苑,薄暮中使宣召,已半醉,遽汲泉以漱,意少快,入对内东门小殿。帘中出除目:吕公著司空、平章军国重事,吕大防、范

①《宋大诏令》卷57在“事”后有“仍令所司择日备礼册命”十字。

纯仁左右仆射。”

《宋会要·礼五九·册命亲王大臣》:“哲宗元祐三年四月五日,尚书右仆射、兼中书侍郎吕公著除司空、同平章军国事。”

《宋史宰辅表》元祐三年宰相进拜加官栏:“四月辛巳,吕公著自金紫光禄大夫、尚书右仆射兼中书侍郎加司空、平章军国重事。”

按:《长编》卷409、《宋宰辅编年录校补》卷9、《宋史》卷17《哲宗纪》,均记作“同平章军国事”,可证《邵氏闻见后录》、《宋史宰辅表》此条脱一“同”字,“衍”一“重”字。

《续资治通鉴》卷80载,元祐三年四月,“辛巳,拜司空、平章军国事,诏一月三赴经筵,二日一朝,因至都堂议事,出省毋拘以时。别建第于东府之南,启北扉以便执政就议。恩数如其父夷简,世以为荣”。

《渑水燕谈录》卷2:“国朝享国百三十余年,人臣为太师者,惟赵忠献、文潞公二人耳。庆历二年十二月,诏拜吕文靖公司空、平章军国重事,元祐三年四月,正献公又以司空平章军国事,父子继以三公平章军国,古所未有也。”

《宋会要·职官一》:“元祐初,起文彦博平章军国重事,已非故事。继吕公著司空、平章军国事。绍圣臣僚论列,以谓当时大臣阴与公著为地,除去‘重’字,名曰‘下彦博’一等,而实兼三省之权,事无轻重无不与之。”

刘弇《贺吕司空启》:“册布内朝,秩隆空土。解庙堂之庶务,专军国之要机。伏惟庆慰。恭惟某官昂星播粹,崧镇炳灵。公忠一身,先后四圣。智勇仁而成治则一,德爵齿而兼有其三。”(《龙云集》卷13、《全宋文》卷2549)

秦观《代贺吕司空启示》:“伏审光膺显命,正位公台,伏惟庆慰。恭以司空相公学师古始,道造渊微。以一代之人英,为四朝之国老。允迪厥德,可世其家。言乎时,则韦、平岂可分道而行;论其事,则袁、杨安得同日而语?年高德劭,而臣节益峻;功成名遂,而帝眷愈隆。进拜冬官,非止居四民而时地利;平章国论,实惟有一德以享天心。圣王之文章具焉,天下之能事毕也。某叨分符节,辱在陶镕,陪班谒以无缘,第承风而窃抃。”(《淮海集》卷28、《全宋文》卷2574)

按:从“以一代之人英,为四朝之国老”及与吕公著有往来看,秦观笔下的“吕司空”,当指吕公著。

同日,吕大防为左仆射,范纯仁为右仆射(《宋宰辅编年录校补》卷9)。

六日，孙固门下侍郎，刘挚中书侍郎，王存尚书左丞，胡宗愈尚书右丞，赵瞻签书枢密院事(《宋宰辅编年录校补》卷9)。

同日，吕公著辞免守司空平章军国事恩命，诏不允。

苏轼作《赐新除守司空平章军国事吕公著辞免恩命不允诏》(元祐三年四月六日)："敕公著：委重元老，朕之本心；归安丘园，卿之素志。今于二者酌处其中，使卿获居劳逸之间，而朕不失仰成之托。于义两得，夫复何辞?"(《东坡全集》卷109，《四库全书》本)

七日，赐新除守司空平章军国事吕公著诰口宣。

苏轼《阁门赐新除守司空平章军国事吕公著诰口宣》(元祐三年四月七日)："有敕：卿正位三公，具瞻多士。式资坐论，以副仰成。体朕眷怀，服此明命。"(《全宋文》卷1859、《苏文忠公全集》卷43)

上旬，赐吕公著辞免不允批答口宣。

苏轼《赐新除守司空同平章军国事吕公著辞免不允批答口宣》："有敕：朕图任元老，以表四方。以卿望在士民，心存社稷。勉膺异数，式副佥言。"(《全宋文》卷1860、《苏文忠公全集》卷42)

苏轼《赐新除守司空同平同章军国事吕公著上表辞免不许批答》："览表具之。天下之事，使壮者治之，老者谋之。自尧舜以来，未有易此者也。今卿议政而不及事，劳心而不及力。吾自以为得养老之礼，而不失用贤之实，卿何辞之坚也?"(《全宋文》卷1862、《苏文忠公全集》卷43)

苏轼《赐新除守司空同平同章军国事吕公著上第一表辞免恩命不许批答》："省表具之。夫司空之官，自唐以来，虽无职事，而孔子所谓天子有争臣七人者，三公首当之。朕欲闻仁人之要言，与天下之大计，非此元老，将安取斯。卿其省思虑，慎寝食，优游庙堂，为朕谋其大者。"(《全宋文》卷1862、《苏文忠公全集》卷43、《翰苑新书》前集卷1、《秘笈新书》卷1)

洪迈《容斋四笔》卷9"蒋魏公逸史"条载："蒋魏公《逸史》二十卷，颖叔所著也，……其一云：'行、守、试，视其官品之高下，除者必带本官。吕晦叔除守司空而不带金紫光禄大夫者，此翰林之失也。既不带官，不当著'守'字，故晦叔辩之，遂去'守'字，为正司空，议者谓超越特进、东宫三太、仪同矣。'予谓行、守、试必带正官，固也。然自改官制以后，既为司空，自不应复带阶官。吕从金紫迁，只是超越特进一级耳;东宫三太,何尝以为宰相官?仪同又系使相也。吕亦无自辨之说。"

按:吕公著五日拜司空、同平章军国事,辞免札子当在其后,赐不许辞免,当在上旬,因十日有诏上第一表从"瞻望皇帝清光"之请(《长编》卷409)。

十日,诏吕公著六参日仍起居奏事。

《长编》409元祐三年四月"丙戌"(十日)条载:"丙戌,诏:'司空、平章军国事吕公著遇后殿垂帘,同三省进呈,六参日仍起居奏事。'自两宫同听政,常以双日于延和殿垂帘,故诏公著二日一入朝,然皇帝乃五日一御前视朝,皆双日也。于是公著复请六参日仍起居奏事,庶得瞻望皇帝清光,诏从之。"

十二日,一天两赐吕公著上第二表辞免恩命不许断来章批答。

苏轼《赐新除司空同平章军国事吕公著上第二表辞免恩命不许断来章批答(一)》(元祐三年四月十二日):"省表具之。夫国以得人为强,如猛兽之卫藜藿;以积贤为宝,如珠玉之茂山川。湛然无为,物自蒙利。故崔公乏义,则淄青惭服,知朝廷之有人;蜀使抗词,则孙权回顾,叹张昭之不在。得失之效,岂可同日而语哉!朕之用卿,意实在此。国计之重,可无复辞。"(《全宋文》卷1862、《苏文忠公全集》卷43、《皇朝文鉴》卷33、《古今事文类聚》新集卷3、《三续古文奇赏》卷6、《奇赏斋古文汇编》卷141)

苏轼《赐新除司空同平章军国事吕公著上第二表辞免恩命不许断来章批答(二)》(元祐三年四月十二日):"省表具之。周之诗曰:'无曰予小子,召公是似。'唐之雅曰:'惟西平有子,惟我有臣。'夫父子君臣之间,光明盛大如此。载之简策,被之金石。岂独闺门之宠,足为邦国之华。再省来章,具陈先烈。虽朕寡昧,不敢庶几于仁祖;而卿忠孝,当念服勤于世官。祗率厥常,毋违朕命。"(《全宋文》卷1862、《苏文忠公全集》卷43)

十三日,赐吕公著辞免册礼。

苏轼《赐新除司空同平章军国事吕公著辞免册礼许诏》(元祐三年四月十三日):"敕公著:多仪以隆辅弼,国之彝典;自损以信君父,卿之美志。再阅诚言之请,益彰谦德之光。勉徇所陈,不忘嘉欢。"(《全宋文》卷1856、《苏文忠公全集》卷40)

十四日,学士院草制,误存'守'字,三省被旨贴麻改正。

《长编》409元祐三年四月"庚寅"(十四日)条载:"司空、同平章军国事吕公著免册礼，令学士院降诏，从之。旧制，将相皆以阶官守三师或三公，元丰改官制，文彦博尝以河东节度使守太师，王安石以观文殿大学士守司空。元祐初，彦博罢节度使，入为平章军国重事，即去‘守’字。及公著为司空，学士院草制，误存‘守’字，是日，三省被旨贴麻改正。”

十五日，赐吕公著辞免册礼允诏。

苏轼《赐新除司空同平章军国事吕公著辞免册礼允诏》（元祐三年四月十五日）：“敕公著：册祝于庙，惟周之典。临朝亲拜，亦汉之旧。事大则礼重，礼重则乐北，古之道也。今卿逊避不居，自处以约。勉从所乞，以成其美。”（《全宋文》卷1856、《苏文忠公全集》卷40）

同日，高皇后作《赐吕大防可相度除吕公著行太保事手诏》。

高皇后《赐吕大防可相度除吕公著行太保事手诏》（元祐三年四月辛卯）：“览所奏吕公著事，以公著德望，欲兼一保傅官，乃亚次太师文彦博一等也，务要外协人望，实益劝讲。然公著去保傅甚远，卿可相度加一保傅之名，于典故如何？从一时权宜如何？今欲除守司空、行太保事、同平章军国事，余如所议。其‘行太保事’当与未当？若不须更作保傅官，即减去‘行太保事’四字。”（《全宋文》卷1738、《长编》卷409）

按：《却扫编》卷上：“其后吕申公为右相，请退甚力。宣仁欲坚留之，顾怜其老，欲以为摄太保同平章军国事。手札以问范忠宣，忠宣以为‘摄’字从来止施于祠祭，非所为官称，若别更一字，而使每至都堂不限时出，东府执政有议事，于便门过就之。若议事迟久，令堂厨具食。如此则事皆曲尽，称国家尊贤优老之意矣。宣仁复手札，谓以吕某德望，欲使兼一保傅官，务要外协人望，实益劝讲。然其官去保傅甚远，欲以为行太保事如何？忠宣复对曰：‘谨按国朝典故，天禧中宰臣王旦元是太保平章事，以病乞退，加太尉侍中。今公著官是光禄大夫，职是右仆射，若以仆射加司空，则与王旦相近，于典故不远。若欲有益劝讲，则平章事乃是执政，自当十日一赴经筵，不必带“行太保事”四字矣。’于是始定议云。”文中云“不必带‘行太保事’”，议于“四月辛卯”，即四月十五日。

二十日，任范祖禹为起居舍人。范祖禹坚辞，后依所乞（《太史范公文集》卷4《辞免除起居舍人状》、《申三省状》）。

二十四日，诏吕公著俸赐依宰相例。

《长编》409 元祐三年四月"庚子"(二十四日)条载:"诏吕公著俸赐依宰相例。"

《宋会要·职官五七·俸禄杂录》:"(元祐)三年四月二十四日,诏司空、同平章军国事吕公著俸赐依宰相例。"

五月二日,吕公著对常安民来信提及的以摇时政默然不语。

《续资治通鉴》卷 80 元祐三年五月"丁未"(二日)条载:"时熙、丰用事之臣虽去,其党分布中外,起私说以摇时政。鸿胪丞常安民遗吕公著书曰:'善观天下之势,犹良医之视疾。方安宁无事之时,语人曰'其后必将有大忧',则众必骇笑。惟识微见几之士,然后能逆知其渐,故不忧其可忧而忧之于无足忧者,至忧也。今日天下之势,可为大忧,虽登进忠良,而不能搜致海内之英才,使皆萃于朝以胜小人,恐端人正士未得安枕而卧也。故去小人为不难,而胜小人为难……'公著得书默然。"

常安民《贻吕公著书》(元祐三年四月):"善观天下之势,犹良医之视疾,方安宁无事之时,语人曰'其后必将有大忧',则众必骇笑。惟识微见几之士,然后能逆知其渐。故不忧于可忧,而忧之于无足忧者,至忧也。今日天下之势,可为大忧。虽登进忠良,而不能搜到海内之英才,使皆萃于朝,以胜小人,恐端人正士,未得安枕而卧也。故去小人不为难,而胜小人为难。……今用贤如倚孤栋,拔士如转巨石,虽有奇特瑰卓之才,不得一行其志,甚可叹也。猛虎负隅,莫之敢撄,而卒为人所胜者,人众而虎寡也。故以十人而制一虎则人胜,以一人而制十虎则虎胜,奈何以数十人而制千虎乎?今怨忿已积,一发其害必大,可不谓大忧乎?"(《全宋文》卷 2563、《宋史》卷 346《常安民传》、《少微通鉴续编节要》卷 8、《宋元通鉴》卷 41、《宋史纪事本末》卷 43)

《宋史》卷 346《常安民传》:"是时,元丰用事之臣,虽去朝廷,然其党分布中外,起私说以摇时政。安民窃忧之,贻书吕公著曰:'善观天下之势,犹良医之视疾,方安宁无事之时……故以十人而制一虎则人胜,以一人而制十虎则虎胜,奈何以数十人而制千虎乎?今怨忿已积,一发其害必大,可不谓大忧乎?'及章惇作相,其言遂验。"

按:四月常安民贻书吕公著,五月二日收之。

四日,吕公著甥杨国宝罢官。

《长编》元祐三年五月“己酉”（四日）条载：“己酉……朝散郎、吏部郎中彭次云为成都府路转运使，宣德郎、权成都府路转运判官杨国宝为陕西转运判官。后二日，次云、国宝皆罢”。自注云：“罢在初六日，今并书。次云、国宝必有故，当考。国宝，吕公著甥。次云六月二十六日以吏中为淮南漕。”

按：《长编》元祐三年五月“丁未”（初二）条载，考功员外郎欧阳棐为著作郎、实录院检讨，右正言刘安世对欧阳棐任著作郎“有史才”提出质疑，认为其“与程颐、毕仲游、孙朴、杨国宝辈交结执政子弟，参预密论，号为死党，缙绅之所共疾”，望别加遴选。该条自注云：“棐，据《政目》初二日事，十二日改集校。”文中提及“杨国宝”。

同日，诏三省、枢密院以军国事目当关吕公著者定为令。

《长编》卷410元祐三年五月“己酉”（四日）条载：“三省、枢密院以军国事目当关吕公著者定为令。……初，以太师文彦博平章军国重事，其所预事目，曰除前执政、尚书、节度使、翰林学士、御史中丞，曰除边帅、开封成都知府，曰大典礼，曰赦宥，曰要切边事，曰军马、河防措置事。及公著平章，乃去‘重’字，前所未有也。（自注云：“此据《公著家传》修入。按：吕大防奏稿元作军国重事，却抹去‘重’字，不知何故。其后亦缘此致人言，当考。”）诏军国事及非常程事，并临时合与三省同议取旨，并关预签书。”

《吕公著平章军国事目诏》（元祐三年五月己酉）：“军国事及非常程事，并临时合与三省同议取旨，并关预签书。”（《长编》卷410、《宋代诏令全集》第10册）

八日，范祖禹辞起居舍人，权住进讲。

《长编》409元祐三年四月“戊子”条载：“戊子……著作郎兼侍讲范祖禹为起居舍人”。自注云：“五月八日，辞。”

《长编》卷410元祐三年五月“癸丑”条载：“实录院检讨、著作郎兼侍讲范祖禹辞免起居舍人，从之。（除右史在四月十二日。）祖禹三上章辞免，不许，又以吕公著亲嫌为解，公著亦于帘前纳除目，太皇太后曰：‘祖禹擢用，不缘相公，可谕令就职。’知旧多劝祖禹受命，祖禹曰：‘此心未肯。’复上章并具状申三省乞敷奏，得请乃已。”“是夏，权住进讲，祖禹言……”

十一日，诏以元丰北库为司空吕公著廨舍。

《长编》卷410元祐三年五月“丙辰”（十一日）条载：“诏以元丰北库为司空

吕公著廨舍，其封桩钱物并就南库，以‘元丰库’为名，专主朝廷封桩钱物。（五月九日、五月十八日）。”

十二日，吕公著荐欧阳棐任集贤校理引争议。

《长编》卷411元祐三年五月“丁巳”（十二日）条载，先是任欧阳棐著作郎、实录院检讨，右正言刘安世争论其不当；改任集贤校理、权判登闻鼓院，刘安世又四具论奏，言欧阳棐因缘附会，“遂至吕公著荐充史官，孙觉举以自代”，“直除校理，进退无义”，“是名为降等，而实加厚也”；并有贴黄称“欧阳棐自来与程颐、毕仲游、杨国宝、孙朴交结吕公著、范纯仁子弟，荐绅之间，号为‘五鬼’。又与王存系正亲家，附会权劳，不畏公议”，请罢其馆职。

按：《长编》卷413元祐三年八月“己卯”条载：“朝奉郎、集贤校理、权判登闻鼓院欧阳棐为职方员外郎。”右正言刘安世言“直除校理，入馆未及一月，又授职方”。可知，刘安世之谏，未予理会。

十八日，吕公著上《责降王觌未协众情奏》。范纯仁也上《奏乞宽王觌之罪》。

《长编》卷411元祐三年五月“癸亥”（十八日）条载：“初，胡宗愈除尚书右丞，谏议大夫王觌疏：‘宗愈自为御史中丞，论事建言多出私意，与苏轼、孔文仲各以亲旧相为比周，力排不附己者，而深结同于己者。操心颇僻如此，岂可以执政？’内批：‘王觌论列不当，落谏议大夫，与外任差遣，仍不得带职。’其日，戊午也。（十三日也。觌奏当求全本增入。觌有章疏，乃独无此，当考）翌日，吕公著言：‘臣与王觌旧不相识，在前朝及陛下临政之初，并不曾举荐，但见觌自任言责以来，凡所言事，最为稳审，今来若止为论列宗愈，便行责降，未必协众情。其内降指挥，臣与吕大防、范纯仁等商量，未敢行下……’……是日，公著又与文彦博及大防、纯仁等面论，纯仁退而上疏曰：‘臣昨与吕公著等，并今日与文彦博等，两次帘前奏陈，乞宽王觌之罪，盖欲假借台谏，使人人敢言。其间即有不当，亦须稍垂宽宥，以彰朝廷容谏之美。况陛下临御以来，未尝严责谏臣，一旦行之，恐伤仁化。’”

吕公著《责降王觌未协众情奏》（元祐三年五月）：“臣与王觌旧不相识，在前朝及陛下临政之初，并不曾举荐。但见觌自任言责以来，凡所言事，最为稳审。今来若止为论列胡宗愈，便行责降，未必协众情。其内降指挥，臣与吕大防、范纯仁等商量，未敢行下。伏乞陛下特与包容，更加圣虑裁酌。”（《全宋文》

卷1096、《长编》卷411)

范纯仁《奏乞宽王觌之罪》(元祐三年五月公同知枢密院事):“臣昨与吕公著等,并今日与文彦博等,两次帘前奏陈,乞宽王觌之罪,盖欲假借台谏,使人人敢言。”(《范忠宣集》奏议卷下)

《续资治通鉴》卷80元祐三年五月“丁未”(二日)条载:“谏议大夫王觌疏言:‘胡宗愈自为御史中丞,论事建言,多出私意,与苏轼、孔文仲各以亲旧相为比朋。’内批:‘王觌论列不当,落职,与外任差遣。’翼日,吕公著言:‘觌若止为论列宗愈,更行责降,必不协众情,未敢行下。’后二日,公著与吕大防、范纯仁再论于帘前,太皇太后意犹未解。纯仁退而上疏曰:‘侧闻圣训谓朋党甚多,宜早施行。以臣愚见,朝臣本无朋党,但善恶邪正,各以类分,陛下既用善人,则匪人皆忧难进,遂以善人之相称举者皆指为朋党。昔庆历时,先臣与韩琦、富弼同为执政,各举所知,当时飞语指为朋党,三人相继补外。造谤者公相庆曰:一网打尽矣!此事未远,愿陛下戒之。所降贬谪王觌文字,臣未敢签书。’因极言前世朋党之祸,并录欧阳修《朋党论》上之。赵挺之、杨康国亦言不当因论人而逐谏官,乞追寝罢觌之命,不听,竟出觌知润州,而宗愈居位如故。”

按:谏议大夫王觌罢免风波,起于五月初二,终于五月庚午(二十五日)出王觌知润州(《长编》卷411),引起文彦博、吕公著、范纯仁、赵挺之、刘挚等纷纷上疏、争论,实际上是一场疏通“言路”的博弈。

六月八日,吕公著言“近制举官不以资序”未被采纳,谏官资序新定。

《长编》卷412元祐三年六月“癸未”(八日)条载:“癸未,诏:‘左右司谏、正言、殿中侍御史、监察御史,以升朝官通判资序实历一年以上人充。’初,太皇太后宣谕曰:‘近时台谏官多是新进,未甚更事,所论不知朝廷大体,近于求名。可依祖宗故事,选用历第二任通判人充。’司空吕公著言,近制举官不以资序。因检会旧制,而有是诏”。自注云:“王岩叟有章论举法太严,乞除去实历一年之文,从违当考。岩叟章附五年四月八日。”

按:新定谏官资序,当与谏议大夫王觌罢免风波有关。吕公著言“近制举官不以资序”,显然未被采纳。

二十二日,吕公著弟吕公孺为刑部侍郎(《长编》卷412)。

八月二十八日,言官刘安世列吕公著子孙“官场图”。

《长编》卷413元祐三年八月“辛丑”(二十八日)条载,右正言刘安世对文彦博、吕公著、吕大防、范纯仁、孙固、王存、胡宗愈等朝廷重臣“子弟亲戚,布满要津”现象予以条陈,其中涉及吕公著的情况是:“司空吕公著之子希绩今年知颍州,才及成资,召还为少府少监;希纯去年自太常博士又迁宗正寺丞;女婿范祖禹与其妇翁共事于实录院,前此盖未尝有;而次婿邵篪为开封府推官,公著才罢仆射,即擢为都官郎中;外甥杨国宝自初改知县,又堂除太常博士,未几,又擢为成都府路转运判官,杨环宝亦自常调堂除知咸平县;妻弟鲁君贶今年自外任擢为都水监丞;姻家张次元堂除知洺州,胡宗炎擢为将作少监,马传正(按《历代名臣奏议》,‘传正’作‘马庆’)自冗官得大理寺主簿。其间虽或假近臣论荐之名,皆公著任宰相日擢为授也。宫教之职,旧系吏部依法选差,近方收为堂除,而公著首用除其孙婿赵演。”“臣方欲发奏,又闻除知真州钱晚为福建路提点刑狱,亦是吕公著姻家。其势如此不已,臣故不敢不亟论也。”“奉议郎程公孙堂差监在京商税院”,贴黄称,“臣闻程公孙乃吕公著男希纯之妻兄”。

按:刘安世《尽言集》卷1亦载之。

九月六日,吕公孺由龙图阁直学士、刑部侍郎,权知开封府(《长编》卷414、《开封府题名记》、《宋史》卷311本传)。

十一月,言官刘安世认为吕公著因胡宗愈之事有欺君之罪。

《长编》卷414载,元祐三年十一月,右正言刘安世言胡宗愈罪状,“臣伏见宗愈之除中丞,在吕公著秉政之日,虽是姻亲,隐而不言,外托用才之名,中为立党之实,使宗愈贪权怀惠,不复纠谬绳愆,以此营私,何所不可?蒙蔽人主之听,隳废祖宗之法,人臣之罪莫大于此。今公卿士民尽知二人之欺罔,而台谏官多出公著之门,终无一语敢及此事。陛下试众人言宗愈之疏一一省阅,则知臣今日所奏为不妄矣。……若原心定罪,则公著、宗愈均是欺君,宜正典刑,以示中外”。

按:刘安世言胡宗愈罪状“凡一十二次”,未果(《长编》卷414元祐三年“十一月”条)。刘安世《尽言集》卷3载:“臣闻宗愈之侄女适吕公著之亲孙。昨除御史中丞,乃是公著秉政之日,自合援据故事,以祈引避。”

十二月八日,户部尚书韩忠彦[1]、侍郎苏辙、韩宗道言裁省浮费事(《宋会要

①韩忠彦为吕公弼(吕公著次兄)的女婿。

·食货五六·户部》)。

闰十二月一日,范镇致仕,赐诏奖谕。同日,卒。(《太史范公文集》卷40诏、卷14镇墓铭、卷63祭文)

十二日,吕公著议裁减恩泽。

《长编》卷419元祐三年闰十二月“甲寅”(十二日)条载:“甲寅,太皇太后宣谕辅臣曰:‘近已降指挥,裁减入流,本家所得恩泽,亦宜减四分之一。’吕公著等言:‘陛下临朝听政,本殿恩泽自不当限数,向来止用皇太后例,岂可更有裁损?’再宣谕曰:‘今来官冗,自宰执已下恩泽,皆有减损,本家亦须裁定,要自上始,则均一矣。’公著曰:‘此盛德之事,当计究本末以闻。’已而诏曰:‘……吾今自眇身,率先天下。……今后每遇圣节、大礼、生辰,合得亲属恩泽,并四分减一,皇太后、皇太妃准此。’”

是年,吕公著著《吕申公掌记》1卷。

陈振孙《直斋书录解题》卷5著录,入典故类,陈氏曰:“丞相申国吕公著晦叔撰,在相位所记人材已用未用名姓,及事当行已行条目。”(陈振孙《直斋书录解题》中华书局2006年影印本。)

按:《文献通考》卷201亦载。明《国史经籍志》卷3著录。清代书目中未见。李焘《续资治通鉴长编》从中引用多条。

考:吕公著元祐四年二月去世,此书当在此前完成,加之所录“在相位所记人材已用未用名姓”,不可能在初任丞相时截稿,加之元祐三年四月以来多次请求辞职,人事安排及其想法当在此前大体完成,故录于是年。

是年,吕公著令一切听募,民情大悦。

顾栋高《司马温公年谱遗事》:“初,温公议:‘凡役人皆不许雇人以代。’然东南及西蜀诸路,民有高赀,或子弟业儒,皆当为弓手,执贱役,既不许募代,甚苦之。吕公令一切听募,民情大悦。”

按:此事当发生在司马光死后,苏轼元祐三年二月尚对吕公著执行司马光推行的役法有微词。尽管尚未变更,兴许有所触动。故置于是年。

是年,取进士523人,制科1人,省元章援,状元李常宁(《文献通考》卷32《选举考五·举士》)。

大约是年,吕公著当国,对问及吕嘉问败坏家法及吕惠卿之事避而不答。

《老学庵笔记》卷2:“吕正献平章军国时,门下客因语次,或曰:‘嘉问败坏家法可惜。’公不答,客愧而退。一客少留,曰:‘司空尚能容吕惠卿,何况族党?此人妄意迎合,可恶也。’公又不答。既归,子弟请问二客之言如何,公亦不答。”

按:元祐三年四月至四年二月,吕公著任平章军国事,上述话题当发生在此时。故称大约是年。

蔡京之子蔡絛撰文宣扬吕公著以子孙相托,当为谎言。

蔡絛《铁围山丛谈》(李国强整理)卷3:“吕司空公著生重牙,亦异常人也。当元祐平章军国重事时,鲁公以待制徙外镇罢,召过阙。吕司空邀鲁公诣东府,列诸子侍其右,而谓鲁公曰:‘蔡君,公著阅人多矣,无如蔡君者。则以手自抚其座曰:‘君他日必据此坐,愿以子孙托也。’鲁公后每谓吾言,惜以党锢事,愧不能力副其意者。吾且谓人之不知也。及在傅白,一日,吕公之孙切问来,因为道是,而切问曰:‘顷鲁公居从班时,《祭司空公文》盖备之矣。’于是相与得申其契好。噫! 前辈识鉴,类多如此。”

李国强“附注”(大象出版社《全宋笔记》本)云:“按吕氏两世相业,门阀昌大,何至预以子孙托人? 且重以公著之贤,而其子希哲、希绩、希纯,异时历官皆有贤声。知子莫若父,公著宁不知之而必京之托乎? 且自章惇为相,公著既削谥贬官矣,迨京擅国,复指为奸党首恶,置元祐党籍,刻石殿庭,若惟恐其罪之不著于天下者。受人之托,报之固当如是乎? 欲盖其父之恶,而不恤诬蔑贤者,以欺后世,絛真小人之尤哉!”

按:吕公著任司空、平章军国事,始于是年。李国强“附注”云,蔡京之子蔡絛撰文宣扬吕公著托以子孙,以为谎言。可信。

吕公著请太后同御殿,行庆会称贺之礼,不从。

《石林燕语》卷1:“元祐垂帘,吕司空晦叔当国。元日,欲率群臣以天圣故事,请太后同御殿,行庆会称贺之礼。宣仁谦避不从,止令候皇帝御殿礼毕,百官内东门拜表而已。苏子容当制,作手诏云:‘顾惟菲凉,岂敢比隆于先后? 其在典法,亦当几合于前规。’是岁,进《春帖子》,其一篇云:‘上寿春朝近外廷,诏恩不许会公卿。即时二史书谦德,只使群官进姓名。’”

作相时,吕公著每月以上尊分遗亲旧。

吕本中《童蒙训》卷下:“正献公作相时,每月以上尊分遗亲旧。杨十七学士应之,公之甥也,月送两壶。杨学士得酒,即送酒家宜常酒数壶,欲饮酒即取之。东莱公以为杨学士英气伟度,必不以唇舌间沾玩上尊滋味为美也,得酒贵多,不文美恶,过人远矣。”

作相时,吕公著荐朱临为官。

宋濂《浦阳人物记》卷下《朱临传》:“临,初以丞相荐入官。历宣德郎、守光禄寺丞,以著作郎致仕。后以子贵赠正议大夫。”

是年冬,吕公著因雪灾而主持赈济。

董煟《救灾活民书》卷下《吕公著赈济》:“元祐三年冬频雪,民苦寒,多有冻死者。吕公著为相,日与同列议所以救御之术,乃发官米炭遣官数十分置场于京师贱鬻以惠贫民,又出内库钱十万缗,委开封府官吏走遍闾阎周视而赈之,又遣官按视四福田院,存抚丐者给以日廪,须春暮而止,农民贷种粮,流移在道者所过州县存恤寓以官舍续其食,流配罪人随所在寄禁,亦委官吏安存之。”①

大约是年,吕公著举荐丰稷任国子司业。

李朴《丰清敏公遗事》:“不数日,改国子司业。迁司业一日,荐京西三学官,颍州教授陈师道、颍昌教授邹浩、蔡州教授晁说之,无不称伏。吕申公时为相,公往谢申公,申公素寡语言,谓公曰:‘惟寡欲可与言道。’居典胄三岁不迁,会右史阙,执政进拟,皆未允。诏以公为起居舍人,中外大惬。”

按:清敏公,即丰稷,字相之,逮事神、哲、徽三朝,历谏官六任,直谏敢言。

苏轼与吕公著论量刑。

苏轼《上吕相公书》:“轼昨日面论邢夔事。愚意本谓邢鼻是平人,邢夔妄意其为盗杀之,苟用犯时不知勿论法,深恐今后欲杀人者,皆因其疑似而杀,但云‘我意汝是盗’即免矣。公言此自是谋杀,若不勘出此情,安用勘司!轼归而念公言,既心服矣,然念近者西京奏秦课儿于大醉不省记中,打杀南贵,就缚,至醒,取众证为定,作可悯奏,已得旨贷命,而门下别取旨断死。窃闻与议,亦恐贷之启奸,若杀人者得以醉免,为害大矣。轼始者亦以为然,固已书过录黄,再用公昨日之言思之,若今后实醉不醒而杀,其情可悯,可以原贷;若托醉而杀,自是谋杀,有勘司在。邢夔犯时不知,秦课儿醉不省记,皆在可悯之课;而邢夔臂杖

①《荒政丛书》卷4、《钦定康济录》卷3下亦载。

编管，秦课儿决杀，似轻重相远，情有未安。人命至重，若公以为然，文字尚在尚书省，可追改也。”（《苏文忠公全集》卷50）

吕公著与从官议事或接客，踞坐对之，接客不离席。

朱弁《曲洧旧闻》卷10：“范元长侍读[①]，吕申公之外孙也。余在馆中时，以史馆修撰寓直秘书省，尝言申公作相时，从官白事，踞坐对之。张九成子韶遽曰：‘若审如此，此时从官，吾之所不能为也。’范不能对。余为晓曰：‘前人谨行辈，凡值父叔之执友，便以子侄之礼事之。而为父行也，亦偃然以父叔自居，当其跪起不疑，而况坐立之间乎！世既以为常，则人亦莫以为非。此礼既久废，故骤闻之，若可骇耳。申公素贵于朝，当其为相，固已七十余矣，则时之侍从，孰非其子侄辈者。坐以对之，必是尔，申公岂以贵陵人者乎？’范以为然。予幼时随侍，犹及见客有初相见者，必设拜褥，虽多不讲拜，而遗风尚存，近世不复见矣。长幼之序，人之大伦也，而废之，风俗安得而淳耶！”

《老学庵笔记》卷2：“吕正献作相及平章军国事时，于便坐接客，初惟一揖，即端坐自若，虽从官亦以次起白，及退，复起一揖，未尝离席。盖祖宗时辅相之尊严如此，时亦不以为非也。”

按：吕公著作相及平章军国事，其时间在元祐元年至四年间，由于其四年二月即病逝，故将其接客及议事的做派录于此。

元祐四年（1089），吕公著72岁

正月五日，龙图阁直学士、正议大夫、权知开封府吕公孺乞致仕，不允。（《长编》卷421）[②]

十三日，“诏以夏人通好，边将毋生事”（《皇宋十朝纲要》卷12）。

二十日，吕公著上《黄河北徙不可复还奏》。

---

①范元长是范祖禹之子。

②《宋代诏令全集》第8册载《苏文忠公全集》卷40《赐龙图阁直学士正议大夫权知开封府吕公著上表陈乞致仕不允诏（一）》（元祐四年正月五日）注释称：“郎本卷38、《七集·内制集》卷10‘著’作‘孺’，文内同。”所谓“郎本”，是指南宋郎晔的苏轼文集注本。按：吕公著权知开封府是翰林学士，致仕在元祐三年，系司空、平章军国事；吕公孺是吕公著之弟，苏轼《七集·内制集》等记为吕公孺，当是。

《长编》卷421元祐四年正月“辛卯”(二十日)条载:“司空、平章军国事吕公著言:‘臣以足疾,久在假告,未获入侍轩墀。窃以大河北徙,自近年水势润下,已成河道。昨来为议论不同,须至更遣官按视。’”自注云:“《公著家传》云,百禄、君锡既复命旬日,执政未能决,公著乃上此奏。”

吕公著《黄河北徙不可复还奏》(元祐四年正月):“臣以足疾,久在假告,未获入侍轩墀。窃以大河北徙,自近年水势润下,已成河道。昨来为议论不同,须至更遣官按视。今据范百禄、赵君锡同相度,得见今北流深入地中。虽有冀州南宫决溢,寻复还河,益见河势就下,不能为大患。其故道高仰,不当开治,可以省朝廷百万之费,休息得数路民力。即合天时地利,下慰舆情。伏望陛下特与主张,免致公私劳匮。”(《全宋文》卷1096、《长编》卷421)

苏辙《龙川略志》卷7:“予自为户部而论之,至于中司,章凡十余上。中间晦叔为司空,病愈,予间见之,不复言河事。晦叔自言曰:‘河事终当与诸公讲之,尚可上也。’未几公病不起,竟莫之救。”

二月三日,吕公著逝世,时任司空、同平章军国事;赠太师、申国公,谥正献。

《长编》卷422元祐四年二月“甲辰”(三日)条载:“甲辰,司空、同平章军国事吕公著卒。辍视朝三日,乘舆临奠,成服苑中,敕有司治葬,赠太师、申国公,谥正献。公著自少讲学,以治心养性为本,识虑深敏,量弘而学粹,苟便于国,不以利害动其心。与人至诚,不事表暴。其好士乐善,出于天性,士大夫有以人物为意者,必问其所知,与其所闻参核,以待上求。神宗尝谓执政曰:‘吕公著之于人材,其言不欺,如权衡之称物。’上前议政事,尽诚去饰,博取众人之善以为善,至其所当守,毅然不可回夺也。”自注云:“《旧录·公著传》:‘神宗相王安石为政,而公著与光辈率为异论,谓制置三司条例为名分不正,常平、青苗法本非惠民,宜罢去。帝以其未喻也,犹不之斥,乃面奏:‘若韩琦因人心不忍,如赵鞅举甲除君侧之恶,不知陛下何以待之?’帝始谪之。宋敏求草词,止言‘敷陈失实,援据非宜’,帝以为不正名其罪,令陈升之易之曰:‘厚诬藩镇,兴除恶之谋;深骇予闻,乖事理之实。’遂以翰林侍读学士知颍州。’《新录》辨曰:‘举晋阳甲事,当以《司马光日记》中语折衷为定,合删去上文一百四十三字’。《旧录》云:‘自熙宁初,论法度不便者皆被黜,逮兹政成,异议者复希效用,公著亦以自荐。’《新录》辨曰:‘上文云有诏举才行可升擢者,公著因言:兼收博纳,各得自尽,则无滞才之叹。如此,非自荐以希效用也,合删三十字。’《旧录》云:‘时上方恭默,太皇太后退托帘帷,公著雅善司马光,二人因事更法改制,无所忌惮。’《新录》辨曰:‘以上三十二字痛诋公著,诬及宣仁,合行删去。’”

《吕公著赠太师追封申国公制》(元祐四年二月):“敕:大儒之于朝廷,守约而施博;仁者之于天下,生荣而死哀。眷是旧臣,实予元弼,奄至渝丧,良用怛伤!故司空、同平章军国事、上柱国、东平郡开国公、食邑七千八百户、食实封二千六百户吕公著,宽裕而静深,清明而敦实。兼资文武,典学始终。其材则为山川,其器则为规矩。擢升揆路,进与公台。入告谋猷,奋熙帝载。旁招俊乂,钦亮天功。政教修而阴阳顺时,德泽流而华夏安悦。所谓善人天地之纪,岂非近世社稷之臣!于尔先人,相予烈祖,恩被黔首,功书太常。谭吟未忘,想象如在。未尔有缁衣之美,故予获奠枕之安。在商之时,有若伊尹、伊陟,实能济其美;于汉之世,有若韦贤、玄成,亦克图阙勋。以方于今,盖靡所愧。方同治国之乐,遽惜泰山之颓。呜呼!惟召正于四方,实赖予辅;乃不慭遗一老,奚辜于天!嗟箕畴之何为,尚萧规之有赖。式严追赠,具越故常。大师维垣,于今尊爵;申伯之宅,犹乃故家。尔则不亡,尚兹来飨。可特赠太师,追封申国公,余如故。”(《宋大诏令集》卷221)

《皇宋十朝纲要》卷12:元祐四年,“二月甲辰,吕公著卒”。

《宋宰辅编年录校补》卷9:元祐四年,“正月甲辰,司空、同平章军国事吕公著卒。公著自元祐元年四月拜相,三年四月除司空、同平章军国事,是年四月卒于位,在相位三年。公著浸以病告不能朝,遂卒其家。以遗表闻。明日,执政奏事延和殿。太皇太后泣曰:‘邦国不幸,司马相薨,司空复逝!’痛悯久之。上亦悲感……御书‘神道纯诚厚德之碑’。本朝韩吕氏皆以相业世其家,从祖吕蒙正相太宗,谥曰文穆;父吕夷简相仁宗,谥曰文靖,一族之中为宰相者三人,而公父子又皆以三公平章军国。夷简尤器公著,曰:‘他日必至公辅。’然夷简善任智,而公著则持正以成天下之务,贤于父远矣。公著识虑深敏,量弘而学粹。苟便于国,不以利害动其心。与人至诚,不事表暴。其好德乐善出于天性,士大夫有以人物为意者,必问其所知,与其所闻相参覆,以待上求。神宗尝谓执政曰:‘吕公著之于人材,其言不欺,如权衡之称物。’上前议政事,尽诚去饰,博取众人之善以为善。至其所当守,毅然不可回夺也”。

《宋史·吕公著传》:“元祐三年四月,恳辞位,拜司空、同平章军国事。明年二月薨,年七十二。”

《宋会要·礼四一·亲临宗戚大臣丧·发哀》:“司空、同平章军国事吕公著。(元祐四年二月三日)”

《续资治通鉴》卷81元祐四年二月“甲辰”(三日)条载:“二月,甲辰,司空、同平章军国事、申国公吕公著卒,年七十二。太皇太后见辅臣曰:‘邦国不幸,司马相公既亡,吕司空复逝。’痛悯久之。帝亦悲感,即诣其家临奠,赠太师,谥正献。公著自少讲学,即以治心养性为本,平居无疾言遽色,于声利纷华,泊然无所好。识虑深敏,量弘而学粹,苟便于国,不以利害动其心。与人至诚,不事表暴。其好德乐善,出于天性,士大夫有以人物为意者,必问其所知,与其所闻参互考实,以待上求。神宗尝谓执政曰:‘吕公著之于人材,其言不欺,如权衡之称物。’每帝前议政事,尽诚去饰,博取众人之善以为善,至其所当守,毅然不可回夺也。王安石博辨骋辞,人莫敢与抗,公著独以精识约言服之。安石尝曰:‘疵吝每不自胜,一诣长者,不觉消释。’其敬服如此。”

《御批续资治通鉴纲目》(《四库全书》本)卷8载:“己巳四年春二月东平公吕公著卒。”

考:《长编》卷422,《宋史》纪、表,《宋会要》均记吕公著卒于元祐四年二月甲辰,《宋宰辅编年录校补》卷9记吕公著卒于是年正月甲辰。据王瑞来考,“考是年正月壬申朔,月内无甲辰日,二月三日正为甲辰,可知编年录记在‘正月甲辰’误”(徐自明撰、王瑞来校补《宋宰辅编年校补》,中华书局2012年重印版)。《宋宰辅编年录校补》卷9文中又说“是年四月卒于位”之“四月”,当为“二月”。

范纯夫为吕公著去世草遗表。

晁说之《晁氏客语》:“范纯夫为蜀公草进乐表,云……又为申公草遗表,云:‘才力绵薄,岂期位列于三公;疾疹婴缠,敢望年踰于七十。’人谓二公胸中事矣。”又云:“申公薨,范纯夫托山谷草遗表。表成,不用。”

按:吕公著遗表,先由山谷草遗表,不用;再由范纯夫草而成。

因吕公著之丧,宋哲宗临奠,辍朝三日。

《宋会要·礼四一·亲临宗戚大臣丧·临奠》:“(元祐)四年二月三日,幸司空、同平章军国事吕公著第临奠。”

《宋会要·礼四一·亲临宗戚大臣丧·辍朝》:“司空、同平章军国事吕公著,(四年二月,辍三日)。”

七日,范祖禹请假“旬日”为范镇送葬(《太史范公文集》卷4《请假往颍川状》)。

二十六日,范祖禹撰《祭吕正献公文》。

范祖禹《祭吕正献公文》(元祐四年二月):“维元祐四年岁次己巳,二月壬寅朔,二十六日丁卯婿修实录检讨官、承议郎、秘书省著作郎、兼侍讲、上骑都尉、赐绯鱼袋范某,谨以清酌庶羞之奠,恭祭于太师申公丈人之灵。呜呼!去圣已远,道学不明。中庸至德,民鲜能久。过与不及,其失之均。惟公体被中和,性涵纯粹。天降大任,先觉斯民。真宰不言,化育万物;巨浸无际,并包百川。从容庙堂,不见声色。虚一而静,漠然无心。二圣恭己,四方奠枕,非夫深造自得,尚友渊骞,谟明弼谐,思齐稷契,何以居今之世,如见古人?极深研几,宅道之妙,经济之用,乃其绪余。公今云亡,梁木实坏。邦国殄瘁,何痛如之!莫辱知于公,实自早岁。取其迂拙,遂齿昏姻。知己义重,踰于亲爱。仪刑师表,靡所瞻依。追惟训言,流恸何已!敬致薄奠,惟公鉴之。尚飨!”(《范太史集》卷37、《全宋文》卷2167)

是月,范祖禹代上遗表,代上太皇太后遗表。

范祖禹《代吕正献公遗表》:“臣窃以死不忘君,乃人臣之常节;穷则反本,惟生物之大情。虽余喘之至微,犹孤忠之未泯。伏念臣早由末学,进备迩联,重膺累圣之知,可绍前人之烈。材力不逮,岂期位列于三公;气血早衰,敢望年踰于七十。伏遇陛下践盛之阼,拥无疆之休,思庶政之惟艰,图旧人而公济,给扶以登文石之陛,特班以拜大昕之朝。顾未能致主于唐虞,跻民于仁寿,渐无补衮之效,已迫首丘之期。伏望皇帝陛下思先帝之绪以遗大投艰,奉文母之训以永世克孝。不替询谋于黄发,勿忘视戒于丹书。作德日新,务学时敏。无为以守至正,好问而察迩言。崇成圣功,永对宗祐。臣没而不朽,尚依日月之末光;死者有知,虽为泉壤而受赐。臣无任瞻天恋圣、激切屏营之至。”(《范太史集》卷8、《全宋文》卷2123)

范祖禹《代吕正献公上太皇太后遗表》:“臣闻学不羡生,古皆有死。惟归全而知免,乃得正以告终。敢忘垂绝之言,上冒盖高之听。伏念臣夙闻前训,早服近僚，席累世之弓箕，备六朝之鼎铉，升降相与休戚是同。伏遇陛下思齐任姒之功，诞保成康之圣，延登众正，共济多难，而臣入侍经帷，进陪冢席。独膺一相之任，愧乏三年之成，屡陈请老之言，历罄避贤之悬。重辱改容之礼，特跻论道之司，同军国之谋谟，参师保之辅导。尚贪天宠，往践世官。唯高位之疾颠，矧羸躯之多病，仅存残喘，犹报孤忠。虽深轸于慈宸，讫无瘳于眩药。伏望太皇太后陛下储神蠖濩，澄虑穆清，畴咨哲乂之良，顾諟祖宗之宪，纳民仁寿，跻俗雍熙。则臣虽委骨于重泉，犹衔恩于永世。臣无任瞻天恋圣、激切屏营之至。”（《范太史集》卷8、《全宋文》卷2123）

是月，毕仲游撰《祭司空吕申公文》，晁补之撰《阁馆祭吕申公文》，程颐代父作祭文《为家君祭吕申公文》等。

毕仲游《祭司空吕申公文》：“昔在真宗，文穆为政。内举兄子，是为文靖。文靖之起，实相仁宗。三入之荣，礼如伯父。文靖之传公，公复名世。合德裕陵，相今皇帝。西枢旧臣，北门学士。司徒司空，上公之贵。谁实为之，父子兄弟。…… 至仁至静，至忠至平……公既终矣，道亦崇矣。丰功伟烈，莫形容矣。遗德余劳，被无穷矣。失声而恸，士斯同矣。呜呼哀哉，尚飨。”（《西台集》卷17、《全宋文》卷2406）

晁补之《阁馆祭吕申公文》：“维元祐四年月日，具官某等，谨以清酌庶羞之奠，致祭于故平章司空吕公之灵曰：呜呼！大人之德，如山如川，作镇九州，经营幅员。国有大人，君尊而荣，地有山川，气杰以灵。”（《鸡肋集》卷60、《八代文钞》21册、《四续古文奇赏》卷13、《全宋文》卷2748）

晁说之《吕申公笔格铭文》：“申公纯德，见是笔格。我日惧之，惟今惟昔。”（《嵩山文集》卷18、《全宋文》卷2817）

程颐《为家君祭吕申公文》：“呜呼！公禀则异，得天之粹。遘兹良辰，出为嘉瑞。生而富贵，处之无累。幼而聪明，充之能至。学而知真，仕则为道。出入屡更，夷险一操。二圣临御，人望是从……”（《二程文集》卷12；《宋文鉴》卷134，上文中“良辰”作“吕辰”）

按：京官祭文当献于祭拜现场。毕仲游《祭司空吕申公文》、晁补之《阁馆祭吕申公文》及《吕申公笔格铭文》，程颐《为家君祭吕申公文》，当写于是年二月。

是月，苏颂、范纯仁、杨杰、刘挚、陆佃、苏辙等献挽辞。

苏颂《司空平章军国事赠太师开国正献吕公挽辞五首》:

"二圣临熙运,元精降佐臣。人承太岳裔,生在敦(自注:音顿。原注缺,据丁本、道光本、钞本补。)牂辰。六纪登遐寿,三期秉大均。(自注:公在相位三年。)还骑箕尾去,仍值在蛇春。

运偶千龄旦,家传万石风。五朝京兆尹,(自注:文靖公乾兴中尹京,后公昆弟相继至今。)三世大司空。(自注:文穆公、文靖公并以司空平章,至公三世登台。)致主唐虞上,论经伏郑中。(自注:公前岁上《尚书》《论语》《孝经》要义百篇,又称极有益于学问。)生钟维岳瑞,葬复近神崧。(自注:公茔在新郑县神崧里。)

首建司空府,前临魏阙门。特留黄发老,对直紫微垣。故事传台阁,清风遗子孙。四方桃李满,不待史官言。

汉代明经相,唐朝镇俗贤。时方尊长孺,天遽夺公权。衮冕颁新隧,笳箫入故阡。文成内外服,二美冠周篇。

自叹羁屯世少同,平生知己莫如公。早参直谅多闻数,晚入坯陶一器中。存殁交情成契阔,晤言名理谩研穷。追思五十年前会,已识河东父祖风。(自注:景祐四年举进士开封,公与故吕紫微缙叔每相期于场屋,始获拜接,当时流辈皆知公公辅之器。)"(《全宋诗》卷532、第10册)

范纯仁《申国太师吕公晦叔挽词三首》:

"冢宰传三世,元勋辅六朝。承家同郑武,致主必唐尧。梁坏将何仰,川流不可邀。新阡人散后,林柏暮萧萧。

仪物罗西甸,恩荣葬上公。悠扬蒿里日,惨淡柏城风。河岳收英气,旗常纪茂功。传家多令子,将复继遗忠。

达尊推国老,雅量实予师。世翊千龄运,哀闻二圣悲。伤心瞻传象,竭力奉萧规。多少忠贤泪,非唯哭已知。"(《范忠宣集》卷5;《全宋诗》卷625第11册,其中《全宋诗》把"已知"误作"己知"。)

杨杰《申国吕公挽词》:"讣闻孰不泪盈巾,实鉴云亡社稷臣。帝猎渭滨先得吕,神还崧岳旧生申。默调一气归元鼎,坐致群伦入大钧。孤贱无能报知遇,文章曾许继前人。"(《全宋诗》12册)

刘挚《挽司空赠太师申国吕公四首》:

"元祐飞龙日,淮南卓马归。周人瞻赤舄,郑国赋缁衣。旷度销群异,清言析万微。方依泰山重,俯仰失巍巍。

衡镜公多士,耆龟信两宫。群生遂耕织,四海戢戈弓。夺去天何速,藏深壑已空。潭潭新府第,东阁闭春风。

玉辇躬临奠,金钱诏治丧。禭宫周尚父,世爵汉扶阳。位席虚群望,松阡窾旧藏。门中兰玉盛,有以慰思皇。

岁有悬车表,新闻曳杖嗟。风云四朝仕,公相百年家。故国山川近,西郊鼓吹哗。旗常难尽记,膏泽偏幽遐。”(《全宋诗》卷680、第12册)

陆佃《吕申公挽歌词》:“家世从来耸具瞻,平生僚友惮方严。挂闲尘尾清谈罕,传尽龙龇老病添。共惜一朝埋玉树,正当双日下珠帘。自渐曾借风雷便,初与鱼龙初滞淹。”(《全宋诗》卷908、第16册)

苏辙《吕司空挽词(三首)》:

“少年轻富贵,一意在诗书。共恨经纶晚,才收老病余。寡言知德胜,善应本中虚。卒相承平业,讴歌元祐初。

将相家声近,勋名晚岁隆。给扶安旧德,赐府压群公。不见弥缝迹,空推翼戴功。山公旧多可,寒士泣清风。

罢郡来清颍,微官忆宛丘。颓垣那可住,隐几若将休。复起民欣愿,全归天不留。世间反覆手,有德竟无忧。(自注:公罢颍川,退居于陈,辙为陈学官,时请见焉。)”(《栾城集》卷16,《全宋诗》第15册)

二、三月间,吕公著之妻鲁氏被追封为国夫人。

苏轼《吕公著妻鲁氏赠国夫人制》:“敕:妇人之德,如玉在渊,虽不可见,必形诸外。视其夫有羔羊之直,相其子有麟趾之仁,则内德之茂,从可知矣。具官吕公著,故妻鲁氏,名臣之子,元老之妇。所资者深,故志存乎仁;所见者大,故动协于礼。环佩穆然,闺门化之。而降年不永,禄不配德。其改封大国,正位小君。庶几为女史之光,非独慰其夫子而已。可。”(《全宋文》卷1851、《苏文忠公全集》卷38、《皇朝文鉴》卷39、《文章辨体》卷21、《三续古文奇观》卷6、《古今图书集成》闺媛典卷30)

按:文中“故妻鲁氏”,说明鲁氏早已辞世,因追封吕公著为申国公而成为国夫人。苏轼《东坡志林》云:“元祐元年,余为中书舍人,复迁翰林学士、知制诰。”《东坡先生年谱》“元祐四年”条载,时任翰林学士,“(元祐四年)三月内,累章请郡，除龙图阁学士知杭州"。因《吕公著妻鲁氏赠国夫人制》出自苏轼之手，制文时间当在吕公著卒后、苏轼转任知杭州之前，故推知作于二三月间。

三月八日，胡宗愈罢尚书右丞（《长编》卷423、《宋史·宰辅表》、《宋宰辅编年录校补》卷9）①

是月，邹浩撰《祭吕申公文》。

邹浩《祭吕申公文》："天祐主上，笃生我公。来对休运，为今大鸿。面槐执璧，启心而恭。众方窘迫，公独从容。爰有因革，论起如蜂。公徐一言，翕然以从……"（《宋文鉴》卷134）

按：陈瓘《忠公墓志》（《思贤集》卷2）载，邹浩离任扬州后，"移雄州防御推官，知安州孝感县事，不赴"。李兆洛《道乡先生年谱》（《宋人年谱丛刊》第6册）载，邹浩元祐二年任扬州府学教授秩满。元祐三年赴吏部铨，移雄州防御推官，知安州孝感县事，待次。"侍亲保之公居广济军"。元祐四年，"改除颍昌府学教授"，"是年三月，吕申公公著卒，公有祭文"。今从《道乡先生年谱》。

五月十四日，范祖禹又撰祭正献公文，并《祭申国夫人文》。

范祖禹《又祭正献公文》（元祐四年五月）："维元祐四年五月庚午朔，十四日癸未，婿具位某，谨以清酌时羞之奠，恭祭于太师申国正献公。呜呼！自公之殁，才历旬时，邦家失其耆蔡，善人丧其宗主。缅怀风烈，犹有典刑。二圣追思，众贤景慕。尚式周公之训，共夺萧相之规。庶几有成，永底于治。日月逾远，宅兆卜期。某官守有常，义不得往。西望引领，为天下恸。寓此薄奠，惟公鉴之。上飨！"（《范太史集》卷37、《全宋文》卷2167）

范祖禹《祭申国夫人文》（元祐四年五月）："维元祐四年五月庚午朔，岁次己巳，十四日癸未，婿具位某，谨以素馔清茶之奠，昭告于申国夫人。恭惟天生淑德，作配大贤。教成于家，助及于国。而探颐道妙，超出物表。死生之际，不累其心。通儒哲士，未能及此。某昔受室于颍，得拜夫人。退居洛阳，实同淡泊。音容杳远，十有七年。今从申公，永宅玄壤，不克躬奠，惨结于怀。寓此薄礼，展其精意。尚飨！"（《范太史集》卷37、《全宋文》卷2167）

---

① 《宋宰辅编年录校补》卷9记为元祐四年"二月己卯"，二月无"己卯"日，三月有"己卯"，知其误。三月壬申朔，己卯为八日。

是年，吕公著葬于新郑，吕大防为其撰《神道碑》。

李贤、彭时等《明一统志》卷26《河南布政司》(《四库全书》本)载，吕公著葬于新郑县。

乾隆四十一年(1776)版《新郑县志》卷11《祀祠志(附陵墓)》:“宋同中书平章军国事赠太师吕申国正献公公著墓:按在文靖公墓西三里许许冈王村西北，盖郑州境也。旧志载此，而今郭店南有明钧州知州刘魁所立碑，故存之。”

吕大防撰《吕公著神道碑》:“公于讲读尤精，语约义明，可为当世之冠，与司马光同侍经筵，光退语人曰:‘每闻晦叔讲便觉己语烦。’(吕汲公撰《神道碑》)”(转见于朱熹《宋名臣言行录》后集卷8《吕公著》)

《明一统志》卷26《河南布政司》:“吕公著墓:在新郑县北一十里。”

《大清一统志》卷150《开封府》:“吕公著墓:在新郑县北三十五里。”

按:吕公著墓位于新郑郭店乡武岗村南150米处。原墓前立有墓碑，墓冢坐北向南，圆冢，高6米，周长50余米。“1982年元月公布为新郑县重点文物保护单位”(薛文灿《新郑县文物志》)。吕大防作《神道碑》，当在是年。

吕公著，一生编著颇丰。

按:吕公著撰有《吕正献集》30卷(陈振孙《直斋书目解题》卷17)，《吕申公掌记》1卷(陈振孙《直斋书目解题》卷5)，《吕正献十事》(尤袤《遂初堂书目》)，编修《五州录》(《欧阳文忠公文集》卷96《与颍州吕侍读贺冬状》注释)，《仁宗御集》100卷(《长编》206)，《英宗实录》30卷(陈振孙《直斋书目解题》卷4)，《事目》3卷(《玉海》卷48)，《神宗实录》200卷(《文献通考》卷194)，《太常因革礼》100卷(《郡斋读书志》后志卷1)，《吕氏孝经要语》(朱熹《三朝名臣言行录》卷8《丞相申国吕正献公》)，《编定六家谥法》20卷(《玉海》卷54)，《葵亭集》(《续文献通考》卷180)等。今《全宋诗》(傅璇琮主编，北京大学出版社1998年版)收系辑佚而得，共18篇，其中《恭和》辑自宋蒲积中《古今岁时杂咏》卷8，《分题得瘿木壶》辑自吕祖谦《宋文鉴》卷17，《杨郎中新居和尧夫先生韵》二首辑自邵雍《伊川击壤集》卷17;其余14篇则辑自清乾隆十年龚崧林编次之《洛阳县志》卷18。事实上，后14篇原出邵雍《伊川击壤集》，为邵雍所作。故吕公著存世诗作，目前仍只有4篇(李震《〈全宋诗〉所收吕公著诗辨疑》，《中华文史论丛》2016年第4期)，及诗句1条(《吕氏杂记》卷下:“桃溪不减旧，华萼又经春。”)。其中，吕公著《恭和》(按:

和孙固《上元日驾幸太乙宫烧香》)"雪消春动气清微,夹道都人望帝晖。法部已调丝竹管,御袍初进赭红衣。康衢弥节严三卫,真馆焚香降六飞。宴罢瑶池回跸晚,五云通夜拥端闱"(蒲积中《岁时杂咏》卷8),其创作时间待考。《全宋文》(曾枣庄、刘琳主编,巴蜀书社1988年版)收录文92篇。姚红在《全宋文》之外辑佚12篇[姚红《吕公著著述考》,《杭州师范大学学报(社会科学版)》2010年第6期]今从《翰苑新书》续集卷14《仓使类》新录1篇,即吕公著《贺留仓使》:"王事靡,监傥惠顾于同舟,德音不暇,愿拱闻于避席。"作于何时,待考。

附:吕公著编年后录

大约元祐五年(1090),吕公著死后第1年,佚名编《申国春秋》10卷。

汪应辰《读申国春秋》:"右《申国春秋》十卷,盖所记正献吕公言行编年之书也。公方少时,天下期以经济之业。虽出入四朝,人望愈重,然位有所局,时有所制,士君子有遗恨焉。元祐改元,乃始作相,二圣恭已仰成,而司马文正同德比义,相为左右。文正久病,继以不起,公实独当宰枋,既而平章军国事。……盖公之任重道远,伊川先生之知之异乎人之知之,亦书所不能载也。因是书以考公之言行,又因伊川先生之言以求所谓志存而未伸者,则公之所以言所以行,可默识而心通矣。"(《文定集》卷10)

李裕民《宋代年谱编年》:"哲宗元祐五年(1090)后,佚名《申国(吕公著)春秋》10卷。"[《宋代历史文化研究(续编)》,张其凡、范立舟主编,人民出版社2003年版]

按:《申国春秋》,为吕公著(1018—1089)之年谱,佚。据《读申国春秋》文中所说,系知情者编之,以篇幅估算,用一年多时间,当可完成。

元祐六年(1091),死后第2年,吕公著家人获赐银绢三百匹两。

《神宗皇帝实录修撰官锡赐令入内内侍省取旨诏》(元祐六年三月乙亥):"《神宗皇帝实录》书成,其修撰官锡赐,令入内侍省取旨。内故提举官司马光、吕公著各赐银绢各三百匹两,并付其家。"(《长编》卷456、《宋代诏令全集》第4册)

同年，次子吕希绩因“公著丧满，除都官员外郎”（《元祐党人传》卷6小传）。

元祐七年（1092），吕公著死后第3年。范祖禹举荐程颐、苏轼、吕希哲（吕公著长子）等（《续资治通鉴》卷80）。

绍圣元年（1094），死后第5年，发《敕牓朝堂诏》等，斥司马光、吕公著等为朋党，予以追责，夺赠谥。

《敕牓朝堂诏》（绍圣元年七月戊午）：“送往事居，是必责全于臣子；藏怒宿怨，岂宜上及君亲？……司马光、吕公著忘累朝之大恩，怀平时之觖望，幸国家之变故，遂朋党之奸谋。引吕大防、刘挚等，或并立要途，继司宰事；或迭居言路……宜令御史台出榜朝堂，进奏院遍牒。”（《宋大诏令》卷195、《宋代诏令全集》第3册）

《韩川孙升落职川知坊州升知房州制》（绍圣元年六月乙酉）：“前大臣光、公著乘朕不言，引岩叟、光庭等，欺罔帘帷；大防、挚又用安世、川、升等，以善其后。皆以凡才，冒处禁署，妄矜小智，讹诋先烈，十年之间，同恶相济。岂以朕为终不足以察尔奸？”（《宋大诏令集》卷207、《宋代诏令全集》第8册）

《范纯仁降官制》（绍圣元年七月丁巳）：“方光、公著、大防等先后用事，汝则朋比居中，传会奸谋，变乱先烈，首议弃地，贻患边防。”（《宋大诏令集》卷207、《宋代诏令全集》第8册）

《宋会要·刑法六·矜贷》：“（绍圣元年）七月二十一日，宰臣章惇等奏曰：‘前日再谪吕大防、刘挚、苏辙、梁涛、刘安世，并司马光、吕公著追谥诰赠典，及仆神道碑，既牓朝堂，众论咸以为宽。余人连逮尚众，陛下许其自新，一切不问，莫不忻悦。’上曰：‘据其罪状甚可诛，然不欲究其事，乃用轻典，聊示惩责尔。’”

《续资治通鉴》卷83“绍圣元年”（1094）条载：“召淮南转运副使张商英为右正言。商英在外久不召，积憾元祐大臣，攻之不遗余力，上疏言：‘神宗盛德大业，跨绝今古，而司马光、吕公著、刘挚、吕大防，援引朋俦，敢行讥议。凡详定局之见明，中书之勘会，户部之行遣，言官之论列，词臣之诰命，无非指擿决扬，鄙薄嗤笑，翦除陛下羽翼于内，击逐股肱于外，天下之势，岌岌殆矣！今天清日明，诛赏未正，乞下禁省检索前后章牍，付臣等看详签揭以上，陛下与大臣斟酌而可否焉。’又指吕大防、梁焘、范祖禹为奸邪，以司马光、文彦博为负国，言吕公著不当谥正献，甚者至以宣仁双吕、武。始，商英在元祐时，作《嘉禾颂》，以文彦博、吕公著比周公，又作文祭司马光，极其称美，至是乃追论其罪。”

绍圣三年(1097),死后第7年,有人以司马光、吕公著府第作比为蔡确后人乞家宅。

《宋会要·方域四·第宅》:"哲宗绍圣三年九月十七日,诏赐蔡确本家宅一区。以中书舍人叶祖洽言:'……近时司马光、吕公著等皆以安佚殁于府第,恩礼隆厚,赙赠优渥。而确尝受遣,为元祐人所嫉,贬死岭外……'故有是赐。"

绍圣四年(1098),死后第8年,追贬吕公著建武军节度副使、再贬为昌化军司户,其子分司居住,亲友受到牵连。

《吕公著追贬散官制》(绍圣四年二月丙辰):"故司空、同平章军国事吕公著……可特追贬建武军节度副使。"(《宋大诏令集》卷208)

《吕希哲吕希纯吕希绩分司居住制》(绍圣四年二月癸未):"朝奉大夫、权知太平州吕希哲,朝奉大夫、知归州吕希纯,朝请大夫、管勾亳州明道宫吕希绩:尔父公著,当元祐初,窃据宰司,毁黩先烈,变乱法度,罪恶贯盈。……希哲可特降授朝奉郎、尚书虞部员外郎分司南京,和州居住。希纯可降授朝奉郎、尚书屯田员外郎分司南京,金州居住。希绩可降授朝请郎,差遣依旧,光州居住。"(《宋大诏令集》卷208)

《故追贬建武军节度副使吕公著追贬昌化军司户》(绍圣四年四月辛丑①):"特追贬昌化军司户参军"(《宋大诏令集》卷208、《宋代诏令全集》第8册)

《追夺王岩叟等恩例诏》(绍圣四年四月壬寅):"司马光、吕公著遗表恩例,并依例追夺。"(《长编》卷486、《宋代诏令全集》第8册)

元符三年(1100),死后第11年,吕公著追复太子太保。邢恕落职。

《邢恕落职分司制》(元符三年六月丙午):"使光、公著被凶悖之名,蒙窜殛之罪,欺天误国,职尔之由。矧尔于彼二人,实门下士,借誉引重。"(《宋大诏令集》卷209)

《司马光吕公著追复官制》(元符三年五月二十四日):"具官某出入四朝,望实兼邵。奥自神考,俾赞事枢。逮及先朝,爰立作相。……光追复太子少保,公著复太子太保。"(《宋大诏令集》卷221)

《宋会要·职官四六·分司》:"(元符)三年(徽宗即位未改元)六月十日,左正言陈瓘言:'龙图阁待制、知荆南府邢恕昨者自谓亲闻司马光有凶悖之语,

---

①该文时间四月辛丑,原系于"二月",据《长编》卷486改补。

遂以告于章惇,而光及祖禹等缘此贬窜。……望降睿旨,原情定罪,以协公议。'三省进呈瓘疏,韩忠彦请改撰司马光、吕公著告词。上曰:'但贬邢恕训词中具载此意,则天下皆知之矣。'是日,责恕为少府少监,分司西京,筠州居住。"

《宋史纪事本末》卷11《建中初政》:哲宗元符三年四月,"己丑,追复文彦博、王珪、司马光、吕公著、吕大防、刘挚等三十三人官,韩忠彦言之,遂有是诏"。

崇宁元年(1102),死后第13年,太子太保吕公著降授左光禄大夫(《宋会要·职官六七·黜降官四》)。

八月,令其子弟不得在京差遣。

《司马光等不得与在京差遣诏》(崇宁元年八月丙子):"司马光、吕公著、王岩叟、朱光庭、孔仲平、孔文仲、吕大防、刘安世、刘挚、苏轼、梁焘、李周、范纯仁、范祖禹、江衍、汤戫、李清臣、丰稷、邹浩、张舜民子弟,并不得与在京差遣。陆傅、吴储、吕好问、吕凝问、苏适、吕能问、王摭、张禹并与外任合入差遣。"(《通鉴长编纪事本末》卷121)

九月,立党人碑于端礼门,吕公著与司马光、文彦博等凡百二十人被称为奸党。

《吕正献公公著传·实录》:"崇宁元年五月,有司言复官太优,诏降左光禄大夫。自是蔡京擅朝,指公著为奸党首恶,始置元祐党籍。"

《续资治通鉴》卷88崇宁元年九月"己亥"条载:"蔡京籍文臣执政官文彦博等二十二人,待制以上官苏轼等三十五人,余官秦观等四十八人,内臣张士良等八人,武臣王献可等四人,等其罪状,谓之奸党,请御书刻石于端礼门。"

崇宁二年(1103)九月,死后第14年,州监立奸党碑。

《续资治通鉴》卷88崇宁二年九月"辛丑"条载:"臣僚上言:'……以御书刻石端礼门姓名下外路州军,于监司长吏厅立石刻记,以示万姓。'从之。"

崇宁三年(1104),死后第15年,立党籍碑于文德殿及尚书省,并令州县立奸党碑。

《吕正献公公著传·实录》:"(崇宁)三年六月,刻石文德殿及尚书省,又颁其书天下,立石于监司郡守厅事。"

《续资治通鉴》卷89崇宁三年六月"壬戌"条载,元祐奸党姓名,"皇帝书而刊之石,置于文德殿门东壁","诏颁之州县,令皆刻石"。

崇宁五年(1106),死后第17年,正月毁党人碑(《续资治通鉴》卷89)。

靖康元年(1126),死后第37年,二月除元祐党籍学术之禁(《续资治通鉴》卷96)。

建炎元年(1127),死后第38年,丰稷认为吕公著应与司马光一道配飨哲宗。

《宋会要·礼一一·配享功臣·杂录》:“《宋史·丰稷传》:徽宗时稷为工部尚书、兼侍读,改礼部。论宋用臣不当赐美谥,不为书敕。哲宗升祔,议功臣配飨,稷以为当用司马光、吕公著。或谓二人尝得罪,不可用,稷曰:‘止论有功于时尔,如唐五王,岂非得罪于中宗,何嫌于配飨?’”

按:《司马温公年谱(卷后)》建炎元年条载:“诏配飨哲宗庙庭,诏罢观文殿大学士赠太师蔡确配享,以公代之。见《文献通考》。”则丰稷言吕公著应与司马光一道配飨哲宗,当在建炎元年。

建炎四年(1130),死后第41年,特赠吕公著太师,追封晋国公。

《追封吕公著范纯仁吕大防诏》(建炎四年十一月十二日):“故司空、平章军国事吕公著特赠太师,追封晋国公。”(《宋会要·职官七六》)

《吕正献公公著传·实录》:“绍兴元年,追复赠太师、申国公,谥正献。”

《宋会要·仪制一一·宰相追赠·前宰相》:“司空、平章军国事吕公著,(建炎)四年十一月赠太师、追封鲁国公。”

绍兴元年(1131),死后第42年,复赠吕公著太师、申国公。

《吕正献公著传(实录)》:“绍兴元年,追复赠太师、申国公,谥正献。”

《宋会要·仪制一一·宰相追赠》:“司空、平章军国事吕公著,(元祐)四年二月赠太师、申国公。绍兴元年七月,以周秩言,诏追所赠官,至绍兴元年复赠官。”

是年,因家贫,赐其孙吕好问家绢三百匹。

《宋会要·礼四四·赙赠·特恩加赐者》:绍兴元年,“资政殿大学士、太中大夫、提举临安府洞霄宫吕好问。十月,赐其家绢五百匹,以好问尝任吏部侍郎、兵部尚书、尚书右丞,除罢恩例,支赐皆辞免,至是家贫不能办棺殓故也。既而臣僚论(例)[列],有旨减作三百匹”。

按:吕好问是吕公著之孙、吕希哲之子。

绍兴三年(1133),死后第44年,赐吕庭问家银一百两。

《宋会要·礼四四·赙赠·特恩加赐者》:绍兴三年,“福建路转运判官吕庭问。八月,赐家银一百两。庭问系故相夷简之后,前任金部郎中,因患乞外补,未朝辞问卒,坟墓田园皆在江北,家贫狼狈,故有是命也”。

乾道五年(1169),吕公著死后第80年,吕祖谦修《东莱公家传》[吕乔年《(吕祖谦)年谱》,《续金华丛书》本]。

黄震《黄氏日抄》卷40《家传》:“《东莱公家传》,国朝知泗州吕龟图,生蒙正,相太宗、真宗。龟图弟龟祥知寿州,生大理寺丞蒙亨,蒙亨生夷简,三相仁宗。文靖生公著,相哲宗。公著生希哲,是为荥阳公。希哲生好问,是为东莱公。好问生子本中,而下五人。孙大器,而下九人。曾孙祖谦,而下十六人。祖谦,东莱先生也。自荥阳公以道学为世宗,东莱公早得其传,党论起,尝厄困者二十年。钦宗立,骤用之围城中,备尝艰难,力劝张邦昌复辟而尝受邦昌伪命,论者及之。迨三世而后,先生为之传,盖白其本心云。”

汪应辰作《题申温蜀三公倡和词》,以“想其风流人物”。

汪应辰[1]《题申温蜀三公倡和词》:“吕申公知河阳,司马温公、范蜀公并驾访之。此其临岐倡和词也。既去,申公榜其所馆为‘礼贤堂’云。……乡人求此词,因手录以遗之,且书其后,庶几诵其词,想其风流人物,或者为之兴起也。”(《文定集》卷11)

开禧三年(1207),死后第118年,诏书称赞“公著之于元丰”之功绩。

《钱象祖辞免参知政事不允诏》(开禧三年):“昔宋庠之于庆历,公著之于元丰,皆以宣力四方,再登两社,迄臻大用,俱为名臣。朕之遇卿,抑何异此?”(《后乐集》卷3、《宋代诏令全集》第8册)

端平元年(1234),死后第145年,吕公著《时议》十条被称许。

《钟震授兼侍读制》(端平元年正月庚子朔日),称“范祖禹进《帝学》八卷,色和而气平;吕公著列《时议》十条,义明而词约”(《鹤林集》卷7、《宋代诏令全集》第5册、日期据《宋史》卷41《理宗纪一》补)。

宋代,吕公著被祀于泰州思贤堂。

《江南通志》卷40《扬州府》:“思贤堂在泰州学内,祀宋韩琦、欧阳修、刘敞、

---

①汪应辰(1118—1176),少从吕本中等游,后与吕祖谦为友,可谓与吕公著家族颇有渊源。

吕公著、苏轼。宋彭方重建，增祀陈瓘、任伯雨为七贤堂。”

明嘉靖十一年(1776)，死后第687年，钧州知州刘魁为吕公著重立墓碑。

乾隆四十一年本《新郑县志》卷29《金石志》：“明重立吕正献公墓碑：碑在县北郭店驿南，嘉靖十一年知州刘魁立。”

按：明代，新郑是钧州的管辖县。

大约在清初，吕公著入新郑“十贤祠”。

康熙《新郑县志》卷3《祠庙》“十贤祠：在县北门外，祀唐裴度，宋王曾、曾公亮、吕蒙正、吕公著、陈省华、陈尧佐、吴育、欧阳修、郑居中。以其墓在境内，故合祀，今废。”

按：“十贤祠”中的“吕蒙正”，误，实为吕夷简。乾隆《新郑县志》改之。

清代中叶，吕公著开创的吕氏家学仍受推崇。

嘉庆《洛阳县志》卷8《工地记下·附坊表》载：“县学西，伊洛渊源坊：为宋程颢、程颐、张载、邵雍、司马光、吕希哲、邵伯温……吕本中。”

按：吕希哲、吕本中是吕氏家学的重要传承人，与伊洛学派有渊源，并为传颂。

清咸丰四年(1854)，死后第765年，新郑县令吕成彦复立“宋司空赠太师同平章谥正献吕申公之墓”碑(薛文灿《新郑县文物志》“吕公著墓”条载)。

后　记

中国以编年体记事、记人由来已久。宋人年谱以学者、文学家居多,官宦次之,宰相更少,“现存者达八十余种”(《宋人年谱丛刊·前言》),如谱主欧阳修、王安石、苏轼、苏辙、黄庭坚、李纲、程颐等,皆为一流名人。篇幅由最短的不到500字(如赵令畤《微之年谱》),到绍兴年间(1131—1162)《王荆公年谱》1000多字,到淳熙十年(1183)的《大慧普觉禅师年谱》20000余字,再到南宋末的《陆象山年谱》超过40000字,内容也由最初的生平事迹拓展到展现家族、时事、功业、系谱、交友、价值等方面。今人修谱有的则强调大而全,俨然一部谱主生卒年间的断代史,内容固然大为丰富,却相对削弱了谱主的主体地位。年谱怎么编?我在编写《北宋吕氏家族“一门三相”编年录》时尝试在谱主角色定位上多用力,突出针对性、关联性、全局性,切实把握“一主二辅”(以谱主行迹为主,以社会关系、环境影响为辅)的基本构架,呈现时代特质、个人价值,反映经济社会的发展风貌。

一、以谱主行迹为主线,彰显特色,突出针对性

北宋吕氏家族吕蒙正、吕夷简、吕公著“一门三相”,吕公著“从祖蒙正,相太宗,谥曰文穆;父夷简,相仁宗,谥曰文靖。一族之中为宰相者三人,而公父子又皆以三公、平章军国”(《宋宰辅编年录》卷9),至今没有专门之年谱。“宰相者,上佐天子、理阴阳、顺四时,下遂万化之宜,外镇抚四夷,内亲附百姓,使卿大夫各得其职也”(《续资治通鉴长编》卷364)。宫梦仁《读书纪数略》卷20《人部·望族》:“三吕:(三世宰相。夷简、公著父子平章)吕蒙正(圣功,文穆),夷简(坦夫,文靖),公著(晦叔,正献)。”《锦绣万花谷》前集卷24《子部·类书类·贵》:“本朝吕蒙正、夷简一门二相,二十年居政府,又文靖公子公弼、公著、公亮、公孺俱为内翰,长有名德。”《山堂肆考》卷82《父子丞相》有“宋吕夷简与子公著”;《吕氏父子》:“宋吕夷简字坦夫,河南人,及进士第;子公著,字晦叔,以恩补奉礼郎,中进士第。”不管是其为官、为学,均有独特的承接性、显著性,编辑合谱值得探究。

1. 明晰行迹。河南吕氏与寿州吕氏本是“一门”，源于山东莱州，关系密切。就其行迹，大体有二。一是生活行迹。吕蒙正自幼来到河南洛阳，因父母关系不合，迁居“寒窑”，苦读成才，成为宋代第一位状元宰相。吕夷简是“大理寺丞蒙亨之子，宰相蒙正之犹子也”（《宋宰辅编年录·乾兴元年》卷4），因父吕蒙亨任职变化而随之迁居福建、四川等地，不乏奔波之苦。《宋史·吕夷简传》对吕蒙亨任职情况记载有误，不是任武平县主簿，而是武平场官员，且遗漏授僰道县令之职。吕蒙正入相，安排吕夷简家自寿州迁入京都开封。二是任职行迹。吕蒙正除早年在通州为官外，主要在京都开封三拜宰相，离开相位也以在家乡河南府治所洛阳任职为多。吕夷简的为官地，遍及山东、江苏、山西、河北等地，既有京都之寓，也有边防之所。吕公著在朝一旦建言受阻，大都寻求外任，尤其他质疑王安石变法而离京，留在洛阳休闲，更有在颍州、河阳、扬州等一线的奋进与思考。

2. 准确定位。本书是对宰相行迹进行编年，其定位至少应把握以下两点。一是宰相的角色定位。吕蒙正、吕夷简、吕公著相继拜相，作为丞相，既有选人、任人之责，又关乎国运、民生。这一定位，决定该合谱重点应关注选举、时事、制度、宫廷等层面，尤其是对“独相”的存在，理应关注。叶梦得《石林燕语》卷8载，国朝宰相，“七朝独相者七人”，其中吕蒙正“独相者逾年”，“（吕）夷简独相者三年”，没论及吕公著。实际上，吕公著自司马光去世，“独当国”（《宋史·吕公著传》）而理军国大事，足见“三吕”在北宋之影响。二是事物的客观定性。“三吕”跨度大，累计在相位时间长，涉及庆历新政、王安石变法等改革，谱主总体缺乏变革精神，但吕公著对王安石变法并非持全盘否定之态度。在史料的运用上不加取舍，秉持客观，一切以“实”论之。

3. 彰显特色。吕蒙正首次拜相，即与开国重臣赵普搭档，他施政理念在于宽简、耿直，主张无为而治，不结关系网，举贤不避亲。《续资治通鉴长编》卷31淳化元年九月戊寅（六日）条载，“以乡贡进士吕蒙叟为鄄城县主簿，蒙庄楚丘县主簿，蒙巽沈丘县主簿，皆宰相蒙正诸弟，从其请而命之”。蒙巽是吕蒙正的堂弟、吕蒙亨的弟弟，得益于吕蒙正的关照而为官。吕蒙正还向宋真宗推荐吕夷简，认为其可做相。吕夷简以“智慧”著称，注重运筹关系，如范仲淹因其所上

《百官图》。吕公著汲取佛学，讲究诚实、情怀，也留下“家百官”（元祐三年）之说。《宋史》论曰：“公著父子俱位至宰相，俱以司空平章军国事，虽汉之韦、平，唐之苏、李，荣盛孰加焉！夷简多智数，公著则一切持正，以应天下之务。呜呼！贤哉。”（《宋史·吕公著传》）

4. 辨明真伪。编写年谱，务必求实。对真伪的考辨，主要把握以下四个方面。一是地名考辨。吕蒙正住寒窑苦读成才的故事在我国可谓妇孺皆知，并颇有民间“高度”，如元王实甫《吕蒙正风雪破窑记》、明传奇《彩楼记》等，文中刘月娥（刘小姐）抛绣球招亲吕蒙正，实际上吕蒙正的“初妻”为宋氏。蒙正父龟图，“初多内宠，与妻刘氏不睦，并蒙正出之”（《宋史》本传）。蒙正“寒窑”在何处？目前有三种说法：一是淮南之龟山（《八公山志·古墓》，黄山书社 1996 年版）；二是洛阳之龙门，宋邵伯温《邵氏闻见录》、宋叶梦得《避暑录话》等宋代笔记均持此说；三是偃师之相公庄（今属洛阳市偃师市佃庄镇），清陆继辂、魏襄《洛阳县志》卷 16 载，“吕文穆公土室：在相公庄，相传蒙正贫栖处”。这三种说法，前者见之于史料较晚，后两种则留有痕迹。据《吕文穆公蒙正神道碑》知，吕蒙正少时父母分居，吕蒙正随母居于洛中；父亲“佐边幕”，守边关；后来，移居龙门苦读成才。这说明其居“洛中”相公庄，是发生在居洛阳龙门之前的事，两者有承接关系。二是时间考辨。苏象先《丞相魏公谭训》卷 10 载：“吕文靖少时，伯父司空不以任子荐之。宗亲为言，司空曰：‘彼当自致公辅，岂可以门阀卑之。’后中甲科，为幕职官，月俸五千八百。乃约家人，日用不过百金。有余，置竹筒盛之。一千以供太夫人，一千以畀内子，八百以备伏腊。竹筒之积，具饭以待同僚。上下欣然，无不足之色。后果继世父官。钧庆院赐宴官食，方暑，不可下箸。曾祖居与相对，兖国太夫人治家，乃排五六十位，但具匕箸，置白饼缕肉饭。下饭，瓜姜咸豉尔。人人至者，自食饱足。后吕司空每见必戏曰：‘未尝忘一饭之德也。’”文中称“后果继世父官”，吕夷简之父吕蒙亨，至道初，考课州县官，蒙亨引对、文学、政事俱优，于是命为光禄寺丞（张方平《赠太师中书令谥文靖吕公神道碑铭》，《张方平集》卷 36），改大理寺丞，无禄早逝。吕夷简再次任大理寺丞，可能正是设宴的原因所在。大中祥符元年（1008）四月，吕夷简任大理寺丞期间，考中才识兼茂明体用科。尽管他没被马上重用，却被转岗使用。设宴的时间为“方暑”，故上推至景德三年（1006）之夏，以断其任大理寺丞三年之起始时间。三是人名考辨。《铁围山丛谈》卷6:“维扬芍药甲天下,其间一花若紫袍而中有黄缘者,名金腰带。金腰带不偶得之,维扬传一开则为世瑞,且簪是花者位必至宰相,盖数数验。昔韩魏公以枢密副使出维扬,一日,金腰带忽出四蕊,魏公异之,乃燕平生所期望者三人,与共赏焉。时王丞相禹玉为监郡,王丞相介甫同一人俱在幕下,及将燕,而一客以病方谢不敏,及旦日,吕司空晦叔为过客来,魏公尤喜,因留吕司空,合四人者,咸簪金腰带。其后,四人果皆辅相矣。或谓过客乃陈丞相秀公,然吾旧闻此,又得是说于吕司空,疑非陈丞相也。”庆历五年(1045)三月五日,韩琦罢枢密副使,加资政殿学士,知扬州(《长编》卷155、《宋宰辅编年录》卷5),四月五日到任(韩琦《安阳集》卷25《扬州谢上表》)。此事,亦见于《墨客挥犀》《后山谈丛》《清波杂志》《丞相魏公谭训》《遁斋闲览》等,所载略同,唯过客小异。如《梦溪笔谈·补笔谈》中的“过客”是陈升之。刘成国《王安石年谱长编》认为此事发生在庆历五年夏(中华书局2018年1月版,第140页),当是。不过对“过客”是吕公著,还是陈升之,仍未敢确认。实际上,吕公著当时丁父忧,需居家守孝,不可能远游扬州,故本《编年录》不予采信《铁围山丛谈》之说。四是任职考辨。《山东通志》(文渊阁版《四库全书》)卷27《宦绩志》载,“吕公著:寿州人。仁宗时,知曹州,勤于政治,率五鼓起阅案牍,黎明出听事,民有讼者,悉怀糗待,决事无留滞,吏无惊扰,人皆颂其神明”。按:《东都事略》卷88《吕希哲传》:“(吕希哲)以直秘阁知曹州”。康熙《曹州志》卷7《职官志》宋代部分“刺史”条载有吕希哲,并无吕公著。吕希哲是吕公著之长子。可知《山东通志》有误。

二、以社会关系为纽带,理性界定,寻找关联性

家族、婚姻、师生、友人,皆为关系。单就姻亲看,吕蒙正有十子、四女,二女婿赵安仁、四女婿丁度官居宰辅。吕夷简、吕居简同娶马亮之女,吕公著娶鲁宗道之女,吕公弼娶王旦之女,吕公孺娶张士逊之女,吕希哲娶张昷之之女,吕希道娶王珣瑜之女,吕希绩娶吴充、钱暄之女,吕希纯娶宋敏求之女等,其姻亲位居宰辅者居多,从这一侧面可窥见吕氏家族社会关系之一斑。

1.梳理关系。交际圈、亲友团维系着关系。《长编》卷26雍熙二年三月“己未”(十五日)条载,“参知政事吕蒙正之从弟吕蒙亨”等举进士皆入等,因宋太宗说“斯并势家与孤寒竞进”,皆罢之。吕蒙亨没能考上,实为受吕蒙正的家门关系影响所致。垂帘听政,是宋朝“皇权”的别样风景,且发生过几次,其中就涉及吕夷简、吕公著父子,吕夷简任宰相期间支持“垂帘”,吕公著则在“垂帘”下擢任宰相。

2. 把握承接。“三吕”宰相涉及家族力量与风气指向。吕蒙正开启吕氏家族“为官”显赫的大船,拉动吕氏家族的快速发展。据《挥麈录·前录》卷2载,“吕文穆相太宗。犹子文靖参真宗政事,相仁宗。文靖子惠穆为英宗副枢使;次子正献为神宗知枢,相哲宗。正献孙舜徒为太上皇右丞。相继执七朝政,真盛事也”;并说,“本朝一家为宰执者,吕氏最盛,既列于前矣”。吕夷简把“为官期”推向高峰,死后配享太庙。吕公著则实现由显赫“为官”向为官与为学并举的转变,开启“吕氏家学”。

3. 理性界定。吕公著与王安石曾同为“嘉祐四友”,后来因变法使关系出现变数。欧阳修与吕夷简关系不和,却与其子吕公著为“讲友”,其关系定位最终没能得到进一步发展。吕公著的后人吕本中在《童蒙训》中说,“正献公交游,本中不能尽知之。其显者,范蜀公、司马温公、王荆公、刘原甫也”。其中没有提及欧阳修,当有深意。

三、以环境影响为背景,点面结合,把握全局性

时势造英才,任何个体的成长都离不开环境,宰辅之变、选举等时事皆有关联。吕蒙正陪同宋太宗亲征,途中即任著作郎、直史馆,加右拾遗,服银绯。据《吕文穆公蒙正神道碑》载,“(太平兴国)四年代还,会帝征太原刘氏,朝于行在,道受著作郎、直史馆,旋加右拾遗,服银绯”。这说明时事往往造就英才。

1. 以点连面。宫廷之变、宰辅之变、政策之变,事关国计民生。中国“四大发明”,宋代占其三;唐宋散文“八大家”,宋代有其六;宋代粮食生产“较汉增长百分之一百七十一,较唐增长百分之一百零六”(谢天佑、王家范《中国封建社会的再生产与农民战争的历史作用》)。这些均与社会环境及宰辅的能动性有关。本《编年录》对宰辅的变化、科举的情形等均有简要记载,“三吕”作为宰辅任免环节中的一点反映出用人的指向。对政策层面,如王安石变法,吕公著、吕公弼、吕嘉问等吕氏家族成员均有涉足,从中可看出变法之影响。

2. 突出重点。北宋重文轻武,与“陈桥兵变”“杯酒释兵权”等政治生态有关。宋太宗得天下,更是倡导“文治”,科举扩招,吕蒙正考中状元,成为直接的受益者，得到快速升迁。“文治”需要选贤任能。以举荐为例，据赵善璙《自警编》卷7载，“吕正献公之在侍从也，专以荐贤为务，如孙莘老觉、李公择常、王正仲存、顾子敦临、程伯淳颢、张天祺戬等，皆为一时显人”。吕公著荐贤甚多，却没有举荐自己的长子吕希哲，反映出其“持正”的秉性。

3. 呈现背景。本《编年录》所加“按”，既有人物的关联简介，也有相关事件的缘起及影响。吕公弼作为丞相吕夷简之子，受到优待，后官至枢密使。他十九岁破例擢为庐州知州（王栐《燕翼诒谋录》卷5《京官不得拟知州通判》）；至和元年（1054）七月八日，“权知开封府、龙图阁直学士、兵部郎中吕公弼为枢密直学士，知益州”（《长编》卷176），其原因在于：“先是，帝每念吕夷简，闻公弼有才，书其名于殿柱。公弼奏事，帝目送之，语宰相曰：‘公弼甚似其父。’既召程戡入辅，因使公弼代戡。公弼固辞，乃复授龙图阁直学士、同知群牧使”（《续资治通鉴》卷47）。《宋会要·官职二三》则载，“至和元年七月十七日，差龙图阁直学士吕公弼同群牧使。权添此一员，后不得为例”。一而再地破例，凸显宰相家族子弟之殊遇。

吕氏家族“一门三相”，居于北宋中前期，既迎来“为官期”的高峰、面对“为学期”的转折，也折射出吕氏一门的家国情怀。编撰此编年录，当是一次历史的回眸与审视。我自2005年起关注“三吕”，至今十余年矣。交黄山书社两年来，又多有修改、补充，尽可能做到简明、翔实。然因水平所限，疏漏、失误仍在所难免，权作抛砖引玉。蒙文史专家姚尚书先生作序，予以点评，受益匪浅。安徽文史馆馆员郭学东先生、安徽科技学院人文学院院长陈传万先生、副院长李晓东先生，淮南市社科联主席张松先生，合肥日报副总编傅学德先生等对本书的草成，多有帮助与鼓励。本书的出版得到黄山书社、中共凤台县委、凤台县人民政府及中共凤台县委宣传部、凤台县融媒体中心的大力支持。在此，一并感谢。

孙友虎

2020年8月于凤台

主要参考文献

A

《安阳集》,[宋]韩琦撰,《四库全书》本。

《(道光)安徽通志》,[清]陶澍,黄山书社2015年版。

《(光绪)安徽通志》,[清]何绍基总纂,1986年江苏广陵古籍刻印社影印本。

《安定先生年谱》,胡鸣盛撰,四川大学出版社2003年版,《宋人年谱丛刊》本(下文略称之,同一版本年谱,不再注出版社)。

B

《北梦琐言》,[宋]孙光宪撰,上海师范大学古籍整理研究所编《全宋笔记》,大象出版社2016年版。(以下简称"大象版"。)

《避暑录话》,[宋]叶梦得撰,大象版。

《步里客谈》,[宋]陈长方撰,《守山阁丛书》本。

《宝庆四明志》,[宋]罗濬撰,宋元方志丛刊本,中华书局1990年版。

《碧云騢》,[宋]梅尧臣撰,大象版。

《泊宅编》,[宋]方勺撰,大象版。

《北窗炙輠录》,[宋]施德操撰,大象版。

《包孝肃奏议集》,[宋]包拯撰,《四库全书》本。

《汴京遗迹志》,[明]李濂撰,《四库全书》本。

《稗编》,[明]唐顺之撰,《四库全书》本。

《北宋经抚年表》,[清]吴廷燮撰,张忱石点校,中华书局1984年版。

《北宋文人与党争》,沈松勤撰,人民出版社1998年版。

《北宋新旧党争与文学》,萧庆伟撰,人民文学出版社2001年版。

《北宋文化史述论》,陈植锷撰,中国社会科学出版社1992年版。

C

《春明退朝录》,[宋]宋敏求撰,大象版。

《淳熙三山志》,[宋]梁克家撰,宋元方志丛刊本,中华书局 1990 年版。

《春渚纪闻》,[宋]何薳撰,中华书局 1983 年版。

《徂徕石先生文集》,[宋]石介撰,中华书局 2009 年版。

《东坡志林》,[宋]苏轼撰,大象版。

《晁氏客语》,[宋]晁说之撰,大象版。

《丞相魏公谭训》,[宋]苏象先撰,大象版。

《蔡忠惠集》,[宋]蔡襄撰,上海古籍出版社 1996 年点校本。

《蔡襄全集》,[宋]蔡襄撰,福建人民出版社 1999 版。

《吹剑录全编》,[宋]俞文豹撰,古典文学出版社 1958 年版。

《传家集》,[宋]司马光撰,《四库全书》本。

《诚斋集》,[宋]杨万里撰,《四库全书》本。

《册府元龟》,[宋]王钦若等撰,升华书局 2003 年版。

《纯白斋类稿》,[元]胡助撰,《四库全书》本。

《词林典故》,[清] 张廷玉等撰,《四库全书》本。

《存研楼文集》,[清] 储大文编,《四库全书》本。

《滁州志》,[清]余国谱修,清康熙十二年刻本。

《蔡襄年谱》,刘琳编,《宋人年谱丛刊》本。

D

《东都事略》,[宋]王称撰,齐鲁书社 2000 年版,见于《二十五别史》。

《丁晋公谈录》,[宋]傅为、丁谓撰 ,大象出版社。

《东斋记事》,[宋]范镇撰,大象版。

《道山清话》,[宋]佚名撰,大象版。

《东京梦华录》,[宋] 孟元老撰,大象版。

《东坡七集》,[宋]苏轼撰,岳麓书社 2000 年点校本。

《东原录》,[宋]龚鼎臣撰,《丛书集成》本。

《东斋记事》,[宋]范镇撰,中华书局 1980 年版。

《沧浪诗话》,[宋]严羽撰,郭绍虞校笺,人民文学出版社 1983 年版。

《东莱吕紫微诗话》,[宋]吕本中撰,《丛书集成》本。

《东莱吕太史文集》、《别集》、《外集》、《附录》,[宋]吕祖谦撰,续金华丛书本。

《东轩笔录》,[宋]魏泰撰,大象版

《端明集》,[宋]蔡襄撰,《四库全书》本。

《东坡全集》,[宋]苏轼撰,《四库全书》本。

《东塘集》,[宋]袁说友撰,《四库全书》本。

《帝学》,[宋]范祖禹撰,《四库全书》本。

《读书录》,[明]薛瑄撰,《四库全书》本。

《读书纪数略》,[清]宫梦仁撰,《四库全书》本。

《大清一统志》,嘉庆二十五年敕修,《四部丛刊》本。

《丁谓年谱》(巴蜀书社 1998 年版《丁谓研究》附),[日本]池泽滋子撰,《宋人年谱丛刊》本。

E

《二程集》,[宋]程颢、程颐撰,中华书局 1981 年点校本。

《二程遗书》,[宋]程颢、程颐撰,上海古籍出版社 2000 年版。

《二十史朔闰表》,陈垣撰,中华书局 1962 年版。

F

《范文正公文集》,[宋]范仲淹撰,四川大学出版社 2002 年点校本。

《范太史集》,[宋]范祖禹撰,《四库全书》本。

《范文正公年谱》,[宋]楼钥撰,《宋人年谱丛刊》本。

《范忠宣集》,[宋]范纯仁撰,《四库全书》本。

《发明义理》,[宋]吕希哲撰,《四库全书》本。

《方舆胜览》,[宋]祝穆撰,上海古籍出版社 1986 年影印本。

《凤阳府志》,[清]冯煦修,光绪三十四年活字本。

《枫窗小牍》,[宋]袁褧撰,《丛书集成》本。

《范文正公年谱》(张氏约园刊本《四明丛书》第三集),[宋]楼钥编、范之柔补,《宋人年谱丛刊》本。

《枫山语录》,[明]章懋撰,《四库全书》本。

《福建通志》,[清]郝玉麟等修,《四库全书》本。

《凤台县志》,[清]李兆洛修,嘉庆十九年本,民国颍上静胜斋重印。

《凤台县志》,[清]李师沆等修,光绪年本。

《富弼年谱》,曹清华撰,《宋人年谱丛刊》本。

G

《归田录》,[宋]欧阳修撰,大象版。

《过庭录》,[宋]范公偁撰,大象版。

《古今考》,[宋]魏了翁撰,大象版。

《公是集》,[宋]刘敞撰,《武英殿聚珍版丛书》本。

《古灵集》,[宋]陈襄撰,《四库全书》本。

《古今事文类聚》,[宋]祝穆撰,《四库全书》本。

《古灵先生年谱》,[宋]陈晔编,吴洪泽校点,《宋人年谱丛刊》本。

《古今纪要》,[宋]黄震,《四库全书》本。

《古今源流至论》,[宋]林駉撰,《四库全书》本。

《国老谈苑》,[宋]王君玉撰,《四库全书》本。

《姑苏志》,[明]王鏊撰,《四库全书》本。

H

《皇宋十朝纲要校正》,[宋]李埴撰,燕永成校正,中华书局 2013 年版。

《皇朝编年纲目备要》,[宋]陈均撰,中华书局 2006 年版。

《韩忠献公遗事》,[宋]强至撰,大象版。

《画墁录》,[宋]张舜民撰,大象版。

《后山谈丛》,[宋]陈师道撰,大象版。

《侯鲭录》,[宋]赵令畤撰,大象版。

《挥麈前录》,[宋]王明清撰,大象版。

《挥麈后录》,[宋]王明清撰,大象版。

《挥麈第三录》,[宋]王明清撰,大象版。

《挥麈录余话》,[宋]王明清撰,大象版。

《厚德录》,[宋]李元刚撰,大象版。

《河南集》,[宋]尹洙撰,《四部丛刊》本。

《华阳集》,[宋]王珪撰,《武英殿聚珍版丛书》本。

《韩魏公集》,[宋]韩琦撰,《丛书集成》本。

《淮海集》,[宋]秦观撰,《四库全书》本。

《黄氏日钞》,[宋]黄震撰,耕余楼刊本。

《晦庵先生朱文公文集》,[宋]朱熹撰,《四部丛刊》本。

《鹤山先生大全集》,[宋]魏了翁撰,《四部丛刊》本。

《鹤林玉露》,[宋]罗大经撰,王瑞来点校,中华书局 1983 年版。

《皇朝文鉴》,[宋]吕祖谦撰,《四部丛刊》本。

《皇朝编年备要》,[宋]陈均撰,中华书局 2006 年版。

《后山集》,[宋]陈师道撰,《四库全书》本。

《翰苑群书》,[宋]洪遵撰,《四库全书》本。

《鹤林集》,[宋]吴泳撰,《四库全书》本。

《翰林记》,[明]黄佐撰,《四库全书》本。

《何文简疏议》,[明]何孟春撰,《四库全书》本。

《皇朝文献通考》,[清]张廷玉等撰,《四库全书》本。

《横渠先生年谱》,[清]归曾祁编,吴洪泽校点,《宋人年谱丛刊》本。

《皇朝通典》,[清]乾隆三十二年奉敕撰,《四库全书》本。

《湖广通志》,[清]迈柱等修,《四库全书》本。

《淮海先生年谱》,[清]秦镛撰,《宋人年谱丛刊》本。

《胡正惠公年谱》,[民国]胡宗琳编,《宋人年谱丛刊》本。

J

《江邻几杂志》,[宋] 江休复撰,大象版。

《鸡肋编》,[宋]庄绰撰,大象版。

《旧闻证误》,[宋] 李心传撰,大象版。

《景文集》,[宋]宋祁撰,台湾新文丰出版公司印行。

《景祐法宝录》,[宋]吕夷简辑,中华大藏经本,第 73 册,中华书局,1994 年版。

《景定建康志》,[宋]周应合撰,《四库全书》本。

《嘉祐杂志》,[宋]江休复撰,《四库全书》本。

《京口耆旧传》,[宋]佚名撰,《四库全书》本。

《郡斋读书志校证》,[宋]晁公武撰,孙猛校证,上海古籍出版社 1990 年版。

《旧五代史》,[宋]薛居正等撰,中华书局 1987 年版。

《锦绣万花谷》,[宋]佚名撰,《四库全书》本。

《记纂渊海》,[宋]潘自牧撰,《四库全书》本。

《建炎以来系年要录》,[宋]李心传撰,《四库全书》本。

《九朝编年备要》,[宋]陈均撰,《四库全书》本。

《九华集》,[宋]员兴宗撰,《四库全书》本。

《经幄管见》,[宋]曹彦约撰,《四库全书》本。

《洁斋集》,[宋] 袁燮撰,《四库全书》本。

《靖康要录》,[宋]不著撰人,《四库全书》本。

《景迂生集》,[宋]晁说之撰,《四库全书》本。

《梁溪集》,[宋] 李纲撰,《四库全书》本。

《今献备遗》,[明]项笃寿撰,《四库全书》本。

《畿辅通志》,[清]田易等纂修,《四库全书》本。

《江西通志》,[清]谢旻撰,《四库全书》本。

《江南通志》,[清]赵宏恩等纂修,《四库全书》本。

《嘉祐集笺注》,曾枣庄等笺注,上海古籍出版社 1993 年版。

K

《可书》,[宋]张知甫撰,大象版。

《括异志》,[宋]张师正,《四库全书》本。

《会稽续志》,[宋]张淏撰,《四库全书》本。

《困学纪闻》,[宋]王应麟撰,辽宁教育出版社 1998 年版。
《寇准年谱简编》,王晓波撰,《宋人年谱丛刊》本。

L

《隆平集校证》,[宋]曾巩撰,王瑞来校证,中华书局 2012 年版
《洛阳缙绅旧闻记》,[宋]张齐贤撰,大象版。
《龙川略志》,[宋] 苏辙撰,大象版。
《龙川别志》[宋] 苏辙撰,大象版。
《吕氏杂记》,[宋]吕希哲撰 ,大象版。
《冷斋夜话》,[宋]惠鸿撰,大象版。
《麟台故事》,[宋]程俱撰,大象版。
《洛阳名园记》,[宋] 李格非撰,大象版。
《老学庵笔记》,[宋]陆游撰,大象版。
《乐全集》, [宋]张方平撰,《四部丛刊》本。
《临川集》, [宋]王安石撰,上海古籍出版社 1999 年点校本。
《庐陵欧阳文忠公年谱》,[宋]胡柯撰,《宋人年谱丛刊》本。
《履斋示儿编》,[宋]孙奕撰,大象版。
《栾城集》, [宋]苏辙撰,上海古籍出版社 1987 年点校本。
《栾城后集》,[宋]苏辙撰,《丛书集成》本。
《濂溪先生周元公年表》,[宋]度正撰,《宋人年谱丛刊》本。
《(乾道)临安志》,[宋]周淙撰,四库全书本。
《吕祖谦全集》,[宋]吕祖谦撰,浙江古籍出版社 2008 年版。
《吕氏家塾读诗记》,[宋]吕祖谦撰,《丛书集成》本。
《两宋名贤小集》,[宋]陈思编,《四库全书》本。
《龙川集》,[宋]陈亮撰,《四库全书》本。
《乐书》,[宋]陈旸撰,《四库全书》本。
《辽史》,[元]脱脱等撰,《四库全书》本。
《历代通略》,[元]陈栎撰,《四库全书》本。
《历代名臣奏议》,[明]杨士奇辑,《四库全书》本。

《立斋遗文》,[明]邹智撰,《四库全书》本。

《辽史拾遗》,[清]厉鹗撰,《四库全书》本。

《洛阳县志》,[清]陆继辂、魏襄撰,嘉庆年本。

《历代诗话》,[清]何文焕辑,中华书局 1981 年版。

《历代诗话续篇》,丁福保辑,中华书局 1983 年版。

《吕祖谦年谱》,杜海军撰,中华书局 2007 年版。

《吕祖谦评传》,潘富恩、徐余庆撰,南京大学出版社 1992 年版。

《吕本中研究》,欧阳炯著,台湾文史哲出版社,1992 年版。

《柳开年谱》,祝尚书撰,《宋人年谱丛刊》本。

《吕祖谦与浙东明招文化》,浙江省武义县政协文史资料委员会编,社会科学文献出版社 2006 年版。

《刘敞年谱》,张尚英编,《宋人年谱丛刊》本。

《吕陶年谱》,王智勇编,《宋人年谱丛刊》本。

《历代帝王宅京记》,[清]顾炎武撰,《四库全书》本。

《洛阳吕氏金石列传》,黄文翰、吕明月编,内部资料。

《两宋寿州吕氏家族著述研究》,杨松永著,黄山书社 2012 年版。

《吕蒙正泼粥》剧本,沈芸陔、章炳炎改编,湖北人民出版社 1954 年 12 月第 1 版。

《吕蒙正赶斋》,严吾编,河南人民出版社 1957 年 3 月第 1 版。

《吕蒙正》,魏新民编写,人民文学出版社 1997 年 5 月第 1 版。

M

《名臣碑传琬琰之集》,[宋]杜大珪编,《四库全书》本。

《梦溪笔谈》,[宋]沈括撰,大象版。

《明道杂志》,[宋]张耒撰,大象版。

《墨庄漫录》,[宋] 张邦基撰,大象版。

《默记》,[宋]王铚撰,大象版。

《梅尧臣集编年校注》,[宋]梅尧臣撰,朱东润校注,上海古籍出版社 1980 年版。

《明道先生文集》,[宋]程颐撰,《四部丛刊》本。

《名贤氏族言行类稿》,[宋]章定撰,《四库全书》本。

《眉阳三苏先生年谱》,[宋]何抡编,王水照整理,《宋人年谱丛刊》本。

《漫塘集》,[宋]刘宰撰,《四库全书》本。

《名臣经济录》,[明]黄训,《四库全书》本。

《明一统志》,[明]李贤等撰,《四库全书》本。

《明史》,[清]张廷玉等撰,《四库全书》本。

N

《南阳集》,[宋]韩维撰,《四库全书》本。

《能改斋漫录》,[宋]吴曾撰,《丛书集成》本。

《南涧甲乙稿》,[宋]韩元吉撰,《丛书集成》本。

《南窗记谈》,[宋]佚名撰,《知不足斋丛书》本。

《南丰年谱》,[清]姚范编,吴洪泽校点,《宋人年谱丛刊》本。

O

《欧阳文忠公文集》,[宋]欧阳修撰,《四部丛刊》本。

《欧阳修全集》,[宋]欧阳修撰,中华书局 2001 年版。

《欧阳修资料汇编》,洪本健编,中华书局 1995 年版。

《欧阳修纪年录》,刘德清著,上海古籍出版社 2006 年版。

P

《彭城集》,[宋]刘攽撰,《武英殿聚珍版丛书》本。

Q

《却扫编》,[宋]徐度撰,大象版。

《青箱杂记》,[宋]吴处厚撰,大象版。

《青琐高议》,[宋]刘斧撰,大象版。

《曲洧旧闻》,[宋]朱弁撰,大象版。

《清波杂志》,[宋]周煇撰,大象版。
《清波别志》,[宋]周煇撰,大象版。
《齐东野语》,[宋] 周密撰,大象版。
《清献集》,[宋]赵抃撰,《四库全书》本。
《清献集》,[宋]杜范撰,《四库全书》本。
《群书考索》,[宋]章如愚编,《四库全书》本。
《钦定重订契丹国志》,[宋]叶隆礼撰,《四库全书》本。
《齐乘》,[元]于钦撰,《四库全书》本。
《钦定续通志》,[清]嵇璜 、曹仁虎撰,《四库全书》本。
《钦定日下旧闻考》,[清]英廉等编,《四库全书》本。
《钦定历代职官表》,[清]乾隆四十五年奉敕撰,《四库全书》本。
《钦定大清会典》,[清]允祹撰,《四库全书》本。
《钦定大清会典则例》,[清]乾隆二十九年奉敕撰,《四库全书》本。
《钦定大清通礼》,[清]来保 、李玉鸣撰,《四库全书》本。
《钦定续通典》,[清]嵇璜 、曹仁虎撰,《四库全书》本。
《钦定康斋录》,[清]陆曾禹,《四库全书》本。
《全宋词》,唐圭璋辑,中华书局 1965 年版。
《全宋文》,曾枣庄、刘琳主编,巴蜀书社 1990 年版。
《全宋诗》,傅璇琮等编,北京大学出版社 1991 年—1998 年。
《钱惟演年谱》,[日本]池泽滋子撰,《宋人年谱丛刊》本。

R

《儒林公议》,[宋]田况撰,大象版。
《容斋随笔》,[宋]洪迈撰,大象版。
《容斋续笔》,[宋]洪迈撰,大象版。

S

《宋朝事实》,[宋]李攸撰,中华书局,1955 年排印本。
《宋景文公笔记》,[宋]宋祁撰,大象版。

《涑水记闻》，[宋]司马光撰，大象版。

《邵雍全集》，[宋]邵雍著，郭彧、于天宝点校，上海世纪出版股份有限公司、上海古籍出版社 2016 年版。

《宋名臣奏议》，[宋]赵汝愚编著，四库全书本。

《宋太宗皇帝实录校注》，[宋]李真撰、燕永成校正，中华书局 2013 年版。

《侍讲日记》，[宋]吕希哲撰，说郛本，上海商务印书馆，1926 年版。

《岁时杂记》，[宋]吕希哲撰，说郛本，上海商务印书馆，1926 年版。

《宋史全文》，[宋]佚名撰，中华书局 2016 年版。

《孙公访圃》，[宋]孙升撰，大象版。

《渑水燕谈录》，[宋]王辟之撰，大象版。

《师友谈记》，[宋]李廌撰，大象版。

《石林燕语》，[宋]叶梦得撰，大象版。

《石林燕语辨》，[宋]汪应辰撰，大象版。

《师友杂志》，[宋]吕本中撰，大象版。

《邵氏闻见录》，[宋]邵伯温撰，中华书局 1983 年版。

《邵氏闻见后录》，[宋]邵博撰，大象版。

《呻吟语》，[宋]佚名撰，大象版。

《宋稗类钞》，[清]潘永因撰，书目文献出版社 1985 年版。

《宋朝事实类苑》，[宋]江少虞撰，上海古籍出版社 1981 年版。

《三朝名臣言行录》，[宋]朱熹撰，《四部丛刊》本。

《宋名臣言行录》，[宋]朱熹、李幼武撰，《四库全书》本。

《司马温公集编年笺注》，[宋]司马光撰，李之亮笺注，巴蜀书社 2009 年版。

《苏轼文集》，[宋]苏轼撰，孔凡礼点校，中华书局 1986 年。

《苏轼诗集》，[宋]苏轼撰，王文浩辑注、孔凡礼点校，中华书局 1982 年。

《苏辙集》，[宋]苏辙撰，中华书局 1990 年。

《苏魏公集》，[宋]苏颂撰，中华书局 1988 年点校本。

《四朝闻见录》，[宋]叶绍翁撰，沈锡麟等点校，中华书局 1989 年版。

《宋文鉴》，[宋]吕祖谦编，《四部丛刊》本。

《宋学士年表》,[宋]洪遵撰,《知不足斋丛书》本。

《诗话总龟》,[宋]阮阅撰,人民文学出版社 1987 年版。

《宋大事记讲义》,[宋]吕中撰,《四库全书》本。

《宋宰辅编年录校补》,[宋]徐自明撰,王瑞来校补,中华书局 1986 年版。

《宋季三朝政要》,[元]佚名撰,《四库全书》本。

《宋史全文》,[元]佚名撰,李之亮点校,黑龙江人民出版社 2004 年版。

《宋史》,[元]脱脱编,中华书局 1985 年版。

《宋史纪事本末》,[明]陈邦瞻撰,中华书局 1977 年版。

《山堂肆考》,[明]彭大翼撰,《四库全书》本。

《寿州志》,[明]纂修,嘉靖本,上海古籍书店 1963 年影印版。

《蜀中广记》,[明]曹学佺撰,《四库全书》本。

《书史会要》,[明]陶宗仪撰,《四库全书》本。

《水东日记》,[明]叶盛撰,《四库全书》本。

《宋会要辑稿》,[清]徐松辑,中华书局 2012 年重印版。

《司马温公年谱》,[清]顾栋高编、刘承干校,尹波校点,《宋人年谱丛刊》本。

《宋史翼》,[清]陆心源撰,中华书局 1991 年版。

《宋诗纪事》,[清]厉鹗撰,上海古籍出版社 1983 年版。

《宋元学案》,[清]黄宗羲撰,[清]全祖望修订,《四部备要》本。

《宋元学案补遗》,[清]王梓材等辑,《四明丛书》本。

《寿州志》,[清]曾道唯纂修,黄山书社 2011 年点校本。

《宋韩忠献公年谱》,[清]杨希闵编,吴洪泽校点,《宋人年谱丛刊》本。

《宋孙莘老先生年谱》,[清]茆泮林撰,四川大学出版社 2003 年版,《宋人年谱丛刊》本。

《史传三编》,[清]朱轼撰,《四库全书》本。

《十国春秋》,[清]吴任臣撰,《四库全书》本。

《山东通志》,[清]岳浚、法敏总裁,《四库全书》本。

《陕西通志》,[清]查郎阿等监修,《四库全书》本。

《山西通志》,[清]觉罗石麟总裁,《四库全书》本。

《氏族大全》,[清]佚名撰,《四库全书》本。

《宋元诗会》,[清]陈焯撰,《四库全书》本。

《宋诗纪事》,[清]厉鹗撰,《四库全书》本。

《宋代官制辞典》,龚延明编著,中华书局 1997 年版。

《宋人传记资料索引》,昌彼得等编,中华书局 1988 年版。

《宋人传记资料索引补编》,李国玲编,四川大学出版社 1994 年版。

《宋文六大家活动编年》,洪本健撰,华东师范大学出版社 1993 年版。

《宋代婚姻家族史论》,张邦炜著,人民文学出版社 2003 年版。

《宋代别集叙录》,祝尚书著,中华书局 1999 年版。

《宋代总集叙录》,祝尚书著,中华书局 2004 年版。

《宋诗话全编》,吴文治编,江苏古籍出版社 1998 年版。

《苏颂年表》,颜其中编,《宋人年谱丛刊》本。

《沈括事迹年表》,胡道静撰,四川大学出版社 2003 年版,《宋人年谱丛刊》本。

《宋诗纪事补订》,钱钟书补订,三联书店 2005 年版。

《苏洵年谱》,曾枣庄编,《宋人年谱丛刊》本。

《宋敏求事迹简录》,张保见编,《宋人年谱丛刊》本。

《宋史食货志补正》,梁太济、包为民撰,中华书局 2008 年版。

《宋代路分长官通考》,李之亮撰,巴蜀书社 2003 年版。

《宋代京朝官通考》,李之亮撰,巴蜀书社 2003 年版。

《宋两淮大郡守臣易替考》,李之亮撰,巴蜀书社 2001 年版。

《宋代阶级结构》,王曾瑜著,中国人民大学出版社 2010 年版。

《宋元笔记小说大观》,上海古籍出版社 2007 年版。

《宋会要辑稿考校》,王云海著,河北大学出版社 2008 年版。

《宋代官制辞典》,龚延明著,中华书局 1997 年版。

《宋大礼五使系年》,郭声波撰,《宋代文化研究》第 3 辑。

《宋人轶事汇编》,丁传靖撰,中华书局 1981 年版。

《宋诗话考》,郭绍虞撰,中华书局 1979 年版。

《宋史论集》,李华瑞著,河北大学出版社 2001 年版。

《宋史研究论文集》(2010),邓小南、杨果、罗家祥主编,湖北人民出版社2011年版。

《宋大诏令集》,司义祖整理,中华书局1997年重印本。

《宋代诏令全集》,王智勇、王蓉贵主编,四川大学出版社2012年版。

《宋代日记丛编》,顾宏义、李文整理标校,上海书店出版社2013年版。

《宋人生卒行年考》,李裕民撰,中华书局2010年版

《宋代东莱吕氏家族研究》,罗莹著,人民出版社2011年版。

T

《太平治迹统类》,[宋]彭百川撰,《四库全书》本。

《太平寰宇记》,[宋]乐史撰,中华书局2000年版。

《谈薮》,[宋]庞元英撰,大象版。

《谈苑》,[宋]孔平仲撰,大象版。

《铁围山丛谈》,[宋] 蔡绦撰,大象版。

《通志》,[宋] 郑樵撰,王树民点校,中华书局1995年版。

《童蒙训》,[宋] 吕本中撰,《四库全书》本。

《天台续集》,[宋]李庚编,《四库全书》本。

《通鉴续编》,[元]陈桱撰,《四库全书》本。

《天中记》,[明]陈耀文撰,《四库全书》本。

W

《文献通考》,[宋]马端临撰,中华书局1986年版。

《五朝名臣言行录》,[宋]朱熹编,《四部丛刊》本。

《王文正公笔》[宋]王曾撰,大象版。

《文正王公遗事》,[宋]王素撰,大象版。

《温公琐语》,[宋] 司马光撰,大象版。

《王氏谈录》,[宋] 王钦臣撰,大象版。

《文昌杂录》,[宋]庞元英撰,大象版。

《东轩笔录》,[宋]魏泰撰,大象版。

《闻见近录》,[宋]王巩撰,《知不足斋丛刊》本。

《文庄集》,[宋]夏竦撰,《四库全书》本。

《文恭集》,[宋]胡宿撰,《武英殿聚珍版丛书》本。

《宛陵集》,[宋]梅尧臣撰,《四部丛刊》本。

《王荆公年谱》,[宋]詹太和编,吴洪泽校点,《宋人年谱丛刊》本。

《吴郡志》,[宋]范成大撰,《四库全书》本。

《宛陵先生年谱》,[元]张师曾编,吴洪泽校点,《宋人年谱丛刊》本。

《万姓统谱》,[明]凌迪知撰,《四库全书》本。

《武林梵志》,[明] 吴之鲸撰,《四库全书》本。

《吴兴备志》,[明]董斯张撰,《四库全书》本。

《王荆公年谱》,[清]顾栋高编、刘承干校,尹波校点,《宋人年谱丛刊》本。

《王荆公年谱考略》,[清]蔡上翔撰,上海人民出版社 1973 年版。

《王禹偁年谱简编》,黄启方撰,《宋人年谱丛刊》本。

X

《新五代史》,[宋]欧阳修撰,中华书局 1975 年版。

《续资治通鉴长编》,[宋]李焘撰,中华书局 1992 年版。

《湘山野录》,[宋]释文莹撰,大象版。

《王氏谈录》,[宋]王钦臣撰,大象版。

《轩渠集》,[宋]吕本中撰,五朝小说大观本,上海扫叶山房石印本,1926 年版。

《学林》,[宋]王观国撰,大象版。

《西台集》,[宋]毕仲游撰,《丛书集成》本。

《西塘集耆旧续闻》,[宋]陈鹄撰,《丛书集成》本。

《新安志》,[宋]罗愿纂,《四库全书》本。

《小学绀珠》,[宋]王应麟纂,《四库全书》本。

《续宋编年资治通鉴》,[宋]刘时举撰,《四库全书》本。

《咸淳临安志》,[宋]潜说友纂修,《四库全书》本。

《西湖游览志》,[宋]田汝成撰,尹晓宁点校,上海古籍出版社 2017 年版。

《新安文献志》,[明]程敏政撰,黄山书社 2004 年版。

《新郑县志》,[清]刘曰煃纂,康熙三十二年刻本。

《新郑县志》,[清]黄本诚纂修,乾隆四十一年刻本。

《续资治通鉴》,[清]毕沅撰,北京燕山出版社 2008 年版。

《续资治通鉴长编拾补》,[清]黄以舟等撰,上海古籍出版社 1986 年影印本。

《〈西昆酬唱集〉诗人年谱简编》,曾枣庄撰,《宋人年谱丛刊》本。

《新郑县文物志》,薛文灿主编,中州古籍出版社 1993 年版。

Y

《玉海》,[宋]王应麟撰,广陵古籍刻印社影印本。

《杨公笔录》,[宋] 杨彦龄撰,大象版。

《燕翼诒谋录》,[宋] 王栐撰,大象版。

《伊川击壤集》,[宋]邵雍撰,《四部丛刊》本。

《伊川先生年谱》,[宋]朱熹撰,《宋人年谱丛刊》本。

《伊洛渊源录》,[宋]朱熹撰,《丛书集成》本。

《玉壶野史》,[宋]僧文莹撰,《四库全书》本。

《元丰类稿》,[宋]曾巩撰,《四库全书》本。

《元丰九域志》,[宋]王存撰,中华书局 1984 年版。

《元宪集》,[宋]宋庠撰,《丛书集成》本。

《豫章文集》,[宋]罗从彦撰,《四库全书》本。

《杨龟山集》,[宋]杨时撰,《丛书集成》本。

《许昌梅公年谱》,[宋]陈天麟编、刁忠民校点,《宋人年谱丛刊》本。

《延祐四明志》,[元]马泽修,袁桷撰,《四库全书》本。

《玉芝堂谈荟》,[明]徐应秋撰,《四库全书》本。

《苑洛志乐》,[明]韩邦奇撰,《四库全书》本。

《御定渊鉴类函》,[清]康熙四十九年御定,《四库全书》本。

《御选宋金元明四朝诗 · 御选宋诗》,[清]张豫章等奉敕辑,《四库全书》本。

《御批历代通鉴辑览》,[清]乾隆三十三年敕撰,《四库全书》本。
《御纂朱子全书》,[清]李光地等纂修,《四库全书》本。
《扬州府志》,[清]尹会一修,清雍正十一年刻本。
《颍州府志》,[清]王剑福纂修,黄山书社2006年版。
《余靖年谱简编》,易行广编,《宋人年谱丛刊》本。
《尹洙年谱》,祝尚书撰,《宋人年谱丛刊》本。

Z

《曾公遗事》,[宋]曾布撰,大象版。
《麈史》,[宋]王得臣撰 ,大象版。
《紫微杂说》,[宋]吕本中撰,大象版。
《紫微诗话》,[宋]吕本中撰,历代诗话本,乾隆三十五年刻本。
《自警编》,[宋]赵善璙撰,大象版。
《曾巩集》,[宋]曾巩撰,中华书局1984年点校本。
《张载集》, [宋]张载撰,中华书局1978年点校本。
《忠肃集》, [宋]刘挚撰,中华书局2002年点校本。
《正德颍州志》,[明]刘节撰,上海古籍书店1982年影印本。
《张方平集》,[宋]张方平撰,中州古籍出版社1992年版。
《直斋书录解题》,[宋]陈振孙撰,《丛书集成》本。
《周濂溪先生全集》,[宋]周敦颐撰,《四谊堂全书》本。
《职官分纪》,[宋]孙逢吉撰,《四库全书》本。
《朱子语类》,[宋]朱熹撰,《四库全书》本。
《中兴小纪》,[宋]熊克撰,《四库全书》本。
《至大金陵新志》,[元]张铉撰,《四库全书》本。
《资治通鉴后编》,[清]徐乾学撰,《四库全书》本。
《赵普年表简编》,张其凡撰,《宋人年谱丛刊》本。
《赵清献公年谱》,[清]罗以智编,李文泽校点,《宋人年谱丛刊》本。
《周濂溪年谱》,许毓峰撰,《宋人年谱丛刊》本。
《曾子固年谱稿》,周明泰编,李春梅校点,《宋人年谱丛刊》本。

《中国通史》第7卷《中古时代·五代辽宋夏金时期》，白寿彝总主编、陈振主编，上海人民出版社、江西教育出版社2015年版。

《中国历史大辞典·宋史》，邓广铭、程应缪主编，上海辞书出版社1984年版。

《中国行政区划通史·宋西夏卷》，李昌宪著，复旦大学出版社2017年9月第2版。

《曾巩年谱》，李震撰，苏州大学出版社1997年版。

《张咏年谱》，张其凡撰，《宋人年谱丛刊》本。

《章楶年谱》，黄锦君编，《宋人年谱丛刊》本。

《中国文史简表汇编》，魏励编，商务印书馆2007年版。

《海陵监和西溪盐仓考》，王红花，《盐业史研究》2013年第4期。